LES DOUZE LIVRES

DU CODE

DE L'EMPEREUR JUSTINIEN.

LES DOUZE LIVRES

DU CODE

DE L'EMPEREUR JUSTINIEN,

DE LA SECONDE ÉDITION,

TRADUITS EN FRANÇAIS

Par P.-A. TISSOT, jurisconsulte, membre de plusieurs sociétés savantes.

TOME PREMIER.

A METZ,

Au dépôt des Lois Romaines, chez BEHMER, Editeur-Propriétaire.

AN 1807.

J'ai déposé à la Bibliothèque impériale les exemplaires voulus par la loi. Je regarderai comme contrefaits tous les exemplaires qui ne seront pas revêtus de ma signature.

DISCOURS PRÉLIMINAIRE.

FERONS-NOUS l'éloge des lois romaines après avoir vu ce monument de
la sagesse humaine survivre de si loin à ce grand peuple qui en est l'auteur,
et qui semblait se promettre avec raison une éternelle durée ? Le respect que,
depuis tant de siècles, on a eu pour elles, nous dispense de ce soin. Il n'en
est pas des lois comme des systèmes fondés sur des vraisemblances, des pro-
babilités ou des hypothèses; ces derniers ne sont pas susceptibles d'une
appréciation juste, exacte, la même dans tous les tems et chez tous les esprits :
chaque jour, à leur égard, voit naître des jugemens nouveaux; chaque
individu en porte de différens : au contraire, l'expérience seule juge des
lois, le tems seul les confirme ou les détruit, et l'arrêt des siècles est irré-
vocable.

Il semble que l'autorité des lois romaines se soit accrue en raison de leur
antiquité : elles régissent maintenant toute l'Europe ; et il ne se fait pas de
réformes ou de changemens dans la législation qui ne soient en leur faveur.
Ce droit, qu'on a appelé *raison écrite*, pourrait être aussi nommé *droit des
gens*, parce que, sauf quelques variations de peuples à peuples, il est le Droit
des nations.

Le Code civil des Français, ouvrage dont la nécessité s'était montrée
depuis long-tems, et qui est l'époque la plus mémorable de notre législation,
entièrement fondé sur les lois romaines, est un des plus beaux triomphes de
ces lois. Le législateur, en les prenant pour base, en a recommandé l'étude
la plus spéciale : de sorte qu'à présent l'étude de ces lois et celle de notre
Code ne font qu'une.

La traduction du corps des lois romaines ne pouvait donc paraître dans
des circonstances plus favorables : utile et même nécessaire dans les tems
précédens, elle est indispensable dans celui-ci.

Feu M. Hulot avait, au milieu du siècle dernier, entrepris de faire passer
dans notre langue les Institutes et les cinquante livres du Digeste ; il voulut
donner son travail au public, mais il en fut empêché par des oppositions
injustes, provoquées et suscitées par un corps intéressé à ce que les lois
romaines fussent toujours un mystère. Destiné principalement à les enseigner, il prévoyait qu'une traduction, par les facilités qu'elle introduirait.

dans cette étude, rendrait son secours inutile ; c'est pourquoi il surprit un ordre de l'autorité souveraine qui prohiba l'impression de cet ouvrage utile. Les circonstances de la révolution qui a bouleversé et changé tous les intérêts, ont inspiré aux héritiers de M. Hulot le désir de faire part au public de cet ouvrage, dont ils sentaient depuis long-tems le besoin. Fort embarrassés de trouver quelqu'un qui voulût se charger du manuscrit, ils firent la connaissance de M. Behmer à Metz, qui en acquit la propriété, et qui nous a donné une édition in-quarto et in-douze, très-soignée, avec le texte latin à côté. Aussitôt annoncée, elle a été accueillie de toute part, et on a regretté que M. Hulot n'eût traduit que les Pandectes qui ont paru, et les Institutes qui vont quitter la presse. C'est pour remplir cette lacune de son travail, et satisfaire au désir de la classe la plus éclairée de la nation, que nous nous sommes décidé à donner la traduction du *Code* et des *Novelles de Justinien*. Nous nous sommes aidé dans ce travail, aussi immense qu'il est important, et qui exige la connaissance la plus approfondie du Droit romain, des lumières des plus savans jurisconsultes de la capitale. Leur modestie, qui est aussi élevée que leurs connaissances sont étendues, nous impose l'obligation de laisser ignorer leurs noms. Nous nous plaisons à donner ici à leurs talens le témoignage le plus éclatant, sans cependant oser blesser leur délicatesse.

Le Code et les Novelles sont pour **nous** la partie la plus intéressante du corps des lois romaines ; publiés postérieurement, les lois que le Code et les Novelles renferment, en cas de contrariété, prévalent sur celles des Pandectes. La traduction du Digeste a donc rendu indispensable celle des deux autres recueils ; et ceux qui sont pourvus de la première ne peuvent se passer de celle-ci.

Nous nous sommes efforcé de rendre cette traduction la plus parfaite possible ; et nous nous sommes imposé la loi de la fidélité la plus scrupuleuse : car il n'en est pas de la traduction des lois comme de celle d'un ouvrage de goût, tel qu'une harangue de Tite-Live, un discours de Cicéron, ou l'Énéide de Virgile. Ici, où toutes les beautés, le mérite et l'essence même de l'ouvrage consistent dans les expressions, l'arrangement des mots, les figures, etc., une fidélité littérale serait certes une grande infidélité. Le traducteur de ces sortes d'ouvrages doit s'attacher au nombre, à l'harmonie, aux figures, etc., qui sont dans son original, et les faire passer dans la langue dans laquelle il traduit. Il ne peut faire correspondre les mots aux mots, les figures aux figures ; car tel mot qui est harmonieux et énergique dans une langue, rendu littéralement dans une autre, perd son harmonie et son énergie : tel autre embellit la phrase dont il fait partie, par la place qu'il y occupe, tandis que le mot qui lui correspond dans une autre langue, dégradera la phrase où il sera placé. Outre ce rapport des expressions toujours divers dans deux langues, il en est d'autres qui ne distinguent pas moins les divers idiomes : les figures, par exemple, en présentent de très-disparates et souvent de tout-à-fait opposés : car le plus souvent, pour ne pas dire presque toujours, la figure qui est noble, grande et honnête dans une langue, est basse et indécente dans une autre. Ce sont ces rapports que le traducteur d'un ouvrage de goût doit bien saisir, discerner, et qu'il doit s'attacher à rendre dans la langue qu'il cultive. Il faut qu'il rende harmonie pour harmonie, les expressions nobles ou énergiques par des expressions de même nature, et des figures pour des figures.

Tous ces rapports disparaissent dans les lois : devant être généralement écrites dans un style simple, précis, quoique rédigées dans diverses langues, on pourrait dire qu'elles le sont toujours dans la même, parce que les rapports des figures et du nombre ne sont d'aucune considération dans ces sortes d'écrits : car bien loin d'être une beauté dans le style des lois, elles ne sont que des vices, que le législateur doit éviter soigneusement. Ce qu'il y a donc de plus essentiel et de plus important dans la traduction des lois, est la fidélité la plus scrupuleuse et la plus littérale. C'est aussi ce que nous nous sommes efforcé de faire dans la traduction que nous donnons aujourd'hui du Code et des Novelles de Justinien. Nous espérons qu'on nous saura quelque gré de l'attention que nous avons donnée à cet important ouvrage, et qu'il sera digne de paraître aux yeux du public éclairé.

On est étonné, en considérant le grand nombre des commentateurs des lois romaines, que personne n'ait entrepris de comprendre dans le cadre resserré d'une table cette infinité de lois compilées sans ordre, où il est impossible de distinguer celles dont on aurait besoin. Le jurisconsulte *Bréderode* avait tenté ce travail ; mais son ouvrage est si imparfait, qu'il en faisait désirer un autre. Nous espérons que la table que nous publierons, et dans laquelle nous éviterons les défauts qu'on rencontre dans celle de *Bréderode*, ne sera pas inutile aux amateurs de la célèbre législation des Romains.

La table générale et raisonnée des matières, qui paraîtra à la fin de l'ouvrage, sera comme le complément de la traduction complète du corps des lois romaines, qu'on aura, si l'on réunit ensemble la *Traduction des Institutes* et *du Digeste* de Hulot, et enfin celle du *Code et des Novelles* que nous publions.

AVIS AU LECTEUR.

Nous avons cru ne devoir pas traduire quelques lois *non authentiques*, intercalées, dans ces derniers tems, parmi les lois des premiers titres du code Justinien, et qu'on a extraites de divers recueils, tels que des actes des divers conciles présidés par les empereurs de Constantinople ou convoqués par leur ordre; car, outre que ces lois n'ont jamais été d'aucun usage depuis la destruction de l'empire grec, elles n'ont jamais fait partie du code de Justinien, et ne se rapportent qu'à des objets de pure discipline ecclésiastique. On aurait pu nous reprocher avec juste raison, si nous les avions rapportées, d'avoir grossi inutilement nos volumes. D'ailleurs les commentateurs des lois romaines, tels que le jurisconsulte *Brunemann* et autres, n'ont pas jugé à propos de les commenter. Le traducteur du code manuscrit déposé à la bibliothèque nationale, n'en fait non plus aucune mention.

Ces diverses constitutions sont toutes écrites en langue grecque. Le jurisconsulte *le Comte*, et quelques autres', les ont traduites en latin. La *Glose* les rapporte en grec et en latin. *Denis Godefroy* rapporte seulement la traduction latine.

La suppression que nous en avons faite dans notre édition a introduit une différence entr'elle et celle de Godefroy dans les cinq premiers titres; c'est pourquoi nous plaçons ici, pour la facilité des recherches, la concordance des numéros des lois de notre édition avec celle de Godefroy.

CONCORDANCE.

PRÆFATIONES CODICIS IPSIUS
JUSTINIANI TRES.
PRÉFACES DU CODE
FAITES PAR L'EMPEREUR JUSTINIEN.

PREMIERE PRÉFACE.

Sur le projet d'un nouveau Code.

L'Empereur JUSTINIEN, au Sénat de la ville de Constantinople.

Nous avons résolu de faire pour l'utilité commune, et avec l'aide de Dieu, un nouveau Code composé d'un choix des constitutions contenues dans les trois Codes, Grégorien, Hermogénien et Théodosien ; et de celles que Théodose, de divine mémoire, et plusieurs autres princes après lui, ont faites, ainsi que de celles que nous avons publiées nous-même postérieurement aux trois Codes que nous venons de citer. Notre dessein est de diminuer les procès en diminuant le grand nombre de lois. Nous voulons que ce Code soit appelé de notre nom.

Cette entreprise, qui avait paru nécessaire à beaucoup de princes nos prédécesseurs, n'a jamais cependant réussi à aucun d'eux.

§ 1. C'est pourquoi, considérant la grandeur de l'ouvrage et le besoin de l'état, nous avons élu, pour l'exécuter, des hommes capables de terminer une si grande entreprise, ainsi que d'y donner tous les soins qu'elle exige. Ce sont Jean, homme très-recommandable, et ex-questeur de notre palais ; Léonce, homme très-savant, officier de soldats, et ex-préfet du prétoire ; Phocas, illustre personnage, et officier de soldats, tous hommes consulaires et patriciens ; Basyle, ex-préfet du prétoire d'Orient, et pa-

PRÆFATIO PRIMA.

De novo Codice faciendo.

Imperator JUSTINIANUS, Aug. ad Senatum urbis Constantinopolitanæ.

Hæc quæ necessariò corrigenda esse multis retrò principibus visa sunt, interea tamen nullus eorum ad effectum ducere ausus est : in præsenti rebus donare communibus auxilio Dei omnipotentis censuimus, et prolixitatem litium amputare : multitudine quidem constitutionum quæ tribus codicibus, Gregoriano, Hermogeniano atque Theodosiano continebantur, illarum etiam quæ post eosdem codices à Theodosio divinæ recordationis, aliisque post eum retrò principibus, et à nostra etiam clementia positæ sunt, resecanda : uno autem codice sub felici nostri nominis vocabulo componendo, in quem colligi tam memoratorum trium codicum, quàm novellas post eos positas constitutiones oportet.

§ 1. Ideòque ad hoc maximum opus efficiendum, et ad ipsius reipublicæ sustentationem respicientes, elegimus tanto fastigio laborum tantæque sollicitudini sufficientes, Joannem, virum excellentissimum, ex-quæstore sacri nostri palatii, consularem atque patricium : Leontium, virum sublimissimum, magistrum militum, ex-præfecto prætorio, consularem atque patricium ; Phocam, virum eminentissimum, magistrum militum, consularem atque patricium : Basilidem, virum excellentissimum, ex-præfecto prætorio Orientis atque patricium : Thomam, virum gloriosissimum, quæstorem sacri nostri palatii et ex-consule ; Tribonianum, virum magnificum, magisteria dignitate inter agentes decoratum ; Constantinum, virum illustrem, comitem sacrarum largitionum inter agentes, et magistrum scrinii libellorum, sacrarumque cognitionum : Theophilum, virum clarissimum, comitem sacri nostri consistorii, et juris in hac alma urbe doctorem ; Dioscorum et Præsentinum disertissimos togatos fori amplissimi prætoriani.

§. 2. Quibus specialiter permisimus, resecatis tàm supervacuis (quantùm ad legum soliditatem pertinet) præfationibus, quàm similibus, et contrariis, præterquàm si juris alia divisione adjuventur : illis etiam quæ in desuetudinem abierunt : certas et brevi sermone conscriptas ex iisdem tribus codicibus, et novellis constitutionibus leges componere, et congruis titulis subdere : adjicientes quidem, et detrahentes, imò et mutantes verba earum, ubi hoc rei commoditas exigeret : colligentes verò in unam sanctionem, quæ variis constitutionibus dispersa sunt, et sensum earum clariorem efficientes : ita tamen, ut ordo temporum earum constitutionum non solùm ex adjectis diebus, consulibusque, sed etiam ex ipsa compositione earum clarescat ; primis quidem in primo loco, posterioribus verò in secundo ponendis. Et si quæ earum sine die et consule in tribus veteribus codicibus, vel in quibus novellæ constitutiones receptæ sunt, inveniantur : ita iis ponendis, nullaque dubietate super generali earum robore ex hoc oriunda : sicut et illas vim generalis constitutionis obtinere palàm est, quæ ad certas personas rescriptæ, vel per pragmaticam sanctionem ab initio datæ, eidem novo codici propter utilitatem sanctionis insertæ fuerunt.

§. 3. Hæc igitur ad vestram notitiam ferre properavimus, ut sciatis, quanta nos diuturna super rerum communi utilitate cura sollicitet, studentes certas et indubitatas, et in

tricien ; Thomas, homme très-illustre, questeur de notre palais, et ex-consul ; Tribonien, personnage très-illustre, chef de la magistrature ; Constantin, homme illustre, premier intendant de nos largesses, maitre des requêtes et conseiller-d'état ; Théophile, homme très-renommé, et docteur en droit de cette ville ; et enfin Dioscore et Présentinus, très-savans avocats de la cour prétorienne.

§. 2. Nous leur avons spécialement permis de supprimer les préambules inutiles, les répétitions et les contradictions, à moins que les lois qui paraissent opposées ne se rapportent à des objets différens ; celles qui sont tombées en désuétude ; de rédiger en peu de mots celles qu'ils puiseront dans les trois Codes dont nous avons parlé plus haut, ou parmi les constitutions publiées plus récemment ; de les réunir sous des titres convenables ; d'ajouter, de retrancher, et même de changer à leurs expressions, lorsqu'il sera nécessaire ; de réduire plusieurs constitutions en une seule loi, et de les éclaircir, sans cependant intervertir les dates de ces constitutions, des consulats sous lesquels elles ont été rendues, ainsi que l'ordre de leurs compositions ; de sorte que les plus anciennes soient placées avant celles qui leur sont postérieures ; et s'il s'en trouve dans les anciens Codes et parmi les autres plus récentes, qui soient sans date et sans désignation de consulats, étant placées dans le nouveau Code, il ne peut s'élever aucun doute sur leur vigueur ; car les constitutions ont force de loi générale lorsqu'elles ont été insérées, à cause de leur utilité, dans un nouveau Code, quoiqu'elles aient été adressées d'abord à des individus, ou rendues dans l'origine par pragmatique sanction.

§. 3. Nous nous sommes hâtés de vous faire connaître nos intentions, et combien nous nous occupons de ce qui est d'une utilité générale, en faisant recueillir en un seul

Code les constitutions dont l'utilité est reconnue évidente ; lequel, appelé seulement de notre nom, doit servir dorénavant de règle dans toutes les affaires.

Fait à Constantinople, le 13 février, sous le consulat de l'empereur Justinien, consul pour la deuxième fois.

SECONDE PRÉFACE.

DE LA CONFIRMATION DU CODE JUSTINIEN.

LA défense et la prospérité de l'état ont leur source dans les armes et les lois. C'est par elles que l'heureux peuple des Romains a toujours été supérieur aux autres peuples, et les a toujours dominés, comme c'est par elles qu'il conservera toujours ce haut rang, si Dieu lui est propice. Les armes ont besoin des lois, de même que celles-ci ont besoin des armes ; car si les armes ont besoin d'être réglées par les lois, l'observation de celles-ci a besoin du secours des armes. Nous avons d'abord dirigé notre attention, nos desseins et nos travaux vers les premiers besoins de l'état, en corrigeant, par divers moyens, ce qui concerne les armées ; et, à cet égard, nous avons tout prévu. Nous avons mis les anciens corps d'armée en un meilleur état en peu de tems ; nous en avons établi de nouveaux, soit par notre sollicitude, soit par de nouvelles dépenses.

§. 1. Considérant qu'il était nécessaire de diminuer le grand nombre de constitutions renfermées dans les trois Codes, et celles qui ont été publiées après ; de les éclaircir par de justes définitions, et de faire disparaître tout ce qu'on pourrait y trouver d'obscur, nous nous sommes occupés, avec l'aide de Dieu, et en cédant au penchant de notre cœur, de ce travail qui est d'une utilité générale. Nous l'avons terminé par le moyen des per-

num codicem collectas esse de cætero constitutiones : ut ex eo, tantummodò sub felici nostro nomine nuncupando codice, recitatio constitutionum in omnibus ad citiores litium decisiones fiat judiciis. Data Idus Februarii Constantinopoli, domino Justiniano Imperat. Augusto 11. Consule.

PRÆFATIO SECUNDA.

DE JUSTINIANEO CODICE CONFIRMANDO.

SUMMA Reipublicæ tuitio de stirpe duarum rerum, armorum scilicet atque legum veniens, vimque suam exindè muniens, felix Romanorum genus omnibus anteponi nationibus omnibusque gentibus dominari tàm præteritis effecit temporibus, quàm Deo propitio in æternum efficiet : istorum etenim alterum alterius auxilio semper eguit ; et tàm militaris res legibus in tuto collocata est, quàm ipsæ leges armorum præsidio servatæ sunt. Meritò igitur ad primam communium rerum sustentationem nostram sententiam, et mentem, laboresque nostros referentes, militaria quidem agmina multiplicibus, et omnem providentiam continentibus modis correximus : et tàm legibus veteribus ad meliorem statum brevi tempore ductis, quàm novis non solùm exquisitis, sed etiam recta dispositione nostri nominis, sive novis expensis publicis constitutis, primò servando posita, deinde nova ponendo, firmissima subjectis efficimus.

§. 1. Sed cùm sit necessarium multitudinem constitutionum, tàm in tribus veteribus codicibus relatarum, quàm post earum confectionem posterioribus temporibus adjectarum, ad brevitatem reducendo, caliginem earum rectis judicum definitionibus insidiantem penitùs extirpare : ad hoc commune præstandum beneficium Deo præsule prono animo nos dedidimus : et electis viris gloriosissimis, tàm doctrina legum, quàm ex-

perientia rerum, studioque reipublicæ inde-
fesso, et laudabili proposito pollentibus, sub
certis finibus magnum laborem commisimus:
per quem tàm trium veterum Gregoriani,
Hermogeniani atque Theodosiani codicum
constitutiones, quàm plurimas alias post
eosdem codices à Theodosio divinæ memoriæ, cæterisque post eum retrò principibus, à
nostra etiam clementia positas, in unum codicem felici nostro vocabulo nuncupandum colligi præcepimus: tollendis quidem tàm præfationibus nullum suffragium sanctionibus con-
ferentibus quàm contrariis constitutionibus,
posteriore promulgatione vacuatæ sunt, similibus etiam, præter eas, quæ eadem penè
sanciendo, divisionem juris aliquam facere
noscuntur, ex qua dividendo vetera novum
aliquid nasci videtur, multis insuper aliis
ad rectam hujus Codicis compositionem pertinentibus, iisdem prudentissimis viris à nostro numine mandatis : et nostro studio pro
republica instituto suum præsidium Deus
omnipotens annuit.

§. 2. Ad istum enim laborem, et tanti operis
consummationem electi vir excellentissimus
ex-quæstore nostri palatii, consularis atque
patricius Joannes, et vir sublimissimus ex-
præfecto prætorio, consularis atque patricius Leontius; vir quoque eminentissimus,
magister militum, consularis atque patricius
Phocas; etiam vir excellentissimus, ex-præfecto prætorio per Orientem et patricius, et
nunc præfectus prætorio per Illyricum Basi-
lides; et vir gloriosissimus quæstor sacri
nostri palatii et ex-consule Thomas; imò et
vir magnificus magisteria dignitate inter
agentes decoratus Tribonianus; et vir illustris comes sacrarum largitionum inter agentes, et magister scrinii et libellorum sacrarumque cognitionum Constantinus; et vir illustris ex magistro, et juris doctore in hac alma
urbe Theophilus; viri etiam disertissimi togati amplissimi fori tuæ sublimitatis Dioscorus atque Præsentinus : omnia quæ eis mandavimus, cum sedula et pervigili industria,

sonnes que nous avons choisies à cet effet,
tous célèbres par leur science dans les lois,
leur expérience, et par leur zèle infatigable
pour l'état, lesquels nous avions chargés de
recueillir avec les constitutions contenues
dans les trois anciens Codes, Grégorien,
Hermogénien et Théodosien, celles qui ont
été publiées après par Théodose, de divine
mémoire, par plusieurs autres princes nos
prédécesseurs, et par nous-même. Nous leur
avons ordonné de les renfermer en un seul
Code qui sera appelé de notre nom, et duquel
on doit exclure celles qui sont inutiles, celles
qui se contredisent, ou celles qui ont été an-
nullées par d'autres qui sont postérieures.
Nous leur avons permis aussi de faire beaucoup d'autres changemens relatifs à la bonne
composition de ce Code. Le Dieu tout-puissant a favorisé notre zèle pour le bien de l'état.

§. 2. Nous avions élu pour ce travail, et la
confection d'un si grand ouvrage, l'ex-questeur de notre palais, Jean, homme illustre,
consulaire et patricien; Léonce, ex-préfet
du prétoire; Phocas, officier de soldats;
Basyle, ex-préfet d'Orient, et maintenant
préfet de l'Illyrie; Thomas, questeur de
notre palais, et ex-consul; Tribonien, chef
de la magistrature; Constantin, premier intendant de nos largesses, maître des requêtes
et conseiller-d'état; Théophile, ex-conseil-
ler-d'état, docteur en droit de cette ville;
Dioscore et Présentinus, savans avocats du
tribunal prétorien. Nous leur avons fait connaître nos intentions; et enfin, après de
mûres réflexions, beaucoup de veilles et
de soins, ils ont terminé cet ouvrage, et nous
ont présenté ce nouveau Code Justinien,
composé de manière qu'il doit régler toutes
les affaires qui sont à décider, et convenir
à notre empire.

§. 3. Nous avons jugé à propos de vous envoyer ce Code, qui doit régler toutes les affaires portées à votre tribunal, afin que les plaideurs et les avocats sachent qu'il ne leur est permis, en aucune manière, de s'appuyer sur les constitutions renfermées dans les trois anciens Codes dont nous avons fait mention, ou sur celles que, jusqu'à présent, on avait appelées nouvelles constitutions, et qu'ils ne peuvent s'étayer que de celles qui sont insérées dans notre Code. On doit regarder comme coupables du crime de faux ceux qui oseront contrevenir à la présente défense, parce que les constitutions contenues dans notre Code, en y ajoutant les commentaires des anciens jurisconsultes, suffisent pour décider tous les procès. Il ne doit s'élever aucun doute sur leur force, de ce que quelques-unes sont sans date et sans désignation de consulats, de ce que d'autres sont adressées à des individus, parce qu'il n'est aucun doute qu'elles n'aient la force des constitutions générales; et quoiqu'on trouve dans ce Code des constitutions auxquelles on a retranché ou ajouté, ou fait des changemens dans les expressions, ce que nous avons permis aux rédacteurs, nous ne permettons à personne de les citer faussement telles qu'elles sont rapportées dans les livres des anciens interprètes, mais de citer seulement le sentiment des anciens jurisconsultes; de sorte qu'il ait force de loi lorsqu'il ne sera pas contraire aux constitutions contenues dans notre Code.

§. 4. Les pragmatiques sanctions qui ont été accordées à des villes, des corps, des collèges, ou à des individus, lesquelles n'ont pas été insérées dans notre Code, sont valables, si elles ont pour objet un privilège

moderataque digestione cum Dei auxilio ad prosperum tulerunt terminum, et eundem novum Justinianeum codicem nobis obtulerunt ita compositum, ut et rebus profuturus esset communibus, et nostro convenisset imperio.

§. 3. Hunc igitur in æternum valiturum judicio tui culminis intimare prospeximus, ut sciant omnes, tàm litigatores, quàm disertissimi advocati, nullatenùs eis licere de cætero constitutiones ex veteribus tribus codicibus, quorum jam mentio facta est, vel ex iis, quæ, Novellæ constitutiones ad præsens tempus vocabantur, in cognitionalibus recitare certaminibus, sed solùm eidem nostro codici insertis constitutionibus necesse esse uti : falsi crimini subdendis iis, qui contrà hoc facere ausi fuerint : cùm sufficiat earumdem constitutionum nostri codicis recitatio, adjectis etiam veterum juris interpretatorum laboribus ad omnes dirimendas lites. Nullaque dubitatione emergenda vel eo quo sine die, et consule quædam compositæ sunt, vel quòd ad certas personas rescriptæ sunt ; cum omnes generalium constitutionum vim obtinere procul dubio est ; sed et si quæ earumdem constitutionum detractis, vel additis, vel permutatis certis verbis (quod et ipsum præfatis excellentissimis viris specialiter permisimus) compositæ sunt : nullis concedimus ex libris veterum juris interpretatorum aliter eas habentes recitare, sed solam juris interpretatorum sententiam commendare; ut tunc teneat, cum minimè adversetur ejusdem nostri codicis constitutionibus.

§. 4. Si quæ verò pragmaticæ sanctiones, quæ minimè in eodem nostro codice receptæ sunt, civitatibus forte, vel corporibus, vel scholis, vel scriniis, vel officiis, vel alicui personæ impartitæ sunt :

eas, siquidem aliquod privilegium speciali beneficio indulgent, omni modo ratas manere : si verò pro certis capitulis factæ sunt, tunc tenere, cùm nulli nostri codicis adversantur, constitutioni, præcipimus. Sed et si qua regesta in tui culminis judicio, vel in aliis judiciis civilibus, vel militaribus, vel apud principia numerorum, pro publicis expensis, vel quibuscumque titulis ad publicum pertinentibus posita sunt : ea etiam, prout communis rei commoditas exigit, firma esse censemus.

§. 5. Illustris igitur et magnifica auctoritas tua, pro innato sibi circà rempublicam, nostrasque dispositiones explendas studio, ad omnium populorum notitiam eundem codicem edictis ex more præpositis pervenire faciat : ipso etiam textu Codicis in singulas provincias nostro subjectas imperio cum nostra divina subnotatione mittendo, ut eo modo ad omnium notitiam ejusdem nostri Codicis constitutiones valeant pervenire; et ut extantibus festis diebus, id est ex die sextodecimo calendarum maii, præsentis septimæ indictionis, consulatu Decii viri clarissimi recitationes constitutionum ex eodem nostro Codice fiant. Data VI, Id. Apr. c. P. Decio viro clarissimo consule.

PRÆFATIO TERTIA.

De emendatione Codicis Domini Justiniani, et secunda ejus editione.

CORDI nobis est (patres conscripti) semper nostri animi curas rebus communibus avidissimè impendere, ut nihil à nobis inceptum, imperfectum relinquatur. Igitur in primordio nostri imperii sacratissimas constitutiones, quæ in diversa volumina fuerant dispersæ, et quam plurima similitudine necnon diversitate vacillabant, in unum corpus colligere, omnique vitio purgare proposuimus : et hoc jam per viros excelsos, et facundissimos perfectum est, et à nobis postea confirmatum; quod geminæ consti-

spécial; mais si elles se rapportent à quelque point du droit commun, elles ne seront valabes qu'autant que notre Code ne contiendra aucune constitution qui y soit contraire. Il en est de même des règlemens faits pour votre tribunal ou autres tribunaux militaires, sur les dépenses et sur d'autres objets d'utilité publique. Nous avons cru devoir confirmer ces règlemens, pour le plus grand bien de l'état.

§. 5. Que votre autorité et votre zèle naturel pour l'état et pour nous, fassent connaître le Code à tous les peuples, par la voie de l'édit, en en envoyant dans chaque province une copie revêtue de notre signature, afin que, de cette manière, les constitutions de notre Code soient observées et parviennent à la connaissance de tous, et que, pendant les fêtes, c'est à dire, depuis le 16 des calendes de mai de la septième indiction courante, sous le consulat du très-illustre Décius, il se fasse des lectures des constitutions de notre Code.

Fait à Constantinople, le sixième des ides d'avril, sous le consulat de Décius.

TROISIEME PRÉFACE.

Des corrections faites au Code de l'Empereur Justinien, et de sa seconde édition.

NOTRE cœur, pères conscrits, nous porte à ne rien négliger, de ce qui est utile à l'état, et à ne point laisser imparfait ce que nous avons commencé. Dans le commencement de notre règne, nous avons fait recueillir les constitutions qui étaient dispersées en divers volumes, dont la plupart formaient des répétitions ou étaient opposées; et nous avons ordonné qu'elles fussent épurées de toutes sortes de vices. Ce travail a été fait par des hommes élevés et savans; nous l'avons ensuite confirmé, comme le prouvent les deux constitutions qu'on vient de lire.

§. 1. Mais après que nous eûmes arrêté que l'ancien droit devait être observé, nous rendîmes cinquante décisions, et nous promulgâmes plusieurs constitutions faites au sujet de l'ouvrage proposé, et par lesquelles la plus grande partie des lois anciennes fut corrigée et restreinte, et le droit ancien purgé de toutes superfluités, et renfermé dans nos Institutes et nos Pandectes.

§. 2. Mais comme ces nouvelles décisions et constitutions portées après que notre Code a été achevé, ne pouvaient en faire partie, et semblaient demander que nous les y insérassions, et que, par la suite, l'expérience a fait connaître que quelques-unes de celles qui y étaient insérées devaient être changées ou corrigées, il nous a paru nécessaire de retoucher nos constitutions, de les diviser selon les divers objets dont elles traitent, de les ranger sous les titres convenables, et de les réunir aux premières constitutions. Nous avons nommé, à cet effet, Tribonien, ex-questeur, ex-consul, chef de la magistrature ; Dorothée, questeur et docteur en droit de Berythe ; et enfin Constantin et Jean, hommes très-éloquens et avocats.

§. 3. Nous leur avons permis de faire toutes ces choses, ainsi que toutes les corrections que l'ouvrage exigera ; de supprimer les constitutions inutiles, celles qui sont devenues superflues, par d'autres qui leur sont postérieures ; de faire disparaître les répétitions et les contradictions s'il s'en trouve, et de les exclure de la collection de notre Code ; et, dans ce nouvel examen, de perfectionner celles qui sont imparfaites, et d'éclaircir celles qui sont obscures, pour que les constitutions renfermées dans notre Code, aient la force entière des lois, et soient observées partout comme les Institutes et le Digeste, après en avoir rejeté toutes celles qui étaient semblables, contraires ou inutiles. Personne ne doute que ce que la seconde édition porte, ne soit valable et respectable. Nous voyons, par les anciens livres, que non-seulement les premières éditions étaient sui-

tutiones nostræ, quæ antè positæ sunt, ostendunt.

§. 1. Posteà verò cum vetus jus considerandum recepimus, tàm quinquaginta decisiones fecimus, quàm alias ad commodum propositi operis pertinentes plurimas constitutiones promulgavimus : quibus maximus antiquarum legum articulus emendatus et coarctatus est, omneque jus antiquum supervacua prolixitate liberum, atque enucleatum in nostris institutionibus, atque digestis reddidimus.

§. 2. Sed cùm novellæ nostræ tàm decisiones, quàm constitutiones, quæ post nostri Codicis confectionem latæ sunt, extrà corpus ejusdem Codicis divagabantur, et nostram providentiam nostrumque consilium exigere videbantur ; quippe cùm earum quædam ex emersis posteà factis aliquam meliore consilio permutationem, vel emendationem desiderabant ; necessarium nobis visum est per Tribonianum virum excelsum magistrum ex-quæstore et ex-consule legitimum operis nostris ministrum, necnon virum magnificum quæstorem et Berytiensium legum doctorem Dorotheum, Mennam insuper, et Constantinum, et Joannem viros eloquentissimos togatos fori amplissimæ sedis easdem constitutiones nostras decerpere, et in singula discretas capitula ad perfectarum constitutionum soliditatem competentibus supponere titulis, et prioribus constitutionibus eas aggregare.

§. 3. Supradictis itaque magnificis et prudentissimis viris permisimus hæc omnia facere : et si qua emendatione opus foret, hanc facerent non titubante animo, sed nostra auctoritate freti ; constitutiones verò superfluas, vel ex posterioribus sanctionibus nostris jam vacuatas, vel si quæ similes, vel contrariæ invenirentur, circumducere et à proprii Codicis congregatione separare, et tàm imperfectas replere, quàm nocte obscuritatis obductas nova elimationis luce detegere : ut undique non solùm Institutionum et Digestorum via dilucida et aperta pateat, sed etiam constitutionum nostri Codicis plenum jubar omnibus clareat ; nulla penitùs nec simili, nec diversa, nec inusitata relicta constitutione : cùm nemini venit in dubium quod repetita prælectio probavit, hoc satis validum, satisque esse formosum. In antiquis etenim libris non solùm primas editiones, sed etiam secundas, quas *repetitas prælectiones* veteres nominabant, subsecutas esse invenimus : quod ex libris Ulpiani viri prudentissimi ad Sabinum scriptis promptum erat quærentibus reperire.

§. 4. His igitur omnibus ex nostra confectis sententia, commemoratus Justinianeus Codex à prædictis gloriosissimis, et facundissimis, viris purgatus, et candidus factus, omnibus ex nostra jussione et circumductis, et additis, et repletis, necnon transformatis, nobis oblatus est : et jussimus in secundo eum ex integro conscribi, non ex priore compositione, sed ex repetita prælectione; et eum nostri nominis auctoritate nitentem, in omnibus judiciis solùm (quantùm ad divales constitutiones pertinet) frequentari ex die quarto calendarum januarii, quarti nostri felicissimi consulatùs et Paulini viri clarissimi : nulla alia extrà corpus ejusdem Codicis constitutione legenda, nisi posteà varia rerum natura aliquid novum creaverit, quod nostra sanctione indigeat; hoc etenim nemini dubium est, quin si in posterùm melius inveniatur, et ad constitutionem necessariò sit redigendum, hoc à nobis et constituatur, et in aliam congregationem referatur, quæ novellarum nomine constitutionum significetur.

§. 5. Repetita itaque jussione nemini in pòsterùm concedimus, vel ex decisionibus nostris, vel ex aliis constitutionibus, quas anteà fecimus, vel ex prima Justianei Codicis editione, aliquid recitare : sed quod in præsenti purgato et renovato Codice nostro scriptum inveniatur, hoc tantummodò in omnibus, et judiciis et obtineat, et recitetur. Cujus scripturam ad similitudinem nostrarum Institutionum, et Digestorum sine ulla signorum dubietate conscribi jussimus : ut omne quod à nobis compositum est hic, et in scriptura, et in ipsa sanctione purum, atque dilucidum clareat, licet ex hac causa in ampliorem numerum summa hujus Codicis redacta est.

§. 6. Ut igitur, sanctissimi et florentissimi patres, nostri labores vobis manifesti fiant, et per omne tempus obtineant, hanc præsentem legem ad frequentissimum ordinem vestrum duximus destinandam. Data XVII decem. domino Justiniano PP. A. IIII, et Paulo V. c. Cons.

vies par d'autres, mais encore les secondes que les anciens appelaient *repetitæ prælectiones;* ce qu'on voit facilement par les écrits qu'Ulpien a adressés à Sabinus.

§. 4. Toutes ces choses ayant été faites selon nos intentions, et le Code Justinien ayant été corrigé, purifié, d'après notre ordre, par les hommes que nous avions chargés de ce travail, il nous a été présenté avec les additions et les changemens qu'on a jugé convenable d'y faire. Nous avons ordonné qu'il fût copié en entier, non d'après la première édition, mais d'après la seconde; et, confirmé par notre autorité, nous ordonnons qu'il soit lu dans les tribunaux, comme on a coutume de le faire à l'égard des constitutions, à compter du quatrième des calendes de janvier; notre 4e. consulat, et celui de Paulinus. Nous défendons qu'on y lise d'autres constitutions que celles qui sont insérées dans notre Code, à moins que, dans la suite, à cause de la vicissitude des choses, nous ne donnions notre sanction à d'autres lois nouvelles; car personne ne doute que, si, à l'avenir, il se présente quelques additions ou changemens à faire à notre Code, nous ne devions les faire, recueillir ensuite les nouvelles lois ensemble, sous le nom de nouvelles constitutions.

§. 5. Nous réitérons nos défenses de citer à l'avenir celles de nos décisions ou de nos constitutions que nous avons portées avant cette deuxième édition de notre Code, de même que de celles qui sont renfermées dans notre premier code, et qui ne le seraient pas dans la seconde édition. On ne doit citer et observer dans tous les tribunaux, et sur toutes les matières, qne celles qui font partie du présent Code, revu et corrigé, que nous avons ordonné être écrit d'un style clair, à l'exemple de nos Institutes et de notre Digeste, afin que tout ce que nous avons composé soit clair par son style, et dans les matières qu'il contient, et par-là notre Code en soit plus parfait.

§. 6. Nous vous adressons donc, très-illustres pères, la présente loi, afin que nos travaux soient connus de vous, et qu'ils soient respectés dans tous les tems. Fait à Constantinople, le 16 des calendes de septembre, sous le consulat de l'empereur Justinien, pour la quatrième fois consul, et de Paul.

CODICIS

DOMINI JUSTINIANI,

SACRATISSIMI PRINCIPIS,

EX REPETITA PRÆLECTIONE.

CODE

DE L'EMPEREUR JUSTINIEN,

DE LA SECONDE ÉDITION.

LIVRE PREMIER.	LIBER PRIMUS.
TITRE PREMIER.	**TITULUS PRIMUS.**
De la souveraine Trinité, de la Foi catholique, et des défenses d'en disputer publiquement.	*De summa Trinitate et Fide catholica, et ut nemo publicè de ea contendere audeat.*
1. *Les Empereurs* GRATIEN, VALENTINIEN *et* THÉODOSE, *au peuple de la ville de Constantinople.*	1. *Imperatores* GRATIANUS, VALENTINIANUS *et* THEODOSIUS, *ad populum urbis Constantinopolitanæ.*

Nous voulons que tous les peuples qui vivent sous notre empire, embrassent la religion que l'apôtre S. Pierre a transmise aux Romains, comme il le dit lui-même; celle que professent le pontife Damase et Pierre, évêque d'Alexandrie, homme d'une sainteté apostolique, c'est à dire, qu'ils croient selon la discipline apostolique et la doctrine évangélique, à l'égale divinité, sous une seule personne, du Père, du Fils et du Saint-Esprit, renfermés dans la Sainte-Trinité.

§. 1. Nous ordonnons à ceux qui suivront cette loi, de prendre le nom de catholiques chrétiens. Quant aux autres, que nous re-

CUNCTOS POPULOS, quos clementiæ nostræ regit imperium, in tali volumus religione versari, quam divum Petrum Apostolum tradidisse Romanis, religio usque adhuc ab ipso insinuata declarat. Quamque pontificem Damasum sequi claret, et Petrum Alexandriæ episcopum virum apostolicæ sanctitatis; hoc est, ut secundùm apostolicam disciplinam, evangelicamque doctrinam Patris et Filii et Spiritus sancti unam deitatem sub pari majestate, et sub pia Trinitate credamus.

§. 1. Hanc legem sequentes, christianorum catholicorum nomen jubemus amplecti; reliquos verò dementes, vesanosque judicantes, hæretici dogmatis infamiam sustinere, divina primùm vindicta, post etiam motus animi nostri, quem ex cœlesti arbitrio sumpserimus, ultione plectendos.

Dat. 3 calend. mart. Thessalonicæ, Gratiano. A. V. et Theodosio A. I, Coss.

2. Iidem AAA. Eutropio, P. P.

Nullus hæreticis ministeriorum locus, nulla ad exercendam animi obstinatioris dementiam pateat occasio. Sciant omnes, etiam si quid speciali quolibet rescripto per fraudem elicito ab hujusmodi hominum genere impetratum sit, non valere. Arceantur cunctorum hæreticorum ab illicitis congregationibus turbæ. Unius et summi Dei nomen ubique celebretur. Nicænæ fidei dudùm à majoribus traditæ, et divinæ religonis testimonio atque adsertione firmatæ observantia semper mansura teneat.

§. 1. Is autem Nicænæ adsertor fidei, et catholicæ religionis verus cultor accipiendus est : qui omnipotentem Deum, et Christum filium Dei uno nomine confitetur : Deum de Deo, lumen de lumine : qui Spiritum sanctum, quem ex summo rerum parente speramus et accipimus, negando non violat : apud quem intemeratæ fidei sensus viget, incorruptæ Trinitatis indivisa substantia, quæ Græco verbo, ἰμέσιος rectè credentibus dicitur. Hæc profectò nobis magis probanda, hæc veneranda sunt.

§. 2. Qui verò non iisdem inserviunt : desinant adfectatis dolis alienum veræ religionis nomen adsumere, et suis apertis criminibus denotentur, atque ab omnium summoti ecclesiarum limine penitùs arceantur : cùm omnes hæreticos illicitas agere intra oppida congregationes vetemus. At si quid

gardons comme fous et insensés, nous les déclarons infames, comme coupables d'hérésie ; et outre la vengeance divine qu'ils ont à craindre, ils seront punis selon la haine que le Ciel nous porte à leur vouer.

Fait à Thessal., le 3 des calendes de mars, sous le consulat des empereurs Gratien, consul pour la cinquième fois, et de Théodose.

2. *Les mêmes empereurs à Eutrope, préfet du prétoire.*

Qu'on ne souffre point que les hérétiques s'assemblent en quelques lieux, et qu'il ne leur soit fourni aucune occasion d'exercer la démence de leur esprit endurci ; que tout le monde sache que, si des gens de cette espèce ont obtenu quelque faveur d'un rescrit spécial arraché par la fraude, ce rescrit est nul ; qu'on interdise à toute espèce d'hérétiques la faculté de tenir des assemblées illicites ; que partout le souverain nom d'un Dieu unique soit célébré ; que l'on observe la foi de Nicée transmise par nos pères, et la divine religion confirmée par le témoignage et une pratique constante, et qui doit à jamais durer.

§. 1. Celui-là croit à la foi de Nicée, et est vrai chrétien, qui croit au Dieu tout-puissant et au Christ, fils de Dieu, sous une seule personne, Dieu de Dieu, la lumière de la lumière ; au Saint-Esprit que nous attendons, que nous recevons du souverain père des choses, et que nous n'espérons jamais vainement ; celui qui a dans lui le sentiment d'une foi pure, et qui croit la Trinité en une seule substance indivisible, que les fidèles ont fort bien nommé par ce mot grec ἰμέσιος. Ces choses n'exigent pas que nous les prouvions davantage, on doit les respecter.

§. 2. Que ceux qui n'ont point cette croyance, cessent de donner le nom de la vraie religion à leurs erreurs, qu'ils soient désignés par celui de leurs sectes, et que l'entrée des églises leur soit rigoureusement interdite ; et si, parce que nous leur défendons de tenir des assemblées illicites dans la ville, ils tentent quelque mouvement séditieux, nous ordonnons qu'ils soient repoussés des murs de la ville avec la plus grande rigueur, et nous commandons que toutes les églises, en quelque lieu du monde qu'elles soient si-tuées, soient rendues aux évêques orthodoxes qui suivent la foi de Nicée.

Fait à Constantinople, le 4 des ides de janvier, sous le consulat de Fl. Eucharius et de Fl. Syagrius.

3. L'Empereur Martien à Palladius, préfet du prétoire.

Que personne, soit clerc, soit militaire ou de toute autre condition, ne s'avise désormais de disputer publiquement de la religion chré-tienne devant la foule assemblée et attentive, en cherchant par-là l'occasion de faire naître des désordres et des révoltes; car c'est insulter au saint synode que de disputer publiquement de ce qu'il a définitivement arrêté et réglé : parce que ce qui a été décidé par les prêtres as-semblés par notre ordre à Chalcédoine, est conforme à ce que décidèrent les saints pères, au nombre de 318, assemblés à Nicée, et ceux assemblés en cette ville, au nombre de 150. Les contrevenans à cette loi ne res-teront pas impunis, parce que non-seule-ment ils sont opposés à la vraie foi, mais qu'encore ils profanent les mystères en enga-geant à leur sujet des combats avec les juifs et les payens. Donc, si celui qui a osé dispu-ter publiquement de la religion, est clerc, qu'il soit éloigné de l'ordre des clercs; s'il est militaire, qu'il soit dégradé; enfin, que les autres qui seront coupables de ce crime, s'ils sont libres, qu'ils soient bannis de cette ville, et condamnés, par voie judiciaire, aux peines portées par les lois; et s'ils sont es-claves, qu'ils soient condamnés à des peines très-sévères.

Fait à Constantinople, le 8 des ides de fé-vrier, sous le consulat de Patricius.

eruptio factiosa tentaverit, ab ipsis etiam urbium mœnibus, exterminato furore, pro-pelli jubemus : ut cunctis orthodoxis epis-copis, qui Nicænam fidem tenent, catholicæ ecclesiæ toto orbe reddantur.

Data 4 id. januar. c. p. Fl. Euchario et Fl. Syagrio, Coss.

3. Imperator Martianus a. Palladio, p. p.

Nemo clericus, vel militaris, vel alterius cujuslibet conditionis, de fide christiana, pu-blicè turbis coadunatis et audientibus, trac-tare conetur in posterùm, ex hoc tumultus et perfidiæ occasionem requirens. Nam et inju-riam facit judicio reverendissimæ synodi, si quis semel judicata, ac rectè disposita revol-vere, et publicè disputare contenderit : cùm ea, quæ nunc de christiana fide à sacerdoti-bus, qui Chalcedone convenerunt, per nostra præcepta statuta sunt : juxtà apostolicas expo-sitiones, et instituta sanctorum patrum tre-centorum decem et octo in Nicæa, et centum quinquaginta in hac regia urbe definita esse noscantur ; nam in contemptores hujus legis pœna non deerit : quia non solùm contra fidem verè expositam veniunt, sed etiam judæis et paganis ex hujus modi certamine profa-nant veneranda mysteria. Igitur, si clericus erit, qui publicè tractare de religione ausus fuerit, à consortio clericorum removebitur; si verò militia præditus sit, cingulo spoliabi-tur; cæteri autem hujus criminis rei, siqui-dem liberi sint, de hac sacratissima urbe ex-pellentur, pro vigore judiciario etiam com-petentibus suppliciis subjugandi; si verò servi, severissimis animadversionibus plec-tentur.

Dat. 8 id. febr. Constantinop. Patricio, Coss.

8. *Clarissimo et clementissimo filio Justiniano, Joannes, Episcopus urbis Romæ.*

Inter claras sapientiæ ac mansuetudinis vestræ laudes, christianissime principum, puriore luce tanquàm aliquod sydus irradiat, quòd amore fidei, quòd charitatis studio, edocti ecclesiasticis disciplinis, Romanæ sedis reverentiam conservatis, et ei cuncta subjicitis, et ad ejus deducitis unitatem; ad cujus auctorem, hoc est apostolorum primum, domino loquente, præceptum est : *Pasce oves meas;* quam esse omnium verè ecclesiarum caput, et patrum regulæ, et principum statuta declarant, et pietatis vestræ reverendissimi testantur affatus. Patet igitur in vobis impletum fore, quod scripturæ loquuntur : *Per me reges regnant, et potentes scribunt justitiam.* Nihil est enim, quod lumine clariore præfulgeat, quàm recta fides in principe; nihil est quod ita nequeat occasui subjacere, quàm vera religio; nam cùm auctorem vitæ vel luminis utraque respiciant, rectè et tenebras respuunt, et nesciunt subjacere defectui. Quamobrem gloriosissime principum votis omnibus exorabitur divina potentia, ut pietatem vestram in hoc ardore fidei, in hac devotione mentis, in hoc integræ religionis studio sine defectu sui in longiora tempora conservet. Hoc enim et sanctis credimus ecclesiis expedire, scriptum est enim : *Labiis regit rex;* et iterùm : *Cor regis in manu Dei est; et ubi voluerit inclinabit illud.* Hoc est enim, quod vestrum firmat imperium, hoc quod vestra regna conservat ; nam pax ecclesiæ, religionis unitas, auctorem facti in sublime provectum grato sibi tranquillitate custodit, neque enim parva ei vicissitudo à potentia divina tribuitur, per quem nullis rugis ecclesia divisa secernitur, nullis insertis maculis variatur. Scriptum est enim : *Quia cùm rex justus sederit supra sedem, non adversabitur sibi quicquam malignum.* Proindè serenitatis vestræ apices per Hypatium atque

8. *Jean, Evêque de Rome, à notre très-illustre et très-clément fils Auguste Justinien.*

Outre les éloges mérités qu'on peut donner à votre sagesse et à votre douceur, le plus chrétien des princes, vous êtes distingué encore comme un astre radieux, par l'amour de la foi et de la charité ; et instruit sur ce qui concerne la discipline ecclésiastique, vous avez conservé la prééminence du siége de Rome ; vous lui avez soumis toutes choses, et vous avez ramené l'unité dans l'église. Le Seigneur a dit au premier de nos prédécesseurs, qui est aussi le premier des apôtres : *Gardez mes brebis ;* siége que les institutions des princes, les maximes des pères, et le témoignage de votre piété, déclarent le chef de toutes les églises. Il est donc certain que ce passage de l'écriture sera acccompli en vous : *Par moi les rois règnent, et les puissances rendent la justice.* Rien ne donne plus d'éclat aux princes, qu'une foi juste ; il n'est rien qui préserve du péché comme une vraie religion ; car, comme l'une et l'autre se rapportent à l'auteur de la vie et de la lumière, elles repoussent les ténèbres, et s'élèvent toujours au-dessus des vices. C'est pourquoi, glorieux prince, tout le monde fera des vœux pour que la divine puissance maintienne votre piété dans le zèle pour la foi, dans cette dévotion sincère, dans cette étude de la vraie religion, pendant tout le cours de votre vie ; car nous croyons que c'est l'avantage des saintes églises. En effet, l'écriture dit : *Le roi gouverne par ses discours;* et ailleurs : *Le cœur du roi est dans la main de Dieu; il penche du côté où Dieu veut,* c'est à-dire, qu'il affermit votre empire et qu'il conserve vos royaumes ; car la paix de l'église, l'unité de la religion, élèvent et conservent la paix à celui qui en est l'auteur ; et la divine puissance préserve de l'adversité celui qui maintient l'église sans tache et dans la tranquillité. En effet, l'écriture dit : *Le roi juste qui est sur le trône, n'a point à crain-*

dre l'adversité. Nous avons reçu le respect accoutumé de votre majesté, par nos frères et collègues, les très-saints évêques Hipatius et Démétrius : nous avons appris d'eux que vous avez publié un édit adressé à vos fidèles peuples, dicté par l'amour de la foi, et tendant à détruire les hérétiques; lequel est selon la doctrine apostolique, et a été confirmé par nos collègues et nos frères les évêques; nous le confirmons de notre autorité, parce qu'il est conforme à la doctrine apostolique.

Voici le texte de la lettre de l'empereur :

JUSTINIEN, victorieux, pieux, heureux, illustre, triomphant, toujours auguste; à JEAN, Patriarche et très-saint Archevêque de la ville de Rome.

Honorant le siége apostolique et votre sainteté, pour laquelle nous n'avons jamais cessé de faire des vœux, que nous regardons comme notre père, nous nous sommes hâtés de lui donner connaissance de toutes les affaires qui concernent l'état ecclésiastique. Comme nous nous sommes toujours efforcés de maintenir l'unité de votre siége apostolique, et de maintenir les saintes églises de Dieu dans l'état où elles sont aujourd'hui, c'est à dire, dans la paix et exempte de toutes contrariétés, nous avons engagé tous les prêtres de l'Orient à s'unir et se soumettre à votre sainteté : mais à présent que de nouveaux doutes se sont élevés, quoique sur des choses claires et certaines, et conformes à la doctrine de votre siége apostolique, fermement gardée et professée par tous les prêtres, nous avons cependant cru nécessaire d'en instruire votre sainteté; car nous ne souffrons pas que les affaires qui naissent au sujet de la religion, quoique simples et non douteuses, soient agitées sans que votre sainteté en soit instruite, elle qui est le chef de l'église; car nous nous efforcerons toujours, comme nous avons dit, d'accroître l'honneur et l'autorité de votre siége.

Demetrium sanctissimos viros fratres et coepiscopos meos reverentia consueta suscepimus: quorum etiam relatione comperimus, quod fidelibus populis proposuistis edictum amore fidei, pro submovenda hæreticorum intentione, secundùm apostolicam doctrinam, fratrum et coepiscoporum nostrorum interveniente consensu, quod quia apostolicæ doctrinæ convenit, nostra auctoritate confirmamus.

Textùs autem epistolæ imperatoris talis est :

Victor JUSTLNIANUS, pius, felix, inclytus, triumphator, semper augustus; JOANNI, sanctissimo archiepiscopo almæ urbis Romæ, et Patriarchæ.

Reddentes honorem apostolicæ sedi, et vestræ sanctitati, quod semper nobis in voto et fuit et est (ut decet patrem), honorantes vestram beatitudinem, omnia quæ ad ecclesiarum statum pertinent, festinamus ad notitiam deferre vestræ sanctitatis: quoniam semper nobis fuit magnum studium, unitatem vestræ apostolicæ sedis et statum sanctarum Dei ecclesiarum custodire: quæ hactenùs obtinet, et incommotè permanet, nulla intercedente contrarietate. Ideóque omnes sacerdotes universi orientalis tractus et subjicere et unire sedi vestræ sanctitatis properavimus. In præsenti ergò quæ commota sunt, quamvis manifesta et indubitata sint, et secundùm apostolicæ vestræ sedis doctrinam ab omnibus semper sacerdotibus firmè custodita et prædicata, necessarium duximus, ut ad notitiam vestræ sanctitatis perveniant. Nec enim patimur quicquam, quod ad ecclesiarum statum pertinet, quamvis manifestum et indubitatum sit quod movetur, ut non etiam vestræ innotescat sanctitati, quia caput est omnium sanctarum ecclesiarum. Per omnia enim (ut dictum est) properamus, honorem et auctoritatem crescere vestræ sedis.

§. 1. Manifestum igitur facimus vestræ sanctitati quod paci quidam infideles et alieni sanctæ Dei catholicæ atque apostolicæ ecclesiæ contradicere judaicè atque apostaticè ausi sunt adversùs ea, quæ ab omnibus sacerdotibus secundùm vestram doctrinam rectè tenentur, et glorificantur, atque prædicantur : denegantes dominum nostrum Jesum Christum unigenitum filium Dei, et dominum nostrum incarnatum de sancto Spiritu, et ex sancta atque gloriosissima semper Virgine Dei genitrice Maria, hominem factum atque crucifixum, unum esse sanctæ et consubstantialis Trinitatis, et coadorandum, et conglorificandum Patri et Spiritui sancto, consubstantialem Patri secundùm divinitatem, et consubstantialem nobis eundem secundùm humanitatem, passibilem carne, eundemque ipsum impassibilem deitate; recusantes enim dominum nostrum Jesum Christum unigenitum filium Dei, et Dominum nostrum fateri unum esse sanctæ et consubstantialis Trinitatis : videntur Nestorii malam sequi doctrinam, secundùm gratiam dicentis unum filium Dei, et alium dicentis Dei verbum, et alium Christum.

§. 2. Omnes verò sacerdotes sanctæ catholicæ atque apostolicæ ecclesiæ, et reverendissimi archimandritæ sanctorum monasteriorum sequentes sanctitatem vestram, et custodientes statum et unitatem sanctarum Dei ecclesiarum, quàm habent ab apostolica vestræ sanctitatis sede : nihil penitùs immutantes de ecclesiastico statu, qui hactenùs obtinuit, atque obtinet, uno consensu confitentur et glorificant, prædicantes dominum nostrum Jesum Christum, unigenitum filium et verbum Dei, et Dominum nostrum, antè secula et sine tempore de patre natum, in ultimis diebus descendisse de cœlis, et incarnatum de Spiritu sancto, et ex sancta atque gloriosa virgine et Dei genitrice Maria natum, et hominem factum, et crucifixum; unum esse sanctæ et consubstantialis Trini-

§ 1. Nous faisons donc savoir à votre sainteté que quelques infidèles, hors de la sainte église catholique de Dieu, ont osé avancer des principes judaïques et apostatiques sur des points conformes à votre doctrine apostolique que tous les prêtres ont embrassés, et qu'ils respectent et prêchent. Ces infidèles nient que Jésus-Christ soit le fils unique de Dieu; qu'il soit Dieu lui-même et notre seigneur incarné, né du Saint-Esprit et de la sainte, glorieuse et toujours Vierge Marie, mère de Dieu; qu'il ait été fait homme et crucifié; qu'il soit une des personnes de la sainte et consubstantielle Trinité; qu'on doive l'adorer avec le Père et le Saint-Esprit; qu'il soit consubstantiel avec le Père, selon la divinité, et consubstantiel avec les hommes, selon l'humanité; susceptible de douleurs par la chair, n'en étant pas susceptible par la divinité. En refusant de reconnaître notre seigneur Jésus-Christ, fils unique de Dieu et notre sauveur, comme une personne de la sainte et consubstantielle Trinité, ils paraissent suivre l'abominable doctrine de Nestor, qui dit que Dieu a un fils par la grace, qui est appelé le Verbe de Dieu, et un autre fils appelé le Christ.

§ 2. Tous les prêtres de la sainte église catholique et apostolique et les révérends abbés des saints monastères, ayant reconnu votre sainteté, approuvant l'état et l'unité des saintes églises qui dérivent de votre siége apostolique, et ne changeant rien à l'état ecclésiastique actuel, confessent et prêchent que notre seigneur Jésus-Christ est fils unique et verbe de Dieu, né avant les siècles et les tems, de son père; qu'il est descendu dernièrement du ciel; qu'il a pris chair, et est né du Saint-Esprit et de la sainte et glorieuse Vierge Marie, mère de Dieu; qu'il a été fait homme et a été crucifié; enfin, qu'il est une des personnes de la sainte et consubstantielle Trinité; qu'on doit l'adorer et louer avec le Père et le Saint-Esprit. Nous ne reconnaissons point un Dieu Verbe et un autre. Dieu

Christ, mais un seul et le même qui est consubstantiel avec le père, selon la divinité, et consubstantiel avec les hommes, selon l'humanité ; passible par la chair, impassible par la divinité ; ensorte qu'il est parfait comme Dieu et parfait comme homme. Nous admettons la divinité en une seule substance, et nous confessons ce que les Grecs appellent ὁμοούσιον. Et puisque notre seigneur Jésus-Christ est le fils unique, verbe de Dieu, qu'il est né de son père avant les siècles et les tems ; que le même est dernièrement descendu des cieux ; qu'il a pris chair par le Saint-Esprit et par la sainte, glorieuse et toujours Vierge Marie, mère de Dieu, et qu'il a été fait homme, il est donc proprement et véritablement Dieu : c'est pourquoi nous disons que la sainte et glorieuse Vierge Marie est proprement et véritablement la mère de Dieu ; non de ce que Dieu a pris la parole et la naissance d'elle, mais parce qu'il est dernièrement descendu des cieux et qu'il a pris chair et est né d'elle et a été fait homme ; lequel nous croyons et confessons, comme nous avons déjà dit, consubstantiel avec le père, selon la divinité, et consubstantiel avec les hommes, selon l'humanité. Nous croyons de même à ses miracles et à sa passion, qui eurent lieu pendant qu'il était en chair.

§. 3. Nous admettons, ainsi que votre siége apostolique l'enseigne et prêche, quatre saints conciles ; 1°. celui des 318 saints pères qui s'assemblèrent dans la ville de Nicée ; 2°. celui tenu dans cette ville par les saints pères, au nombre de 150 ; 3°. celui tenu à Éphèse ; 4°. et enfin, celui de Chalcédoine. Tous les prêtres qui suivent la doctrine de votre siége apostolique, croient, confessent et prêchent ces choses.

§. 4. Nous avons cru nécessaire de donner connaissance à votre sainteté, par les évêques Hypatius et Démétrius, des dénégations

talis, et coadorandum et conglorificandum Patri et sancto Spiritui ; nec enim alium Deum verbum, et alium Christum cognoscimus : sed unum atque eundem ipsum consubstantialem Patri secundùm divinitatem, et consubstantialem nobis eundem ipsum secundùm humanitatem, passibilem carne, eundem ipsum impassibilem deitate, ut in divinitate perfectus, ita idem ipse et in humanitate perfectus est : in una enim substantia deitatem suscipimus et confitemur, quod Græci dicunt ὁμοούσιον. Et quoniam unigenitus filius et verbum Dei ante secula et sine tempore de Patre natus, idem ipse in ultimis diebus descendens de cœlis, incarnatus ex Spiritu sancto atque gloriosa semper virgine et Dei genitrice Maria ; homo factus dominus noster Jesus Christus propriè et verè Deus est : ideò et sanctam atque gloriosam virginem Mariam propriè et verè Dei matrem esse dicimus, non quia Deus verbum principium ex ipsa sumpserit, sed quia in ultimis diebus descendit de cœlis, et ex ipsa incarnatus, et homo factus, et natus est, quem confitemur et credimus (sicut dictum est) consubstantialem Patri secundùm deitatem, et consubstantialem nobis eundem ipsum secundùm humanitatem : ejusdem miracula et passiones, quas spontè carne sustinuit, agnoscentes.

§. 3. Suscipimus autem sancta quatuor concilia ; id est trecentorum decem et octo sanctorum patrum, qui in Nicæna urbe congregati sunt ; et centum quinquaginta sanctorum patrum, qui in hac regia urbe convenerunt : et sanctorum patrum, qui in Epheso primò congregati sunt : et sanctorum patrum, qui in Chalcedone convenerunt sicut vestra apostolica sedes docet atque prædicat. Omnes ergò sacerdotes sequentes doctrinam apostolicæ sedis vestræ ita credunt et confitentur et prædicant.

§. 4. Undè properavimus hoc ad notitiam deferre vestræ sanctitatis per Hypatium et Demetrium beatissimos episcopos, ut nec

vestram sanctitatem lateat, quæ à quibusdam paucis monachis malè et judaicè secundùm Nestorii perfidiam denegata sunt.

§. 5. Petimus ergo vestrum paternum
affectum, ut vestris ad nos destinatis litteris, et ad sanctissimum episcopum hujus
almæ urbis, et patriarcham fratrem vestrum : (quoniam et ipse per eosdem scripsit ad vestram sanctitatem, festinans in
omnibus sequi sedem apostolicam beatitudinis vestræ) manifestum nobis faciatis,
quòd omnes, qui prædicta rectè confitentur,
suscipit vestra sanctitas : et eorum, qui judaicè ausi sunt rectam denegare fidem,
condemnat perfidiam. Plus enim ita, et circa
vos omnium amor et vestræ sedis crescet auctoritas; et quæ ad vos est unitas sanctarum
ecclesiarum inturbata servabitur : quandò per
vos didicerint omnes beatissimi episcopi
eorum, quæ ad vos relata sunt, sinceram
vestræ sanctitatis doctrinam. Petimus autem
vestram beatitudinem orare pro nobis, et
Dei nobis adquirere providentiam.

Talis fuit subscriptio : Deitas te conservet
per multos annos sancte ac religiosissime
pater.

Sequitur residuum epistolæ papæ.

Liquet igitur, Imperator gloriosissime,
(ut lectionis tenor et legatorum vestrorum
relatio patefecit) vos apostolicis eruditio-
nibus studere : cùm de religionis catholicæ
fide ea sapitis, ea scripsistis, ea protulistis, ea
populis fidelibus publicastis, quæ (sicut diximus) et sedis apostolicæ doctrina, et sanctorum patrum veneranda decrevit auctoritas,
et nos confirmavimus in omnibus. Opportu-
num est ergò voce exclamare propheticâ :
*Jucundetur tibi, et abundet cœlum desuper,
et effundant montes jucunditatem, et colles
lætitia lætabuntur.* Hæc igitur in tabulis
cordis fideliter scribere : hæc, ut pupil-
las oculorum convenit observare, neque
enim quisquam est, in quo Christi charitas

méchantes et judaïques faites par quelques
moines qui suivent la doctrine abominable
de Nestor.

§. 5. Nous demandons donc votre affection paternelle, afin que vous nous fassiez
connaître par vos lettres, ainsi qu'aux évêques de cette ville et au patriarche votre
frère (qui a écrit lui-même à votre sainteté,
par les mêmes députés, qu'il suivait en toutes
choses le siége apostolique de votre béa-
titude). que votre sainteté approuve tous
ceux qui croient à ce que nous avons exposé
ci-dessus; et qu'elle condamne la perfidie
de ceux qui ont osé judaïquement nier la
foi légitime. Ainsi l'autorité de votre siége
et l'amour de tous pour vous augmenteront;
l'unité et la tranquillité des saintes églises
seront assurées, quand les évêques appren-
dront, des députés qui vous ont été envoyés,
quelle est la vraie doctrine de votre sainteté.
Nous demandons de votre sainteté qu'elle
prie Dieu pour nous, et qu'elle nous obtienne
sa bienveillance.

La souscription était ainsi : Que la divinité, ô saint et très-religieux père, vous
donne une longue vie !

Suit le reste de la lettre du pape :

Il est donc certain, très-illustre empereur,
comme le prouvent l'objet de votre légation
et le récit de vos députés, que vous vous adon-
nez à l'étude de la religion apostolique, puisque vous savez, vous avez écrit, propagé et
prêché aux peuples fidèles ce que, comme
nous avons dit, la doctrine du siége apos-
lique et l'autorité respectable des saints pères
ont arrêté et que nous avons confirmé en tous
points. C'est le tems de s'écrier d'une voix
prophétique : *Le ciel vous protégera; les montagnes, les collines se réjouiront.* Il faut que
vous graviez fidèlement ces choses dans votre
cœur, que vous les conserviez comme la pru-
nelle de vos yeux. Il n'est aucun de ceux qui
sont animés par la charité de Jésus-Christ,

qui puisse improuver votre profession de foi, qui est si juste et si vraie ; car il n'est aucun doute que vous ne condamniez l'impiété de Nestor, d'Eutychès et de tous les autres hérétiques, et que vous n'observiez fermement et fidèlement, avec un cœur pieux et dévoué à Dieu, la vraie foi catholique de notre seigneur et Dieu, révélée par notre sauveur Jésus-Christ, confirmée par les prédictions des prophètes et des apôtres répandues partout, et par la confession des saints de toute la terre ; recueillie par les pères et les docteurs, et conforme à notre doctrine. Les seuls qui soient opposés à votre profession de foi sont ceux dont l'écriture dit : *Ils ont mis leur espérance dans le mensonge, et ils ont espéré dans le mensonge;* ou ceux qui, d'après le prophète, ont dit au Seigneur : *Éloigne-toi de nous, nous ne voulons pas suivre tes voies;* ceux dont parle Salomon : *Ils ont erré dans leurs propres voies, et ils cueillent avec leurs mains des choses infructueuses.* C'est donc là votre vraie foi et votre vraie religion, que tous les pères, d'heureuse mémoire, comme nous avons dit, ainsi que tous les chefs de l'église romaine, que nous suivons en toutes choses, ont décidé ; ce que le siége apostolique a jusqu'à présent prêché et gardé fermement ; et s'il existe quelqu'un qui soit opposé à cette confession et à cette foi du chrétien, il les jugera lui-même hors de la sainte communion et de l'église catholique. Nous avons trouvé dans la ville de Rome Cyrus et ses partisans qui ont été du monastère des *Cumitens,* et que nous nous sommes efforcés de rappeler, par nos conseils apostoliques, à la vraie foi, ainsi qu'on ramène les brebis égarées à la bergerie. Afin de faire connaître, comme dit le prophète, à ceux qui doutent que nous tendons vers la paix, le premier des apôtres répète, par notre organe, aux incrédules, ces paroles du prophète Isaïe : *Errez à la lumière du feu et de la flamme que vous avez allumés. Mais leur cœur est tellement endurci,* comme dit l'écriture, *qu'ils ne peu-*

Tome I.

fervet, qui tàm rectæ, tàm veræ confessionis vestræ fidei refragator existat : cùm evidenter impietatem Nestorii Eutychetisque, et omnium hæreticorum damnantes, unam veram catholicam fidem domini et Dei nostri salvatoris Jesus Christi magisterio institutam, et propheticis apostolicisque prædicationibus ubique diffusam, et sanctorum per totum orbem confessionibus roboratam, patrum atque doctorum sententiis adunatam, et nostræ doctrinæ consentaneam, inconcussè atque inviolabiliter devota Deo et pia mente servatis. Soli et enim professionibus vestris adversantur, de quibus divina scriptura loquitur dicens : *Posuerunt in mendacium spem suam, et mendacio operiri speraverunt;* et iterùm qui secundùm prophetam dicunt Domino : *Recede à nobis, vias tuas scire nolumus;* propter quod Salomon dicit : *Per semitas propriæ culturæ erraverunt, colligunt autem manibus infructuosa.* Hæc est igitur vera vestra fides, hæc certa religio, hoc beatæ recordationis (ut diximus) patres omnes, præsulesque romanæ ecclesiæ, quos in omnibus sequimur; hoc sedes apostolica prædicavit hactenùs, et inconcussè custodivit : huic confessioni, huic fidei quisquis contradictor extiterit, alienum sanè à communione, alienum seipsum ab ecclesia indicavit esse catholica. Nos enim Cyrum cum sequacibus suis in romana invenimus civitate, qui de Cumitensi monasterio fuit, quos apostolicis suasionibus ad rectam fidem velut oves, quæ perierant, errantes ad ovile contendimus revocare dominicum. Ut agnoscant secundùm prophetam linguæ balbutientes loqui, quæ ad pacem sunt. Ad non credentes autem per nos primus apostolorum Isaiæ prophetæ verbum dicit : *Pergite in lumine ignis vestri et flammæ, quam accendistis : sed obduratum est cor eorum (ut scriptum est) ut non intelligerent pastoris vocem; oves quæ meæ non erant, audire minimè voluerunt.* In quibus observantes ea, quæ ab ipsorum sunt statuta pontifice, eos minimè in

4

nostra communione recipimus, et ab omni ecclesia catholica esse jussimus alienos : nisi, errore damnato, doctrinam nostram quantotiùs sequi, habita regulari professione, signaverint. Æquum quippè est, ut qui nostris minimè obedientiam accommodant statutis, ab ecclesiis habeantur extorres. Sed quia gremium suum nunquàm redeuntibus claudit ecclesia, obsecro clementiam vestram, ut si proprio deposito errore, et prava intentione depulsa, ad unitatem ecclesiæ reverti voluerint: in vestra communione receptis indignationis vestræ removeatis aculeos, et nobis intercedentibus benigni animi gratiam condonetis. Deum autem et salvatorem nostrum Jesum Christum exoramus, quatenùs longævis et pacificis vos dignetur custodire temporibus in hac vera religione et unitate et veneratione apostolicæ sedis : cujus principatum ut christianissimi et pii conservatis in omnibus. Præthereà serenissime principum laudamus legatorum vestrorum personas Hypatii et Demetrii fratrum et coepiscoporum nostrorum, quos clementiæ vestræ gratos forè ipsa manifestavit electio. Nam tantæ causæ pondus non nisi perfectis in Christo potuisset injungi. Tantæ verò pietatis, tantæ reverentiæ plenos affatus, nisi peramantes minimè dignaremini destinare. Gratia domini nostri Jesus Christi, et charitas Dei patris, et communicatio sancti Spiritus sit semper vobiscum, piissime fili. Amen.

—

Item subscriptio : Omnipotens Deus regnum vestrum et salutem vestram perpetua protectione custodiat, gloriosissime et clementissime fili Imperator Auguste.

vent rien entendre ; et les brebis qui n'étaient pas de mon troupeau, n'ont pas voulu entendre la voix du pasteur. Observant ce que S. Pierre a établi à ce sujet, nous ne les recevons point dans notre communion, et nous ordonnons qu'ils soient exclus de toute église catholique, à moins que, condamnant leur erreur, ils ne suivent notre doctrine, et déclarent en faire profession ; car il est juste que ceux qui ne s'y soumettent point, soient déclarés exclus des églises. Mais comme l'église ne ferme jamais son sein à ceux qui veulent retourner à elle, c'est pourquoi, s'ils abandonnaient leurs erreurs et leurs mauvaises intentions, je supplie votre clémence, afin que vous les receviez dans votre communion, que vous oubliez les injures qui ont excité votre indignation, et que, par notre intercession, vous leur pardonniez et leur accordiez votre bienveillance. Nous prions Dieu qu'il daigne vous conserver long-tems dans la vraie religion, l'unité du siége apostolique et le respect que vous avez pour lui, et qu'il vous conserve le commandement, en toutes choses, de l'empire le plus chrétien et le plus pieux. Nous avons en outre à nous louer, sérénissime prince, des personnes des évêques Hypatius et Démétrius, nos frères et nos collègues, que l'élection que vous avez faite d'eux nous prouve qu'ils vous sont agréables; car on ne pouvait charger d'une commission aussi importante, aussi pieuse et respectable, que des hommes parfaits en Jésus-Christ, et vos amis. Fils très-pieux, que la grace de notre seigneur Jésus-Christ, la charité de Dieu le père et la communication du Saint-Esprit, soient toujours en vous. Ainsi soit-il.

La souscription était ainsi. Très-clément et très-glorieux fils l'empereur Auguste, que le Dieu tout-puissant conserve par sa continuelle protection votre royaume et votre santé.

Fait à Rome, le 8 des calendes d'avril, sous le consulat de l'empereur Justinien, consul pour la quatrième fois, et de Paulinus.

TITRE II.

Des Eglises, de leurs biens et de leurs privilèges.

1. *L'Empereur* CONSTANTIN, *au Peuple.*

QUE chacun ait la liberté de laisser telle partie de ses biens qu'il voudra à une assemblée sainte, catholique et respectable, (*c'est à dire à un corps religieux et licite*), et que ses dispositions soient valables; car de tout ce qu'on peut le moins refuser aux hommes, c'est la faculté d'un mourant d'avoir une dernière volonté, lui qui bientôt n'en pourra avoir du tout.

Fait à Rome, le 5 des nones de juillet, sous le consulat de Crispus, consul pour la deuxième fois, et de Constantin - César, consul aussi pour la deuxième fois. 321.

2. *Les empereurs Gratien, Valentinien et Théodose, à Pancrace, préfet de la ville.*

Que personne ne croie qu'il soit permis d'ensevelir des corps humains dans les églises consacrées aux apôtres ou aux martyrs.

Fait à Héraclée, le 3 des cal. d'août, sous le consulat d'Eucharius et de Syagrius. 381.

3. *Les empereurs Honorius et Théodose.*

Que personne ne distraie ou ne vende les reliques des martyrs.

Fait à Constantinople, le 4 des calendes de mars, sous le consulat de l'illustre enfant Honorius et d'Evodius. 386.

4. *Les mêmes, à Nicènes, préfet du prétoire.*

Qu'il ne soit nommé plus de neuf cent cinquante chanoines pour le service de l'église de cette ville; que personne n'ait le pouvoir d'augmenter ou de diminuer ce nombre, ou de remplacer ceux qui mourront; qu'aucuns de ceux de ce corps qui sont au-dessus du nombre précité, et qui ont été nommés par protection, n'ayant aucune faculté d'introduire des innovations, ne puissent demander, en vertu de leurs nomi-

TITULUS II.

De sacrosanctis Ecclesiis, de rebus ac privilegiis earum.

1. *Imperator* CONSTANTINUS, *ad Populum.*

HABEAT unusquisque licentiam, sanctissimo catholico venerabilique concilio decedens bonorum, quod optaverit, relinquere: et non sint cassa judicia ejus. Nihil enim est, quod magis hominibus debeatur, quàm ut supremæ voluntatis, postquàm jam aliud velle non possunt, liber sit stylus, et licitum quod iterùm non redit arbitrium.

P. P. V. non. jul. Romæ, Crispo II et Constantino-Cæsare II, Coss. 321.

2. *Imperatores Gratianus, Valentinianus et Theodosius,* AAA. *Pancratio,* P. V.

Nemo apostolorum, vel martyrum sedem humanis corporibus existimet esse concessam.

Dat. 3 cal. aug. Herac. Euchario et Syagrio, Coss. 381.

3. *Imperatores Honorius et Theod.* AA.

Nemo martyres distrahat, nemo mercetur.

Dat. 4 cal. mart. Constantinop. Honorio N. P. et Evodio, Coss. 386.

4. *Iidem,* AA. *Nicæno,* P. P.

Non plures, quàm nongenti quinquaginta decani sacrosanctæ hujus amplissimæ urbis deputentur ecclesiæ; nullique his addendi, vel mutandi, vel in defuncti locum substituendi pateat copia; nulli alii corporatorum præter dictum numerum, per patrocinia immunitate concessa, negataque omni novationis facultate similia vindicandi iis, quæ in honorem vel necessaria obsequia sacrosanctæ ecclesiæ indulta sunt.

Dat. 7 cal. sept. Eudoxiopoli, Honor. A. VIII. et Theod. juniore A. III. Coss. 409.

nations, les honneurs et les privilèges accordés à l'église.

Fait à Eudoxiopole, le 7 des calendes de septembre, sous le consulat des empereurs Honorius, pour la huitième fois consul; et Théodose le jeune, pour la troisième fois consul. 409.

5. *Iidem*, AA. *Melitio*, P. P.

5. *Les mêmes empereurs, à Mélitius, préfet du prétoire.*

Placet, rationabilis consilii tenore perpenso, districta moderatione præscribere, à quibus specialiter necessitatibus singularum urbium ecclesiæ habeantur immunes, prima quippè illius usurpationis contumelia depellenda est; ne prædia usibus cœlestium secretorum dedicata, sordidorum munerum fæce vexentur. Nil extraordinarium abhinc, super indictumve flagitetur : nulla translationum sollicitudo signetur. Postremò nihil præter canonicam illationem, quam adventitiæ necessitatis sarcina repentina poposcerit, ejus functionibus adscribatur. Si quis contrà venerit, post debitæ ultionis acrimoniam, quæ erga sacrilegos promenda est, exilio deportationis perpetuo subdatur.

D. VIII. cal. jun. Ravennæ, Honor. IX. et Theod. V. AA, Coss. 412.

Il nous plaît, après avoir mûrement réfléchi, de statuer rigoureusement sur les charges dont les églises de chaque ville doivent être spécialement exemptes. Premièrement, on ne doit pas souffrir que les champs consacrés aux usages de l'église soient souillés par des charges et des exactions basses et viles; ni qu'ils soient dorénavant sujets aux tributs extraordinaires ou supplémentaires; ni qu'ils soient en aucune manière adjugés au fisc pour retard du paiement des tributs imposés sur eux; et ni enfin sujets à aucune espèce d'exaction, si ce n'est aux tributs ordinaires, et à ceux que la nécessité et des besoins imprévus exigent. Si quelqu'un contrevient à la présente loi, qu'il soit, outre la juste peine prononcée contre les sacrilèges, condamné à l'exil perpétuel de la déportation.

Fait à Ravennes, le 8 des calendes de juin, sous le consulat des empereurs Honorius, consul pour la neuvième fois; et Théodose, pour la cinquième fois consul. 412.

6. *Iidem*, AA. *Philippo*, P. P. *Illyrici.*

6. *Les mêmes empereurs, à Philippe, préfet du prétoire d'Illyrie.*

Omni novatione cessante, vetustatem et canones pristinos ecclesiasticos, qui usquè nunc tenuerunt, etiam per omnes Illyrici provincias servari præcipimus; ut si quid dubietatis emerserit, id oporteat non absque scientia viri reverendissimi sacrosanctæ legis antistitis ecclesiæ urbis Constantinopolitanæ (quæ Romæ veteris prærogativa lætatur)

Abolissant toute espèce d'innovation, nous ordonnons qu'on observe dans toutes les provinces d'Illyrie les anciens usages et canons ecclésiastiques qui ont été conservés jusqu'à présent; et s'il s'élève des doutes au sujet de ces usages et canons, que leur solution soit réservée au saint jugement de l'assemblée ecclésiastique, assistée du trèsrévérend patriarche de l'église de la ville de Constantinople, laquelle jouit des prérogatives de l'ancienne Rome.

Fait la veille des ides de juillet, sous le consulat d'Eustachius et d'Agricola. 421.

7. Les mêmes empereurs, à Asclépiodote.

Nous soumettons volontiers, pour une cause aussi louable, les divines maisons et les respectables églises aux contributions perçues pour les besoins des chemins ou des ponts, parce que cette charge n'est point rangée parmi celles qu'on regarde comme basses et viles.

Fait à Constantinople, le 15 des calendes de mars, sous le consulat d'Asclépiodote et de Marinien. 423.

8. L'empereur Carus, à Présidore, préfet du prétoire.

Que l'église de la ville de Thessalonique sache clairement qu'elle est dispensée, par le bienfait de notre majesté, de payer sa propre capitation, mais qu'elle ne doit pas nuire à l'état, en abusant du nom d'ecclésiastique, pour la frustrer des tributs qui lui sont dus par d'autres personnes.

Fait à Constantinople, le 7 des ides d'octobre, sous le consulat de Victor. 424.

9. Les empereurs Théodose et Valentinien, à Cyrus, préfet de la ville.

Nous avons cru devoir remédier aux fraudes de ceux qui, sous le nom de doyens, dont ils ne remplissent pas les devoirs, ou qui, sous le prétexte qu'ils font partie d'un corps dont ils ne sont pas, s'efforcent de se soustraire aux charges auxquelles sont soumis les autres citoyens; que personne ne soit dispensé, sous prétexte d'un état qu'il n'exerce pas, des devoirs de son propre état, de peur que des *banquiers* ne se croient exempts des charges de leur état, en se disant doyens ou membres de quelque corps. C'est pourquoi que ceux qui n'ont que le vain titre de doyens ou de membres de quel-

conventui sacerdotali sanctoque judicio reservari.

Dat. prid. id. jul. Eustachio et Agricola Coss. 421.

7. Iidem, AA. Asclepiodoto, P. P.

Ad instructiones itinerum pontiumque, etiam divinas domos et venerabiles ecclesias tàm laudabili titulo libenter adscribimus : quia non est inter sordida munera numeratum.

Dat. xv. cal. mar. Constan. Asclepiodoto et Mariniano Coss. 423.

8. Imperator Carus, A. Præsidoro, P. P.

Sacrosancta Thessalonicensis civitatis ecclesia apertè sciat, propriæ tantummodò capitationis modum beneficio nostri numinis sublevandum : nec extraneorum gravamine tributorum rempublicam ecclesiastici nominis abusione lædendam.

Dat. 6 id. octob. Constantinopoli, Victore, v. c. Coss. 424.

9. Imperatores Theodosius et Valentinianus, AA. Cyro, præfecto urbis.

Qui, sub prætextu decanorum seu collegiatorum, cùm id munus non impleant, aliis se numeribus conantur subtrahere, eorum fraudibus credimus esse obviandum; ne quis sub specie muneris, quod minùs exsequitur, alterius muneris oneribus relevetur; ne argentariorum vel nummulariorum munera declinentur ab his, qui dici tantummodò collegiati vel decani festinant; ideòque si quis eorum sub nudæ appellationis velamine collegiatum seu decanum se appellat. Sciat, pro se alium subrogandum, qui prædicto muneri sufficiens adprobetur : subrogatione videlicet memoratorum, vel eorum qui moriuntur, primatum ejus, qui subrogatur, admissa judicio : ab hac dispositione nemine se excusante sacrosanctarum ecclesiarum reverentia.

Dat. x. cal. april. Theodos. xvii. et Festo, Coss. 439.

10. Iidem, AA. Florentio, P. P.

Jubemus nullam navem ultra duorum millium modiorum capacem ante felicem embolam, vel publicarum specierum transvectionem, aut privilegio dignitatis, aut religionis intuitu, aut prærogativa personæ publicis utilitatibus subtractam, excusari posse : nec si cœleste contrà proferatur oraculum, sive adnotatio sit, sive divina pragmatica sanctio, providentissimæ legis regulas excusare debebit ; quod etiam in omnibus causis cupimus observari : ut generaliter, si quid hujusmodi contra jus vel utilitatem publicam in quolibet negotio proferatur, non valeat. Quicquid enim in fraudem istius legis quolibet modo fuerit attentatum, id navigii, quod excusatur, publicatione corrigimus.

D. Theod. A. xvii. et Festo, Coss. 439.

11. Iidem, AA. ad Taurum, P. P.

Neminem ab angariis, vel parangariis, vel plaustris, vel quolibet munere excusari præ-

---

quo corps, sachent qu'ils seront remplacés par d'autres qui en rempliront les devoirs. La subrogation aura lieu à l'égard de ceux dont nous venons de parler, et de ceux qui laisseront leurs places vacantes par la mort ; mais la subrogation ne pourra se faire que du consentement des chefs de celui qu'on remplace ; et, à dater de cette loi, que personne ne s'excuse sur le respect que l'on doit à l'église.

Fait le 10 des calendes d'avril, sous le consulat de l'empereur Théodose, consul pour la dix-septième fois, et de Festus. 439.

10. Les mêmes empereurs, à Florentius, préfet du prétoire.

Nous ordonnons qu'aucun propriétaire d'un navire au-dessus de la contenance de deux mille mesures, ne puisse, au préjudice des transports des tributs publics, s'empêcher et se dispenser de le faire servir aux besoins publics, quels que soient les privilèges de sa dignité ou de sa personne, et sans aucune considération pour la religion. Aucun rescript, aucune annotation, aucune pragmatique sanction ne devront dispenser de l'observation de cette loi importante. Nous désirons qu'elle soit généralement observée par tout le monde ; et si les lois fournissent des dispositions contraires à celle-ci ou à l'utilité publique, et quel que soit l'objet sur lequel elles roulent, qu'elles soient nulles ; car nous punirons tous ceux qui auront tenté de faire quelque chose, par quelque moyen que ce soit, contraire à cette loi, par la confiscation du navire dont le propriétaire se serait refusé à le faire servir à l'utilité publique.

Fait sous le consulat de l'empereur Théodose, consul pour la dix-septième fois, et de Festus. 439.

11. Les mêmes empereurs, à Taurus, préfet du prétoire.

Nous ordonnons que pendant les voyages de notre majesté, et que dans tous les lieux des provinces où nous passons, quand même ils appartiendraient aux églises, personne ne soit dispensé de faire les travaux, les dépenses; de fournir des voitures, ou de supporter toutes autres charges nécessaires à l'heureux succès de notre voyage, parce qu'on doit nous rendre les services accoutumés.

Fait à Constantinople, le 13 des calendes de mars, sous le consulat de l'empereur Valentinien, consul pour la cinquième fois, et d'Anatolius. 440.

12. *Les empereurs Valentinien et Martian, à Palladius, préfet du prétoire.*

Nous confirmons en toutes choses les privilèges que les princes nos prédécesseurs ont accordés, par des constitutions générales, à toutes les églises de la religion orthodoxe, et nous ordonnons qu'ils leur soient conservés à jamais.

§. 1. Nous ordonnons que les pragmatiques sanctions contraires aux canons ecclésiastiques, et arrachées par la faveur ou l'ambition, soient nulles et dépouillées de toute force et vigueur.

§. 2. Et parce qu'il est de notre humanité de penser aux indigens, et de faire ensorte que les pauvres ne manquent pas de nourriture, nous ordonnons que la fourniture de diverses choses qui ont été faites jusqu'à présent aux églises, aux dépens du public, soient continuées; défendons que personne ne les diminue de nouveau, et confirmons à jamais cette libéralité.

Fait sous le consulat d'Aëtius et de Studius. 454.

Nouvelle Constitution de l'Empereur Frédéric.

Nous ordonnons, par cette nouvelle constitution, qu'il soit déclaré par toûte l'Italie que tous les statuts et coutumes contraires à la liberté de l'église et à ses ministres, aux canons et aux constitutions impériales

cipimus : cùm ad felicissimam expeditionem nostri numinis omnium provincialium per loca, quâ iter arripimus, debeant solita nobis ministeria exhiberi : licet ad sacrosanctas ecclesias possessiones pertineant.

D. XIII. cal. mart. c. p. Valen. A. V. et Anatolio, Coss. 440.

12. *Imperatores Valentinianus et Martianus; AA. Palladio, p. p.*

Privilegia, quæ generalibus constitutionibus universis sacrosanctis ecclesiis orthodoxæ religionis retrò principes præstiterunt, firma et illibata in perpetuum decernimus custodiri.

§. 1. Omnes sanè pragmaticas sanctiones, quæ contra canones ecclesiasticos interventu gratiæ vel ambitionis elicitæ sunt, robore suo et firmitate vacuatas cessare præcipimus.

§. 2. Et quia humanitatis nostræ est egenis prospicere, ac dare operam, ut pauperibus alimenta non desint; salaria etiam, quæ sacrosanctis ecclesiis in diversis speciebus de publico hactenùs ministrata sunt, jubemus nunc quoque inconcussa, et à nullo prorsùs imminuta præstari : liberalitatique huic promptissimè perpetuam tribuimus firmitatem.

D. Aëtio et Studio, Coss. 454.

Nova constitutio Frederici Imperatoris.

Cassa et irrita esse denuntiari per totam Italiam præcepimus omnia statuta et consuetudines contra libertates ecclesiæ earumque personas inductas adversùs canonicas vel imperiales sanctiones : et ea de capitularibus penitùs aboleri mandat nova constitutio, et de cætero similia attentata ipso jure nulla esse decernit. Si quid contrà fiat, pœnè, quæ statutæ sunt, imminebunt. Sed si per annum hujusmodi novellæ constitutionis aliqui inventi fuerint contemptores, bona eorum per totum nostrum imperium impunè ab omnibus occupentur.

13. Iidem, AAA. Palladio, P. P.

Generali lege sancimus, sive vidua, sive diaconissa, vel virgo Deo dicata, vel sanctimonialis mulier, sive quocunque alio nomine religiosi honoris vel dignitatis fœmina nuncupata, vel testamento, vel codicillo suo (quod tamen alia omni juris ratione munitum sit), ecclesiæ, vel martyrio, vel clero, vel monachio, vel pauperibus aliquid, vel ex integro, vel ex parte, in quacunque re, vel specie, crediderit relinquendum : id modis omnibus ratum firmumque consistat : sive hoc institutione, sive substitutione, seu legato, aut fideicommisso per universitatem, seu speciali, sive scripta, sive non scripta voluntate fuerit derelictum : omni in posterùm in hujuscemodi negotiis ambiguitate submota.

Dat. 10 cal. maii. Constantinop. Anthemio, Coss. 455.

Authent. ex novell. 5, c. 5.

Ingressi monasteria, ipso ingressu, se suaque dedicant Deo. Nec ergò de his testentur; utpote nec domini rerum.

Authent. ex novell. 123, c. 38.

Si quà mulier, vel vir, liberis non extantibus, monasticam vitam elegerit, et monasterium intraverit, monasterio, quo intravit, res ejus competere jubemus.

Sed si persona liberos habens, antequàm

soient nuls et abrogés, et qu'ils soient entièrement effacés des *capitulaires*. Nous déclarons que des lois semblables soient nulles de plein droit. Ceux qui contreviendront à cette loi, seront punis par les peines qu'elle prononce ; et si, pendant l'année qui suivra la publication de la présente, quelqu'un y contrevient, que les biens qu'il pourra avoir dans tout notre empire, appartiennent impunément à ceux qui les occuperont.

13. *Les mêmes empereurs, à Palladius, préfet du prétoire.*

Nous ordonnons, par cette loi générale, que si une veuve, ou une diaconesse, ou une vierge consacrée à Dieu, ou toute autre femme comprise sous un nom de religion, d'honneur ou de dignité, a voulu laisser, par un testament (qui cependant doit être fait selon les formalités de droit), ou par un codicile, quelque chose, soit en entier, soit en partie, à l'église, à un temple dédié à un martyr, à un clerc, à un moine ou aux pauvres, nous ordonnons que, dans tous les cas, sa volonté soit valable et exécutée, soit qu'elle consiste dans une institution, ou dans une substitution, ou dans un legs, ou dans un fidéicommis universel ou particulier, soit qu'elle soit écrite ou non écrite ; qu'il ne s'élève à l'avenir aucun doute sur ces matières.

Fait à Constantinople, le 10 des cal. de mai, sous le consulat d'Anthémius, et de Valentinien, pour la huitième fois consul. 455.

Authentique extraite de la novelle 5, *chap.* 5.

Ceux qui se sont consacrés à Dieu dans un monastère, par le fait même de leur entrée dans le monastère, ont consacré leurs biens à Dieu ; ils n'en peuvent donc disposer par testament, parce qu'ils n'en sont plus les maîtres.

Authent. extraite de la novelle 123, *chap.* 38.

Nous ordonnons que les biens de l'homme ou de la femme qui, n'ayant point d'enfans, ont choisi la vie monastique et sont entrés dans un monastère, appartiennent au monastère dans lequel ils sont entrés ; mais s'ils ont des enfans et s'ils sont entrés dans le monastère avant de diviser leurs biens entre ces derniers, qu'il leur soit permis de leur donner leur légitime. Ce qu'ils ne leur auront pas donné appartiendra au monastère; mais s'ils veulent donner tous leurs biens à leurs enfans, ils doivent conserver pour eux-mêmes une portion virile qui doit appartenir au monastère : s'ils meurent après être entrés dans le monastère et avant d'avoir divisé leurs biens entre leurs enfans, ceux-ci ne pourront demander que leur légitime; le restant appartiendra au monastère.

14. *Les empereurs Léon et Anthémius, à Armasius, préfet du prétoire.*

Nous défendons à tout archevêque de cette royale ville, présidant la sainte et orthodoxe église, à tout économe chargé de l'administration des biens ecclésiastiques, de transférer à qui que ce soit et par quelle espèce d'aliénation que ce soit, les fonds ou héritages, soit urbains, soit rustiques, et en un mot les choses immobiliaires avec leurs accessoires, tels que les colons, les esclaves et les pensions acquises aux églises par testament ou par donations entre-vifs; mais il leur est permis de diviser, cultiver, augmenter et agrandir ces héritages qu'il leur est défendu de céder. Si quelqu'un a voulu donner à l'église dont nous venons de parler, son patrimoine ou une certaine partie en fonds ou héritages, soit qu'ils consistent en maisons, en rentes, ou en esclaves et colons avec leurs pécules, et qu'il ait manifesté sa volonté par quelque testament que ce soit, fait cependant selon les formes du droit, soit par codicile, par testament muncupatif, par legs ou fidéicommis, par donation à cause de mort ou entre-vifs, par contrat de vente ou par tout autre titre moyen; nous voulons que sa volonté soit valable dans tous ces cas, et qu'elle soit conservée dans son entier. Qu'ils sachent qu'en aucune occasion, ainsi qu'en aucun tems, il leur est défendu de les donner sous

Tome I.

de rebus suis inter eos disponat, monasterium intret, liceat ei posteà inter eos dividere, legitima nulli diminuta; et quod eis non dederit, monasterio competet. Sed si omnem substantiam inter eos filios dividere voluerit, sua persona filiis connumerata, patrem sibi retineat, quæ monasterio competere debet. Sed si post ingressum monasterii moriatur, antequàm inter eos dividat, filii legitimam percipient, reliqua substantia monasterio competente.

14. *Imperatores Leo et Anthemius, AA. Armasio, P. P.*

Jubemus, nulli posthac archiepiscopo in hac urbe regia sacrosanctæ orthodoxæ ecclesiæ præsidenti, nulli œconomo, cui res ecclesiastica gubernanda mandatur, esse facultatem fundos vel prædia (sive urbana, sive rustica) res postremò immobiles, aut in his prædiis colonos, vel mancipia constituta, aut annonas civiles cujuscunque suprema vel superstitis voluntate ad religiosas ecclesias devolutas, sub cujuscunque alienationis specie ad quamcunque transferre personam. Sed ea etiam prædia dividere quidem, colere, augere, et ampliare; nec ulli iisdem prædiis audere cedere. Verùm sive testamento quocunque jure facto, seu codicillo, vel sola nuncupatione, legato, sive fideicommisso, aut mortis causa donatione, aut alio quocunque ultimo arbitrio, aut certè inter viventes habita largitate, sive contractu venditionis, sive donationis, aut alio quocunque titulo quisquam ad præfatam venerabilem ecclesiam patrimonium suum, partemve certam patrimonii in fundis, prædiis sive domibus, vel annonis, mancipiis, et colonis, eorumque peculiis voluerit pertinere: inconcussa ea omnia sine ulla penitùs immutatione conservent. Scientes nulla sibi occasione vel tempore ad vicissitudinem beneficii collocati aut gratiæ referendæ, donandi, vel certè homi-

5

nibus volentibus emere, alienandi aliquam facultatem permissam : nec si omnes cum religioso episcopo et œconomo clerici in earum possessionum alienationem consentiant, ea enim quæ ad beatissimæ ecclesiæ jura pertinent, vel posthac fortè pervenerint, tanquàm ipsam sacrosanctam et religiosam ecclesiam intacta convenit venerabiliter custodiri : ut sicut ipsa religionis et fidei mater perpetua est, ita ejus patrimonium jugiter servetur illæsum.

§. 1. Sanè si hæc nostræ perennitatis statuta audaci spiritu et mente sacrilega quisquam œconomorum vel hominum temeranda crediderit; ipse quidem, qui protervo ausu ecclesiastica prædia donationis, vel emptionis, seu commutationis titulo, vel cujuscunque contractus alterius nomine (nisi eo modo quo nunc statuimus) adquirere vel habere tentârit : omnem hujusmodi fructum propriæ temeritatis amittat : et pretia quidem et munera, quæ ejus rei gratia data fuerint œconomo, sive aliis quibuscunque personis, ecclesiæ lucris et commodis adquirantur. Prædia autem et in his omnibus constituta, ab ipsis clericis et temporalibus œconomis, cum fructibus, seu pensionibus, vel accessionibus totius medii temporis vindicentur, ut tanquàm penitùs à nullo empta vel vendita teneantur : quia ea quæ contra leges fiunt, pro infectis habenda sunt.

§. 2. Œconomus autem qui hoc fecerit, imò fieri passus fuerit, vel in quacunque prorsùs hujusmodi venditione, seu donatione, vel commutatione (nisi ea quæ præsenti lege concedimus) postremò in quacunque alienatione consenserit : commissa sibi œconomatus administratione privetur : deque ejus bonis, quodcunque exindè in commodum ecclesiæ contigerit, reformetur : hæredesque ejus, et successores, ac posteri, super hoc facto sive consensu, competenti ab ecclesiasticis personis actione pulsentur.

prétexte de libéralité ou de reconnaissance, ou de les aliéner par vente à qui que ce soit, quand même tous les clercs, l'évêque et l'économe consentiraient à cette aliénation : car il convient de conserver aussi religieusement, dans toute leur intégrité, les droits qui appartiennent à l'église, que l'église même ; en effet, comme la mère de la religion et de la foi est perpétuelle, son patrimoine doit aussi être conservé en entier à perpétuité.

§. 1. Certainement si quelqu'un, soit économe, soit toute autre personne, a, par un esprit audacieux et une ame sacrilège, violé la présente loi ; s'il a tenté, par une hardiesse insolente, d'avoir ou d'acquérir les héritages ecclésiastiques à titre de donation, d'achat ou d'échange, ou sous le nom de tout autre contrat (à moins qu'il ne l'ait fait de la manière que nous avons statué), qu'il perde tout le fruit de cette témérité ; que les prix qui auraient été donnés dans cette circonstance à l'économe ou à toute autre personne, ou les autres engagemens qui auraient été contractés, soient acquis au profit et à l'avantage de l'église, et que les héritages, ainsi que les choses qui y ont été établies par les clercs eux-mêmes et les économes, avec les fruits et autres accessoires du tems intermédiaire, soient redemandés, et qu'il en soit tenu, tout comme si la chose n'avait été ni vendue, ni achetée, parce que ce qui a été fait contre les lois est censé n'avoir jamais été fait.

§. 2. Que l'économe qui a fait ou souffert qu'on fit une telle chose, soit par vente, donation ou échange (à moins que ce ne soit de la manière que nous l'avons permis), ou enfin pour toute autre aliénation, soit privé de l'administration de l'économat dont on l'avait chargé ; que le dommage qu'il a causé à l'église soit réparé avec ses biens ; que ses héritiers, ses successeurs et sa postérité soient repoussés par une action accordée aux personnes compétentes, jusqu'à concurrence de l'entière réparation du dommage qu'il a causé par son propre fait ou son consentement.

§. 3. Que les tabellions qui ont osé dresser acte de ces contrats défendus, soient condamnés à un exil perpétuel.

§. 4. Que les juges qui ont approuvé ou confirmé ces espèces de donations ou de contrats défendus, soient condamnés à la perte de leur dignité et de leurs biens.

§. 5. Et afin qu'il ne paraisse pas que nous avons enlevé aux économes des religieux toute voie et toute occasion de procurer des avantages à l'église, nous leur permettons de faire les choses dont nous allons parler, qui sont jugées le plus souvent utiles, pourvu cependant qu'ils ne procèdent qu'avec caution. Donc, lorsqu'un économe de religieux jugera avantageux à l'église de cette royale ville, que l'usufruit temporel de certains fonds ou héritages urbains ou rustiques, appartenant au droit ecclésiastique, soit accordé à quelqu'un qui le desire, qu'il lui soit cédé d'après sa demande ; que l'économe souscrive ce qui aura été convenu entr'eux à l'égard de la durée de l'usufruit, quand même il l'aurait demandé pour toute sa vie; que ces pactes statuent sur cette durée, et attestent en même tems que l'usufruit de ces biens ecclésiastiques n'a été cédé que pour rendre un service à celui à qui on l'a accordé, et après le tems statué et convenu, il retourne fermement à la propriété et au droit ecclésiastique ; de sorte que, si après que le tems convenu est expiré, comme après la mort de l'usufruitier (s'il a été ainsi convenu entr'eux), celui qui a reçu, par les pactes qui sont intervenus, en forme de bienfait, l'usufruit de certains biens ecclésiastiques, ne laisse pas moins à l'église que ce qu'il avait reçu, avec les héritages mêmes, les choses immobilières adjacentes, leurs colons et les esclaves y attachés. Si les pactes n'avaient point été faits sous cette condition, nous les déclarons nuls ; et déclarons en même tems que l'usufruit de ces biens ecclésiastiques doit demeurer avec la propriété, comme

§. 3. Iis tabellionibus, qui hujusmodi contractuum vetitorum ausi fuerint instrumenta conscribere, irrevocabilis exilii animadversione plectendis.

§. 4. Iis quoque judicibus, vel jus gestorum habentibus, qui hujuscæmodi donationum vel contractuum vetitorum gesta confecerint, dignitatis propriæ et bonorum omnium spoliatione damnandis.

§. 5. Sanè ne omnis religiosis œconomis commodæ provisionis via et occasio venerandis ecclesiis profutura videatur exclusa : id, quod utile plerumquè judicatur, sub cautelæ observatione necessariò procedere concedimus. Si quandò igitur vir religiosus œconomus hujus regiæ urbis ecclesiæ prospexerit expedire, ut desideranti cuiquam certarum possessionum atque prædiorum (urbanorum scilicet, sive rusticorum) ad jus ecclesiasticum pertinentium, temporalis ususfructus, possessio pro ipsius petitione præstetur : tunc ejus temporis, quod inter utrosque convenerit, sive in diem vitæ suæ ab eo qui desiderat, postuletur : pacta cum eo qui hoc elegerit, ineat œconomus atque conscribat, per quæ et tempus, intra quod hoc præstari placuerit, statuatur ; et manifestum sit, quod quisque acceperit ad invicem hujusmodi beneficii gratia præstando quidem ecclesiastici prædii pro tempore usumfructum, post statutum autem tempus et placitum ipsorum redituum proprietate ad dominium et jus ecclesiasticum recurrente firmiter : ita scilicet, ut sive completo spatio, quod fuerit inter eos constitutum, seu mortis suæ tempore (si hoc quoque convenerit) is, qui possessionem ecclesiasticam et certorum redituum usumfructum habendi gratia, interveniente pacto, susceperit, non minùs, quàm alterius tantæ quantitatis, quantam acceperat, reditus cum ipsorum prædiorum dominio et rebus immobilibus, eorumque colonis et mancipiis ecclesiæ derelinquat ; nisi enim hac conditione pacta inita fuerint, ea quoque decernimus non valere, sed possessionem ecclesiasticam tauquàm nullo jure transcriptam, in jure ipsius atque dominio permanere, et ab ecclesiasticis sive œconomis decernimus vindicari.

D. c. p. Jordane et Severe, Coss. 470.

Authent. ex. novell. 7, *c.* 1; *et* 120, *c.* 6 *et* 7.

Hoc jus porrectum est ad omnem venerabilem locum, omneque collegium, quod actio pia constituit, ut nec res eorum pignorentur, et hoc perpetuò servetur in his rebus immobilibus, quæ, ab imperiali domo prædictis locis applicantur. In cæteris eatenùs excipitur, si debitum urget. Quod si ex mobilibus solvi non possit, primò, res immobiles specialiter dentur pignori : quarum fructus creditor sibi reputet tàm insortem', quàm in usuras usque ad quartam centesimæ. Quòd si nolit creditor ita accipere, tunc ordinator domus apud eum à quo ordinatur habitis absque dispendio gestis, juret majore parte ibidem servientium consentiente, et debitum existere, neque ex mobilibus solvi posse. Quo subsecuto, per viginti dies rem ecclesiæ venalem esse publicè notum sit, ut plus offerenti detur, pretio modis omnibus pro debito dando; aliter enim res emptori non conceditur. Et hoc inscribatur nihil esse factum in ea re ad damnum divinæ domus. Emptore verò non invento, res æstimata districtè creditori detur in solutum, addita in pretio universæ æstimationis decima parte, et accedente consensu ordinatoris et majoris partis ibidem servientium; sit tamen res mediocris inter cæteras, inspecta ipsius qualitate, et quantitate, et onere. Et his creditor hic intelligatur, qui quod credidit probat in utilitatem divinæ domus processisse.

n'ayant point été cédé légalement, et être revendiqué par les économes ecclésiastiques.

Fait à Constantinople, sous le consulat de Jordan et de Sévère. 470.

Authentique extraite de la novelle 7, *ch.* 1; *et* 120, *ch.* 6 *et* 7.

Ces dispositions ont été étendues à toutes les églises et à tous les corps institués par une cause pieuse. Afin que ce qui leur appartient ne soit point grevé de dettes, ceci doit être observé à perpétuité, même à l'égard de ce que l'empereur aurait donné pour être joint à ces choses; quant aux autres, qui ne proviennent pas de lui, elle sont seulement exceptées de cette défense. Lorsqu'il s'agit de payer une dette urgente, si elle ne peut être payée par les meubles, on doit donner les immeubles en gage, pour que le créancier s'en approprie les fruits, tant pour les intérêts que pour le principal, jusqu'à concurrence des quatre centièmes pour cent. Si le créancier n'accepte point les conditions, alors le chef de la maison doit jurer par-devant celui qui l'a ordonné (sans frais) et avec le consentement de la plus grande partie de ceux qui sont sous ses ordres, que la dette est certaine, et qu'elle n'a pu être acquittée par les meubles; cela fait, on doit annoncer pendant vingt jours la vente de ces immeubles appartenant à l'église, afin qu'ils soient cédés au plus offrant, qui doit être chargé de faire le paiement de la dette, et à qui on ne doit livrer les immeubles qu'à cette condition : et on doit assurer dans l'acte de vente, que, dans tout cela, il n'a rien été fait de contraire à l'avantage de la divine maison.

S'il ne se présente aucun acheteur, il doit être fait une estimation exacte de l'immeuble qui devait être vendu, et doit être livré au créancier en paiement de sa créance, en y ajoutant le dixième de ce qu'il a été estimé ; ce qui doit être fait avec le consentement du supérieur et de la majorité de ceux qu'il a sous ses ordres. Il faut observer qu'on doit commencer par se défaire des choses les plus inférieures, soit par la qualité, la quantité ou le poids : on ne doit censer pour créancier que celui qui prouve avoir fourni quelque chose pour l'utilité de la divine maison.

Authentique extraite de la novelle 7, ch. 12.

De même que l'aliénation des biens de l'église est interdite, il est défendu qu'on lui en donne de stériles ou d'onéreux, à raison des droits que le fisc peut avoir sur eux.

Authentique extraite de la novelle 7, ch. 11; et 120, ch. 7.

Il est défendu à plus forte raison d'aliéner le monastère même, qui, par cette aliénation, retournerait à son ancien état, et deviendrait bien séculier.

Authentique extraite de la novelle 120, ch. 5.

Il est certaines personnes qui ne peuvent acquérir les biens de l'église par aucun des moyens par lesquels d'autres personnes les acquièrent, comme l'économe et ses parens; car autrement leurs biens, avec ceux des économes et des supérieurs, seront acquis à l'église de laquelle ils ont reçu ces biens.

Authentique extraite de la novelle 7, chap. 5; et 120, chap. 11.

Que celui qui n'a point reçu à titre gratuit les choses dont nous avons parlé ci-dessus, et qui ne les a pas reçues légalement, les restitue avec toutes les augmentations survenues pendant le tems intermédiaire; il n'a aucune action contre le lieu respectable qu'il possède, mais seulement contre celui de qui il l'avait reçu. Le donataire restitue la chose avec ses fruits seulement. Le créancier restitue la chose qu'il a reçue en gage, et n'a d'action, pour ce qui lui est dû, que contre celui qui la lui avait donnée en gage. Celui qui a reçu la chose par bail emphytéotique, ne peut point répéter ce qu'il a donné, quoique le bail soit nul; bien plus, il doit payer aussitôt ce qu'il aurait dû payer chaque année, si son bail eût été valable; mais il vaut mieux refu-

Authent. ex novell. 12, c. 7.

Sicut alienatio rerum ecclesiæ interdicitur; ita prohibetur, ne qua sterilis ei detur possessio, aut alioqui onerosa, vel uti fiscalium nomine, vel onere.

Authent. ex novell. 7, c. 11; et 120, c. 7.

Multò magis prohibetur ipsius monasterii alienatio quâ redeat in antiquum statum, et secularem usum.

Authent. ex novell. 120, c. 5.

Quibuscunque modis hoc jus aliis permittitur; interdicitur certis personis res hujusmodi accipere, ut œconomo, ejusque cognatis. Alioquin bona eorum, et œconomorum, et ordinatorum, quibus conjuncti sunt, post mortem eorum pervenient ad ecclesiam, de qua rem accipiunt.

Authent. ex novell. 7, c. 5; et 120, c. 11.

Qui res jam dictas non gratuito alienationis titulo citra formam legis accepit : rem quidem cum omni incremento medii temporis restituat : ejus autem, quod dedit, nullam actionem contra venerabilem locum, sed adversùs eum qui alienavit, habet. Donatarius autem et rem cum omni causa, et fructum restituat, et aliud tantundem. Creditor quoque, restituta re pignorata crediti actionem contra solum pignoratis datorem habeat. Emphyteusis acceptor et ab ea cadat, nec quod dedit, repetat : imò statìm solvat, quod soluturus esset in unoquoque anno, si jure contraxisset; sed melius dicitur omni modo denegandas esse actiones hujusmodi acceptori.

ser toute espèce d'action à celui qui a souscrit le contrat dans ce cas-ci.

Si quas ruinas habet memoratæ divinæ domus, quas reædificare non valent, et hæ in emphyteusin dentur perpetuam; emphyteuta usuro materia habitationis depositæ domus; ut pensio deminuatur in tertiam partem ab ea, quæ stantibus adhuc ædificiis, colligebatur; aut priùs eo reædificante ex adjectis illis per æstimationem pensionibus, medietas detur religiosæ domui. Nam priore casu ab initio emphyteusis præstanda est pensio.

Si la maison divine dont nous venons de parler, possède des édifices qui tombent en ruines, et qui ne valent pas la peine d'être reconstruits, on doit les céder en emphytéose perpétuelle. La rente à laquelle on doit soumettre le preneur en emphytéose de la maison ruinée, doit être du tiers de la somme qu'elle produisait annuellement lorsqu'elle était en bon état; mais si avant de rien payer de la pension qu'il a souscrite, il a fait reconstruire l'édifice, alors il est tenu de payer la moitié à la maison religieuse de la nouvelle estimation qui en a été faite, car il aurait dû commencer à payer la rente de suite après le contrat.

Perpetua quoque emphyteusis in his permittitur rebus, si res in eorum geratur præsentia, quibus hoc adsignatur lege, jurantibus his, quorum interest ex eo contractus, nil ad læsionem divinæ domus effici : solito reditu ipsius rei, qui fuit, cùm divino jure dedicaretur, non minuendo, nisi in sextam partem : aut si pro ob cladem deminuta fuerit, tunc constante nunc pensione, in emphyteusin detur. Quòd si res pretiosa quidem est, tamen parum, aut nihil præstat pensionum : res subtiliter æstimanda est, ut ex hac pensio justa constituatur; ea tamen sola dentur in emphyteusin, quæ ad hoc congrua œconomo, et aliis gubernatoribus.

Il est aussi permis de donner, par bail emphytéotique perpétuel les autres choses, pourvu que ce contrat soit passé par ceux à qui la loi le permet, sous le serment que la maison divine ne souffrira aucun dommage de ce contrat. Le preneur doit être tenu de la redevance du revenu que rapportait ordinairement cette chose pendant qu'elle était de droit divin, en le diminuant seulement de la sixième partie; mais si, à cause de quelque perte, la pension qu'on faisait de la chose au commencement a été diminuée, on doit la donner au preneur emphytéotique pour la pension qu'elle produit actuellement; mais si la chose est précieuse, et si elle produit peu ou point de revenus, on doit faire une estime exacte, et par-là en fixer une juste redevance. On ne doit donner en emphytéose que les choses seulement dont l'économe et les autres administrateurs ont cru tirer quelqu'avantage de cette manière.

Authentique extraite de la novelle 7, chap. 2.

Il est de même permis d'échanger avec l'empereur pour une chose meilleure, de plus grande ou d'égale valeur, s'il est de l'intérêt de l'état, pourvu qu'il intervienne sur cet échange une ordonnance expresse.

Authent. ex novell. 7, c. 2.

Sed et permutare principi licet pro re majori, meliori, vel æquali, si res publica hoc exposcit, et pragmatica forma super hoc præcædente.

Authentique extraite de la novelle 54, ch. 8.

De même, il est permis aux églises de faire des échanges réciproques lorsqu'ils sont avantageux aux unes et aux autres, lesquels doivent être faits avec le consentement des parties.

Authent. ex novell. 54, c. 2.

Item sibi invicem rectè permutant cum utriusque indemnitate, eorum scilicet consensu interveniente, qui suprà referuntur.

Authentique extraite de la novelle 120, ch. 3.

Il est de même permis d'aliéner un fonds inutile pour acquitter les droits fiscaux dont il est grevé. On doit observer dans cette aliénation les solennités dont nous avons parlé ci-dessus, et prêter le serment qu'elle n'a pour cause que l'avantage de la maison religieuse.

Authent. ex novell. 120, c. 3.

Item prædium propter onus fiscale inutile alienatur, et gestis (ut suprà) conficiendis, eodem juramento præstito, id est, quòd alia de causa non alienetur, nisi ut immunitas: ejusdem venerandæ domus servetur.

Authentique extraite de la novelle 7, chap. 3; et 120, chap. 8.

Celui qui ayant reçu un fonds à ferme ou par bail emphytéotique, l'a détérioré ou n'a pas payé les deux années, d'après la règle établie, peut être expulsé d'après cette loi; et forcé de payer la redevance de tout le tems dont il a joui, ainsi que de réparer les dommages qu'il a causés, sans pouvoir répéter les dépenses qu'il a faites pour améliorations.

Authent. ex novell. 7, c. 3; et 120, c. 8.

Qui rem hujusmodi conductam, vel in emphyteusin acceptam fecerit deteriorem, aut emphyteuticum canonem per biennium non solverit: hac lege repelli potest, ut tamen solvat totius temporis pensionem, et id, in quo rem læsit, resarciat, non repetiturus, si quid impendit nomine meliorationis.

Authentique extraite de la novelle 120, ch. 2.

Toutes les maisons religieuses peuvent bailler leurs fonds de cette manière: le bail étant fait, elles reprennent la propriété entière sur les fonds ou sur d'autres de valeur égale et non grevés d'impositions plus fortes.

Authent. ex novell. 120, c. 2.

Hæc usus præstatio locum habet in omni domo religiosa; quo finito, res utraque pleno jure perveniat in domum jam dictam; nec tributis quidem gravata majoribus sit ea res, quæ datur invicem, et ejusdem reditus sit.

15. *Les mêmes empereurs, à Sébastien, préfet du prétoire.*

Nous ordonnons que tout ce qui a été fait, en quelque manière que ce soit, contre les

15. Iidem, AA. *Sebastiano,* P. P.

Decernimus, ut antiquatis, ac infirmati funditus iis quæ contra ipsum orthodoxæ religionis Deum quodammodo facta sunt, in integrum restituantur universa, et ad suum ordinem revocentur, quæ ante professionem nostræ mansuetudinis de orthodoxæ religionis fide et sanctissimarum ecclesiarum et martyriorum statu firmiter obtinebant. Iis, quæ contra hoc tempore tyrannidis innovata sunt, tàm contra venerabiles ecclesias, quarum sacerdotium gerit beatissimus ac religiosissimus episcopus patriarcha nostræ pietatis pater Acacius, quàm contra cæteras, quæ per diversas provincias collocatæ sunt, necnon et reverendissimos earum antistites seu de jure sacerdotalium creationum, seu de expulsione cujusquam à quolibet illis temporibus facta, seu de prærogativa in episcoporum concilio vel extra concilium ante alios residendi, vel de privilegio metropolitano vel patriarchico sub iisdem impiis temporibus, penitùs antiquandis : ut cassatis et rescissis, quæ per hujusmodi sceleratas jussiones, aut pragmaticas sanctiones, aut constitutiones impias, sive formas subsecuta sunt ; quæ à divæ recordationis retrò principibus ante nostrum imperium, et deinceps à nostra mansuetudine indulta vel constituta sunt super sanctis ecclesiis, et martyriis, et religiosis episcopis, et clericis, aut monachis, inviolata serventur. Sacrosanctam quoque hujus religiosissimæ civitatis ecclesiam, et matrem nostræ pietatis, et christianorum orthodoxæ religionis omnium, et ejusdem regiæ urbis sanctissimam sedem : privilegia et honores omnes super episcoporum creationibus, et jure ante alios residendi, et cætera omnia quæ ante nostrum imperium, vel nobis imperantibus, habuisse dignoscitur, habere in perpetuum firmiter regiæ urbis intuitu judicamus et sancimus.

D. 16 kal. jan. Armatio. v. c. Coss. 476.

principes de la religion orthodoxe soit entièrement aboli et annulé, et que toutes les choses qui concernent la foi de cette religion, l'état des martyrs et des saintes églises, soient entièrement rétablies dans le même état où elles étaient avant le départ de notre majesté; que toutes les innovations qui ont été faites pendant le tems de la tyrannie contre les églises et leurs ministres, dont Acacius, père de notre piété, est le très-heureux et très-religieux évêque patriarche, soient également entièrement annulées, ainsi que celles qui ont été faites contre les autres églises situées dans les diverses provinces ou contre leurs ministres, et celles qui ont été faites encore sur la nomination des prêtres, sur les destitutions des évêques, prononcées pendant ce tems-là par qui que ce soit, sur les prééminences de évêques dans les assemblées ou hors des assemblées, et sur celles du métropolitain et du patriarche. Ces ordres criminels, ces pragmatiques sanctions et ces constitutions impies, sont abolies et annulées, quoique revêtues des formes légales. Nous ordonnons que celles qui ont été faites et établies avant nous par les princes nos prédécesseurs, de divine mémoire, et celles faites depuis par notre majesté sur les saintes églises, les martyrs, les évêques, les clercs et les moines, soient inviolablement observées. Nous jugeons et ordonnons que tous les privilèges, honneurs et autres prééminences que la sainte église de cette pieuse ville, la mère de notre piété et de tous les chrétiens de la religion orthodoxe, et que le saint-siége de la même ville a eu manifestement avant ou pendant notre règne, leur soient accordés à perpétuité, en considération de cette royale ville.

Fait le 16 des calendes de janvier, sous le consulat d'Armatius, d'illustre mémoire. 476.

16. *L'empereur Justinien, à Menna, préfet du prétoire.*

Les anciennes lois avaient déclaré, quoique d'une manière assez obscure, que les donations faites pour des causes pieuses, étaient valables, quand même elles n'auraient pas été insinuées : nous, nous l'ordonnons expressément et d'une manière claire, sans cependant dispenser les donations faites dans d'autres cas, des formalités imposées par les anciennes lois sur l'insinuation des donations. Les donations, en quoi qu'elles consistent, et de la valeur de cinq cents écus ou au-dessous, que quelqu'un a faites à l'église, à la maison de secours des étrangers, aux hôpitaux, à l'hospice des orphelins, à la maison où les indigens sont nourris, ou à celles où les pauvres et les vieillards sont soignés dans leurs maladies, à celles où l'on nourrit les enfans et les insensés, aux pauvres, ou à une ville, sont valables quant à la forme des actes. Si la donation est d'une plus grande valeur, elle n'est valable (à moins qu'elle n'ait été faite par l'empereur) qu'en tant qu'elle a été insinuée. Personne ne doit avoir la liberté, sous prétexte de piété, de s'écarter des dispositions des anciennes lois sur l'insinuation des donations, à moins que la donation n'ait été faite pour les causes que nous avons désignées expressément.

(Cette constitution paraît avoir été faite par l'empereur Justinien, sous son deuxième consulat.)

17. *Le même empereur, à Démosthène, préfet du prétoire.*

Nous ordonnons qu'il ne soit permis à personne de vendre, d'hypothéquer ou d'engager les vases sacrés et mystérieux, les vêtemens et les offrandes qui sont nécessaires à la religion divine. Il était de même défendu par les lois anciennes de souiller par des liens humains les choses qui étaient de droit divin. Nous ordonnons qu'elles soient revendiquées par toutes sortes de moyens, tant par les évêques que par les économes et les

16. *Imperator Justinianus, ʌ. Mennœ, p. p.*

Illud, quod ex veteribus legibus, licet obscurè positis, à quibusdam attentabatur, ut donationes super piis causis factæ, licet minùs in actis intimatæ essent, tamen valerent: certo et dilucido jure taxamus, ut in aliis quidem casibus jura vetera super intimandis donationibus intacta maneant. Si quis verò donationes usque ad quingentos solidos in quibuscunque rebus fecerit, vel in sanctam ecclesiam, vel in xenodochium, vel in nosocomium, vel in orphanotrophium, vel in ptochotrophium, vel in gerontocomium, vel vel in brephotrophium, in ipsos pauperes, vel in quamcunque civitatem : istæ donationes etiam circa actorum confectionis convalescant. Sin verò amplioris quantitatis donatio sit (excepta scilicet imperiali donatione) non aliter valet nisi actis intimata fuerit : nulli danda licentia, quacunque alia causa quasi pietatis jure subnixa, præter eas, quas specialiter exposuimus, introducenda, veterum scita super intimandis donationibus permutare.

Dat. 528.

17. *Idem, ʌ. Demostheni, p. p.*

Sancimus, nemini licere sacratissima atque arcana vasa, vel vestes cæteraque donaria, quæ ad divinam religionem necessaria sunt : quum etiam veteres leges ea, quæ juris divini sunt, humanis nexibus non alligari sanxerint : vel ad venditionem, vel hypothecam, vel pignus trahere : sed ab iis, qui hæc suscipere ausi fuerint, modis omnibus vindicari, tàm per religiosissimos episcopos, quàm œconomos, necnon et sanctorum vaso-

rum custodes : nulla eis actione relinquenda, vel super recipiendo pretio, vel fœnore exigendo, pro quo res pignoratæ sunt : sed omnibus hujusmodi actionibus respuendis, ad restitutionem eorum omnibus modis coarctari. Sin autem vel conflata sunt, vel fuerint, vel alio modo immutata, vel dispersa : nihilominùs vel ad ipsa corpora, vel ad ipsa pretia eorum exactionem competere, sive per in rem, sive per conditionem, sive per in factum actionem : cujus tenor in multis et variis juris articulis sæpè est admissus. Excepta videlicet causa captivitatis in locis iis, in quibus hoc (quod abominamur) contigerit; nam si necessitas fuerit in redemptione captivorum tunc et venditionem præfatarum rerum divinarum, et hypothecam, et pignorationes fieri concedimus : quoniam non absurdum est, animas hominum quibuscunque vasis vel vestimentis præferri. Hoc obtinente non solùm in futuris negotiis, sed etiam in judiciis pendentibus.

gardes des vases sacrés, et retirées des mains de ceux qui auraient osé les recevoir; on ne doit donner à ceux-ci aucune action pour répéter le prix qu'ils en ont payé, ou la somme pour laquelle ils les avaient reçu en gage. En leur refusant toute espèce d'action de cette nature, on doit les forcer par toutes sortes de moyens à la restitution. Mais si ces choses ont déjà été jetées en fonte, échangées, ou altérées de toute autre manière, ils n'en peuvent pas moins revendiquer la matière ou la valeur, soit par l'action *in rem*, soit *per conditionem*, soit par l'action *in factum*, laquelle est souvent admise en beaucoup de points de notre droit. Il en serait autrement si ces choses avaient été vendues, hypothéquées ou engagées pour cause de captivité ou de famine ; car nous permettons de vendre, hypothéquer et engager les choses divines dont nous venons de parler, lorsqu'il n'y a pas d'autres moyens de racheter les captifs; et ce n'est pas sans raison qu'on doit préférer les hommes à toute espèce de vases ou de vêtemens. Nous ordonnons que cette loi soit observée, non-seulement dans les affaires qui pourront s'élever à l'avenir, mais encore dans celles qui sont pendantes.

Authent. ex novell. 120, c. 10.

Prætereà, si habeat ecclesia superflua vasa, cùm debitrix sit, nec aliundè solvere possit : ne quid immobile alienetur, vel distrahatur; integra ea, gestis habitis coram eo, cujus est loci ordinatio, vel aliis locis venerabilibus oblata dentur, vel conflata cuilibet alii vendentur, quò magis debitum persolvatur. Qui autem hoc acceperit contra hanc observationem, iisdem pœnis subjaceat, quæ in rebus immobilibus sunt proditæ.

Authentique extraite de la novelle 120, *chap.* 10.

Si, au surplus, une église ayant des dettes qu'elle ne peut payer autrement, possède des vases qui lui soient inutiles, plutôt qu'elle soit forcée de céder ou d'aliéner des immeubles, qu'ils soient offerts intacts à une autre église, ou qu'ils soient vendus après les avoir fondus, et leur avoir fait changer de forme, afin de pouvoir payer la dette avec leur prix. Toutes ces choses doivent être faites devant le supérieur du lieu où l'église est située. Que celui qui recevrait des vases sacrés, sans qu'ils aient été préalablement mis en fonte, soit puni des mêmes peines qui sont portées contre ceux qui se chargent des immeubles de l'église.

18. *Le même empereur, à Démosthène, préfet du prétoire.*

Nous ordonnons que les biens qui parviennent aux églises, aux maisons où les étrangers sont nourris, aux monastères, aux maisons où l'on entretient les orphelins, à celles où l'on soigne la vieillesse et les infirmités des pauvres, ou à celles où on les nourrit, aux hôpitaux, aux hospices où l'on nourrit les enfans et les insensés, ou enfin à tout autre corps semblable, de la libéralité de quelque curial, soit en vertu d'une donation entre-vifs, ou à cause de mort, soit en vertu d'un testament ou autre titre lucratif, leur soient accordés libres et entiers : quoique la loi qui a été faite à ce sujet, ait toute sa force à l'égard des autres personnes, on doit en modérer la rigueur, en considération de la piété, envers l'église et les institutions pieuses. En effet, pourquoi n'observerions-nous pas une différence entre les choses divines et les choses humaines? Et pourquoi refuserions-nous à la religion les privilèges qui lui sont dus?

§. 1. Nous ordonnons que cette loi soit observée, non-seulement dans les affaires qui pourront s'élever à l'avenir, mais encore dans celles qui sont pendantes, et qui n'ont point été encore terminées, soit par jugement ou par arrangement à l'amiable.

Fait au septième miliaire de cette ville, dans le nouveau consistoire du palais de Justinien.

19. *Le même empereur, à Julien, préfet du prétoire.*

Afin qu'il y ait la distance qu'il convient entre les droits divin, public et privé, nous ordonnons que si quelqu'un a laissé une hérédité, un legs, un fidéicommis ou quelque chose à titre de donation, ou de vente, aux églises, aux maisons de secours pour les étrangers, aux maisons de charité, aux monastères des hommes ou des femmes, aux maisons de secours pour les orphelins,

18. *Idem. A. Demostheni P, P.*

Sancimus, res ad venerabiles ecclesias, vel xenones, vel monasteria, vel orphanotrophia, vel gerontocomia, vel ptochotrophia, vel nosocomia, vel brephotrophia, vel denique ad aliud tale consortium descendentes ex qualicunque curiali liberalitate, sive inter vivos, sive mortis causa, sive in ultimis voluntatibus habita, lucrativorum inscriptionibus liberas immunesque esse : lege scilicet, quæ super hujusmodi inscriptionibus posita est, in aliis quidem personis suum robur obtinente : in parte autem ecclesiastica, vel aliarum domuum, quæ hujusmodi piis consortiis deputatæ sunt, suum vigorem pietatis intuitu, mitigante. Cur enim non faciamus discrimen inter res divinas et humanas? Et quare non competens prærogativa cœlesti favori conservetur?

§. 1. Quam oportet non solùm in casibus, quos futurum tempus creaverit, sed etiam in adhuc pendentibus, et judiciali termino vel amicabili compositione necdùm sopitis obtinere.

Recitata septimo miliario hujus inclytæ civitatis, in novo consistorio palatii Justiniani.

19. *Idem, A. Juliano, P. P.*

Ut inter divinum, publicumque jus et privata commoda competens discretio sit : sancimus, si quis aliquam reliquerit hæreditatem, vel legatum, vel fideicommissum, vel donationis titulo aliquid dederit, vel vendiderit, sive sacrosanctis ecclesiis, sive venerabilibus xenonibus, vel ptochotrophiis, vel monasteriis masculorum vel virginum, vel orphanotrophiis, vel brephotro-

phiis, vel gerontocomiis, nec non juri civitatum, vel donatorum, vel venditorum,
vel relictorum eis sit longæva exactio,
nulla temporum solita præscriptione coarc-
tanda. Sed et si in redemptionem captivorum quædam pecuniæ vel res relictæ,
vel legitimo modo donatæ sunt ; et earum
exactionem longissimam esse censemus.
Et nobis quidem cordi erat, nullis temporum metis hujusmodi actiones circum-
cludi : sed ne videamur in infinitum hanc
extendere longissimum vitæ hominis tempus
eligimus : et non aliter eam actionem finiri
concedimus, nisi centum annorum curricula excesserint ; tunc enim tantummodò
hujuscæmodi exactionem evanescere sinimus. Sive itaque memoratis religiosissimis
locis vel civitatibus hæreditas, vel legatum,
vel fideicommissum fuerit relictum ; sive
donatio vel venditio processerit, in quibuscunque rebus, mobilibus vel immobilibus,
vel se moventibus ; sive pro redemptione
captivorum quædam fuerint derelicta, vel
donata : sit eorum penè perpetua vindicatio,
et ad annos centum (secundùm quod jam dictum est) extendatur ; nulla alia exceptione
temporis inhibenda, sive contra primas
personas, sive contra hæredes, vel contra
successores eorum moveatur.

à celles où l'on soigne les enfans et les insensés, et à celles où l'on soigne la vieillesse
ou les infirmités des pauvres, il leur soit
accordé un long espace de tems pour réclamer
les choses qui leur ont été données ou vendues,
ne devant y être forcés par aucunes prescriptions ordinaires ; de même que nous pensons que les églises et les institutions pieuses
que nous venons de désigner doivent avoir un
très-long espace de tems pour exiger les sommes d'argent ou les autres choses qui leur ont
été laissées ou données légalement pour être
employées à la rédemption des captifs. Si nous
n'avions consulté que notre cœur, nous n'aurions borné ces actions par aucun espace de
tems ; mais afin que leur durée ne parût pas
s'étendre jusqu'à l'infini, nous les avons bornées par le plus long tems de la vie des hommes. Nous avons décidé, en conséquence,
qu'elles ne seraient prescrites que par l'espace
de cent ans ; et nous n'admettons que cette
seule prescription qui soit capable d'abolir des
actions de cette sorte. Soit qu'il ait été laissé
une hérédité ou un legs aux maisons religieuses dont nous avons parlé ci-dessus, ou
aux communautés des villes, soit qu'il ait été
fait une donation ou une vente, en quelques
choses qu'elles consistent, mobiliaires ou
immobilaires, ou se mouvant par elles-
mêmes, soit qu'elles aient été laissées ou
données pour la rédemption des captifs,
nous ordonnons que ces choses puissent être
toujours revendiquées pendant l'espace d'un
siècle, comme nous l'avons déjà dit, sans
qu'on puisse opposer d'autres prescriptions,
tant à ceux qui ont contracté en leurs noms,
qu'à leurs successeurs.

§. 1. In his autem omnibus casibus non solùm personales actiones damus, sed etiam
in rem, et hypothecariam, secundùm nostræ constitutionis tenorem, quæ legatariis
et fideicommissariis et hypothecariam donavit : et supradictis omnibus unum tantummodò terminum humanæ vitæ imponimus, id est, centum metas annorum.

§. 1. Nous donnons non-seulement, dans
tous ces cas, les actions personnelles, mais
encore les actions *in rem* et hypothécaires,
d'après les dispositions de notre constitution
qui a donné l'action hypothécaire aux léga-
taires et aux fidéicommissaires ; et nous n'imposons à toutes ces choses que le seul terme
de la vie humaine, c'est à dire, cent années.

§. 2. Nous ordonnons que la présente loi soit non-seulement appliquée aux cas qui pourront s'offrir à l'avenir, mais encore à ceux qui sont encore pendans.

Fait sous le consulat de l'empereur Justinien, toujours auguste, l'an 528.

Authentique extraite de la novelle 131, ch. 6.

Les actions sont tantôt prescrites par la prescription de 100 ans, tantôt par celle de 20, tantôt par celle de 30. Mais si elles ont pour objet quelque lieu religieux, elles ne le sont que par celle de 40 ans. L'usucapion de 3 ans, ou la prescription de 4 ans, conservant toute leur force, l'église romaine jouit seule du privilège de la prescription de cent ans.

TITRE III.

Des évêques, des clercs, des orphanotrophes, des xénodoches, des bréphotrophes, des ptochotrophes, des ascètres, des moines ; de leurs privilèges et de leur pécule castrense, de la rédemption des captifs ; et de la permission ou de la défense des mariages des clercs.

1. *L'empereur Constantin, aux Clercs.*

En vertu de la loi que vous avez mérité qu'on portât autrefois en votre faveur, personne ne vous obligera, ainsi que vos esclaves, à payer les nouveaux impôts : vous jouirez de l'avantage de n'y être point soumis, et, en outre, vous ne logerez point de militaires.

Fait le 6 des calendes de septembre, sous le consulat de Placide et de Romulus. 343.

2. *L'empereur Constantin et le César-Julien, à l'évêque Félix.*

Qu'on ne fasse point aux clercs l'injustice et l'outrage d'exiger qu'ils paient des impôts extraordinaires ou des contributions injustes.

§. 3. Hæc autem omnia observari sancimus, et in iis casibus, qui vel posteà fuerint nati, vel jam in judicium deducti sunt.

D. D. N. Justiniano, P. P. A. Coss. 528.

Authent. ex novell. 131, c. 6.

Quas actiones aliàs decennalis, aliàs vicennalis, aliàs tricennalis præscriptio excludit : hæ si loco religioso competant, quadraginta annis excluduntur, usucapione triennii, vel quadriennii præscriptione in suo robore durantibus, sola romana ecclesia gaudente centum annorum spatio vel privilegio.

TITULUS III.

De episcopis et clericis, orphanotrophis, et xenodochis, et ptochotrophis, et asceteriis, et monachis, et privilegiis eorum, et castrensi peculio, et de redimendis captivis, et de nuptiis clericorum vetitis seu permissis.

1. *Imp. Constantinus, A. Clericis salutem dicit.*

Juxta sanctionem, quam dudùm meruistis, et vos et mancipia vestra nullus novis collationibus obligabit, sed vacatione gaudebitis : præterea neque hospites suscipietis.

Dat. 6 calend. septemb. Placido et Romulo, Coss. 343.

2. *Imp. Constantinus, A. et Jul.-Cæs. Felici, episcopo.*

Omnis à clericis indebitæ conventionis injuria, et iniquæ exactionis repellatur improbitas; nullaque conventio sit contra eos munerum sordidorum ; et cum negotiatores ad aliquam præstationem competentem vocantur, ab his universis istiusmodi strepitus conquiescat. Si quid enim vel parcimonia, vel provisione, vel mercatura (honestati tamen conscia) congesserint : id in usum pauperum atque egentium ministrari oportet. Ad id, quod ex eorumdem ergasteriis vel tabernis conquiri potuerit, et colligi, collectum id religionis existiment lucrum.

§. 1. Verùm etiam hominibus eorumdem, qui operam in mercimoniis habent, divi principis genitoris mei statuta multi moda observatione caverunt, ut iidem clerici privilegiis pluribus redundarent.

§. 2. Itaquè extraordinariorum munerum à prædictis necessitas atque omnis molestia conquiescat.

§. 3. Ad parangariam quoque præstationem non vocentur, nec eorumdem facultates atque substantiæ.

§. 4. Omnibus clericis hujusmodi prærogativa succurrat : ut et conjugia clericorum, ac liberi eorum quoque ministeria, id est, mares pariter ac fœminæ, eorumque etiam filii et filiæ, immunes semper ab hujusmodi muneribus perseverent.

Dat. 9. id. decemb. Med. Lecta v. cal. jan. apud acta, Constantio A. IX, et Juliano. Cæs. II. Coss. 357.

Nova constitutio Frederici imperatoris, de statu et consuet. contr. lib. eccl. coll. 10, §. *Item nulla.*

Item, nulla communitas vel persona publica, vel privata, collectas, vel exactiones, angarias, vel parangarias, ecclesiis, vel aliis piis locis, aut ecclesiasticis personis imponere, aut invadere ecclesiastica bona præsumant. Quòd si fecerint, et requisiti ab ecclesia vel imperio, emendare contempserint, triplum refundant, et nibilominùs bona imperiali

Qu'on ne compte point sur eux lorsqu'il s'agit de vils travaux; et quoique les commerçans soient soumis à certains droits, que cependant tous les clercs en soient exempts; car s'ils ont recueilli quelque chose, soit par leur économie, soit par leur industrie ou par un commerce honnête, qu'ils l'emploient à en secourir les pauvres et les indigens. Il faut de même qu'ils n'aient des ateliers ou des boutiques que dans le dessein de consacrer à la religion tous les profits qu'ils pourront en retirer.

§. 1. Les lois du prince, notre père, ont accordé les mêmes privilèges à ceux qui travaillent avec eux au même commerce, afin de donner de nouveaux privilèges aux clercs.

§. 2. En conséquence, que ceux dont nous venons de parler, ne soient point obligés et contraints de supporter les charges extraordinaires.

§. 3. Qu'ils ne soient point soumis, ainsi que leurs biens, aux contributions perçues pour le transport et les dépenses des voyages.

§. 4. Que les privilèges de cette sorte soient accordés à tous les clercs; que leurs épouses, leurs enfans, leurs domestiques, sans aucun égard au sexe, soient toujours exempts de ces charges.

Fait le 9 des ides de décembre, sous le consulat de l'empereur Constance, pour la huitième fois consul; et du César-Julien, deuxième fois consul. 357.

Nouvelle constitution de l'empereur Frédéric, de statu et consuet. contr. lib. eccles. coll. 10, §. *Item nulla.*

De même, qu'aucune communauté, aucune personne publique ou privée, ne soumettent les églises, les autres lieux pieux, et les personnes attachées à l'état ecclésiastique, aux collectes, aux exactions et aux corvées; et qu'ils ne puissent s'emparer des biens ecclésiastiques; que ceux qui contreviendront à ces dispositions, et qui persisteront dans leurs torts, après la sommation de l'église ou de l'empereur, soient condamnés au triple; que leurs biens soient confisqués, et qu'ils soient bannis jusqu'à ce qu'ils rendent la satisfaction qu'ils doivent.

3. *Le même empereur et César, à Taurus, préfet du prétoire.*

Que votre autorité ne souffre point non-seulement que les clercs propriétaires exemptent les biens des autres du droit de fisc, mais encore qu'elle les contraigne de payer ces mêmes droits qui sont imposés sur leurs propres biens; car nous ordonnons que tous les clercs qui ont des propriétés foncières dans les provinces, acquittent seulement pour les propriétés, le droit du fisc, ou qu'autrement ils soient expropriés.

Fait la veille des calendes de juillet, sous le consulat de l'empereur Constance, pour la dixième fois consul; et du César-Julien, pour la troisième fois consul. 360.

4. *Le même empereur, à Taurus, préfet du prétoire.*

Que les receveurs des deniers publics, qui n'ont point rendu compte de leur dernière administration ou des précédentes, ou qui ont interverti les deniers du fisc, soient d'abord réduits à leur première condition, s'ils sont parvenus à l'honneur du cléricat. Si après avoir rendu leurs comptes, il se trouve qu'ils ne soient redevables de rien, et s'ils ont demandé sincèrement l'état de clerc, qu'ils soient faits tels, avec le consentement de leurs supérieurs, et d'après l'examen des juges compétens, et que leurs biens leur soient conservés; mais s'ils ne sont devenus clercs que par l'effet de moyens clandestins, que les deux tiers de leurs biens soient donnés à leurs enfans; ou s'ils n'en ont pas, à leurs proches parens, et qu'on ne leur laisse à eux-mêmes que l'autre tiers restant; mais s'ils n'ont aucun parent, que les deux tiers qui leur appartiendraient soient délivrés

banno subjaceant; quod absque satisfactione debita nullatenùs remittatur.

3. *Idem, A. et Cæs. ad Taurum, P. P.*

De iis clericis, qui prædia possident, sublimis auctoritas tua, non solùm eos aliena juga nequaquàm statuet excusare, sed etiam pro iis prædiis, quæ ab iis possidentur, eosdem ad pensitanda fiscalia perurgeri. Universos namque clericos possessores (duntaxat provinciales) pensitationes fiscalium, translationesque faciendas recognoscere censemus.

Data epistola prid. calend. jul. Med. Constantio A. x. et Jul.-Cæs. III. Coss. 360.

4. *Idem, A. ad Taurum, P. P.*

Officiales rationales, si exhibitione cursus, seu primipili necessitate neglecta, interversa etiam ratione fiscali, ad clericatus honorem putaverint transeundum, ad priorem conditionem retrahantur. Si verò obnoxii ratiociniis vel necessitatibus non sint, sub notione judicum, officiis consentientibus (si probabilis vitæ studium id postulaverit) transferantur, nec cessionem metuant facultatum. Quod si clandestinis artibus putaverint irrepandum, duas partes suarum rerum concedant liberis, aut (si proles defuerit) propinquis : ex propria substantia portionem tertiam sibimet retenturi. Sin verò propinquorum necessitudo defuerit, geminæ portiones officiis, in quibus militant, relinquantur, portione tantummodò sibi tertia retenta.

Dat. 4 calend. septemb. Tauro et Flor. Coss. 361.

au corps des receveurs des deniers publics dont ils étaient membres, en ne leur laissant à eux-mêmes que l'autre tiers.

Fait le 4 des calendes de septembre, sous le consulat de Taurus et de Flore. 361.

Authent. ex novell. 123, *cap.* 15.

Authentique extraite de la novelle 123, *chap.* 15.

Sed neque curialem aut officialem, clericum fieri permittimus, ne ex hoc venerabili clero fiat injuria. Si verò tales personæ in clero constituantur, tanquàm nec ad ordinationem productæ, propriæ fortunæ restituantur; nisi monasticam forsitàn vitam aliquis eorum non minùs quindecim annis impleverit; tales enim ordinari præcipimus, quarta propriæ substantiæ sibi retenta, reliquis partibus curiæ, et fisco vindicandis, si in clero constituti monasticam, et decentem vitam impleverit.

Nous ne permettons point qu'un curial ou un officier de finance se fasse clerc, de peur qu'il ne résulte de là un déshonneur pour ce respectable corps; mais si de telles personnes sont déjà clercs, qu'elles soient considérées comme n'ayant jamais été ordonnées, et qu'elles soient rendues à leur première condition, à moins que par hasard quelques-unes d'entr'elles n'aient embrassé la vie monastique au moins depuis quinze ans. Nous ordonnons que ces dernières, si elles sont parmi les clercs, et ont mené une vie honnête et monastique, soient ordonnées : dans ce cas, elles ne doivent conserver que le quart de leurs biens; les trois autres quarts appartiennent à la curie et au fisc.

§. 1. Sed si post clericatus honorem aliquis eorum uxorem aut concubinam acceperit, propriæ fortunæ reddatur, licet tali ecclesiastico gradu tenebatur, in quo quis constitutus uxorem ducere non prohibetur. Idem est, et in omnibus aliis monachis, licet nulli fortunæ priùs subjecti fuerint. Et generaliter quicunque in quolibet ecclesiastico gradu constitutus, ad secularem vitam redierit; honore nudatus, curiali fortunæ propriæ civitatis reddatur.

§. 1. Si quelqu'un de ceux dont nous parlons s'est marié, ou a pris une concubine après avoir été élevé à l'honneur d'être membre du clergé, qu'il soit rendu à sa première condition, quand même le degré où il se trouverait dans les ordres lui permît de se marier. Il en est de même à l'égard de tous les autres moines. En un mot, que tout curial, quelque rang qu'il tienne dans le clergé, qui a repris la vie séculière, soit dépouillé de ses honneurs, et rendu à sa première condition.

5. *Imp. Jovinianus,* A. *Secundo,* P. P.

5. *L'empereur Jovinien, à Secundus, préfet du prétoire.*

Si quis non dicam rapere, sed attentare tantummodò jungendi causa matrimonii sacratissimas virgines ausus fuerit, capitali pœna feriatur.

Dat. 11 calend. mart. Gratiano A. III, et Merobaude, Coss.

Si quelqu'un a osé, je ne dis pas ravir, mais seulement tenter de se marier avec une religieuse, qu'il soit condamné à la peine capitale.

Fait le 11 des calendes de mars, sous le consulat de l'empereur Gratien, pour la troisième fois consul, et de Mérobaude.

6. *Les empereurs Valentinien , Valens et Gratien , à Cataphronius.*

Nous ordonnons que les prêtres, les diacres, les sous-diacres, les exorcistes, les lecteurs, les hostiaires et les acolytes, soient exempts des charges personnelles.

Fait le 3 des nones de mars , sous le consulat de l'empereur Gratien , pour la troisième fois consul, et de Mérobaude. 377.

7. *L'empereur Théodose a dit :*

Qu'un évêque ne soit point contraint, par le droit honoraire, ni par les lois, de donner témoignage. *Le même a dit :* Il ne convient point d'admettre un évêque à donner témoignage; car ce serait lui donner des embarras et souiller sa dignité de prêtre.

Authentique extraite de la novelle 123 , ch. 7.

Mais que le juge leur envoie quelques-uns de ses secrétaires, afin de leur demander , sur les sacrés évangiles, comme il convient à des prêtres, ce qu'ils savent : ils ne doivent pas cependant jurer.

8. *Le même empereur, à Paulin, préfet augustal.*

Que les prêtres donnent témoignage, sans qu'on leur fasse l'injure de les soumettre à la question. On doit faire ensorte cependant qu'ils ne donnent pas un faux témoignage ; mais les autres clercs qui suivent ce degré ou cet ordre, doivent être entendus conformément à ce que prescrivent les lois, s'ils sont appelés en témoignage. Que cependant l'action de faux soit accordée aux parties, contre les prêtres qui , à cause de leur dignité, ne peuvent être forcés, en fait de témoignage, par aucune peine corporelle, et qui, par cela même qu'ils ne craignent rien, ont caché la vérité ; car ceux à qui , suivant nos ordres, il a été accordé plus d'honneurs , méritent davantage d'être punis, lorsqu'ils sont trouvés coupables.

Fait le 8 des cal. d'août , sous le consulat de l'empereur Arcade et de Bauton. 385.

Tome I.

6. *Imperatores Valentin., Valens et Grat. ΑΑΑ. ad Cataphronium.*

Presbyteros , diaconos, subdiaconos, atque exorcistas , et lectores, hostiarios , et acolythos etiam , personalium munerum expertes esse præcipimus.

Dat. 3 non. mart. Gratiano A. III. et Merobaude , Coss. 377.

7. *Imper. Theodosius dixit :*

Nec honore, nec legibus, episcopus ad testimonium dicendum flagitetur. *Item dixit :* Episcopum ad testimonium dicendum admitti non decet ; nam et persona oneratur, et dignitas sacerdotis exempta confunditur.

Authent. ex novell. 123, cap. 7.

Sed judex mittat ad eos quosdam de suis ministris, ut propositis sacrosanctis evangeliis, secundùm quod decet sacerdotes, dicant ea quæ noverint, non tamen jurent.

8. *Idem , A. Paulino, P. P. augustali.*

Presbyteri circà injuriam quæstionis testimonium dicant : ita tamen, ut falsa non simulent. Cæteri verò clerici, qui eum deindè gradum vel ordinem sequuntur, si ad testimonium dicendum petiti fuerint , prout leges præcipiunt, audiantur. Ut salva tamen sit litigatoribus falsi actio , si fortè presbyteri, qui suo nomine superioris loci testimonium dicere circa aliquam corporalem injuriam sunt præcepti ; hoc ipso , quod nihil metuant , vera suppresserint. Multò magis enim pœna digni sunt , quibus quum plurimum honoris per nostram jussionem delatum est , si in occulto inveniatur crimen.

Dat. 8 cal. august. Arcadio et Bautone, Coss. 385.

7

Authent. ex novell. 123, *cap.* 20.

Presbyteri seu diaconi, si falsum testimonium perhibuisse convincantur, siquidem in causa pecuniaria, à divino duntaxat ministerio per tres annos separati, monasteriis pro tormentis tradantur.

Sed si in criminali, clericatus honore nudati, legitimis pœnis afficiendi sunt.

Cœteri verò clerici communi jure ab officio ecclesiastico depulsi, sine delectu causæ verberibus coerceantur.

Authentique extraite de la novelle 123, *chap.* 20.

Lorsque des prêtres ou des diacres sont convaincus d'avoir donné un faux témoignage, si c'est dans une cause où il s'agit d'intérêts pécuniaires, qu'ils soient privés, pendant trois ans seulement, de l'exercice du ministère divin, et soient relégués, en forme de peine, dans un monastère; mais si c'est dans une cause criminelle, qu'ils soient dégradés de l'honneur d'être membres du clergé, et condamnés aux peines portés par les lois; que les autres clercs, en pareils cas, et sans distinction de causes criminelles ou civiles, soient, suivant le droit commun, dégradés de tout office ecclésiastique, et punis corporellement.

9. *Impp. Valentin. Theod. et Arcadius*, ᴀᴀᴀ. *Tatiano*, ᴘ. ᴘ.

Nulla, nisi emensis quinquaginta annis, secundùm præceptum apostoli, ad diaconissarum consortium transferatur.

Dat. 11 cal. jul. Med. Valentiniano ᴀ. ɪv. et Neotherio, Coss. 390.

9. *Les empereurs Valentinien, Théodose et Arcade, à Tatien, préfet du prétoire.*

Qu'aucune femme, âgée de moins de cinquante ans, ne soit reçue dans la corporation de diaconesse.

Fait à Milan, le 11 des calend. de juillet, sous le consulat de l'empereur Valentinien, pour la quatrième fois consul, et de Néothérius. 390.

Authent. ex novell. 13, *cap.* 123.

Presbyterum minorem trigintaquinque annis fieri non permittimus; sed neque diaconum vel subdiaconum, minorem vigintiquinque annis; neque lectorem minorem annis decem et octo. Item episcopum minorem annis trigintaquinque ordinari prohibemus.

Authentique extraite de la novelle 13, *chap.* 123.

Nous défendons qu'on fasse des prêtres avant l'âge de trente-cinq ans; des diacres ou sous-diacres, avant celui de vingt-cinq ans, ni des lecteurs, avant celui de dix-huit ans. Nous défendons de même qu'on ordonne des évêques avant l'âge de trente-cinq ans.

Authent. ex novell. 13, *cap.* 123.

Diaconissam in sancta ecclesia non ordinari præcipimus, quæ minor sit annis quadraginta, aut si ad secundas pervenerit nuptias.

Authentique extraite de la novelle 13, *chap.* 123.

Nous défendons qu'aucune femme âgée de moins de quarante ans, ou qui a passé à de secondes noces, soit ordonnée diaconesse.

10. *Les empereurs Arcade et Honorius , à Théodore, préfet du prétoire.*

Si quelqu'un se rend coupable de sacrilège, tel que de se porter à des violences dans l'église , ou de faire quelqu'injure aux prêtres et aux servans, à la religion elle-même , ou au lieu , il doit être puni par le président de la province, qui doit condamner à la peine capitale ceux qui se sont avoués coupables, ou qui ont été convaincus d'avoir commis ces crimes, sans attendre que l'évêque demande vengeance de l'injure qui lui a été faite, parce que sa piété ne lui permet pas d'en prendre connaissance. Que tous ceux qui poursuivront la vengeance des attentats et des injures dirigées contre les prêtres ou les ministres , comme celle d'un crime public , soient dignes de louange. Si les coupables sont en si grand nombre qu'ils ne puissent être pris par les huissiers , les gendarmes ou les bourgeois , à cause qu'ils se défendent par les armes ou l'avantage des lieux, que les présidens des provinces ne tardent pas à tirer la vengeance convenable d'un tel crime, par le secours de la force armée qu'ils doivent requérir.

Fait à Milan , le 7 des calendes de mai, sous le consulat d'Honorius , consul pour la troisième fois , et d'Eutychianus. 398.

Authentique extraite de la novelle 123 , chap. 31.

Par le droit nouveau , on punit un tel crime par le fouet ou l'exil; mais si le coupable a troublé les saints mystères , ou a empêché qu'on les célébrât , qu'il soit puni de mort. Il en est de même à l'égard des litanies ; la simple injure est punie par le fouet et l'exil; mais celui qui les a troublées est puni de mort. Nous défendons aux laïcs de faire des litanies sans clercs, parce qu'elles ne doivent pas être faites sans oraisons et sans croix.

10. *Impp. Arcadius et Honorius , AA. Theodoro , P. P.*

Si quis in hoc genus sacrilegii proruperit , ut in ecclesias catholicas irruens, sacerdotibus et ministris vel in ipso cultu locoque aliquid importet injuriæ : quod geritur, à provinciæ rectoribus animadvertatur , atque ita provinciæ moderator sacerdotum , et catholicæ ecclesiæ ministrorum , loci quoque ipsius , et divini cultus injuriam capitali in convictos seu confessos reos sententia noverit vindicandum : nec expectet , ut episcopus injuriæ propriæ ultionem deposcat , cui sanctitas ignoscendi gloriam dereliquit : sitque cunctis laudabile , factas atroces sacerdotibus aut ministris injurias , veluti crimen publicum persequi , ac de talibus reis ultionem mereri. Quòd si multitudo violenta à civilis apparitoris executione et adminiculo ordinum vel ordinatorum possessorumve non poterit flagitari , quòd se armis aut locorum difficultate tueatur : præsides provinciarum , et militari auxilio per publicas litteras appetito , competentem vindictam tali excessui imponere non morentur.

Dat. 7 cal. maii, Med. Honorio III. et Eutychiano , Coss. 398.

Authent. ex novell. 123 , cap. 31.

Sed novo jure pro tali injuria verberatur, aut in exilium mittitur. Sed si sacra ministeria turbaverit , vel celebrare prohibuerit , capite puniatur. Idem est , et in litaniis , nam pro injuria verberatus, exilio tradatur : si eas concussit , capite plectatur. Laicis facere litanias interdicimus sine clericis, quæ sine orationibus et sine cruce fieri non debent.

11. *Iidem*, AA. *Eutychiano*, v. p.

In ecclesiis, quæ in possessionibus (ut fieri solet) diversorum, vicis vel etiam quibuslibet locis sunt constitutæ, clerici non ex alia possessione vel vico, sed ex eo, ubi ecclesiam esse constiterit, ordinentur : ut propriæ capitationis onus ac sarcinam recognoscant : ita ut pro magnitudine vel celebritate uniuscujusque vici, ecclesiis certus judicio episcopi clericorum numerus ordinetur.

Dat. 3 calend. aug. Honorio A. IV. et Eutychiano, Coss. 398.

12. *Iidem*, AA. *Eutychiano*, P. P.

Si quis curialis clericus fuerit ordinatus, nec statim conventione præmissa, pristinæ conditioni reddatur : is vigore et solertia judicantium, ad pristinam sortem, veluti manu injecta mox revocetur. Clericis enim ulterius legem prodesse non patimur, quæ cessione patrimonii subsecuta, decuriones clericos esse non vetebat.

Dat. 6 cal. aug. Honorio A. IV. et Eutychiano, Coss. 398.

13. *Iidem*, AA. *Fidiano*, *vicario*.

Si venerabilis ecclesiæ privilegia cujusquam fuerit vel temeritate violata, vel dissimulatione neglecta, commissum hoc quinque librarum auri condemnatione plectetur.

Nova constitutio Frederici imperat. de stat. et consuet. contr. lib. eccles. coll. 10, §. *Item quæcumque.*

Item quæcunque communitas vel persona, quæ annum in excommunicatione propter li-

11. *Les mêmes empereurs*, à *Eutychianus*, *préfet du prétoire*.

Que dans les églises qui sont communes, comme elles le sont presque toutes, telles que celles qui sont situées dans les villages ou en tout autre lieu, on n'ordonne point des clercs d'une autre paroisse ou d'un autre village, mais seulement ceux qui doivent être attachés au service de l'église où ils sont ordonnés ; qu'ils s'acquittent en cet endroit des charges dont ils sont tenus, et qu'on n'en ordonne que le nombre qui doit être fixé par l'évêque, selon l'étendue et les richesses de chaque paroisse.

Fait le 3 des calendes d'août, sous le consulat de l'empereur Honorius, pour la quatrième fois consul, et d'Eutychianus. 398.

12. *Les mêmes empereurs*, à *Eutychianus*, *préfet du prétoire*.

Si un curial a été fait clerc, et si après en avoir été prévenu, il n'est pas retourné à sa première condition, qu'il y soit réduit aussitôt par la force et l'autorité des juges, car nous rapportons la loi qui permettait aux décurions de se faire clercs, sous la condition qu'ils abandonneraient leurs biens.

Fait le 6 des calendes d'août, sous le consulat de l'empereur Honorius, consul pour la quatrième fois, et d'Eutychianus. 398.

13. *Les mêmes empereurs*, à *Fidianus*, *lieutenant*.

Si les privilèges d'une église ont été violés par témérité, ou négligés par une feinte ignorance, que le coupable soit condamné à une amende de cinq livres d'or.

Nouvelle constitution de Frédéric, de statu et consuet. contr. lib. eccl. §. *Item quæcumque*. coll. 10.

Que toute communauté ou toute autre personne qui aura été excommuniée pour avoir enfreint ou violé la liberté de l'église, et qui persévérera encore dans son crime après l'année de l'excommunication, soit mise de droit au ban de l'empire, dont elle ne sera délivrée qu'auparavant elle n'ait obtenu son absolution de l'église.

bertatem ecclesiæ fractam et violatam perseveraverit : ipso jure imperiali banno subjaceat : à quo nullatenùs extrahatur, nisi priùs ab ecclesia beneficio absolutionis obtento.

14. *Les mêmes e... ...ereurs, à Adrien, préfet du prétoire.*

14. *Iidem* AA. *Adriano*, P. P.

Si un évêque qui a été déposé par une assemblée de prêtres, est convaincu de tramer quelque chose contre la tranquillité et le repos public, et de demander de nouveau la dignité dont il a été dégradé, qu'il soit exilé à cent milles de la ville qu'il a troublée; qu'il ne pénètre point dans nos bureaux, et qu'il n'espère point obtenir de rescript en sa faveur; qu'au contraire, ceux qu'il pourrait avoir obtenus, soient annullés, et que ceux qui prendront sa défense, soient chargés de notre indignation.

Fait à Ravennes, la veille des non. de février, sous le consulat d'Itilicon et d'Aurélien. 400.

Quicùnque residentibus sacerdotibus fuerit episcopali loco et nomine detrusus, si aliquid contra custodiam vel quietem publicam moliri fuerit deprehensus, rursùsque petere sacerdotium, à quo videtur expulsus : procùl ab ea urbe, quam conturbaverit, centum millibus vitam agat : nec nostra adeat secreta, nec impetrare rescripta speret, sed etiam impetratis careat : defensoribus etiam eorum nostram indignationem subituris.

Dat. prid. non. febr. Ravennæ, Itilichone et Aureliano, Coss. 400.

Authentique extraite de la novelle 123, chap. 11.

Authent. ex novell. 123, c. 11.

Si un évêque déposé a voulu rentrer dans la ville dont il a été chassé, et a abandonné le lieu où il avait été relégué, nous ordonnons qu'il soit renfermé dans un monastère, situé dans un autre pays, de sorte qu'il expie dans ce monastère les fautes qu'ils a commises dans le sacerdoce.

Si quis episcopus sacerdotio pulsus, præsumpserit ingredi civitatem, ex qua pulsus est, relinquens locum, in quo degere jussus est, jubemus hunc monasterio in alia regione constituto tradi, ut qui in sacerdotio deliquit, in monasterio de_ ns corrigat.

15. *Les mêmes empereurs, à Studius, préfet de la ville.*

15. *Iidem*, AA. *Studio*, P. V.

Nous défendons qu'on tienne des assemblées illicites, même hors de l'église, et dans des maisons particulières, à peine de la confiscation de la maison, si le propriétaire a souffert que des clercs célébrassent dans cette nouvelle et illicite assemblée, tenue hors de l'église.

Conventicula illicita etiam extra ecclesiam in privatis ædibus celebrari prohibemus : proscriptionis domus periculo imminente, si dominus ejus in ea clericos nova ac tumultuosa conventicula extra ecclesiam celebrantes suscepit.

Dat. 4 cal. septemb. Constantinop. Honorio VII. et Aristeneto, Coss. 404.

Fait à Constantinople, le 4 des calendes de septembre, sous le consulat de l'empereur Honorius, consul pour la sixième fois, et d'Aristénète. 404.

16. Impp. *Honorius et Theodosius*, AA. *Anthemio*, P. P.

16. Les empereurs *Honorius et Théodose*, à *Anthémius*, préfet du prétoire.

Quisquis censibus fuerit adnotatus, invito agri domino temperet ab omni clericatu: adeò, ut etiam si in eo vico, in quo nascitur mansitare clericatus fuerit, sub hac lege religiosum adsumat sacerdotium, ut et capitationis sarcinam per ipsum dominum agnoscere compellatur, et in ruralibus obsequiis, quò maluerit subrogato utatur: ea scilicet immunitate indulta, quæ certæ capitationis venerandis ecclesiis relaxatur: nullo contra hanc legem unquàm valituro rescripto.

Dat. Honorio A. VIII. et Theod. A. III. Coss. 409.

Qu'aucun serf ne se fasse clerc sans le consentement du maître du champ auquel il est attaché. Si cependant il a été fait clerc dans le lieu où il demeure, qu'il soit ordonné, sous la condition que son maître se soumettra à payer pour lui les tributs qu'il doit, et qu'il subrogera, à sa volonté, quelqu'un à sa place qui remplisse les devoirs auxquels il était obligé envers son seigneur; que cependant ils soient exempts, lui et son seigneur, des tributs dont les églises ont été dispensées; que cette loi ne puisse recevoir aucune atteinte des rescrits.

Fait sous le consulat des empereurs Honorius, consul pour la huitième fois, et Théodose, pour la troisième fois consul. 409.

17. Iidem, AA. *Maximo*, P. P.

17. Les mêmes empereurs, à *Maxime*, préfet du prétoire.

Placet nostræ clementiæ, ut nihil commune clerici cum publicis actionibus, vel ad curiam pertinentibus cujus corpori non sunt adnexi habeant.

§. 1. Prætereà his, qui parabolani vocantur, neque ad quodlibet publicum spectaculum, neque ad curiæ locum, neque ad judicium accedendi licentiam permittimus: nisi fortè singuli ob causas proprias et necessitates judicem adierint, aliquem pulsantes lite, vel alio ipsi pulsati, vel in communes totius corporis causis syndico ordinato: sub ea definitione, ut si quis eorum hæc violaverit, et brevibus parabolanis eximatur, et competenti supplicio subjugetur, nec unquàm ad eandem sollicitudinem revertatur.

Il nous plaît que les clercs ne se mêlent point des affaires civiles ou administratives, avec lesquelles ils n'ont aucun rapport par leur état.

§. 1. Nous ne permettons pas non plus à ceux qui sont appelés *parabolains*, de fréquenter les spectacles publics, quels qu'ils soient; de paraître dans le lieu des séances de la curie, ni en jugement, à moins qu'ils n'aient individuellement des relations avec les juges pour leurs propres causes et leurs intérêts personnels, soit parce qu'ils intentent un procès à quelqu'un, ou qu'un autre leur en intente un à eux-mêmes, soit pour les causes communes à tout le corps, poursuivies par un syndic nommé à cet effet. Que celui qui violera ces dispositions, soit de suite, et pour toujours, retranché du nombre des parabolains, et condamné aux peines qu'il a encourues.

Fait à Constantinople, le 3 des calendes d'octobre, sous le consulat de l'empereur Théodose, pour la septième fois consul, et de Palladius, 416.

Authentique extraite de la novelle 123, chap. 10.

Nous défendons aux évêques, prêtres, diacres, sous-diacres, chantres, et à tous les autres ecclésiastiques, à quelque corps qu'ils appartiennent, de jouer au trictrac, ou de participer, ou de s'intéresser à la partie de ceux qui jouent, et d'assister à quelque spectacle que ce soit, pour l'agrément du spectacle. Nous ordonnons que ceux d'entr'eux qui contreviendront à ces dispositions, soient suspendus de leurs fonctions pendant trois ans, et relégués, pendant ce tems, dans un monastère; mais il est permis à l'évêque auquel ils sont subordonnés, d'abréger cette peine de la moitié, s'ils sont repentans, et par conséquent de les rappeler de nouveau, après dix-huit mois, à l'exercice de leur premier ministère.

18. *Les mêmes empereurs, à Monaxius, préfet du prétoire.*

Nous ordonnons que le nombre des parabolains, dont les fonctions sont de soigner les malades, soit réduit à six cents, et qu'ils soient élus par l'évêque de la ville d'Alexandrie, à sa volonté, parmi ceux qui ont déjà exercé cet état, et qui y ont acquis de l'expérience par la pratique, et non parmi ceux qui n'en ont que le titre, ou parmi les curiaux. Si quelqu'un des six cents qui ont été élus vient à mourir, qu'il soit remplacé par un autre, au choix du même évêque, lequel ne doit pas être non plus pris parmi ceux qui n'en ont que le titre, ou parmi les curiaux; que ces six cents parabolains soient sous la direction et la surveillance de l'évêque. Les autres dispositions concernant les parabolains, contenues dans la loi qui a déjà été portée à leur égard, tant sur les spectacles, les cours de justice, que sur les autres choses

Dat. 3 cal. octob. Constantinop. Theod. A. VII. et Palladio, Coss. 416.

Authent. ex novell. 123, c. 10.

Interdicimus sanctissimis episcopis, et presbyteris, diaconis et subdiaconis, et lectoribus, et omnibus aliis cujuslibet ordinis venerabilis collegii, et cœtu constitutis ad tabulas ludere, aut aliis ludentibus participes esse, aut inspectores fieri, aut ad quodlibet spectaculum spectandi gratia venire.

Si quis autem ex his in hoc deliquerit, jubemus hunc tribus annis à venerabili ministerio prohiberi, et in monasterio redigi; sed et in medio tempore si se pœnitentem ostenderit, liceat sacerdoti, sub quo constitutus est, tempus minuere, et hunc priori rursùs vel proprio ministerio reddere.

18. *Iidem*, AA. *Monaxio*, P. P.

Parabolanos, qui ad curanda debilium ægra corpora deputantur, sexcentos constitui præcipimus; ita ut per arbitrium viri reverendissimi antistitis Alexandrinæ urbis de iis, qui anteà fuerant, et qui pro consuetudine curandi gerunt experientiam, sexcenti parabolani ad hujusmodi sollicitudinem eligantur, exceptis videlicet honoratis et curialibus. Si quis autem ex his naturali sorte fuerit absumptus, alter in ejus locum pro voluntate ejusdem sacerdotis, exceptis honoratis et curialibus, subrogetur: ita ut hi sexcenti viri reverendissimi sacerdotis præceptis ac dispositionibus obsecundent, et sub ejus cura consistant: reliquis, quæ dudùm latæ legis forma complectitur super his parabolanis, vel de spectaculis, vel de judiciis, cæterisque (sicut jam statutum est) custodiendis.

Dat. 3 non. feb. Constantinop. Honor. XII. et Theod. X. AA. Coss. 418.

dont elle parle, doivent être observées.

Fait à Constantinople, le 3 des non. de février, sous le consulat des empereurs d'Honorius, pour la douzième fois consul, et Théodose, consul pour la dixième fois. 418.

19. Iidem, AA. Palladio, P. V.

19. Les mêmes empereurs, à Palladius, préfet de la ville.

Eum, qui probabilem seculo disciplinam agit, decolorari consortio sororiæ appellationis non decet. Quicunque igitur cujuscunque gradus sacerdotio fulciuntur, vel clericatus honore censentur, extranearum sibi mulierum interdicta consortia cognoscant : hac tantùm eis facultate concessa, ut matres, filias, atque germanas intra domorum suarumsepta contineant. In his enim nihil sævi criminis existimari, fœdus naturale permittit. Illas autem non relinqui, castitatis hortatur affectio, quæ ante sacerdotium maritorum legitimum meruere conjugium; neque enim clericis incompetenter adjunctæ sunt, quæ dignos sacerdotio viros sua conversatione fecerunt.

Dat. 8 id. maii, Raven. Theod. A. IX. et Constantio III. V. C. Coss. 420.

Il ne convient point à celui qui mène dans le monde une vie louable, de se souiller par la fréquentation d'une femme, en disant qu'elle est sa sœur. Que tous les ecclésiastiques, de quelque dignité dont ils soient revêtus, sachent donc qu'il leur est défendu de fréquenter des femmes qui leur sont étrangères. Il leur est seulement permis de recevoir dans leurs maisons leurs mères, leurs filles et leurs sœurs; car la parenté ne permet pas de soupçonner entr'eux rien de criminel. L'amour de la chasteté nous porte à ne pas exclure de ce nombre celles qui, avant le sacerdoce de leurs maris, ont mérité d'avoir un époux légitime; car il n'est pas inconvenant de permettre aux ecclésiastiques de fréquenter celles qui ont rendu leurs maris dignes du sacerdoce.

Fait à Ravennes, le 8 des ides de mai, sous le consulat de l'empereur Théodose, pour la neuvième fois consul, et de Constance, consul pour la troisième fois, 420.

Authent. ex novell. 22, cap. 42.

Multò magis ergo cessant eorum conjugia; soli enim cantatores lectoresque nuptias contrahere permittuntur; aliis autem omnibus penitùs interdicimus; verumtamen si et ipsi ad secundas pervenerint nuptias, nequaquàm ad sacerdotii culmen ascendant.

Authentique extraite de la novelle 22, ch. 42.

A plus forte raison, ils ne peuvent conserver leurs épouses; car ils n'est permis qu'aux seuls chantres et lecteurs de se marier : nous le défendons absolument à tout autre; et si les chantres ou les lecteurs ont contracté de secondes noces, qu'ils ne puissent parvenir à l'honneur du sacerdoce.

Authent. ex novell. 6, cap. 5.

Episcopo nullam secum mulierem habere permittitur; sed si habere probetur, ab episcopatu dejiciatur, quo se fecit indignum.

Authentique extraite de la novelle 6, chap. 5.

Il n'est point permis à un évêque d'avoir une femme avec lui; mais s'il est convaincu d'en avoir une, qu'il soit dégradé de sa dignité, dont il s'est rendu indigne.

20. *Les empereurs Théodose et Valentinien, à Taurus, préfet du prétoire.*

Si un prêtre ou diacre, diaconesse, sousdiacre, ou ecclésiastique, de quelque degré qu'il soit, ou un moine, ou une femme qui s'est consacrée à la vie solitaire, sont morts sans avoir fait de testament, et sans avoir laissé des ascendans de l'un ni de l'autre sexe, des enfans, ni d'autres parens ou époux; que les biens qu'ils ont laissés appartiennent à l'église ou au monastère auquel ils s'étaient destinés, excepté ceux qu'ils pourraient devoir à leurs seigneurs, à leurs patrons ou à la curie; car il n'est pas juste que les églises ou les monastères s'emparent des biens ou des pécules, qui, d'après les lois, appartiennent au patron ou au maître du lieu auquel l'ecclésiastique était attaché, ou aux curies, d'après une ancienne constitution, qui les leur accorde en certains cas; mais néanmoins les églises et les monastères conservent les actions qui leur sont dues, contre les biens de ceux dont nous venons de faire mention, s'ils sont morts leurs débiteurs.

Fait le 14 des calendes de janvier, sous le consulat d'Ariovinde et d'Asper. 434.

Authentique extraite de la novelle 5, chap. 5.

Mais maintenant lorsqu'un moine a fait ses vœux, il est censé avoir donné tous ses biens au monastère, lorsqu'il n'a pas fait de testament auparavant; c'est pourquoi, ne pouvant plus en disposer lui-même, la loi en dispose à sa place; de sorte que, s'il a laissé des enfans auxquels, avant son entrée au monastère, il n'a rien donné, ou du moins une portion moindre que la légitime qui leur est due, on doit leur donner leur légitime en entier, s'ils n'ont rien reçu; ou le supplément, s'ils ont déjà reçu quelque

Tome I.

20. *Impp. Theod. et Valentin. AA. ad Taurum, P. P.*

Si quis presbyter, aut diaconus, aut diaconissa, seu subdiaconus, vel cujuslibet alterius loci clericus, an monachus, aut mulier quæ solitariæ vitæ dedita est, nullo condito testamento decesserit : nec ei parentes utriusque sexus, vel liberi, vel qui adgnationis cognationisve jure junguntur, vel uxor extiterit ; bona quæ ad eum vel ad eam pertinuerunt, sacrosanctæ ecclesiæ, vel monasterio, cui forte fuerat destinatus aut destinata, omnifariam socientur : exceptis iis facultatibus, quæ forte censibus adscripti, vel juri patronatus subjecti, vel curiali conditioni obnoxii clerici vel monachi, cujuscunque sint sexus, relinquunt. Neque enim justum est, bona seu peculia, quæ aut patrono legibus debentur, aut domino possessionis cui quis eorum fuerat adscriptus, aut ad curias pro tenore dudùm latæ constitutionis sub certa forma pertinere noscuntur, ab ecclesiis aut monasteriis detineri : actionibus videlicet competentibus sacrosanctis ecclesiis vel monasteriis reservatis, si quis forte prædictis conditionibus obnoxius, aut ex gestis negotiis, aut ex quibuslibet aliis ecclesiasticis actionibus obligatus obierit.

Dat. 18 cal. jan. Ariovindo et Aspere, Coss. 434.

Authent. ex novell. 5, cap. 5.

Nunc autem, cùm monachus factus est, hoc ipso suas res omnes obtulisse monasterio videtur, si priùs testatus non sit; et exindè de judicio ejus cessante, lege disponitur; ut si liberos habeat, in quos aut nihil aut minùs legitima portione quoquo donandi titulo contulerit, eatenùs substantiæ monasterio destinatæ detrahatur, ne quid contingat circa liberos iniquum, salvo tamen jure uxoris et aliorum creditorum.

chose, sur les biens qui sont destinés au monastère, de peur qu'autrement les enfans ne souffrissent une injustice. De même les droits de l'épouse de celui qui entre dans le monastère, ainsi que ceux de ses créanciers, doivent être respectés.

21. *Iidem*, AA. *Thomæ*, P. P.

Ad similitudinem tàm episcoporum orthodoxæ fidei, quàm presbyterorum et diaconorum : ii , qui honorario titulo illustrem dignitatem consecuti sunt, per substitutos periculo suarum facultatum curiæ muneribus satisfacere non vetentur.

Dat. 4 non. april. Constantinop. Isidoro et Senatore, Coss. 436.

21. *Les mêmes empereurs, à Thomas, préfet du prétoire.*

A l'exemple, tant des évêques de la foi orthodoxe, que des prêtres et des diacres, il est permis à ceux qui ont été honorés d'une dignité illustre , de se nommer un substitut à leurs risques et périls, qui remplisse pour eux les charges de la curie.

Fait à Constantinople, le 4 des nones d'avril, sous le consulat d'Isidore et de Sénator, 436.

22. *Iidem*, AA. *Florentio*, P. P.

Si qua per calumniam postulatio super criminalibus causis apud competentem judicem deposita exhibitionis causa fuerit sacrosanctæ religionis antistiti : triginta pondo auri condemnatione publicis calculis inferenda ut percellatur præcipimus.

§. 1. Quin etiam omnia privilegia quæ sacrosanctis ecclesiis, confugarum, aut clericorum, decanorum, aut aliorum ecclesiasticorum causa legibus sunt præstita, intacta atque illibata servari.

§. 2. Præterea jubemus, ut omnes clerici atque monachi, qui de suis civitatibus ad hanc almam urbem ecclesiastici negotii vel religionis causa proficiscuntur, litteris episcopi, cui unusquisque eorum iter faciens obsequitur, muniti adveniant : scituri, quòd si citra hanc fiduciam accesserint, sibimet imputabunt, quòd non clerici vel monachi esse putabuntur.

D. Theod. A. XVII. et Festo, Coss. 439.

22. *Les mêmes empereurs, à Florentius, préfet du prétoire.*

Si un évêque a été accusé calomnieusement comme criminel, devant le juge compétent, nous ordonnons que l'accusateur soit condamné, au profit du fisc, à l'amende de trente poids d'or.

§. 1. Nous ordonnons, en outre, que tous les privilèges accordés par la loi aux églises, à ceux qui s'y réfugient, aux clercs, aux doyens et aux autres ecclésiastiques, leur soient conservés intacts et dans toute leur étendue.

§. 2. Nous ordonnons encore que tous les clercs et moines qui partent de leurs pays pour se rendre dans cette ville pour affaires ecclésiastiques ou de religion, se munissent d'un passe-port des évêques auxquels chacun d'eux est subordonné ; qu'ils sachent que, s'ils n'ont pas rempli cette formalité, c'est à eux-mêmes qu'ils doivent s'imputer de n'être pas considérés comme clercs ou moines.

Fait sous le consulat de l'empereur Théodose, consul pour la dix-septième fois, et de Festus. 439.

Authentique extraite de la novelle 123, ch. 8.

Qu'aucun évêque ne puisse être contraint de se présenter malgré lui devant le juge, soit civil, soit militaire, dans quelque cause que ce soit, à moins que le prince ne l'ait ordonné; que le juge qui contreviendra à cette loi, soit non-seulement privé de sa dignité, mais qu'il soit encore condamné à l'amende de vingt livres d'or au profit de l'église à laquelle l'évêque est attaché. L'huissier, après avoir été également privé de sa dignité, doit être condamné à la déportation.

23. *Les empereurs Valentinien et Martien, à Palladius, préfet du prétoire.*

Puisque Fabien, de respectable mémoire, évêque de cette ville, a reçu du concile tenu à Chalcédoine, et composé d'une multitude presque innombrable de prêtres, un si grand accueil, qu'Eutychès, qui avait une opinion contraire à la sienne, a été condamné unanimement avec toutes ses opinions, que l'infâme mémoire de ce dernier soit abolie, et celle de Fabien réhabilitée.

Fait à Constantinople, la veille des nones de juillet, sous le consulat d'Asporatius.

24. *Les mêmes empereurs, à Palladius, préfet du prétoire.*

Que ce qui a été laissé aux pauvres par testament, ou par codicile, ne soit point caduc, comme ayant été laissé à des personnes incertaines, mais qu'il soit, sous tous les rapports, valablement donné.

25. *L'empereur Martien, à Constantin, préfet du prétoire.*

Que les clercs cités en jugement puissent porter leur affaire au tribunal épiscopal: cependant il est au choix du demandeur de refuser de porter son action au tribunal de l'archevêque, ou d'appeler par-devant le vôtre, les clercs du ressort de l'archevêque de cette ville, ainsi que l'économe, tant au sujet des affaires qui leur sont propres, que

Authent. ex novell. 123, cap. 8.

Nullus episcopus invitus ad civilem, vel militarem judicem in qualibet causa producatur, vel exhibeatur, nisi princeps jubeat. Judex autem, qui duci vel exhiberi imperaverit, post cinguli privationem, viginti librarum auri ecclesiæ illi, cujus episcopus est, persolvat: executore post cinguli privationem verberibus subdendo, et in exilium deportando.

23. *Impp. Valent. et Martian. Palladio, P. P.*

Quoniam venerabilis recordationis Fabianus hujus almæ urbis episcopus, cùm venerabilis synodi innumerabilium penè sacerdotum, qui Chalcedone convenerunt, tanto et tali decoratus est testimonio, ut Eutyches, qui contrà senserat, cum sceleratis dictis suis ab omnibus uno ore damnaretur: aboleatur quidem Eutychetis damnosa memoria, Fabiani autem laudabilis recordatio relevetur.

D. C. P. prid. non. jul. Asporatio, Cons.

24. *Iidem, AA. Palladio, P. P.*

Id, quod pauperibus testamento vel codicillis relinquitur, non ut incertis personis relictum evanescat, sed omnibus modis ratum firmumque consistat.

25. *Imp. Martianus, A. Constantino, P. P.*

Cùm clericis in judicium vocatis pateat episcopalis audientia: volentibus tamen actoribus, si actor disceptationem sanctissimi archiepiscopi noluerit experiri: eminentissimæ tuæ sedis examen contra catholicos sub viro reverendissimo archiepiscopo hujus urbis clericos constitutos, vel contra reverendissimum œconomum, tàm de suis, quàm de ecclesiasticis negotiis, sibimet noverit expetendum : qui in nullo alio foro, vel apud quemquam alterum judicem eosdem clericos litibus irretire, et civilibus vel criminalibus negotiis tentet innectere.

§. 1. Memorati autem reverendissimi clerici orthodoxarum ecclesiarum, quæ sub viro religiosissimo antistite hujus inclytæ urbis sunt : in causa, in qua vel ipsi vel procuratores, quos pro se dederint, sententiarum tuarum auctoritate pulsantur : executoribus, per quos cœperint conveniri, fidejussorem sacratissimæ hujus urbis ecclesiæ œconomum vel defensorem præbeant, qui usque ad quinquaginta libras auri fidejussor existat. Ipse verò reverendissimus œconomus almæ hujus urbis ecclesiæ lite pulsatus, fidejussorem pro se non præbeat : ut potè qui et a'iorum clericorum fidejussor futurus est : sed fidei suæ committatur. Quòd si lis diversorum (excepto reverendissimo œconomo) clericorum, quæ agitanda sit, memoratam summam videatur excedere : clericus lite pulsatus dei executori pro residua quantitate cautionem suam, cui nullum tamen insertum erit jusjurandum : quia ecclesiasticis regulis et canone à beatissimis episcopis, antiquitùs instituto, clerici jurare prohibentur.

§. 2. Statuimus autem, ut executoribus idem reverendissimus œconomus, vel alii diversi clerici sub beatissimo archiepiscopo hujus splendidissimæ civitatis, sententiarum tuarum auctoritate commoniti, duos solidos tantummodò dent pro commonitione sua, et pro institutione procuratoris, si per eum voluerint litigare. Quod circa alios quoque diversos apparitores eminentiæ tuæ in iis, quæ ex consuetudine præbentur officio, observari in causis prædictorum clericorum jubemus : ut litis sumptus vel expensæ à clericis pauciores humanioresque præstentur.

Dat. 8 april. Varari et Joanne, Coss. 456.

celui des affaires ecclésiastiques ; mais qu'il ne tente point d'inquiéter ces mêmes clercs, en les appelant devant un autre tribunal ou un autre juge, tant pour des affaires civiles que criminelles.

§. 1. Que les clercs des églises orthodoxes dépendans de l'évêque de cette ville, et dont nous avons déjà fait mention, qui ont été appelés en cause par l'autorité de vos sentences, soit en leurs personnes, soit en celles des procureurs qu'ils se sont donnés, présentent pour caution aux exécuteurs qui les ont d'abord cités, l'économe ou le défenseur de l'église de cette ville, lequel doit répondre jusqu'à la concurrence de cinq cents livres d'or ; que l'économe de l'église de cette ville ne soit point tenu de fournir caution pour lui-même, lorsqu'il est appelé en cause ; on se repose sur la foi de celui qui est destiné à servir de caution aux autres clercs. Mais si le procès qui doit être agité est commun à plusieurs clercs (l'économe excepté), et s'il paraît excéder la somme dont nous venons de parler, que chaque clerc appelé en cause donne à l'exécuteur sa caution pour l'excédent de cette somme. On ne doit pas exiger d'eux le serment ; car le serment est défendu aux clercs par les règlemens ecclésiastiques et les anciens canons des évêques.

§. 2. Nous avons établi que l'économe ou les clercs du ressort de l'archevêque de cette ville ne soient tenus, lorsqu'ils sont cités par votre ordre, que de donner deux écus aux huissiers, tant pour la citation, que pour la constitution d'un procureur, s'ils ne veulent plaider en personne. Nous ordonnons qu'on observe dans les causes des clercs, pour ce qui concerne les huissiers de votre tribunal, ce qui a lieu ordinairement dans les autres causes, et qu'ils ne soient pas tenus de payer les frais et les dépenses du procès à un taux aussi haut que les autres.

Fait le 8 d'avril, sous le consulat de Vararius et de Jean. 456.

Authentique extraite de la novelle 123, c. 28.

Mais aujourd'hui nulle personne de l'ordre ecclésiastique, ainsi que les diaconesses, les moines, les ascéteries et les religieuses, pour quelle cause que ce soit, criminelle ou pécuniaire, et, dans ce dernier cas, quelle que soit la quantité à laquelle elle se porte, ne peuvent être tenus de donner plus de quatre *siliques*; et plus d'un écu, lorsque, par l'ordre du prince, ils sont appelés devant un tribunal hors de leurs provinces.

L'évêque ne paie aucun des frais de justice appelés *sportulæ* pour les affaires de son église, parce que les actions intentées contre l'église sont dirigées ou contre les économes, ou ceux qui sont chargés spécialement de cette cause. Que celui qui contreviendra à ces dispositions, soit condamné à rendre le double de ce qu'il aura exigé; il doit en outre être dégradé, soit qu'il soit militaire, soit qu'il soit clerc.

Authentique extraite de la novelle 112, ch. 2.

Que généralement le juge pourvoie à ce que celui qui a été cité ne soit point contraint de se présenter, ni forcé de payer les droits de justice appelés *sportulæ*, à moins que le demandeur, soit qu'il poursuive lui-même sa cause, ou qu'il en charge un procureur, n'ait signé l'exploit de sa main, ou de celle du tabellion, et n'ait fourni, par actes dressés à cet effet, une caution convenable qui doit l'être jusqu'à la fin du procès, laquelle caution est aux risques et périls de celui qui la reçoit; et s'il est convaincu d'avoir intenté un procès injuste, qu'il restitue au défendeur, pour le dédommager de ses frais, la dixième partie de la valeur portée dans l'exploit. S'il ne peut trouver de caution, qu'il donne sa caution juratoire sur les choses dont nous venons de parler, et qu'il assure, la main sur les évangiles, qu'il a été dans l'impossibilité de fournir une caution; et, à défaut d'observation de ces formalités, le juge doit être condamné à

Authent. ex novell. 123, cap. 28.

Sed hodiè nulla persona in ecclesiastico officio constituta in qualibet causa criminali, vel pecuniaria cujuscunque quantitatis, vel diaconissa, vel monachus, vel ascetria, vel monacha ampliùs quatuor siliquis permittantur dare; nisi cùm ex jussione principis alias provincias vocantur, ubi non ultrà unum solidum accipiet executor.

Episcopus pro rebus ecclesiæ suæ nihil præstat nomine sportularum : actiones contra ecclesias propositas œconomos suscipientibus, vel illis, qui in eam causam sunt ordinati. Qui contrà hoc exegerit, in duplum, quod exactum est, reddet, nudandus cingulo, si miles est, si clericus, à consortio clericorum removendus.

Authent. ex novell. 112, cap. 2.

Generaliter autem judex provideat, libellum pulsato non porrigi, sportulasve ab eo non exigi, nisi priùs et in libello actor per se aut per tabellarios conscribat, et actis intervenientibus fidejussorem periculo competentis officii præstet, quòd usque ad finem litis permaneat, eamque vel per se, vel per procuratorem exerceat; et, si convictus fuerit injustè movisse litem, expensarum sumptuumque nomine decimam partem quantitatis in libello comprehensæ pulsato restituat. Aut si fidejussorem dare non valet, super iisdem juratoriam exponat cautionem, et tactis sacrosanctis evangeliis affirmet se fidejussorem dare non posse : pœna judici et ejus officio imminente, si aliter versati fuerint, in denis libris auri. Executoris autem bona publicabuntur, et damnabitur in exilium, nisi causa moveatur ex consensu utriusque partis.

la perte de sa dignité et à l'amende de dix livres d'or; de même que les exécuteurs, à la perte de leurs biens et à la peine de l'exil, à moins que cependant ces formalités n'eussent été omises du consentement des deux parties.

26. *Imp. Leo, A. Juliano, P. P.*

26. *L'empereur Léon, à Julien, préfet du prétoire.*

Decernimus, ut post hac neque monachi, neque quicunque alii (cujuscunque status atque fortunæ) in ædes publicas, vel in quæcunque loca populi voluptatibus fabricata, venerabilem crucem, et sanctorum martyrum reliquias illicitè inferre conentur: vel occupare audeant ea quæ vel ad publicas causas, vel ad populi oblectamenta constructa sunt. Cùm enim religiosæ ædes non desint; possunt ibi, consultis priùs (ut oportet) religiosissimis episcopis, reliquias sanctorum martyrum, non quorundam usurpatione, sed arbitrio reverendissimorum antistitum collocare. Ideò patientiam et modestiam suam, quam leges nostræ, et publica disciplina, et ipsorum monachorum nomen exposcit, studiosè unusquisque tàm monachus, quàm cujuslibet alterius professionis retineat, et perpetuò observare procuret.

Nous défendons que dorénavant aucun moine, ni autre personne, quelle que soit leur condition, ne s'avise de s'emparer des maisons publiques, ou des lieux, quels qu'ils soient, destinés aux plaisirs du peuple, ni de transporter dans les mêmes lieux la respectable croix ou les reliques des martyrs. Lorsqu'il y a des églises, ils peuvent y placer les reliques des martyrs; ils ne doivent pas cependant les y placer de leur propre autorité; il faut qu'ils aient auparavant, à ce sujet, l'autorisation de l'évêque; que tous les moines, que ceux d'une autre profession, gardent soigneusement et conservent à jamais la patience et l'humilité que nos lois, nos mœurs et le nom même des moines exigent.

27. *Idem, A. Eutychio, P. P.*

27. *Le même empereur, à Eutychus, préfet du prétoire.*

Quisquis emensis militiæ suæ stipendiis, expletisque officiis sive muneribus, quæ cuicunque conditione aut consuetudine, aut lege debebantur, ad consortium se contulerit clericorum, et inter ministros veræ orthodoxæ fidei maluerit et elegerit numerari, nullius prorsùs sententiæ acerbitate revocetur; nec à Dei templis, quibus se consecravit, importunis intentionibus abstrahatur: sed in iisdem beatissimis ministeriis securus permaneat et quietus, ad quæ post longi laboris lassitudinem, ob reliquæ vitæ requiem, consilio meliore protractus est: his actionibus, si quæ contra eum ejusque

Que celui qui, après s'être retiré du service, ou après avoir exercé quelque office ou charge dont il était tenu ou par sa condition, ou par les mœurs, ou par la loi, s'est associé aux clercs, et a voulu être compté au nombre des ministres de la vraie foi orthodoxe, ne puisse de nouveau être ramené à son premier état par la sévérité d'aucune sentence; qu'il ne soit point arraché non plus, dans de mauvaises intentions, des temples de Dieu auxquels il s'est consacré; mais qu'il exerce avec sécurité ces saints ministères; et, tranquille, qu'il ne soit point arraché, après les fatigues d'un long travail, de ce nouvel état, qu'il a choisi dans des intentions louables, pour jouir du repos le reste de sa vie. Cependant, si quelques justes actions sont dirigées contre lui ou son patrimoine, il doit répondre selon les dispositions ordinaires des lois. Il n'en est pas de même des *primipilaires*, qui, d'après les dispositions des lois, sont à jamais soumis à votre autorité, et à ce qu'exige l'utilité publique.

28. *Les empereurs Léon et Anthémius, à Nicostrate, préfet du prétoire.*

Nous défendons à tout héritier testamentaire ou ab-intestat, à tout fidéicommissaire ou légataire d'enfreindre les dispositions d'un testament pieux, ou de les violer méchamment, en soutenant que le legs, ou le fidéicommis qui a été laissé pour la rédemption des captifs, est laissé à des personnes incertaines ; mais nous ordonnons qu'il soit exigé par toutes sortes de moyens, et qu'il soit employé à l'usage pieux auquel le testateur l'a destiné.

§. 1. Si le testateur a désigné celui par lequel il desire que le rachat des captifs soit fait, que ce dernier, qui a été désigné spécialement, ait seul le droit d'exiger le legs ou le fidéicommis, et qu'il accomplisse, selon sa conscience, les vœux du testateur; mais si le testateur n'a désigné personne, et a seulement fixé la quantité du legs ou du fidéicommis qui doit étre employé à l'usage dont nous avons parlé ci-dessus, que l'évêque de la ville dans laquelle le testateur résidait, ait le droit d'exiger ce qu'il a destiné à cet usage, et qu'il remplisse sans retard, comme il convient, les pieuses intentions du défunt.

§. 2. Aussitôt que l'évêque aura reçu cet argent, laissé dans des intentions pieuses, il doit en déclarer la quantité, et l'époque à laquelle il l'a reçu, auprès du président de la province, dans des actes dressés à cet effet; et nous ordonnons qu'après l'espace d'une

patrimonium legitima intentione competunt, pro juris ordine responsurus, exceptis primipilaribus, quos præceptis tui culminis, et publicis utilitatibus in perpetuum esse subjectos, sacratissimæ constitutionis statuta sanxerunt.

28. *Impp. Leo et Anthemius,* AA. *Nicostrato,* P. P.

Nulli licere decernimus, sive testamento hæres sit institutus, sive ab intestato succedat, sive fideicommissarius vel legatarius inveniatur : dispositiones pii testatoris infringere, vel improba mente violare, adserendo incertum esse legatum vel fideicommissum, quod redemptioni captivorum relinquitur : sed modis omnibus exactum pro voluntate testatoris piæ rei negotio proficere.

§ 1. Et siquidem testator designaverit per quem desiderat redemptionem fieri captivorum , is qui specialiter designatus est, legati vel fideicommissi habeat exigendi licentiam, et pro sua conscientia votum adimpleat testatoris. Sin autem persona non designata , testator absolutè tantummodò summam legati vel fideicommissi taxaverit, quæ debeat memoratæ causæ proficere ; vir reverendissimus episcopus illius civitatis, ex qua testator oritur, habeat facultatem exigendi, quod hujus rei gratia fuerit derelictum; pium defuncti propositum sine ulla cunctatione (ut convenit) impleturus.

§ 2. Cùm autem vir religiosissimus episcopus hujusmodi pecunias pio relictas arbitrio fuerit consecutus : statim gestis intervenientibus earum quantitatem et tempus, quo eas susceperit, apud rectorem provinciæ publicare debebit. Post unius verò anni spatium et numerum captivorum, et data pro his pretia eum manifestare præcipimus; ut per omnia impleantur tàm piæ deficientium voluntates : ita tamen, ut religiosissimi antistites gratis et sine ullo dispendio prædicta gesta conficiant; ne humanitatis obtentu relictæ pecuniæ judiciorum dispendiis erogentur.

§. 3. Quòd si testator, qui hujusmodi legatum vel fideicommissum non designata persona reliquit, barbaræ sit nationis, et de ejus patria aliqua emerserit ambiguitas, vir reverendissimus episcopus civitatis ejus, in qua idem testator defunctus est, ejusdem habeat legati vel fideicommissi petitionem, defuncti propositum modis omnibus impleturus.

§. 4. Quòd si in vico vel territorio testator mortem obierit, illius civitatis vir reverendissimus episcopus exactionem habebit, sub qua vicus vel territorium esse dignoscitur.

§. 5. Et ne pium defuncti propositum improba fraudatorum calliditate celetur, quicquid pro hujusmodi causa à testatore relictum fuerit, universi, qui id quocunque modo cognoverint, vel in viri clarissimi rectoris provinciæ, vel in urbis episcopi notitiam deferendi liberam habeant facultatem. Nec delatoris nomen suspicionemque formident: cùm fides atque industria eorum tàm laude, quàm honestate, ac pariter pietate non careat: cùm veritatem in publicas aures lucemque deduxerint.

Authent. ex novell. 131, *cap.* 11.

Licet testator, vel donator interdixerit ei aliquid ad hoc participium in hac re habere; idem est in œconomo.

année, il fasse connaître et le nombre des captifs qu'il a rachetés, et les prix qu'il en a donnés, afin d'assurer pour toujours l'observation des pieuses volontés; de sorte que cependant les évêques remplissent les formalités dont nous venons de parler, gratuitement et sans frais, de peur que cet argent, qui a été laissé pour être employé à des œuvres de bienfaisance, ne soit dissipé en frais de justice.

§. 3. Si le testateur qui a laissé un legs ou un fidéicommis de cette sorte, et qui n'a point désigné la personne qu'il chargeait d'en faire l'emploi auquel il le destinait, appartient à une nation étrangère, où s'il s'élève des doutes sur sa patrie, que l'évêque de la ville dans laquelle il est mort, ait le droit de demander le legs ou le fidéicommis, et qu'il remplisse en toutes choses les intentions du défunt.

§. 4. Si le testateur est mort dans un village ou à la campagne, c'est à l'évêque dont ressortent le village ou cette campagne qu'appartient la revendication de ce legs ou de ce fidéicommis.

§. 5. Et afin que ces intentions pieuses du défunt ne soient pas cachées par la méchanceté et les ruses de ceux qui sont intéressés, nous permettons à tous ceux qui sauront qu'un testateur a laissé quelque chose pour être destiné à un emploi de cette sorte, d'en donner connaissance au président de la province ou à l'évêque; qu'ils ne craignent point d'être soupçonnés de délation, ou d'être nommés délateurs; car leur bonne foi et le service qu'ils rendent par-là, sont non-seulement louables, mais honnêtes et pieux; car ils ont fait connaître la vérité aux fonctionnaires publics, et les ont instruit.

Authentiq. extraite de la novelle 131, *ch.* 11.

Quand même le testateur aurait défendu à l'évêque chargé par la loi d'exécuter ses intentions pieuses, de s'en mêler; il en est de même à l'égard de l'économe.

§. 1. Mais si ceux qui sont chargés d'exécuter ses intentions pieuses, ont négligé de le faire, après que l'évêque ou l'économe les en ont fait sommer une ou deux fois par des personnes publiques, qu'ils soient déchus des avantages qui leur naissaient de la volonté du défunt; que l'évêque puisse les revendiquer; qu'il en distribue ce qu'il en doit distribuer; sinon il doit en rendre compte.

29. *Les mêmes empereurs, à Armasius, préfet du prétoire.*

S'il arrive qu'on doive élever quelqu'un, par la grace de Dieu, à la dignité d'évêque, soit dans cette ville ou dans les provinces qui composent notre empire, que cette élection soit faite dans des intentions pures, par le seul motif ou mérite de celui qu'on élit, et avec l'approbation sincère de tous; que personne n'achète à prix d'argent les dignités ecclésiastiques; que chacun soit apprécié selon ses mérites, et non selon ce qu'il peut donner; car enfin, quels sont les lieux qui seraient sûrs, et que pourrait-on excuser, si les temples de Dieu même s'acquéraient par l'argent? Qu'opposerons-nous pour la défense de l'intégrité et de la foi, si l'avidité de l'or pénètre jusques dans les temples? Enfin, sur quoi pourrait-on désormais compter, si la sainteté qui doit être incorruptible, se souille? Que la profane passion de l'avarice cesse de dominer les autels, et qu'on éloigne du sanctuaire ces vices honteux; c'est pourquoi qu'on élise maintenant des évêques chastes et humbles; qu'un évêque soit élu, non par le prix qu'il offre, mais par les prières qu'on lui fait d'accepter cette dignité; qu'il puisse sanctifier ainsi, par l'intégrité de sa vie, tous les lieux qui jouiront de sa présence. Il doit être tellement éloigné de l'ambition, qu'on soit obligé de le forcer pour le faire accepter, et que les prières et les instances le fassent fuir; que la nécessité seule puisse l'excuser d'avoir accepté; car

Tome I.

§. 1. Sed si qui facere jussi sunt, neglexerint, semel vel bis ab episcopo, vel œconomo admoniti per publicas personas, amittant lucrum, quod eis contingebat ex voluntate defuncti; et episcopus habeat licentiam vindicare illud lucrum; et aliud, quod distribui debet, distribuere; quod si non fecerit, rationem reddere debet.

29. *Iidem, AA. Armasio, p. p.*

Si quenquam, vel in hac regia urbe, vel in cæteris provinciis, quæ toto orbe diffusæ sunt, ad episcopatus gradum provehi Deo auctore contigerit, puris hominum mentibus, nuda electionis conscientia, sincero omnium judicio proferatur. Nemo gradum sacerdotii pretii venalitate mercetur. Quantùm quisque mereatur, non quantùm dare sufficiat æstimetur. Profectò enim quis locus tutus, et quæ causa esse poterit excusata, si veneranda Dei templa pecuniis expugnentur? Quem murum integritatis, aut vallem fidei providebimus; si auri sacra fames in penetralia veneranda proserpat? Quid denique cautum esse poterit aut securum, si sanctitas incorrupta corrumpatur? Cesset altaribus imminere profanus ardor avaritiæ, et à sacris adytis repellatur piaculare flagitium. Itaque castus et humilis nostris temporibus eligatur episcopus, ut quocunque locorum pervenerit, omnia vitæ propriæ integritate purificet. Non pretio sed precibus ordinetur antistes. Tantùm ab ambitu debet esse se positus, ut quæratur cogendus, rogatus recedat, invitatus effugiat. Sola illi suffragetur necessitas excusandi. Profectò enim indignus est sacerdotio, nisi fuerit ordinatus invitùs : cùm sanè, si quis hanc sanctam et venerandam antistitis sedem pecuniæ interventu subiisse; aut si quis ut alterum ordinaret, vel eligeret, aliquid accepisse detegitur : ad instar publici crimi-

9

nis et læsæ majestatis accusatione proposita, à gradu sacerdotii retrahatur. Nec hoc solùm deinceps honore privari, sed perpetuæ quoque infamiæ damnari decernimus, ut eos, quos par facinus coinquinat, et æquat, utrosque similis pœna comitetur.

Dat. 8 id. mart. Constantinop. Martian. et Zenone, Coss.

Authent. ex novell. 123, *cap.* 2.

Quòd pro hac causa datum est, et pretium, quòd expensum est, restituatur ecclesiæ, cujus sacerdotium voluit comparàre.

30. *Iidem*, AA. *Dioscoro*, P. P.

Orphanotrophos hujus inclytæ urbis (nulla subtilitate juris obsistente) qui quidem pupillorum sunt quasi tutores, adolescentium verò quasi curatores : sine ullo fidejussionis gravamine in emergentibus causis, tàm in judicio, quàm extra judicium ut opus exegerit, ad similitudinem tutoris et curatoris, personas et negotia eorum (si quà possint habere, defendere ac vindicare jubemus : ita videlicet, ut præsentibus publicis personis, id est tabulariis, aut intervenientibus gestis, in hac quidem inclyta urbe apud virum perfectissimum magistrum census; in provinciis verò apud moderatores earum, vel defensores locorum : res eorum eis tradantur, à quibus sunt custodiendæ : ut si quas earundem rerum propter fœnus forsitàn, vel aliam urgentem causam, vel eò quòd servari non possunt, alienandas esse perspexerint : priùs habita æstimatione, liceat eis alienationis inire contractum, ut

celui qui n'a pas été ordonné malgré lui, est indigne du sacerdoce; et certainement si quelqu'un est convaincu d'avoir obtenu, par le moyen de l'argent, l'épiscopat de cette ville, ou d'avoir reçu quelque chose pour qu'un autre fût nommé ou élu, qu'il soit puni comme les coupables de crime public ou de lèze-majesté, et déposé de sa dignité. Nous ordonnons qu'il ne soit pas seulement privé de cet honneur, mais qu'il soit désormais et à jamais couvert d'infamie, de sorte que ceux qui sont coupables du même crime, en soient punis par la même peine.

Fait à Constantinople, le 8 des ides de mars, sous le consulat de Martien et de Zénon.

Authentique extraite de la novelle 123, *ch.* 2.

Que le prix qui a été donné dans ce dessein, soit restitué à l'église, dont celui qui l'a donné a voulu acheter l'épiscopat.

30. *Les mêmes empereurs, à Dioscore, préfet du prétoire.*

Nous ordonnons que les orphanotrophes de cette ville, qui sont comme les tuteurs des pupilles et les curateurs des adolescens, soient admis à demander, ou défendre en justice, ou hors, dans les causes qui concernent les personnes, ou les affaires, s'ils en ont, de ceux qui leur sont soumis, sans être tenus de fournir aucune caution. Cette faveur n'est contraire à aucun point de notre droit, et a été accordée à l'exemple de ce qui est accordé en pareil cas aux tuteurs ou curateurs. Les biens de ceux qui sont dans les hôpitaux dont ils ont l'administration, ne leur sont remis, pour qu'ils les conservent, qu'en présence de personnes publiques, c'est à dire, de notaires, ou après en avoir fait inventaire devant le maître du cens, si c'est dans cette ville; et devant les présidens de provinces ou les défenseurs des lieux, si c'est dans les provinces; et lorsqu'ils penseront qu'il est nécessaire d'aliéner quelques-unes de ces choses, soit pour payer des dettes usuraires, ou pour une autre cause urgente, ou parce qu'elles ne peuvent être gardées, qu'il leur soit permis, après que l'estimation en a été faite, de passer le contrat d'aliénation, et de garder le prix qui en sera retiré. Il convient que les orphanotrophes exercent leur pieux et religieux office, sans être tenus de rendre compte; car il est dur, et même inique, que ceux qui, pour l'amour de Dieu, ont consacré leurs soins paternels à élever et nourrir les orphelins privés de parens et de secours, soient vexés.

pretia eorum, quæ exindè colliguntur, ab eisdem personis custodiantur.

Hujusmodi autem pium atque religiosum officium pro tempore orphanotrophos ita peragere convenit, ut minimè ratiociniis tutelaribus seu curationibus obnoxii sint. Grave enim atque iniquum est, callidis quorundam (si ita contigerit) machinationibus eos vexari, qui propter timorem Dei parentibus atque substantiis destitutos minores sustentare, atque velut affectione paterna educare festinant.

31. *Les mêmes empereurs, à Eutrope, préfet du prétoire.*

Qu'aucun prêtre de la foi orthodoxe, qu'aucun clerc, de quelque degré qu'il soit, qu'aucun moine enfin, ne soient cités dans des causes civiles par les sentences d'aucune espèce de juges, de comparaître devant un tribunal étranger, et qu'ils ne soient point forcés de sortir de la province du lieu ou de la région qu'ils habitent; que personne d'entr'eux ne soit obligé, par une malheureuse nécessité, d'abandonner l'église ou le monastère qu'il habite par des considérations religieuses; mais qu'ils ne puissent être cités que devant leurs juges ordinaires, qui sont les présidens des provinces dans lesquelles ils habitent; que là, ils vaquent aux ministères de leurs églises, et repoussent les actions de ceux qui les attaquent, pour que du moins, pendant les tems et les heures où ces hommes religieux ne seront point détournés de leurs occupations ordinaires par les soins du tribunal, ou pendant le tems de relâche que les actions calomnieuses de leurs adversaires leur laissent, retirés dans leurs monastères ou dans leurs églises, d'un esprit religieux et avec les prières accoutumées, ils vaquent plus facilement, et de plus près, au service des autels où ils demeurent.

§. 1. Si quelqu'un désire intenter un procès à des évêques, des prêtres ou des moines,

31. *Iidem*, ᴬᴬ. *Eutropio*, ᴾ. ᴾ.

Omnes qui ubiquè sunt, vel post hac fuerint orthodoxæ fidei sacerdotes et clerici, cujuscunque gradus sint, monachi quoque, in causis civilibus ex nullius penitùs majoris minorisve sententia judicis commonitoria ad extranea judicia pertrahantur, aut provinciam, aut locum, aut regionem quam habitant, exiire cogantur: nullus eorum ecclesias vel monasteria propria, quæ religionis intuitu habitant, relinquere miserabili necessitate jubeatur: sed apud suos judices ordinarios (id est provinciarum rectores) in quibus locis degunt, ecclesiarum ministeriis obsecundent, omniumque contra se agentium excipiant actiones, ut his horis saltem atque temporibus, quibus religiosos viros à turbulenta observatione prætorii vacare contigerit, cùmque eos ad tempus petitorum intentio calumniosa laxaverit: ad sua se monasteria et venerabiles ecclesias conferentes, sapienti animo, precatione sollicita, faciliusque de proximo sacrosanctis altaribus obsecundent, in suis laribus domiciliisque constituti.

§. 1. In hac autem regia urbe, si quandò cujuscunque rei causa episcopos, vel presbyteros, cæteros clericos, qui sacrosanctis ecclesiis obsequuntur, sive monachos, ex aliis quibuscunque provinciis contigerit reperiri; quos tamen in litem quisquam vocare voluerit, in nullo alio sit licitum memoratos cuiquam pulsare judicio, nisi in tuæ sublimitatis duntaxat examine, ubi eis et beatitudinis honor debitus reservetur, et oratorum affluens in defensionibus copia largè præstetur.

§. 2. Prætereà cùm in provinciis ex ejus, qui regit provinciam, fuerint sententia vel interlocutione conventi, sive illi sacerdotes, sive cujuscunque gradus clerici, sive monachi habeantur : dummodò approbentur orthodoxi, qui in propriis causis contractibusve pulsantur : non alios, quàm ecclesiæ propriæ defensores, seu quòs œconomos appellant, fidejussores præbeant : ne dùm executoris pertinax et avara protervitas extraneos et idoneos fidejussores flagitat, multiplex innoxiæ pauperlati alligatur incommodum.

§. 3. In hac autem inclyta urbe inventi, ex quacunque provincia venientes, cùm in tuæ amplitudinis judicio (quod eis solùm delegavimus) lite pulsati fuerint reverendissimi orthodoxæ fidei sacerdotes, seu certè œconomi, aut ecclesiæ defensores, seu clerici, in causis civilibus suis, sive ecclesiasticis, nulla præbendi fidejussores molestentur injuria; sed aut vicariis fidejussionibus contrahantur, quas tamen stipulationum solemnis cautela vallaverit, aut cautioni et professioni propriæ, aut facultatum suarum obligationibus committantur.

§. 4. Hoc nihilominùs observando, ut in causis ecclesiasticis nullum alium conveniri fas sit, nisi eum, quem dispensatorem pauperum, id est, œconomum ecclesiæ episcopi tractatus elegerit; hunc enim sine dubio à sacerdote convenit ordinari. Quem tamen conventum, defensoris ecclesiæ fidei committi præcipimus.

de quelques provinces qu'ils soient, qui se trouvent dans cette ville à cause de quelque affaire, qu'il lui soit défendu de citer les personnes désignées ci-dessus devant tout autre tribunal que le vôtre, où l'on doit leur rendre les honneurs dus à la piété, et leur fournir tous les avocats qui leur seront nécessaires dans leurs défenses.

§. 2. Au surplus, lorsque dans les provinces, des prêtres, des clercs, de quelque degré qu'ils soient, ou des moines, seront cités interlocutoirement ou par les sentences de celui qui gouverne la province, et s'ils sont reconnus orthodoxes, qu'ils ne soient pas tenus de fournir d'autres cautions que les défenseurs de l'église auxquels ils sont attachés, ou ceux qu'on appelle économes, de peur que l'opiniâtreté et l'avarice des exécuteurs ne demandent d'autres et plus convenables cautions, et ne fassent souffrir à l'innocence la plus grande incommodité de la pauvreté.

§. 3. Si des prêtres de la foi orthodoxe, des économes ou défenseurs de l'église, des clercs arrivés des provinces dans cette ville, sont cités devant votre tribunal, qui est le seul devant lequel on puisse les citer, soit pour des causes civiles, soit pour des causes ecclésiastiques, qu'on ne leur fasse pas l'injure, de leur demander une caution; mais qu'ils soient admis à répondre les uns des autres; ce qui doit se faire cependant à la manière solennelle des stipulations; ou qu'on s'en rapporte à leur parole, ou qu'on reçoive leurs biens pour garans.

§. 4. On doit observer néanmoins que personne ne doit être cité dans les causes ecclésiastiques, si ce n'est le protecteur des pauvres, c'est à dire, l'économe de l'église, nommé par l'évêque; car sans doute il convient qu'il soit nommé par l'évêque. Nous ordonnons cependant que l'économe qui a été cité, donne pour caution le défenseur de l'église.

§. 5. Que les exécuteurs des tribunaux inférieurs n'attendent et ne reçoivent pas, pour la citation des prêtres, davantage d'un *semisse;* mais si l'appariteur de votre tribunal, en conséquence d'une de vos sentences, en a cité qui soient domiciliés en province, nous ordonnons qu'il ne reçoive pas davantage de deux écus à titre de *sportules;* que le même exécuteur de votre tribunal ne reçoive, au même titre, des clercs des provinces, plus d'une pièce d'or, quelle que soit la somme que doive celui qui a été cité.

§. 6. Qu'au surplus aucun exécuteur ne s'avise de vexer les clercs par des injures ou des outrages, ou de les battre; car ceux qui se seront rendus coupables de ces choses, après avoir été dépouillés de leur dignité et de leurs biens, seront punis avec la dernière rigueur.

§. 7. Que les privilèges accordés aux églises de la foi orthodoxe, aux *xénodochies* ou aux *ptochotrophies*, tant généralement que spécialement, leur soient conservés à jamais. Nous ordonnons qu'elles ne soient point sujettes, ainsi que leurs ministres, les clercs, à quelque degré qu'ils appartiennent, les moines, les ptochotrophes et les xénodoches qui professent la foi catholique, aux charges extraordinaires; car nous jugeons qu'il est indigne de notre siècle d'assujettir ces pieuses personnes aux charges dont nous avons exempté plusieurs autres personnes.

§. 8. Afin que personne ne tire du profit de sa témérité, et que l'impudente audace des calomniateurs soit réprimée, nous ordonnons que toutes les fois que ceux qui auront intenté une action contre des prêtres, des clercs, des moines, ou contre les autres personnes désignées ci-dessus, soit que ce soit à votre tribunal, soit devant un tribunal de province, seront convaincus, après l'examen de l'affaire, de l'avoir intentée sans justes motifs et injustement,

§. 5. Executoribus in minoribus quidem judiciis omnibus, in ipsa conventione sacerdotum sive clericorum non ampliùs quàm unum semissem aut sperantibus, aut etiam audentibus accipere. Verùm, si apparitor tuæ magnitudinis ex sententia tuæ sedis amplissimæ in provincia degentes eos conveniri monuerit, jubemus non ampliùs eum, quà duos solidos sportularum nomine accipere. In hac verò urbe magnifica idem apparitor tuæ magnitudinis uno aureo sportularum gratia à provincialibus clericis contentus sit, quantælibet summæ, qui conventus fuerit, exponatur obnoxius.

§. 6. Prætereà nullus executor vexare contumeliis clericos ullos, nullis impulsionibus molestare, nullis exprobrare conviciis, aut corporalibus injuriis fatigare conetur: iis, qui hujusmodi aliquid adgressi fuerint, post amissionem cinguli et patrimonii, ultima protinùs animadversione plectendis.

§. 7. Privilegiis sanè singulis quibuscunque sacrosanctis ecclesiis orthodoxæ fidei, xenodochiis, sive ptochotrophiis tàm generaliter quàm specialiter attributis, perpetuò observandis. Nullis eas, earumque sacerdotes aut clericos (cujuscunque gradus sint) aut monachos, aut ptochotrophos, aut xenodochos orthodoxæ fidei deputatos, extraordinariis muneribus præcipimus prægravari. Eas etenim sarcinas oneris, quas plerisque personis diversa ratione remittimus, imponi beatissimis viris nostro seculo inconveniens esse judicamus.

§. 8. Prætereà, ne cui temeritas sua lucrativa concedatur, et ut impudens calumniantium refrænetur audacia, jubemus, quoties ii, qui sacerdotes, seu clericos, ac monachos, cæterosque superiùs designatos, vel in tuæ magnitudinis examine, vel in provinciali judicio proposita actione convenerunt, si causa cognita convicti fuerint sine justa eos causa et legitima petitione pulsasse: omnes eis legitimas expensas, sumptusque, quos ab exordio cœptæ contro-

versiæ ipsorum vitio tolerasse eos constiterit, redhibere cogantur, ut hac saltem censuræ justissimæ formidine revocati, qui
improbis assiduè conflictationibus occupan-
tur, adquiescant, jamque sopitis clamoribus
jurgiorum, magistra deinceps necessitate
continere se adsuescant.

Authent. ex novell. 9, *cap.* 1.

Causa, quæ fit cum monacho, vel cum mu-
liere qualibet in monasterio consistente,
non apud judicem civilem ventiletur, sed
apud episcopum, qui de personæ præsentia,
quod convenit, statuet ; sive per abbatem,
vel antistitem, vel per alios hoc fieri debeat,
qui secundùm legem rem disponat, et sacras.
regulas, salva debita personæ reverentia. Si
verò contrà fiat, pœnæ quæ statutæ sunt, imminebunt. Judex enim, qui de his sententiam
proferre præsumpserit, ab administratione
depulsus, et tanquàm Divinitati contumeliam faciens, pœna decem librarum auri
unà cum officio suo mulctabitur, sacratissimo nostro ærario inferenda. Executoribus
autem, qui admonitionem facere præsump-
serint, ab ipsis sanctissimis episcopis in locis
decanicis detrudendis, de cætero nullam
exactionem facere permittendis.

Authent. ex novell. 83. *in princ.*

Clericus quoque in lite pulsatus pecuniaria
causa, priùs apud episcopum conveniatur,
per quem sine damno causa decidatur.
Quòd si natura causæ, vel alia ratio faciat, ut negotium apud eum decidi non
possit, per civilem procedat judicem, observatis clericorum privilegiis, nec mora circa
talia fiat.

soient obligés à leur restituer tous les frais
et dépens que ce procès leur aura occasionnés depuis son commencement, pour
que ceux qui ont l'habitude de s'occuper à
intenter des procès injustes, étant épou-
vantés par l'effet de cette juste condamnation, restent tranquilles, et les chicanes
étant assoupies, ils s'habituent, par la nécessité, à se contenir.

Authentique extraite de la novelle 9, *chap.* 1.

Que la cause qui s'élève entre un moine
ou une femme retirée dans quelque monastère que ce soit, ne soit point discutée devant
le juge civil, mais devant l'évêque qui statue
sur la présence de la personne qui est citée,
soit qu'il décide qu'il pourra être représenté
par l'abbé, son supérieur ou par tout autre ; l'évêque devra juger conformément aux
lois et aux règlemens ecclésiastiques, en
observant tous les égards qui sont dus à la
personne. Celui qui contreviendra à cette
loi sera puni par les peines qu'elle porte ; car
le juge qui aura osé connaître des affaires
qui les concernent, après avoir été dépouillé
de sa dignité, sera condamné comme coupable d'injure envers la Divinité, avec ceux
de son office, à l'amende de dix livres d'or au
profit de notre trésor ; et il est permis aux
évêques de ces mêmes lieux de reléguer dans
des monastères les exécuteurs qui auront fait
les significations. Il leur est défendu d'ailleurs de commettre à leur égard aucune
exaction.

Auth. extr. de la nov. 83, *au commencement.*

De même que le clerc attaqué en justice
pour une cause civile, soit d'abord assigné
devant l'évêque qui décidera la cause sans
frais ; mais si la nature de la cause ou
une autre raison empêchent qu'elle puisse
être jugée par l'évêque, que, dans ce cas, le
juge civil en connaisse, en respectant les
privilèges des clercs, et qu'il ne fasse éprouver aucuns retards à ce sujet.

§. 1. Mais si la cáuse est civile-criminelle, que le juge civil en connaisse, de sorte que cependant le procès ne dure pas plus de deux mois, et que l'accusé, quoique condamné, ne soit pas puni avant qu'il n'ait été dégradé par l'évêque.

§. 2. Si le crime est ecclésiastique, le jugement et la punition appartiennent à l'évêque.

Nouvelle constitution de l'empereur Frédéric, de statu. et consuet. contr. lib. ecc. §. Item statuimus ut nullus. coll. 10, constit. fin.

Nous avons statué que personne ne s'avise de traîner, malgré les constitutions impériales et les canons, devant un tribunal séculier, une personne attenante à l'état ecclésiastique; que le demandeur qui contreviendra à ces dispositions, soit déchu de son droit; que ce qui aura été jugé soit nul, et que le juge soit privé dès ce moment de la puissance de juger.

§. 1. Nous ordonnons encore que celui qui a refusé de rendre justice aux clercs et autres personnes ecclésiastiques, soit, après en avoir été requis par trois fois, privé de sa dignité.

32. Les mêmes empereurs, à Eutrope, préfet du prétoire.

Que les évêques, les prêtres ou les diacres de la foi orthodoxe, dont les mœurs ayant été une fois approuvées, ont mérité, par une chasteté párfaite, de parvenir jusqu'au rang qu'ils tiennent, revendiquent, comme biens leur appartenant en propre, tous ceux qu'ils ont pu acquérir ou avoir depuis qu'ils font partie du clergé, quoiqu'ils dépendent de la puissance paternelle, de leur père, aïeul ou bisaïeul encore vivans. Ils ont la libre faculté d'en disposer à leur gré par testament ou par donations, ou de les aliéner à tout autre titre que ce soit; que ces biens ne parviennent jamais en aucun tems à

§. 1. Sed in civili crimine civilis præsit judex, ut lis ultra duos non egrediatur menses, nec tamen puniatur, etiamsi reus sit inventus, priusquàm per episcopum sacerdotio spolietur.

§. 2. Si verò crimen sit ecclesiasticum, episcopalis erit examinatio et castigatio.

Nova Constitutio Frederici imperatoris, de stat. et consuet. contr. lib. ecc. §. Item statuimus ut nullus, coll. 10, constit. fin.

Statuimus ut nullus ecclesiasticam personam in criminali quæstione, vel civili trahere ad judicium seculare præsumat contra constitutiones imperiales, et canonicas sanctiones. Quòd si actor fecerit, à suo jure cadat, judicatum non teneat, et judex ex tunc. potestate judicandi privetur.

§. 1. Sancimus etiam ut si quis clericis, vel ecclesiasticis personis justitiam denegare præsumpserit, tertiò requisitus jurisdictionem suam amittat.

32. Iidem, AA. Eutropio, P. P.

Sacrosanctæ orthodoxæ fidei episcopi atque presbyteri, diaconi quoque, qui semel probatis moribus integritate castissima ad hunc gradum meruerint pervenire, ea, quæcunque in eodem clericatus gradu locoque viventes adquirere et habere potuerint; etiam si in patris avique aut proavi potestate constituti sint, et adhuc superstites habeantur, tanquàm propria bona vindicent, de his, si quandò eis libitum fuerit, eis testandi, vel donandi, alio titulo alienandi libera facultate concessa; ut ea bona quoquo tempore nunquàm ad divisionem veniant, nunquàm fratribus vel sororibus aut ex eis genitis conferantur, sed ad eorum filios, posteros, et quoscunque extraneos hæredes perveniant, nec à patribus, avis aut proavis, sed ab ipsorum liberis tanquàm præcipua vindicentur. Et certè his lucro cedant, quibus ipsi id peculium, vel inter vivos alienatione habita, vel mortis tempore ultima et jure cognita voluntate concesserint.

Dat. 5 calend. april.

Authent. ex novell. 81.

Sed episcopalis dignitas solvit jus patriæ potestatis, sicut etiam et consularis, et præfectura sacrorum prætoriorum, et urbicaria, et magisterium militare ; et omnis dignitas valens liberare à curia, liberat à patria potestate ; cùm hoc quodcunque cingulum suæ potestatis præmium honoratis præstet. Ita tamen, ut filii eorum post mortem avorum recidant in potestatem, ac si contigisset eos morte parentum, et non ex præsenti lege suæ potestatis fieri.

Authent. ex novell. 131. *cap.* 13.

Licentiam habeat episcopus quæcunque ante episcopatum probatus fuerit habuisse, et quæcunque post episcopatum jure cognationis usque ad quartum gradum ad eum pervenerunt, ad quos voluerit, ultima voluntate transmittere : cæteris rebus alio modo adquisitis ab eo, domino ecclesiæ reservatis, nisi in utilitatem ecclesiæ, vel operibus pietatis consumptæ sint. Eadem distinctione habita in administratoribus cujuscunque loci religiosi.

§ 1. Item, si quis episcopus, aut minister ecclesiæ moriatur sine testamento et successore legitimò, vel legitima, successio competit ecclesiæ in qua constituti sunt.

leurs frères ou sœurs, ou leurs descendans, mais bien à leurs propres fils et leurs descendans et autres héritiers étrangers ; qu'ils soient réclamés par leurs enfans comme préciput, et non par leurs pères, aïeuls ou bisaïeuls ; étant de même certain que les biens qui composent ce pécule appartiennent à ceux à qui ils ont été accordés légitimement, soit par aliénation entre-vifs ou à cause de mort.

Fait le 5 des calendes d'avril.

Authentique extraite de la novelle 81.

Mais la dignité d'évêque, de consul, de préfet du prétoire, de préfet de la ville et celle de maître militaire, délivrent de la puissance paternelle ; et toute dignité qui délivre de la curie, délivre aussi de la puissance paternelle. La dignité épiscopale, quoiqu'en titre seulement, produit le même effet. Les enfans des évêques, après la mort de leurs aïeux, se tombent en puissance de leurs pères ; et si les parens de ces derniers viennent à mourir, ils deviendront *sui juris*, non en vertu de cette loi, mais à cause de la mort de leurs parens.

Authent. extraite de la novelle 131, *ch.* 13.

Qu'il soit permis à tout évêque de disposer par testament, en faveur de qui il voudra, des biens qu'il sera constant avoir eus avant son épiscopat, et de ceux qui lui seront parvenus de ses parens jusqu'au quatrième degré ; les autres biens qu'il a acquis sont réservés à l'église, à moins qu'il n'en ait disposé pour l'utilité de l'église ou pour accomplir quelque œuvre pieuse. Ces mêmes dispositions doivent être étendues à tout administrateur de quelque lieu religieux que ce soit.

§. 1. De même, si un évêque ou un administrateur d'église meurt *ab-intestat*, et sans laisser d'héritiers légitimes, la succession est dévolue à l'église dont il ressortait.

Authentique extraite de la novelle 123, c. 19.

Nous ordonnons que les prêtres, diacres, sous-diacres, chantres, lecteurs et tous ceux que nous désignons par l'expression de clercs, aient en leur puissance les biens qu'ils ont acquis, à quelque titre que ce soit, comme un pécule castrense ; qu'ils puissent les donner, en se conformant aux lois, à qui ils voudront, et en disposer par testament, quoiqu'ils soient soumis à la puissance de leurs parens; sauf cependant la légitime réservée à leurs enfans, et, à leur défaut, à leurs parens.

33. *Les mêmes empereurs, à Dioscore, préfet du prétoire.*

Nous conservons et confirmons à jamais, par cette pragmatique sanction, tous les privilèges qui ont été accordés par les princes nos prédécesseurs, par notre majesté, par des dispositions judiciaires, par des libéralités, en quelque tems que ce soit ; par la coutume, les constitutions, soit à l'égard du droit militaire, soit à l'égard d'autres choses, aux *orphanotrophies*, aux *ascétries*, aux églises, aux *ptochotrophies*, aux *xénodochies*, aux monastères et autres établissemens, ou à celui dirigé par l'économe, prêtre et *orphanotrophe Nicon* ou par ses successeurs : à l'exemple de *Zoticus*, d'heureuse mémoire, qui passe pour le premier instituteur de ces sortes d'établissemens de piété. Cela paraît être nécessaire, parce qu'ils sont destinés à fournir à l'éducation, à la subsistance des orphelins et des indigens, ou destinés à l'usage des églises, des *ptochotrophies* ou des *ascétries*. Nous ordonnons, par des considérations de piété, que les autres maisons et les établissemens dont nous avons fait mention ci-dessus, qui sont sous la direction de la personne nommée plus haut, ou dont il pourra être chargé à l'avenir, lui ou ses successeurs, jouissent à jamais de tous les privilèges accordés à la grande église de cette ville, tant de ceux dont elle jouit maintenant, que de ceux qui lui seront accordés à l'avenir.

Authent. ex novell. 123, *cap.* 19.

Presbyteros, et diaconos, et subdiaconos, cantores et lectores, quos omnes clericos appellamus, res quolibet modo ad dominium eorum venientes, habere in sua potestate præcipimus ad similitudinem castrensium peculiorum, et donare cui volunt secundùm leges, et in his testari, licet sub parentum potestate sint : sic tamen, ut horum filii, aut his non extantibus, parentes eorum legitimam ferant partem.

33. Iidem, A A. Dioscoro, P. P.

Omnia privilegia, quæ à retrò principibus, aut à nostra serenitate, vel judiciariis dispositionibus, aut liberalitatibus pro singulis quibuscunque temporibus, ex consuetudine vel constitutione, sive circa jus metatorum, sive in aliis quibuslibet rebus præstita sunt orphanotrophiis, sive asceteriis, vel ecclesiis, aut ptochotrophiis seu xenodochiis, aut monasteriis, aut cæteris hominibus ac rebus juris eorum ad curam œconomi Nicon viri religiosissimi presbyteri et orphanotrophi, vel ad eos, qui post eum loco ejus successerint, pertinentibus : ad similitudinem Zotici, beatissimæ memoriæ, qui primus hujusmodi pietatis officium invenisse dicitur, per hanc pragmaticam sanctionem firma illibataque in perpetuum custodiri decernimus. Valdè etenim hoc videtur esse necessarium : cùm exindè sustentatio et educatio orphanis, atque egenis, et usibus ecclesiasticis, ac ptochotrophiis vel asceteriis comparetur. Domus etiam, aliasque res superiùs nominatas ad curam memorati viri pertinentes, vel postmodùm quolibet modo ad ejus sollicitudinem, vel eorum, qui post eum ad ejusdem orphanotrophii curam vocati fuerint, perventuras ; ad instar majoris venerabilis ecclesiæ hujus inclytæ urbis : omnibus privilegiis, quæ eadem sancta ecclesia vel nunc adipiscitur, vel posteà merebitur, perpetuò potiri pietatis intuitu decernimus.

34. *Iidem*, AA. *Sebastiano*, P. P.

34. *Les mêmes empereurs, à Sébastien, préfet du prétoire.*

Jubemus adscriptitiorum creationes secundùm veterem constitutionem, nisi dominorum possessionum undè oriundi sunt, evidens concurrit consensus, nullius penitùs esse momenti : sed eisdem fundorum dominis, qui faciendæ creationi non (sicut dictum est) evidenter consenserint, jus proprium ad similitudinem cæterorum colonorum in suos adscriptitios exercendi, tanquàm si nulla creatio intercessisset, tribui facultatem. Idemque hoc super illis quoque agricolis decernimus observari, qui cùm essent adscriptitiæ conditionis nexibus adstricti, solitariam vitam videlicet appetentes, quibuslibet sese monasteriis contra voluntatem dominorum fundorum duxerint offerendos.

§. 1. Servos sanè sociari clericorum consortiis, volentibus atque consentientibus dominis, modis omnibus prohibemus : cùm liceat eorum dominis, data priùs servis libertate, licitum eis ad suscipiendos honores clericorum iter (si hoc voluerint) aperire.

§. 2. Omnes prætereà virorum clarissimorum provincias moderantium sententiis absque ulla privilegii differentia (qui tamen præsidiali jurisdictioni subjecti sunt) sive episcopi, vel quilibet clerici, aut monachi, aut cujuslibet conditionis sint, pariter respondere decernimus : nulla in posterum viris clarissimis provinciarum rectoribus ad loca, in quibus incusatæ personæ consistunt, perveniendi necessitate penitùs imponenda : cùm non solùm legibus, verùm etiam naturali quoque juri conveniant, quos res exegerit judicialibus ad judicium vocari sententiis, non ipsos judices (quod dictum etiam injustum est) ad subjectos deduci, sed per datos ab his judices ad causæ examinationem in locis, ubi incusati degunt, procedere.

Nous ordonnons, d'après une ancienne constitution, qu'on ne reçoive clercs aucuns serfs sans le consentement exprès des maîtres des champs auxquels ces serfs sont attachés. De telles nominations sont absolument nulles; et nous attribuons à ces mêmes propriétaires de champs, qui n'ont point consenti à ces nominations, la faculté d'exercer tous les droits qui leur appartiennent sur ces mêmes serfs, nommés clercs, comme s'ils n'avaient jamais été nommés. Nous ordonnons que ces mêmes dispositions soient observées à l'égard des serfs, qui, ambitionnant la vie monastique, sont entrés dans quelque monastère que ce soit, malgré la volonté des maîtres des fonds auxquels ils étaient attachés.

§. 1. Nous défendons absolument que des esclaves soient aggrégés au corps des clercs, quand même leurs maîtres y consentiraient, parce qu'il est permis à ces derniers d'affranchir leurs esclaves, et de les rendre par-là capables d'être admis, lorsqu'ils le desirent, parmi les clercs.

§. 2. Nous ordonnons en outre que tous, soit évêque, soit clerc, soit moine, ou de toute autre condition, sans exception ni privilège, obéissent aux sentences des présidens de provinces, toutefois lorsqu'ils dépendent de leur juridiction. Nous n'astreignons en aucune manière à l'avenir les présidens de provinces de se transporter dans les lieux où demeurent les personnes qui sont accusées à leur tribunal, parce que, non-seulement les lois, mais encore le droit naturel, demandent que ceux qui sont intéressés au procès soient appelés au tribunal par les sentences judiciaires, et non que les juges se rendent auprès d'eux, ce qui serait absurde; mais ils doivent procéder à l'examen de la cause, par leurs délégués, dans les lieux que les accusés habitent.

Authentique extraite de la novelle 123, *c.* 17.

Nous permettons que les serfs puissent être faits clercs dans les mêmes lieux auxquels ils sont attachés, malgré leurs maîtres, sous la condition cependant que ces serfs, devenus clercs, mettront quelqu'un (qu'il leur est permis de choisir) à leur place, pour faire les travaux d'agriculture auxquels ils étaient obligés.

Authentique extraite de la novelle 123, *c.* 17.

· Si un esclave, au su de son maître, qui ne s'y est pas opposé, a été ordonné clerc par l'évêque, il est devenu par cela même libre et ingénu ; mais s'il a été ordonné clerc à l'insu de son maître, qu'il soit permis à ce dernier, pendant l'espace d'un an, de prouver la servitude du prétendu clerc, et de revendiquer son esclave ; mais si l'esclave, soit qu'il ait été ordonné au su ou à l'insu de son maître, comme nous avons dit, a quitté, après qu'il a eu acquis la liberté par l'état de clerc, le ministère ecclésiastique, pour mener la vie séculière, qu'il soit de nouveau réduit à l'esclagaye et livré à son ancien maître.

35. *Les mêmes empereurs, à Sébastien, préfet du prétoire.*

Que la faculté d'embrasser la vie monastique ne soit point refusée aux esclaves munis du consentement de leurs maîtres ; mais qu'ils ne le fassent pas à l'insu de ces derniers ; et s'ils ont donné à leurs esclaves la faculté d'embrasser la vie du monastère, nous pensons qu'ils perdent leur domaine sur eux, pendant tout le tems qu'ils conserveront l'état qu'ils ont embrassé. Il en serait autrement, si, abandonnant la vie monastique, ils prenaient une toute autre condition ; il est certain que, dans ce cas là, ils doivent être réduits de nouveau au joug de la servitude dont ils avaient été délivrés par leur profession monastique.

Fait pendant les nones de février.

Authent. ex novell. 123, *cap.* 17.

Adscriptitios in ipsis possessionibus, in quibus sunt adscripti, clericos etiam præter voluntatem dominorum fieri permittimus : ita tamen, ut clerici facti impositam sibi agriculturam adimpleant subrogato aliquo, quem maluerint.

Authent. ex novell. 123, *cap.* 17.

Si servus, sciente domino, et non contradicente, in clericum ordinatus fuerit ab episcopo, ex hoc ipso quod constitutus est, liber et ingenuus erit. Si verò, ignorante domino, ordinatus fuerit, liceat domino intra anni unius spatium, et servilem fortunam probare, et servum suum accipere. Si verò servus, sciente vel nesciente domino (sicut diximus) ideò quòd in clero constitutus liber est factus, ministerium ecclesiasticum reliquerit, et ad secularem vitam transierit, suo domino ad serviendum tradatur.

35. *Iidem,* AA. *Sebastiano,* P. P.

Servis, si dominorum fuerint voluntate muniti, solitariam vitam participandi licentia non denegetur, dum tamen eorum domini non ignorent. Quòd si servis suis ad monasteriorum cultum migrandi tribuerint facultatem, eorundem servorum dominio, donec iidem servi in eodem monachorum habitu duraverint, spoliandos esse censemus. Alioqui si relicta fortè vita solitaria, ad aliam quamlibet sese conditionem transtulerint, certum est eos ad servitutis jugum, quam monasticæ professionis cultu evaserant, reversuros.

Dat. non. feb.

Authent. ex novell. 123, *cap.* 4.

Episcopalis ordo liberat à fortuna servili, vel adscriptitia, sed non à curiali seu officiali; nam et post ordinationem durat: ita ut per subjectam vel interpositam personam officium adimpleatur, nisi curiæ vel officio restituatur.

Authent. ex novell. 3, *cap.* 2.

Verùm et si legitimo probatus experimento monachus efficiatur, evadet jugum servitutis. Debent enim per triennium, antequàm monachi efficiantur, in monasteriis permanere. Posteà verò, si monachi facti fuerint, liberi erunt.

36. *Imp. Justinus,* A. *Archelao,* P. P.

Repetita promulgatione, non solùm judices quorumlibet tribunalium, verumetiam defensores ecclesiarum hujus almæ urbis, quos turpissimum insinuandi ultimas deficientium voluntates genus irrepserat, præmonendos esse censemus ne rem attingant, quæ nemini prorsùs omnium secundùm constitutionum præcepta, præterquàm magistro census competit. Absurdum etenim clericis est, imò etiam opprobriosum, si peritos se velint ostendere disceptationum esse forensium : temeratoribus hujus sanctionis pœna quinquaginta librarum auri feriundis.

Dat. 13 cal. decemb. Constantinop. Justino A. 11. et Opilione, Coss.

37. *Imp. Justinianus,* A. *Joanni,* P. P.

Si quis ad declinandam legem *falcidiam,* cùm desiderat totam suam substantiam pro redemptione captivorum relinquere, eos ipsos captivos scripserit hæredes : ne videatur quasi incertis personis hæredibus insti-

Authentique extraite de la novelle 123, *ch.* 4.

La dignité épiscopale délivre de l'esclavage et de la servitude de la glèbe, mais ne change point la condition des curiaux, ni des officiaux; car ils la conservent après qu'ils ont été ordonnés. Ils sont tenus ou de mettre quelqu'un à leur place, ou de retourner à leur curie ou à leur office.

Authentique extraite de la novelle 5, *ch.* 2.

Mais, si après un juste essai, un esclave a été fait moine, qu'il soit délivré du joug de la servitude; car ils doivent rester trois ans dans le monastère avant de pouvoir être faits moines; mais si ensuite ils sont faits moines, ils sont libres.

36. *L'empereur Justinien, à Archélaüs, préfet du prétoire.*

Nous pensons devoir prévenir de nouveau, non-seulement les juges de quelque tribunal que ce soit, mais encore les défenseurs des églises de cette ville, parmi lesquels s'est glissé l'usage honteux de recevoir les dernières volontés des mourans, de ne point se mêler de ces dernières affaires dont les constitutions chargent les seuls maîtres du cens. Il est absurde, il est même honteux que les clercs veuillent se montrer instruits des discussions du barreau. Que ceux qui contreviendront à la présente constitution soient condamnés à l'amende de cinquante livres d'or.

Fait à Constantinople, le 13 des calendes de décembre, sous le consulat de l'empereur Justin, pour la deuxième fois consul, et d'Opilion.

37. *L'empereur Justinien, à Jean, préfet du prétoire.*

Si quelqu'un, désirant laisser tous ses biens pour servir au rachat des captifs, et pour éluder la loi *falcidia,* les a institués ses héritiers, nous ordonnons, afin qu'il ne paraisse pas qu'il a institué héritiers des per-

sonnes incertaines, et que ses dernières volontés ne soient pas attaquées, et par des
considérations de piété, qu'une institution
d'héritier de cette sorte soit valable et ne
soit point rejetée. '

§. 1. S'il a institué les pauvres pour ses
héritiers, quoiqu'on ne trouve aucun *pto-
chotrophe*, aucune église spécialement destinée à secourir les pauvres, que le testateur
ait eu en vue, c'est-à-dire, s'ils les a institués sous l'expression indéterminée de *pauvres*, nous ordonnons de même que cette
institution soit valable.

§. 2. S'il a institué les captifs pour héritiers, que l'évêque et l'économe de la ville où
le testateur passait sa vie et avait son domicile, reçoivent l'hérédité, et l'emploient à
la rédemption des captifs, soit en destinant
à cet usage les revenus annuels, soit en y destinant le prix de la vente des meubles ou celui
des choses mouvantes d'elles-mêmes; mais
l'économe, l'évêque ou l'église, ne doivent
en attendre aucun profit. Si le testateur a
laissé un héritier spécial, sous la condition
qu'il ne se prévaudra pas de la falcidie, qu'il
reçoive l'hérédité ; car comment pourrait-on
souffrir que ce qui a été laissé pour des usages
pieux fût diminué par la loi *falcidia*, ou dans
tout autre cas?

§. 3. Lorsque les pauvres ont été institués héritiers indéterminément, l'hérédité
appartient à l'hôpital de la ville qui doit en
faire la distribution aux malades d'après les
règles que nous avons établies à l'égard des
captifs, soit qu'on leur distribue les revenus
annuels, soit que, du produit de la vente
des meubles ou des choses mouvantes d'elles-
mêmes, on achète des immeubles, pour en
employer les revenus annuels à les secourir ;
car n'est-ce pas le plus pauvre des hommes
celui qui, pressé par le besoin et reclus dans
un hôpital, au milieu des douleurs, est
dans l'impossibilité de se procurer sa subsistance ?

§. 4. On doit leur donner, dans ces deux

tutis, judicium suum oppugnandum reliquisse : sancimus ejusmodi et talem institutionem pietatis intuitu valere, et non esse
respuendam.

§. 1. Sed et si pauperes quidem scripserit
hæredes, et non inveniatur certum ptochotrophium, vel certæ ecclesiæ pauperes, de
quibus testator cogitaverit, sed sub incerto
vocabulo pauperes fuerint hæredes instituti :
simili modo et hujusmodi institutionem valere decernimus.

§. 2. Et siquidem captivos scripserit hæredes
civitatis, in qua testator larem fovere ac
degere noscitur, episcopus et œconomus
hæreditatem suscipiant ; et omnimodo in
redemptione captivorum procedat hæreditas : sive per annuos reditus, sive per
venditionem mobilium, sive se moventium
rerum sit : nullo penitùs hoc ex lucro vel
œconomo, vel episcopo, vel sacrosanctæ
ecclesiæ relinquendo. Si enim propter hoc
à speciali hærede recessum est, ut non
falcidiæ ratio inducatur : quomodò feren-
dum est hoc, quod in sacrum venerit, per
falcidiam vel aliam occasionem minui ?

§. 3. Ubi autem indiscretè pauperes scripti
sunt hæredes, ibi xenonem ejus civitatis
omnimodo hæreditatem nancisci, et per
xenodochium in ægrotantes fieri patrimonii
distributionem, secundùm quod in captivis
constituimus ; vel per redituum annalium
erogationem, vel per venditionem rerum
mobilium, vel sese moventium, ut ex his
res immobiles comparentur, et annuus victus ægrotantibus accedat. Quis enim pauperior est hominibus, qui et inopia tenti
sunt, et in xenone repositi, et suis corporibus laborantes, necessarium victum sibi
non possunt afferre ?

§. 4. Licentia omninò danda et in priore

et in secunda specie et actionem movere, et debita exigere, ut in captivos vel in ægrotantes consumantur. Si enim hæredum eis et jus et nomen dedimus, sine *falcidiæ* tamen legis emolumento, necesse est eos debita exigere, et creditoribus respondere.

§. 5. Sin autem ampliores in civitate xenones vel ptochotrophia sint, ne incerta videatur pecuniarum datio, tunc ei xenoni vel ptochotrophio, qui pauperior esse dignoscitur, easdem res vel pecunias adsignati sancimus: hoc videlicet discutiendo à viro reverendissimo locorum antistite, et sub eo constitutis clericis.

§. 6. Sin autem nullus xenon in civitate inveniatur, tunc secundùm de captivis sanctionem, pro tempore œconomus sacrosanctæ ecclesiæ, vel episcopus hæreditatem accipiat, et sine *falcidiæ* ratione pauperibus, qui in civitate sunt, vel penitùs mendicantibus, vel alia sustentatione egentibus, eædem pecuniæ distribuantur.

§. 7. Hæc tamen omnia locum habere sancimus, quandò non certi xenonis, vel certi ptochotrophii, vel certæ ecclesiæ nominatio à testatore subsecuta est, sed incertus est ejus sensus. Sin autem in personam certam venerabilemve certam domum respexerit, ei tantummodò hæreditatem vel legatum competere sancimus, nulla *falcidia* nec in hac parte intercedente.

§. 8. In omnibus autem hujusmodi casibus cœlestes iracundias sacrosanctarum rerum administratores expectent, si qualecunque lucrum ex hujusmodi gubernationibus sibimet adquisierint, vel si hoc committi ab alio consenserint, et non gravissima pœna et interminatione, quod perperam factum est, studeant corrigere.

cas, la plus grande liberté, tant d'intente les actions nécessaires, que d'exiger les dettes, afin qu'elles soient employées à la rédemption des captifs ou à secourir les malades ; car, si nous leur avons donné le nom et le droit des héritiers, sans cependant qu'ils puissent user du bénéfice de la loi *falcidia*, ils doivent donc exiger les dettes et satisfaire les créanciers.

§. 5. Mais s'il existe dans la ville plusieurs hôpitaux, de peur que l'institution ne paraisse avoir été faite à des personnes incertaines, nous avons pensé que l'hérédité devait être accordée à celui qui sera prouvé être le plus pauvre ; ce qui sera décidé par l'évêque du lieu assisté de son clergé.

§. 6. Mais s'il n'y a aucun hôpital dans la ville, alors, d'après ce que nous avons dit sur les captifs, que l'économe de l'église ou l'évêque reçoive provisoirement l'hérédité, sans user du bénéfice de la loi *falcidia*, et qu'ils la distribuent aux pauvres de la ville, et aux mendians et indigens.

§. 7. Nous ordonnons que toutes ces choses soient observées toutes les fois que le testateur n'aura point désigné la maison de charité ou l'église qu'il institue, et qu'il aura, de cette manière, disposé vaguement ; mais s'il a eu en vue spécialement une certaine personne ou une certaine maison de charité, nous ordonnons que l'hérédité ou le legs leur soit dévolu, sans cependant qu'ils puissent user du bénéfice de la loi *falcidia*.

§. 8. Que les administrateurs des choses saintes sachent qu'ils encourront dans tous ces cas la colère céleste, s'ils cherchent à tirer du profit pour eux-mêmes de ces choses, ou s'ils consentent que d'autres en tirent, ou s'ils ne s'efforcent point de punir rigoureusement un tel crime.

Authentique extraite de la novelle 115, ch. 3.

Si les enfans ou les parens d'un captif ont négligé de les racheter, non-seulement ils peuvent être exhérédés, mais encore la loi leur refuse la succession de leur père ou parent captif ; mais si ce dernier les a institués héritiers, le testament est nul quant à cela, mais valable dans ses autres points. Cette succession est déférée à l'église de la ville de son domicile, qui doit l'employer à la rédemption des captifs ; à plus forte raison, s'il a institué des étrangers qui l'ont laissé dans la captivité : les mineurs de dix-huit ans sont cependant exceptés. Ceux qui, desirant racheter quelqu'un, et n'ayant aucuns biens qui leur soient propres, se sont servis de ceux du captif, les contrats qu'ils ont passés à ce sujet, et dans une telle circonstance, sont valables, quand même ils seraient âgés de moins de vingt-cinq ans, pourvu toutefois qu'ils en aient plus de dix-huit : ces derniers, dans ce cas, sont censés majeurs ; les captifs, à leur retour, sont obligés à ratifier le contrat. Les ascendans encourent la même peine, s'ils négligent de racheter leurs enfans.

38. Le même empereur, à Jean, préfet du prétoire.

Ayant été permis par la loi *léonina* aux évêques, prêtres et diacres, d'avoir un pécule quasi-castrense, et d'en disposer par testament, on doutait si ces testamens pouvaient être attaqués par la *querelle d'inofficiosité* : le même doute s'était élevé au sujet de toutes les personnes à qui on avait accordé ce pécule ; c'est pourquoi nous ordonnons, d'après la constitution que nous venons de citer, qu'il soit permis aux évêques, prêtres et diacres qui possèdent un tel pécule quasi-castrense de disposer des choses comprises dans ce pécule, non-seulement par testamens, dans lesquels cependant on n'aura pas négligé les formalités voulues par les lois ; mais nous ordonnons encore que ces

Authent. ex novell. 115, cap. 3.

Si captivi alicujus liberi, seu cognati redemptionem ejus neglexerint, non solùm exhæredari possunt, sed etiam lege denegatur eis successio ; et si fuerint scripti hæredes, tantùm valeat testamentum in aliis capitulis. Hæc ergò successio defertur ecclesiæ civitatis ejus, expendenda scilicet in captivorum redemptionem ; multò magis si extraneos instituerit, qui redimere supersedeant : excipitur minor decem et octo annis. Qui autem redimere student, si proprias non habeant pecunias, super quibuslibet rebus ipsius in eam causam rectè contrahunt ; et etiam si minores vigintiquinque annis sint, majores tamen decem et octo, qui tamen pro majoribus vigintiquinque hìc accipiuntur ; et captivi, si reversi fuerint, coguntur habere ratum contractum. Eadem pœna est parentum, si redemptionem neglexerint liberorum.

38. Idem, A. Joanni, P. P.

Cum lege *leonina* viris reverendissimis episcopis et presbyteris et diaconis peculium habere quasi-castrense concessum est, eo addito, ut et in ipso testari possint : dubitabatur, si hujusmodi testamenta debeant *de inofficioso* querela expugnari, cùm de omnibus personis, quæ hujusmodi peculium meruerunt, eadem fuerat quæstio exorta. Sancimus itaque viris reverendissimis episcopis et presbyteris et diaconis, qui tale peculium quasi-castrense possident, super his tantummodò rebus, quæ quasi-castrensis peculii sunt, non solùm ultima condere secundùm leges elogia licere (quod ex *leonina* constitutione descendit) sed etiam eorum ultimas voluntates super his tantummodò habitas de inofficioso querelæ minimè subjacere.

Dat. nonis februarii. Constantinop. post consulatum Lampadii et Oresti. 352.

39. Idem, A. Joanni, P. P.

Si quis in conscribendo instrumento sese confessus fuerit non usurum fori præscriptione propter sacerdotii prærogativam, sancimus non licere ei adversùs sua pacta venire, et contrahentes decipere : cùm regula sit juris antiqui, omnes licentiam habere, iis quæ pro se indulta sunt, renuntiare. Quam generalem legem in omnibus casibus obtinere sancimus, qui necdùm per judicialem sententiam, vel amicabilem conventionem sopiti sunt.

Dat. cal. sept. Constantinop. post consulatum Lampadii et Oresti vv. cc. 352.

40. Idem, A. Joanni, P. P.

Generaliter sancimus, omnes viros reverendissimos episcopos, necnon presbyteros, diaconos, et subdiaconos, et præcipuè monachos (licet non sunt clerici) immunitatem ipso jure omnes habere tutelæ, sive testamentariæ, sive legitimæ, sive dativæ : et non solùm tutelæ eos esse expertes, sed etiam curæ, non solùm pupillorum, et adultorum, sed et furiosi, et muti, et surdi, et aliarum personarum, quibus tutores vel curatores à veteribus legibus dantur.

§. 1. Eos tamen clericos et monachos hujusmodi habere beneficium sancimus, qui apud sacrosanctas ecclesias vel monasteria permanent, non divagantes, neque circa divina ministeria desides : cùm propter hoc ipsum bene-

testamens ne soient point sujets à la querelle d'inofficiosité.

Fait à Constantinople, pendant les nones de février, après le consulat de Lampadiùs et d'Oreste. 352.

39. Le même empereur, à Jean, préfet du prétoire.

Si un clerc, en souscrivant un acte, a renoncé à l'exception déclinatoire qui lui est acquise par le sacerdoce, nous ordonnons qu'il ne lui soit point permis de violer l'engagement qu'il a pris à ce sujet, et de tromper ainsi ceux avec qui il a contracté; d'ailleurs, c'est une règle du droit ancien, qu'il est permis à chacun de renoncer au droit introduit en sa faveur. Nous ordonnons que cette loi générale soit observée dens toutes les affaires qui n'ont pas encore été terminées, soit par jugement, soit par transaction.

Fait à Constantinople, pendant les calendes de septembre, après le consulat de Lampadius et d'Oreste. 352.

40. Le même empereur, à Jean, préfet du prétoire.

Nous ordonnons généralement que tous les évêques, prêtres, diacres, sous-diacres, et notamment les moines, quoiqu'ils ne soient pas clercs, soient dispensés, par le droit même, de gérer toute espèce de tutelle, soit testamentaire, soit légitime, soit dative ; nous ordonnons qu'ils soient non - seulement exempts des tutelles, mais encore de la curatelle, tant des pupilles et des adultes, que des furieux, des muets, des sourds, et autres personnes à qui on donne, en vertu des anciennes lois, des tuteurs et des curateurs.

§. 1. Nous accordons ce privilège aux clercs et aux moines qui vaquent aux églises ou demeurent dans les monastères, et non à ceux qui sont errans ou qui ne se mêlent point du service divin, parce que nous ne leur accordons ce privilège qu'afin qu'abandonnant toute autre chose, ils vaquent au service du Dieu tout-puissant.

§. 2. Nous ordonnons que cette loi soit observée, non-seulement dans l'ancienne Rome, mais encore dans cette ville et dans tous les lieux de la terre où le nom de chrétien est honoré.

Authentique extraite de la novelle 123, *ch.* 5.

Nous permettons aux prêtres, diacres et sous-diacres appelés par la parenté à la tutelle ou curatelle, de la recevoir, sous la condition cependant qu'ils déclareront par écrit, et devant le juge compétent, dans les quatre mois, qu'il leur plait de se charger d'une telle administration. Si quelqu'un a rempli ces formalités, qu'il n'en souffre aucun préjudice au sujet d'une autre tutelle ou curatelle.

§. 1. Nous défendons aux évêques et aux moines de gérer aucune tutelle.

41. *Le même empereur, à Hermogène, maître des offices.*

Nous ordonnons que les ravisseurs de vierges, veuves ou diaconesses consacrées à Dieu, soient condamnés à la peine de mort, comme coupables du plus grand des crimes : ce crime outrage les hommes et la Divinité; c'est pourquoi que ceux qui s'en sont rendus coupables, ou ceux qui leur ont fourni les moyens de s'échapper lorsqu'ils sont pris sur le fait, et en flagrant délit, par les pères des vierges, veuves ou diaconnesses, ou par leurs parens, tuteurs ou curateurs, soient tués sur-le-champ. Mais si, après avoir commis un si abominable crime, le ravisseur est parvenu à se défendre par la force, ou à s'échapper par la fuite, que, dans cette ville, les préfets du prétoire et le préfet de la ville ; dans les provinces, les préfets du prétoire pour l'Illyrie et l'Afrique, et les officiers militaires établis par les diverses régions de notre empire ; le préfet de l'Égypte, les lieutenans, les proconsuls,

ficium eis indulgeamus, ut omnibus aliis derelictis, Dei omnipotentis ministeriis inhæreant.

§. 2. Et hoc non solùm in vetere Roma, vel in hac regia civitate, sed et in omni terra ubicunque christianorum nomen colitur, obtinere sancimus.

Authent. ex novell. 123, *c.* 5.

Presbyteros, diaconos, aut subdiaconos jure cognationis ad tutelam vel curam vocatos suscipere permittimus, si tamen intra quatuor menses, ex quo vocati sunt, apud judicem competentem in scriptis declaraverint, talem administrationem propria se voluntate suscepisse. Si quis autem sic fecerit, nullum ex hoc prejudicium circa alienam tutelam vel curam patiatur.

§. 1. Episcopos autem vel monachos tutelam alicujus personæ subire non permittimus.

41. *Idem, à. Hermogeni, magistro officiorum.*

Raptores virginum, vel viduarum, vel diaconissarum, quæ Deo fuerint dedicatæ, pessima criminum peccantes, capitis supplicio plectendos esse decernimus : quod non solùm ad injuriam hominum, sed et ad ipsius omnipotentis Dei irreverentiam committitur. Qui itaque hujusmodi crimen commiserint, et qui eis auxilium tempore invasionis præbuerint, ubi inventi fuerint in ipsa rapina, et adhuc flagrante crimine deprænsi à parentibus sanctimonialium virginum, vel viduarum, vel diaconissarum, aut earum consanguineis, vel tutoribus, seu curatoribus, convicti interficiantur. Sin autem post commissum tàm detestabile crimen, aut potentatu raptor se defendere, aut fuga evadere potuerit ; in hac quidem regia urbe, tàm viri excelsi præfecti prætorio, quàm gloriosissimus præfectus urbi ; in provinciis autem tàm viri eminentissimi præfecti prætorio per Il-

lyricum et Africam, quàm magistri militum per diversas nostri orbis regiones;
necnon vir spectabilis præfectus Ægypti,
et vicarii, et proconsules, et nihilominùs
viri spectabiles duces, et viri clarissimi rectores provinciarum, necnon alii cujuslibet
ordinis judices, qui in locis illis inventi
fuerint : simile studium cum magna sollicitudine adhibeant, ut eos possint compre-
hendere : et comprehensos in tali crimine,
post legitimas et juri cognitas probationes
sine fori præscriptione durissimis pœnis
adficiant, et mortis condemnent supplicio.
Bona autem eorum, si hoc commissum fuerit in sanctimonialem virginem, quæ vel in
asceterio vel monasterio degit, sive eadem
virgo diaconissa constituta sit, sive non,
eidem monasterio vel asceterio ubi conse-
crata est, addicantur: ut ex his rebus et ipsa
solatium habeat, dum vivit, sufficiens : et
res omnes sacrosanctum asceterium seu
monasterium pleno habeat dominio. Sin
autem diaconissa cujuscunque ecclesiæ sit,
in nullo tamen monasterio vel asceterio
constituta, sed per se degit : raptoris ejus
substantia ecclesiæ, cujus diaconissa est,
adsignetur : ut ex his facultatibus ipsa quidem usumfructum, dum superest, ab eadem
ecclesia consequatur : ecclesia verò omnem
proprietatem, et plenam possessionem earundem rerum nostro habeat beneficio. Nemine vel judice, vel quacunque alia persona
hæc audente contemnere. Pœnas autem,
quas prædiximus, id est, mortis, et hono-
rum amissionis constituimus non tantùm
adversùs raptores, sed etiam contra eos,
qui hos comitati in ipsa invasione et rapina
fuerint. Cæteros autem omnes, qui conscii
et ministri hujusmodi criminis reperti et
convicti fuerint, vel eos susceperint, vel
quancunque opem eis tulerint, sive mas-
culi, sive fœminæ sint, cujuscunque conditionis, vel gradus, vel dignitatis, pœnæ
capitali tantummodò subjicimus: ut huic
pœnæ omnes subjaceant, sive volentibus

les généraux, les présidens des provinces
et les juges, de quelque ordre qu'ils soient,
qui se trouveront sur les lieux où les coupables sont ou se sont réfugiés, mettent beaucoup de zèle et de soins à ce qu'ils soient ar-
rétés; et lorsqu'ils le seront, après avoir recueilli sur un tel crime les preuves que
la loi demande, qu'ils les soumettent, sans
leur accorder aucune exception déclinatoire,
aux supplices les plus rigoureux, et les condamnent à la peine de. mort; que les biens
des coupables, si le crime a été commis envers
une vierge d'une *asceterie* ou d'un monastère,
soit qu'elle soit diaconesse ou non, soient
adjugés au monastère ou à l'*asceterie* où elle
a été consacrée, et qu'on lui donne à elle-
même, pendant sa vie, une partie convenable de ces biens pour la consoler; mais
que l'*asceterie* ou le monastère ait le plein
domaine sur la totalité; si elle est diaconesse
de quelque *église*, et ne demeure pas dans
une *asceterie* ou un monastère, et vit par elle-
même, que les biens de son ravisseur soient
adjugés à l'église dont elle est diaconesse;
de sorte que cependant cette église lui en
cède à elle-même l'usufruit pendant sa vie,
et que l'église, par un bienfait de notre
part, en ait toute la propriété et la pleine
possession. Que nul, soit juge ou toute autre
personne, ne se hasarde d'enfreindre la
présente; car nous prononçons les mêmes
peines dont nous avons parlé plus haut (la
peine de mort et la perte des biens), non-
seulement contre les complices du crime, ou
ceux qui ont favorisé l'évasion du coupable,
mais encore contre ceux qui seront convaincus d'avoir connu les desseins des coupables,
d'avoir favorisé leur crime, de les avoir
recélés, ou de leur avoir porté quelque secours que ce soit, quels que soient leur sexe,
leur condition, leur grade ou leur dignité.
Nous condamnons ces derniers à la peine
capitale seulement; qu'ils soient tous condamnés à cette peine, soit que le crime ait
été consommé avec le consentement des

vierges et des autres femmes désignées ci-dessus, soit qu'elles n'y aient pas consenti.

Fait à Constantinople, le 15 des calendes de décembre, sous le consulat de l'empereur Justinien, pour la troisième fois consul.

42. *Le même empereur, à Jean, préfet du prétoire.*

Nous desirons; avec l'aide de Dieu, affermir par les lois et perfectionner par nos soins tout ce que nous nous sommes proposé de faire à l'honneur de l'église, et que nous avons cru agréable à Dieu. Déjà nous avons fait avec son secours beaucoup de choses relatives à la doctrine et à l'état ecclésiastique. Nous venons maintenant, animé de la même piété, corriger ce qui jusqu'à présent a été fait contre la crainte de Dieu. Nous savons que si un fiancé ou une fiancée, après avoir donné et reçu les arrhes, eût voulu se consacrer au service divin, et abandonner la société des séculiers, mener une vie religieuse, et demeurer dans la crainte de Dieu, le fiancé était forcé de perdre les arrhes qu'il avait données; et la fiancée de restituer le double de celles qu'elle avait reçues. Cela nous a paru contraire à la religion. C'est pourquoi nous ordonnons, par la présente loi, qui doit être observée à jamais, que si un fiancé ou une fiancée desire abandonner la vie du siècle et embrasser la vie religieuse, que le fiancé reçoive sans diminution tout ce qu'il a donné en forme d'arrhes pour cause de futur mariage; et la fiancée restitue à son fiancé, non le double comme jusqu'à présent, mais seulement les arrhes qu'elle a reçues, et qu'elle ne soit point forcée de donner davantage que ce qu'elle a reçu. Nous avons déjà réglé par une loi antérieure ce qui concerne les femmes qui renoncent à la vie du siècle, de cette manière : soit que le mari ou la femme abandonne son époux pour cause de religion, et embrasse la vie religieuse, chacun d'eux reçoit ce qu'il avait fourni à titre de *pro dote* ou de donation *ante nuptias*. L'époux qui a

sive nolentibus sanctimonialibus virginibus, sive aliis supradictis mulieribus, tale facinus fuerit perpetratum.

Dat. 15 decemb. Constantinop. D. N. Justiniano, A. P. I I. Coss.

42. *Idem, A. Joanni, P. P.*

Deo nobis auxilium præbente, omnia, quæ pro honore sanctæ ecclesiæ catholicæ ad Dei placitum fieri properamus, legibus constituere, et operibus adimplere desideramus. Et jam quidem multa cum ejus auxilio statuimus, quæ ecclesiasticæ doctrinæ atque statui conveniunt. In præsenti verò hoc pia deliberatione duximus corrigendum, quod hactenùs contra Dei timorem fiebat. Cognitum etenim nobis est, quòd si quis sponsus vel sponsa post datas et acceptas arrhas voluisset se divino deputare servitio, et à seculari conversatione recedere, ac sanctimonialem vitam vivere, atque in Dei timore permanere : compellebatur vir quidem ea, quæ arrharum nomine dederat, amittere : sponsa verò in duplum id, quod acceperat, reddere : quod nostræ mansuetudini religioni contrarium esse visum est. Unde per præsentem legem in perpetuum valituram jubemus, ut si quis sponsus vel sponsa desideraverit seculi istius vitam contemnere, et in sanctimonialium conversatione vivere ; sponsus quidem omnia quæ arrharum nomine futuri causa conjugii dedit, sine ulla deminutione recipiat : sponsa autem non duplum (sicuti hactenùs) sec hoc iantummodò sponso restituat, quod arrharum nomine acceperat : et nihil amplius reddere compellatur, nisi quod probata fuerit accepisse. Nam et maritis et uxoribus qui seculo renuntiant, jam anteriore lege à nobis provisum est : ut sive maritus, sive uxor, religionis causa à conjugio recesserit, et solitariam vitam elegerit, unusquisque eorum res suas recipiat, quas pro dote, vel ante nuptias donatione præstiterat, et hoc tantummodò lucri nomine consequatur ab eo, qui solitariam vitam elegerit, quod debuit legitimè vel ex pacto per casum mortis exigere.

§. 1. Hoc etiam cognitum nobis correctione nostra dignum esse judicamus : ut si quis in parentum potestate constitutus, vel constituta, vel forsàn hujusmodi jure absolutus, vel absoluta, elegerit se monasterio, vel clero sociare, et reliquum vitæ suæ tempus sanctimonialiter degere voluerit ; non liceat parentibus eosdem vel easdem quocunque modo abstrahere, vel propter hanc tantummodò causam quasi ingratum, vel ingratam à sua hæreditate vel successione repellere : sed necesse sit eis omnimodo cum ultimam voluntatem suam sive per scripturam, sive alio legitimo modo perficiunt, quartam quidem portionem secundùm leges nostras eis relinquere. Sin autem et ampliùs voluerint eis largiri, hoc eorum voluntati concedimus. Sin verò ultimam voluntatem parentes neque testamento, neque alio ultimo elogio declarasse monstrati fuerint : omnem parentum substantiam hæredes, quibus ab intestato competit, secundùm leges nostras sibi defendant : nullo eis impedimento ex sanctimoniali conversatione generando, sive soli, sive cùm aliis ad successionem vocantur.

§. 2. Hujus autem perpetuæ nostræ legis beneficia eos volumus obtinere, qui in monasterio, vel clericatu perseveraverint; nam si qui eorum, de quibus præsentem legem posuimus, sanctimonialem vitam elegerint, ad secularem autem conversationem postea remeaverint : jubemus omnes eorum res ad jura ejusdem ecclesiæ vel monasterii à quo recesserint, pertinere.

§. 3. Iis ita dispositis, repetita lege jubemus, ut nullus judæus vel paganus, vel hæreticus servos christianos habeat ; quòd si inventi in tali reatu fuerint, sancimus servos omnibus modis liberos esse secundùm anteriorem nostrarum legum teno-

embrassé la vie religieuse perd seulement ce qui aurait été acquis légitimement à son époux, en cas de mort, en vertu des pactes faits entr'eux.

§. 1. Nous avons connu encore ces choses, et nous les avons corrigées ainsi : si quelqu'un, quel que soit son sexe, dépendant de la puissance de ses parens ou étant indépendant, s'est choisi un monastère, ou a voulu être clerc et passer religieusement le reste de sa vie, qu'il soit défendu à ses parens de l'en empêcher ou de l'exclure, à cause de cela, sous prétexte d'ingratitude, de sa succession ; mais qu'ils soient tenus de lui laisser, selon nos lois, par leurs dernières volontés, soit qu'elles soient écrites, soit qu'elles soient constatées de toute autre manière légale, la quarte portion ; nous leur permettons de lui laisser davantage, si c'est leur volonté. S'il est prouvé que ses parens n'aient manifesté leur dernière volonté, ni par testament, ni par tout autre moyen, qu'il réclame tous les biens de ses parens, qui sont dévolus aux héritiers par nos lois. Il ne naît de sa vie religieuse aucun empêchement à ce qu'il soit appelé à succéder, soit seul, soit concuremment avec d'autres.

§. 2. Nous voulons que ceux qui ont persévéré dans l'état monastique ou de clerc, participent à jamais au bienfait de cette loi. Si quelques-uns de ceux dont il s'agit dans cette loi, et qui ont embrassé la vie monastique, l'ont abandonnée ensuite pour retourner à la vie séculière, nous ordonnons que leurs biens soient dévolus à l'église ou au monastère qu'ils ont quitté.

§. 3. Nous réitérons nos défenses aux juifs, payens ou hérétiques d'avoir des esclaves chrétiens ; et nous ordonnons, d'après la teneur d'une de nos lois, que s'il y en a qui en aient, leurs esclaves soient entièrement libres. Nous ordonnons maintenant, de plus, que si quelqu'un des juifs, des payens ou des hérétiques dont nous parlons, ont des esclaves qui ne soient pas encore imbus des saints mystères de la foi catholique, et qui desirent cependant se faire chrétiens, ces esclaves soient entièrement rendus à la liberté dès qu'ils se sont associés à l'église catholique; nous commandons de même que les juges des provinces, les défenseurs des églises, ainsi que les évêques, veillent à ce que leurs maîtres ne reçoivent rien pour leur prix; et que si, par hasard, dans la suite, leurs maîtres se convertissaient à la foi orthodoxe, que ces derniers ne puissent réduire de nouveau à la servitude leurs esclaves qui se sont convertis avant eux; que celui qui s'arrogera de tels droits soit puni par des peines très-sévères; que tous les juges et tous les évêques, tant des diocèses de l'Afrique, où nous savons que tous les vices réprimés par cette loi sont plus fréquens qu'ailleurs, que des autres provinces, fassent observer avec zèle et sagesse toutes les choses que nous avons établies dans la vue de la piété. Ceux qui enfreindront cette loi, seront non-seulement punis par une amende pécuniaire, mais encore par le dernier supplice.

rem. In præsenti autem hoc amplius decernimus, ut si quis ex supradictis judeis, vel paganis, aut hæreticis habuerit servos nondùm catholicæ fidei sanctissimis mysteriis imbutos, et prædicti servi desideraverint ad orthodoxam fidem venire: postquàm catholicæ ecclesiæ sociati fuerint, in libertatem modis omnibus ex præsenti lege eripiantur: et eos tàm judices provinciarum, quàm sacrosanctæ ecclesiæ defensores, necnon beatissimi episcopi defendant, nihil pro eorum pretiis penitùs accipientibus dominis. Quod si forte posthac etiam ipsi domini eorum ad orthodoxam fidem conversi fuerint, non liceat eis ad servitutem reducere illos, qui eos ad fidem orthodoxam præcesserunt. Sed si quis talia usurpaverit, pœnis gravissimis subjacebit. Hæc igitur omnia, quæ pietatis intuitu nostra sanxit æternitas, omnes judices, et religiosissimi antistites, sive Africanæ diœceseos (in qua maximè hujusmodi vitia frequentari cognovimus) sive aliarum provinciarum, graviter et studiosissimè observari procurent. Nam contemptores non solùm pecuniaria multa, sed etiam capitis supplicio ferientur.

TITRE IV.

Du Tribunal épiscopal et de ses attributions.

1. *Les empereurs Valentinien et Valens, à Julien, comte de l'Orient.*

QUE les évêques chrétiens dont le vrai culte est de secourir les pauvres et les indigens, pourvoient à ce que les marchands, quand même ils seraient attachés à notre maison, observent les règlemens de police sur les marchandises.

Fait à Constantinople, le 15 des calendes de mars, sous le consulat des empereurs Valentinien et Valens.

TITULUS IV.

De episcopali audientia, et diversis capitulis quæ ad curam pertinent pontificalem.

1. *Imperatores Valentinianus et Valens, AA. ad Julianum, comitem Orientis.*

NEGOTIATORES si qui ad domum nostram pertinent, ne commodum mercandi videantur excedere; christiani quibus verus cultus est, adjuvare pauperes et positos in necessitate provideant episcopi.

D. 15. cal. mart. Constantinop. Valentiniano et Valente AA. Coss.

2. *Iidem*, AA. *ad Claudium*, P. P.

Si clericus ante definitivam sententiam, frustratoriæ dilationis causa ad appellationis auxilium convolaverit, multam quinquaginta librarum argenti, quam contra hujusmodi appellatores sanctio generalis imponit, cogatur expendere. Hanc autem non fisco nostro volumus accedere, sed pauperibus fideliter erogari.

Dat. 6. id. jul. Valentiniano N. P. et Victore, Coss.

3. *Imperatores Valentinianus, Theodosius et Arcadius*, AAA. *Neotherio*, P. P.

Nemo deinceps tardiores fortassis affatus nostræ perennitatis exspectet, exequantur judices, quod indulgere consuevimus. Ubi primus dies paschalis exstiterit, nullum teneat carcer inclusum, omnium vincula dissolvantur ; sed ab his secernimus eos, à quibus contaminari potiùs gaudia lætitiamque communem, si dimittantur, animadvertimus. Quis enim sacrilego diebus sanctis indulgeat ? Quis adultero, vel stupri incestivè reo tempore castitatis ignoscat ? Quis non raptorem virginis in summa quiete et gaudio communi persequatur instantius ? Nullam accipiat vinculorum requiem, qui quiescere sepultos quadam sceleris immanitate non finit. Patiatur tormenta veneficus, maleficus, adulter, violatorque monetæ : homicida parricidaque quod fecit, semper exspectet, reus etiam majestatis, de domino adversùs quem talia molitus est, veniam sperare non debet. His ergò tali sub astrictione damnatis, indultum nostræ serenitatis eo præcepti fine concludimus, ut remissionem veniæ crimina nisi semel commissa non habeant : nec in eos liberalitatis augustæ referatur humanitas, qui impunitatem veteris admissi, non emendatione potiùs quàm consuetudini deputaverint.

2. *Les mêmes empereurs, à Claude, préfet du prétoire.*

Que le clerc qui aura appelé avant la sentence, et par conséquent en tems indu, soit condamné à l'amende de cinquante livres d'argent, que la loi porte contre tous les appelans. Nous ne voulons point que cette amende soit adjugée à notre fisc, mais qu'elle soit employée fidèlement à secourir les pauvres.

Fait le 6 des ides de juillet, sous le consulat de Valentinien et de Victor.

3. *Les empereurs Valentinien, Théodose et Arcade, à Néothérius, préfet du prétoire.*

Que personne désormais n'attende des ordres nouveaux de notre majesté ; que les juges observent ceux qui se rapportent aux faveurs que nous sommes dans l'habitude d'accorder. C'est pourquoi, dès que le premier jour de Pâques est arrivé, que la prison ne renferme personne, que tous les liens soient brisés ; mais nous attachant à ce que les réjouissances communes ne soient pas altérées, nous en exceptons ceux par qui elles pourraient être troublées ; car qui oserait, pendant les jours saints, pardonner un sacrilège ? Qui oserait, pendant le tems de la chasteté, fermer les yeux sur le coupable d'adultère, de fornication ou d'inceste ? Qui ne poursuivrait pas ardemment, pendant le repos général et la joie commune, le ravisseur des vierges ? Que les liens de celui-là ne soient pas brisés, qui, dans un certain délire du crime, a violé le repos des morts ; que l'empoisonneur, l'adultère et le faux monnoyeur soient soumis aux tourmens ; que l'homicide et le parricide attendent la mort qu'ils ont donnée. Le criminel de lèze-majesté ne doit espérer aucun pardon. Nous bornons encore le nombre de ceux qui peuvent profiter de notre indulgence, en ce que nous ne l'accordons qu'à ceux d'entr'eux qui

ne sont point coupables de récidive; qne ceux
que la rémission d'un ancien crime a plutôt
enhardis que corrigés, soient de même exceptés de la faveur de cette auguste générosité.

Fait pendant les calendes de mai, *sous
le consulat de l'empereur Arcade et de
Bauton.*

4. *L'empereur ***.*

Nous ordonnons que trois préteurs seulement soient choisis et élus chaque année
par le sénat, lesquels doivent prendre connaissance et décider avec intégrité les causes
dont la connaissance est attribuée à leur tribunal.

5. *Les empereurs Théodose, Arcade et Ho-norius, à Ruffin, préfet du prétoire.*

Que les comédiennes et les femmes de
mauvaise vie ne revêtent les habits des
vierges consacrées à Dieu.

6. *Les empereurs Arcade et Honorius, à Gennade, préfet augustal.*

Que les seuls chrétiens puissent être nommés archigérontes ou diacètes des ergasio-
tanes. Nous recommandons à votre autorité
et à vos soins l'observation de cette loi.

Fait à Constantinople, *pendant les nones
de février, sous le consulat des empereurs
Arcade et Honorius, le premier pour la
quatrième fois consul, et le second pour la
troisième fois.*

7. *Les mêmes empereurs, à Eutychianus.*

Qu'il soit défendu aux clercs, moines et
tous ceux compris dans le nom de *synodites*,
de revendiquer et de retenir par la violence et l'usurpation, ceux qui ont été condamnés à la mort à cause de l'énormité de
leurs crimes; que personne n'enlève ou ne
défende les coupables qui sont conduits, en
vertu d'un jugement, au supplice; que les
juges, ainsi que les primats d'un office supérieur, sachent qu'ils seront punis s'ils ne
vengent point cet attentat; mais si l'audace
de ces clercs ou moines est si grande, qu'il

D. cal. maii, Arcadio A. et Bautone v.
c. Coss.

4. *Imperator ***.*

Tres tantummodò prætores electæ opinionis in hac urbe per singulos annos judicio
senatus præcipimus ordinari; qui competentes causas et debitos actus integrè disceptare atque retractare debeant.

5. *Imperatores Theodosius, Arcadius et Honorius, AAA. Rufino, P. P.*

Mimæ, et quæ ludibrio corporis sui quæs-
tum faciunt, publicè habitu earum virginum quæ Deo dicatæ sunt, non utantur.

6. *Imperatores Arcadius et Honorius, AA. Gennadio, P. P. augustali.*

Archigerontes diœcetæque ergasioctono-
rum, non nisi christiani dirigatur, quod
officium tuum sollicitis observet excubiis.

Dat. non. feb. Constantinop. Arcad. IV.
et Honorio III. AA. Coss.

7. *Iidem, AA. Eutychiano.*

Addictos supplicio et pro criminum immanitate damnatos, nulli clericorum vel
monachorum, eorum etiam, quos synoditas
vocant, per vim atque usurpationem vindicare liceat, ac tenere. Sed et reos ad locum
pœnæ sub persecutione pergentes nullus
teneat aut defendat: sed sciat se cognitor,
trigenta librarum auri multa, et primates
officii capitali esse sententia feriendos, nisi
usurpatio ista vindicetur: at si tanta clericorum aut monachorum audacia est, ut bellum
potiùs quàm judicium futurum esse exis-

timetur, ad clementiam nostram commissa referentur, ut arbitrio nostro mox severior ultio procedat. Ad episcoporum sanè culpam (ut cætera) redundabit, si quid fortè in ea parte regionis, in qua ipsi populos christianæ religionis doctrinæ insinuatione moderantur, ex iis quæ fieri hac lege prohibuimus, à monachis perpetratum esse cognoverint, nec vindicaverint : quibus in causa criminali, humanitatis consideratione, si tempora suffragantur, interponendæ provocationis copiam non negamus.

Dat. 6. cal. aug. Honorio A. IV. et Eutychiano, Coss.

8. *Iidem*, AA. *Eutychiano*, P. P.

Si qui ex consensu apud sacræ legis antistitem litigare voluerint, non vetabuntur, sed experientur illius in civili duntaxat negotio more arbitri spontè residentis judicium, quod his obesse non poterit, nec debebit, quos ad prædicti cognitoris examen conventos potiùs adfuisse quàm spontè venisse constiterit.

Dat. 6. cal. aug. Mediolani. Honorio A. IV. et Eutychiano, Coss.

9. *Imperatores Arcadius, Honorius et Theodosius*, AAA. *Theodoro*, P. P.

Episcopale judicium ratum sit omnibus, qui se audiri à sacerdotibus elegerint : eamque illorum judicationi adhibendam esse reverentiam jubemus, quam vestris deferri necesse est potestatibus, à quibus non licet provocare. Per judicum quoque officia, ne sit cassa episcopalis cognitio, definitioni executio tribuatur.

Dat. idib. decemb. Basso et Philippo, Coss.

Authent. ex novell. 123, *cap.* 21.

Si quis litigantium intra decem dies con-

soit plutôt nécessaire de faire une guerre que de rendre un jugement, que les coupables soient envoyés à notre examen, afin que nous en tirions, à notre volonté et sans retard, la vengeance la plus sévère. Nous rendons les *évêques* comptables de ces crimes comme des autres qui seront prouvés avoir été commis par des moines dans le ressort de leurs *évêchés*, lorsqu'ils les auront laissés impunis. En faveur de l'humanité, nous ne refusons point aux prévenus de tels crimes d'appeler, si les tems le permettent, d'appeler du jugement qui sera rendu contr'eux.

Fait le 6 des calendes d'août, sous le consulat de l'empereur Honorius, pour la quatrième fois consul et d'Eutychianus.

8. *Les mêmes empereurs, à Eutychianus, préfet du prétoire.*

Il n'est pas défendu de plaider devant l'évêque, lorsque toutes les parties y consentent ; mais cela n'est permis cependant que lorsqu'il s'agit d'une affaire civile, à l'exemple des arbitres; mais le jugement de l'évêque ne peut ni ne doit nuire à ceux qui n'ont pas comparu volontairement à son tribunal.

Fait à Milan, le 6 des calendes d'août, sous le consulat de l'empereur Honorius, pour la quatrième fois consul, et d'Eutychianus.

9. *Les empereurs Arcade, Honorius et Théodose, à Théodore, préfet du prétoire.*

Nous ordonnons que le jugement rendu par l'évêque entre ceux qui l'ont choisi pour juge, soit valable, et que son autorité soit aussi grande que celle de ceux de votre tribunal dont on ne peut appeler ; et afin qu'ils ne demeurent inutiles, que les juges veillent à ce qu'ils soient exécutés.

Fait pendant les ides de décembre, sous le consulat de Bassus et de Philippe.

Authentique extraite de la novelle 123, c. 21.

Si quelqu'une des parties s'oppose dans

les dix jours à ce qui a été jugé, que, dans ce cas, le juge du lieu examine la cause; mais s'il trouve qu'elle a été bien jugée, qu'il confirme par un nouveau jugement le premier qui en a été rendu et le fasse exécuter; et alors il n'est plus permis au condamné d'interjeter appel; mais si le premier jugement a été cassé par la sentence du juge, qu'il soit permis d'appeler de cette dernière. Si un évêque a connu d'une affaire par ordre de l'empereur ou d'après un renvoi du juge, qu'il soit permis d'appeler de son jugement ou au prince ou au juge qui a renvoyé l'affaire à l'évêque.

10. *Les empereurs Honorius et Théodose, à Cécilien, préfet du prétoire.*

Que les juges fassent amener devant eux, pendant les jours de dimanches, les prisonniers, et qu'ils les interrogent sur la manière dont ils sont traités dans les prisons, de peur que des geoliers méchans les traitent avec inhumanité; qu'il fassent fournir à ceux qui n'auront pas de vivres deux ou trois livres de pain par jour, ou autant que les geoliers jugeront nécessaire; ce qui doit être pris sur les biens destinés à l'usage des pauvres. On doit les conduire aux bains, mais sous bonne garde. Que les juges et leurs officiers soient condamnés à l'amende de vingt livres d'or, et les ordres de la ville à trois livres, s'ils négligent l'exécution de cette loi salutaire; que les évêques de la religion chrétienne veillent à ce que les juges ne s'écartent point des dispositions de cette loi.

Fait à Ravennes, le 7 des ides de février, sous le consulat des empereurs Honorius et Théodose, le premier pour la huitième fois consul, et le second pour la troisième.

11. *Les mêmes empereurs à Cécilien, préfet du prétoire.*

Nous ordonnons que les astrologues soient non-seulement chassés de Rome, mais encore de toutes les autres villes, à moins qu'ils ne soient décidés à jeter au feu, en pré-

Tome I.

tradicat his, quæ judicata sunt : tunc locorum judex examinet causam. Et si invenerit judicium recté factum, etiam per sententiam suam propriam hoc confirmet, et executioni propriæ tradat, quæ judicata sunt, et non liceat victo iterùm in tali causa appellare. Si verò sententia judicis contraria fuerit, tunc licet à sententia judicis appellare. Si tamen ex imperiali jussione, aut judiciali præcepto, episcopus judicat inter quascunque personas, appellatio, aut ad principem, aut cum qui transmittit negotium, transferatur.

10. *Imperatores Honorius et Theodosius, A A. Cœciliano, P. P.*

Judices dominicis diebus productos reos de custodia carcerali, videant, et interrogent, ne his humanitas clausis per corruptos carcerum custodes negetur. Victualem substantiam non habentibus faciant ministrari, libellis duobus aut tribus diurnis, vel quot existimaverint commentarienses, decretis : quorum sumptibus proficiant alimoniæ pauperum, quos ad lavacrum sub fida custodia duci oportet : multa judicibus vigenti librarum auri, et officiis eorum ejusdem ponderis constituta : ordinibus quoque trium librarum auri multa proposita, si saluberrima statuta contempserint : nec deerit antistitum christianæ religionis cura laudabilis, quæ ad observationem constituti judicis hanc ingerat monitionem.

Dat. 8. cal. feb. Ravenæ, Honorio VIII. et Theodosio VI. A A. Coss.

11. *Iidem, A A. Cœciliano, P. P.*

Mathematicos, nisi parati sint, codicibus erroris proprii sub oculis episcoporum incendio concrematis, catholicæ religionis cultui fidem tradere, nunquàm ad errorem

primùm redituri : non solùm urbe Roma ,
sed etiam omnibus civitatibus depelli decernimus. Quod si hoc non fecerint , et contrà
clementiæ nostræ salubre constitutum in
civitatibus fuerint compræhensi , vel secreta
erroris sui et professionis insinuaverint ,
deportationis pœnam excipiant.

Dat. cal. febr. Ravenæ. Honorio VIII. et
Theodosio III. AA. Coss.

12. Iidem , AA. Theodoro , P. P.

Christianos proximorum locorum volumus
sollicitudinem gerere , ut Romanos captivos,
qui reversi fuerint , nemo teneat , nemo injuriis aut damnis adficiat.

Dat. 3. id. decemb. Honorio VIII. et
Theodosio III. AA. Coss.

13. Imperatores Theodosius et Valentinianus, AA. Florentio , P. P.

Si lenones patres et domini suis filiabus
vel ancillis peccandi necessitatem imposue-
rint , liceat filiabus et ancillis, episcoporum implorato suffragio , omni miseriarum
necessitate absolvi.

Dat. calend. maii , Felice et Tauro, Coss.

14. Imperator Martianus , A. Constantino, P. P.

Decernimus ut quicunque catholicarum
ecclesiarum , quæ sub viro religioso archiepiscopo hujus almæ urbis sunt , reverendissimum œconomum (sive de ecclesiasticis,
sive de propriis, et ad ipsum solum pertinentibus causis) vel quemcunque alterum
earundem ecclesiarum clericum aliqua voluerit lite pulsare ; apud memoratum bea-
tissimum archiepiscopum causam dicat , in

sence des évêques, les livres qui renferment
leurs erreurs ; d'embrasser la religion catholique, et de ne jamais retomber dans
leurs premières erreurs ; que ceux qui s'obs-
tineront, et qui seront surpris dans les villes,
en contravention de nos réglemens , à enseigner leurs erreurs, soient condamnés à
la déportation.

Fait à Ravennes , pendant les calendes de
février , sous le consulat des empereurs Honorius et Théodose , le premier pour la
huitième fois consul , et l'autre pour la
troisième fois.

12. Les mêmes empereurs, à Théodore, préfet du prétoire.

Nous voulons que les évêques des lieux
voisins veillent à ce que personne ne retienne , n'outrage ou ne nuise aux Romains
qui retournent de leur captivité.

Fait le 3 des ides de décembre , sous le
consulat des empereurs Honorius, pour la
huitième fois consul, et de Théodose , consul
pour la troisième fois.

13. Les empereurs Théodose et Valentinien , à Florentius , préfet du prétoire.

Si des pères ou des maîtres infâmes ont
forcé leurs filles ou leurs esclaves à commettre des actions contre la pudeur, qu'il soit
permis à ces dernières d'implorer l'autorité
des évêques pour qu'elles soient préservées
désormais de pareils malheurs.

Fait pendant les calendes de mai, sous le
consulat de Félix et de Taurus.

14. L'empereur Martien , à Constantin, préfet du prétoire.

Nous ordonnons que celui qui voudra intenter quelque procès , soit au sujet d'affaires
ecclésiastiques , soit qu'elles lui soient propres, contre l'économe ou tout autre clerc attaché aux églises dépendantes de l'archevêque
de cette ville, qu'il le fasse , s'il veut , auprès
dudit archevêque , qui doit apporter dans
l'examen des affaires une bonne-foi et une
double sincérité, parce qu'il agit et comme

prêtre et comme juge; mais que personne ne puisse être contraint d'attaquer les églises ou les clercs au tribunal de l'évêque.

Fait le 8 d'avril, sous le consulat de Varare et de Jean.

15. *Les empereurs Léon et Anthémius, à Nicostrate, préfet du prétoire.*

Que personne ne soit reçu parmi les avocats attachés à votre tribunal, à un tribunal de province ou à tout autre, si ce n'est ceux qui sont pénétrés des mystères de la religion chrétienne; et s'il a été fait ou tenté quelque chose de contraire à cette loi, soit par machination ou toute autre manière, que le préfet du prétoire soit condamné à l'amende de cent livres d'or; de même que celui qui osera par subreption usurper les fonctions d'avocat, et exercer cet état qui lui est interdit, après avoir été retranché du nombre des avocats, il sera condamné à la perte de ses biens et à un exil perpétuel; que les présidens des provinces sachent que celui d'entr'eux qui souffrira qu'il soit fait pareille chose dans son gouvernement, sera condamné à la perte de la moitié de ses biens et à un exil de cinq ans.

Fait à Constantinople, la veille des calendes d'août, sous le consulat de l'empereur Anthémius, consul pour la deuxième fois.

16. *Les mêmes empereurs, à Erythrius, préfet du prétoire.*

Si le mariage proposé étant défendu par les lois, la fiancée qui a reçu les arrhes nuptiales, refuse de se marier avec son fiancé à cause de la différence de leur religion, et s'il est prouvé qu'elle ou ses parens, sous la dépendance desquels elle est, aient connu, avant de recevoir les arrhes, la religion de son fiancé, ils doivent s'imputer à eux-mêmes l'obligation où ils sont d'en restituer le double; mais s'ils ignoraient, avant

negotiis audiendis fidem ac sinceritatem geminam præbiturum, et sacerdotis, et judicis : volentibus tamen actoribus, pateat episcopale judicium : ac nullus, qui hujusmodi intendit in sacrosanctas ecclesias, vel in prædictos clericos actionem, ad religiosissimum antistitem ducatur invitus.

Dat. 8. april. Varari et Joanne, Coss.

15. *Imperatores Leo et Anthemius, AA. Nicostrato, P. P.*

Nemo vel in foro magnitudinis tuæ, vel in provinciali judicio, vel apud quenquam judicem accedat ad togatorum consortium, nisi sacrosanctis catholicæ religionis fuerit imbutus mysteriis. Sin autem aliquid quoquo modo vel quadam etiam machinatione factum vel attentatum fuerit, officium quidem sublimitatis tuæ centum librarum auri jacturam pro condemnatione sustineat : idem verò quicunque ausus fuerit contra providum nostræ serenitatis decretum officium advocationis per surreptionem arripere, et prohibitum patrocinium præstiterit : ab advocationis officio remotus, stylum proscriptionis ac perpetui exilii specialiter sustinebit : scituris etiam provinciarum rectoribus, quod is sub cujus administratione aliquid hujusmodi fuerit attentatum, partis bonorum dimidiæ proscriptionem, et pœnam exilii per quinquennium sustinebit.

Dat. prid. cal. aug. Constantinopol. Anthemio A. 11. Couss.

16. *Iidem, AA. Erythrio, P. P.*

Si legibus prohibitæ non sint separatæ nuptiæ, et post arrhas sponsalitias sponsa conjugium sponsi propter religionis diversitatem recusaverit; siquidem probatum fuerit ante datas easdem sponsalitias arrhas hoc idem mulierem vel parentes ejus cognovisse, sibi debeant imputare. Si verò horum ignari sponsalitias arrhas susceperint, vel post datas arrhas talis causa pœnitentiæ intercesserit, iisdem tantummodò redditis, super alterius simpli pœna liberi custodiantur; quod simili modo etiam de sponsis super recipiendis, necnon arrhis præstitis, custodiri censemus.

D. cal. jul. Martiano et Zenone, Coss.

d'avoir reçu les arrhes, la religion du fiancé, ou s'ils se repentaient de les avoir reçues, l'ayant comme après, ils seront tenus de rendre seulement les arrhes qu'ils ont reçues, et non de toute autre peine. Nous ordonnons que ceci soit observé de la même manière à l'égard des fiancées.

Fait pendant les calendes de juillet, sous le consulat de Martien et de Zénon.

17. *Imperator Anastasius*, A. *Eustachio*, P. P.

Jubemus, eos tantummodò ad defensorum curam peragendam ordinari, qui sacrosanctis orthodoxæ religionis imbuti mysteriis, hæc in primis sub gestorum testificatione, præsente quoque religiosissimo fidei orthodoxæ antistite, per depositiones cum sacramenti religione celebrandas patefecerint. Ita enim eos præcipimus ordinari, ut reverendissimorum episcoporum, necnon clericorum, et honoratorum, ac possessorum, et curialium decreto constituantur.

Dat. 13. cal. maii. Sabiniano et Theodoro, Coss.

17. *L'empereur Anastase, à Eustache, préfet du prétoire.*

Nous ordonnons qu'on ne choisisse les défenseurs que parmi ceux qui sont pénétrés des mystères de la religion chrétienne, qui l'ont prouvé par le témoignage de leur conduite, et démontré par une profession de foi authentique, accompagnée du serment prêté en présence de l'évêque. Nous ordonnons qu'ils soient ainsi élus, et qu'ils soient confirmés par un décret des évêques, des clercs, des nobles, des propriétaires et des curiaux.

Fait le 13 des calendes de mai, sous le consulat de Sabinianus et de Théodore.

18. *Imperator Justinianus*, A. *Mennæ*, P. P.

Si præsens quidem sit qui pecuniam numerasse, vel alias res dedisse scriptus est, aliquam verò administrationem in provinciis gerat, ut difficile esse videatur denuntiationem eidem non numeratæ pecuniæ mittere: licentiam damus ei qui memorata exceptione uti velit, alios judices adire, et per eos ei manifestare, quia exceptionem hujusmodi objicit, factam à se super non numerata pecunia querelam esse; quod si non sit alius administrator civilis, vel militaris: vel per aliquam causam ei sit difficile, qui memoratam querelam opponit, eum adire, et ea quæ dicta sunt, facere: licentiam damus etiam per virum reverendissimum episcopum eandem suam exceptionem creditori manifestare, et ita tempus statutum interrumpere.

18. *L'empereur Justinien, à Menna, préfet du prétoire.*

Si celui qu'un acte atteste avoir compté une somme d'argent ou livré quelque autre chose, est présent, et exerce quelque magistrature dans les provinces, comme il parait difficile de lui opposer l'exception de la *somme non comptée*, nous donnons à celui qui voudrait user de cette exception, la permission de citer devant d'autres juges, et de lui manifester par leur moyen l'exception qu'il desire lui opposer; mais s'il n'existe dans la province aucun autre magistrat civil ou militaire, ou s'il lui est difficile, par toute autre cause, d'user de ladite exception, et de faire les choses dont nous venons de parler, nous lui permettons d'opposer cette exception à son créancier par-devant l'évêque, et d'interrompre de cette manière la prescription.

§. 1. Il a été aussi reçu que ces dispositions auraient lieu à l'égard de l'exception de la dot non payée.

Fait à Constantinople, pendant les calendes de juillet, sous le consulat de l'empereur Justinien, pour la deuxième fois consul. 528.

19. *Le même empereur, à Démosthène, préfet du prétoire.*

Nous voulons qu'il ne soit permis à personne de revendiquer comme esclave, *ascript* ou colon, un enfant qui a été exposé, soit qu'il soit né de parens ingénus, soit affranchis, soit enfin de condition servile ; et nous défendons, à ceux qui les ont élevés de se les approprier sous aucun prétexte ; mais que, sans aucune distinction, ceux qui ont été élevés ou nourris par de telles personnes soient considérés comme libres et ingénus, et acquièrent à eux-mêmes, et qu'ils transmettent à leur gré leurs biens à leur postérité, ou à des héritiers étrangers. L'observation de cette loi est recommandée non-seulement aux présidens des provinces, mais encore aux évêques.

Fait à Chalcédoine, le 8 des calendes de juillet, sous le consulat de Lampadius et d'Oreste. 530.

20. *Le même empereur, à Julien, préfet du prétoire.*

Il nous a paru nécessaire de régler les formalités qui doivent être observées dans la nomination des curateurs des furieux des deux sexes. Si un père a nommé par son testament un curateur à son fils furieux, ou à sa fille furieuse, qu'il a institués héritiers ou exhérédés, il n'est pas nécessaire, dans ce cas, que le curateur fournisse caution ; car le témoignage du père en est une suffisante. Que celui qui a été nommé de cette manière soit confirmé, sous la condition cependant qu'il jure dans les provinces, auprès du président, en présence de l'évêque

§. 1. Quod etiam in exceptione non numeratæ dotis locum habere receptum est.

Dat. cal. jul. Constantinop. D. N. Justiniano A. II. Coss. 528.

19. *Idem*, A. *Demostheni*, P. P.

Nemini licere volumus, sive ab ingenuis genitoribus puer parvulus procreatus, sive à libertina progenie, sive servili conditione maculatus, expositus sit : eum puerum in suum dominium vindicare, sive nomine dominii, sive adscriptitiæ, sive colonariæ conditionis. Sed neque iis qui eos nutriendos sustulerint, licentiam concedimus, penitùs cum quadam distinctione, eos tollere. Sed nullo discrimine habito, ii qui ab hujusmodi hominibus educati, vel nutriti, vel aucti sunt, liberi et ingenui appareant, et sibi adquirant, et in posteritatem suam vel extraneos hæredes omnia quæ habuerint, quo modo voluerint, transmittant. Hæc observantibus non solùm præsidibus provinciarum, sed etiam viris religiosissimis episcopis.

Dat. Chalcedone, 8 calend. jul. Lampadio et Oreste VV. CC. Coss. 530.

20. *Idem*, A. *Juliano*, P. P.

De creationibus curatorum, qui furiosis utriusque sexus dantur, necessarium nobis visum est constituere quemadmodùm eas celebrari oporteat. Et si quidem pater curatorem furioso vel furiosæ in ultimo elogio hæredibus institutis vel exhæreditatis dederit, ubi et fidejussionem cessare necesse est, paterno testimonio pro ejus satisdatione sufficiente ; ipse qui datus est ad curationem perveniat : ita tamen, ut in provinciis apud præsides earum, præsente eis tàm viro religiosissimo locorum antistite, quàm tribus primatibus, actis intervenientibus,

tactis sacrosanctis scripturis, depromat,
omnia se rectè et cum utilitate furiosi gerere, neque prætermittere quæ utilia esse
furioso putaverit, neque admittere ea quæ
non utilia furioso esse existimaverit. Et
inventario cum omni subtilitate publicè
conscripto, res suscipiat, et secundùm sui
opinionem disponat sub hypotheca rerum
ad eum pertinentium, ad similitudinem tutorum et curatorum adulti. Sin autem testamentum quidem parens non confecerit, lex
autem curatorem ut potè adgnatum vocaverit ; vel eo cessante, aut non idoneo forsitàn existente, ex judiciali electione curatorem
ei dare necesse fuerit : tunc scilicet et in
provinciis apud præsides cujuscunque provinciæ, et virum réligiosissimum episcopum civitatis, necnon tres primates creatio
procedat : ita, ut si quidem curator substantiam idoneam possidet, et sufficientem
ad fidem gubernationis, sine aliqua satisdatione creatio procedat. Sin autem non
talis census ejus inveniatur : tunc et fidejussio, in quantùm possibile est, ab eo ex-
ploretur, creatione omninò sacrosancti
scripturis propositis in omni causa celebranda : ipso autem curatore, cujuscunque
substantiæ vel dignitatis sit, præfatum sacramentum pro utiliter rebus gerendis præstante, et inventarium publicè conscribente,
et hypotheca rerum curatoris modis omnibus adhibenda, quatenùs res possunt furiosi undiquè utiliter gubernari.

Dat. calend. sept. Constantinop. Lampadio et Oreste vv. cc. Coss. 530.

du lieu et des trois primats et la main sur
les saintes écritures, d'administrer les affaires du furieux avec probité, et d'une manière qui lui soit avantageuse; de ne rien
oublier de ce qu'il pensera être utile au
furieux, et de ne rien faire de ce qu'il
croira lui être inutile. Ce serment doit
être constaté pas des actes intervenus à
cet effet ; et après qu'il a été fait publiquement un inventaire détaillé des biens
du furieux, qu'il en reçoive l'administration, dans laquelle il doit se conduire
comme s'il s'agissait de ses propres intérêts,
et dont ses propres biens répondent, à l'exemple de ce qui est en usage à l'égard du tuteur
ou des curateurs des adolescens ; mais si le
père n'ayant point fait de testament, la loi
appelle un agnat pour curateur ; ou si,
n'existant aucun agnat ou du moins aucuns
qui puissent être curateurs, on est obligé d'en
nommer un par élection judiciaire ; dans ce
cas, qu'il soit, dans les provinces, nommé
par-devant le président de la province quelle
qu'elle soit, l'évêque de la ville et les trois
primats. Si le curateur élu possède une
quantité suffisante de biens pour répondre
de son administration, qu'il ne soit point
tenu de donner d'autre caution. Si, au contraire, ses biens ne sont pas assez consé-
quens pour garantir son administration,
qu'il fournisse la caution la plus convenable
qu'il lui sera possible ; mais, dans tous les
cas, que le curateur élu, quelles que soient
ses richesses ou sa dignité, jure sur les saintes
écritures, d'administrer les affaires du furieux d'une manière qui lui soit avantageuse; de faire publiquement un inventaire
des biens dont l'administration lui est confiée,
et de garantir son administration par ses
propres biens; de sorte que, de toute manière,
les biens du furieux soient administrés le
plus avantageusement possible.

Fait à Constantinople, pendant les calendes
de septembre, sous le consulat de Lampadius et d'Oreste. 530.

21. *Le même empereur, à Julien, préfet du prétoire.*

Les enfans de l'insensé, ainsi que ceux du furieux, quel que soit leur sexe, peuvent contracter un mariage légitime; leur dot ou donation, à cause de noces, doivent être fournies par le curateur de leur père, selon cependant, si c'est dans cette ville, l'estimation qui en aura été faite par le préfet de la ville; et si c'est dans les provinces, par le président ou l'évêque du lieu, laquelle doit être proportionnée aux facultés des personnes. Cette estimation doit être faite en présence du président de la province du curateur de l'insensé ou du furieux et des plus proches parens des enfans de ce dernier. Cela doit être fait de manière qu'il n'en naisse aucun préjudice pour les biens du furieux ou de l'insensé, et gratuitement, afin que leur infortune ne soit pas encore augmentée par des dépenses.

Authentique extraite de la novelle 115, ch. 3.

Les enfans qui négligent de soigner leur père furieux, sont dignes non-seulement d'être exhérédés, mais encore d'être soumis aux autres peines que les lois prononcent; et si un étranger, après les avoir sommés vainement de soigner leur père, a reçu le dernier dans sa maison, et lui a donné les soins que son état exige, il sera son héritier légitime, quand même le furieux aurait testé en faveur de ses enfans. Les autres dispositions du testament, autres que celles-là, sont cependant valables.

§. 1. Ces mêmes dispositions s'appliquent aux pères qui négligent de soigner leurs enfans furieux.

22. *Le même empereur, à Jean, préfet du prétoire.*

Nous ordonnons que quand celui qui possède la chose d'autrui, ou un gage, est absent, si le maître de la chose ou du gage desire lui faire connaître ses intentions, ne pou-

21. *Idem*, A. *Juliano*, P. P.

Tàm dementis quàm furiosi liberi, cujuscunque sexus, possunt legitimas contrahere nuptias : tàm dote, quàm ante nuptias donatione à curatore eorum præstanda: æstimatione tamen in hac quidem regia urbe excellentissimi præfecti urbis, in provinciis autem virorum clarissimorum earum præsidum, vel locorum antistitum, tàm opinione personæ, quàm dotis moderatione et ante nuptias donationis statuenda : præsentibus tàm curatoribus dementis, quàm furiosi, necnon iis, qui ex genere eorum nobiliores sunt; ita tamen, ut nulla ex hac causa oriatur vel in hac regia urbe, vel in provinciis, jactura substantiæ furiosi, vel dementis, vel mente capi : sed gratis omnia procedant, ne tale hominum infortunium etiam expensarum detrimento prægravetur.

Authent. ex novell. 115, cap. 3.

Liberi furiosi, qui curam ei negligunt præbere, tàm exhæredatione digni sunt, quàm aliis pœnis legitimis. Nam si quis alius attestatione ad eos missa, cùm adhuc negligant, in domum suam eum susceperit, et procuraverit : ex hoc erit ejus successor legitimus, licet testatus esset etiam in liberos fortè, manentibus aliis testamenti capitulis.

§. 1. Eadem pœna parentibus imponenda, si quidem de liberis in furore constitutis curare neglexerint.

22. *Idem*, A. *Joanni*, P. P.

Sancimus, ut si quandò abfuerit is, qui res alienas vel creditori obnoxias detinet, et desideret dominus rei vel creditor suam intentionem proponere, et non ei licentia sit absente adversario suo, qui rem detinet, vel infantia, vel furore laborante, et neminem tutorem vel curatorem habente, vel in summa potestate constituto, eandem rem auctoritate suâ usurpare : licentia ei detur adire præsidem provinciæ, libellumque ei porrigere, et hæc in queremoniam deducere, et intra constituta tempora interruptionem facere. Sin autem nullo poterit modo præsidem adire, saltem ad episcopum locorum eat, et suam manifestare voluntatem in scriptis deproperet.

Dat. Constantinopoli, calend. octob. post consulatum Lampadii et Orestis vv. cc. Coss. 531.

vant pas s'en emparer de sa propre autorité, son adversaire étant absent, ou enfans, ou furieux, et dépourvu de tuteur ou de curateur, ou enfin exerçant une haute magistrature, qu'il lui soit permis d'aller auprès du président de la province, de lui présenter sa requête et sa plainte en tems utile, pour interrompre la prescription ; mais s'il ne peut en aucune manière approcher du président de la province, qu'il se rende auprès de l'évêque du lieu, et lui fasse connaître par écrit sa volonté.

Fait à Constantinople, pendant les calendes d'octobre, après le consulat de Lampadius et d'Oreste. 531.

TITULUS V.

De Hæreticis, et Manichæis, et Samaritis.

1. Imperatores Constantinus, Constantius, et Constans, ad Gracilianum, p. v.

PRIVILEGIA, quæ contemplatione religionis indulta sunt, catholicæ tantùm legis observatoribus prodesse oportet. Hæreticos non solùm ab his privilegiis alienos esse volumus, sed etiam adversis muneribus constringi et subjici.

Authent. ex novell. 119, *cap.* 1.

Item, privilegium dotis, quo mulier creditoribus tempore prioribus anteponitur, necnon de tacitis hypothecis, et alia omnia mulieribus à lege data clauduntur his, quæ catholicam non participant communionem.

2. Imperatores Grat. Valent. et Theod. AAA. ad Hesperidum, p. p.

Omnes vetitæ legibus divinis et imperialibus constitutionibus hæreses, perpetuò quiescant. Nemo ulterius conetur, quæ repererit profana præcepta vel docere, vel

TITRE V.

Des hérétiques, des Manichéens et des Samarites.

1. Les empereurs Constantin, Constance et Constant, à Gracilien, préfet de la ville.

LES privilèges accordés en considération de la religion, n'appartiennent qu'aux observateurs de la religion catholique. Nous voulons qu'ils soient non-seulement refusés aux hérétiques, mais encore qu'on les soumette et qu'on les contraigne de supporter les charges contraires.

Authentique extraite de la novelle 119, *ch.* 1.

De même, le privilège de la dot par lequel la femme est préférée aux premiers créanciers et aux hypothèques tacites, et tous les autres privilèges accordés aux femmes par les lois, sont refusés à celles qui ne sont point de la communion catholique.

2. Les empereurs Gratien, Valentinien et Théodose, à Hespérius, préfet du prétoire.

Que toutes les hérésies défendues par les lois divines et par les constitutions impériales, soient éteintes à jamais ; que personne désormais ne s'instruise des préceptes profanes des hérétiques ou ne les enseigne aux autres; que leurs évêques n'aient la témérité d'enseigner la foi qu'ils n'ont pas, ni de créer des ministres, eux qui ne le sont pas. Qu'une témérité de cette sorte ne reste pas impunie, et ne soit pas par conséquent enhardie par la connivence des juges et de tous ceux qui sont chargés de faire exécuter les constitutions qui ont cette matière pour objet.

§. 1. On comprend sous le nom d'*hérétiques* ceux qui ont été convaincus de s'écarter en quelque chose du jugement et de l'esprit de la religion catholique. On doit observer à leur égard les constitutions qui ont été portées contr'eux.

Fait à Milan, le 3 des nones d'août, sous le consulat d'Ausone et d'Olybrius. 379.

3. *Les empereurs Arcade et Honorius, à Cléarque, préfet de la ville.*

Que les hérétiques sachent, à n'en plus douter, qu'il ne doit leur être laissé aucun lieu où ils puissent tenir leurs assemblées. Soit qu'ils désignent ces lieux par le nom d'église, soit qu'ils les appellent des *diaconiques* ou des *décaniques*, soit que les lieux où ils tiennent leurs assemblées, soient des maisons privées, ils doivent être revendiqués par l'église catholique.

§. 1. Qu'il leur soit défendu à tous de tenir des assemblées profanes, à l'effet de faire les *litanies*, soit pendant la nuit ou pendant le jour. Celui qui aura permis qu'on fît quelque chose de cette nature, sera condamné, s'il est préfet de la ville, à l'amende de cent livres d'or; et s'il est président, à celle de cinquante livres aussi d'or.

Fait le 5 des nones de mars, sous le consulat des empereurs Arcade, pour la quatrième fois consul, et Honorius pour la troisième fois. 396.

4. *Les empereurs Arcade, Honorius et Théodose, à Sénator, préfet de la ville.*

Poursuivons avec toute la sévérité qu'ils méritent, les manichéens, les manichéennes et

discere: nec antistites eorumdem audeant fidem insinuare, quam non habent, et ministros creare, qui non sunt: nec per conniventiam judicantium, omniumque quibus per constitutiones paternas super hoc cura mandata est, ejusmodi audacia negligatur, et crescat.

§. 1. Hæreticorum autem vocabulo continentur, et latis adversùs eos sanctionibus succumbere debent, qui vel levi argumento à judicio catholicæ religionis et tramite detecti fuerint deviare.

Dat. 3 non. Mediol. Ausonio et Olybrio, Coss. 379.

3. *Imperatores Arcad. et Honorius, AA. Clearcho, P. V.*

Cuncti hæretici procul dubio noverint, omnia sibi loca adimenda esse: sive sub ecclesiarum nomine teneantur, sive diaconica appellentur, vel etiam decanica, sive in privatis ædibus vel locis hujusmodi cœtibus copiam præbere videantur: his ædibus vel locis privatis ecclesiæ catholicæ vindicandis.

§. 1. Ad hoc interdicatur his omnibus ad litanias faciendas nocte vel die profanis coire conventibus: statuta videlicet condemnatione centum librarum auri contra officium sublimitatis tuæ, vel præsidale quinquaginta, si quid hujusmodi fieri vel in publico vel privatis ædibus concedatur.

Dat. 5 non. mart. Arcadio IV. et Honorio III. AA. Coss. 396.

4. *Iidem et Theodosius, AAA. ad Senatorem, P. V.*

Manichæos seu manichæas, vel donatistas meritissima severitate persequimur.

Huic itaque hominum generi nihil ex moribus, nihil ex legibus commune sit cum cæteris.

§. 1. Ac primum quidem volumus esse publicum crimen, quia quod in religionem divinam committitur, in omnium fertur injuriam.

§. 2. Quos bonorum etiam omnium publicatione persequimur. Ipsos quoque volumus amoveri ab omni liberalitate et successione quolibet titulo venientes.

§. 3. Prætereà, non donandi, non emendi, non vendendi, non postremò contrahendi cuiquam convicto relinquimus facultatem.

§. 4. In mortem quoque inquisitio extendatur. Nam si in criminibus majestatis licet memoriam accusare defuncti, non immeritò et hic debet subire tale judicium.

§. 5. Ergo et suprema illius scriptura irrita sit, sive testamento, sive codicillo, sive epistola, sive quolibet alio genere reliquerit voluntatem, qui manichæus fuisse convincitur.

§. 6. Sed nec filios hæredes eis existere aut adire permittimus, nisi à paterna pravitate discesserint. Delicti enim veniam pœnitentibus damus.

§. 7. In eos etiam auctoritatis nostræ aculei dirigantur, qui eos domibus suis damnanda provisione defendunt.

§. 8. Servos insuper extra noxam esse volumus, si dominum sacrilegum evitantes, ad ecclesiam catholicam servitio fideliore transierint.

Dat. 8 cal. martii, Romæ, Honorio VII. et Theodosio II. AA. Coss. 407.

les donatistes; qu'il n'y ait rien de commun entr'eux et les autres hommes, tant sous le rapport des mœurs que sous celui des lois.

§. 1. Nous voulons d'abord que leur crime soit rangé au nombre des crimes publics, parce que l'attentat qui est dirigé contre la divine religion, est dirigé contre tous.

§. 2. Nous les punissons par la confiscation de tous leurs biens, et nous voulons de même qu'ils soient incapables de recevoir aucune libéralité ou succession à quelque titre que ce soit.

§. 3. Nous interdisons encore à ceux qui seront convaincus de ces hérésies, la faculté de donner, d'acheter, de vendre, et en un mot de contracter.

§. 4. Nous voulons aussi que leur punition s'étende au-delà du tombeau; car s'il est permis, dans les crimes de lèze-majesté, d'accuser la mémoire du défunt, on doit agir de même, avec non moins de raison, à l'égard des crimes d'hérésies.

§. 5. En conséquence, que la dernière volonté de celui qui est convaincu d'avoir été manichéen, soit nulle, soit qu'elle ait été exprimée par un testament, soit par un codicile, soit par une lettre, soit enfin par tout autre moyen.

§. 6. Nous ne permettons point que leurs fils leur succèdent, à moins qu'ils n'abandonnent les erreurs de leurs pères; car nous pardonnons à ceux qui se repentent.

§. 7. Qu'on use de notre autorité contre ceux qui leur donnent un asyle dans leurs maisons.

§. 8. Nous déclarons libres les esclaves qui, fuyant le sacrilège de leurs maitres, ont passé dans le sein de l'église catholique.

Fait à Rome, le 8 des calendes de mars, sous le consulat des empereurs Honorius, pour la septième fois consul, et Théodose pour la deuxième fois consul. 407.

Nouvelle constitution de l'empereur Frédéric, de statu et consuet. §. Si verò Dominus, collection 10, dernière const.

Si un seigneur temporel, requis et sommé par l'église de purger sa terre des hérétiques, n'a point obéi, nous déclarons qu'après l'année, à dater de la sommation, sa propre terre sera occupée par des catholiques; que ces derniers, après avoir exterminé les hérétiques, la possèdent sans oppositions, et qu'ils la conservent dans la pureté de la foi; sauf cependant le droit du seigneur principal, pourvu qu'il n'appose lui-même à ceci aucun obstacle ni empêchement. Cette loi doit être également observée contre ceux qui ne sont point seigneurs principaux.

Nouvelle constitution de l'empereur Frédéric, de statu et consuet. §. Credentes, collection 10, dern. const.

Nous condamnons en outre les sectaires, les recéleurs, les défenseurs et les complices des hérétiques, et statuons rigoureusement que si quelqu'un d'entr'eux a été excommunié, et n'a point rendu satisfaction dans l'année de son excommunication, il soit, par le droit même, infâme, à compter de cette époque; qu'il soit incapable d'exercer les offices publics, d'assister aux conseils, ou de contribuer à une élection quelle qu'elle soit; qu'il soit *intestable*, et privé de la faculté de tester, ni ne recevoir par succession légitime; qu'il ne puisse appeler personne en jugement, dans quelque affaire que ce soit; mais que les autres puissent les forcer à comparaître. S'ils sont juges, que leurs sentences n'aient aucune force, et qu'on ne porte aucune cause à leur tribunal; s'ils sont avocats, que leur ministère ne soit point accepté; et s'ils sont tabellions, que les actes qu'ils auront reçus, soient nuls.

5. *Les empereurs Théodose et Valentinien, au César Florentius, préfet du prétoire.*

Que les ariens, les macédoniens, les

Nova Constitutio imperatoris Frederici, de stat. et consuetud. §. Si verò Dominus, coll. 10, ult. const.

Si dominus temporalis requisitus et admonitus ab ecclesia, terram suam purgare neglexerit hæretica pravitate, post annum à tempore monitionis elapsum, terram ipsius exponimus catholicis occupandam, qui eam exterminatis hæreticis absque ulla contradictione possideant, et in fidei puritate conservent, salvo jure domini principalis. Dummodò super hoc nullum præstet obstaculum, nec aliquod impedimentum apponat. Eadem nihilominùs lege observata contra eos qui non habent domos principales.

Nova Constitutio imperatoris Frederici, de statu et consuetud. §. Credentes, coll. 10, ult. const.

Credentes prætereà, receptatores, defensores, et fautores hæreticorum damnamus. Firmiter statuentes, ut si postquàm quilibet talium fuerit excommunicatione notatus, satisfacere contempserit intra annum; ex tunc ipso jure sit infamis, nec ad publica officia, seu consilia, vel ad eligendum aliquos adhibeatur, neque ad testimonium admittatur; sit etiam intestabilis, ut nec testandi liberam habeat facultatem, nec ad hæreditatis successionem accedat. Nullus prætereà ei super quocunque negotio, sed ipse aliis respondere cogatur. Quòd si forte judex extiterit, ejus sententia nullam obtineat firmitatem, nec causæ aliquæ ad ejus audientiam perferantur. Si verò fuerit advocatus, ejus patrocinium nullatenùs admittatur. Si tabellio, instrumenta confecta per ipsum nullius penitùs momenti censeantur.

5. *Imp. Theod. A. et Valentinianus, Cæs. Florentio, P. P.*

Ariani, et macedoniani, pneumatoma-

chi, apollinariani, novatiani, seu saba-
tiani, eunomiani, tetraditæ seu tessa-
rescædecaditæ, valentiniani, pauliani,
papianistæ, montanistæ seu priscillia-
nistæ, vel phryges, vel pepuzitæ ;
marcionistæ, borboritæ, messaliani, eu-
chitæ sive enthousiastæ, donatistæ, au-
diani, hydroparastatæ, tascodrogitæ, ba-
trachitæ, hermogeniani, photiniani, pau-
liniani, marcelliani, ophitæ, encratitæ,
carpocratitæ, saccophori, et qui ad imam
usque scelerum nequitiam pervenerunt ma-
nichæi, nusquàm in romanum locum conveniendi morandique habeant facultatem.
Manichæis etiam de civitatibus pellendis,
et ultimo supplicio tradendis: quoniam his
nihil relinquendum loci est, in quo ipsis
etiam elementis fiat injuria : cunctis quoque legibus, quæ contra eos, cæterosque
qui nostræ fidei refragantur, olim diversisque temporibus latæ sunt, semper viridi
observantia valituris : sive de donationibus
in hæreticorum conventicula, quæ ipsi au-
daciter ecclesias nuncupare conantur, factis : sive ex ultima voluntate rebus qualitercunque relictis : sive de privatis ædificiis, in quæ domino permittente vel con-
nivente convenerint, venerandæ nobis catholicæ ecclesiæ vindicandis : sive de procuratore, qui hoc ne sciente domino fecerit,
decem librarum auri mulctam, vel exilium,
si sit ingenuus, subituro; metallum verò
post verbera, si servilis conditionis sit : ita,
ut nec in publicum convenire locum, nec
ædificare sibi quasi ecclesias, nec ad cir-
cumscriptionem legum quicquam meditari
valeant, omni civili, et militari, curiarum
etiam, et defensorum, et judicum, sub viginti librarum auri interminatione prohibendi auxilio : illis etiam omnibus in sua
manentibus firmitate, quæ de militia,
pœnique variis, deque diversis sunt hæreticis promulgata, ut nec speciale quidem
beneficium adversus leges valeant impetratum.

pneumatomaches, les apollinariens, les no-
vatiens ou sabatiens, les eunomiens, les té-
tradites ou tessarécédécadites, les valenti-
niens, les pauliens, les papianistes, les montanistes ou priscillianistes, ou phryges, ou
pépuzites; les marcionistes, les borborites,
les messaliens, les euchites ou enthousiastes,
les donatistes, les audiens, les hydropa-
rastates, les tascodrogites, les batrachites,
les hermogéniens, les photiniens, les pauli-
niens, les marcéliens, les orphites, les en-
cratites, les carpocratites, les saccophores,
et les manichéens, les plus scélérats de
tous, ne puissent demeurer ou s'assembler en aucuns lieux de l'empire romain ;
que surtout les manichéens soient chassés
des villes, et condamnés au dernier supplice, parce qu'on ne doit les souffrir en
aucune part où ils puissent outrager les
élémens mêmes. Que toutes les lois qui
ont déjà été portées en divers tems contre
eux, ou contre les autres qui sont opposés à
notre foi, conservent toute leur vigueur, soit
qu'elles concernent les donations ou les assemblées des hérétiques qu'ils ont l'insolence
d'appeler églises, soit qu'elles aient pour
objet les biens laissés par dernière volonté,
par quelque moyen que ce soit, ou les édifices
particuliers dans lesquels ils tiennent leurs assemblées, avec la permission, ou par la connivence du maître, et que les églises catholiques
doivent nous redemander, ou soit qu'elles
aient pour objet le procureur qui, à l'insu du
maître, a souffert cela. Ce procureur, s'il est
ingénu, doit être condamné à l'amende de dix
livres d'or ou à l'exil; et s'il est esclave, il doit
être condamné aux métaux, après avoir été
fouetté. De sorte qu'il ne leur soit permis ni de
s'assembler dans un lieu public, ni de construire des édifices pour leur servir d'églises,
ni de faire quelque chose contre les lois.
Qu'il soit défendu aux curiaux, défenseurs
et aux juges, sous peine de vingt livres d'or,
de leur porter aucun secours prohibé, soit
civil, soit militaire. Nous ne portons par

cette loi aucune atteinte à toutes celles qui ont été promulguées sur les militaires, les diverses peines et les divers hérétiques. Tout bienfait spécial contraire à ces lois est nul.

Fait à Constantinople, le 3 des calendes de juin, sous le consulat de Félix et de Taurus. 428.

6. *Les mêmes empereurs, à Léonce, préfet de la ville.*

L'abominable hérésie de Nestor ayant été condamnée, veillez à ce que ses sectaires soient appelés de son nom, et non de celui de chrétiens; de même que les partisans d'Arius ont été appelés ariens, à cause de leur commune impiété, par une loi de Constantin, de divine mémoire, par la même raison que ceux de Porphyre ont été appelés porphyriens; que partout les sectateurs infâmes de Nestor soient appelés nestoriens, parce qu'ayant abandonné Dieu pour suivre son exemple, ils paraissent, par le droit, devoir être appelés de son nom.

§. 1. Que personne n'ose lire ou avoir chez lui les livres impies que l'infâme et sacrilège Nestor a écrits contre la secte des orthodoxes et les décrets de l'assemblée des évêques, tenue à Éphèse. Nous ordonnons que ces livres soient recherchés soigneusement et publiquement brûlés. Nous ordonnons de même que personne ne fasse aucune mention, dans une dispute de religion, du nom dont nous avons parlé ci-dessus; et nous défendons à qui que ce soit d'entr'eux de tenir, en forme de conciles, dans les maisons, maisons de campagne, ou dans quelque lieu que ce soit, des assemblées publiques ou secrètes. Nous ordonnons qu'ils soient privés de la liberté de tenir toute espèce d'assemblée: que tous sachent que celui qui violera cette loi, sera puni par la confiscation de ses biens.

Fait le 3 des calendes d'août, sous le consulat des empereurs Théodose, pour la quinzième fois consul, et Valentinien, consul pour la quatrième fois. 435.

Dat. Constantinop. 3 cal. jun. Felice et Tauro, Coss. 428.

6. Iidem, AA. *ad Leuntium*, P. V.

Damnato portentosæ superstitionis auctore Nestorio, nota congrui nominis ejus inuratur gregalibus, nec christianorum appellatione abutantur: sed quemadmodùm ariani ab Ario lege divæ memoriæ Constantini ob similitudinem impietatis, porphyriani à Porphyrio nuncupantur, sic ubique participes nefariæ sectæ Nestorii, nestoriani vocentur: ut cujus scelus sunt in deserendo Deum imitari, ejus vocabulum jure esse videantur sortiri.

§. 1. Nec verò impios libros nefandi et sacrilegi Nestorii adversus venerabilem orthodoxorum sectam, decretaque sanctissimi cœtus antistitum Ephesi habiti, scriptos habere, aut legere, aut describere quisquam audeat: quos diligenti studio requiri, ac publicè comburi decernimus; ita ut nemo in religionis disputatione aliquam supradicti nominis faciat mentionem, aut quibusdam eorum habendi concilii gratia in ædibus, aut villa, aut suburbano suo, aut quolibet alio loco conventiculum clàm aut apertè præbeat. Quos omnes cœtus celebrandi licentia privari statuimus: scientibus universis, violatorem hujus legis publicatione bonorum esse coërcendum.

Dat. 3 calend. aug. Constant. Theodosio XV. et Valentiniano IV. AA. Coss. 435.

7. Iidem, AA. Florentio, P. P.

Curiales omnium civitatum onerosis, quin etiam militiæ, seu diversis officiis facultatum et personalium munerum obligatos, suis ordinibus (cujuscunque sectæ sunt) inhærere censemus: ne videamur hominibus execrandis contumelioso ambitu immunitatis beneficium præstitisse, quos volumus hujus constitutionis auctoritate damnari.

Dat. prid. cal. febr. Theodosio A. XVI. et Fausto, Coss. 409.

8. Imperatores Valentin. et Martian. AA. Palladio, P. P.

Quicunque in hac sacra urbe, vel Alexandrina, vel in omni Ægyptiaca diœcesi, diversisque aliis provinciis, Eutychetis profanam perversitatem sequuntur, et ita non credunt, ut trecenti decem et octo sancti patres tradiderunt, catholicam fidem in Nicæna civitate fundantes ; centum quoque et quinquaginta alii venerabiles episcopi, qui in alma urbe Constantinopolitana posteà convenerunt ; et sicut Athanasius, et Theophilus, et Cyrillus sanctæ recordationis episcopi Alexandrinæ civitatis credebant, quos etiam Ephesina synodus (cui beatæ memoriæ Cyrillus præfuit, in qua Nestorii error expulsus est) in universis secuta est, quos et nuper venerabilis Chalcedonensis synodus est secuta, prioribus conciliis sacerdotum ex omni prorsùs parte consentiens, nihilque adimens sacrosancto symbolo, neque adjiciens, sed Eutychetis dogmata funesta condemnans, sciant se esse hæreticos apollinaristas. Apollinaris enim facinorosissimam sectam Eutyches et Dioscorus mente sacrilega sunt secuti.

§. 1. Ideòque hi homines, qui Apollinaris vel Eutychetis perversitatem sequuntur, illis pœnis quæ divorum retrò princi-

7. Les mêmes empereurs, à Florentius, préfet du prétoire.

Nous pensons que les curiaux de toutes les villes, de quelque secte qu'ils soient, ainsi que ceux qui sont engagés à divers devoirs militaires, ou autres acquittables en argent ou en travaux personnels, doivent les remplir, afin qu'on ne croie pas que, par l'effet d'un sentiment honteux, nous accordions à ces hommes exécrables le bénéfice de l'exemption, nous qui voulons qu'ils soient punis en vertu de cette constitution.

Fait la veille des calendes de février, sous le consulat de l'empereur Théodose, pour la seizième fois consul, et de Festus. 409.

8. Les empereurs Valentinien et Martien, à Palladius, préfet du prétoire.

Que tous ceux qui, dans cette ville, ou dans celle d'Alexandrie, ou dans les diocèses d'Egypte, ou enfin dans les diverses autres provinces, suivent les erreurs d'Eutychès, et qui par conséquent ne croient pas à la foi catholique, fixée par les trois cent dix-huit pères assemblés à Nicée, par les cent cinquante évêques assemblés depuis dans cette ville de Constantinople, et telle que la croyaient les évêques d'Alexandrie Athanase, Théophile et Cyrille ; celle que le synode d'Ephèse, présidé par Cyrille, et dans lequel les erreurs de Nestor furent condamnées, a suivie ; et enfin celle que le synode qui a été dernièrement tenu à Chalcédoine, a suivie, laquelle est conforme en tout à celle arrêtée par les autres conciles, n'admet aucune addition ni aucun retranchement au saint symbole, et condamne les funestes dogmes d'Eutychès, sachent qu'ils sont hérétiques apollinaristes; car Eutychès et Dioscore ont suivi l'infâme secte d'Apollinaire.

§. 1. Que ceux donc qui ont embrassé les erreurs d'Apollinaire ou d'Eutychès sachent qu'ils ont encouru les peines portées par les constitutions de nos prédécesseurs contre les apollinaristes, ou par celles que nous avons promulguées depuis contre les eutychianistes, ou celles que la présente loi prononce contr'eux.

§. 2. C'est pourquoi nous défendons que les apollinaristes ou les eutychianistes, qui ne diffèrent des premiers que par le nom, et professent les mêmes erreurs, qui ne croient point à la foi des pères dont nous avons parlé ci-dessus, et à la foi orthodoxe que professe Procérus, évêque d'Alexandrie, ne puissent, soit dans cette ville, dans les diverses provinces, dans la ville d'Alexandrie, ou dans les diocèses d'Egypte, se créer et avoir des évêques, des prêtres ou d'autres clercs. Que les eutychianistes et les apollinaristes sachent que, non-seulement ceux d'entr'eux qui auront osé donner à quelqu'un le nom d'évêque, de prêtre ou de clerc, mais encore ceux qui auront souffert qu'on leur donnât un nom sacerdotal, et qui le retiendront, seront condamnés à l'exil et à la perte de leurs biens.

§. 3. En outre, que les apollinaristes ou eutychianistes ne se forment ni églises, ni monastères; qu'ils ne tiennent aucune assemblée, soit pendant le jour, soit pendant la nuit; qu'ils ne se réunissent point ni dans la maison ou dans les propriétés de quelqu'un, ni dans un monastère, ni dans quelque lieu que ce soit, à l'effet d'observer les erreurs de leur secte. Nous ordonnons que, s'ils sont convaincus d'être coupables de ces choses, la maison ou la propriété dans laquelle ils se sont assemblés, soit, après l'examen du juge, et s'il est constant que le maître y a consenti, adjugée à l'église orthodoxe du lieu; mais s'ils ont tenu leur assemblée indue dans cette maison ou cette propriété, à l'insu du maître, mais cependant au su de celui qui reçoit le prix du loyer de la maison, ou au su du locataire; que ces derniers, ainsi que quiconque

pum constitutionibus contra apollinaristas, vel serenitatis nostræ postmodùm sanctiones contra eutychianistas, vel hac ipsa augustissima lege contra eosdem decretæ sunt, noverint se esse plectendos.

§. 2. Idcircò apollinaristas, hoc est eutychianistas, quibus etsi est in appellatione diversitas, tamen est in hæresis pravitate conjunctio, et dispar quidem nomen, sed idem sacrilegium: sive in hac alma urbe, diversisque provinciis, sive in Alexandrina civitate, sive intra Ægyptiacam diœcesim sunt, et neque ita credunt ut prædicti venerabiles patres credebant, neque viro reverendissimo Alexandrinæ urbis antistiti Procerio fidem orthodoxam tenenti communicant: episcopos, et presbyteros, aliosve clericos creare et habere prohibemus: scientibus tàm iis eutychianistis et apollinaristis, qui ausi fuerint cuiquam episcopi vel presbyteri vel clerici nomen imponere, quàm iis qui passi fuerint impositum sibi nomen sacerdotale retinere pœnam exhibi cum facultatum suarum amissione se subituros.

§. 3. Universi præterea apollinaristæ vel eutychianistæ non ecclesias, non monasteria sibi construant: parasynaxes et conventicula tàm diurna quàm nocturna non contrahant: neque ad domum vel possessiones cujusquam, neque ad monasterium, vel quemcunque alterum locum operaturi, sectæ funestissimæ congregentur. Quod si fecerint, et hoc factum fuisse domino volente constiterit, post rem in examine judicis adprobatam, domum vel possessionem ejus in qua convenerint, vel monasterium ejus civitatis orthodoxæ ecclesiæ in cujus territorio est, jubemus addici. Si verò ignorante domino, sciente verò eo qui pensiones domus exigit, vel actore, vel conductore prædii parasynaxes et conventicula interdicta, collegerint: conductor, vel procurator, sive actor, vel quicunque eos in domum, vel possessionem, vel monasterium receperint, ac passi fuerint illicitas parasynaxeis conventusque celebrari : si vilis et abjectæ sint conditionis, fustibus publicè et in pœnam suam, et in aliorum coërceantur exemplum. Si honestæ verò sint personæ, decem libras auri multæ nomine fisco nostro cogantur inferre.

§. 4. Nullum prætereà apollinaristam vel eutychianistam ad aliquam jubemus adspirare militiam. Et si juventi fuerint, honestorum hominum et palatii communione priventur : nec in aliqua nec in qua nati sunt, civitate, vel vico, aut regione versentur. Si qui verò in hac alma urbe nati sunt, tàm sacratissimo comitatu, quàm omni per provincias metropolitana civitate pellantur.

§. 5. Nulli insuper eutychianistæ vel apollinaristæ publicè vel privatim convocandi cœtus, vel circulos contrahendi, et de errore hæretico disputandi, ac perversitatem facinorosi dogmatis adserendi tribuatur facultates. Nulli etiam contra venerabilem Chalcedonensem synodum liceat aliquid vel dictare, vel scribere, vel edere atque emittere, aut aliorum dicta vel scripta super eadem re proferre. Nemo hujusmodi habere libros, et sacrilega scriptorum audeat monumenta servare. Quòd si qui in his criminibus fuerint deprehensi, perpetua deportatione damnentur. Eos verò qui discendi studio adierint, de infausta hæresi disputantur : decem librarum auri quæ fisco nostro inferendæ sunt, jubemus subire dispendium. Ultimo etiam supplicio coërceantur, qui illicita docere tentaverint. Omnes verò hujuscemodi chartæ, ac libri qui funestum Eutychetis scilicet et Apollinaris complexi fuerint dogma, incendio concrementur : ut facinorosæ perversitatis vestigia

les a reçus dans la maison, dans la propriété ou le monastère, et a souffert qu'ils tinssent des assemblées illicites, soient, s'ils sont d'une vile et abjecte condition, fustigés publiquement, tant en punition de leur crime, que pour servir d'exemple aux autres; et s'ils sont des gens comme il faut, qu'ils soient condamnés à l'amende de dix livres d'or au profit de notre fisc.

§. 4. Nous ordonnons, au surplus, qu'aucun apollinariste ou eutychianiste ne puisse occuper aucun grade militaire; et si quelqu'un d'eux est militaire, qu'il soit dégradé, exclus de la société des honnêtes gens et de la communauté du palais; qu'ils ne demeumeurent en aucune ville, pas même dans celle où ils ont pris la naissance, ni dans leurs bourgs ou autres quartiers. Si quelques - uns d'entr'eux sont nés dans cette ville, qu'ils en soient chassés, de même que de toutes les villes métropolitaines des provinces.

§. 5. Qu'on ne souffre point que les eutychianistes ou apollinaristes tiennent des assemblées publiquement ou secrètement, forment des cercles, ou disputent sur leurs hérésies, ou propagent leurs dogmes criminels; qu'il ne soit de même permis à aucun d'eux de dire ou d'écrire quelque chose contre le synode de Chalcédoine, ou de répéter ce qui a été dit ou écrit contre cette assemblée; que personne d'entr'eux n'ait la témérité d'avoir ces livres, et de conserver ainsi les monumens sacrilèges des écrivains; que ceux qui seront convaincus de ces crimes, soient condamnés à une déportation perpétuelle. Nous ordonnons que ceux qui, dans le dessein de s'instruire de ces hérésies, les ont discutées, soient condamnés à l'amende de dix livres d'or au profit de notre fisc, et que ceux qui ont tenté de les enseigner, soient condamnés au dernier supplice; que tous les livres qui renferment les dogmes d'Eutychès ou d'Apollinaire soient livrés aux flammes, afin que

que par-là il ne reste aucun vestige de leurs erreurs; que les gouverneurs des provinces, leurs appariteurs, les défenseurs des villes sachent qu'il convient que les grands sacrilèges soient punis de peines également grandes; et s'ils négligent l'exécution de ce que nous avons ordonné dans cette loi, ou si, par l'effet de quelque témérité, ils en permettent la violation, qu'ils soient condamnés à l'amende de dix livres d'or au profit de notre fisc, et ils encourront en outre notre indignation.

Fait à Constantinople, pendant les ides d'août, sous le consulat de Constance et de Rufus, 457.

9. *L'empereur Anastase, à Erythrius, préfet du prétoire.*

Si quelqu'un de la religion orthodoxe a transféré, par une vente vraie ou fausse, ou par toute autre moyen ou titre, des champs, ou autres propriétés et choses immobiliaires dans lesquelles sont construites des églises de la foi orthodoxe, ou des chapelles, à une personne d'une secte hérétique ou d'un sentiment contraire à la foi orthodoxe, nous voulons que ces actes soient nuls, soit qu'ils soient passés entre-vifs ou en secret, même lorsque les choses ont été cédées, pour quelque cause que ce soit, à titre de vente ou tout autre titre simulé, par une personne de la foi orthodoxe, et qu'ils soient considérés comme s'ils n'avaient jamais été écrits. Nous ordonnons que ces champs, ou autres propriétés qui auront été transférées à un hérétique, soient revendiquées par notre fisc; mais, soit que ces propriétés soient conservées à leurs maîtres ou possesseurs orthodoxes, soit qu'elles parviennent à notre fisc, on doit rétablir soigneusement les églises ou les chapelles qu'elles renfermaient; car toutes les démarches de notre majesté se rapportent à cette fin, que les temples du Dieu tout-puissant, qui sont

Tome I.

flammis combusta depereant. Æquum namque est, ut immanissima sacrilegia par pœna magnitudo percellat : scientibus moderatoribus provinciarum, eorumque apparitoribus, defensoribus etiam civitatum, quòd si ea quæ legis hujus religiosissima sanctione custodienda decernimus, aut neglexerint, aut aliqua permiserint temeritate violari : denarum librarum auri mulctam fisco nostro inferre cogantur, insuper etiam existimationis suæ periculum sustinebunt.

Dat. Constantinop. id. august. Constantio et Rufo, Coss.

9. *Imp. Anastasius, A. Erythrio, p. p.*

Si qui orthodoxæ religionis emptione vera vel fictitia, aut quocunque alio jure vel titulo prædia vel possessiones, resque immobiles, in quibus orthodoxæ fidei ecclesiæ vel oratoria constituta sunt, in hæreticæ sectæ et contrariæ orthodoxæ fidei sentientem quamcunque personam trasferre voluerint; nullam hujusmodi vel inter vivos habitam, vel secreto judicio compositam, valere volumus voluntatem, etiam si ab orthodoxæ fidei venditore, vel quocunque modo alienatore commentitio sub qualibet occasione fuerint adsignata : sed irrita omnia hujusmodi documenta; et tanquàm nec penitùs scripta essent, censemus. Hæc enim prædia et possessiones, quæ in hæreticas personas quocunque modo translatæ fuerint vel collatæ, fisci nostri juribus decernimus vindicari. Sive enim apud dominos possessoresve orthodoxos ea prædia maneant, sive ad fisci nostri jura pervenerint, necesse est in his ecclesias et oratoria constituta diligentius et sollicitius instaurari. Nostræ etenim serenitatis undiquè ad hunc exitum providentia ducit; ut omnipotentis Dei templa, in quibus nostræ fidei instituta per-

14

durant, cultu assiduo per omnia secula rediviva serventur. Nec enim dubitari potest, si in hæreticos tales veniant possessiones, in quibus veræ fidei ecclesiæ vel oratoria constituta sunt, et integritas colitur : omnimodo ab his deseri atque destitui, et omni cultu vacare, omnibus sacris et solitis viduari mysteriis, omni splendore privari, nullis populorum conventionibus, nullis clericorum observationibus celebrari, et ex hoc sine dubio easdem ecclesias perire, ruere, complanari. Nec enim de earum instauratione hæretici potuerunt aliquandò cogitare, quas penitùs esse nolebant.

Dat. 5 id. aug. Boëtio et Eutherico, vv. cc. Coss. 511.

10. *Idem, A. Juliano, p. p.*

Cognovimus multos esse orthodoxos liberos, quibus nec pater, nec mater orthodoxæ sunt religionis. Et ideò sancimus ut non tantùm in casu ubi alter non orthodoxæ religionis est, sed etiam in iis casibus in quibus uterque parens alienæ sectæ sit, id est pater et mater : hi tantummodò liberi ad eorum successionem, sive ex testamento, sive ab intestato, vocentur : et donationes, seu aliæ liberalitates his accedere possint, qui orthodoxorum venerabili sunt nomine decorati. Cæteris liberis eorum, qui non Dei omnipotentis amorem, sed paternam vel maternam impiam affectionem secuti sunt, ab omni beneficio repellendis. Liberis autem orthodoxis non existentibus, ad adgnationem vel cognationem eorum (orthodoxos tamen) easdem res vel successiones pervenire. Quòd si nec adgnatio vel cognatio rectè inveniatur, tunc easdem res fisci nostri juribus vindicari.

§. 1. Sed ne videamur morientibus quidem genitoribus liberis providere, viven-

les témoignages de notre foi, soient, par des soins assidus, conservés à jamais; car on ne peut douter que, lorsque de telles propriétés qui renferment des églises ou des chapelles, passent entre les mains des hérétiques, ces églises ou ces chapelles ne cessent d'être telles, et ne soient privées de tout honneur, dépouillées de tous les mystères. Les peuples ne s'y assemblent plus; les clercs ne les desservent plus, et par conséquent elles périssent, s'écroulent et disparaissent. Il ne viendra jamais dans la tête des hérétiques de les rétablir, eux qui voudraient qu'il n'en existât pas du tout.

Fait le 5 des ides d'août, sous le consulat de Boëtius et d'Euthéricus, 511.

10. *Le même empereur, à Julien, préfet du prétoire.*

Nous avons appris qu'il existait beaucoup d'enfans orthodoxes, et dont les pères et mères étaient d'une autre religion; en conséquence, nous ordonnons que, non-seulement dans le cas où un seul du père ou de la mère n'est pas de la religion orthodoxe, mais encore dans celui où aucun d'eux n'en est, les seuls de leurs enfans qui sont décorés du nom d'orthodoxes puissent venir à la succession, soit testamentaire, soit *ab-intestat*; et recevoir d'eux des donations ou d'autres libéralités. Quant à leurs autres enfans, qui ne connaissent point l'amour du Dieu tout-puissant, mais suivent les impies opinions paternelles ou maternelles, ils doivent être privés de toute espèce de bienfait. Nous ordonnons que, dans les cas où ils n'auraient point d'enfans orthodoxes, leurs biens et successions parviennent à leurs agnats ou cognats, autant cependant qu'ils seront orthodoxes; et s'ils n'ont aucun agnat ou cognat qui ait cette dernière qualité, leurs biens doivent être revendiqués par notre fisc.

§. 1. Mais de peur qu'on nous reproche de ne penser aux enfans qu'à la mort de leurs pères ou mères, et de les oublier pendant le vivant de ces derniers, ce qui nous est effectivement arrivé, nous obligeons de tels parens d'entretenir leurs enfans orthodoxes selon ce que leur permettent leurs facultés, et de leur fournir suffisamment tout ce qui leur est nécessaire pour leurs besoins journaliers; de donner des dots à leurs filles ou petites-filles, et des donations *ante nuptias* à leurs fils ou petits-fils. Ces libéralités doivent être, dans tous les cas, évaluées sur les richesses de leurs parens, de peur que les enfans ne soient privés des biens paternels ou maternels, par cela seul qu'ils auraient embrassé la religion chrétienne. Toutes les constitutions qui prononcent des peines contre les payens, les manichéens, les borborites, les samarites, les montanistes, les tascodrogites, les ophytes, et contre les autres hérétiques, sont confirmées par la présente loi, et doivent être observées à jamais.

Fait à Constantinople, le 10 des calendes de décembre, sous le consulat de Lampadius et d'Oreste. 500.

Authentique extraite de la novelle 115, *ch.* 3.

Il en est de même des nestoriens et des acéphales. Si quelqu'un d'eux a des enfans chrétiens orthodoxes, il ne peut transmettre sa succession qu'à eux seuls, soit par testament, soit *ab-intestat*; si, de ces enfans, les uns sont chrétiens et d'autres ne le sont pas, que la portion de ceux qui sont infidèles, accroisse aux autres; mais si les infidèles se convertissent, que leur portion leur soit restituée, sans cependant qu'ils puissent demander raison des fruits ou de l'administration que leurs frères en ont eue. Elle restera à ceux qui sont orthodoxes, tant que les autres persévéreront dans leurs erreurs; mais si aucun des enfans n'est orthodoxe, que les agnats de cette religion soient appelés; s'il est clerc, et s'il n'a point d'agnats, que l'église lui succède; et s'il

tibus autem nullam inferre providentiam, (quod etiam ex facto nobis cognitum est) necessitatem imponimus talibus genitoribus, orthodoxos liberos secundùm vim patrimonii alere, et omnia eis præstare quæ ad quotidianæ vitæ conservationem sufficiant. Sed et dotes pro filiabus et nepotibus dare, et ante nuptias donationes pro filiis vel nepotibus perscribere : in omni casu secundùm vires patrimonii hujusmodi liberalitatibus æstimandis, ne propter divini amoris electionem paterna vel materna sint liberi provisione defraudati. Omnibus videlicet, quæ nostræ constitutiones de pœnis paganorum, et manichæorum, et borboritarum, et samaritarum, et montanistarum, et tascodrogitarum, et ophytarum, cæterorumque hæreticorum jam constituerunt, ex hac nostra lege confirmandis, et in perpetuum valituris.

Dat. Constantinop. 10 calend. decembr. Lampadio et Oreste, vv. cc. Coss. 500.

Authent. ex novell. 115, *c.* 3.

Idem de nestorianis et acephalis, quia si quis ex his liberos habet ecclesiæ rectè communicantes, his solis ex testamento, vel ab intestato hæreditatem transmittere potest. Si permixti sunt, etiam portio infidelium interim resideat penes orthodoxos, ipsis si conversi fuerint, restituenda quidem, sed absque ratione fructuum et administrationis. Permanebit autem apud orthodoxos, si ipsi perseverant in nequitia. Si liberi sunt omnes perversi, vocentur adgnati rectæ fidei. Quibus non inventis, si clericus fuerit, ab ecclesia intra annum admittatur. Quo transacto, si non fuerit clericus, succedit fiscus.

Ex novell. de statu et consuet. §. *Gazaros,* coll. 10, ult. constit.

Gazaros, patarenos, leonistas, sphæronistas, arnoldistas, circumcisos, et omnes hæreticos utriusque sexus quocunque nomine censeantur, perpetua damnamus infamia, dissidamus, atque bannimus : censentes, ut omnia bono talium confiscentur, nec ad eos ulterius revertantur, ita quòd filii eorum ad successionem pervenire non possint, cùm longè gravius sit æternam, quàm temporalem offendere majestatem.

§. 1. Qui autem inventi fuerint sola suspicione notabiles, nisi ad mandatum ecclesiæ juxta considerationem suspicionis, qualitatemque personæ propriam innocentiam congrua purgatione monstraverint; tanquàm infames et banniti ab omnibus habeantur : ita quòd si sic per annum permanserint, extunc omnes tanquàm hæreticos condemnamus.

11. *Idem,* A. *Joanni,* P. P.

Quoniàm multi judices in dirimendis litigiis nos interpellaverunt, nostro indigentes oraculo, ut eis referetur, quid de testibus hæreticis statuendum sit : utrùmne accipiantur eorum testimonia, an respuantur : sancimus contra orthodoxos quidem litigantes nemini hæretico, vel iis etiam qui judaicam superstitionem colunt, esse in testimonia communionem, sive utraque pars orthodoxa sit, sive altera. Inter se autem hæreticis vel judæis, ubi litigandum existimaverint, concedimus fœdus permissum, et dignos litigatoribus etiam testes introducere ; exceptis scilicet iis, quos vel

ne l'est pas, qu'après une année, la succession soit dévolue au fisc.

Extrait de l'authentique de statu et consuet. §. *Gazaros,* coll. 10, dernière constit.

Nous couvrons d'une infamie perpétuelle, nous attaquons et nous bannissons les gazares, les patarens, les léonistes, les spéronistes, les arnoldistes, les circoncis, et tous les hérétiques de l'un et de l'autre sexe, sous quelque nom qu'ils soient désignés. Nous ordonnons que leurs biens soient confisqués, et qu'ils ne leur soient jamais restitués ; que leurs enfans ne soient pas admis à leur succéder, parce que c'est un crime beaucoup plus grand d'offenser la Divinité, que la majesté temporelle d'un prince.

§. 1. Que ceux sur lesquels on aura de simples soupçons, passent pour infâmes, et soient condamnés au bannissement, à moins qu'ils n'aient démontré leur innocence, d'après l'avis de l'église, par une pénitence convenable, fixée d'après le degré de suspicion et la qualité de la personne ; et s'ils ne se justifient pas pendant l'année écoulée depuis qu'ils en ont été sommés par l'église, nous les condamnons, à compter de cette époque, comme hérétiques.

11. *Le même empereur, à Jean, préfet du prétoire.*

Plusieurs juges ayant besoin de notre secours, et nous ayant consulté afin que nous leur disions comment ils doivent se conduire à l'égard des témoins hérétiques, s'ils doivent recevoir leur témoignage, ou s'ils doivent le rejeter, nous ordonnons qu'aucun hérétique et qu'aucun juif ne soient reçus à témoigner en jugement contre les orthodoxes, soit qu'une seule des parties soit orthodoxe, soit qu'elles le soient toutes les deux. Nous accordons aux hérétiques ou aux juifs qui plaident entr'eux, de faire entendre chacun des témoins de leur religion, qui doivent cependant être dignes de témoigner. Nous exceptons néanmoins les manichéens et les borborites, qui certainement font partie de cette dernière secte, et les payens; nous exceptons encore les samarites, et ceux qui leur ressemblent; les montanistes, les tascodrogites et les ophytes, à qui tout acte légal est interdit, à cause de la ressemblance de leurs crimes. Nous ordonnons donc que le témoignage, ainsi que tout autre acte légal, soient interdits aux manichéens, borborites, payens, samarites, montanistes, tascodrogites et ophytes. Quant aux autres hérétiques; nous voulons seulement, comme il a déjà été dit, que le témoignage en jugement, contre les orthodoxes, leur soit interdit : au reste, à l'égard des témoignages des testamens ou des autres actes de dernière volonté, ou des contrats, nous les leur permettons sans aucune distinction, parce que l'utilité et la nécessité l'exigent, et afin que les preuves ne deviennent pas trop difficiles.

Fait à Constantinople, le 5 des calendes d'août, après le consulat de Lampadius et d'Oreste. 532.

manichaicus furor, cujus partem et borboritas esse manifestum est, vel pagana superstitio detinet : samaritis nihilominùs, et qui illis non absimiles sunt, montanistis, et tascodrogitis, et ophytis, quibus pro reatus similitudine omnis legitimus actus interdictus est. Sed his quidem, id est manichæis, borboritis, et paganis, necnon samaritis, et montanistis, et tascodrogitis, et ophytis, omne testimonium, sicut et alias legitimas conversationes, sancimus esse interdictum. Aliis verò hæreticis tantummodò judicialia testimonia contra orthodoxos, secundùm quod constitutum est, volumus esse inhibita. Cæterùm testamentaria testimonia eorum, et quæ in ultimis elogiis vel in contractibus consistunt, propter utilitatem necessarii usus eis sine ulla distinctione permittimus, ne probationum facultas angustetur.

Dat. 5 calend. aug. Constantinop. post consulatum Lampadii et Orestis vv.cc. 532.

12. Le même empereur, à Jean, préfet du prétoire.

Nous ordonnons que la constitution par laquelle nous avons ordonné qu'aucun hérétique ne pût recevoir une hérédité, un legs ou un fidéicommis, soit étendue aux actes de dernière volonté des militaires, soit qu'ils fassent leur testament selon le droit commun, soit qu'ils usent des priviléges des militaires.

Fait pendant les calendes de septembre, après le consulat de Lampadius et d'Oreste, et dans la deuxième année de notre règne. 537.

12. Idem, A. Joanni, P. P.

Divinam nostram sanctionem, per quam jussimus neminem errore constrictum hæreticorum, hæreditatem, vel legatum, vel fideicommissum accipere : etiam in ultimis militum voluntatibus locum habere præcipimus, sive commune jure, sive militari testentur.

Dat. cal. septemb. post consulatum Lampadii et Orestis vv. cc. anno secundo imperii Justiniani. 537.

TITULUS VI.

Ne sanctum baptisma iteretur.

1. *Imperatores Valentin. Valens. et Grat.*
AAA. ad Florianum, vicarium Asiæ.

Antistitem, qui sanctitatem baptismatis illicita usurpatione geminaverit, sacerdotio indignum esse censemus: eorum enim condemnamus errorem, qui apostolorum præcepta calcantes, Christiani nominis sacramenta sortitos, alio rursùs baptismate non purificant, sed incestant, lavacri nomine polluentes.

Dat. 16 calend. novemb. Constantinop. Gratiano A. IV. et Merobaude, Coss. 377.

2. *Imperatores Honorius et Theodosius, AA.*
Anthemio, P. P.

Si quis rebaptisare quempiam de ministris catholicæ sectæ fuerit detectus, unà cum eo qui piaculare crimen commisit (si tamen criminis per ætatem capax sit) et hic, cui persuasum sit, ultimo supplicio percellatur.

Dat. 12 calend. april. Lucio V. C. Conss. 413.

3. *Imperatores Theod. et Valentin. AA.*
Florentio, P. P.

Nulli hæreticorum danda licentia est vel ingenuos, vel servos proprios qui orthodoxorum sunt initiati mysteriis, ad suum rursùs baptisma deducendi : nec non illos quos emerint, vel qualitercunque habuerint necdum suæ superstitioni conjunctos, prohibendi catholicæ sequi religionem ecclesiæ. Quòd qui fecerit, vel cùm sit ingenuus, in se fieri passus sit, vel factum non detulerit : exilio, ac decem librarum auri mulcta damnabitur : testamenti et donationis faciendæ utriusque deneganda licentia.

TITRE VI.

Qu'on ne rebaptise point.

1. *Les empereurs Valentinien, Valens et*
Gratien, à Florien, lieutenant de l'Asie.

Nous pensons que l'évêque qui, par une usurpation illicite, a réitéré le saint baptême, est indigne du sacerdoce; car nous condamnons l'erreur de ceux qui, foulant aux pieds les préceptes des apôtres, baptisent de rechef ceux qui l'ont déjà été; et bien loin de les purifier de cette manière, les souillent.

Fait à Constantinople, le 16 des calendes de novembre, sous le consulat de l'empereur Gratien, consul pour la quatrième fois, et de Mérobaude. 377.

2. *Les empereurs Honorius et Théodose, à*
Anthémius, préfet du prétoire.

Si quelqu'un des ministres de la foi catholique est convaincu d'avoir rebaptisé, qu'il soit condamné au dernier supplice, avec celui qu'il a séduit, et avec lequel il a commis ce crime abominable (pourvu cependant que, par son âge, il soit comptable de ses propres crimes.)

Fait à Constantinople, le 16 des calendes d'avril, sous le consulat de Lucius. 413.

3. *Les empereurs Théodose et Valentinien, à*
Florentius, préfet du prétoire.

On ne doit point permettre que les hérétiques rebaptisent des ingénus, ou leurs propres esclaves qui sont initiés dans les mystères des chrétiens; ni qu'ils empêchent ceux qu'ils ont achetés, ou qu'ils ont acquis par tout autre moyen, lesquels n'ont pas encore embrassé leurs erreurs, de suivre la religion des églises catholiques. L'hérétique qui sera coupable de ce crime, ou l'ingénu qui aura souffert qu'on le rebaptisât, ou qui n'aura pas dénoncé ce crime, seront condamnés à l'exil et à l'amende de dix livres d'or. L'un et l'autre ne pourront faire ni testament ni donation. Nous ordonnons que toutes ces choses soient observées ; ensorte qu'il ne soit permis à aucun juge de punir le crime, lorsqu'il lui est dénoncé, par une moindre peine, ou de le laisser sans punition, à moins qu'il ne veuille lui-même souffrir les peines dont il a dispensé les autres par sa dissimulation.

Fait à Constantinople, le 3 des calendes de juin, sous le consulat de Félix et de Taurus. 428.

Quæ omnia ita custodiri decernimus, ut multi judicum liceat delatum ad se crimen minori, aut nulli coërcitioni mandare, nisi ipse idem pati velit, quod aliis dissimulando concesserit.

Dat. 3 calend. jun. Constantinop. Felice et Tauro, Coss. 428.

TITRE VII.

Des Apostats.

1. *L'empereur Constantin et le César-Julien, à Thalassius, préfet du prétoire.*

Nous ordonnons que les biens de celui qui, étant orthodoxe, de chrétien qu'il était, s'est fait juif, et s'est associé aux assemblées sacrilèges, soient, après que le crime a été prouvé, revendiqués par le fisc.

Fait à Milan, le 5 des nones de juillet, sous le consulat de l'empereur Constance, pour la neuvième fois consul, et du César-Julien, consul pour la deuxième fois. 357.

2. *Les empereurs Gratien, Valentinien et Théodose, à Hypatius, préfet du prétoire.*

Si quelqu'un accuse un mort d'avoir violé ou abandonné la religion chrétienne, d'avoir adopté les sacrilèges des temples des payens ou les rits judaïques, et soutient en conséquence qu'il n'a pu faire de testament, qu'il intente ses actions et commence ce procès dans les cinq ans, comme il a été réglé au sujet de la querelle d'inofficiosité.

Fait le 15 des calendes de janvier, sous le consulat de l'empereur Gratien, consul pour la quatrième fois, et de Mérobaude. 383.

TITULUS VII.

De Apostatis.

1. *Imp. Constantius, A. et Julianus-Cæsar, ad Thalassium, P. P.*

Si quis lege venerabili constituta ex christiano judæus effectus, sacrilegis cœtibus aggregetur, cùm accusatio fuerit adprobata, facultates ejusdem dominio fisci jubemus vindicari.

Dat. 5 non. jul. Mediol. Constantio A. IX. et Juliano-Cæs. II. Coss. 357.

2. *Imperatores Grat. Valent. et Theod. AAA. ad Hypatium, P. P.*

Si quis defunctum violatæ atque desertæ christianæ religionis accusat, eumque vel ad sacrilegia templorum, vel in ritus judaicos transisse contendit, eaque gratia testari minimè potuisse confirmat : intra jurge quinquennium, quod de inofficiosis actionibus constitutum est, proprias exigat : actiones, futurique judicii hujuscemodi sortiatur exordium.

Dat. 15 calend. januar. Grat. A. IV. et Merobaude, Coss. 383.

3. *Imperatores Theod. Valent. et Arcad.*
AAA. *Flaviano*, P. P.

Hi qui sanctam fidem prodiderunt, et sanctum baptisma hæretica superstitione profanârunt, à consortio omnium segregati sint : à testimoniis alieni, testamenti (ut ante jam sanximus) non habeant factionem ; nulli in hæreditate succedant ; à nemine scribantur hæredes. Quos etiam præciperemus procùl abjici, ac longiùs emandari : nisi pœnæ visum fuisset esse majoris, versari inter homines, et hominum carere suffragiis. Sed nec unquàm in statum pristinum revertantur, nec flagitium horum obliterabitur pœnitentia, neque umbra aliqua exquisitæ defensionis aut muniminis obducetur : quoniàm quidem eos qui fidem, quam Deo dedicaverant, polluerunt, et prodentes divinum mysterium in profana migraverunt : tueri ea quæ sunt commentitia et concinnata, non possunt. Lapsis etenim et errantibus subvenitur : perditis verò, hoc est sanctum baptisma profanantibus, nullo remedio pœnitentiæ, quæ solet aliis criminibus adesse, succurritur.

Dat. 5 id. maj. Titiano et Symmacho, Coss. 391.

4. *Imperatores Theod. et Valent.* AA.
Basso, P. P.

Apostatarum sacrilegum nomen singulorum vox continua accusatione incessant; et nullis finita temporibus hujuscemodi criminis arceatur indago. Quibus quamvis præterita interdicta sufficiant : tamen etiam illud iteramus, ne postquàm à fide deviaverint, testandi aut donandi quippiam habeant facultatem, sed nec venditionis specie facere legi fraudem sinantur, totumque ab intestato christianitatem sectantibus propinquis potissimùm deferatur. In tantum autem contra hujuscemodi sacrilegia perpetuari volumus actionem, ut

---

3. *Les empereurs Théodose, Valentinien et Arcade, à Flavien, préfet du prétoire.*

Que ceux qui ont trahi la sainte foi, qui ont profané le baptême par une superstition hérétique, forment à eux seuls une classe séparée; qu'ils soient incapables de porter témoignage, et, comme nous l'avons déjà dit, de faire ou de recevoir par testament; qu'ils ne puissent succéder à aucun titre; que personne ne les institue héritiers. Nous les aurions rejetés et envoyés au loin, si nous n'avions cru que c'est une plus grande peine de vivre parmi les hommes dont on est le mépris. Qu'ils ne puissent jamais retourner à leur ancien état; l'infamie qui les couvre ne sera effacée ni par le repentir, ni par l'ombre d'une défense recherchée; car ceux qui ont souillé la foi qu'ils avaient consacrée à Dieu, qui trahissant le divin mystère, en ont suivi de profanes, ne peuvent défendre ce qui est faux et artificieux. On assiste ceux qui sont errants ou égarés; mais quant à ceux qui sont perdus, c'est à dire, qui ont profané le saint baptême, ils ne peuvent trouver aucun secours dans la pénitence, elle qui, pour l'ordinaire, vient au secours des autres criminels.

Fait le 5 des ides de mai, sous le consulat de Titianus et de Symmache. 391.

4. *Les empereurs Théodose et Valentinien, à Bassus, préfet du prétoire.*

Que tous accusent les apostats, et qu'aucun tems ne borne la recherche de ce crime; quoique les lois portées sur les apostats soient suffisantes, nous répétons cependant les défenses qu'elles contiennent. Qu'il leur soit donc défendu, depuis qu'ils ont abandonné la foi, de donner ou de faire un testament; qu'on ne souffre point qu'ils éludent la foi sous l'image d'une vente; que tous leurs biens soient principalement déférés à ceux de leurs parens qui sont chrétiens; nous voulons que l'action contre des sacrilèges de cette espèce soit tellement perpétuée, que nous ne re-

fusons pas à ceux qui peuvent leur succéder *ab-intestat*, de les accuser même après
leur mort, sans qu'on puisse leur opposer
que, pendant leur vie, ces sacrilèges n'ont
rien fait ouvertement contre la religion ;
mais afin qu'il ne devienne trop facile d'accuser de ce crime, pour n'en avoir pas donné de
justes notions, nous déclarons coupables ceux-
là seuls qui, avec le nom de chrétiens, ont
fait des sacrifices sacrilèges ou ont commandé
qu'on les fît. Ils doivent être punis même après
leur mort, lorsque le crime est prononcé.
Ainsi les donations ou les testamens qu'ils ont
faits sont nuls ; que ceux-là jouissent de la
succession de ces sortes de personnes, à qui
cette loi la défère.

Fait à Ravennes, le 7 des ides d'avril, sous
le consulat des empereurs Théodose, consul
pour la quatorzième fois, et Valentinien pour
la deuxième fois consul. 426.

5. *Les mêmes empereurs, à Florentius, préfet
du prétoire.*

Nous ordonnons que celui qui a entraîné
un esclave ou un ingénu malgré lui, ou
par menaces de la religion des chrétiens, dans
une abominable secte, soit puni de mort et
dépouillé de ses biens.

Fait la veille des calendes de février, sous
le consulat des empereurs Théodose, pour
la quinzième fois consul, et Valentinien pour
la quatrième fois. 435.

6. *Les empereurs Valens et Martien, à
Palladius, préfet du prétoire.*

Nous ordonnons que ceux qui étant clercs
des églises catholiques, ou moines de la foi
orthodoxe, ont embrassé les dogmes infâmes et l'hérésie d'Apollinaire ou d'Eutychès,
après avoir abandonné le culte de la religion
orthodoxe, soient condamnés à toutes les peines prononcées par les lois qui existent déjà
contre les hérétiques, et qu'ils soient chassés
du territoire de l'empire romain, comme les
précédentes lois l'ont ordonné à l'égard des
manichéens.

universis ab intestato venientibus, etiam
post mortem peccantis, absolutam vocem
in simulationis congruæ non negemus : nec
id patiemur obstare, si nihil in contestatione profano dicatur vivente productum.
Sed ne hujus interpretatio criminis latius
in incerto vagetur errore, eos præsentibus
insectamur oraculis, qui nomine christianitatis induti, sacrificia sacrilega vel fecerint, vel facienda mandaverint : quorum
etiam post mortem comprobata perfidia. Hac
ratione plectenda est, ut donationibus tes-
tamentisque rescisis, ii quibus hoc defer-
ret legitima successio, hujusmodi personarum hæreditate potiantur.

Dat. 7 id. apr. Ravennæ, Theodosio
XIV. A. Valentin. A. Coss. 426.

5. *Iidem*, AA. *Florentio*, P. P.

Eum qui servum sive ingenuum invitum,
seu suasione plectenda ex cultu christianæ
religionis in nefandam sectam ritumve trans-
duxerit, cum dispendio fortunarum capite
puniendum esse censemus.

Dat. prid. cal. febr. Theodosio XV. et
Valentiniano IV. AA. Coss.

6. *Imperatores Valent. et Martian.* AA.
Palladio, P. P.

Eos qui catholicarum ecclesiarum clerici,
vel orthodoxæ fidei monachi, relicto vero
orthodoxæ religionis cultu, Apollinaris vel
Eutychetis hæresin, et dogmata abominan-
da secuti fuerint, omnibus pœnis quæ prioribus legibus adversùs hæreticos constitutæ
sunt, jubemus teneri, et extra ipsum quoque romani imperii solum repelli, sicut
de manichæis præcedentium legum statuta
sanxerunt.

Dat. cal. aug. Valentiniano A. VII. et Ariano, Coss. 450.

Fait pendant les calendes d'août, sous le consulat de l'empereur Valentinien, pour la huitième fois consul, et d'Arien. 450.

TITULUS VIII.

Nemini licere signum Salvatoris Christi humi vel in silice, vel in marmore, aut insculpere, aut pingere.

1. *Imperatores Theod. et Valent.* AA. *Eudoxio*, P. P.

Cum sit nobis cura diligens, per omnia superni numinis religionem tueri, signum salvatoris Christi nemini licere vel in solo, vel in silice, vel in marmoribus humi positis insculpere, vel pingere, sed quodcunque reperitur, tolli: gravissima pœna mulctando eo qui contrarium statutis nostris tentaverit, specialiter imperamus.

Dat. 12 cal. jun. Hierio, et Ardaburio, Coss. 427.

TITRE VIII.

Qu'il ne soit permis à personne de peindre ou de graver sur la terre, la pierre ou le marbre, l'image du Sauveur Jésus-Christ.

1. *Les empereurs Théodose et Valentinien, à Eudoxe, préfet du prétoire.*

Comme il appartient à nous de veiller à tous égards à la défense de la religion, nous commandons spécialement qu'il ne soit permis à personne de peindre ou de graver l'image du Sauveur Jésus-Christ sur la terre ou sur de la pierre, ou du marbre posés à terre; qu'il soit effacé si on l'y trouve, et que celui qui aura tenté de faire quelque chose de contraire à la présente loi, soit puni sévèrement.

Fait le 12 des calendes de juin, sous le consulat d'Hierius et d'Ardaburius. 427.

TITULUS IX.

De Judæis et Cœlicolis.

1. *Imp. Antoninus*, A. *Claudio Triphonino.*

Quod Cornelia Salvia universitati judæorum, qui in antiochiensium civitate constituti sunt, legavit, peti non potest.

Dat. prid. calend. jul. Antonino A. IV. et Balbino, Coss. 214.

2. *Imp. Constantinus*, A. *ad Evagrium*, P. P.

Judæis, et cœlicolis, et majoribus eorum, et patriarchis volumus intimari, quòd si quis post hanc legem aliquem qui eorum feralem fugerit sectam, et ad Dei cultum

TITRE IX.

Des juifs et des cœlicoles.

1. *L'empereur Antonin, à Claude Triphonin.*

Ce que Cornélie Salvia a légué à l'université des juifs d'Antioche, ne peut être demandé.

Fait la veille des calendes de juillet, sous le consulat de l'empereur Antonin, pour la quatrième fois consul, et de Balbinus. 214.

2. *L'empereur Constantin, à Evagrius, préfet du prétoire.*

Nous voulons qu'il soit fait savoir aux juifs et aux cœlicoles, ainsi qu'à leurs chefs et patriarches, que si quelqu'un d'eux, après la présente loi, a la témérité d'attaquer, à coup de pierres ou par tout autre genre de fureur, (ce que nous avons appris être arrivé) ceux qui abandonnent leur funeste secte pour embrasser le culte de Dieu, il sera aussitôt condamné aux flammes, ainsi que tous ses complices.

Fait le 15 des calendes de novembre, sous le consulat de l'empereur Constantin, consul pour la huitième fois, et de César-Constantin, consul pour la sixième fois. 315.

3. *Les empereurs Valentinien et Valens, à Rémigius, maître des offices.*

Il convient que vous ordonniez que les militaires qui sont logés dans la synagogue des juifs, comme si c'était une maison privée, abandonnent ce logement; car ce n'est pas sans raison qu'on doit loger dans les maisons des particuliers, et non dans des lieux religieux.

Fait la veille des nones de mars, sous le consulat des empereurs Valentinien et Valens. 365.

4. *Les empereurs Gratien, Valentinien et Théodose, à Hypatius, préfet du prétoire.*

Que l'ordre dont les juifs se réjouissent, et par lequel ils étaient exemptés des charges curiales, soit annullé.

Fait le 18 des calendes de mai, à Milan, sous le deuxième consulat de Mérobaude, et le premier de Saturnin. 383.

5. *Les empereurs Valentinien, Théodose et Arcade, à Cynégius, préfet du prétoire.*

Qu'aucun juif n'épouse une chrétienne, ni qu'aucun chrétien n'épouse une juive ; car si quelqu'un fait quelque chose de semblable, il sera considéré comme coupable d'adultère, et il est permis à tout le monde de l'accuser.

Fait à Thessalonique, la veille des ides de mars, sous le premier consulat de l'empereur Théodose, et le premier de Cynégius. 388.

respexerit, saxis, aut alio furoris genere (quod nunc fieri cognovimus) ausus fuerit attentare, mox flammis dandus est, et cum omnibus suis participibus concremandus.

Dat. 15 calend. novembr. Constantino A. VIII. et Constantino-Cæsare VI. Coss. 315.

3. *Imperat. Valent. et Valens, AA. Remigio, magistro officiorum.*

In synagogam judaicæ legis veluti hospitii merito irruentes milites jubeas emigrare : quos privatorum domus, non religiosarum loca habitationum merito convenit attingere.

Datum prid. non. martii. Valentiniano et Valente AA. Coss. 365.

4. *Imperat. Grat. Valent. et Theod: AAA. Hypatio, P. P.*

Jussio qua sibi judaicæ legis homines blandiuntur, per quam eis curialium munerum dabatur immunitas, rescindatur.

Dat. 18 cal. maii Mediol. Merobaude II. et Saturnino, Coss. 383.

5. *Imperat. Valent. Theod. et Arcad. AAA. Cynegio, P. P.*

Ne quis christianam mulierem in matrimonium judæus accipiat, neque judææ christianus conjugium sortiatur ; nam si quis aliquid hujusmodi admiserit, adulterii vicem commissi hujusmodi crimen obtinebit, libertate in accusandum publicis quoque vocibus relaxata.

Dat. prid. id. mart. Thessal. Theodosio A. II. et Cynegio, Coss. 388.

6. *Imperat. Theod. Arcad. et Honor.* ᴀᴀᴀ. *Infantio , comiti Orientis.*

Nemo judæorum morem suum in conjunctionibus retineat , nec juxta legem suam nuptias sortiatur , nec in diversa sub uno tempore conjugia conveniat.

Dat. 3 calend. jan. Theodosio ᴀ. ɪɪɪ. et Habundantio, Coss. 3g3.

7. *Imperatores Arcad. et Honor. ,* ᴀᴀ. *Eutychiano.*

Judæi communi romano jure viventes, in iis causis quæ tàm ad superstitionem eorum , quàm ad forum et leges ac jura pertinent , adeant solemni more judicia, omnesque romanis legibus conferant et excipiant actiones. Si qui verò ex his communi pactione ad similitudinem arbitrorum apud judæos in civili duntaxat negotio putaverint litigandum , sortiri eorum judicium jure publico non vetentur. Eorum etiam sententias judices exequantur , tanquàm ex sententia cognitoris arbitri dati fuerint.

Dat. 6 non. febr. Honorio ᴀ. ɪᴠ. et Eutychiano , Coss. 3g8.

8. *Iidem ,* ᴀᴀ. *ad Judæos.*

Nemo externus religionis judæorum , judæis pretia statuet, cùm venalia proponunt. Justum est enim sua cuique committere; itaque rectores provinciarum vobis nullum discussorem , aut moderatorem esse concedent. Quod si quis sumere sibi curam præter vos proceresque vestros audeat, eum velut aliena appetentem supplicio coërcere festinent.

Dat. 3 calend. mart. Constantinop. Arcadio ɪᴠ. et Honorio ɪɪɪ. ᴀᴀ. Coss. 3g6.

6. *Les empereurs Théodose, Arcade et Honorius , à Infantius , comte de l'Orient.*

Que personne des juifs ne suive les usages de sa nation sur les mariages, et ne se marie que d'après sa loi; qu'il ne contracte pas non plus plusieurs mariages en même tems.

Fait le 3 des calendes de janvier, sous le consulat de l'empereur Théodose, consul pour la troisième fois, d'Habundantius. 3g3.

7. *Les empereurs Arcade et Honorius , à Eutychianus.*

Que les juifs qui vivent sous le droit commun des romains, paraissent devant les tribunaux, selon l'usage général; qu'ils se prévalent des lois des romains, et se défendent des actions intentées contr'eux , tant dans les causes qui concernent leur religion, que dans celles qui intéressent le barreau, les lois et les droits. Si quelques-uns d'entr'eux, d'un consentement commun , veulent terminer une affaire (pourvu qu'elle soit civile néanmoins) devant des juifs qu'ils ont choisis comme arbitres, le droit public n'empêche pas que le jugement qui en émanera ne soit valable; que les juges exécutent leurs sentences, tout comme celles qui sont émanées des arbitres.

Fait le 6 des nones de février , sous le consulat de l'empereur Honorius , consul pour la 4ᵉ. fois, et d'Eutychianus. 3g8.

8. *Les mêmes empereurs, aux juifs.*

Que personne d'étranger à la religion des juifs ne fixe les prix auxquels ils doivent vendre leurs marchandises; car il est juste de laisser ce soin aux maîtres des marchandises. Que les gouverneurs des provinces n'accordent à personne le droit de fixer ou modérer le prix auquel vous devez vendre vos marchandises, et qu'ils se hâtent de punir ceux qui, excepté nous ou vos chefs, auront la témérité de se mêler de ces choses, comme envieux de ce qui ne leur appartient pas.

Fait à Constantinople , le 3 des calendes

de mars, sous le consulat des empereurs
Arcade, pour la quatrième fois consul, et
Honorius, consul pour la troisième fois 396.

9. *Les empereurs Arcade, Honorius et Théo-*
dose, à Eutychianus, préfet du prétoire.

Que ceux des juifs qui sont attachés à
la curie, soient revendiqués par elle.

Fait le 3 des calendes de janvier, sous
le consulat de l'empereur Théodose, et de
Rumoridius. 403.

10. *Les empereurs Honorius et Théodose,*
à Anthémius, préfet du prétoire.

Que les gouverneurs des provinces défendent aux juifs de brûler ou d'exposer au
mépris l'image de la sainte croix, dans les
fêtes qu'ils célèbrent en commémoration du
supplice d'Aman, au mépris de la foi chrétienne ; qu'ils ne mettent point le signe de
notre foi dans leurs maisons, mais qu'ils
observent leurs usages, sans y entremêler
rien qui désigne le mépris de la loi chrétienne, à peine de perdre les privilèges que
nous leur avons accordés, s'ils ne s'abstiennent pas de ce qui leur est défendu.

Fait le 4 des calendes de juin, à Constantinople, sous le consulat de Bassus et de
Philippe. 408.

11. *Les mêmes empereurs, à Jovius, préfet*
du prétoire.

Le nom inconnu de cœlicoles nous .in-
dique la naissance d'une nouvelle secte ;
qu'ils sachent qu'ils seront punis par les
peines que portent les lois qui ont été faites
contre les hérétiques, s'ils ne retournent pas
au culte de Dieu, et ne se convertissent à
la religion chrétienne. Que les édifices dans
lesquels ils s'assemblent pour enseigner je
ne sais quels nouveaux dogmes, soient revendiqués par les églises; car il est certain
que tout ce qui s'écarte de la foi du chrétien, est contraire à la foi chrétienne.

Fait à Ravennes, pendant les calendes
d'avril, sous le consulat des empereurs Ho-

9. *Iidem*, AA. *et Theod.* A. *Eutychiano,*
P. P.

Quicunque ex judæis obnoxii curiæ com-
probantur, curiæ mancipentur.

Dat. 3 calend. januar. Theodosio A. I.
et Rumoridio, Coss. 403.

10 *Imperatores Honor. et Theod.* AA.
Anthemio, P. P.

Judæos quosdam festivitatis suæ solemni
Aman ad pœnæ quondam recordationem in-
cendere, et sanctæ crucis adsimulatam speciem in contemptum christianæ fidei sacrilega mente exurere, provinciarum rectores
prohibeant : neve locis suis fidei nostræ signum immisceant, sed ritus suos citra contemptum christianæ legis retineant, amissuri
sine dubio permissa hactenùs, nisi ab illicitis temperaverint.

Dat. 4 calend. jun. Constantinop. Basso
et Philippo, Coss. 408.

11. *Iidem*, AA. *Jovio*, P. P.

Cœlicolarum nomen inauditum quodammodo novum crimen superstitionis vindicavit; hi nisi ad Dei cultum, venerationemque
christianam conversi fuerint : his legibus,
quibus præcipimus hæreticos adstringi, se
quoque noverint adstringendos ; ædificia
autem eorum (quæ nescio cujus novi dogmatis conventus habent) ecclesiis vindicentur; certum enim est, quicquid à fide christianorum discrepat, legi christianæ esse contrarium.

Dat. calend. april. Ravennæ, Honorio
VIII. et Theodosio III. AA. Coss. 409.

12. *Iidem*, AA. *Jovio*, P. P.

Die sabbato ac reliquis sub tempore, quo judæi cultus sui reverentiam servant, neminem aut facere aliquid, aut ulla ex parte convenire eos debere præcipimus: ita tamen ut nec illis detur licentia eodem die christianos orthodoxos convenire, nec christiani fortè ex interpellatione judæorum ab officialibus præfatis diebus aliquam sustineant molestiam: cùm fiscalibus commodis et litigiis privatorum constet reliquos dies posse sufficere.

Dat. 8 calend. aug. Ravennæ, Honorio et Theodosio III. AA. Coss. 409.

norius, pour la huitième fois consul, et Théodose, consul pour la 3*. fois. 409.

12. *Les mêmes empereurs, à Jovius, préfet du prétoire.*

Nous ordonnons que, pendant le jour du sabbat et autres jours de fête des juifs, il soit défendu à qui que ce soit de leur faire quelque chose ou de les citer en justice; de sorte que cependant ils ne puissent eux-mêmes citer en justice, pendant les mêmes jours, les chrétiens orthodoxes, de peur que ces derniers ne soient inquiétés par les officiaux, à la réquête des juifs, pendant les jours précités; car il est évident que les autres jours suffisent à ce que les avantages du fisc et les affaires des particuliers ne souffrent aucun dommage.

Fait à Ravennes, le 8 des calendes d'août, sous le consulat des empereurs Honorius, consul pour la huitième fois, et Théodose pour la troisième fois consul. 409.

13. *Iidem.* AA. *Philippo*, P. P. *per Illyricum.*

Nullus tanquàm judæus, cùm sit innocens, obteratur, nec expositum eum ad contumeliam religio qualiscunque perficiat; non passìm eorum synagogæ vel habitacula concrementur, vel perperam sine ulla ratione lædantur: cùm alioquin, etiam si fit aliquis sceleribus implicitus, idcircò tamen judiciorum vigor jurisque publici tutela videtur in medio constituta, ne quisquam sibi ipsi permittere valeat ultionem. Sed ut in hoc personis judæorum volumus esse provisum: ita id quoque monendum esse censemus, ne judæi forsitàn insolescant, elatique sui securitate, quicquam præcipites in christianam reverentiam ultionis admittant.

Dat. 8 id. aug. Constantinop. Honorio IX. et Theodosio V. AA. Coss. 412.

13. *Les mêmes empereurs, à Philippe, préfet du prétoire, pour l'Illyrie.*

Que personne, de quelque religion qu'il soit, ne vexe un juif innocent, par cela seul qu'il est juif, et ne lui attire des outrages; qu'on n'incendie point leurs synagogues ou leurs maisons, et qu'on ne leur cause aucun dommage méchamment et sans raison; car si quelqu'un est coupable de quelque crime, les juges sont une autorité intermédiaire et protectrice, établie pour que personne ne puisse se venger soi-même; mais si nous voulons qu'il soit pourvu à la sûreté des personnes des juifs, nous ne voulons point que, fiers et orgueilleux de leur tranquillité, et avides de vengeance, ils fassent quelque chose de contraire à la religion chrétienne.

Fait à Constantinople, le 8 des ides d'août, sous le consulat des empereurs Honorius, consul pour la neuvième fois, et Théodose pour la cinquième fois consul. 412.

14. *Les mêmes empereurs, à Aurélien, préfet du prétoire.*

S'il s'élève quelque procès entre les juifs et les chrétiens, qu'il soit décidé par les juges ordinaires, et non par les anciens des juifs.

Fait le 13 des calendes de novembre, sous le consulat des empereurs Honorius, pour la douzième fois consul, et Théodose, consul pour la huitième fois. 418.

15. *Les mêmes empereurs, à Asclépiodote, préfet du prétoire.*

Les juifs qui seront convaincus d'avoir circoncis ou commandé qu'on circoncît un homme de notre croyance, seront condamdés à la perte de leurs biens, et à un exil perpétuel.

Fait la veille des calendes de février, sous le septième consulat de l'empereur Théodose celui de Festus. 439.

16. *Les empereurs Théodose et Valentinien ; à Jean, intendant de nos largesses.*

Que les chefs des juifs qui régissent les synagogues de l'une et de l'autre Palestine, ou celles des autres provinces, soient forcés par les officiers de nos largesses de percevoir, à leurs périls, les tributs annuels dus par les synagogues, à titre d'*or coronaire*. Que ce que percevaient jadis les patriarches de l'Occident, soit apporté maintenant dans le trésor de nos largesses.

Fait à Constantinople, le 3 des calendes de juin, sous le consulat de Florentius et de Denis. 429.

17. *Les mêmes empereurs, à Florentius, préfet du prétoire.*

Nous ordonnons par cette loi, qui doit être observée à jamais, que personne des juifs à qui toutes administrations et toutes dignités sont interdites, ne puissent exercer l'office de défenseur de la ville ; nous ne leur permettons pas non plus de s'arroger l'office de père de la ville, de peur que, par l'auto-

14. *Iidem*, AA. *Aureliano*, P. P.

Si qua inter christianos et judæos sit contentio, non à senioribus judæorum, sed ab ordinariis judicibus dirimatur.

Dat. 13 calend. novembr. Honorio XII. et Theodosio VIII. AA. Coss. 418.

15. *Iidem*, AA. *Asclepiodoto*, P. P.

Judæi et bonorum proscriptione et perpetuo exilio damnabuntur, si nostræ fidei hominem circumcidisse eos, vel circumcidendum mandasse constiterit.

Dat. prid. calend. febr. Theod. XVII. et Festo, Coss. 439.

16. *Imperatores Theod. et Valentin.* AA. *Joan. comiti sacrarum largitionum.*

Judæorum primates qui in utriusque Palestinæ synedriis dominantur, vel in aliis provinciis degunt, periculo suo anniversarium canonem de synagogis omnibus, palatinis compellentibus, exigant ad eam formam, quam patriarchæ quondam coronarii auri nomine postulabant ; et hoc, quod de occidentalibus patriarchis conferri consueverat, nostris largitionibus inferatur.

Dat. 3 calend. jun. Constantinop. Florentio et Dionysio, Coss. 429.

17. *Iidem*, AA. *Florentio*, P. P.

Hac valitura in omne ævum lege sancimus, neminem judæorum (quibus omnes administrationes et dignitates interdictæ sunt) nec defensoris civitatis fungi saltem officio, nec patriæ honorem arripere, concedimus : ne adquisiti sibi officii auctoritate muniti, adversùs christianos, et ipsos plerumquè sacra religionis antistites, veluti insultantes fidei nostræ, judicandi, vel pronuntiandi quamlibet habeant potestatem.

§. 1. Illud etiam pari consideratione rationis arguentes præcipimus, ne qua judaica synagoga in novam fabricam surgat : fulciendi veteres permissa licentia, quæ ruinam minantur.

§. 2. Quisquis igitur vel infulas acceperit, quæsitis dignitatibus non potiatur ; vel si ad officia vetita subrepserit, ab his penitùs repellatur ; vel si synagogam exstruxerit, compendio catholicæ ecclesiæ noverit se laborasse : et qui ad honores et dignitates irrepserit, habeatur ut anteà conditionis extremæ, etsi honorariam illicitè promeruerit dignitatem. Et qui synagogæ fabricam cœperit, non studio reparandi : cum damno quinquaginta librarum auri fraudetur ausibus suis; cernat prætereà, bona sua proscripta, mox pœnæ sanguinis destinandus, quasi qui fidem alterius expugnavit perversa doctrina.

Dat. prid. calend. febr. Theodosio A. XVII. et Festo, Coss.

rité des offices, dont ils seraient revêtus, ils n'eussent le pouvoir de juger ou de prononcer contre les chrétiens et les évêques de la sainte religion, et par-là d'insulter à notre foi.

§. 1. Et par la même considération, nous défendons qu'on construise de nouvelles synagogues judaïques; mais nous permettons qu'on répare celles des anciennes qui menacent ruine.

§. 2. Que celui donc d'entr'eux qui a été élevé à une dignité, ne puisse en jouir : s'il a obtenu un office défendu, qu'il en soit dépouillé; s'il a élevé une nouvelle synagogue, qu'il sache qu'il a travaillé pour l'église catholique. Que ceux qui ont obtenu par ruses des honneurs ou des dignités, sachent qu'ils seront considérés comme s'ils n'avaient pas changé de condition, quoiqu'ils aient été élevés (mais illicitement) à une dignité honorable ; que celui qui a commencé la construction d'une nouvelle synagogue, non dans l'intention d'en rétablir une ancienne, soit condamné à cinquante livres d'or, et à la confiscation de ce qu'il a fait; qu'en outre ses biens soient confisqués, et aussitôt lui-même condamné à mort, comme coupable d'avoir combattu par sa perverse doctrine la foi d'autrui,

Fait la veille des calendes de février, sous le dix-septième consulat de l'empereur Théodose, et celui de Festus. 439.

TITULUS X.

Ne christianum mancipium hæreticus, vel Judæus, vel Paganus, habeat, vel possideat, vel circuncidat.

1. *Impp. Honorius et Theodosius,* AA. *Monaxio,* P. P.

JUDÆUS servum christianum nec comparare debebit, nec largitatis, vel alio quocunque titulo consequetur. Quòd si aliquis ju-

TITRE X.

Que des hérétiques, des juifs, ou des païens n'aient, ne possèdent, ou ne circoncisent des esclaves chrétiens.

1. *Les empereurs Honorius et Théodose, à Monoxius, préfet du prétoire.*

IL est défendu aux juifs d'acheter les esclaves chrétiens, ou de les acquérir par donation ou à tout autre titre. Si quelqu'un d'entre les juifs, ou quelqu'autre personne d'une autre secte, possédant un esclave chrétien, à quelque titre que ce soit, l'a circoncis, qu'il soit condamné non-seulement à la perte de l'esclave, mais encore à la peine de mort, et qu'en récompense l'esclave soit affranchi.

Fait le 4 des ides d'avril, à Constantinople, sous le consulat de l'empereur Honorius, consul pour la onzième fois, et de Constance. 417.

dæorum mancipium vel christianum habuerit, vel sectæ alterius seu nationis crediderit ex quacumque causa possidendum, et id circunciderit, non solùm mancipii damno mulctetur, verumetiam capitali sententia puniatur, ipso servo pro præmio libertate donando.

Dat. 4, id. april. Constantinop. Honorio A. XI. et Constantio V. c. II. Coss. 417.

TITRE XI.

Des Payens, de leurs Sacrifices et de leurs Temples.

1. *L'empereur Constance, à Taurus, préfet du prétoire.*

IL nous plaît qu'en tous lieux et dans toutes les villes les temples des payens soient de suite fermés, et que l'entrée en soit interdite à tout le monde, afin qu'il ne soit plus permis aux payens de persévérer dans leurs crimes. Nous voulons qu'ils s'abstiennent tous des sacrifices; que ceux qui contreviendront à ces défenses, périssent par le glaive vengeur, et que leurs biens soient adjugés au fisc. Nous ordonnons qu'on punisse également les gouverneurs des provinces qui auront négligé de réprimer de tels crimes.

Fait pendant les calendes de décembre, sous le consulat des empereurs Constance et Constant. 342.

2. *Les empereurs Théodose, Gratien et Valentinien, à Cynégius, préfet du prétoire.*

Qu'aucun mortel n'ait la témérité de faire des sacrifices, à l'effet d'obtenir en présage l'espérance d'une vaine promesse, par l'inspection du foie ou des entrailles, ou, ce qui est plus criminel encore, de chercher l'avenir par une consultation exécrable; car ceux

TITULUS XI.

De Paganis, et Sacrificiis, et Templis.

1. *Imp. Constantius A. ad Taurum, P. P.*

PLACUIT omnibus locis, atque urbibus universis claudi protinùs templa, et accessu vetito omnibus licentiam delinquendi perditis abnegari. Volumus etiam cunctos sacrificiis abstinere; quòd si aliquid forté hujusmodi perpetraverint, gladio ultore sternantur, facultates etiam perempti fisco decernimus vindicari; et similiter puniri rectores provinciarum, si facinora vindicare neglexerunt.

Dat. calend. decemb. Constantio IV. et Constante AA. Coss. 342.

11. *Imp. Theod. A Cynegio, P. P.*

Ne quis mortalium ita faciendi sacrificii sumat audaciam, ut inspectione jecoris, extorumque præsagio vanæ spem promissionis accipiat, vel (quod est deterius) futura sub execrabili consultatione cognoscat, acerbioris etenim imminebit supplicii cru-

16

ciatus ei, qui contra vetitum præsentium vel futurarum rerum explorare tentaverit veritatem.

Dat. 7 calend. jun. Arcadio et Bautone, Coss. 385.

3. *Imp. Arcad. et Honor.* AA. *Macrobio*, P. P. *et Procliano, vicario.*

Sicut sacrificia templorum prohibemus, ita volumus publicorum operum ornamenta servari. Ac ne sibi aliqua auctoritate blandiantur, qui ea conantur evertere, si quod rescriptum, si qua lex forte prætenditur, abreptæ hujusmodi chartæ ex eorum manibus ad nostram scientiam referantur.

Dat. 13 calend. febr. Raven. Theodosio, Couss. 399.

4. *Iidem* AA. *Apollodoro, proconsuli Africæ.*

Ut profanos ritus jam salubri lege submovimus ita festos conventus civium, et communem omnium lætitiam non patimur submoveri, unde absque ullo sacrificio, atque ulla superstitione damnabili, exhiberi populorum voluptates secundùm veterem consuetudinem, ministrari etiam festa convivia, quandò exigunt publica vota, decernimus.

Dat. 13 calend. septemb. Paravio et Theod. Coss. 399.

5. *Imp. Honor. et Theodos.* AA. *populo Carthaginiensi.*

Omnia loca, quæ sacris error veterum deputavit, nostræ rei jubemus sociari, quod autem ex eo jure ubicunque ad singulas quascunque personas, vel præcedentium principum largitas, vel nostra majestas voluit pervenire; id in eorum patrimoniis æterna

qui tenteront, contre la présente défense, de pénétrer la vérité des choses présentes, ou à venir, seront punis encore plus sévèrement.

Fait le 7 des calendes de juin, sous le consulat d'Arcade et de Bauton. 385.

3. *Les empereurs Arcade et Honorius, à Macrobe, préfet du prétoire, et à Proclien, lieutenant.*

Mais quoique nous défendions qu'on fasse des sacrifices dans les temples, nous voulons que les ornemens de ces derniers soient conservés; et afin que ceux qui s'efforcent de les détruire ne se prévalent de quelqu'autorité, s'ils opposent un rescrit ou quelque loi, qu'on leur arrache de tels papiers d'entre les mains, et qu'on nous les apporte.

Fait à Ravennes, le 13 des calendes de février, sous le consulat de Théodose. 399.

4. *Les mêmes empereurs, à Apollodore, proconsul de l'Afrique.*

Quoique nous ayons aboli par une loi salutaire les rits profanes, nous ne souffrons point qu'on abolisse les fêtes, et que par-là on trouble la joie commune. Nous ordonnons que les plaisirs du peuple, et les banquets usités dans les fêtes publiques, soient permis comme anciennement, pourvu qu'on ne fasse aucun sacrifice, et qu'on n'observe aucune superstition condamnable.

Fait le 13 des calendes de septembre, sous le consulat de Paravius et de Théodose. 399.

5. *Les empereurs Honorius et Théodose, au peuple de Carthage.*

Nous commandons que tous les lieux que l'erreur des anciens avait destinés aux sacrifices, soient réunis à nos domaines; que ceux de ces biens acquis de cette manière, donnés par les princes nos prédécesseurs, ou par notre majesté, à quelque personne que ce soit, demeurent à jamais dans leurs patrimoines : la religion chrétienne doit revendiquer, à juste titre, ceux que nous avons cédés, par diverses constitutions, à l'église.

Fait à Ravennes, le 3 des calendes de septembre, sous le consulat des empereurs Honorius et Théodose; l'un pour la dixième fois consul, et l'autre pour la 6e. fois. 415.

firmitate perduret, ea verò quæ multiplicibus constitutis ad venerabilem ecclesiam volumus pertinere, christiana sibi meritò religio vindicabit.

Dat. 3 calend. septembr. Ravennæ, Honorio x. et Theodosio vi. aa. Coss. 415.

6. Les mêmes empereurs, à Asclépiodote, préfet du prétoire.

Nous commandons spécialement à ceux qui sont réellement, ou qui passent pour être chrétiens, de ne point, en abusant de l'autorité de la religion, se porter à des violences envers les juifs ou les payens qui vivent en paix, n'excitent aucun trouble, et ne font rien de contraire aux lois; et, s'ils sont convaincus de s'être portés à des violences contr'eux, ou d'avoir pillé leurs biens, qu'ils ne soient pas forcés seulement de rendre ce qu'ils auront pris, mais encore d'en restituer le double; que les gouverneurs des provinces, les magistrats, et ceux qui commandent, sachent qu'ils seront punis comme les coupables même, s'ils ne tirent pas vengeance de ces excès, ou s'ils souffrent que le peuple s'y livre.

Fait à Constantinople, le 6 des ides de juin, sous le consulat d'Asclépiodote et de Marinien. 423.

6. Iidem aa. Asclepiodoto, p. p.

Christianis qui verè sunt, vel esse dicuntur, specialiter demandamus, ut judæis ac paganis quietè degentibus, nihilque tentantibus turbulentum, legibusque contrarium, non audeant manus inferre, religionis auctoritate abusi; nam si contra securos fuerint violenti, vel eorum bona diripuerint, non ea sola quæ abstulerint, sed convicti, in duplum, quæ rapuerint, restituere compellentur : rectores etiam provinciarum, et officia, et principales cognoscant se, (si non ipsi talia vindicent, sed fieri à popularibus hæc permiserint)ut eos qui fecerint, puniendos.

Dat. 6 id. jun. Constantinop. Asclepiodoto et Mariniano, Coss. 423.

7. Les empereurs Valentinien et Martien, à Palladius, préfet du prétoire.

Que personne n'ouvre, dans le dessein de les honorer ou de les adorer, les temples des payens, qui ont déjà été fermés; que l'honneur qui était anciennement rendu aux abominables idoles, ne souille pas notre siècle; car c'est un sacrilège d'orner de couronnes les portes impies des temples, d'allumer des feux profanes sur ces autels, d'y brûler de l'encens, d'y égorger des victimes, d'y faire des li-

7. Imp. Valentin. et Mart. aa. Palladio, p.p.

Nemo venerandi adorandique animo delubra quæ olim jam clausa sunt, reseret; absit à seculo nostro, infandis execrandisque simulacri honorem pristinum reddi; redimiti sertis templorum impios postes, profanos aris accendi ignes, adoleri in iisdem thura, victimas cædi, pateris vina libari, et religionis loco existimari sacrilegium. Quisquis autem contra hanc serenitatis nostræ

sanctionem, et contra interdicta sanctissimarum veterum constitutionum sacrificia
exercere tentaverit, apud publicum judicem reus tanti facinoris legitimè accusetur,
et convictus proscriptionem omnium bonorum suorum et ultimum supplicium subeat.
Conscii etiam criminis, ac ministri sacrifi-
ciorum eandem pœnam, quæ in illum fuerit
irrogata, sustineant, ut hac legis nostræ severitate perterriti, metu pœnæ desinant sacrificia interdicta celebrare. Quòd si vir
clarissimus rector provinciæ post accusationem legitimam, et post crimen in cognitione convictum, tantum scelus dissimulaverit vindicare, quinquaginta libras auri
ipse judex, quinquaginta etiam officium
ejus confestim fisco nostro inferre cogatur.

Dat. prid. id. novemb. Martiano A. et
Adelphio, Coss, 451.

8. *Imp. Leo et Anthemius* AA. *Dioscoro,* P P.

Nemo ea quæ sæpius paganæ superstitionis
hominibus interdicta sunt, audeat perten-
tare : sciens quòd crimen publicum committit, qui hæc ausus fuerit perpetrare, in
tantum autem hujusmodi facinora volumus
esse resecanda, ut etiam si in alieno prædio
vel domo aliquid tale perpetretur, scientibus videlicet dominis, prædium quidem vel
domus sanctissimis juribus ærarii addicen-
tur. Domini verò pro hoc solo, quòd scientes
consenserint sua loca talibus contaminari
sceleribus, si quidem dignitate vel militia
quâdam decorantur, amissione militiæ vel
dignitatis, necnon rerum suarum proscrip-
tionè plectentur; privatæ constituti, post
cruciatus corporis operibus metallorum, aut
perpetuo deputabuntur exilio.

bations divines, ou de les considérer comme
des lieux religieux; que celui donc qui,
malgré cette constitution et les défenses des
autres plus anciennes, tentera d'offrir des
sacrifices sur ces autels, soit dénoncé au
juge public, et qu'il soit condamné, s'il
est convaincu, à la perte de tous ses biens
et au dernier supplice; que les complices
de son crime, et les ministres des sacrifices, subissent la même peine qu'on a prononcée contre lui-même, de sorte qu'épou-
vantés par la rigueur de cette loi, ils cessent, par la crainte du supplice, de célébrer des sacrifices prohibés; et, si le gouverneur de la province, après l'accusation
légitime, et après que le crime a été prouvé
dans l'examen, a négligé d'en tirer vengeance, qu'il soit forcé de donner aussitôt,
au profit de notre fisc, cinquante livres d'or;
que celui qui exerce la juridiction, soit condamné à une égale amende.

Fait la veille des ides de novembre, sous
le consulat de l'empereur Martien et d'A-
delphius. 451.

8. *Les empereurs Léon et Anthemius,* à
Dioscore, préfet du prétoire.

Que personne n'ait la témérité de faire
les choses qui ont été souvent défendues aux
payens; qu'il sache que celui qui a cette témérité commet un crime public. Nous voulons que ces crimes soient tellement réprimés, que, quoiqu'ils soient commis dans
le champ ou la maison d'autrui, si c'est au
su des maîtres, le champ ou la maison soit
adjugée au trésor de l'église ; que les maîtres qui, par cela seul qu'ils ont souffert
qu'on souillât leurs biens par de tels crimes,
y ont consenti, soient, s'ils sont revêtus de
quelque dignité ou de quelque grade militaire, punis par la perte de leur dignité ou
de leur grade, et par la confiscation de
leurs biens; et, s'ils sont d'une condition
privée ou plébéienne, après avoir souffert

des tourmens corporels, qu'ils soient condamnés aux travaux des mines ou à un
exil perpétuel.

TITRE XII.

De ceux qui se réfugient dans les églises, ou de ceux qui y font du bruit, et qu'on n'arrache personne de ces lieux.

1. *Les empereurs Arcade et Honorius, à Archélaüs, préfet augustal.*

Que les juifs qui, accusés de quelque crime, ou chargés de dettes, feignent d'embrasser la religion chrétienne, et se réfugient dans les églises, pour fuir la punition de leurs crimes, ou les poursuites de leurs créanciers, en soient chassés, et qu'ils n'y soient reçus qu'auparavant ils n'aient payé toutes leurs dettes, ou ne se soient justifiés des crimes dont ils sont accusés.

Fait à Constantinople, le 15 des calendes de juillet, sous le consulat de Cæsarius et d'Atticus. 397.

2. *Les empereurs Honorius et Théodose, à Jovius, préfet du prétoire.*

Nous ordonnons, par des considérations de piété, qu'il ne soit permis à personne de prendre dans les églises les fidèles qui s'y sont réfugiés; que celui qui tentera de contrevenir à cette loi, sache qu'il sera considéré comme criminel de lèze-majesté.

Fait le 10 des calendes d'avril, sous le consulat de Constantin et de Constance. 414.

3. *Les empereurs Théodose et Valentinien, à Imperius, préfet du prétoire.*

Si un esclave de quelqu'un s'enfuit précipitamment à l'église ou aux autels, sans que personne s'en aperçoive, qu'il en soit aussitôt arraché, ou qu'on en instruise

TITULUS XII.

De iis qui ad ecclesias confugiunt, vel ibi exclamant, et ne quis ab ecclesia extrahatur.

1. *Imp. Arcad. et Honor. AA. Archelao, P. augustali.*

Judæi, qui reatu aliquo, vel debitis fatigati, simulant se christianæ legi velle conjungi, ut ad ecclesias confugientes, evitare possint crimina, vel pondera debitorum, arceantur; nec ante suscipiantur, quàm debita universa reddiderint, vel fuerint innocentia demonstrata purgati.

Dat. 15 cal. jul. Constantinop. Cæsario et Attico, Coss. 397.

2. *Imp. Honor. et Theod. AA. Jovio, P. P.*

Fideli devotaque præceptione sancimus, nemini licere ad sacrosanctas ecclesias confugientes abducere : sub hac videlicet definitione, ut si quisquam, contra hanc legem venire tentaverit, sciat se majestatis crimine esse retinendum.

Dat. 10 calend. april. Constantino et Constantio, Coss. 414.

3. *Imp. Theod. et Valent. AA. Imperio, P. P.*

Si servus cujusquam ecclesiam altariave armatus nullis hoc suspicantibus, inopinatus irruerit, exindè protinùs abstrahatur, vel continuò domino, vel ei unde eum tàm furiosa formido proripuit, indicetur, eique mox abstrahendi copia non negetur; sed si armorum fiducia resistendi animos insania impellente conceperit, abripiendi extrahendique eum domino, quibus id potest efficere viribus, concedatur. Quòd si illum etiam configi in concertatione pugnaque contigerit, nulla erit ejus nova, nec conflandæ criminationis relinquetur occasio, si is, qui ex statu servili in hostilis et homicidæ conditionem transiliit, sit occisus.

Dat. 5 calend. april. Valerio et Aëtio, Coss. 432.

4. Imp. Martianus A. ad populum.

Denuntiamus vobis omnibus, ut in sacrosanctis ecclesiis, et in aliis quidem venerabilibus locis, in quibus cum pace et quiete vota competit celebrari, abstineatis ab omni seditione; nemo conclamationibus utatur; nemo moveat tumultum, aut impetum committat, vel conventicula collecta multitudine in qualibet parte civitatis, vel vici, vel cujuscunque loci colligere ac celebrare conetur. Nam si quis aliquid contra leges à quibusdam sibi existimet perpetrari, liceat ei adire judicem, et legitimum postulare præsidium. Sciant sanè omnes, quòd si quis contra hujus edicti normam aut agere aliquid, aut seditionem movere tentaverit, ultimo supplicio subjacebit.

Dat. 3 id. jul. ipso Martiano A. Adelphio, Coss. 451.

5. Imperator Leo A. Erythrio, P P.

Præsenti lege decernimus per omnia loca valitura (excepta hac urbe regia, in qua nos

sur-le-champ son maître, ou celui des mains duquel il s'est enfui, et qu'on lui dise que le pouvoir de l'arracher de ces lieux ne lui est pas refusé; mais si, se confiant en ses armes, il a conçu le dessein insensé de résister, qu'on accorde à son maître la permission de l'en arracher, et de l'en faire sortir par l'emploi de la force qui sera nécessaire; et, s'il arrive que l'esclave soit tué dans le combat, que son maître ne soit pas considéré comme coupable de ce meurtre, parce que celui qui a été tué a passé de l'état d'esclave à celui d'ennemi et d'homicide.

Fait le 5 des calendes d'avril, sous le consulat de Valérius et d'Aëtius. 423.

4. L'empereur Martien, au peuple.

Nous vous défendons de vous livrer à aucune espèce de sédition dans les églises et autres lieux saints, où les prières doivent être faites dans la paix et la tranquillité; que personne n'y crie, n'y excite du tumulte, ou n'y commette des violences; que personne ne provoque et n'organise des rassemblemens, dans quelque partie de la ville ou du bourg que ce soit, ou dans tout autre lieu; car si quelqu'un pense qu'on ait fait quelque chose de contraire aux lois, qu'il lui soit permis d'appeler le coupable devant le juge, et de demander du secours à ce dernier; que tous sachent que celui qui contreviendra à cet édit, ou qui tentera d'exciter des séditions, sera condamné au dernier supplice.

Fait le 3 des ides de juillet, sous le consulat de l'empereur Martien et d'Adelphius. 451.

5. L'empereur Léon, à Erythrius, préfet du prétoire.

Nous ordonnons, par la présente loi, qui doit être observée en tous lieux (excepté dans cette royale ville où nous résidons, parce qu'étant consultés lorsque les besoins l'exigent, nous rendons au même instant des constitutions sur chaque cause et chaque personne), que personne ne repousse, ne chasse ou n'arrache des églises de la foi orthodoxe ceux qui s'y sont réfugiés, ou n'exige, des évêques ou des économes, ce qui est dû par les réfugiés. Ceux qui auront eu la témérité d'entreprendre, de faire ou seulement de projeter quelque chose de contraire à ces dispositions, doivent être livrés au dernier supplice. Nous ne souffrirons point que personne soit chassé et arraché de ces lieux, dans toute leur étendue, fixée par des constitutions antérieures, ni qu'on refuse à ceux qui se sont réfugiés dans les églises, ce qui leur est nécessaire pour vivre ou pour se vêtir, ou pour leur tranquillité.

§. 1. Mais si les réfugiés se montrent publiquement dans l'église, et offrent à ceux qui se plaignent d'eux de répondre sans sortir des lieux saints, qu'il leur soit permis, par l'ordre des juges de leur ressort, de répondre comme ils voudront, sans oublier cependant le respect qui est dû aux saints lieux.

§. 2. Que l'économe, ou le défenseur de l'église, ou celui que l'évêque a jugé à-propos de charger de ces affaires, prévienne décemment, et sans l'inquiéter, la personne qu'on trouve cachée ou réfugiée dans les dépendances de l'église, de se présenter.

§. 3. Lorsqu'il aura été cité par une action civile, pour cause d'un contrat public ou privé, il est libre de comparaître en personne, ou par un procureur spécial, nommé solennellement par-devant le juge par lequel il a été cité.

§. 4. Mais s'il refuse ou diffère d'observer ces choses, que les usages ordinaires suivis par les juges, ou établis par les lois, soient observés. C'est pourquoi, s'il possède des immeubles, qu'après les citations

divinitate propria degentes, quoties usus exegerit, invocati, singulis causis atque personis præsentanea constituta præstamus) nullos penitùs, cujuscunque conditionis sint, de sacrosanctis ecclesiis orthodoxæ fidei expelli, aut trahi, vel protrahi confugas : nec pro his venerabiles episcopos, vel religiosos œconomos exigi, quæ ab ipsis debeantur: his qui hoc moliri aut facere, aut nuda saltem cogitatione atque tractatu ausi fuerint tentare, capitali et ultimi supplicii animadversione plectendis. Ex his ergò locis, eorumque finibus, quos anteriorum legum præscripta sanxerunt, nullos expelli aut ejici aliquandò patimur : nec in ipsis ecclesiis reverendis ita quenquam detineri, atque constringi, ut ei aliquid victualium rerum, aut vestis negetur, aut requies.

§. 1. Sed si quidem ipsi refugæ appareant in ecclesia publicè, et se in sacris locis offerant quærentibus conveniendos, ipsis servata locis reverentia, judicum, quibus subjacent, sententiis moveantur, responsum daturi, quale sibi quisque perspexerit convenire.

§. 2. Quòd in finibus ecclesiasticis latitant, religiosus œconomus, seu defensor ecclesiæ, vel certè quem his negotiis commodiorem auctoritas episcopalis elegerit, reconditam latentemque personam decenter sine ullo incommodo monitus intra fines ecclesiæ (si invenitur) præsentet.

§. 3. Cùm autem monitus fuerit in publico privatove contractu actione civili, in ejus sit arbitrio, sive per se, sive (si magis elegerit) instructo solenniter procuratore directo, in ejus judicis, cujus pulsatur sententiis, examine respondere.

§. 4. Sed si hoc facere detrectet, aut differat, judiciorum, legumque solitus ordo servetur. Itaque si res immobiles possidet, post edictorum solennium citationem, ex sententia judicantis usque ad modum de-

biti bonorum ejus sive prædiorum traditio
sive venditio celebretur. Quòd si res mobiles habet , easque extra terminos occultat ecclesiæ, sententia judicantis et executoris sollicitudine perquisitæ, quocunque loco occul-
tentur , erutæ pro æquitatis tramite , mo-
doque debiti, publicis rationibusque priva-
tisque proficiant. Sanè si intra fines habentur ecclesiæ, vel apud quemlibet ex clericis
absconditæ sive depositæ fuisse firmantur,
studio et providentia viri reverendissimi
œconomi , sive defensoris ecclesiæ diligen-
tia inquisitæ , hæ quolibet modo ad sacrosanctam ecclesiam pervenientes proferantur : ut pari æquitatis ordine iisdem ex
bonis fisco, vel reipublicæ, sive creditoribus, et quibuscunque justis petitoribus
ad modum debiti consulatur. Sicubi depositæ vel commodatæ dicuntur, inquirendi
talem volumus esse cautelam, ut si sola
suspicione apud aliquem adserantur absconditæ ; de sua etiam conscientia satisfacere
auctoritate venerabilis antistitis jubeatur.
Adjicientes, quòd ea quæ de principalibus
personis decrevimus, in causis fidejussorum , sive mandatorum, seu rerum ad eos
pertinentium, vel familiarium, et sociorum seu participum, et omninò in iisdem
causis obnoxiorum personis præcipimus observari : scilicet si ipsos quoque secum con-
fugæ intra ecclesiarum terminos habere voluerint, ut eorum quoque bonis publica debita privataque solvantur , et per eos rerum, ubicunque depositæ sunt, procedat
inquisitio. Et hæc quidem de ingenuis liberisque personis.

solennelles, ils soient livrés ou vendus, en
vertu de la sentence du juge, jusqu'à concurrence du montant de la dette. S'il possède des choses mobiliaires qu'il n'a point
cachées dans les dépendances de l'église,
qu'elles soient recherchées en vertu de la
sentence du juge, et par les soins de l'exécuteur, en quelques lieux qu'elles soient cachées ; et, lorsqu'elles ont été découvertes,
l'équité demande qu'on en dispose, jusqu'à
concurrence de la dette, en faveur du trésor
public, si elle est due à l'état, ou en faveur
des particuliers envers lesquels la dette a
été contractée ; mais si elles sont dans des
lieux dépendans de l'église, ou s'il est prouvé
qu'elles aient été cachées ou déposées chez
quelque clerc, qu'elles soient cherchées par
les soins diligens et la sollicitude de l'éco-
nôme ou du défenseur de l'église ; et, de
quelque manière qu'elles soient parvenues à
l'église, qu'on en dispose équitablement,
jusqu'à concurrence des dettes, soit au
profit du fisc ou de l'état, soit à celui des
créanciers ou de toute autre personne dont
les réclamations sont justes ; mais si on
prétend qu'elles ont été déposées quelque
part, ou données en commodat, nous voulons qu'on s'informe si cela est vrai, et que
l'évêque défère le serment à celui chez qui
on présume qu'elles ont été cachées. Nous
ordonnons que les dispositions que nous
avons portées au sujet de ceux dont nous
venons de parler, soient observées à l'égard
de leurs fidéjusseurs, mandataires, ou des
biens qui leur appartiennent en propre, de
leurs domestiques ou associés, et de tous
ceux qui sont obligés dans cette cause ;
mais si les réfugiés ont amené les mêmes
personnes avec eux dans les lieux de la dépendance de l'église, qu'on acquitte avec
leurs biens les dettes, soit qu'elles soient
dues à l'état, soit qu'elles le soient à des
particuliers, lesquels biens les économes ou
les défenseurs de l'église précités, doivent
rechercher, en quelqu'endroit qu'ils aient

été déposés. Ces dispositions ont été portées à l'égard des personnes ingénues et libres. •

§. 5. Mais si un esclave, un colon, un ascript, un familier, ou un affranchi, ou quelqu'autre personne de cette sorte, après avoir cassé ou volé quelque chose, ou désertant leur maître, se sont réfugiés dans les lieux saints, qu'ils soient ramenés à leurs demeures et à leur première condition par les économes ou les défenseurs de l'église, dès l'instant qu'ils sauront quelles sont les personnes que ces réfugiés fuient, après avoir été punis, en présence des parties, selon la discipline ecclésiastique et la gravité de la faute, ou après avoir demandé leur pardon à leur maître, et le serment, pour en être le garant : que les choses qu'ils avaient portées avec eux soient restituées. Il ne convient pas qu'ils demeurent long-tems dans l'église, de peur que leurs patrons ou leurs maîtres leur refusent, à cause de leur absence, les objets de première nécessité, et qu'ils ne deviennent par-là à charge à l'église, étant entretenus aux dépens des indigens et des pauvres.

§. 6. L'économe ou le défenseur de l'église, doit s'informer sur - le - champ, et avec soin, des personnes et des affaires de ceux qui se réfugient dans l'église, et doivent de suite en instruire les juges ou autres personnes compétentes, afin qu'ils observent dans ces affaires ce que l'équité exige.

§. 5. Sanè si servus, aut colonus, vel adscriptitius, familiaris, sive libertus et hujusmodi aliqua persona domestica, vel conditioni subdita, conquassatis rebus certis atque subtractis, aut seu seipsum furatus, ad sacrosancta se loca contulerit, statim à religiosis œconomis, sive defensoribus, ubi primùm hoc scire potuerint, per eos videlicet ad quos hoc pertinet, ipsis præsentibus, pro ecclesiastica, disciplina, et qualitate commissi, aut ultione competente, aut intercessione humanissima procedent : remissione veniæ et sacramenti interventione securi, ad locum statumque proprium revertantur; rebus, quas secum habuerint, reformandis; diutiùs enim eos in ecclesiis non convenit morari ; ne patronis, seu dominis per ipsorum absentiam obsequia justa denegentur, et ipsi per incommodum ecclesiæ, egentium et pauperum alantur expensis.

§. 6. Inter hæc autem ; quæ sedulò ad religiosi œconomi, sive defensoris ecclesiæ sollicitudinem curamque respiciunt, erit etiam illud observandum, ut singulorum intra ecclesias confugientium personas causasque incessanter conquirant ; deindè judices, vel eos, ad quos causæ et personæ pertinent, instantius, instruant, et æquitati convenientia diligentius exequantur.

TITULUS XIII.

De his qui in ecclesiis manumittuntur.

1. *Imp. Constantinus* A. *ad Protogenem, episcopum.*

JAMDUDUM placuit, ut in ecclesia catholica libertatem domini suis famulis præstare possint, si sub aspectu plebis, adsistentibus christianorum antistitibus id faciant : ut propter facti memoriam vice actorum interponatur qualiscunque scriptura, in qua ipsi vice testium signent ; unde à vobis quoque ipsis non immeritò dandæ et relinquendæ sunt libertates, quo quisque vestrum pacto voluerit : dummodò vestræ voluntatis evidens appareat testimonium.

Dat. 6 id. jun. Sabino et Rufino, Coss. 316.

2. *Idem* A. *Osio.*

Qui religiosa mente in ecclesiæ gremio servis suis meritam concesserint libertatem, eandem eo jure donasse videantur, quò civitas Romana solennitatibus decursis dari consuevit; sed hoc duntaxat iis, qui sub aspectu antistitum dederint, placuit relaxari. Clericis autem ampliùs concedimus, ut cùm suis famulis tribuunt libertotem non solùm in conspectu ecclesiæ ac religiosi populi plenum fructum libertatis concessisse dicantur, verumetiam cùm postremo judicio dederint libertates, seu quibuslibet verbis dari præceperint : ita ut ex die publicatæ voluntatis sine aliquo juris teste vel interprete competat directa libertas.

Dat. calend. maii. Crispo II et Constantino II, Coss. 425.

TITRE XIII.

De ceux qui sont affranchis dans les églises.

1. *L'empereur Constantin, à l'évêque Protogène.*

IL a déjà été permis aux maîtres de donner la liberté à leurs esclaves dans l'église catholique, pourvu que ces affranchissemens aient lieu en présence du peuple et de l'évêque, et que, pour en conserver la mémoire, on passe à ce sujet quelqu'écriture, en guise d'actes, que les maîtres eux-mêmes doivent signer comme témoins ; d'où il résulte qu'il vous est permis d'affranchir de la manière qu'il vous plaît, pourvu qu'il conste de l'évidence de votre volonté.

Fait le 6 des ides de juin, sous le consulat de Sabinus et de Rufinus. 316.

2. *Le même, à Osius.*

Celui qui, d'un esprit religieux, a donné dans le sein de l'église une liberté méritée à ses esclaves, doit être censé les avoir affranchis avec les solennités dont la ville de Rome usait anciennement. Il nous plaît cependant que ceci ne s'entende que de ceux qui ont affranchi en présence des évêques. Nous accordons de plus aux clercs qu'ils soient non-seulement censés avoir donné une entière liberté à leurs esclaves, lorsqu'ils les ont affranchis dans l'église, et en présence d'un peuple religieux, mais encore lorsqu'ils les ont affranchis par un acte de dernière volonté, en quelques termes qu'il soit conçu ; de sorte qu'à compter du jour où cet acte a été publié, l'esclave dont il contient l'affranchissement, reçoive de droit la liberté directe, sans qu'il soit nécessaire de juges ou de témoins.

Fait pendant les calendes de mai, sous le deuxième consulat de Crispus et de Constantin. 321.

TITRE XIV.

Des lois, des constitutions des Empereurs, et des édits.

1. *L'empereur Constantin, à Bassus, préfet de la ville.*

Il ne convient et n'appartient qu'à nous seuls de donner une interprétation moyenne entre l'équité et le droit.

Fait le 3 des nones de décembre, sous le consulat de Sabinus et de Rufinus. 316.

2. *L'empereur Théodose, et le César-Valentinien, au Sénat.*

Que ce que nous avons établi d'après les rapports des juges, et d'après ce qu'ils nous ont suggéré, ou d'après les consultations qui nous ont été demandées sur les affaires portées devant notre conseil, ainsi que ce que nous avons accordé à des corps, des députés, à une province, à une ville ou à une curie, ne forme point un droit général; mais ne soit loi qu'à l'égard des affaires ou des personnes pour lesquelles ce droit a été promulgué; que personne ne le révoque, et que celui qui a voulu l'interpréter méchamment, ou l'annuller par un rescript contraire qu'il a demandé, soit noté d'infamie, et qu'il ne tire aucun fruit du rescript qu'il a surpris; que le juge qui le tolérera, qui souffrira qu'il plaide, qui lui permettra de soutenir sa cause, ou qui nous la renverra sous prétexte d'ambiguité, soit condamné à l'amende de trente livres d'or.

Fait le 8 des ides de novembre, sous le onzième consulat de l'empereur Théodose, et celui du César-Valentinien. 425.

TITULUS XIV.

De legibus et constitutionibus Principum, et edictis.

1. *Imp. Constantinus A. Basso, P. V.*

Inter æquitatem, jusque interpositam interpretationem nobis solis et oportet et licet inspicere.

Dat. 3 non. decemb. Sabino et Rufino, Coss. 316.

2. *Imp. Theod. A. et Valent. P. N. Cesar, ad Senatum.*

Quæ ex relationibus, vel suggestionibus judicantium, vel consultatione in commune florentissimorum sacri nostri palatii procerum auditorium introducto negotio statuimus vel quibuslibet corporibus, aut legatis, aut provinciæ, vel civitati, vel curiæ donavimus : nec generalia jura sint, sed leges faciant his duntaxat negotiis, atque personis, pro quibus fuerint promulgata ; nec ab aliquo retractentur, notam infamiæ subituro eo, qui vel astutè ea interpretari voluerit, vel impetrato impugnare rescripto, nec habituro fructum per surreptionem eliciti et judice, si dissimulaverit, vel ulterius litigantem audierit, vel aliquid allegandum admiserit, et sub quodam ambiguitatis colore ad nos retulerit, triginta librarum auri condemnatione plectendo.

Dat. 8 id novemb. Theodosio A. XI. et Valentiano-Cæsare, Coss. 425.

3. *Iidem* AA. *ad Senatum.*

Leges ut generales ab omnibus æquabiliter in posterum observentur, quæ vel missæ à nobis ad venerabilem cœtum oratione conduntur, vel inserto edicti vocabulo nuncupantur : sive eas nobis spontaneus motus ingesserit, sive precatio, sive relatio, vel lis mota legis occasionem postulaverit. Nam satis est edicti eas nuncupatione conseri, vel per omnes populos judicum programmatibus divulgari vel expressius continere, quòd principes censuerint ea quæ in certis negotiis statuta sunt, similium quoque causarum fata componere. Sed et si generalis lex vocata est, vel ad omnes jussa est pertinere, vim obtineat edicti, interlocutionibus, quas in uno negotio judicantes protulimus, vel posteà proferemus, non in commune præjudicantibus : nec iis quæ specialiter quibusdam concessa sunt civitatibus, vel provinciis, vel corporibus, ad generalitatis observantiam pertinentibus.

Dat. 8 id. nov. Ravennæ, Theodosio A. XII. et Valentiniano A. II, Coss. 426.

3. *Les mêmes empereurs, au Sénat.*

Que tous observent également à l'avenir, comme lois générales, celles que nous avons rédigées par écrit et envoyées au sénat ; celles qui portent le nom d'édits, celles que nous avons faites de notre propre mouvement, soit que l'occasion nous en ait été fournie par les prières ou les récits qui nous ont été faits, soit que ce soit par une affaire qui s'est élevée ; car il suffit qu'elles soient appelées édits, ou divulguées officiellement par les juges chez tous les peuples, ou qu'elles contiennent expressément que ce que l'empereur a décidé sur les cas qu'elles ont portées, doit être étendu aux cas semblables : si elle est appelée loi générale, ou si l'observation en est recommandée à tous, qu'elle obtienne force de l'édit ; les interlocutions que nous avons données, comme juges, dans quelqu'affaire, ou que nous avons données par la suite, ne doivent pas préjudicier au droit commun ; de même, ce qui a été accordé spécialement à quelques villes, provinces ou corps, ne doit pas être d'une observation générale.

Fait le 8 des ides de novembre, à Ravennes, sous le douzième consulat de l'empereur Théodose, et le deuxième de l'empereur Valentinien. 426.

4. *Iidem* AA. *ad Volusianum,* P. P.

Digna vox est majestate regnantis legibus alligatum se principem profiteri, adeò de auctoritate juris nostra pendet auctoritas. Et reverà majus imperio est, summittere legibus principatum, et oraculo præsentis edicti, quod nobis licere non patimur, aliis indicamus.

Dat. 3 id. jun. Ravennæ, Florentio et Dionysio, Coss. 429.

4. *Les mêmes empereurs, à Volusien, préfet du prétoire.*

C'est un aveu digne de la majesté d'un prince de se confesser obligé par les lois, car notre autorité résulte de celle du droit. Un prince, qui soumet sa dignité aux lois, est plus respectable par-là que par son pouvoir. Nous défendons aux autres ce que nous nous sommes interdits à nous-mêmes par le présent édit.

Fait à Ravennes, le 3 des ides de juin, sous le consulat de Florent et de Denis. 429.

5. *Les mêmes empereurs, à Florent, préfet du prétoire.*

Il n'est pas douteux qu'on ne soit rebelle à la loi, lorsqu'en s'attachant trop aux termes, on cherche à en détruire l'esprit. En vain prétendrait-on se mettre à couvert des peines qu'elle prononce, par une interprétation forcée, quand son intention est claire et manifeste; car nous voulons qu'il ne s'ensuive aucun pacte, aucune convention, aucun contrat entre ceux qui contractent, lorsqu'il leur est défendu par la loi : ceci doit être appliqué à toutes les lois, tant anciennes que nouvelles; ensorte qu'il suffise que le législateur défende quelque chose, pour qu'on ne le fasse point, et qu'il soit permis de conclure, de la volonté de la loi, les autres choses, comme si elles étaient exprimées; c'est à dire, que ce qui est fait contre la loi, est non-seulement inutile, mais encore radicalement nul, quoique le législateur n'ait pas expliqué dans la loi prohibitive, et spécifié le cas qui est arrivé. Nous annullons aussi les suites, les exécutions des pactes, des conventions et des contrats faits contre les lois; c'est pourquoi, d'après la règle ci-dessus, selon laquelle nous avons jugé que ce qui avait été fait en contravention de la loi, devait être regardé comme nul, il est certain qu'une stipulation ou un ordre de cette sorte sont nuls, et que le serment ne doit pas être admis.

Fait le 7 des ides d'avril, à Constantinople, sous le dix-septième consulat de l'empereur Théodose et de Feste. 439.

6. *Les mêmes empereurs, à Florentin, préfet du prétoire.*

Nous ne voulons point que ce qui a été introduit en faveur de quelqu'un, tourne, en certains cas, à son désavantage.

Fait pendant les calendes d'août, sous le dix-septième consulat de l'empereur Théodose, et le premier de Feste. 439.

5. *Iidem* AA. *Florentino,* P. P.

Non dubium est, in legem committere enim, qui verba legis amplexus, contra legis nititur voluntatem : nec pœnas insertas legibus evitabit, qui se contra juris sententiam sæpè prærogativa verborum fraudulenter excusat. Nullum enim pactum, nullam conventionem, nullum contractum inter eos videri volumus subsecutum, qui contrahunt, lege contrahere prohibente. Quod ad omnes etiam legum interpretationes, tàm veteres, quàm novellas, trahi generaliter imperamus : ut legislatori, quod fieri non vult, tantùm prohibuisse sufficiat, cæteraque quasi expressa ex legis liceat voluntate colligere : hoc est, ut ea quæ lege fieri prohibentur, si fuerint facta, non solùm inutilia, sed pro infectis etiam habeantur : licet legislator fieri prohibuer. tantùm, nec specialiter dixerit inutile esse debere quod factum est. Sed et si quid fuerit subsecutum ex eo, vel ob id, quod interdicente lege factum est : illud quoque cassum atque inutile esse præcipimus. Secundùm itaque prædictam regulam, qua ubicunquè non servari factum lege prohibente censuimus, certum est, nec stipulationem hujusmodi tenere, nec mandatum ullius esse momenti, nec sacramentum admitti.

Dat. 7 id. april. Constantin. Theodosio A. XVII. et Festo, Coss. 439.

6. *Iidem* AA. *Florentino,* P. P.

Quod favore quorundam constitutum est; quibusdam casibus ad læsionem eorum nolumus inventum videri.

Dat. calend. aug. Theodosio A. XVII. et Festo, Coss. 439.

7. Iidem ΑΛ. Cyro, p. p. et consuli designato.

7. Les mêmes empereurs, à Cyrus, préfet du prétoire, et consul désigné.

Leges et constitutiones futuris certum est dare formam negotiis, non ad facta præterita revocari, nisi nominatìm et de præterito tempore, et adhuc pendentibus negotiis cautum sit.

Dat. non. april. Constantinop. Valentiniano Λ. v. et Anatolio, Coss. 440.

Les lois n'ont point un effet rétroactif; elles ne règlent que les affaires futures, à moins qu'il n'y ait une disposition expresse pour le passé; et pour les affaires actuellement pendantes.

Fait à Constantinople, pendant les nones d'avril, sous le cinquième consulat de l'empereur Valentinien, et le premier d'Anatolius. 440.

8. Iidem ΑΛ. ad Senatum.

8. Les mêmes empereurs, au Sénat.

Humanum esse probamus, si quid de cætero in publica privatave causa emerserit necessarium, quod formam generalem et antiquis legibus non insertam exposcat : id ab omnibus anteà tàm proceribus nostri palatii, quàm gloriosissimo cœtu vestro (patres conscripti) tractari; et si universis tàm judicibus, quàm vobis placuerit, tunc legata dictari, et sic ea denuò collectis omnibus recenseri, et cùm omnes consenserint, tunc demùm in sacro nostri numinis consistorio recitari, ut universorum consensus et nostræ serenitatis auctoritate firmetur. Scitote igitur, patres conscripti, non aliter in posterum legem à nostra clementia promulgandam, nisi supradicta forma fuerit observata. Benè enim cognoscimus, quod cum vestro consilio fuerit ordinatum, id ad beatitudinem nostri imperii, et ad nostram gloriam redundare.

Dat. 16 calend. novemb. Aëtio III. et Symmacho, Coss. 446.

Nous croyons utile, pères conscrits, que si, à l'avenir, à l'occasion d'une cause publique ou privée, on s'aperçoit de la nécessité d'une loi générale à laquelle les anciennes ne puissent suppléer, elle doit être discutée auparavant, tant par tous les conseillers de notre palais, que par votre illustre assemblée, et si elle est approuvée par eux, ainsi que par vous, elle doit être rédigée et présentée de nouveau à la discussion des sénateurs et des conseillers de notre palais, réunis ensemble; et si elle est encore reçue à l'unanimité, elle doit être lue dans le consistoire de notre majesté, afin que nous confirmions par notre autorité cette loi qui a reçu l'approbation générale. Sachez donc, pères conscrits, qu'à l'avenir, nous ne confirmerons aucune loi qui n'ait été formée de la manière décrite ci-dessus; parce que nous sommes persuadé que tout ce qui est fait par votre conseil, tend à la félicité de notre empire et à notre gloire.

Fait le 16 des calendes de novembre, sous le troisième consulat d'Aëtius, et sous le premier de Symmachus. 446.

9. Imperatores Valent. et Martian. ΑΛ. ad Palladium, p. p.

9. Les empereurs Valentinien et Martien, à Palladius, préfet du prétoire.

Leges sacratissimæ, quæ constringunt

Les lois sacrées qui ont pour objet l'honneur,

la vie et les biens des hommes, doivent être connues de tous, afin qu'ils puissent en faire la règle de leur conduite, éviter ce qu'elles défendent, et suivre ce qu'elles permettent ; et si on trouve par hasard dans ces mêmes lois quelque chose d'obscur, il faut que le prince l'éclaircisse, et qu'il corrige ce qu'il y a de dur et de contraire à l'humanité.

Fait le 6 des ides de février, sous le consulat d'Anthémius.

10. *Les empereurs Léon et Zénon.*

Lorsqu'il s'élève quelque doute, ou qu'il se présente quelque difficulté sur le nouveau droit que l'usage n'a point encore affermi, alors l'avis du prince n'est pas moins nécessaire que celui du juge.

Fait le 10 des calendes de mai, sous le consulat de l'empereur Léon le jeune. 446.

11. *L'empereur Justinien, à Démosthène, préfet du prétoire.*

Si l'empereur a examiné une cause comme juge, et a prononcé à son sujet une sentence en présence des parties, que tous les juges de notre empire sachent qu'elle doit être considérée comme loi, non-seulement à l'égard de la cause qui l'a occasionnée, mais encore à l'égard de toutes celles qui lui ressemblent ; car, quoi de plus grand, quoi de plus respectable que la majesté impériale ! Qui peut être enflé d'un si grand orgueil, au point de mépriser le jugement du prince, tandis que les auteurs de l'ancien droit ont décidé que les constitutions des empereurs ont certainement, et à juste titre, la force de la loi !

§. 1. Ayant appris qu'on avait posé en doute si l'interprétation de la loi qui résulte d'un jugement de l'empereur, doit être observée, cette vaine subtilité nous a tellement surpris, que nous avons pensé qu'elle devait être réprimée. C'est pourquoi nous décidons que toutes les interprétations que

hominum vitas, intelligi ab omnibus debent, ut universi præscripto earum manifestius cognito, vel inhibita declinent, vel permissa sectentur. Si quid verò in iisdem legibus latum fortassis obscurius fuerit, oportet id ab imperatoria interpretatione patefieri, duritiamque legum nostræ humanitati incongruam emendari.

Dat. 6 id. febr. Anthemio, Conss.

10. *Imperatores Leo et Zeno* AA.

Cùm de novo jure, quod inveterato usu non adhuc stabilitum est, dubitatio emergat, necessaria est tàm suggestio judicantis, quàm sententiæ principalis auctoritas.

Dat. 10 calend. maii. Leone juniore A. Conss. 446.

11. *Imp. Justinianus* A. *Demostheni*, P. P.

Si imperialis majestas causam cognitionaliter examinaverit, et partibus comminus constitutis sententiam dixerit, omnes omninò judices, qui sub nostro imperio sunt, sciant hanc esse legem non solùm illi causæ, pro qua producta est, sed et omnibus similibus. Quid enim majus, quid sanctius imperiali est majestate ? vel quis tantæ superbiæ fastidio tumidus est, ut regalem sensum contemnat : cùm et veteris juris conditores constitutiones quæ ex imperiali decreto processerunt, legis vim obtinere apertè dilucidèque definiant ?

§. 1. Cùm igitur et hoc in veteribus legibus invenimus dubitatum, si imperialis sensus legem interpretatus est, an oporteat hujusmodi regiam interpretationem obtinere, eorum quidem vanam subtilitatem tàm risimus, quàm corrigendam esse censuimus.

Definimus autem omnem imperatorum

legum interpretationem, sive in precibus, sive in judiciis, sive alio quocunque modo factam, ratam et indubitatam haberi. Si enim in præsenti leges condere soli imperatori concessum est, et leges interpretari solo dignum imperio esse oportet. Cur autem ex suggestionibus procerum, si dubitatio in litibus oriatur, et sese non esse idoneos vel sufficientes ad decisionem litis illi existiment, ad nos decurratur? Et quare omnes ambiguitates judicum, quas ex legibus oriri evenit, aures accipiunt nostræ, si non à nobis interpretatio mera procedit? Vel quis legum ænigmata solvere, et omnibus aperire idoneus esse videbitur, nisi is cui soli legislatorem esse concessum est? Explosis itaque his ridiculosis ambiguitatibus, tàm conditor quàm interpres legum solus imperator justè existimabitur : nihil hac lege derogante veteris juris conditoribus, quia et eis hoc majestas imperialis permisit.

Dat. 6 calend. novemb. Decio v. c. Conss. 529.

l'empereur donne sur les lois, soit en réponse des supplications qui lui sont adressées, soit en jugement, ou de quelqu'autre manière que ce soit, soient valables et certaines; car si maintenant il appartient à l'empereur seul de faire des lois, il doit aussi n'appartenir qu'à lui de les interpréter. Pourquoi, lorsqu'il s'élève des doutes dans une affaire, et lorsque les juges se croient incompétens et incapables de les décider, aurait-on recours à nous? Pourquoi nous consulteraient-ils sur toutes les ambiguités qui s'élèvent au sujet des lois, s'il n'appartenait pas à nous d'interpréter le droit? Qui est-ce qui doit se croire capable d'applanir tout, et de résoudre les difficultés que les lois présentent, si ce n'est celui à qui seul il est permis de faire des lois? Qu'on renonce à ces doutes ridicules; que l'empereur seul soit regardé tant comme législateur que comme interprète des lois. Cette loi ne peut nuire aux auteurs de l'ancien droit, parce qu'ils ont été autorisés par la majesté impériale.

Fait le 6 des calendes de novembre, sous le consulat de Décius. 529.

TITULUS XV.

De mandatis principum.

1. Imperatores Grat. Valent. et Theod. AAA. ad Fusignium, P. P.

Si quis adserat cum mandatis nostris secretis se venisse, omnes sciant, nemini quicquam, nisi quod scriptis probaverit, esse credendum ; nec ullius dignitate terreri, sive ille tribuni, sive notarii, sive comitis proferat dignitatem, sed sacras nostras litteras esse quærendas.

Dat. 16 cal. jul. Heracleæ, Merobaude II. et Saturnino, Coss.

TITRE XV.

Des mandats des empereurs.

1. Les empereurs Gratien, Valentinien et Théodose, à Fusignius, préfet du prétoire.

Que tous sachent, à l'égard de celui qui assure être venu avec nos mandats secrets, qu'il ne doit être cru qu'il n'ait prouvé son assertion par des écrits, et qu'on ne doit pas être intimidé par sa dignité, soit qu'il soit tribun ou notaire, ou qu'il dise avoir la dignité de comte ; mais on doit exiger la représentation de nos lettres dont il dit être porteur.

Fait à Héraclée, le 16 des calendes de juillet, sous le deuxième consulat de Mérobaude, et le premier de Saturnin.

TITRE XVI.

Des sénatus-consultes.

1. *Les empereurs Gratien, Valentinien et Théodose, au Sénat.*

QUOIQUE le sénatus-consulte ait par lui-même une vigueur éternelle, nous voulons cependant l'appuyer encore par nos lois; ajoutant que si quelqu'un a tenté d'arracher quelque rescript par une supplique spéciale, afin qu'il lui fût permis de s'écarter des dispositions des sénatus-consultes, qu'il soit condamné à une amende équivalente au tiers de son patrimoine; et comme coupable du crime d'ambition, qu'il soit déclaré infâme.

Fait à Héraclée, le 7 des calendes d'août, sous le consulat de Ricomer et de Cléarque. 384.

TITRE XVII.

Du projet de débrouiller l'ancien droit, et de l'autorité des juris-consultes cités dans le Digeste.

1. *L'empereur César - Flavius - Justinien, pieux, heureux, glorieux, vainqueur et triomphateur, toujours auguste, à Tribonien, son questeur : SALUT.*

SOUS la protection de Dieu, qui a mis dans nos mains les rênes de l'empire, nous avons le bonheur de faire la guerre avec succès, de rendre notre règne glorieux dans les tems de paix, et de soutenir l'état qui est confié à nos soins : nous avons une telle confiance dans la toute-puissance du Très-Haut, que nous ne comptons ni sur la force de nos armes, ni sur le courage de nos soldats ou l'habileté de nos généraux, ni sur nos propres lumières; mais nous mettons notre espérance dans la

Tome I.

TITULUS XVI.

De senatus consultis.

1. *Imperatores Grat. Valent. et Theod. AAA. ad Senatum.*

QUAMVIS senatus consultum perpetuam per se obtineat firmitatem, tamen nostris legibus etiam idem prosequimur; adjicientes, ut si quisquam speciali supplicatione eliciendum aliquod rescriptum tentaverit, ut transire ei formam liceat statutorum, tertia patrimonii parte mulctetur, et damnatus ambitus crimine maneat infamis.

Dat. 7 cal. aug. Heracleæ, Ricomere et Clearcho, Coss. 384.

TITULUS XVII.

De vetere jure enucleando, et de auctoritate jurisprudentium qui in Digestis referuntur.

1. *Imperator Cæsar-Flavius-Justinianus, pius, felix, inclytus, victor ac triumphator, semper augustus; Triboniano, eminentissim. quæst. sacri palatii. SALUTEM.*

DEO auctore nostrum gubernante imperium, quod nobis à cœlesti majestate traditum est, et bella feliciter peragimus, et pacem decoramus, et statum reipublicæ sustentamus; et ita animos nostros ad Dei omnipotentis erigimus adjutorium, ut neque armis confidamus, neque nostris militibus, neque bellorum ducibus, vel nostro ingenio; sed omnem spem ad solam providentiam referamus summæ Trinitatis, undè et mundi totius elementa processerunt,

18

et eorum dispositio in orbem terrarum producta est.

§. 1. Cùm itaque nihil tàm studiosum in omnibus rebus invenitur, quàm legum auctoritas, quæ et divinas et humanas res benè disponit, et omnem iniquitatem expellit, reperimus autem omnem legum tramitem, qui ab urbe Roma condita et romuleis descendit temporibus, ita esse confusum, ut in infinitum extendatur, et nullius humanæ naturæ capacitate concludatur: priùs nobis studium fuit à sacratissimis retrò principibus initium sumere, et eorum constitutiones emendare, ac viæ dilucidæ tradere: quatenùs in uno codice congregatæ, et omni supervacua similitudine et iniquissima discordia absolutæ, universis hominibus promptum suæ sinceritatis præbeant præsidium.

§. 2. Hocque opere consummato, et in uno volumine, nostro nomine præfulgente, coadunato, cùm ex paucis et tenuioribus relevati, ad summam et plenissimam juris emendationem pervenire properaremus, et omnem romanam sanctionem et colligere, et emendare, et tot auctorum dispersa volumina uno codice indita ostendere (quod nemo alius neque sperare, neque optare ausus est) res quidem nobis difficillima, imò magis impossibilis videbatur. Sed manibus ad cœlum erectis, et æterno auxilio invocato, eam quoque curam nostris animis reposuimus; freti Deo, qui et res penitùs desperatas donare, et consumare virtutis magnitudine potest.

très-sainte Trinité, qui a créé le monde, et qui en a arrangé les différentes parties.

§. 1. Ayant observé que rien n'est plus digne de l'attention et de l'étude des hommes, que la disposition des lois qui concernent les choses divines et humaines, et ne peuvent souffrir aucune injustice, nous avons remarqué que la suite des lois, depuis la fondation de Rome et les tems de Romulus, était dans une si grande confusion, que l'étude en était devenue infinie et au-dessus de la portée de l'intelligence humaine : c'est ce qui nous a engagé à commencer par examiner les ordonnances des princes nos prédécesseurs, à y faire les corrections nécessaires, et à en rendre l'intelligence facile. Nous les avons, en conséquence, renfermées dans un seul Code, après les avoir débarrassées de toutes les ressemblances et de toutes les contradictions qu'elles avaient entr'elles; ensorte que leur clarté présente aujourd'hui à tous nos sujets un secours assuré dans leurs contestations.

§. 2. Après avoir consommé cet ouvrage, et recueilli toutes ces constitutions dans un seul Code, auquel nous avons donné notre nom, nous nous sommes trouvé encouragé par le succès que nous avons eu dans ce travail, à entreprendre la correction pleine et entière de tout le droit civil, à recueillir et à renfermer dans un seul corps tant de livres de jurisconsultes répandus de tous côtés. Ce dernier ouvrage était si considérable, que personne, avant nous, n'avait osé en espérer, ni même en souhaiter l'exécution : nous l'avons regardé nous-même comme très-difficile et presque impossible ; mais nous avons levé nos mains au ciel, et, après avoir invoqué le secours du tout-puissant, nous nous sommes encore chargé de ce travail, nous appuyant toujours sur la protection de Dieu, qui peut accorder aux hommes l'exécution des choses les plus désespérées, et les consommer lui-même par l'étendue infinie de sa toute-puissance.

§. 3. Nous avons aussi eu égard à la sincérité de votre attachement pour nous, et nous avons cru devoir vous confier, avant tous les autres, le soin d'exécuter cet ouvrage, ayant déjà reçu des preuves de vos lumières par la composition de notre Code. Nous vous avons permis d'associer à votre travail ceux que vous jugeriez à propos de choisir entre les habiles professeurs de droit, et les savans jurisconsultes attachés au barreau du grand sénat de Constantinople. Lorsque vous les avez eu choisis, nous avons approuvé votre choix ; et, les ayant rassemblés dans notre palais, nous leur avons confié toute l'exécution de cet ouvrage ; voulant cependant que leur travail fût éclairé de vos lumières, et que vous fussiez toujours à la tête de cette entreprise.

§. 4. En conséquence, nous vous ordonnons de lire et de corriger les livres qu'ont écrit, sur le droit romain, les anciens jurisconsultes qui ont reçu des princes l'autorité de rédiger et d'interpréter les lois ; ensorte que vous puissiez tirer de vos livres un corps de jurisprudence, danslequel il ne se trouve, autant qu'il sera possible, ni deux lois semblables, ni deux lois contraires, mais que votre recueil suffise seul et supplée à tous les autres livres sur le droit : mais quant à ceux dont les écrits n'ont été autorisés ni par les princes, ni par l'usage, nous ne jugeons pas à propos que leur travail soit employé dans notre compilation.

§. 5. Attendu que nos peuples doivent tenir cette collection de notre munificence impériale, nous voulons qu'elle forme un ouvrage achevé, et qu'on puisse regarder comme le temple et le sanctuaire de la justice. Vous diviserez le droit en cinquante livres, et en un certain nombre de titres, en observant, selon que vous le jugerez convenable, l'ordre que nous avons suivi dans notre Code, ou celui de l'édit perpétuel ; ensorte qu'on ne puisse rien desirer après cette collection, et que ces cinquantes livres

§. 3. Et ad tuæ sinceritatis optimum respeximus ministerium, tibique primùm hoc opus comisimus (ingenii tui documentis ex codicis nostri ordinatione acceptis) et jussimus, quos probaveris, tàm ex facundissimis antecessoribus, quàm ex viris disertissimis togatis fori amplissimæ sedis, ad sociandum laborem eligere. His itaque collectis et in palatium nostrum introductis, nobisque tuo testimonio placitis, totam rem faciendam permisimus ; ita tamen, ut tui vigilantissimi animi gubernatione res omnis celebretur.

§. 4. Jubemus igitur vobis antiquorum prudentium, quibus auctoritatem conscribendarum interpretandarumque legum sacratissimi principes præbuerunt, libros ad jus romanum pertinentes, et legere, et climare, ut ex his omnibus materia colligatur, nulla (secundùm quod possibile est) neque similitudine, neque discordia derelicta, sed ex his hoc colligi quòd unum pro omnibus sufficiat. Quia autem et alii libros ad jus pertinentes scripserunt, quorum scripturæ à nullis auctoribus receptæ, nec usitatæ sunt, neque nos eorum volumina nostram iniquietare sanctionem dignamur.

§. 5. Cùmque hæc materia summi numinis liberalitate collecta fuerit, oportet eam pulcherrimo opere extruere, et quasi proprium et sanctissimum templum justitiæ consecrare : et in libros quinquaginta et certos titulos totum jus digerere, tàm secundùm codicis nostri constitutionem, quàm edicti perpetui imitatiouem, prout hoc vopis commodius esse potuerit ; ut nihil extra memoratam consummationem possit esse derelictum ; sed his quinquaginta libris totum jus antiquum per millesimum et quadringentesimnm penè annum confusum, et à nobis purgatum, quasi quodam muro vallatum, nihil extrà se habeat : omnibus auctoribus juris æqua dignitate pollentibus, et nemini quadam prærogativa servanda, quia non omnes in omnia, sed certi per certa vel meliores vel deteriores inveniuntur.

§. 6. Sed neque ex multitudine auctorum, quòd melius et æquius est, judicatote : cùm possit unius forsàn et deterioris sententia et multos et majores aliqua in parte superare. Et ideò ea quæ anteà in notis Æmilii Papiniani ex Ulpiano, et Paulo, necnon Martiano adscripta sunt, quæ anteà nullam vim propter honorem splendidissimi Papiniani obtinebant, non statim respuere; sed si quid ex his ad repletionem summi ingenii Papiniani laborum vel interpretationem necessariam esse perspexeritis, et hoc ponere legis vicem obtinens non moremini, ut omnes qui relati fuerint in hunc codicem prudentissimi viri, habeant auctoritatem, tanquàm si eorum studia ex principalibus constitutionibus profecta, et à nostro divino fuerint ore profusa. Omnia enim meritò nostra facimus, quia ex nobis omnis eis impartietur auctoritas; nam qui non subtiliter factum emendat, laudabilior est eo qui primus invenit.

contiennent tout le droit ancien observé depuis près de quatorze cents ans. Ce droit, qui était ci-devant plein de confusion, se trouvera réformé par notre autorité; et le recueil que vous en ferez, formera comme un mur de clôture, au-delà duquel il n'y aura plus rien à chercher. Nous voulons que les jurisconsultes, dont vous tirerez vos matériaux, aient tous une égale autorité, sans accorder aucune préférence aux uns sur les autres, parce que ces jurisconsultes ne sont ni supérieurs, ni inférieurs les uns aux autres en tout; mais les uns ont excellé dans une partie, les autres dans une autre.

§. 6. Vous ne vous réglerez pas non plus toujours, pour préférer un sentiment, sur le plus grand nombre des auteurs qui l'ont adopté : il est vrai qu'en général cette règle est la plus sage et la plus juste; mais il peut arriver quelquefois que le sentiment d'un auteur, même le moins accrédité, l'emporte en certaine chose sur un sentiment défendu par un plus grand nombre d'auteurs, et même par ceux qui ont une plus grande réputation. Ainsi, vous ne rejeterez pas tout-à-fait les notes qui ont été ajoutées aux écrits d'Emilius Papinien, d'après les écrits d'Ulpien, de Paul et de Martien, quoique jusqu'ici ces notes n'aient eu aucune autorité, à cause de la grande différence qu'on a eue pour les décisions de Papinien; vous concevrez ces notes, et vous ne ferez pas de difficultés de leur donner force de loi, si vous trouvez qu'elles soient propres à servir de supplément ou d'interprétation aux écrits du savant Papinien. Tous les auteurs dont vous emploierez les décisions dans votre recueil, auront l'autorité des plus habiles jurisconsultes, comme s'ils avaient travaillé à nos propres ordonnances, ou comme si leurs écrits étaient sortis de notre plume; car nous regardons, avec raison, comme nos ouvrages, ceux auxquels nous donnons notre autorité; et le prince qui réforme les décisions qui peu-

vent avoir quelque chose de repréhensible,
ne mérite pas moins d'éloges que leur véritable auteur.

§. 7. Nous desirons surtout que vous vous
attachiez à retrancher toutes les longueurs
inutiles, et à réformer ce que vous trouverez
d'imparfait, de mal rédigé, de superflu dans
les ouvrages des anciens, de manière que
votre recueil forme un chef-d'œuvre fait
avec sagesse et discernement. Vous aurez
soin aussi de réformer, corriger et mettre
en ordre, les lois anciennes, ou les constitutions des princes que les anciens jurisconsultes auront mal citées dans leurs écrits;
ensorte qu'on ne pourra regarder comme
bons, véritables et sincères, que les textes
que vous aurez approuvés, et que vous aurez
vous-mêmes rapportés, sans que personne
puisse inculper votre recueil, en faisant la
comparaison des anciens ouvrages dont vous
vous serez servis. Toute la puissance du
peuple romain ayant été transférée dans la
personne de l'empereur par une loi ancienne,
qu'on appelle la loi royale, et notre intention étant de prendre sur nous toute la collection de la jurisprudence romaine, et non
d'en partager l'autorité entre les différens
auteurs qui y ont travaillé, l'ancienneté de
leurs ouvrages ne peut avoir la force d'abroger
les lois dont nous nous déclarons nous-même
l'auteur. Nous avons tellement résolu que
tout ce qui entrera dans votre recueil, soit
observé en la même manière qu'il y sera
mis, que nous voulons que, dans le cas où
une disposition se trouvera différente, et
même contraire dans ses anciens écrits et
dans votre recueil, on regarde cette contrariété, non comme un vice des compilateurs,
mais comme un effet de notre choix, et de
la préférence que nous aurons accordée à ce
que vous aurez jugé à propos d'insérer.

§. 8. Nous ne voulons pas, par conséquent, qu'il se trouve, dans aucune partie
de votre recueil, aucune *antinomie* (c'est
le nom que les Grecs ont donné à la con-

§. 7. Sed in hoc studium vobis esse volumus, ut si quid in veteribus libris non
benè positum inveniatis, vel aliquod superfluum, vel minùs perfectum, supervacua
longitudine semota, et quod imperfectum
est repleatis, et omne opus moderatum et
quàm pulcherrimum ostendatis ; hoc etiam
nihilominùs observando, ut si aliquid ex
veteribus legibus vel constitutionibus, quas
antiqui in suis libris posuerunt, non rectè
scriptum inveniatis, et hoc reformetis,
et ordini moderato tradatis, ut hoc videatur esse verum et optimum, et quasi ab
initio scriptum, quod à vobis electum, et
ibi positum fuerit, et nemo ex comparatione
veteris voluminis quasi vitiosam scripturam
arguere audeat. Cùm enim antiqua lege,
quæ regia nuncupabatur, omne jus, omnis-
que potestas populi romani in imperatoriam
translata sit potestatem, nos verò sanctionem
omnem non divisimus in alias et alias conditorum partes, sed totam nostram esse
volumus, ne quid possit antiquitas nostris
legibus abrogare. Et in tantùm volumus
eadem omnia, cùm reposita sunt, obtinere,
ut si aliter fuerint apud veteres conscripta,
in contrarium autem in compositione nostra
inveniantur, non scripturæ, sed nostræ
electioni hoc adscribatur.

§. 8. Nulla itaque in omnibus prædicti
codicis membris *antinomia* (sic enim à vetustate græco vocabulo nuncupatur) aliquem
sibi locum vindicet, sed sit una concordia,

una consequentia, adversario nullo constituto.

§. 9. Sed et similitudinem (secundùm quod dictum est) ab hujusmodi consummatione volumus exulare ; et ea quæ sacratissimis constitutionibus, quas in codicem nostrum redigimus, cauta sunt, iterùm poni ex veteri jure non concedimus : cùm divalium constitutionum sanctio sufficiat ad eorum auctoritatem, nisi fortè vel propter divisionem, vel propter repletionem, vel pleniorem indaginem hoc contigerit ; et hoc tamen perrarò, ne ex continuatione hujusmodi lapsus oriatur aliquid in tali prato spinosum.

§. 10. Sed et si quæ leges in veteribus libris positæ, jam per desuetudinem abierunt, nullo modo vobis easdem ponere permittimus : cùm hæc tantummodò obtinere velimus, quæ vel judiciorum frequentissimus ordo exercuit, vel longa consuetudo hujus almæ urbis comprobavit, secundùm Salvii Juliani scripturam, quæ indicat debere omnes civitates consuetudinem Romæ sequi et leges, quæ caput est orbis terrarum, non ipsam alias civitates. Romam autem intelligimus non solùm veterem, sed etiam regiam nostram, quæ Deo propitio melioribus condita est auguriis.

§. 11. Ideòque jubemus, duobus istis codicibus omnia gubernari : uno constitutionum, altero juris enucleati, et in futurum codicem componendi : vel si quid aliud à nobis fuerit promulgatum institutionum vicem obtinens, ut rudis animus studiosi

trariété des lois) ; notre intention est qu'il y règne une conformité et un ordre qui n'éprouvent aucune contradiction.

§. 9. Nous voulons aussi, comme nous l'avons déjà dit ci-dessus, que vous écartiez de votre recueil toutes les décisions semblables. Nous ne voulons pas que vous y fassiez entrer, comme faisant partie du droit ancien, les constitutions des princes, que nous avons mises dans notre Code, puisqu'elles ont reçu une autorité suffisante des auteurs qui les ont publiées, à moins cependant que vous ne jugiez à propos de rapporter ces constitutions pour la commodité de vos divisions, ou pour compléter votre ouvrage, ou pour une plus grande exactitude ; ce que vous ferez néanmoins rarement, de peur qu'en rappelant continuellement ces constitutions, vous ne jetiez des épines dans cette prairie.

§. 10. Nous vous défendons d'insérer dans votre recueil les lois anciennes qui sont tombées en désuétude ; car nous ne voulons admettre que la jurisprudence consacrée par les jugemens fréquemment rendus sur la même matière, ou par une longue coutume observée dans notre ville de Constantinople, conformément à ce qu'a écrit Salvius Julien, que toutes les villes doivent suivre la coutume de Rome, qui est la capitale de toutes les autres villes de l'empire, et que ce n'est point à Rome à se conformer aux coutumes des villes particulières. Or, ce que dit Salvius Julien, ne doit pas s'entendre simplement de Rome l'ancienne, mais encore de notre ville royale de Constantinople, qui, par la grâce de Dieu, a été fondée sous de plus heureux auspices.

§. 11. En conséquence, nous voulons que la justice soit rendue par-tout conformément à ces deux codes ; savoir, celui des constitutions, et celui du droit que vous allez rédiger. Nous pourrons aussi, par la suite, publier un livre en forme d'Institutes, afin que les commençans puissent, après avoir reçu des principes simples, s'élever plus aisément à la connaissance d'une jurisprudence plus étendue.

§. 12. Nous voulons que l'ouvrage que vous rédigerez, moyennant la grâce de Dieu, porte le nom de *Digestes* ou de *Pandectes*; et nous défendons expressément aux jurisconsultes d'avoir la témérité d'y ajouter leurs commentaires, et de répandre, par leur verbiage, de la confusion dans ce recueil; comme cela est arrivé ci-devant; car presque toute la jurisprudence s'est trouvée renversée par les contradictions des commentateurs. Il suffira de composer des sommaires, et de mettre au commencement des titres quelques avertissemens qu'on appelle *paratilles*, sans qu'on puisse les altérer en les interprétant.

§. 13. Et afin que la forme dans laquelle ce recueil sera écrit, ne donne point lieu, par la suite, à de nouvelles difficultés, nous vous défendons d'écrire les mots en abrégé; cette manière d'écrire est défectueuse, et a causé plusieurs antinomies: ainsi, vous ne vous servirez pas de chiffres ou notes abrégées, même pour indiquer le nombre des livres ou toute autre chose; car nous voulons que le nombre des livres soit exprimé en toutes lettres, et non par des chiffres particuliers.

§. 14. Faites donc tous vos efforts, avec les habiles jurisconsultes qui vous sont associés pour consommer cet ouvrage, avec la grâce de Dieu, promptement et savamment, afin que votre recueil, divisé en cinquante livres, passe à la postérité la plus reculée, pour lui servir de témoignage de la protection particulière dont Dieu vous a honoré, et pour la gloire de notre règne et de nos travaux.

Fait le 18 des cal. de janvier, sous le consulat de Lampade et d'Oreste. 530.

§. 12. Nostram autem consummationem, quæ à nobis Deo annuente componetur, Digestorum vel Pandectarum nomen habere sancimus : nullis juris peritis in posterum audentibus commentarios illi adplicare, et verbositate sua supradicti codicis compendium confundere, quemadmodùm antiquioribus temporibus factum est, cùm per contrarias interpretantium sententias, totum penè jus conturbatum est ; sed sufficiat per indices tantummodò et titulorum subtilitatem, quæ *paratitla* nuncupantur, quædam admonitoria ejus facere nullo ex interpretatione eorum vitio oriundo.

§. 13. Nè autem per scripturam aliqua fiat in posterum dubitatio, jubemus non per signorum captiones et compendiosa ænigmata, quæ multas per se et per suum vitium antinomias induxerunt, ejusdem codicis textum conscribi : etiam si numerus librorum significetur, aut aliud quicquam; nec etenim hæc per specialia signa numerorum manifestari, sed per litterarum consequentiam explanari concedimus.

§. 14. Hæc igitur omnia Deo placido facere tua prudentia unà cum aliis facundissimis viris studeat, et tàm subtili, quàm celerrimo fini tradere : ut codex consummatus, et in quinquaginta libros digestus, nobis offeratur in maximam et æternam rei memoriam, Deique omnipotentis providentiæ argumentum, et nostri imperii vestrique ministerii gloriam.

Dat. 18 calend. jan. Constantinop. Lampadio et Oreste vv. cc. Coss. 530.

2. Imperator Cæsar-Flavius-Justinianus, Alamanicus, Gotthicus, Francicus, Germanicus, Anticus, Alanicus, Vandalicus, Africanus; pius, felix, inclytus, victor ac triumphator, semper augustus; Theophilo, Dorotheo, Theodoro, Isidoro, et Anatholio, et Thalleleo, et Cratino, viris illustribus antecessoribus, et Salaminio viro disertissimo antecessori. SALUTEM.

Omnem reipublicæ nostræ sanctionem jam esse purgatam et compositam tàm in quatuor libris Institutionum seu Elementorum, quàm in quinquaginta Digestorum seu Pandectarum, nec non in duodecim imperialium constitutionum, quis ampliùs quàm vos cognoscit? Et omnia quidem quæ oportuerat et ab initio mandare, et post omnium consummationem, factum libenter admittentes, definire, jam per nostras orationes tàm græca lingua, quàm romanorum, quas æternas fieri optamus; explicita sunt. Sed cùm vos et omnes posteà professores legitimæ scientiæ constitutos etiam hoc oportuerat scire, quid et in quibus temporibus tradi necessarium studiosis credimus, ut ex hoc optimi atque eruditissimi efficiantur: ideò præsentem divinam orationem ad vos præcipuè faciendam existimamus, quatenùs tàm prudentia vestra quàm cæteri antecessores qui eandem artem in omne ævum exercere maluerint, nostris regulis observatis, inclytam viam eruditionis legitimæ possint ambulare. Itaque dubio procùl quidem est, necesse esse Institutiones in omnibus studiis primum sibi vindicare locum, utpotè prima vestigia ejus scientiæ mediocriter tradentes. Ex libris autem quinquaginta nostrorum Digestorum sex et triginta tantummodò sufficere tàm ad vestram expositionem, quàm ad juventutis eruditionem judicamus, sed ordinem eorum, et tramites per quos ambulandum est, mani-

2. L'empereur César-Flavius-Justinien, vainqueur des Allemands, des Goths, des Francs, des Germains, des Antes, des Alains, des Vandales, des Africains; pieux, heureux, glorieux, vainqueur et triomphateur, toujours auguste; à Théophile Dorothée, Théodore, Isidore, Anatholius, Thalleleus et Cratinus, hommes illustres, professeurs de droit; et à Salaminius, aussi très-habile professeur de droit. SALUT.

Personne ne sait mieux que vous que nous avons réformé toute la jurisprudence de l'empire, et que nous l'avons recueillie, tant dans quatre livres d'Institutes ou d'Elémens, que dans cinquante livres du Digeste ou des Pandectes, et dans douze livres qui renferment les constitutions des empereurs. Nous avons aussi donné nos lettres, écrites en grec et en latin, que nous souhaitons transmettre à la postérité, par lesquelles nous avons ordonné ce qu'il convenait de faire en commençant cet ouvrage, et l'usage que nous voulions qu'on en fît, après l'avoir éprouvé lorsqu'il a été consommé; mais c'est à vous principalement, et aux autres professeurs qui seront appelés par la suite à enseigner la jurisprudence, qui devez savoir quelles matières nous jugeons à propos qu'on explique aux étudians, et les tems dans lesquels il conviendra de les leur proposer pour les rendre plus parfaits et plus habiles. Nous avons cru devoir vous adresser en particulier cette lettre, afin que vous et les professeurs qui enseigneront par la suite la jurisprudence, parcouriez glorieusement cette carrière honorable, en suivant les règles que nous vous prescrivons. Il est d'abord hors de doute que les Institutes doivent avoir la première place dans votre enseignement, parce qu'elles donnent les premiers élémens de la jurisprudence. Des cinquante livres du Digeste, nous croyons que trente-six suffiront pour faire la ma-

tière de vos leçons, et pour l'instruction des
étudians ; mais nous devons vous exposer
quel ordre vous devez suivre dans l'expli-
cation de ces livres, et en vous rappelant
l'ancien usage que vous observiez dans vos
leçons, vous montrer l'utilité du nouveau
recueil que nous avons fait composer, et
vous instruire des règles que vous devez
suivre, pour le tems qui doit être employé
à l'étude de chaque partie, de manière que
vous ne laissiez rien ignorer de la science du
droit.

§. 1. Anciennement, comme vous le savez
vous-mêmes, dans cette quantité considérable de lois qui étaient répandues dans
deux mille volumes, et plus de trois millions de paragraphes, les maîtres n'enseignaient que six livres, encore étaient-ils
pleins de confusion, et contenaient-ils peu
de choses utiles ; tout le reste était tombé en
désuétude, et personne n'en faisait usage.
Dans ces six livres, on comprenait les Institutes de Caïus, et quatre traités particuliers, l'un de l'ancienne action dotale, l'autre des tutelles ; le troisième et le quatrième, des testamens et des legs. Les étudians n'apprenaient pas même ces traités
en entier ; ensuite on leur faisait passer plusieurs endroits qu'on regardait comme inutiles. Telle était l'étude de la première année ; l'ouvrage qu'on proposait aux étudians
n'était pas disposé suivant l'ordre de l'édit
perpétuel ; le recueil en était mal fait et re-
butant ; les choses utiles y étaient mêlées
confusément avec celles qui ne l'étaient
pas, et ces dernières tenaient encore la plus
grande partie de cette collection informe.
Dans la seconde année, sans avoir aucun
égard au bon ordre, on mettait entre les
mains des jeunes gens la première partie
des lois, dont on exceptait certains titres.
Or, il est contre toutes les règles d'enseigner, après les Institutes, autre chose que
le commencement des lois, qu'on appelle,
par cette raison, la première partie des

festare, tempestivum nobis esse videtur :
et vos in memoriam quidem eorum quæ
anteà tradebatis, redigere : ostendere autem novellæ nostræ compositionis tàm utilitatem quàm tempora, ut nihil hujusmodi
artis relinquatur incognitum.

§. 1. Et anteà quidem, quemadmodùm
et vestra scit prudentia, ex tanta legum
multitudine, quæ in librorum quidem duo
millia, versuum autem tricies centena ex-
tendebatur : nihil aliud nisi sex tantummodò libros et ipsos confusos, et jura utilia
in se perrarò habentes, à voce magistra
studiosi accipiebant, cæteris jam desuetis,
jam omnibus inviis. In his autem sex libris
Gaii nostri Institutiones ; et libri singulares
quatuor, primus de illa vetere re uxoria,
secundus de tutelis, et tertius nec non quartus de testamentis et legatis connumeraban-
tur : quos nec totos per sequentias accipiebant, sed multas partes eorum quasi supervacuas præteribant. Et primi anni hoc opus
legentibus tradebatur non secundùm edicti
perpetui ordinationem, sed passìm, et quasi
per satura collectum, utile cum inutilibus
mixtum, maxima parte inutilibus deputata.
In secundo autem anno præpostera ordinatione habita, prima pars legum eis tradebatur, quibusdam certis titulis ab ea exceptis : cùm erat enorme post Institutiones aliquod legere, quàm quod in legibus et primum positum est, et istam nuncupationem
meruerit. Post eorum verò lectionem, neque illam continuam, sed particularem,
et ex magna parte inutilem constitutam,
tituli alii eis tradebantur tàm ex illa parte
legum quæ de judiciis nuncupatur, et ipsis
non continuam, sed raram utilium recitationem præbentibus, quasi cætero toto vo-

lumine inutili constituto : quàm ex illa quæ de rebus appellatur, septem libris semotis, et in his multis partibus legentibus inviis, utpotè non idoneis, neque aptissimis ad eruditionem constitutis. In tertio autem anno quòd ex utroque volumine, id est de rebus vel de judiciis, in secundo anno non erat traditum, accipiebant secundùm vicissitudinem utriusque voluminis, et ad sublimissimum Papinianum, ejusque responsa iter eis aperiebatur. Et ex prædicta responsorum consummatione, quæ decimo et nono libro concludebatur, octo tantummodò libros accipiebant ; nec eorum totum corpus eis tradebatur, sed pauca ex multis, ea brevissima ex amplissimis, ut adhuc sitientes ab eis recederent. His igitur solis à professoribus traditis, Pauliana responsa per semetipsos recitabant : neque hæc in solidum, sed per imperfectum, et jam quodammodo malè consuetum inconsequentiæ cursum. Et hinc erat in quartum annum omnis antiquæ prudentiæ finis : ut (si) quis ea quæ recitabant, enumerare mallit, computatione habita inveniat ex tàm immensa legum multitudine vix versuum sexaginta millia eos vacuæ notionis perlegere : omnibus aliis deviis et incognitis constitutis ; et tunc tantummodò ex aliqua minima parte recitandis, quoties vel judiciorum usus hoc fieri coegerit, vel ipsi magistri legum aliquid ex his perlegere festinabatis, ut sit vobis aliquid ampliùs discipulorum peritia. Et hæc quidem fuerant antiquæ eruditionis monumenta, secundùm quòd et vestro testimonio confirmatur.

lois. Après avoir enseigné cette partie, sans aucune suite, et par différens lambeaux, ce qui rendait cette étude en grande partie inutile, on donnait aux étudians certains autres titres qui se trouvaient dans la partie des lois qui est intitulée : *Des Jugemens*. On ne suivait aucun ordre ; on choisissait rarement les choses utiles, et on regardait le reste du volume comme superflu : on donnait aussi certaines lettres qui se trouvent dans la partie intitulée : *Des Choses*; on en retranchait sept livres entiers, et dans ceux qu'on conservait, on écartait encore plusieurs endroits qui n'étaient pas plus clairs, et qui, par cette raison, n'étaient pas propres à l'instruction des jeunes gens. Dans la troisième année, on enseignait aux étudians ce qu'on leur avait fait passer dans les parties intitulées : *Des Jugemens et des Choses*, en observant un certain tour entre ces deux parties ; ensuite on expliquait le savant Papinien, et on proposait l'étude de ses réponses. Des dix-neuf livres qui forment ces réponses, on en faisait voir aux étudians seulement huit ; on ne les donnait pas même en entier ; on expliquait très-peu de choses, et on choisissait les plus courtes réponses ; ensorte que les jeunes gens sortaient sans être fort instruits. Après avoir reçu seulement ces traités de leurs professeurs, les écoliers étudiaient par eux-mêmes les réponses de Paul, non en entier, mais en observant un ordre fort imparfait et fort décousu. C'était ainsi que se terminait toute l'étude du droit dans la quatrième année ; ensorte que, si on veut compter en détail ce que les professeurs enseignaient, on verra que, dans cette immense quantité de lois, ils faisaient voir à peine soixante mille paragraphes de peu d'utilité ; pour le reste, il était absolument inconnu, à moins qu'on ne se trouvât obligé d'en citer quelques fragmens dans les causes judiciaires, ou que les maîtres ne s'en procurassent une légère idée, en parcourant à la hâte les ou-

vrages des jurisconsultes, afin de conserver
une supériorité de lumières sur leurs écoliers. Tels sont les monumens de l'ancienne
érudition dans les lois, comme vous pouvez
vous-mêmes en rendre témoignage.

§. 2. Quant à nous, cette disette de lois
nous a fait pitié, et nous a engagé à ouvrir
les trésors de la jurisprudence à tous ceux
qui voudraient en profiter; et ces trésors,
dispersés par vos mains, contribueront à
former des orateurs habiles dans les lois.
Dans la première année, les étudians s'appliqueront à nos Institutes, que nous avons
rédigées d'après tous les anciens livres des
Institutes, dont nous avons écarté tout ce
qu'il y avait de confus et de bourbeux,
pour mettre les jeunes gens en état de puiser
dans une eau pure, et que nous avons fait
composer par l'illustre Tribonien, qui a
rempli les charges de questeur de notre palais, et de consul, et par deux d'entre vous;
savoir, Théophile et Dorothée, tous deux
très-savans professeurs de droit. Nous voulons que, dans le reste de la première année, on fasse voir aux étudians, ainsi que
l'ordre le demande, la première partie des
lois que les Grecs appellent *prota* : on ne
peut rien enseigner avant cette partie, parce
qu'elle est la première, et n'a, par conséquent, rien devant elle. C'est ainsi que
nous voulons que commence et finisse la
première année des études de droit. Nous
défendons qu'on donne aux étudians le nom
frivole et ridicule d'écoliers de deux liards,
qu'on leur a donné ci-devant ; nous voulons
qu'ils soient appelés, à perpétuité, les nouveaux Justiniens; ainsi ceux qui desireront
s'instruire dans la science des lois, mérite-
ront de porter notre nom dès le commencement de leurs études, parce qu'ils auront
entre les mains le volume des Institutes que
nous avons composées. Ce nom ridicule qu'on
leur donnait ci-devant, pouvait bien convenir à l'ancienne confusion qui régnait dans
les lois qu'on leur apprenait ; mais aujour-

§. 2. Nos verò tantam penuriam legum
invenientes, et hoc miserrimum judicantes,
legitimos thesauros volentibus aperimus,
quibus per vestram prudentiam quodammodo erogatis, ditissimi legum oratores
efficiantur discipuli. Et primo quidem anno
nostras hauriant Institutiones, ex omni penè
veterum Institutionum corpore elimatas, et
ab omnibus turbidis fontibus in unum li-
quidum stagnum conrivatas tàm per Tribonianum virum magnificum magistrum et
ex-quæstore sacri palatii nostri et ex-consule,
quàm duos è vobis, id est Theophilum et
Dorotheum facundissimos antecessores. In
reliquam verò anni partem secundùm optimam consequentiam primam legum partem eis tradi sancimus, quæ græco vocabulo *prota* nuncupatur, qua nihil est an-
terius: quia quod primum est, aliud ante
se habere non potest ; et hæc eis exordium
et finem eruditionis primi anni esse decernimus. Cujus auditores non volumus vetere
tàm frivolo quàm ridiculo cognomine du-
pondios appellari, sed justinianos novos
nuncupari, et hoc in omne futurum ævum
obtinere censemus; ut hi qui rudes adhuc
legitimæ scientiæ adspirent, et scita prioris anni accipere maluerint, nostrum nomen
mereant : quia illicò tradendum eis est primum volumen, quod nobis emanavit auctoribus, anteà enim dignum antiqua confusione legum cognomen habebant ; cùm
autem leges jam clarè et dilucidè ânimis
eorum tradendæ erant, necesse erat eos et
cognomine mutato fulgere.

§. 3. In secundo autem anno, per quem ex edicto eis nomen anteà positum, et à nobis probatur, vel de judiciis libros septem, vel de rebus octo accipere eos sancimus, secundùm quòd temporis vicissitudo indulserit, quàm intactam observari præcipimus, sed eosdem libros de judiciis vel de rebus totos, et per suam consequentiam accipiant, nullo penitùs ex his derelicto : quia omnia nova pulchritudine sunt decorata, nullo inutili, nullo desueto in his penitùs inveniendo. Alterutri autem eorumdem volumini, id est de judiciis vel de rebus adjungi in secundi anni audientiam volumus quatuor libros singulares, quos ex omni compositione quatuordecim librorum excerpsimus ; ex collectione quidem tripertiti voluminis, quòd dotibus composuimus, uno libro excerpto : ex duobus aut de tutelis et curationibus uno : ut ex gemino volumine de testamentis, uno : et ex septem libris de legatis et fideicommissis, et quæ circà ea sunt, simili modo uno tantùm libro ; hos igitur quatuor libros, qui in primordiis singularum memoratarum compositionum positi sunt, tantummodò à vobis eis tradi sancimus, cæteris decem oportuno tempore conservandis, quia neque possibile est, neque anni secundi tempus sufficit ad istorum quatuordecim librorum magistra voce eis tradendorum recitationem.

§. 4. Tertii insuper anni doctrina talem ordinem sortiatur, ut sive libros de judiciis, sive de rebus secundùm vices legere eis sors tulerit : concurrat eis tripertita legum singularium dispositio ; et in primis liber singularis ad hypothecariam formulam, quem oportuno loco, in quo de hypothecis loquimur, posuimus : ut cùm æmula sit pignoraticiis actionibus quæ in libris de rebus positæ sunt, non abhorreat eorum vicinitatem : cùm circa easdem res amba-

d'hui qu'on leur propose des lois claires et bien rédigées, ils méritent de porter un nom plus brillant.

§. 3. Dans la seconde année, pendant laquelle nous conservons aux étudians le nom d'écoliers de l'édit, qu'ils portaient ci-devant, on leur fera voir, ou les sept livres qui composent la partie intitulée : *Des Jugemens*, ou les huit livres qui composent la partie intitulée : *Des Choses*, en observant un tour alternatif entre ces parties ; mais nous voulons que les étudians voient ces livres, des Jugemens ou des Choses, en entier et de suite, sans en rien passer, parce que tout ce qui y est contenu, a reçu une nouvelle clarté, et qu'on n'y trouvera plus rien qui soit inutile ou hors d'usage. A l'étude de l'une de ces deux parties des Jugemens et des Choses, nous voulons qu'on joigne, dans la seconde année, quatre livres particuliers pris dans les quatorze livres qui suivent ; savoir : un livre des trois que nous avons rédigés sur la Matière dotale ; un des deux livres des Tutelles ou Curatelles, ou des deux livres de la Matière testamentaire, et un des sept livres qui traitent des Legs ou des Fidéicommis, ou qui sont auprès de ce traité. Notre intention est donc que vous enseigniez aux écoliers chaque premier livre de ces traités, réservant les dix autres pour un tems plus favorable, parce qu'il serait impossible d'enseigner, pendant l'espace de la seconde année, ces quatorze livres en entier.

§. 4. Pour la troisième année, on observera l'ordre suivant : on fera voir aux étudians les livres des Jugemens ou ceux des Choses, suivant que le tour se présentera, et on y joindra trois traités particuliers ; on expliquera surtout le livre qui traite de la Formule hypothécaire, que nous avons placé dans l'endroit où nous parlons des hypothèques, parce que la formule hypothécaire, ayant une grande liaison avec les actions qui naissent du contrat de gage, dont il est traité dans les livres des Choses, ces deux traités n'ont pas dû être éloignés l'un de l'autre, d'autant qu'ils renferment à peu près la même matière. Après ce traité particulier, on enseignera celui de l'édit des édiles, de l'action rédhibitoire, des évictions, et de la stipulation du double en cas d'éviction. En effet, comme on trouve dans le traité des Choses le contrat d'achat et vente, et que les chapitres dont nous venons de parler se trouvaient à la fin du premier édit, nous avons jugé à propos de les rapprocher, afin qu'ils ne fussent pas si éloignés du Contrat de vente auxquels ils appartiennent. Nous avons placé l'étude de ces trois livres avec celle du savant Papinien, dont les écoliers lisaient ci-devant les livres dans la troisième année, non en entier, mais par parties détachées. Pour vous, l'élégant Papinien vous donnera une belle matière à vos leçons, si vous consultez non-seulement ses dix-neuf livres de réponses, mais encore ses trente-sept livres de questions, ses deux livres de règles, son traité des Adultères, et tout ce que nous en avons rapporté dans les différens endroits de notre Digeste. Afin que les écoliers de la troisième année ne perdent pas le beau nom de papinianistes qu'ils portaient, et qu'ils ne soient pas privés de la fête qu'ils célébraient en son honneur, nous avons arrangé avec beaucoup d'art leur étude; car nous avons rempli le livre de la Formule hypothécaire de textes tirés de Papinien, pour que les écoliers de cette année conservassent leur nom de papinianistes, et qu'en se rappelant un nom si beau, ils puissent se réjouir, et célébrer à l'ordinaire la fête établie entr'eux, lorsqu'ils commencent l'étude de cet habile jurisconsulte : notre intention a été aussi d'éterniser la mémoire du grand Papinien. C'est ainsi que se terminera la troisième année de l'étude du droit.

§. 5. Les écoliers de la quatrième année ont coutume de s'appeler du mot grec *litas*,

bus penè idem studium est. Et post eundem librum singularem alius liber similiter eis aperiatur, quem ad edictum ædilium, et de redhibitoria actione, et de evictionibus, necnon duplæ stipulatione composuimus; cùm enim quæ pro emptionibus et vendizionibus legibus cauta sunt, in libris de rebus præfulgent : hæ autem omnes quas diximus definitiones in ultima parte prioris edicti fuerant positæ : necessariò eas in anteriorem locum transtulimus, ne à venditionibus, quarum quasi ministræ sunt, vicinitate ulterius devagentur. Et hos tres libros cum acutissimi Papiniani lectione tradendos posuimus, quorum volumina in tertio anno studiosi recitabant, non ex omni eorum corpore, sed sparsìm pauca ex multis et in hac parte accipientes. Vobis autem pulcherrimus Papinianus non solùm ex responsis quæ in decem et novem libros composita fuerant, sed etiam ex libris septem et triginta quæstionum, et gemino volumine definitionum, nec non de adulteriis, et penè omni ejus expositione in omni nostrorum Digestorum ordinatione præfulgens propriis partibus præclarus sui recitationem præbebit. Ne autem tertii anni auditores, quos Papinianistas vocant, nomen et festivitatem ejus amittere videantur : ipse iterùm in tertium annum per bellissimam machinationem introductus est. Librum enim hypothecariæ ex primordiis plenum ejusdem maximi Papiniani fecimus lectione, ut et nomen ex eo habeant, et Papinianistæ vocentur, et ejus reminiscentes, et lætificentur et festum diem, quem cùm primum leges ejus accipiebant; celebrare solebant, peragant et maneat viri sublissimi præfectorii Papiniani, et per hoc in æternum memoria, hocque termino tertii anni doctrina concludatur.

§. 5. Sed quia solitum est anno quarti studiosos græco et consueto quodam vocabulo *litas* appellari, habeant quidem si maluerint hoc cognomen : pro responsis autem prudentissimi Pauli, quæ anteà ex libris viginti tribus vix in decem et octo recitabant, per jam expositam confusionem eos legentes, decem libros singulares qui ex quatuordecim, quos anteà enumeravimus, supersunt, studeant lectitare : multò majoris et amplioris prudentiæ ex eis thesaurum consecuturi, quàm quem ex Paulianis habebant rapensis. Et ita omnis ordo librorum singularium à nobis compositus et in decem et septem libros partitus eorum animis imponetur : quem in duabus Digestorum partibus posuimus, id est, quarta et quinta, secundùm septem partium distributionem ; et quòd jam primis verbis orationis nostræ posuimus, verum inveniatur, ut ex triginta sex librorum recitatione fiant juvenes perfecti, et ad omne opus legitimum instructi, et nostro tempore non indigni, duabus aliis partibus, id est, sexta et septima nostrorum Digestorum, quæ in quatuordecim libros compositæ sunt, eisdem positis, ut possint posteà eos et legere, et in judiciis ostendere. Quibus si benè sese imbuerint, et in quinti anni, quò *prolitai* nuncupantur, metas, constitutionum codicem tàm legere quàm subtiliter intelligere studeant, nihil eis legitimæ scientiæ deerit, sed omnem ab initio usque ad finem suis animis amplectantur, et quod penè in alia nulla evenit arte, càm etsi vilissimæ sint, omnes tamen infinitæ sunt, hæc sola scientia habeat finem mirabilem, in præsenti tempore à nobis sortita.

§. 6. Discipuli igitur, omnibus eis legitimis arcanis reseratis, nihil habeant

c'est à dire, propres à décider les questions de droit. Ils conserveront ce nom, s'ils le jugent a propos; mais au lieu de l'étude des réponses de Paul, dont ils lisaient tout au plus dix-huit livres sur les vingt-trois que Paul a écrits, sans garder aucun ordre dans cette étude, comme nous l'avons déjà dit, ils auront soin de lire assiduement les dix livres qui restent des quatorze dont nous avons parlé ci-dessus; ils tireront un plus grand fruit de l'étude de ces livres, que de celle des réponses de Paul. L'ordre que nous prescrivons ici aux jeunes gens, en leur faisant lire les dix-sept livres qui forment la quatrième et la cinquième partie du Digeste, en suivant la division du Digeste en sept parties, confirmera la vérité de ce que nous avons annoncé au commencement de cette lettre, en disant que, par l'étude des trente - six premiers livres du Digeste, les jeunes gens deviendront habiles dans le droit, et se rendront dignes de vivre dans un siècle éclairé comme le nôtre. Nous abandonnons les deux autres parties du Digeste; savoir, la sixième et la septième, qui forment quatorze livres, à leur étude particulière; ils les étudieront eux-mêmes, pour être en état de les citer en jugement. Après s'être bien remplis de l'étude du Digeste, les écoliers, dans la cinquième année, dans laquelle on les appelle *prolitai* c'est à dire, plus parfaits, s'appliqueront à lire et à étudier le code des constitutions impériales. Ils n'ignoreront ainsi aucune partie de la jurisprudence, depuis la première jusqu'à la derdière; ensorte que ce qui n'arrive presque point dans les autres sciences, qui, quoique fort au-dessous de la jurisprudence, sont cependant d'une étude infinie, aura lieu dans la science des lois, à laquelle nous avons mis des bornes, par le travail admirable que nous avons fait composer.

§. 6. Notre intention est, par conséquent, qu'il n'y ait rien de caché dans la science des lois pour les écoliers à qui nous ouvrons tous les trésors de la jurisprudence, et qu'en étudiant le recueil que nous avons fait composer par les soins de l'illustre Tribonien et des autres personnes que nous avons employées à cet ouvrage, ils deviennent d'habiles orateurs, de bons officiers de la justice; qu'ils soient également propres à défendre les causes et à rendre les jugemens, et qu'ils soient heureux dans tous les pays, et pendant toute leur vie.

§. 7. Nous voulons que la jurisprudence ne soit enseignée, conformément à ces trois recueils, que dans nos villes royales de Rome et de Constantinople, et dans la ville célèbre de *Béryte*, qu'on peut, avec juste raison, appeler la nourrice des lois : les princes nos prédécesseurs l'ont déjà ordonné ainsi. Nous défendons qu'on l'enseigne dans les autres lieux qui n'ont pas reçu ce privilège des princes; et, comme nous avons appris que certains ignorans se sont répandus dans les villes d'Alexandrie et de Césarée, et qu'ils enseignent aux écoliers une mauvaise doctrine, nous leur défendons de continuer; et, si quelqu'un a la témérité d'enseigner les lois hors de nos villes royales et de Béryte, il sera condamné en l'amende de dix livres d'or, et banni de la ville dans laquelle, sous prétexte d'enseigner les lois, il aura lui-même contrevenu aux lois.

§. 8. Nous répétons encore ici que nous avons expressément déclaré, dans l'ordonnance que nous avons rendue lorsque nous avons fait commencer cet ouvrage, et dans une autre que nous avons écrite depuis qu'il est achevé; c'est que nous défendons à toutes personnes des notes et des abréviations; ce qui pourrait altérer cet ouvrage. Les copistes qui commettront un tel délit, seront punis extraordinairement, et, en outre, obligés de rendre le prix du livre au double à celui à qui ils l'auront ainsi vendu, sans qu'il en eût connaissance; car ceux qui achèteront des livres ainsi abrégés, n'en pourront faire

absconditum : sed omnibus prælectis, quæ nobis per Triboniani viri excelsi ministerium, cæterorumque composita sunt, et oratores maximi, et justitiæ satellites inveniantur, et judiciorum optimi tàm athletæ quàm gubernatores in omni loco ævoque felices.

§. 7. Hæc autem tria volumina à nobis composita tradi eis tàm in regiis urbibus, quàm in Berytiensium pulcherrima civitate, quàm et legum nutricem benè quis appellet, tantummodò volumus, quòd jam et à retrò principibus constitutum est, et non in aliis locis quæ à majoribus tale non meruerint privilegium, quia audivimus etiam in Alexandrina splendidissima civitate, et in Cæsarensium, et in aliis, quosdam imperitos homines devagari, et doctrinam discipulis adulterinam tradere; quos sub hac interminatione ab hoc conamine repellimus, ut si ausi fuerint in posterum in hoc perpetrare, et extra urbes regias, et Berytiensium metropolim hoc facere, denarum librarum auri pœna plectentur, et rejiciantur ab ea civitate, in qua non leges docent, sed in leges committunt.

§. 8. Illud autem, quòd jam tum ab initio hoc opus mandantes in nostra oratione, et post completum in alia nostri numinis constitutione scripsimus, et nunc utiliter ponimus, ut nemo audeat eorum qui libros conscribunt, *sigla* in his ponere, et per compendium ipsi legum interpretationi vel compositioni maximum adferre discrimen: scituris omnibus librariis qui hoc in posterum commiserint, quòd post criminalem pœnam æstimationem libri in duplum domino ejus, si nescienti dederint, inferre compellentur : cùm et ipse qui talem librum comparaverit, nihilò cum habebit,

nemine judice ex tâli libro fieri recitationem concedente, sed pro non scripto eum
haberi disponente.

§. 9. Illud verò satis necessarium constitutum cum summa interminatione edicimus, ut nemo audeat neque in hac splendidissima civitate, neque in Berytiensium
pulcherrimo oppido ex his qui legitima peragunt studia, indignos et pessimos, immò
magis serviles, et quorum effectus injuria
est, ludos exercere, et alia crimina vel in
ipsos professores, vel in socios suos, et
maximè in eos qui rudes ad recitationem
legum perveniunt, perpetrare. Quis enim
ludos appellet eos, ex quibus crimina oriun-
tur? Hoc etenim fieri nullo patimur modo:
sed optimo ordini in nostris temporibus et
hanc partem tradimus, et toto postero trans-
mittimus seculo cùm oportet priùs animas,
et posteà linguas fieri eruditas.

§. 10. Et hæc omnia in hac quidem florentissima civitate vir excelsus præfectus
hujus almæ urbis tàm observare quàm vindicare, prout delicti tàm juvenum quàm
scriptorum qualitas exegerit, curæ habebit.
In Berytiensium autem civitate tàm vir clarissimus præses Phœniciæ maritimæ, quàm
beatissimus ejusdem civitatis episcopus, et
legum professores.

§. 11. Incipite igitur legum doctrinam
et Dei gubernatione tradere, et viam aperire quam nos invenimus, quatenùs fiant
optimi justitiæ et reipublicæ ministri, et
vos maximum decus in omne seculum sequatur, quia vestris temporibus talis legum inventa est permutatio, qualem et
apud Homerum patrem omnis virtutis Glaucus et Diomedes inter se faciunt, dissimi-
lia permutantes.

Aurea œreis, centena novenariis.

aucun usage, parce qu'aucun juge ne souffrira qu'un pareil livre soit cité, et il ordonnera qu'il soit regardé comme non écrit.

§. 9. Nous défendons aussi, sous des
peines très-sévères, à ceux qui étudient
dans notre ville de Constantinople ou dans
celle de Béryte, de se livrer à ces jeux bas
et indignes, qui ne conviennent qu'à des
esclaves, et qui finissent toujours par nuire
à quelqu'un, et de commettre aucun délit
contre leurs professeurs et contre leurs
compagnons d'étude, surtout ceux qui sont
encore novices dans l'étude des lois. Peut-on,
en effet, appeler des jeux ce qui devient
la source de plusieurs crimes? Nous ne
souffrirons, en aucune façon, ces sortes de
licences, et nous voulons établir le bon
ordre dans les études et pour le tems présent et pour la postérité; il faut avant tout
former son esprit, et chercher ensuite à se
rendre habile dans les sciences.

§. 10. Le préfet de cette ville aura soin
de veiller sur les délits que pourraient commettre, tant les écoliers que les copistes,
en transgressant notre ordonnance, et il les
punira selon l'exigence des cas. Dans la
ville de Béryte, ce soin regardera le président de la province maritime, l'évêque
de la ville et les professeurs en droit.

§. 11. Commencez donc à instruire, avec
l'aide de Dieu, les écoliers dans la science
des lois, et à les conduire dans le chemin
que nous leur avons ouvert, pour en faire
de bons officiers de la justice et de l'état;
vous acquerrez ainsi une gloire infinie dans
toute la postérité, pour avoir eu le bonheur
de voir de votre tems un changement dans
les lois, semblable à celui que font Glaucus
et Diomède dans l'Iliade d'Homère, qui a
été le père de toutes les sciences, en changeant ensemble des choses fort différentes, de
l'or contre du cuivre, des choses de la valeur
de cent contre des choses de la valeur de neuf.

Nous voulons que la présente ordonnance soit observée à perpétuité par tous les professeurs, écoliers, copistes, et même par les juges.

Donné à Constantinople, le 17 des calendes de janvier, sous le troisième consulat de l'empereur Justinien. 533.

De la confirmation du Digeste.

Au nom de Notre-Seigneur Jésus-Christ.

3. *L'empereur César-Flavius-Justinien, vainqueur des Allemands, des Goths, des Francs, des Germains, des Antes, des Alains, des Vandales, des Africains; pieux, heureux, glorieux, vainqueur et triomphateur, toujours auguste; au Sénat et à tous les peuples.*

La protection dont la divine bonté nous honore, est si grande, que Dieu ne cesse de nous combler de ses grâces. Après avoir soutenu une guerre sanglante contre les Parthes, nous avons fait une paix glorieuse; nous avons subjugué la nation des Vandales, et réuni une seconde fois sous l'empire romain la ville de Carthage et même toute la Libye; de plus, Dieu a béni le soin que nous avons pris pour remettre en honneur, et renfermer dans un recueil peu considérable toutes les lois anciennes qui étaient comme accablées sous le poids de leur vieillesse; ouvrage dont personne, avant nous, n'avait osé espérer l'exécution, et qu'on regardait comme au-dessus de l'intelligence humaine. C'était en effet un beau projet, celui de concilier ensemble et de réunir tous les textes de la jurisprudence romaine, depuis la fondation de Rome jusqu'à nous, c'est à dire, depuis l'espace de près de quatorze cents ans, et d'apporter le même soin pour les ordonnances des empereurs; de faire un recueil où il ne se trouvât aucune contradiction, aucune répétition,

Tome I.

Quæ omnia obtinere sancimus in omne ævum ab omnibus tàm professoribus quàm legum auditoribus, et librariis et ipsis et judicibus observanda.

Data 17 calend. januarias Constantinopoli, domino nostro Justiniano perpetuò augusto, III. Couss. 533.

De confirmatione Digestorum.

In nomine Domini Dei nostri Jesu Christi.

3. *Imperator Cæsar-Flavius-Justinianus, Alamanicus, Gotthicus, Fransicus, Germanicus, Anticus, Alanicus, Vandalicus, Africanus; pius, felix, inclytus, victor ac triumphator, semper augustus; ad Senatum et omnes populos.*

Tanta circa nos divinæ humanitatis est providentia, ut semper æternis liberalitatibus nos sustentare dignetur. Post bella enim Parthica æterna pace sopita, postque Vandalicum gentem ereptam, et Carthaginem, immò magis omnem Libyam romano imperio iterùm sociatam, et leges antiquas jam senio prægravatas per nostram vigilantiam præbuit in novam pulchritudinem, et moderatum pervenire compendium; quòd nemo ante nostrum imperium unquàm speravit, neque humano ingenio possibile esse penitùs existimavit. Erat enim mirabile romanam sanctionem ab urbe condita usque ad nostri imperii tempora, quæ penè in mille et quadringentos annos concurrunt, intestinis præliis vacillantem, hocque et in imperiales constitutiones extendentem, in unam reducere consonantiam, ut nihil neque contrarium neque idem neque simile in ea inveniatur, et ne geminæ leges pro rebus singulis positæ usquàm appareant, namque hoc cœlestis quidem providentiæ peculiare fuit; humanæ verò imbecillitati nullo modo possibile. Nos itaque more so-

20

lito ad immortalitatis respeximus præsidium, et summo numine invocato Deum auctorem et totius operis præsulem fieri optavimus ; et omne studium Triboniano viro excelso, magistro officiorum, et exquæstore sacri nostri palatii et ex-consule credidimus, eique omne ministerium hujuscemodi ordinationis imposuimus, ut ipse unà cum aliis (viris) illustribus et prudentissimis viris nostrum desiderium adimpleret ; nostra quoque majestas semper investigando et perscrutando ea quæ ab his componebantur, quicquid dubium et incertum inveniebatur, hoc numine cœlesti erecta emendabat, et in competentem formam redigebat.

§. 1. Omnia igitur confecta sunt, domino et Deo nostro Jesu Christo possibilitatem tàm nobis quàm nostris in hoc satellitibus præstante. Et principales quidem constitutiones duodecim libris digestas, jam ante in Codicem nostrum nomine præfulgentem contulimus. Posteà verò maximum opus adgredientes, ipsa vetustatis studiosissima opera jam penè confusa et dissoluta, eidem viro excelso permisimus tàm colligere quàm certo moderamine tradere. Sed cùm omnia percontabamur, à præfato viro excelso suggestum est duo penè millia librorum esse conscripta, et plus quàm trecentiens decem millia versuum à veteribus effusa, quæ necesse esset omnia et legere et perscrutari, et ex his si quid optimum fuisset, eligere. Quod cœlesti fulgore et summæ Trinitatis favore confectum est secundùm nostra mandata, quæ ab initio ad memoratum virum excelsum fecimus ; et in quinquaginta libros omne quod utilissimum erat, collectum est ; et omnes ambiguitates deeisæ, nullo seditioso relicto, nomenque libris imposui-

aucune ressemblance, et jamais deux lois sur la même question. Un tel ouvrage était au-dessus de la faiblesse humaine, et ne pouvait être l'effet que d'une protection particulière du ciel sur nous ; c'est ce qui nous a fait, suivant notre usage, recourir à la toute-puissance divine ; et, après avoir invoqué le saint nom de Dieu, nous avons prié le Très-Haut de se mettre lui-même à la tête de tout l'ouvrage. Nous en avons confié l'exécution à Tribonien, homme consulaire et ancien trésorier de notre palais ; nous avons voulu qu'il eût la direction de toute l'entreprise. Afin de le mettre en état d'exécuter nos volontés en s'associant des hommes habiles, nous faisons nous-même un examen approfondi de tout leur travail ; et, aidé du secours du ciel, nous corrigerons tout ce qui pourrait rester de douteux et d'incertain, et nous le rédigerons dans un ordre convenable.

§. 1. Tout l'ouvrage est enfin heureusement terminé, Dieu ayant accordé à nous et à nos officiers le bonheur de réussir. Nous avons déjà recueilli en un code qui porte notre nom, les constitutions des princes en douze livres : ensuite nous nous sommes occupé du grand ouvrage de la collection des lois anciennes qui étaient dans un grand désordre et une grande confusion ; et nous avons ordonné à l'homme illustre que nous venons de nommer, de les recueillir et de les rédiger. Comme nous nous faisons rendre un compte exact de tout ce travail, Tribonien nous a fait rapport que la jurisprudence romaine se trouvait dispersée dans plus de deux mille volumes, et de trois millions de paragraphes, qu'il était nécessaire de lire en entier et avec réflexion, pour faire choix de ce qui s'y trouvait de meilleur. C'est ce qui a heureusement été exécuté avec l'aide de la très-sainte Trinité, conformément aux ordres que nous avions donné à l'illustre Tribonien. Tout ce qui a paru utile dans ces livres anciens, a été recueilli dans cinquante livres ; on en a retranché tout ce qui pouvait faire difficulté et tous les textes contraires ; on a donné à ce recueil le nom de Digeste ou de Pandectes ; il contient des discussions et des décisions conformes aux lois. Les auteurs de ce recueil ont cherché de tout côté ce qui pouvait y entrer, et ont rédigé tout l'ouvrage en près de cent cinquante mille textes. Nous avons divisé cette collection en sept parties ; nous n'avons pas pris cette division au hasard et sans raison, mais nous avons été déterminé à la préférer, par attention pour la nature et les mystères renfermés dans les sept premiers nombres, et nous avons cru devoir faire une division conforme à ce que signifie ce nombre.

§. 2. Ainsi la première partie de ce recueil que les Grecs appellent *prota*, est divisée en quatre livres.

§. 3. La seconde contient sept livres qui sont intitulés : *des Jugemens*.

§. 4. La troisième partie est intitulée : *des Choses ;* nous y traitons toute cette matière en huit livres.

§. 5. La quatrième partie, qui est comme le foyer de tout l'ouvrage, contient huit livres : on y a placé tout ce qui concerne la matière hypothécaire, afin que ce traité fût moins éloigné de celui des actions descendantes du contrat de gage, dont il est parlé dans le traité des choses. Le livre suivant de cette même partie, traite de l'édit des édiles, de l'action rédhibitoire et de la stipulation du double en cas d'éviction, parce que ces différentes actions appartiennent à la matière du contrat de vente, et sont comme une suite des actions qui descendent du contrat d'achat et vente. Dans l'ancienne distribution de l'édit, on avait traité ces matières dans des endroits éloignés les uns des autres, et par conséquent peu convenables ; mais nous avons eu soin de les rapprocher, étant juste de mettre ensemble les traités qui ont pres-

mus Digestorum seu Pandectarum : qui omnes disputationes et decisiones in se habent legitimas, et quod undiquè fuit collectum, hoc in sinus receperunt, in centum quinquaginta penè millia versuum totum opus consummantes ; et in septem partes eos digessimus non perperam, neque sine ratione : sed in numerorum naturam et artem respicientes, et consentaneam eis divisionem partium conficientes.

§. 2. Igitur prima quidem pars totius contextûs, quæ græco vocabulo *prota* nuncupatur, in quatuor libros reposita est.

§. 3. Secundus autem articulis septem libros habet, qui de judiciis appellantur.

§. 4. In tertia verò congregatione omnia quæ de rebus nominantur, contulimus, octo libris eis deputatis.

§. 5. Quartus autem locus, qui et totius compositionis quasi quoddam invenitur umbilicum, octo libros suscepit : in quibus omnia, quæ ad hypothecam pertinent, reposita sunt, ut non pignoraticia actione in libris de rebus posita multùm distarent. Alio libro eodem inserto volumine, qui ædilicium edictum, et redhibitoriam actionem, et duplæ stipulationem, quæ de evictionibus proposita est, continet, quia hæc omnia titulis emptionum et venditionum consentanea sunt : et prædictæ actiones quasi pedise quæ illarum ab initio processerunt, in vetustioris quidem edicti ordinatione in loca devia et multò distantia devagantes, per nostram autem providentiam his congregatæ, cùm oportuerat ea quæ de eodem penè loquuntur, in confinio ponere. Alius itaque liber post duos primos nobis excogitatus est de usuris, et trajecticiis pecuniis, et de instrumentis et testibus, et probationibus, necnon præsumptionibus ; et memorati tres singulares libri juxtà compositionem de rebus positi sunt. Post hos si qua de sponsalibus vel nuptiis vel dotibus legibus dicta sunt, reposuimus, tribus librorum voluminibus ea concludentes. De tutelis autem et curationibus geminos libros conscripsimus. Et memoratam ordinationem octo librorum mediam totius operis reposuimus, omnia undiquè tàm utilissima quàm pulcherrima jura continentem.

§. 6. Quintus autem exoritur nobis Digestorum articulus, in quem de testamentis et codicillis tàm privatorum quàm militum, omne quidquid antiquis dictum inveniat quis depositum, qui de testamentis appellatur. De legatis autem et fideicommissis quinque librorum numerus adgregatus est. Cùmque nihil tàm peculiare fuerat, quàm (ut) legatis quidem legis Falcidiæ narratio, fideicommissis autem senatus consulti Trebelliani singulis libris utrique eorum applicatis tota pars quinta in novem libros coadunata est. Solùm autem senatus consultum Trebellianum ponendum esse existimavimus : captiosas etenim et ipsis veteribus odiosas Pegasiani senatus consulti ambages, et utriusque senatus consulti ad se tàm supervacuas quàm scrupulosas diversitates respuentes, totum jus super his positum Trebelliano senatus consulto adjudicavimus. Sed in his nihil de caducis à nobis memoratum est; ne càusa, quæ in rebus non prosperè gestis, et tristibus temporibus romanis increbruit calamitatibus, bello coalescens civili, nostris maneat temporibus, quæ favor cœlestis et pacis vigore firmavit, et super omnes gentes in bellicis victori periculis superposuit, ne luctuosum monumentum læta secula inumbrare concedatur.

que le même objet. A ces deux livres nous en avons joint un troisième, qui traite de l'intérêt de l'argent, de celui placé sur des vaisseaux, des actes, des témoins, des preuves, et des présomptions : ces livres sont placés auprès de la partie qui traite des choses. Nous avons ajouté ce que nous avons trouvé sur les fiançailles, les mariages, les dots, et nous l'avons recueilli en trois livres. Nous avons fait deux livres des tutelles et des curatelles; nous avons placé au milieu de l'ouvrage cette partie composée de huit livres, qui contient des décisions très-savantes et très-utiles, rassemblées de tous côtés.

§. 6. La cinquième partie du Digeste est intitulée, *des Testamens* : elle contient tout ce que les anciens ont écrit sur les testamens et les codiciles, tant des particuliers que des militaires. Nous y avons placé aussi cinq livres qui traitent des legs et des fidéicommis; et, comme il était convenable de joindre au traité des legs l'exposition de la loi *falcidia*, et au traité de fidéicommis, celle du sénatus-consulte Trébellien, nous avons composé cette cinquième partie de neuf livres. Nous avons cru ne devoir parler que du sénatus-consulte Trébellien; car nous avons rejeté ces stipulations captieuses qui accompagnaient le sénatus-consulte Pégasien, et qui n'étaient pas du goût de l'antiquité; et nous avons supprimé les différences frivoles et inutiles qui étaient entre ces deux sénatus-consultes, en attribuant au seul sénatus-consulte Trébellien tout ce qui était ci-devant contenu dans les deux. Nous n'avons pas cependant jugé à propos de traiter dans ces livres des lois *caducaires*, afin de ne pas conserver dans un tems, où, par la faveur du ciel, la paix est solidement établie, et où les victoires nous ont soumis toutes les nations, le triste monument d'un tems de calamité publique et de discorde civile, dans lequel

le mauvais état des affaires obligeait à chercher des ressources.

§. 7. La sixième partie du Digeste contient, en deux livres, le détail de toutes les
successions prétoriennes, soit par rapport
aux ingénus, soit par rapport aux affranchis; tout le droit concernant les degrés de
parenté et d'alliance, les successions légitimes qui descendent du droit civil et toutes
les autres successions *ab - intestat*, comme
sont celles qui descendent des sénatus-consultes Tertullien et Orphitien, en vertu desquels la mère et les enfans sont appelés à
leur succession réciproque; et nous avons
ainsi réduit en un traité court et méthodique cette multitude de décisions données en matière de succession prétorienne.
Ensuite nous avons rapporté en un seul
livre ce qu'ont écrit les anciens sur les som-
mations à l'effet d'interrompre un nouvel
œuvre. La caution qui a lieu en cas d'un
dommage non fait, sur-tout par rapport aux
bâtimens qui menacent ruine, et à la jurisprudence des gouttières; les fermiers publics, et les donations, tant entre-vifs qu'à
cause de mort. Le livre suivant traite des
affranchissemens et des causes dans lesquelles
il s'agit de la liberté; de même que nous
avons rédigé dans un livre tout ce qui
concerne les manières d'acquérir le domaine
et la possession, et les titres qui donnent
cette dernière; dans un autre livre, nous
traitons de ceux qui ont été jugés, ou qui ont
avoué en justice, de la saisie et de la vente
des biens d'un débiteur, et de la défense de
rien faire en fraude des créanciers. Ensuite
on trouve ensemble tout ce qui concerne les
interdits, les exceptions, les prescriptions. Il
y a aussi un livre particulier qui traite des
obligations et des actions; ensorte que cette
6e. partie du Digeste comprend huit livres.

§. 8. La septième et dernière partie du
Digeste est composée de dix livres, dont
deux contiennent tout ce que l'antiquité nous
a laissé sur les stipulations, les répondans et

§. 7. Sexta deindè pars Digestorum exoritur, in quibus omnes bonorum possessiones positæ sunt, quæ ad ingenuos, quæ
ad libertinos respiciunt : ut et jus omne, quod
de gradibus et adfinitatibus descendit, le-
gitimæque hæreditates, et omnis ab intestato successio, et Tertullianum, et Orphi-
tianum senatus consultum, ex quibus mater
et filii invicem sibi hæredes existunt, in
geminos libros contulimus, bonorum possessionem multitudinem in compendiosum
et manifestissimum ordinem concludentes.
Post hæc ea quæ de operis novi nuntiatio-
nibus, damnique infecti, et pro ædificiis
dirutis, et eorum insidiis, et quæ de aqua
pluvia arcenda veteribus auctoribus placita
sunt, nec non de publicanis, et donationibus tàm inter vivos quàm mortis causa
conficiendis cauta legibus invenimus, in
librum singularem deduximus. De manu-
missionibus autem et de liberali causa,
alius liber respondit : quemadmodùm et de
adquisitione tàm dominii quàm possessionis, et titulis qui eam inducunt, multæ
et variæ lectiones uni sunt insertæ volumini,
alio libro deputato his qui judicati, vel in
jure confessi sunt, et de bonorum deten-
tionibus et venditionibus, et ut ne quid
in fraudem creditorum fiat. Postque hæc
omnia interdicta glomerata sunt : et deinceps exceptiones, et de temporum prolixi-
tatibus : et de obligationibus et actionibus
liber iterùm singularis extenditur; ut præfata sexta par pars totius Digestorum voluminis octo libris definiatur.

§. 8. Septimus autem et novissimus articulus Digestorum sex libris formatus est
quos de stipulationibus seu verborum obligationibus, et fidejussoribus et mandato-

ribus, necnon novationibus, et solutioni-
bus, et acceptilationibus, et de prætoriis
stipulationibus, omne quod jus invenitur
gemino volumine inscriptum est, quod in
libris antiquis nec numerari possibile fuit.
Et post hoc duo terribiles libri positi sunt
pro deliciis privatis, et extraordinariis necnon publicis criminibus, qui omnem continent severitatem pœnarumque atrocitatem.
Quibus permixta sunt et ea quæ de auda-
cibus hominibus cauta sunt, qui se celare
conantur, et contumaces existunt : et de
pœnis quæ condemnatis infliguntur, vel
conceduntur: necnon de eorum substantiis.
Liber autem singularis pro appellationibus
nobis excogitatus est, contra sententias tàm
civiles quàm criminales causas finientes.
Cætera autem omnia quæ ad municipales,
vel de decurionibus, et muneribus, vel
publicis operibus, vel nundinis, et pollicitationibus et diversis cognitionibus, et censibus, vel significatione verborum veteribus inventa sunt, quæque regulariter definita, in sese recepit quinquagesimus totius consummationis perfectus.

§. 9. Quæ omnia confecta sunt per virum excelsum, necnon prudentissimum
magistrum, ex-quæstore et ex-consule Tribonianum, qui similiter eloquentiæ, et legitimæ scientiæ artibus decoratus, et in ipsis
rerum experimentis emicuit, nihilque majus
nec carius nostris unquàm jussionibus duxit:
necnon per alios viros magnificos et studio-
sissimos perfecta sunt, id est, Constantinum
virum illustrem, comitem sacrarum largitionum, et magistrum scrinii libellorum
sacrarumque cognitionum, qui semper nobis ex bona opinione et gloria sese com-
mendavit : necnon Theophilum virum illustrem, magistrum jurisque peritum in hac
splendidissima civitate laudabiliter optimam

les *mandateurs;* les novations, paiemens,
acceptations, et les stipulations prétoriennes.
Ces matières étaient traitées dans les livres
des anciens, avec tant d'étude, qu'on avait
peine à compter les textes qui en parlaient.
Les deux livres suivans respirent la vengeance; ils traitent des délits privés et extraordinaires, des accusations publiques, et
des peines qui doivent être infligées; on y
a joint la disposition des lois contre les
scélérats qui cherchent à se cacher et à
éviter, par la contumace, la peine due à
leurs crimes; on y traite encore des peines
qui sont infligées aux coupables, et des restitutions accordées contre ces peines, ainsi
que de leur nature. Nous avons aussi composé un livre particulier sur les appels in-
terjetés contre les sentences définitives,
tant civiles que criminelles. Le cinquième
et dernier livre de l'ouvrage comprend
tout ce que les anciens nous ont laissé
sur les magistrats municipaux, les décurions, les charges et les ouvrages publics,
les foires et marchés, les engagemens contractés par promesse avec les corps de villes,
les jugemens extraordinaires, le dénombrement des biens, la signification des termes
de droit, et les différentes règles de la jurisprudence.

§. 9. Cet ouvrage a été composé par
l'illustre et habile Tribonien, homme consulaire et questeur, et maître des offices de
notre palais qui, également versé dans l'é-
loquence et la science des lois, s'est distingué par ses travaux, et n'a jamais rien
eu plus à cœur que l'exécution de nos volontés. Il a y eu aussi d'autres gens habiles
employés à l'exécution de cette entreprise:
Constantin, homme illustre, trésorier de nos
libéralités et maître des requêtes, qui nous a
toujours donné une haute idée de son mérite, et s'est acquitté avec distinction des
emplois qui lui ont été confiés; Théophile,
homme illustre, habile professeur de droit
dans notre ville de Constantinople, et qui

remplit cette fonction avec un très-grand succès ; Dorothée, homme illustre et habile, qui a rempli la place de questeur, et qui s'est fait une très grande réputation, en enseignant les lois dans la ville de Béryte, que nous l'avons appelé auprès de nous pour l'employer à la composition de cet ouvrage ; Anatolius, homme illustre, qui a aussi été tiré des cultes de Béryte, où il enseignait le droit, pour travailler à cette collection : c'est d'ailleurs un homme qui tire son origine d'une famille ancienne et distinguée dans la jurisprudence ; car son père Léontius et son aïeul Eudoxius se sont fait beaucoup d'honneur par leurs connaissances dans les lois, et ont succédé à Patricius, d'heureuse mémoire, questeur et professeur de droit ; à Léontius, homme consulaire, qui a rempli avec gloire la place de préfet, et à Patricius son fils ; Cratinus, homme illustre, trésorier de nos libéralités, habile professeur de droit dans cette ville de Constantinople. Ils ont tous été choisis pour travailler à ce recueil avec Étienne Menna, Prosdocius, Eutolmius, Timothée, Léonide, Léontius, Platon, Jacques, Constantin, Jean, hommes habiles qui exercent la profession d'avocats dans le grand tribunal de la préfecture du prétoire, où ressortissent toutes les juridictions prétoriennes de l'Orient. Ces jurisconsultes, au mérite desquels tout le monde rend justice, ont été choisis par nous pour l'exécution de cet ouvrage important ; et, s'étant tous assemblés pour travailler sous la direction de l'illustre Tribonien, ils ont, avec l'aide de Dieu, porté cette entreprise à sa perfection.

§. 10. Nous avons tant de respect pour l'antiquité, que nous ne voulons, en aucune manière, que les noms des jurisconsultes dont les ouvrages ont été employés dans notre collection, soient ensevelis dans l'oubli. Nous avons mis dans chaque loi du Digeste le nom de son auteur, en observant seulement de faire des additions ou des diminutions

legum gubernationem extendentem : et Dorothæum, virum illustrem et facundissimum quæstorium, quem in Berytiensium splendidissima civitate leges discipulis tradentem propter ejus optimam opinionem et gloriam ad nos deduximus ; participemque hujus operis fecimus, sed et Anatolium virum illustrem magistrum, qui et ipse apud Berytienses juris interpres constitutus ad hoc opus allectus est, vir ab antiqua stirpe legitima procedens, cùm et pater ejus Leontius, et avus Eudoxius qui post Patricium inclytæ recordationis quæstorium et antecessorem, et Leontium virum gloriosissimum præfectorem, consularem, atque Patricium filium ejus, optimam sui memoriam in legibus reliquerunt ; necnon Cratinum virum illustrem, et comitem sacrarum largitionum, et optimum antecessorem hujus almæ urbis constitutum, qui omnes ad prædictum opus electi sunt unà cum Stephano Menna, Prosdocio, Eutolmio, Timotheo, Leonide, Leontio, Platone, Jacobo, Constantino, Joanne, viris prudentissimis, qui patroni quidem sunt causarum apud maximam sedem præfecturæ quæ orientalibus prætoriis præsidet. Omne autem suæ virtutis testimonium undiquè accipientes, et à nobis ad tanti operis consummationem electi sunt, et cùm omnes in unum convenerunt gubernatione Triboniani viri excelsi, ut tantum opus nobis auctoribus possint conficere, Deo propitio, in prædictos quinquaginta libros opus consummatum est.

§. 10. Tanta autem à nobis antiquitati habita est reverentia, ut nomina prudentium taciturnitati tradere nullo patiamur modo ; sed unusquisque eorum qui auctor legis fuit, nostris digestis inscriptus est : hoc tantummodò à nobis effecto, ut si quid in legibus eorum, vel supervacuum vel imperfectum vel minus idoneum visum est, vel adjectionem, vel deminutionem necessariam accipiat, et rectissimis tradatur regulis, et in multis similibus vel contrariis quòd rectius habere apparebat, hoc pro aliis omnibus positum est, unàque omnibus auctoritate indulta, ut quidquid ibi scriptum est, hoc nostrum appareat, et ex nostra voluntate compositum : nemine audente comparare ea quæ antiquitas habebat, et quæ nostra auctoritas introduxit ; quia multa et maxima sunt, quæ propter utilitatem rerum transformata sunt, adeò ut etsi principalis constitutio fuerat in veteribus libris relata, neque ei pepercimus, sed et hoc corrigendum esse putavimus, et in melius restaurandum, nominibus etenim veteribus relictis, quidquid legum veritati decorum et necessarium fuerat, hoc nostris emendationibus servavimus, et propter hanc causam et si quid inter eos dubitabatur, hoc jam in tutissimam pervenit quietem, nullo titubante relicto.

§. 11. Sed cùm prospeximus quòd ad portandam tantæ sapientiæ molem non sunt idonei homines rudes, et qui in primis legum vestibulis stantes intrare ad arcada eorum properant, et aliam mediocrem emendationem præparandam esse censuimus, ut sub ea colorati, et quasi primitiis omnium imbuti, possint ad penetralia eorum intrare, et formam legum pulcherrimam non conniventibus oculis accipere. Et ideò Triboniano viro excelso, qui ad totius operis gubernationem electus est, necnon Theophilo et Dorothæo, viris illustribus et facundissimis antecessoribus accersitis, mandavimus quatenùs libris quos veteres composuerunt, qui prima legum argumenta continebant, et Institutiones vocabantur, separatlm collectis, quidquid ex his utile et aptissimum

quand il s'y est trouvé des choses superflues, imparfaites ou mal rédigées ; nous avons mis de l'ordre partout ; et entre plusieurs textes semblables ou contraires, nous avons préféré celui qui nous a paru le plus juste, en le rapportant seul à la place de tous les autres, et en donnant la même autorité à tous les fragmens qui sont entrés dans ce recueil ; ensorte qu'on puisse regarder tout ce qu'il contient comme étant notre ouvrage et composé par nos ordres, sans qu'on ait la témérité de comparer les écrits des anciens avec ceux qui sont revêtus de notre autorité ; parce qu'il nous est souvent arrivé de faire des changemens qui ont paru utiles, au point même que nous n'avons pas épargné les ordonnances des princes rapportées dans les ouvrages anciens. Nous avons cru devoir faire des corrections, en conservant les noms des auteurs; nous nous sommes permis de les réformer quand cela était nécessaire pour l'honneur et la vérité ; c'est aussi par cette raison que toutes les contradictions qu'il y avait ci-devant entre les différens jurisconsultes, sont absolument conciliées, sans qu'il en reste aucune trace.

§. 11. Mais comme nous avons remarqué qu'un travail aussi considérable n'était pas à la portée de tout le monde, surtout des commençans, nous avons jugé à propos d'en faire un extrait, afin que ceux qui s'appliqueront à l'étude des lois, commencent à se nourrir de bons principes, qui les mettent en état de pénétrer plus avant dans cette science. En conséquence, nous avons appelé auprès de nous l'illustre Tribonien, avec Dorothée et Théophile, deux habiles professeurs de droit, et nous leur avons ordonné de recueillir séparément le livre d'élémens, composé par les anciens, et connu sous le nom d'Institutes, d'en extraire avec soin ce qu'ils y trouveraient d'utile, de bien travaillé, propre à former les commençans, et conforme à nos usages, et de rédiger cet ouvrage en quatre livres, dans lesquels on pût étudier les premiers élémens et les principes du droit, afin que les jeunes gens, après cette étude élémentaire, pussent plus aisément s'élever à la parfaite connaissance des lois. Nous les avons en même tems avertis de faire attention aux constitutions que nous avons publiées pour réformer le droit ancien, et de faire mention de nos corrections dans le livre d'Institutes qu'ils doivent composer, afin de montrer clairement ce qui faisait difficulté dans l'ancienne jurisprudence, et ce qui a depuis été établi en droit certain. Cet ouvrage, ayant été achevé, il nous a été présenté; nous l'avons reçu avec beaucoup de satisfaction, et nous l'avons trouvé très-conforme au projet que nous avions donné. En conséquence, nous avons voulu que les quatre livres des Institutes eussent force de loi, de même que nos propres constitutions, comme nous l'avons déclaré expressément dans la constitution que nous avons mise à la tête de cet ouvrage.

§. 12. Lorsque toute cette collection des lois romaines a été terminée et rédigée en trois parties; savoir : les Institutes, le Digeste ou les Pandectes, et le Code des constitutions impériales, nous avons été bien flattés d'avoir achevé en trois ans un ouvrage qui, lors de son commencement, paraissait demander un travail de plus de dix années. Nous l'avons offert, avec reconnaissance, au Dieu tout-puissant qui en a béni l'exécution pour l'utilité des hommes, et nous lui avons rendu mille actions de graces, pour les avantages qu'il plut à sa divine providence de nous procurer, en couronnant nos guerres d'un succès glorieux, en nous faisant jouir d'une paix honorable, et en nous mettant en état de tracer des lois sages, non-seulement pour notre siècle, mais encore pour toute la postérité.

§. 13. Nous avons cru qu'il était nécessaire de publier cette présente ordonnance par tout le monde, afin que tous les hom-

Tome I.

et undique sit elimatum, et rebus quæ in præsenti ævo in usu vertuntur, consentaneum invenitur, hoc et capere studeant, et quatuor libris reponere, et totius eruditionis prima fundamenta atque elementa ponere ; quibus juvenes suffulti possint graviora et perfectiora legum scita sustentare. Admonuimus autem eos, ut memores etiam nostrarum fiant constitutionum, quas pro emendatione juris promulgavimus, et in confectione ponere non morentur ; ut sit manifestum et quid anteà vacillabat, et quid posteà in stabilitatem redactum est. Quòd opus ab his perfectum, ut nobis oblatum et relectum est, et prono suscepimus animo et nostris sensibus non indignum esse judicavimus, et prædictos libros constitutionum vicem habere jussimus, quòd et in oratione nostra, quàm eisdem libris præposuimus, apertiùs declaratur.

§. 12. Omni igitur romani juris dispositione composita, et in tribus voluminibus, id est, Institutionum, et Digestorum seu Pandectarum, necnon Constitutionum, perfecta, et in tribus annis consummata, quæ ut primùm separari cœpit, neque in totum decennium compleri sperabatur : omnipotenti Deo et hanc operam ad hominum sustentationem piis obtulimus animis, uberesque gratias maximè deitati reddidimus, quæ nobis præstitit et bella feliciter agere, et honesta pace perpotiri, et non tantùm nostro, sed etiam omni ævo tàm instanti quàm posteriori leges optimas ponere.

§. 13. Omnibus itaque hominibus eandem sanctionem manifestam facere, necessarium esse perspeximus : ut sit eis e

21

tum, quanta confusione et infinitate abso-
luti, in quam moderationem et legitimam
veritatem pervenerunt, legesque in posterum habeant tàm directas quàm compen-
diosas, omnibusque in promptu positas, et
ad possidendi libros earum facilitatem ido-
neas, ut non mole divitiarum expensa possint homines supervacuæ legum multitudinis adipisci volumina, sed vilissima pecunia facilis eorum comparatio pateat tàm
ditioribus, quàm tenuioribus, minimo pretio
magna prudentia reparanda.

§. 14. Si quid autem in tanta legum
compositione quæ ab immenso librorum
numero collecta est, simile forsitàn rarò
inveniatur, nemo hoc vituperandum existimet ; sed primùm quidem imbecillitati humanæ, quæ naturaliter inest, hoc inscri-
bat, quia omnium habere memoriam, et
penitùs in nullo peccare, Divinitatis magis
quàm mortalitatis est, quòd et à majoribus
dictum est : deindè sciat quòd similitudo in
quibusdam et his brevissimis adsumpta non
inutilis est, et nec citrà nostrum propositum,
hoc subsecutum ; aut enim ita lex necessaria
erat, ut diversis titulis propter rerum cognationem applicari eam oporteat: aut cùm fuerat
aliis diversis permixta, impossibile erat eam
per partes detrahi ne totum confundatur,
et in his partibus in quibus perfectissimæ
visiones expositæ veterum fuerant, quòd
particulatìm in eas fuerat sparsum, hoc
dividere ac separare, penitùs erat incivile,
ne tàm sensus quàm aures legentium ex hoc
perturbentur. Similique modo si quid principalibus constitutionibus cautum est, hoc
in Digestorum volumine poni nullo concessimus modo, quasi constitutionum recitatione sufficiente, nisi et hoc rarò ex iisdem causis quibus similitudo adsumpta est.

mes sachent de quelle confusion nous sommes sortis, quelle était l'étendue du travail
que nous avions entrepris, et de quelle manière nous sommes parvenus à rétablir la
jurisprudence dans de sages bornes, et dans
un ordre convenable, en laissant à la postérité un recueil des lois court, méthodique,
et à la portée de tout le monde ; ensorte
qu'on peut aisément se procurer les livres
qui la contiennent, et que, sans être réduit
à sacrifier toute leur fortune pour avoir
une quantité de volumes inutiles, les riches
et les pauvres pourront acquérir à peu de
frais ce recueil de la jurisprudence romaine, et se procurer pour un prix très-
modique des connaissances très-étendues.

§. 14. Si cependant on trouve encore
par hasard quelques textes semblables dans
cette immense collection des lois extraite
d'une quantité considérable de volumes,
on ne doit pas pour cela blâmer ce travail.
Ces répétitions doivent être attribuées d'a-
bord à la faiblesse de l'esprit humain, qui ne
peut pas conserver la mémoire exacte de
toutes les choses ; car l'infaillibilité absolue
est un attribut de la Divinité, et non de
l'humanité, comme l'ont dit les anciens eux-
mêmes : ensuite on doit penser qu'en certains cas qui sont fort rares, les répétitions
ne sont pas absolument inutiles et contraires
à notre intention. En effet, il est arrivé
quelquefois qu'une loi a paru si nécessaire,
qu'on a cru devoir la placer sous différens
titres auxquels elle avait rapport ; ou bien
lorsqu'une loi contenait en même tems plusieurs choses différentes mêlées les unes
avec les autres, il était impossible de la
couper par parties, sans jeter de la confusion
dans le tout ; et il n'aurait pas été convenable de faire des retranchemens dans les
parties que les lois anciennes ont détaillées,
à cause de quelques décisions particulières
qui s'y trouveraient mêlées, autrement on
aurait altéré le sens des jurisconsultes ; ce
qui n'aurait pas été agréable aux lecteurs.

C'est par cette même raison que, quoique nous n'ayons pas voulu qu'on rapportât dans le *Digeste* aucune ordonnance des princes, puisqu'il suffit qu'on les trouve dans les Codes des constitutions impériales, nous avons cependant souffert qu'on le fît quelquefois, et pour les mêmes causes qui nous ont engagé à approuver quelques répétitions.

§. 15. On ne trouvera dans ce recueil aucune loi contraire, si on s'applique avec sagacité à chercher les raisons des contradictions apparentes : en approfondissant les lois qui paraissent contraires, on verra que l'une et l'autre contiennent une décision nouvelle, ou renferment un sens caché qui détruit toute idée de contrariété.

§. 16. Si, par hasard, les rédacteurs de cette collection ont passé sous silence quelques décisions anciennes qui se trouvaient dans tant de mille volumes, et qui étaient comme noyées dans cette grande mer, ou s'ils ont été obligés d'abandonner quelques fragmens des auteurs anciens, à cause de l'obscurité qui les enveloppait, il n'y aurait point d'équité à leur en faire un reproche ; on doit au contraire leur pardonner ces omissions, premièrement à cause de la faiblesse des lumières de l'esprit humain ; secondement à cause du vice de la chose elle-même, parce que ces fragmens entassés sous un amas de choses inutiles, n'ont pu être tirés de leur place, enfin, on doit faire attention qu'il vaut mieux perdre un petit nombre de choses utiles, que de charger l'esprit d'un tas d'inutilités.

§. 17. Un des plus admirables effets de notre travail, c'est que notre recueil contient plus de choses dans sa brièveté qu'on n'en trouvait dans la multitude des lois anciennes ; car, quoiqu'il y eût ci-devant un grand nombre de lois établies, cependant les plaideurs en citaient très-peu pour appuyer leurs causes, soit à cause de la disète

§. 15. Contrarium autem aliquid in hoc codice positum nullum sibi locum vindicabit, nec invenitur ; si quis subtili animo diversitatis rationes excutiet, sed est aliquid novum inventum, vel occultè positum, quòd dissonantiæ querelam dissolvit, et aliam naturam inducit discordiæ fines effugientem.

§. 16. Sed et si quid forsitàn prætermissum est, quòd in tantis millibus quasi in profundo positum latitabat, et cùm idoneum fuerat poni, obscuritate involutum necessariò derelictum est : quis hoc adprehendere recto animo possit primò quidem propter ingenii mortalis exiguitatem : deindè propter ipsius rei vitium, quod multis inutilibus permixtum nullam sui ad eruendum præbuit copiam : dein quòd multò utilius est pauca idonea effugere, quàm multis inutilibus homines prægravare.

§. 17. Mirabile autem aliquid ex his libris emersit, quòd multitudo antiqua præsente brevitate paucior invenitur, homines etenim qui anteà lites agebant, licet multæ leges fuerant positæ, tamen ex paucis lites perferebant, vel propter inopiam librorum quos comparare eis impossibile erat, vel propter ipsam inscientiam, et voluntate judicum magis quàm legitima auctoritate lites dirimebantur. In præsenti autem consummatione nostrorum Digestorum è tantis leges collectæ sunt voluminibus, quorum et nomina antiquiores homines non dicimus nesciebant, sed nec unquàm audiebant, quæ omnia collecta sunt substantia amplissima congregata : ut egena quidem antiqua multitudo inveniatur, opulentissima autem brevitas nostra efficiatur. Antiquæ autèm sapientiæ librorum copiam maximè Tribonianus vir excellentissimus præbuit, in quibus multi fuerant et ipsis eruditissimis hominibus incogniti : quibus omnibus perlectis, quidquid ex his pulcherrimum erat, hoc semotum in optimam nostram compositionem pervenit. Sed hujus operis conditores non solùm ea volumina perlegerunt, ex quibus leges positæ sunt, sed etiam alia multa, quæ nihil utile vel novum eis invenientes, quòd exceptum nostris Digestis applicarent, optimo animo respuerunt.

§. 18. Sed quia divinæ quidem res perfectissimæ sunt, humani verò juris conditio semper in infinitum decurrit, et nihil est in ea quòd stare perpetuò possit, multas etenim formas edere natura novas deproperat, non desperamus quædam posteà emergi negotia, quæ adhuc legum laqueis non sunt innovata. Si quid igitur tale contigerit, augustum imploretur remedium ; quia ideò imperialem fortunam rebus humanis Deus præposuit, ut possit omnia quæ noviter contingunt, et emendare, et componere, et modis et regulis competentibus tradere.

où ils étaient des livres, qu'il leur était impossible de se procurer, soit à cause de leur ignorance ; d'où il s'ensuivait que les procès étaient plutôt terminés par la volonté arbitraire des juges que par l'autorité des lois. Mais les lois contenues dans le recueil que nous publions aujourd'hui, sont extraites d'une quantité considérable de volumes, composés par des auteurs dont on peut dire non-seulement que les anciens ignoraient les noms, mais dont ils n'avaient même jamais entendu parler. On a conservé dans cet extrait la substance de ces ouvrages, ensorte que les anciens, au milieu d'une multitude de livres de jurisprudence, étaient véritablement pauvres ; au lieu que notre recueil, même dans sa brièveté, offre les plus grandes richesses. C'est surtout à l'illustre Tribonien qu'on a obligation d'avoir ramassé tous les anciens auteurs de jurisprudence, dont plusieurs étaient inconnus même aux savans, et d'en avoir tiré tout ce qu'il y avait de plus beau pour l'insérer dans notre collection. Ceux qui ont été employés à ce travail, ont lu avec attention non-seulement les livres dont les lois ont été tirées, mais encore une infinité d'autres qu'ils ont ensuite rejetés très-judicieusement comme ne contenant rien d'utile ou de nouveau qui pût trouver sa place dans la composition de notre Digeste.

§. 18. Comme il n'y a que les choses divines qui soient parfaites, et que le sort de la jurisprudence humaine est de s'étendre à l'infini, et de n'être point constante dans ses décisions, à l'exemple de la nature même qui produit tous les jours des formes nouvelles, nous pensons bien qu'après notre collection, il pourra s'élever des cas qui ne se trouveront pas décidés par les lois que nous avons recueillies. Dans ce cas, il faudra avoir recours au prince ; car c'est Dieu lui-même qui l'a élevé au-dessus des hommes, à l'effet de corriger et de décider par de nouvelles lois les cas qui se présentent. Nous ne sommes pas les premiers, à cet égard, à soutenir le droit du prince : cette maxime a été défendue sous l'empire de tous nos prédécesseurs. Julien, ce savant rédacteur de l'édit perpétuel, l'a consacrée dans ses livres, en disant que ce qui se trouvait imparfait dans les lois, devait être suppléé par l'autorité du prince. Julien n'est pas non plus le seul qui ait adopté ce principe; car l'empereur Adrien, dans son ordonnance sur la composition de l'édit perpétuel, et dans le sénatus-consulte qui l'a suivi, décide expressément que les cas non prévus par l'édit, seront décidés par l'autorité du prince, d'après les règles établies dans l'édit et les conséquences qu'on peut en tirer.

§. 19. Instruits de toutes ces choses, sénateurs et hommes de toute la terre, rendez de très-grandes actions de grâces à Dieu qui a réservé pour votre tems un ouvrage aussi utile ; car vous recevez de lui une grâce dont toute l'antiquité n'a pas été jugée digne. Soyez donc pénétrés de respect pour ces lois; observez-les, sans recourir aux lois anciennes, et que personne n'ait la témérité de comparer jamais le recueil de nos lois avec les anciens ouvrages de jurisprudence, et de faire des recherches sur les différences qui peuvent se trouver dans notre collection et dans les livres anciens ; car nous voulons qu'on n'observe d'autres lois que celles qui sont insérées dans notre recueil, et que personne ne cite en jugement et d'autres cas où les lois sont nécessaires, d'autres livres que nos Instituts, notre Digeste, et notre Code, sous peine de faux, tant contre celui qui aura cité d'autres livres, que contre le juge qui l'aura souffert.

§. 20. Afin que vous n'ignoriez pas quels sont les livres des anciens dont on s'est servi pour la perfection de cet ouvrage, nous avons ordonné qu'on en fît une table au commencement du Digeste. Vous connaîtrez par-là quels en sont les auteurs, les ouvrages,

Et hoc non primùm à nobis dictum est, sed ab antiqua descendit prosapia : cùm et ipse Julianus legum et edicti perpetui subtilissimus conditor, in suis libris hoc retulit, ut si quid imperfectum inveniatur, ab imperiali sanctione hoc repleatur, et non ipse solus, sed et divus Adrianus in compositione edicti, et senatus consulti quòd eam secutum est, hoc apertissimè definivit, ut si quid in edicto positum non invenitur, hoc ad ejus regulas ejusque conjecturas et imitationes possit nova instruere auctoritas.

§. 19. Hæc igitur omnia scientes patres conscripti, et omnes orbis terrarum homines, gratias quidem amplissimas agite summæ divinitati, quæ vestris temporibus tàm saluberrimum opus servavit, quò enim antiquitas digna divino non est visa judicio, hoc vestris temporibus indultum est. Hasce itaque leges et adorate et observate omnibus antiquioribus quiescentibus, nemoque vestrum audeat vel comparare eas prioribus, vel si quid dissonans in utroque est, requirere, quia omne quod hic positum est, hoc unicum et solum observari censemus. Nec in judicio, nec in alio certamine, ubi leges necessariæ sunt, ex aliis libris, nisi ab iisdem Institutionibus, nostrisque Digestis, et Constitutionibus à nobis compositis vel promulgatis, aliquid vel recitare vel ostendere conetur, nisi temerator velit falsitatis crimine subjectus. unà cum judice qui eorum audientiam patiatur, pœnis gravissimis laborare.

§. 20. Ne autem incognitum vobis fiat, ex quibus veterum libris hæc consummatio ordinata est, jussimus et hoc in primordiis Digestorum nostrorum inscribi, ut manifestissimum sit, ex quibus legislatoribus, quibusque libris eorum, et quot millibus hoc

justitiæ romanæ templum ædificatum est.
Legislatores autem vel commentatores eos
elegimus, qui digni tanto opere erant, et
quos et anteriores piissimi principes admittere non sunt indignati; omnibus uno dignitatis apice impertito, nec sibi cuidam ali
quam prærogativam vindicante; cùm enim
constitutionum vicem et has leges obtinere
censuimus, quasi ex nobis promulgatas,
quid ampliùs, aut minùs in quibusdam esse
intelligatur, cùm una dignitas, una potestas omnibus est indulta?

§. 21. Hoc autem, quod et ab initio
nobis visum est, cùm hoc opus fieri Deo
adjuvante mandabamus, tempestivum nobis videtur et in præsenti sancire, ut nemo
neque eorum qui in præsenti juris peritiam
habent, neque (qui) posteà fierent, audeat commentarios hisdem legibus adnec-
tere: nisi tantùm si velit eas in græcam
vocem transformare sub eodem ordine, eaque consequentia, sub qua et voce romana
positæ sunt: hoc quod Græci *katapota* dicunt; et si quid forsitàn per titulorum subtilitatem adnotare maluerint, et ea quæ
paritia nuncupantur, componere, alias autem legum interpretationes, immò magis
perversiones, eos jactare non concedimus:
ne verbositas eorum aliquid legibus nostris
adferat ex confusione dedecus, quod et in
antiquis edicti perpetui commentatoribus
factum est, qui opus moderatè confectum
hùc atque illùc in diversas sententias pro-
ducentes (contrahentes), in infinitum de-
traxerunt, ut penè omnis romana sanctio esset confusa. Quos si passi non sumus, quemadmodùm posteritatis admittatur vana discordia? Si quid autem tale
facere ausi fuerint, ipsi quidem falsitatis
rei constituantur, volumina autem eorum
omnimodò corrumpentur. Si quid verò,

et la quantité des livres qui ont servi à
édifier ce temple auguste de la jurisprudence
romaine. En choisissant parmi les jurisconsultes ceux dont les décisions étaient plus
propres à entrer dans notre ouvrage, et
qui ont mérité l'approbation des princes
nos prédécesseurs, nous leur avons accordé
à tous une égale autorité; sans qu'aucun
d'eux doive avoir la préférence sur les autres; car, dès que notre intention a été
de donner à ces lois la même force qu'à
nos constitutions, comme si nous en étions
nous-même l'auteur, on ne peut pas dire
que ces jurisconsultes doivent être préférés
les uns aux autres; puisqu'ils ont tous reçu
de nous la même autorité.

§. 21. Nous croyons devoir répéter ici
ce que nous avons déjà ordonné, lorsqu'avec
l'aide de Dieu cette entreprise a été commencée : nous défendons expressément aux
jurisconsultes de notre tems, et à ceux qui
viendront par la suite, d'écrire aucun commentaire sur nos lois; nous permettons
seulement de les traduire en grec, mais
sans déranger l'ordre que nous avons choisi.
Ce que les Grecs appellent suivre pied à
pied, et de faire quelques annotations ou
sommaires sur chacun des titres, ce qu'on
appelle faire de paratitles : mais nous ne
voulons pas qu'on fasse d'autres interprétations que nous regardons plutôt comme un
renversement et une destruction des lois,
que comme un commentaire. Nous craignons
avec raison que le verbiage des interprètes
ne jette de la confusion dans nos lois, et
qu'ils ne renouvellent ce qui est arrivé par
rapport à l'édit perpétuel, ouvrage sagement
fait, mais qui a été défiguré par les commentateurs qui l'ont étendu et resserré à leur
gré, en appliquant, chacun, différens sens à
leurs textes; ensorte que presque toute la jurisprudence romaine s'est trouvée dans la plus
grande confusion. Si nous n'avons pu souffrir ce fatras des anciens commentateurs,
comment la postérité pourrait-elle s'accom-

moder des contradictions frivoles que les sentimens des interprètes introduiraient dans les lois? Ceux qui auront la témérité de composer de pareils commentaires, se rendront coupables du crime de faux, et leurs ouvrages seront brûlés. Lorsqu'il se trouvera quelques difficultés dans nos lois, les juges en feront, comme il a été dit plus haut, leur rapport au prince; et le sens des lois sera fixé par le souverain, qui seul a droit de faire des lois et de les interpréter.

§. 22. La même peine de faux aura lieu contre tous ceux qui entreprendront par la suite d'écrire nos lois par notes et observations; car nous voulons que tout ce qui a été renfermé dans notre compilation, les notes des jurisconsultes, les titres, les nombres des textes, soient écrits en toutes lettres, et non par aucune méthode abrégée; nous déclarons que quiconque aura un recueil de nos lois dans lequel il y aura ainsi des abréviations, à quelqu'endroit que ce soit, sera propriétaire d'un livre inutile; et nous défendons qu'on puisse citer en jugement aucun passage tiré d'un livre dans lequel il se trouvera quelque endroit écrit par notes. A l'égard du copiste qui aura ainsi écrit un exemplaire de notre collection, outre qu'il sera puni extraordinairement, comme il a été dit ci-dessus, il sera encore obligé de rendre au maître le double du prix de l'exemplaire, si celui-ci l'a acheté en cet état ou l'a fait faire ainsi par ignorance; ce que nous avons déjà ordonné dans une constitution latine et dans une constitution grecque adressées aux professeurs de droit.

§. 23. Nous voulons que les lois contenues dans notre collection, savoir, dans les Institutes ou Élémens, et dans le Digeste ou les Pandectes, aient force et autorité, à commencer de la date des présentes, c'est à dire, notre troisième consulat de la présente douzième indiction, le 3 des calendes de janvier, et dans toute la suite des tems; qu'elles fassent partie de nos ordonnances, et qu'elles

ut suprà dictum est, ambiguum fuerit visum, hoc ad imperiale culmen per judices referatur, et ex auctoritate augusta manifestetur, cui soli concessum est leges et condere et interpretari.

§. 22. Eandem autem pœnam falsitatis constituimus et adversùs eos qui in posterum leges nostras per siglorum obscuritates ausi fuerint conscribere; omnia enim, id est, et nomina prudentium, et titulos, et librorum numeros, per consequentias litterarum volumus, non per sigla manifestari; ita ut qui talem librum sibi paraverit, in quo sigla posita sunt in qualemcunque locum libri vel voluminis, sciat inutilis se esse codicis dominum, neque enim licentiam aperimus ex tali codice in judicium aliquid recitare, qui in quacumque sua parte siglorum haberet malitiis. Ipse autem librarius qui eas inscribere ausus fuerit, non solùm criminali pœna, secundùm quod dictum est, plectetur, sed etiam libri æstimationem in duplum domino reddat, si et ipse dominus ignorans talem librum vel comparaverit, vel confici curaverit, quod et anteà à nobis dispositum est et in latina constitutione et in græca quam ad legum professores dimisimus.

§. 23. Leges autem nostras, quæ in his codicibus, id est, Institutionum seu Elementorum, et Digestorum vel Pandectarum posuimus, suum obtinere robur ex tertio nostro felicissimo sancimus consulatu præsentis duodecimæ indictionis, tertio calendas januarias, in omne ævum valituras, et unà cum nostris constitutionibus pollentes, et suum vigorem in judiciis ostendenles in omnibus causis, sive quæ posteà emerserint, sive quæ in judiciis adhuc pendent, nec eas judicialis vel amicalis forma compescuit : quæ enim jam vel judiciali sententia finita sunt, vel amicali pacto sopita, hæc resuscitari nullo volumus modo. Bene autem properavimus in tertium nostrum consulatum, et has leges edere, quia maximi Dei et domini nostri Jesu Christi auxilium felicissimum eum nostræ reipublicæ donavit : cùm in hunc et bella parthica abolita sunt, et quieti perpetuæ tradita, et tertia pars mundi nobis adcrevit. Post Europam enim et Asia et tota Libya nostro imperio adjuncta est, et tanto opere legum caput impositum est, omnia cœlestia dona nostro tertio consulatu indulta.

§. 24. Omnes itaque judices nostri pro sua jurisdictione easdem leges suspiciant, et tàm in suis judiciis quàm in hac regia urbe habeant, et proponant, et præcipuè vir excelsus hujus almæ urbis præfectus; curæ autem erit tribus excelsis præfectis prætoriis, tàm orientalibus quàm illyricis necnon libycis, per suas auctoritates omnibus qui suæ jurisdictioni suppositi sunt eas manifestare.

Data septimodecimo calendis januariis, Justiniano domino nostro ter consule. 533.

soient citées en jugement, tant dans les causes qui s'élèveront dans la suite, que dans celles qui sont actuellement pendantes dans quelque tribunal, soit devant des juges, soit devant des arbitres. A l'égard des affaires qui sont terminées par un jugement ou une transaction, nous ne voulons pas qu'on puisse les renouveler sous aucun prétexte. Le tems de notre troisième consulat était le plus favorable que nous pussions choisir pour publier cette collection, parce que, par la grâce de Dieu et de notre Seigneur Jésus-Christ, notre troisième consulat a été très-heureux pour l'état. En effet, les guerres contre les Parthes ont eu une fin glorieuse; une paix durable leur a succédé, et la troisième partie du monde est devenue une conquête pour l'empire ; car c'est précisément dans le tems que nous avons ajouté à l'empire, outre l'Europe, l'Asie, et toute la Libye, que nous avons mis fin au grand ouvrage de la collection des lois romaines.

§. 24. Tous nos juges, chacun suivant sa juridiction, recevront ces lois, et les feront observer, tant dans leurs tribunaux, que dans notre ville de Constantinople. L'illustre préfet de cette capitale demeurera spécialement chargé d'en maintenir l'exécution; et les trois illustres préfets du prétoire de l'Orient, de l'Illyrie et de la Libye, auront soin de les publier dans toute l'étendue de leurs préfectures, et d'en donner connaissance à ceux qui sont soumis à leur juridiction.

Donné le 17 des calendes de janvier, sous le troisième consulat de l'empereur Justinien. 533.

De la confirmation du Digeste.

Au nom de Notre-Seigneur Jésus-Christ notre Dieu.

4. *L'empereur César-Flavius-Justinien, vainqueur des Allemands, des Goths, des Francs, des Germains, des Antes, des Alains, des Vandales, des Africains; pieux, heureux, glorieux, vainqueur et triomphateur, toujours auguste et révéré; au grand Sénat, au Peuple et à toutes les villes de notre empire.*

Après avoir fait la paix avec les Perses, remporté des triomphes sur les Vandales, acquis à notre empire toute la Libye, et lui avoir réuni la célèbre Carthage, Dieu nous a fait la grâce de terminer, suivant nos desirs, l'ouvrage important de la compilation des anciennes lois que nous avons renouvelées; ouvrage dont aucun prince, avant nous, n'a cru le projet ni l'exécution possibles à l'esprit humain. C'était en effet une chose prodigieuse de voir toute la jurisprudence romaine, depuis la fondation de l'ancienne Rome jusqu'à notre tems, c'est à dire, depuis près de treize cents ans, être tantôt d'accord, tantôt en contradiction avec elle-même, et surtout avec les constitutions des princes; de penser non seulement à retrancher les contradictions, mais encore les répétitions, pour donner la plus grande idée de la beauté de cette jurisprudence; ensorte que chaque loi parût contenir une décision particulière: c'est sans doute à Dieu et à sa bonté particulière que nous sommes redevable de l'exécution de cet ouvrage, et non à la faiblesse de talent et du pouvoir humain. Ainsi, après avoir, selon notre coutume, élevé les mains au ciel, et prié Dieu de nous secourir dans notre travail, nous avons entrepris cet ouvrage, et nous l'avons conduit absolument à sa fin par les soins du célèbre Tribonien, maitre des offices, qui a passé par les dignités de ques-

Tome I.

De confirmatione Digestorum.

In nomine Domini et Dei nostri Jesu Christi.

4. *Imperator Cæsar-Flav.-Justinianus, Alamanicus, Gotthicus, Francius, Germanicus, Anticus, Alanicus, Vandalicus, Africanus; pius, felix, inclytus, victor, triumphator, semper colendus, augustus; ad magnum Senatum, et Populum, et omnes orbis nostri civitates.*

Dedit nobis Deus post pacem cum Persis initam, post vandalica trophæa et totam Libyæ adquisitionem, postque nominatissimam Carthaginem nostro iterùm imperio sociatam, ut veterum legum renovationis opus ad optatum finem perduceremus; quod nemo principum ante nostrum imperium aut in mentem induci posse, aut humano ingenio possibile esse existimavit. Erat enim mirabile, omnem romanam sanctionem à condita vetere Roma usque ad nostri imperii tempora, quæ penè in mille et trecentos annos concurrunt, non solùm secum in variis suis partibus sed in imperialibus quoque præsertim sanctionibus inter omnem nutare consonantiam pariter ac discordiam: non tamen id solum, quod secum pugnabat, tollere, sed etiam quod idem aut simile reperiebatur, expellere, variamque ipsius pulchritudinis ideam tribuere, ita ut pro singulis rebus singulæ leges constitutæ viderentur. Quod procul dubio superioris numinis et fluentis indè benignitatis fuit, non humanæ cogitationis, aut incepti, aut potestatis. Nos itaque, more solito, manibus ad Deum erectis, eoque, ut nos complecti dignaretur, invocato, et rem aggressi sumus, et omnia tandem confecimus, Triboniano gloriosissimo magistro, et ex-quæstore sacri nostri palatii, et ex-consule ad omne ministerium usi necnon aliis quibusdam illustribus et prudentibus viris, inquirentes semper ea, quæ ab eis compone-

22

bantur; et id, quod erat dubium perscru-
tantes, omnibus quoque secundùm datam
nobis à Domino Deo et salvatore nostro'
Jesu Christo scientiam et intellectus vigorem
imponentes competentem formam.

§. 1. Et piissimas igitur constitutiones
jam ante in duodecim libris comprehensas,
codicem nostræ pietatis cognomine fulgen-
tem composuimus; nunc verò omnium veterum juris conditorum sententias ex multitudine, quæ ad duo millia penè librorum, et
trecentas myriadas versuum pertingebat, in
moderatum et perspicuum collegimus compendium. Quinquaginta igitur libris omnia complexi nunc sumus cœlesti favore, colligentes
omne id, quod erat utile, et omnes ambiguitates decidentes, nullo seditioso relicto. Quos
libros Digesta seu Pandectas appellavimus
ex eo, quòd legum habeant divisiones, et
decisiones, itemque ex eo, quòd omne in
unum congregatum receperint, hanc eis appellationem imponentes; nec ultra quindecim myriadum versuum numerum eis dan-
tes, et in septem eos disponentes tractatus,
idque non perperam, neque sine ratione,
sed ad numerorum naturam et harmoniam
respicientes.

§. 2. Ea igitur, quæ apud omnes *prota* id
est primordia, nuncupantur, in quatuor libros seposuimus.

§. 3. Deinceps ea, quæ de judiciis trac-
tant, in alios septem libros.

§. 4. Item ea, quæ de rebus, non in plures quàm octo libros.

§. 5. Sequentem verò operis partem, quæ
quarta et media est totius operis, in aliis octo
libris deposuimus in quibus est quidem hy-
pothecaria, non longè admodùm à pignora-
titia actione distans est, et Edilitium edic-

teur de notre palais, et de consul; et, avec le
secours de quelques autres personnages et habiles jurisconsultes, nous nous sommes continuellement fait rendre compte de leurs travaux; et, après avoir pesé mûrement les
difficultés qui se présentaient, nous avons
donné à toutes les lois une forme convo-
nable, suivant le degré de lumière et d'intelligence que nous avons reçu de Dieu et de
notre Sauveur Jésus-Christ.

§. 1. En conséquence, nous avons rédigé
dans un Code qui porte notre nom, les
constitutions des empereurs qui étaient déjà
renfermées dans un recueil divisé en douze
livres; depuis, nous avons réduit dans un volume clair et abrégé les opinions des anciens jurisconsultes qui étaient éparses dans
près de deux mille volumes et trois millions
de fragmens. Le tout a été renfermé, avec
l'aide du ciel, dans cinquante livres. On y
a recueilli tout ce qui était utile, et retranché tout ce qui pouvait donner lieu à des
contestations, sans y laisser aucune contradiction. Ces livres ont reçu de nous le nom
de Digeste ou des Pandectes, parce que les
lois y sont rangées sous différentes divisions,
et que toute la jurisprudence s'y trouve
réunie. Ils ne renferment pas plus de cent
cinquante mille paragraphes. Enfin, nous
avons divisé aussi cet ouvrage en sept traités;
ce qui n'a pas été fait sans raison, mais par
égard pour l'ordre et pour les propriétés du
nombre septénaire.

§. 2. Ainsi nous avons divisé en quatre
livres ce qu'on appelle communément les
premières notions ou les élémens.

§. 3. Ensuite nous avons partagé en sept
livres le traité des jugemens.

§. 4. Le traité des choses ne comprend
que huit livres.

§. 5. La partie suivante, qui est la quatrième, et qui tient le milieu de l'ouvrage,
est divisée en huit autres livres; on traite
dans cette partie de l'action hypothécaire,
qui a beaucoup de liaison avec l'action du

gage; on y traite aussi de l'édit des édiles, et des obligations en garantie. Ces deux traités sont des accessoires et des suites du contrat de vente; et, quoique dans l'ancienne compilation des lois, ces traités fussent fort éloignés les uns des autres, nous avons cru devoir les rapprocher, à cause de leur union naturelle, et pour ne pas séparer des matières qui ont presque le même objet. Après ces deux livres, nous avons ajouté ce qui a été écrit au sujet de l'intérêt de l'argent, tant dans le commerce de terre que dans celui de mer, et ce qui regarde les preuves et les présomptions; ce qui a formé la matière d'un livre. Ces trois livres qui traitent chacun d'un intérêt particulier qui a beaucoup de rapport au traité des choses, étant achevés, nous avons passé aux lois concernant les fiançailles, les mariages, les dots; et trois livres ont été consacrés à cette matière. Enfin, nous avons fait deux livres sur les tuteurs, et abrégé ce qu'on appelle communément le traité des tutelles. Nous avons terminé par la quatrième partie, qui forme le milieu de l'ouvrage, en y insérant des décisions d'une très-grande beauté et d'une très-grande utilité.

§. 6. Tout ce qui concerne les testamens, les legs et les *fidéicommis*, a été renfermé dans neuf livres. Nous avons mis à la tête ceux qui traitent des testamens et du codicile, tant particulier que des militaires qui font ces dispositions à leur volonté, ils sont au nombre de deux, et ont pour titre général : *des Testamens*. Les cinq livres suivans contiennent ce qui a rapport aux legs et aux fidéicommis, et tout ce qui a été écrit de part et d'autre sur les difficultés auxquelles ces militaires ont donné lieu; et comme le traité de la falcidie est une suite et une dépendance de celui des legs, nous l'avons mis après les livres qui traitent des legs, et nous avons renfermé cette matière dans un livre, en y ajoutant quelque chose. Enfin comme le sénatus-consulte Trébellien a été introduit

tum, et de evictionibus stipulatio; quæ duo accessoria et consequentia venditionum, longè tamen admodùm in veteri juris ordinatione ab his devagantia, congregavimus propiùs propter mutuam inter se coguationemne, quæ de eodem penè loquuntur longè à se distarent. Post hæc introduximus post duos illos libros ea quæ sunt scripta de usuris tàm terrestribus, quàm trajectitiis seu maritimis, et de probationibus, atque præsumptionibus in unum librum; his autem tribus mono biblis, singularibus libris post tractatum de rebus sibi invicem proximis depositis; et rursùm ea quæ de sponsalibus, et nuptiis, et dote legibus dicta sunt congregantes, his etiam tria habere in hac ordinatione volumina concessimus. De tutoribus autem minoris ætatis geminos libros, eos, inquam, qui de tutelis apud omnes nominantur, et hic etiam in compendium concidimus, memoratam octo librorum ordinationem, et mediam (ut dictum est) hanc partem totius operis confecimus, pulcherrima et utilissima jura in his describentes.

§. 6. De testamentis autem, et legatis, et fideicommissis omnia congregavimus in novem librorum numerum; quorum principatum obtinent ea quæ sunt de testamentis et codicillis, cùm omnium, tum etiam militum, qui ea, ut volunt, faciunt duobus libris ordinata, et de testamentis inscripta; quinque autem sequentibus continentur ea quæ de legatis et fideicommissis, et omni eorum ambiguitate disputata sunt; et quoniàm falcidiæ narratio continens et consentanea erat legatorum et fideicommissorum proprio tractavi; proptereà et ipsam continuò legatorum supposuimus tractationi, libro integro et applicato, cum brevi quadam adjectione; et rursùm quia ad Falcidiæ imitationem introductum erat Trebellianum senatus consultum in fideicommissis; et huic ulti-

num hujus ordinationis tribuimus locum totum jus super his positum, Trebelliano senatus consulto attribuentes, et supervacuam
esse Pegasiani senatus consulti positionem invenientes, et absurdas horum senatus consul-
torum inter se differentias, et communiones;
quas sanè et veteres perosi, captiosas et dam-
nosas appellárunt; simpliciore quadam narratione omne hoc schema congregantes, et
ad unius senatus consulti Trebelliani ordinationem applicantes, et hanc quintam partem totius ordinationis novem his perfe-
cimus libris. In quibus novem libris nihil
de quondam caducis dictum à nobis est;
quia propter usum, quendam non prosperum cùm increbuissent in republica, et
luctuosum monumentum bellorum civilium
essent; non oportebat in his manere temporibus, in quibus et Deus dedit pacem nobis agere domi et foris, et, cùm oportuit
bellum gerere, facilè cum ipsius favore hostes superare et capere.

§. 7. Sequitur deindè et exoritur nobis
et sexta pars totius compositionis, octo con-
clusa libris. Pulchrè autem incipit ab his,
quæ possessiones nominantur, quas nos similiter, ut cætera diligenter considerantes tàm
eas quæ ad ingenuos, quàm quæ ad libertinos pertinent ex multa anteriorum temporum confusione et obscuritate in purum
deduximus compendium, geminorum illis librorum numerum sufficere arbitrantes. Ad-
plicavimus autem ipsis et omnes ab intestato
appellatas successiones et ipsos generum or-
dines eorum gradibus etiam libro inscriptis,
et circà omnium finem Tertullianum et Or-
phitianum composuimus senatus consultum,
ex quibus matres et liberi invicem successores fiunt. Procedit autem post hæc alius
liber qui de ædificiorum operibus, et de ea
quæ ob ruinosa et diruta ædificia datur, satisdatione, et his qui in his aliquid insidia-

dans les fidéicommis à l'instar de la falcidie,
nous en avons traité dans le dernier livre de
cette partie, en donnant à tout ce qui a été
réglé sur cette matière le nom de sénatus-
consulte Trébellien; car il nous a paru inutile de faire mention du sénatus-consulte Pégasien; et nous avons regardé comme absurde
les différences et les ressemblances qu'on mettait entre ces deux sénatus-consultes, et les anciens les avaient déjà même rejetées comme
captieuses et dangereuses. On a donc réuni
cette matière sous un titre plus simple, et
sous le nom seulement de *Sénatus-consulte
Trébellien*. Ces neuf livres composent toute
la cinquième partie : nous n'y avons point
parlé des biens qu'on appelait autrefois vacans au profit du fisc, parce que cet usage
ne s'étant introduit dans l'état que dans des
tems malheureux, et ne laissant qu'un triste
souvenir des guerres civiles, il n'était pas
convenable d'en parler dans un tems où,
par la grâce de Dieu, nous avons la paix au
dedans et au dehors, et que, quand il a fallu
faire la guerre, nous sommes aisément venu
à bout de vaincre nos ennemis par la faveur.

§. 7. Vient ensuite la sixième partie divisée en huit livres : elle commence, avec
raison, par le traité des successions prétoriennes. Après avoir examiné cette matière,
comme toutes les autres, avec beaucoup de
soins, nous avons parlé, tant des successions
prétoriennes qui ont lieu entre personnes
ingénues, que de celles qui ont lieu dans les
successions des affranchis; et, retranchant
toutes les obscurités qu'on trouvait autrefois dans cette matière, nous en avons fait
un abrégé simple, auquel il nous a paru
suffisant de consacrer deux livres. Nous
avons aussi traité dans ces livres de toutes
les successions qu'on appelle *ab - intestat*,
et de l'ordre des générations, en faisant
même un titre des degrés de parenté, et
nous avons rangé à la fin de ces deux livres
les sénatus-consultes Tertullien et Orphitien,
par la disposition desquels les mères et les

enfans se succèdent réciproquement. Après ces deux livres, il y en a un autre qui traite des ouvrages de maçonnerie, de la caution que doivent donner ceux qui ont des édifices qui menacent ruine ou qui sont déjà tombés, de ceux qui commettent quelque fraude à cet égard, aussi bien que de ceux qui causent des dommages à leurs voisins par l'irruption impétueuse de leurs eaux; des fermiers, des impôts publics. Nous traitons après des donations, tant de celles qui sont simples ou indéfinies, que de celles qui sont sous la considération de la mort. On a renfermé dans le livre suivant tout ce qu'on a trouvé sur les différentes espèces d'affranchissemens, et sur les questions auxquelles ils donnent lieu. Tout ce qui concerne la possession, la manière d'acquérir qui en descend, et les différentes causes de possessions, a été traité dans un livre particulier. On a renfermé dans le livre suivant tout ce qui regarde les sentences judiciaires, ceux qui ont fait contr'eux des aveux en jugemens; la cession des biens, l'emprisonnement des débiteurs, la vente de leurs biens et la séparation de ceux qui ne sont pas à eux; les gardiens établis à ces mêmes biens, et les aliénations faites en fraude des créanciers. Le traité des interdits ne comprend non plus qu'un livre : de là nous passons aux prescriptions ou exceptions, et nous parlons des tems qui leur sont assignés; enfin nous traitons des obligations et des actions; et toute cette partie, qui est la sixième, et qui commence par les successions prétoriennes, contient, comme nous l'avons dit, dix-huit livres.

§. 8. La dernière partie, qui est la septième, comprend six livres; elle commence par les stipulations; ensuite on parle des cautions, de la numération, des paiemens et libération de ce qui est dû, et des stipulations introduites par le droit prétorien. Toutes ces matières sont traitées dans deux livres, quoi qu'on puisse à peine

rum aut fraudis admiserint, et de his qui ex aquarum impetu vicinos læserint, et de publicorum vectigalium coactoribus, atque insuper de donationibus tàm indefinitis seu simplicibus, quàm in cogitationem mortis relatis leges ac jura ordinat. Rursùm autem quicquid de quacumque manumissione extat, vel de his quæ super ipsa agitantur causis, et hoc uni traditum est libro. Ampliùs autem et ea, quæ de possessione, et de causis introducentibus sunt, in unum seposuimus tractatum seu librum. Et quidquid etiam de judiciariis extat sententiis, et his qui in his aliqua contra seipsos confessi sunt, et de bonorum cessione, et creditorum detentione, et venditione, et de bonorum separatione et curatione, et ne quid patiantur creditores fraudis et in unum similiter collatum est librum. Sed et interdictorum modum non pluribus quàm uni dedimus libro. Indè autem et ad præscriptiones seu exceptiones et in his ordinata tempora venimus. Et obligationum quidem et actionum seposuimus modos, et coegimus omnem hanc partem, cui præsunt possessiones ut dictum est octo librorum numero descriptam, sextam hanc partem totius voluminis seponentes.

§. 8. Totius autem extrema pars, quæ et septima est totius tractationis, sex librorum numero demandata est, incipiens quidem à stipulationibus, procedens verò ad ea quæ scripta sunt de fidejussione, et debitorum numeratione, solutione et liberatione ipsorum, et de introductis ex prætorum jurisdictione stipulationibus : quæ omnia duobus à nobis contracta sunt libris; cùm apud veteres nec dici posset, quot essent libri (ea de re). Procedit et deinceps ad delictorum narrationem, et omnia recenset, quæ ad minora delicta pertinent, quæ vocant privata : et item quæ ad ea, quæ necdum ordinaria appellant, sed ipsis extraordinariorum appellationem imponunt, descendit etiam et ad publica crimina, quæ atrocissima sunt, et magnam sibi advocant pœnam. Duo autem et hìc sunt libri, qui illa quidem, quæ ad delicta et crimina pertinent, complectuntur ; quibus permixta sunt et ea, quæ de reis criminum, qui se celare tamen conantur, scripta sunt, et de eorum bonis, et de ea, quæ infligitur condemnatis, pœna vel indulgentia. Initium autem nobis alterius rursùm libri fit narratio de appellationibus, quæ communis est profectò ad rescindendas tàm pecuniarias (seu civiles) sententias, quàm criminales. Quæcunque autem de civibus (seu municipibus), et de decurionibus, et muneribus, et publicis operibus, et nundinis et redituum pollicitationibus, et variis cognitionibus (seu interrogationibus), et publica descriptione, veteribus inventa sunt, et quæcunque de verborum extant significatione, et de his, quæ pro regulis apud veteres dicta sunt ; hæc omnia in sese recipit ultimus liber. Hujus igitur compositionis, cujus initium est à stipulationibus, hic liber est sextus quidem, si ad proprium principium comparetur ; sed est quinquagesimus, si conferatur ad totam consummationis perfectionem (seu harmoniam).

§. 9. Quæ omnia composita sunt et elaborata per optimè, et ut nostra jussione dignum fuit, per Tribonianum illustrissimum necnon prudentissimum magistrum, et ex-quæstore nostrorum palatiorum, et ex-consule, virum et in ipsis rerum experimentis, et in eloquentia, et in legibus scribendis satis spectatum, et qui nihil unquàm nostrarum jussionum contempsit :

compter le nombre de ceux qui ont été écrits par les anciens sur ces objets. On passe ensuite au traité des délits, et on parcourt tout ce qui a rapport aux moindres délits qu'on appelle privés, et aux délits qu'on appelle extraordinaires. Viennent ensuite les crimes publics qui sont plus atroces, et qui doivent être punis plus rigoureusement. Ce traité des délits privés et des crimes publics comprend aussi deux livres : on y a mêlé ce qu'on a trouvé écrit sur les coupables qui cherchent à se cacher, sur ce qu'on doit faire de leurs biens, sur les peines qu'on doit infliger à ceux qui sont condamnés, et sur les grâces qu'ils peuvent obtenir. Le livre suivant commence par le traité des appels, qui sont un moyen fréquent de faire infirmer les sentences, tant en matière civile qu'en matière criminelle. Enfin, le dernier livre comprend tout ce qui a été fait par les anciens sur les bourgeois des villes et les magistrats municipaux, les décurions, les charges, les travaux publics, les marchés, les promesses d'un revenu faites aux villes, les différentes procédures extraordinaires, le dénombrement public, et enfin la signification des termes, et les règles de droit. Ce livre, en le rapportant au commencement de cette partie qui traite des stipulations, est le sixième ; mais il est le cinquantième, en le rapportant à l'ordre et à la disposition de tout l'ouvrage.

§. 9. Cette collection a été faite avec perfection ; et comme il était juste que nos ordres fussent exécutés par Tribonien, personnage illustre, maître des offices et ancien questeur de notre palais, homme consulaire très-recommandable par son expérience, par son savoir et par sa profonde connaissance des lois, il n'a négligé dans cet ouvrage aucun de nos ordres. Nous avons aussi employé d'autres personnes qui ont travaillé sous lui à cette collection. De ce nombre sont Constantin, intendant de nos libéralités, notre secrétaire, maître des requêtes et conseiller-d'état, qui nous a donné de lui, en tout, une idée très-avantageuse : Théophile, maître très-renommé, qui enseigne avec honneur les lois dans cette capitale, et qui consacre ses veilles à cette profession avec toute l'assiduité qu'elle demande : Dorothée, questeur, docteur désigné dans la capitale des lois ; nous entendons la célèbre ville de Béryte, qu'il a remplie de sa réputation et de sa gloire, et qui nous l'a députée elle-même pour l'associer à ce travail : Anatolius, maître très-renommé, qui s'est fait aussi beaucoup d'honneur dans la ville de Béryte, par ses excellentes leçons sur le droit ; il est le troisième d'une race qui s'est distinguée chez les Phéniciens, par les sciences des lois, (car il descend de Léontius et d'Eudoxius, personnages d'une grande réputation dans les lois, après Patricius, d'heureuse mémoire, qui a été questeur et premier censeur; Léontius, sénateur, qui avait passé par la préfecture et par le consulat ; et Patricius, son fils, tous gens d'un grand mérite) : Cratinus, intendant de nos libéralités, célèbre professeur des lois dans cette capitale. On peut nommer avec ceux-ci Etienne Ména, Prosdocius, Eutolmius, Timothée, Léonide, Léontius, Platon, Jacques, Constantin, Jean, très-grands jurisconsultes, conseillers des préfets de nos prétoires, qui se sont acquis une grande réputation dans la jurisprudence, et qui nous ont paru dignes d'être employés à ce travail. Ainsi cette collection du Digeste a été faite auprès de nous par ces illustres jurisconsultes.

necnon per alios (viros), qui sub ipso nobis hoc opus elaborârunt, id est, Constantinum magnificentissimum comitem sacrarum largitionum, et antigrapharium (seu magistrum) sacri scrinii, et sacrorum libellorum et cognitionum imperialium, qui nobis bonam de se opinionem in omnibus præbuit : necnon Theophilum magnificentissimum magistrum, et leges (seu jura) in regia hac urbe laudabiliter, et cum summis vigiliis, et ut magisteria sedulitate dignum est, docentem : et Dorotheum magnificentissimum quæstorem et doctorem in legum civitate designatum ; dicimus autem verendam et splendidam Berytiensium metropolin, quem de ipso optima opinio et gloria, et ad nos deduxit ipsum, et, ut hujus operis participem faceremus, hortata est : sed et Anatolium magnificentissimum magistrum, qui et ipse apud Berytenses ea, quæ ex legibus (proficiscuntur) pulchrè docet, vir ex tertia stirpe laudabili juris apud Phœnices interpretum descendens (refert enim [genus] ad Leontium, et Eudoxium, homines in legibus optimæ memoriæ post Patricium inclytæ recordationis, quæstorium et anticensorem ; et Leontium gloriosissimum ex-præfecto, ex-consule, atque Patricium suum filium, summæ admirationis viros) : et Cratinum magnificentissimum atque prudentissimum comitem sacrarum largitionum (et optimus quoque est is legum enarrator in regia urbe) et præter hos etiam Stephanum Menam, Prosdocium, Eutolmium, Timotheum, Leonidem, Leontium, Platonem, Jacobum, Constantinum, Joannem, viros prudentissimos, qui universi rhetores quidem sunt gloriosissimorum præfectorum sacrorum nostrorum prætorio rum, gloriam autem seu laudem apud omnes prudentiæ justè habent, et à nobis meritò judicati sunt digni, ut eligerentur tanti certaminis participes. Hæc igitur nobis circà Digestorum elaborata sunt conscriptionem per tàm dictos gloriosissimos viros.

§. 10. Tanta autem nobis reverentia antiquitatis fuit, ut neque mutari nomina veterum jurisconsultorum sustinuerimus, sed uniusque illorum appellationem legibus inscripsimus, mutantes quidem, si quid jam habere visum est non rectè, partes verò illas nunc tollentes, has nunc addentes, ex multis denique optimum eligentes, et unam (atque parem omnibus præbentes potestatis vim, (seu robur) ita ùt quicquid scriptum est in eo libro, id nostra sit sententia: nemine audente comparare ea, quæ nunc facta sunt his, quæ priùs erant, quia multa et numeratu non facilia transposuimus in melius, etiam si quid imperiali aliqua antiquorum imperatorum constitutione in aliam dictum fuerat formam, nam omnia quidem veneribus servavimus, legum autem veritatem nostram fecimus) itaque si quid erat in illis seditiosum, (multa autem talia erant ibi reposita) hoc decisum est, et definitum, et in perspicuum finem deducta est quæque lex.

§. 11. Sed cùm oportebat et aliquam mediocrem isagogen facere in eorum gratiam, qui recenter leges attingunt, nec majorem doctrinam portare possunt: neque hoc extra nostram providentiam reliquimus, scilicet Triboniano gloriosissimo, qui et ad totius operis legitimi gubernationem electus est, necnon Theophilo et Dorotheo, magnificentissimis et prudentissimis anticensoribus, accersitis mandavimus: ut seligerent ex his, quæ apud veteres erant isagogarum modo composita, ea, quæ essent aptissima, et in ipsis rerum argumentis obtinentia; utque colligerent, et nobis offerrent, et·ut mentionem etiam facerent nostrarum constitutionum, quas pro emen-

§. 10. Nous avons eu un si grand respect pour l'antiquité, que nous n'avons pas voulu souffrir qu'on supprimât le nom des anciens jurisconsultes; mais chacun d'eux a été mis, par notre ordre, à la tête de leurs lois; on y a cependant fait quelques changemens quand elles n'ont pas paru parfaites; on en a retranché quelques parties, ajouté d'autres, choisi dans plusieurs ce qu'il y avait de mieux, en attribuant à toutes une même force de loi; ensorte que tout ce qui a été écrit dans ce recueil doit être regardé comme si c'était une décision émanée de nous, sans que personne ait la témérité de vouloir comparer ce qui se trouve aujourd'hui dans ce recueil avec ce qui était auparavant dans les autres, parce que nous avons changé en mieux bien des choses dont il serait difficile de faire le détail. Ceci aura lieu, bien qu'on trouvât dans ce recueil des choses qui auraient été rapportées autrement dans les constitutions des princes nos prédécesseurs; car, en conservant les noms des anciens, nous avons entendu prendre sur notre compte la justice de leurs lois. Ainsi, s'il y avait chez eux des contradictions (et il y en avait beaucoup), on les a retranchées ici; on a tout décidé, et présenté chaque loi dans son plus beau jour.

§. 11. Mais comme il était nécessaire de faire un petit abrégé de préceptes en faveur de ceux qui commencent l'étude du droit, et qui ne sont pas en état de supporter des connaissances plus relevées, nous n'avons pas cru devoir négliger cet objet. Ayant fait venir près de nous Tribonien qui a été à la tête de tout cet ouvrage avec Théophile et Dorothée, nous leur avons ordonné de choisir dans les anciens ce qui était écrit par forme d'élémens, d'en recueillir et de nous présenter ce qui leur paraîtrait le mieux disposé et le plus convenable; de faire mention dans leur abrégé, de nouvelles ordonnances qui ont fait des changemens dans le droit ancien, et d'en composer un recueil divisé en quatre livres qui contiendraient les premiers élémens, et que nous avons jugé à propos d'appeler *Institutes*. Après avoir fait ce recueil, ils nous l'ont présenté ; nous l'avons examiné attentivement, et il nous a paru répondre parfaitement à nos intentions. En conséquence, nous avons ordonné qu'il fût regardé comme un recueil de nos constitutions, et qu'il eût la même autorité que nos ordonnances, ainsi que chacun pourra s'en instruire par le préambule que nous avons fait mettre à la tête de ce recueil.

§. 12. Nous avions, dans le commencement, absolument désespéré de voir cet ouvrage accompli ; et, sur la fin même, lorsque nous avons vu que l'exécution en était possible, nous avons cru qu'il pourrait à peine être terminé dans l'espace de dix ans. Aujourd'hui toute la jurisprudence romaine est arrangée dans le plus bel ordre, renfermée dans trois volumes, et l'ouvrage a été achevé dans trois ans. Ainsi, cette collection ayant été faite dans un si court espace de tems, et Dieu nous ayant fait la grâce de réussir, et nous mettant en état de faire la paix, et de sortir triomphant des guerres que nous avons eu à soutenir, nous avons pu porter une législation qui s'étendit à tous les tems passés, présens et à venir. Il est donc juste que nous rendions public le zèle et les soins que nous avons apportés à ce grand ouvrage. On saura comment les lois étant tirées de l'ancienne confusion où elles étaient ensevelies, sans qu'on en pût voir la fin : on aura aujourd'hui des lois sages, courtes, à la portée de tout le monde, et propres à simplifier les procès, et dont la connaissance sera facile à acquérir à tous ceux qui voudront s'en donner la peine. On n'aura pas besoin d'une somme considérable pour amasser une quantité de livres inutiles ; mais avec la plus légère dépense, les riches et les pauvres pourront également se procurer cette excellente collection.

datione veteris juris promulgavimus, et ita componerent libros quatuor futuros prima elementa totius isagoges, quos vocari instituta visum est, quam sanè legitimi operis partem compositam nobis obtulerunt, et nos eam totam consideratam à nobis, et perpensam, rectèque habere visam nostris sensibus non indignam esse judicavimus, et pro nostris haberi constitutionibus et nostrarum constitutionum robur habere jussimus : quod et ex his, quæ in præmiis ejusdem voluminis disseruimus, omnibus manifestum fecimus.

§. 12. Sic itaque omni romani juris dispositione ordinata, et in tribus integris et voluminibus, et annis tanto opere perfecto (quod à nobis ab initio omnem spem excedere circà finem autem, cùm jam penetrabilem esse rem docuimus, ne in decem quidem annis totum absolvi posse videbatur) : tanta ergò trium annorum celeritate consummato opere, et hac opera domino Deo oblata, qui dedit et pacem agere, et bella feliciter dirigere, et leges ponere præterito, præsenti, et futuro tempori, justum esse putavimus, omnibus hominibus facere manifestum nostrum in his rebus studium simul et providentiam : quomodò nempe priore soluti perturbatione, et confusione, et nullum finem habente juris positione, usuri sunt posthâc legibus rectis compendiosis et omnibus ad manum promptis et litium compendium adferentibus, et paratis, atque expositis omnibus (volentibus) ad facilem adquisitionem, nec ampliùs egentibus multis pecuniis, ut illorum inutilium librorum congerant multitudinem, sed vilissima pecunia tàm ditioribus quàm ex tenuiore profectis patrimonio, copiam sui comparandi præbentibus.

§. 13. Si quid autem ex multitudine ea, quæ nunc congesta est, et ex tantis myriadibus collecta, videbitur esse simile (et geminatum) (hoc autem putamus rarum esse) attamen humanæ naturæ (imbecillitatem) considerantibus, non extrà justam apologiam ne hoc quidem videbitur esse. In nullo enim aberrare, (seu in omnibus irreprehensibilem seu inemendabilem esse) divinæ utique solius, non autem mortalis est constantiæ (seu roboris), quemadmodùm et à majoribus dictum est; deindè est, ubi et similium adsumpsimus positionem, vel rebus subjectis id exigentibus, ut oporteret idem pluribus applicari titulis, vel quia cùm extraneo loco esset commixtum id, quòd simile superiori videbatur, impossibile fuit eam similitudinem detrahi; vel etiam quia sæpè custodienda fuit integra totius theoriæ (seu visionis) continentia, nec (separanda aut) divellenda mens et intellectis (legentium) per eorum quæ jam scripta fuerant, ademptionem, quin et hoc sicubi adsumptum est propter rei necessitatem; tamen id breve est, nec ullum ferè sui sensum præbens.

§. 14. Hoc etiam ipsum et in constitutionibus jam inter imperiales constitutiones relatis, et jure, quòd ex his resultat, observavimus; nam quæ in illis jam cauta erant, ea nec in hoc volumine poni concessimus, nisi ob aliquam interdùm circumstantiam similitudinis aliqua causa relicta est.

§. 15. Contrariam autem aliis legibus legem ex his, quæ in hoc volumine positæ sunt, non facilè quis repererit, si modò ad omnes contrarietatis fines animum intendere festinet; sed inest aliquid diversum, quod adsumptum alterius generis fortè hanc et illam legis positionem apparere faciet.

§. 16. Sed et si quid fortè prætermissum est eorum, quæ poni debebant (fortè enim

§. 13. Si, dans le grand nombre de choses que contient ce recueil, qui a été tiré lui-même de tant de milliers d'ouvrages, il se trouve des choses semblables ou répétées, ce qui sera rare, nous trouverons aisément des apologistes parmi ceux qui feront attention à la faiblesse des lumières humaines; car ne se tromper en rien, et être irrépréhensible en tout, est une perfection de la Divinité, et non pas un privilège attaché à l'humaine nature, comme l'ont déjà remarqué les anciens. Lors donc que nous avons des choses semblables, c'est que la matière exigeait qu'on répétât les mêmes choses dans plusieurs titres, soit parce qu'un texte qui parait semblable se trouvant confondu avec autre chose dans un autre endroit, il a été impossible de retrancher absolument ce même passage, soit parce qu'il a été souvent nécessaire de conserver les textes en entier, et qu'on n'a pas voulu partager l'attention des lecteurs, en retranchant d'un texte ce qui avait déjà été écrit ailleurs; au surplus, si la nécessité a quelquefois obligé de prendre cette licence, c'est dans des passages fort courts, et qui ne font pas sensation.

§. 14. C'est ce que nous avons également observé par rapport aux constitutions impériales, dont il se trouvait déjà quelque chose dans les ordonnances des empereurs précédens; car nous n'avons souffert les répétitions dans notre recueil que quand la nécessité des circonstances l'exigeait absolument.

§. 15. Mais on ne trouvera que très-difficilement dans cette collection une loi en contradiction avec d'autres lois : pourvu qu'on se donne la peine d'examiner les contradictions apparentes sous toutes leurs faces, on découvrira toujours quelques différences dans les espèces, et que, quand on la saisira, on verra aisément qu'une loi parle d'une chose et l'autre d'une autre.

§. 16. Si l'on a fait quelque omission dans ce recueil (ce qui peut-être arrive à la faiblesse de l'humaine nature), nous pensons qu'il vaut mieux que nos sujets soient débarrassés d'un fatras de lois inutiles, quoiqu'ils soient privés de quelque chose qui pourrait paraître utile, mais qui se trouvait enseveli dans des milliers de volumes, et qui n'avait peut-être fixé l'attention de personne.

§. 17. C'est par cette raison que la plupart des juges ne pouvant se procurer un si grand nombre de livres qu'il fallait copier, terminaient les procès avec un peu trop de légéreté, en s'attachant à un petit nombre d'auteurs et d'ouvrages, soit à cause de leur grande rareté, soit parce qu'ils n'étaient pas en état d'entreprendre les travaux nécessaires pour faire les recherches de tout ce qui pouvait être utile; mais, dans la présente collection, on a rassemblé un très-grand nombre de lois en vigueur, extraites des livres les plus rares et les plus difficiles à trouver, dont les noms mêmes étaient ignorés des plus habiles jurisconsultes. C'est l'illustre Tribonien qui nous a fourni tous les matériaux, en nous procurant une quantité presque innombrable de volumes, qui ont été tous lus avec attention pour servir à notre ouvrage; mais les personnes que nous avons employées, en ayant trouvé plusieurs où ils ne remarquaient rien de bon ou de différent de ce qui se lisait dans les autres auteurs qu'ils avaient sous les yeux, ont eu la prudence de n'en rien insérer dans notre compilation.

§. 18. Il pourrait se présenter par la suite quelques nouvelles difficultés qui ne se trouvassent pas décidées dans notre recueil (où sait assez en effet que la nature est fertile en nouveautés); mais Dieu a établi les princes sur les hommes, pour résoudre les difficultés qui s'élèvent, et qui ont besoin d'autres lois pour fixer les incertitudes des connaissances humaines, en prescrivant des règles ou des lois certaines. Ce n'est pas nous qui avançons ce principe de nous-même; avant nous,

et aliquid tale contigit), propter humanæ imbecillitatem naturæ, multo sanè melius est nostris subditis multis inutilibus liberari (legibus), dùm privantur fortè paucis quibusdam, quæ videbantur idonea, myriadibus propè infinitis defossa et deposita, et nemini fortè mortalium animadversa.

§. 17. Hanc enim ob causam tot libris (quos anteà scribi oportebat) destituti judices, faciliùs ex paucissimis juris auctoribus et libris ad finem litium perveniebant, et judicia decidebant vel propter inopiam librorum vel quia non sufficiebant multis laboribus ad invenienda multa utilia necessariis, et viribus erant impares. In præsenti autem consummatione maximus legum obtinentium congestus est numerus ex libris raris, et qui vix inveniri potuerint, et quorum nec nomina nec eruditissimi quidem in legibus complures homines noverant. Quorum sanè copiam (seu materiam) nobis uberrimam dictus gloriosissimus Tribonianus præbuit, multorum librorum, et qui vix numerari possunt suppeditata multitudine, quibus omnibus perfectè lectis, congesta sunt hæc volumina, sed ex horum multis et variis hi, qui à nobis ad hoc congregati erant, cùm nihil invenissent idoneum aut novum ab his, quæ jam congregata erunt, illationem ex his in hoc opere faciendam optimo animo respuerunt.

§. 18. Si verò posteà aliquid novi controvertetur, quod non apparebit legibus his inscriptum; (multa enim novare novit natura) sed imperium Deus propter hoc imposuit hominibus ut emergentia et legis egentia lege definiat, et humanæ naturæ incertum repleat, et certis concludat legibus ad regulis; neque hoc nostrum nunc dicimus; sed jam omnium juris conditorum, qui olim claruerunt, prudentissimus Julianus hoc ipsum videtur dixisse, qui et ab imperiali auctorita-

te implorat fieri legum repletionem in emergentibus ambiguitatibus et questionibus; sed
et divus Adrianus piæ memoriæ; quandò ea,
quæ à prætoribus quotannis edicta fuerant,
brevi complexus est libello adsumpto ad id
optimo Juliano : in oratione quam in commune habuit in seniore Roma, hoc ipsum
quoque ait : ut, si quid præter id, quod jam
ordinatum est, emerserit : conveniens est,
eos qui in magistratu sunt illud conari de-
cidere, et remedium imponere secundùm
eorum quæ jam ordinata sunt, consequentiam (imitationem.)

Julien, le plus grand jurisconsulte qui ait
existé, a dit la même chose ; il a recouru à
l'autorité impériale pour suppléer à la disette des lois dans les cas imprévus et dans
les questions embarrassantes. L'empereur
Adrien, qui s'est chargé de recueillir dans
un volume abrégé les édits que les préteurs portaient tous les ans, et qui s'est
servi, pour cet ouvrage, du célèbre Julien,
dit la même chose dans un discours qu'il
a prononcé en public dans le sénat de
Rome : « s'il survient quelque question,
« dit ce jeune prince, qui n'ait point été dé-
« cidé par les lois, il faut que les magistrats
« fassent leur possible pour la résoudre, en
« se rapprochant de ce qui a déjà été dit
« pour les cas semblables. »

§. 19. Hæc igitur omnes (dicimus autem
vos, magne Senatus et omnes nostræ reipublicæ homines) cognoscentes, gratiam quidem
confitemini Deo, qui nostris temporibus tantum bonum servavit : utimini verò nostris legibus, nulli earum, quæ veteribus libris ins-
criptæ sunt attendentes : neque ad ea quæ
nunc posita sunt, illas comparantes, quia et si
videantur quædam invicem non consonare,
tamen pius illud et vetustius nobis ut imperfectum displicuit nunc autem hoc visum
est debere obtinere. Nam prohibemus, illis
in posterum uti. Hæc autem sola observari
in republica : et obtinere concedimus, et
sancimus; ita ut qui conatus fuerit ex prioribus libris, et non ex his duobus solis, et
constitutionum (libro) à nobis compositis,
vel factis, uti quibusdam legibus vel eas in
judiciis legere; vel si quis judicaverit ex his
apud se recitari eas passus, falsi reus erit
et publicorum criminum judicatus, et pœnæ
addictus, quod et si non diceremus, vel ex
hoc ipso manifestum esset.

§. 19. Cette connaissance que nous vous
donnons à tous (nous entendons parler
à vous, sénateurs, et à tous les sujets de l'empire), doit vous porter à rendre grâce à
Dieu, qui a réservé pour notre tems un
si grand avantage. Servez-vous de notre
collection de lois, sans penser à ce qui a
été écrit par les anciens, et sans chercher
à comparer notre compilation à leurs ouvrages, parce que, quand vous trouveriez ici
des choses qui ne seraient pas conformes
à ce qui a été reçu dans l'antiquité, vous
devez savoir que nous avons rejeté l'ancien
droit comme imparfait, et que nous avons
voulu que cette dernière collection eût force
de loi ; car nous défendons qu'on fasse dans
la suite usage des écrits anciens, et voulons que notre recueil soit seul observé dans
l'état, ordonnant que quiconque ne se tien-
dra point à ces deux ouvrages, ensemble au
code des ordonnances, fait et compilé par
nous, qui aura recours à d'autres lois, les
citera en jugement, jugera d'après elles
ou souffrira qu'elles soient citées devant
lui, soit regardé comme coupable du crime
de faux ; comme tel, poursuivi extraordinairement, et puni de la peine portée con-

tre les faussaires; ce qui est assez clair pour n'avoir pas besoin d'être dit.

§. 20. Nous avons trouvé à propos de mettre à la tête du Digeste le nom des anciens jurisconsultes, et des livres dont cette collection a été tirée : nous l'avons expressément ordonné, et on l'a exécuté. Nous avons voulu que le procès-verbal qui a été rédigé à cet égard fût mis sous le contre-scel de notre présente ordonnance, afin que chacun puisse connaître quelles étaient l'insuffisance et l'incertitude des anciennes lois, et les corrections que nous y avons faites. Nous avons fait choix des législateurs et des jurisconsultes qui ont eu l'approbation de tout le monde, et qui ont été adoptés et cités par les empereurs nos prédécesseurs; car l'entrée de notre collection a été interdite aux ouvrages qui n'étaient pas connus des anciens législateurs. En les plaçant ainsi tous dans leur ordre, nous leur avons donné à tous une égale autorité, sans qu'aucun deux jouisse de quelque supériorité sur les autres; et, en effet, après que nous avons donné à leurs écrits la force et l'authenticité des constitutions impériales, on n'y peut plus rien trouver qui ait plus ou moins d'autorité.

§. 21. Nous renouvelons et nous confirmons, en tant que de besoin, l'ordonnance que nous avons portée en commençant cette collection; et nous défendons à tous sujets présens et à venir, d'avoir la témérité de faire des commentaires sur notre compilation, leur permettant néanmoins de la traduire en grec, en observant d'en faire une traduction littérale, ou de faire des paratitles, comme ils jugeront le plus convenable; mais nous leur interdisons toute autre espèce d'ouvrage, quelque peu considérable qu'il puisse être, et nous leurs défendons d'ouvrir la porte à de nouvelles contradictions et à de nouvelles difficultés, comme cela est arrivé depuis la rédaction de l'édit perpétuel. Cet ouvrage qui était très-

§. 20. Sed et hoc optimum fore indicavimus, præponere Digestorum volumini et veteres juris conditores, et illorum volumina, et unde collectio facta sit legum nunc à nobis congestarum; quod et fieri jussimus: et simul ea, quæ de his rebus conscripta sunt, supponi huic divinæ nostræ constitutioni præcepimus, ut omnibus fiat manifestum et quid prioris inexperientiæ simul et incertitudinis esset, et quid à nobis sit adjunctum. Legislatores autem seu legum interpretes illos congessimus, qui apud omnes probati et recepti erant, et prioribus imperatoribus placuerant, et qui ab his nominari meruerunt. Si enim aliquis nondùm veteribus legislatoribus cognitus est, nos et huic interdiximus hujus voluminis communicationem. Omnibus sanè his positis unum ordinem et dignitatem parem dedimus; nulli cuipiam majore, quàm cœteris, data prærogativa. Si enim his quæ ab illis scripta sunt omnibus imperialium constitutionum dedimus robur; quid est, quod in his ampliùs quodque minùs haberi debeat ?

§. 21. Illud autem, quod statìm, cùm hanc compositionem legum congregari mandaremus, jussimus : iterùm et nunc sancimus illud confirmando; omnibus similiter interdicimus, ne quis audeat hominum, qui sunt nunc, aut in posterum erunt, commentarios scribere harum legum, præterquàm si velit quis in græcam linguam hæc transferre, quem etiam volumus sola secundùm pedem seu catapoda nuncupata uti legum interpretatione; et si quid secundùm nominatorum paratitlorum (ut conveniens est) adscribere voluerint usum; aliud autem nihil omninò ne tantillùm quidem circà ea facere, nec rursùm dare seditionis, aut dubitationis, aut infinitæ multitudinis, legibus occasionem; id quod anteà in antiqui edicti factum est ordinatione; ita ut illud brevissimum constitutum, ex differentium commentariorum differentia seu diversitate in infinitam extenderetur multitudinem. Si quid enim fortè ambiguum fuerit visum, vel litium certatoribus, vel his qui rebus judicandis præsunt, hoc imperatore interpretabitur rectè; nam hæc facultas illi soli à legibus permissa est. Itaque quisquis ausus fuerit ad hanc nostram legum compositionem commentarium aliquod adjicere, aliter atque nostræ hujus jussionis forma præscribit, is sciat quòd et ipsi falsi reo legibus futuro, et quod composuerit, eripietur, et modis omnibus corrumpetur.

§. 22. Eadem pœna imposita et adversùs eos qui notis (seu signis) quibusdam in scriptura utentur, (quæ signa singulas vocant) et qui per ea conturbare scripturam tentaverint, nec per totam consequentiam litterarum numeros, et nomina veterum prudentum et totam legum positionem scripserint : sciant etiam librorum ita scriptorum comparatores se inutilis fore libri dominos; neque enim damus licentiam talibus libris in judiciis uti, et aliquid agere : etiam si contingat librum in ea ipsa parte, quæ recitatur, nullum habere tale signum (aut notam), sed in alia quacunque sui parte quamvis semel tantùm id admisum sit. Itaque ipse quidem eum librum pro non scripto prorsùs habebit. Is autem qui eum scripserit, et ignoranti emptori dederit, duplum solvet ejus æstimationis ei qui ita in quantitate damnum passus fuerit, nihilominùs infligenda criminali pœna. Hoc etenim et in aliis constitutionibus ea de re positis scripsimus, tàm his quæ latina processerunt voce, quàm ea quæ Græcorum lingua, quam quidem ad legum professores rescripsimus.

§. 23. Hæc igitur volumina (Institutorum et Digestorum dicimus) ex fine tertii nostri felicissimi consulatus suum robur obtinere sancimus, id est ex ante tertium calenda-

court, est devenu d'une immensité prodigieuse, par le nombre et la diversité de commentaires qu'on s'est permis. S'il se trouve quelque chose dans notre collection qui paraisse douteux aux parties et aux juges, l'interprétation en appartiendra au prince, avec d'autant plus de raison, que la loi n'accorde qu'à lui seul ce pouvoir : ainsi, si quelqu'un ose ajouter à ce recueil des commentaires ou d'autres ouvrages contraires à la forme prescrite par notre présente ordonnance, qu'il sache qu'il encourra la peine de faux, et que ses ouvrages lui seront enlevés et brûlés.

§. 22. La même peine aura lieu contre ceux qui copieront cette collection par notes ou par des caractères abrégés, cherchant de cette manière à corrompre le texte, et contre ceux qui n'écriront pas en toutes lettres les nombres, et les noms des jurisconsultes et leurs lois. Les acquéreurs de ces copies n'en auront qu'une propriété inutile; car nous ne voulons pas que ces livres soient présentés en jugement, ni servir de rien aux parties, quand même celui qu'on présenterait n'aurait point de notes dans l'endroit dont on voudrait se servir, et qu'il ne se trouverait qu'un seul signe d'abréviation dans tout le livre. Ainsi, vis-à-vis du propriétaire, ce livre sera regardé comme non écrit, et celui qui l'aura écrit et vendu à un acheteur qui en aura ignoré le défaut, sera tenu de lui payer le double du dommage qu'il aura éprouvé à raison de ce livre, et néanmoins poursuivi extraordinairement. C'est ce que nous avons déjà ordonné dans les précédentes constitutions, tant celles publiées en latin, que celles écrites en grec, et qui ont été envoyées aux professeurs de droit.

§. 23. Nous ordonnons que ces deux volumes (nous parlons du Digeste et des Institutes) aient force de loi à perpétuité, à compter de la fin de notre troisième consulat, c'est à dire, dès avant le 3 des calendes de janvier de la présente douzième indiction ; qu'ils aient la même autorité que les constitutions impériales, tant dans les causes qui s'élèveront dans la suite, que dans celles qui sont pendantes en jugement, et qui n'ont pas encore été mises en transaction ou arbitrage ; car nous ne voulons pas qu'on puisse revenir sur les affaires qui sont présentement terminées par un jugement ou une transaction. Nous pouvons dire que Dieu a rendu ce troisième consulat très-fameux, puisque c'est pendant son cours que nous avons fait la paix avec les Perses, et achevé cette collection, dont le projet n'avait été conçu par aucun de nos prédécesseurs. Nous pouvons même dire que la troisième partie du monde, c'est à dire, la Libye entière, a été ajoutée à notre empire ; toutes faveurs que Dieu et notre seigneur Jésus-Christ nous a accordées dans notre troisième consulat.

§. 24. Ainsi, tous les magistrats de notre empire, en recevant notre présente ordonnance, auront soin de se servir de ce recueil de lois, chacun dans son district. L'illustre préfet du prétoire de cette capitale l'y fera exécuter exactement ; et le grand-maître de nos palais, ainsi que les illustres préfets de nos prétoires, tant d'Orient que de l'Illyrie et de la Libye, auront soin d'en informer leurs inférieurs, afin qu'aucun de nos sujets n'en prétende cause d'ignorance.

Donné le 17 des calendes de janvier, notre seigneur Justinien, toujours auguste, étant dans son troisième consulat, 533.

rum januariarum præsentis duodecimæ indictionis, in omne ævum valitura, et unà cum imperialibus constitutionibus vigorem et locum habitura tàm in his quæ posteà emerserint, quàm his quæ in judiciis adhuc pendent, necdùm amicalibus tradita sunt transactionibus. Quodcunquè enim hactenùs vel judicatum, vel transactum est, retractari non sustinemus. Quem quidem consulatum tertium nobis nominatissimum dedit Deus, quandò et sub ipso pax cum Persis confirmata est, et hoc tantùm legum volumen repositum est ; quod à nemine majorum unquàm excogitatum fuit, atque ad hæc tertia pars mundi (dicimus autem totam Libyam) nostris adjuncta est sceptris : omnia hæc à summo Deo et servatore nostro Jesu Christo dona tertio nostro consulatu indulta.

§. 24. Omnes itaque laudatissimi nostræ reipublicæ magistratus divinam hanc nostram suscipientes constitutionem, ut utantur prædictis nostris legibus, unusquisque in suo procurabit judicio. Proponet autem eam in maxima et regia hac urbe et ejus gloriosissimus præfectus. Curæ autem erit excellentissimo et laudatissimo nostro magistro, et gloriosissimis atque beatissimis præfectis sacrorum nostrorum præfectorum tàm his quæ ad solem orientem, quàm his quæ in Illyride, necnon his etiam quæ in Libya sunt ; per sua edicta his qui sub ipsis ordinati sunt, ista facere manifesta, ad omnium nostrorum subditorum inexcusabilem notitiam.

Data 17 calendas januar. domino nostro Justiniano perpetuo augusto III. Conss. 533.

TITULUS XVIII.	TITRE XVIII.

De juris et facti ignorantia.

De l'ignorance du droit et de celle de fait.

1. *Imperator Antoninus* A. *Maximo, militi.*

1. *L'empereur Antonin, au soldat Maxime.*

Quamvis cùm causam tuam ageres, ignorantia juris propter simplicitatem armatæ militiæ allegationes competentes omiseris, tamen si nondùm satisfecisti, permitto tibi, si cœperis ex sententia conveniri, defensionibus tuis uti.

Dat. 7 calend. maii, duobus Asperis Coss. 213.

Quoiqu'en défendant votre cause, vous ayez omis d'employer contre votre adversaire les défenses dont vous auriez pu user, à cause de l'ignorance du droit où vous êtes, et que votre état de militaire ne permet pas d'éludier, cependant, si la sentence prononcée contre vous n'a pas été exécutée, je vous permets, si on vous cite à l'effet d'exécuter cette sentence, d'employer tous vos moyens de défense.

Fait le 7 des calendes de mai, sous le consulat des deux Asper. 213.

2. *Imperator Gordianus* A. *Juvenali.*

2. *L'empereur Gordien, à Juvénal.*

Cùm ignorantia juris excusari facilè non possis, si major annis viginti quinque hæreditati matris tuæ renuntiasti : sera prece subveniri tibi desideras.

Dat. 12 calend maii, Ariano et Papo, Coss. 244.

Vous ne pouvez pas facilement être excusé sous prétexte que vous ignoriez le droit, si, lorsque vous avez renoncé à la succession de votre mère, vous étiez majeur de vingt-cinq ans. La prière par laquelle vous demandez qu'on vienne à votre secours, est trop tardive.

Fait le 13 des calendes de mai, sous le consulat d'Arien et de Papon. 244.

3. *Imperator Philippus* A. *Marcellæ.*

3. *L'empereur Philippe, à Marcella.*

Si emancipata à patre intrà annum bonorum possessionem petere cessasti, prætendere juris ignorantiam nullis rationibus potes.

Dat. 16 cal. jul. Peregrino et Æmiliano, Coss. 245.

Si, ayant été émancipée par votre père, vous n'avez point demandé, dans l'année qui a suivi sa mort, la possession des biens, vous ne pouvez, en aucune manière, opposer l'ignorance du droit.

Fait le 16 des calendes de juillet, sous le consulat de Pérégrinus et d'Emilien. 245.

4. *Les empereurs Dioclétien et Maximien,*
à Julien.

Si, après que le partage a été fait, on découvre un vice dans le testament, vous ne pouvez recevoir aucun préjudice de ce qui a été fait par ignorance. Exposez donc au gouverneur, notre illustre ami, que le testament est faux, ou qu'il est nul d'après les lois, afin que l'acte qui avait été donné comme un testament, étant annullé, vous obteniez toute la succession.

Fait le 8 des ides de juillet, sous le consulat des empereurs Dioclétien, consul pour la cinquième fois, et Maximien, pour la quatrième fois consul. 293.

5. *Les mêmes empereurs, et les Césars Cons-*
tantin et Maximien, à Martial.

Comme la vérité ne peut être altérée par de fausses énonciations, vous n'avez rien fait en disant qu'un certain bien provenait des biens maternels, tandis que c'était des biens maternels.

Fait la veille des calendes de janvier, sous le consulat des empereurs Dioclétien, consul pour la cinquième fois, et Maximien, pour la quatrième fois consul. 293.

6. *Les mêmes empereurs et Césars, à Tau-*
rus et Pollion.

Si le gouverneur de la province s'aperçoit que vous ayez promis à Archonticus, stipulant, non pour cause de transaction, mais par erreur de fait, une certaine quantité d'huile que vous ne lui deviez pas, il vous libérera, après que vous vous serez acquitté de la quantité que vous devez, de celle que vous ne devez pas.

Fait le 5 des calendes de mai. 294.

7. *Les mêmes empereurs et Césars, à Zoa.*

L'erreur de fait ne nuit à personne, tant
Tome I.

4. *Imperat. Dioclet. et Maximianus AA.*
Julianæ.

Si post divisionem factam testamenti vitium in lucem emerserit, ex iis quæ per ignorantiam confecta sunt, præjudicium tibi non comparabitur : ostende igitur (hoc) apud correctorum virum clarissimum amicum nostrum testamentum vel fide veri deficere, vel juris ratione stare non posse, ut infirmata scriptura, quæ testamenti vice prolata est, solidam successionem obtineas.

Dat. 8 id. jul. Diocletiano et Maximiano AA. Coss. 293.

5. *Iidem AA. et Constantius et Maximian.*
Cæss. Martiali.

Cùm falsa demonstratione mutari substantia veritatis minimè possit, respondendo id, quod paternum erat, ex maternis esse bonis, nihil egisti.

Dat. prid. calend. januar. Diocletiano v. et Maximiano iv. Coss. AA. 293.

6. *Iidem AA. et cc. Tauro et Pollioni.*

Si non transactionis causa, sed indebitam errore facti, olei materiam vos Archontico stipulanti spondisse rector provinciæ animadverterit, reddito quod debetis, residui liberationem condicentes audiet.

Dat. 5 calend. maii. 294.

7. *Iidem AA. et cc. Zoæ.*

Error facti, necdùm finito negotio, ne-
24

mini nocet ; nam causa decisa velamento tali non instauratur.

Dat. 6 non. jul. cc. iii. Coss.

que l'affaire dans laquelle elle a eu lieu n'est pas terminée; mais on ne peut, sous le prétexte d'une erreur de fait, faire revivre une cause déjà décidée.

Fait le 6 des nones de juillet, sous le troisième consulat des Césars susnommés.

8. *Iidem* aa. *et* cc. *Dionysiæ.*

Cùm testamentum nullo jure constiterit, ex ejus qui ab intestato successit, professione sola, veluti ex testamento liberos per errorem profitentis, orcini vel proprii liberti, si non ipsius accessit judicium (cùm errantis voluntas nulla sit) effici non potuerunt.

Dat. 5 calend. septemb. cc. iv. Coss. 302.

8. *Les mêmes empereurs et Césars, à Dionysia.*

Le testament étant nul, les esclaves qui auraient été affranchis par ce testament, s'il eût été valable, n'ont point la liberté, par le fait seul de ce que l'héritier *ab intestat* les a appelés par erreur ses affranchis ou les affranchis du testateur (*ornici*), parce qu'il n'y a pas de volonté dans celui qui se trompe; mais il en serait autrement s'il n'y avait pas erreur.

Fait le 5 des calendes de septembre, sous le quatrième consulat des Césars nommés ci-dessus. 302.

9. *Iidem* aa. *et* cc. *Caio et Anthemio.*

Non idcircò minùs quod à vobis velut à liberis debitam accepisse pecuniam Sanius dicitur, cùm nullus sit errantis consensus, movere status quæstionem prohibentur(ejus) hæredes.

Dat. 6 id. decemb. cc. v. Coss. 305.

9. *Les mêmes empereurs et Cæsars, à Caïus et Anthemius.*

Quoique Sanius ait dit avoir reçu de vous, comme d'hommes libres, une somme d'argent qui lui était due, il n'est point défendu à ses héritiers d'élever contre vous une question d'état, parce qu'il n'y a pas de consentement dans celui qui erre.

Fait le 6 des ides de décembre, sous le cinquième consulat des Césars nommés ci-dessus. 305.

10. *Iidem* aa. *et* cc. *Araphiæ.*

Cùm quis jus ignorans, indebitam pecuniam solverit, cesset repetitio : per ignorantiam enim facti repetitionem tantùm indebiti soluti competere, tibi notum est.

Dat 6 calend, januar. cc. vi. Coss. 306.

10. *Les mêmes empereurs et Césars, à Araphia.*

Si quelqu'un, par ignorance du droit, paie une somme qu'il ne devait pas, il ne peut la répéter ; car vous savez qu'il n'y a que l'ignorance de fait qui donne droit à la répétition de la somme qui a été payée, quoiqu'elle ne fut pas due.

Fait le 5 des calendes de janvier, sous

le sixième consulat des Césars nommés ci-
dessus. 306.

11. *L'empereur Constantin, à Valérien,*
lieutenant.

Quoiqu'on n'exempte pas ordinairement
les femmes des suites de leur ignorance du
droit en ce qui concerne leurs avantages ;
cependant les constitutions des princes ont
déclaré depuis que cela ne devait pas avoir
lieu à l'égard des femmes qui sont encore
dans l'âge de minorité.

Fait le 3 des calendes de mai, sous le
consulat de Gallican et de Symmaque. 330.

12. *Les empereurs Valentinien, Théodose et*
Arcadius, à Flavien, préfet du prétoire.

Nous ne permettons à personne d'ignorer
ou de feindre d'ignorer les constitutions impériales.

Fait le 6 des calendes de juin, sous le
consulat de Tatien et de Symmaque. 391.

13. *Les empereurs Léon et Anthémius, à*
Erythrius, préfet du prétoire.

De peur qu'il ne soit permis trop légè-
rement aux femmes de violer leurs engagemens, parce qu'elles auraient omis ou ignoré
certaines choses, nous déclarons que si elles
souffrent quelques dommages à l'égard de
leurs droits ou de leur fortune, à cause de
leur ignorance du droit, elles ne pourront
réclamer contre leurs erreurs que dans les
seuls cas où les lois anciennes leur sont favorables.

Fait pendant les calendes de juillet, sous
le consulat de Martien et de Zénon. 469.

11. *Imper. Constantinus* A. *Valeriano,*
vicario.

Quamvis in lucro nec fœminis jus igno-
rantibus subveniri soleat, attamen contrà
ætatem adhùc imperfectam locum hæc non
habere, retrò principum statuta declarant.

Dat. 3 cal. maii, Gallicano et Symmacho
Coss. 330.

12. *Imperatores Valent. Théod. et Arcad.*
AAA. *Flaviano,* P. P.

Constitutiones principum nec ignorare
quemquam, nec dissimulare permittimus.

Dat. 3 cal. jul. Tatiano et Symmacho
Coss. 391.

13. *Imperatores Leo et Anthemicus* AA.
Erythrio, P. P.

Ne passim liceat mulieribus omnes suo
contractus retractare in iis quæ prætermiserint, vel ignoraverint, statuimus, si per
ignorantiam juris damnum aliquod circà
jus vel substantiam suam patiantur ; in iis
tantùm casibus, in quibus præteritarum legum auctoritas eis suffragatur, subveniri.

Dat. calend. jul. Martiano et Zenone
Coss. 469.

TITULUS XIX.

De Precibus Imperatori offerendis, et de quibus rebus supplicare liceat, vel non.

1. *Impp. Diocletian et Maximianus, AA. Firminæ.*

Licet servilis conditio deferendæ precis facilè capax non sit : tamen admissi sceleris atrocitas et laudabilis fidei exemplum super vindicandâ cæde domini tui, nobis hortamento fuit, ut præfecto prætorio juxtà adnotationis nostræ decretum demandaremus quem (adire cura), ut auditis iis quæ in libello contulisti , et reos investigare , et severissimam vindictam juxtà legum censuram exigere curet.

Dat. 8 id. octob. Diocletiano VI et Maximiano III, AA. Coss. 296.

2. *Imp. Constantinus, A. Severo, P. V.*

Quoties rescripto nostro moratoria præscriptio permittitur , aditus supplicanti pandatur. Quod autem totius negotii cognitionem tollit, et vires principalis negotii exhaurit, sine gravi partis alterius dispendio convelli non potest: nec præscriptionis igitur peremptoriæ relaxatio petatur.

Dat. cal. jul. Dic. Paulino et Juliano Coss. 325.

TITRE XIX.

Des Requêtes qu'on doit présenter à l'Empereur , et des objets sur lesquels on peut ou on ne peut pas en présenter.

1. *Les empereurs Dioclétien et Maximilien, à Firmina.*

Quoiqu'un esclave, à cause de sa condition servile , soit ordinairement regardé comme incapable de présenter requête à l'empereur , cependant l'atrocité du crime que vous nous dénoncez, et le louable exemple de fidélité que vous donnez en cherchant à venger le meurtre de votre maître , nous détermine à ordonner au préfet du prétoire , lequel vous aurez soin d'aller trouver, que , d'après la réponse que nous avons faite à votre requête et après avoir ouï les choses que vous y dites , il fasse rechercher les coupables , et veille à ce qu'il en soit tiré la vengeance la plus sévère, selon que l'exige la rigueur des lois.

Fait le 8 des ides d'octobre, sous le consulat des empereurs Dioclétien , pour la sixième fois consul, et Maximien pour la troisième fois. 296.

2. *L'empereur Constantin, à Sévère, préfet de la ville.*

On peut nous présenter requête toutes les fois que par notre édit l'exception dilatoire a été permise ; mais on ne peut accorder, sans faire souffrir un grand dommage à la partie adverse, une exception qui interdirait la connaissance de toute l'affaire ou de ses points principaux. Qu'on ne demande donc point l'exception péremptoire.

Fait à Nicée le 10 des calendes de juin , sous le consulat de Paulinus et de Julien. 325.

3. *Le même empereur, au peuple.*

On ne doit rien demander de nuisible au fisc, ni de contraire aux lois.

Fait la veille des calendes d'octobre, sous le septième consulat de l'empereur Constantin, et la quatrième du César Constantin. 354.

4. *Les empereurs Gratien, Valentinien et Théodose, à Florian, préfet du prétoire.*

Tous les rescrits dont l'objet est d'accorder des délais aux débiteurs, ne sont valables qu'autant qu'il a été fourni une caution convenable qui garantisse le paiement de la dette.

Fait à Constantinople le 8 des calendes de mars, sous le consulat d'Antoine et de Syagrius. 382.

5. *Les empereurs Valentinien et Valens, à Volusien, préfet du prétoire.*

Si, quelqu'un ayant présenté requête contre les sentences des préfets du prétoire, elle a été rejetée; il n'a plus la permission de présenter de nouveau requête sur le même objet.

Fait à Rome le 15 des calendes d'octobre, sous le consulat des empereurs Valentinien et Valens. 365.

Authentique extraite de la novelle 119, chap. 5.

La requête doit être présentée aux préfets ou à leurs conseillers, ou aux maîtres des requêtes; dans les dix jours qui suivent la sentence. Ce qui ayant été fait, on ne permettra l'exécution de la sentence qu'autant que celui à qui elle est favorable, fournira une caution suffisante de restituer avec ses accroissemens naturels, ce qui lui a été adjugé par la sentence dans le cas où;

3. *Idem, 1. ad populum.*

Nec damnosa fisco, nec juri contraria postulari oportet.

Dat. prid. cal. octob. Constantino A. VII, et Constantino Cæs. IV Coss. 354.

4. *Impp. Grat., Valentin. et Théod., AAA. Floriano, P. P.*

Universa rescripta, quæ in debitorum causis super præstandis dilationibus promulgantur, non aliter valeant, nisi fidejussio idonea super debiti solutione præbeatur.

Dat. 8 calend. mart. Constantinop. Antonio et Syagrio. Conss. 382.

5. *Impp. Valent. et Valens, AA. ad Volusianum, P. V.*

Si quis adversùs præfectorum prætorio sententias duxerit supplicandum, victusque uno fuerit, nullam habebit licentiam iterùm super eâdem causâ supplicandi.

Dat. 15 calend. octob. Romæ, Valentiniano et Valente. AA. Coss. 365.

Auth. ex novell. 119, c. 5.

Quæ supplicatio gloriosissimis præfectis, vel eorum consiliariis, vel causas introducentibus intrà decem dies post sententiam offerenda est. Quo subsecuto, sententia non aliter executioni mandabitur, nisi victrix pars dignam fidejussionem præbuerit tantum restituendi cum legitimis augmentis. quantum fuerit in condemnatione, si legitimâ retractatione sententia resolvatur. Nisi sub hâc formâ supplicatio porrigatur , executio causæ sine fidejussione procedet ; retractationis jure illi servando, qui se gravatum putaverit, ut infrà biennium supplicare possit imperatori.

par de justes motifs, elle serait cassée. Mais si la requête n'a pas été présentée pendant ce délai, l'exécution de la sentence doit avoir lieu sans caution, la faculté de présenter requête à l'empereur étant toutefois accordée, en vertu du droit d'appel , pendant deux ans , à celui qui se croit lésé par la sentence.

6. *Impp. Honor. et Theod.* ᴀᴀ. *Isidoro,* ᴘ.ᴘ.

6. *Les empereurs Honorius et Théodose ,* *à Isidore, préfet du prétoire.*

Universis simul hanc observantiam remittimus, ut à quocunque liberæ conditionis constituto, vel servo supplicante impetratum fuerit rescriptum , minimè requiratur per quem preces oblatæ sint.
Dat. 3 id. novemb. Theodosio , ᴀ. ᴠɪɪ, et Palladio , Conss. 416.

Nous accordons en faveur de tous également, que, qui que ce soit, libre ou esclave, qui ait obtenu un rescrit, on ne doit point s'informer par qui la requête a été présentée.
Fait le 3 des ides de novembre, sous le consulat de l'empereur Théodose, pour la septième fois consul , et de Palladius. 416.

7. *Impp. Theod. et Valent.* ᴀᴀ. *ad Senatum.*

7. *Les empereurs Théodose et Valentinien,* *au sénat.*

Rescripta contrà jus elicita, ab omnibus judicibus refutari præcipimus , nisi fortè sit aliquid, quod non lædat alium, et prosit petenti , vel crimen supplicantibus indulgeat.
Dat. 8 id. novemb. Ravennæ, Theodosio xɪɪ, et Valentiniano ɪɪ, ᴀᴀ. Conss. 426.

Les rescrits qui n'ont point été donnés conformément au droit, ne doivent être observés par aucun juge ; à moins que , ne nuisant à personne, ils ne fussent utiles à ceux qui les ont obtenus , ou continssent le pardon de quelque crime imputé à ceux en faveur de qui ils ont été accordés.
Fait à Ravennes le 8 des ides de novembre, sous le consulat des empereurs Théodose et Valentinien, le douzième du premier, et le deuxième du second. 426.

8. *Iidem ,* ᴀᴀ. *Florentio,* ᴘ. ᴘ.

8. *Les mêmes empereurs , à Florentius ,* *préfet du prétoire.*

Instrumentorum exempla non prosit precibus adjunxisse : sed necesse sit eorum in supplicatione vim exprimi , ut responsuro principi vera precatio rem aperiat cognoscendam : iis solis (cùm necessitas exegerit) verbis precibus inserendis, quorum de sensu inter partes ita dubitari contigerit, ut

Il est inutile d'ajouter à la requête la copie des pièces. Mais il est cependant nécessaire d'en faire connaître la valeur, afin que l'empereur puisse répondre à la requête avec connaissance de cause ; on doit seulement, lorsque la nécessité l'exige, rapporter les fragmens de ces pièces, dont le sens fait l'objet de la contestation des parties, pour que nous puissions donner notre décision.

Fait à Constantinople le 6 des calendes d'avril, sous le consulat de Florentius et de Denys. 429.

TITRE XX.

Que la contestation en cause ait lieu lorsqu'il a été présenté requête à l'Empereur.

1. *Les empereurs Arcade et Honorius, à Remigius, préfet du prétoire.*

Il n'est pas de doute que la contestation en cause n'ait lieu lorsqu'il a été présenté requête à notre majesté, et que cette requête ne soit valable contre l'héritier de celui contre qui elle a été dirigée et en faveur de l'héritier de celui qui l'a adressée.

Fait à Constantinople, le 3 des calendes d'avril, sous le consulat des empereurs Arcade et Honorius, l'un pour la 4.e fois consul, et le second pour la 3.e fois. 396.

2. *L'empereur Justinien, à Menna, préfet du prétoire.*

Nous avons cru nécessaire de définir les actions temporaires qui sont perpétuées à cause des requêtes qui sont présentées et des rescrits qui sont rendus au sujet de ces dernières, pour qu'on ne les confonde pas avec d'autres qui sont bornées par un certain temps. Que tous sachent donc que les actions qui peuvent être perpétuées par présentation de requêtes et les rescrits qui interviennent, sont seulement celles établies par le préteur et dont la durée est d'une seule année.

Fait à Constantinople pendant les calendes d'avril, sous le consulat de Decius. 529.

etiam merito nostrum expectetur judicium.

Dat. 6 cal. april. Constantinop. Florentio et Dionysio, Couss. 429.

TITULUS XX.

Quandò libellus principi datus litis contestationem faciat.

1. *Imp. Arcad. et Honor. A A. Remigio, P. P.*

Dubium non est, contestationem litis intelligi, etiam si nostræ fuerint tranquillitati preces oblatæ : eaque adversus hæredem quoque ejus, in quem porrectæ sunt, vel ab hærede ejus, qui meruit, exerceri.

Dat. 12 calend. april. Const. Arcadio et Honorio, A A. V, Coss. 396.

2. *Imp. Justinianus, A. Mennæ, P. P.*

Temporales actiones, quæ per oblationem precum et ad eas rescriptionem perpetuantur, definire necessarium esse duximus : ne quis putet ad alias etiam, quæ certis taxantur temporibus, hoc pertinere. Sciant igitur omnes, eas tantummodò per oblationem precum et ad eas rescripta perpetuari, quæ à prætore constitutæ annali tempore coartatæ sunt.

Dat. cal. april, Constantinop. Decio V. C. Cons. 529.

TITULUS XXI.

Ut lite pendente, vel post provocationem, aut definitivam sententiam nulli liceat imperatori supplicare.

TITRE XXI.

Qu'il ne soit permis à personne de présenter requête à l'Empereur pendant que le procès est pendant ou après l'introduction d'instance ou le jugement définitif.

1. Imp. *Alexander*, A. *Caperio.*

LICET postquàm supplicasti, priusquàm rescriptum impetrares, præses provinciæ vir clarissimus pronuntiaverit : cùm tamen à sententiâ non provocaveris, rescriptum quod posteà secutum esse suggeris, ad retrahenda ea quæ decreto terminata sunt, non patrocinatur.

Dat. cal. mart. Lupo et Maximo, Conss. 233.

1. L'empereur *Alexandre*, à *Caperius.*

QUOIQUE le président de la province ait prononcé après que vous avez eu présenté requête, vous, n'ayant obtenu le rescrit qu'après sa décision, de laquelle vous n'avez pas appelé, le rescrit que vous dites avoir obtenu postérieurement ne peut annuler ce qui a été fait en vertu d'un jugement.

Fait pendant les calendes de mars, sous le consulat de Lupus et de Maxime. 233.

2. Imp. Constantinus, A. Probiano.

Supplicare, causâ pendente, non licet : nisi vel actorum communium, vel pronuntiationis editio denegetur. Qui autem terminatam rescripto vel consultatione quæstionem exquisito suffragio refricare conabitur, in omnem litis æstimationem adversario suo protinùs condemnetur : omni veniâ denegandâ, si quis contrà hæc supplicare tentaverit.

Dat. idib. aug. Severo et Ruffino. Conss. 316.

2. L'empereur *Constantin*, à *Probien.*

Il n'est point permis de présenter requête pendant que la cause est pendante, à moins qu'on n'ait refusé la communication des pièces ou de la sentence. Que celui qui cherche par une grande autorité, c'est-à-dire, par un rescrit ou une consultation, à faire revivre une affaire déjà terminée, soit condamné sur-le-champ envers son adversaire à tous les frais du procès. On doit rejeter toutes les réclamations qui seraient faites contre les présentes dispositions.

Fait pendant les ides d'octobre, sous le consulat de Sabin et de Rufin. 316.

3. Idem, A. *ad universos provinciales.*

Qui licitam provocationem omiserit, perpetuò silere debebit, nec à nobis impudens petere per supplicationem auxilium : quod si fecerit, desiderio suo carebit, et ignominiæ pœnâ notabitur.

Dat. calen. septembr. Basso et Ablabio, Conss. 331.

3. Le même empereur, aux habitans des provinces.

Celui qui a négligé de faire de justes réclamations, ne peut plus revenir sur ses pas après que le délai pendant lequel il pouvait le faire est écoulé. Qu'il n'ait point l'impudence de recourir à nous pour demander du secours ; car, outre que sa demande serait rejetée, il serait couvert d'ignominie.

Fait pendant les calendes de septembre, sous le consulat de Bassus et d'Ablabius. 331.

TITRE XXII.

De ce qui a été demandé ou obtenu de contraire au Droit, à l'utilité publique, ou par l'effet d'une fausse assertion.

1. *Les empereurs Dioclétien ▇▇ Maximien, et les Césars **, à Grégoire.*

LE juge à qui par notre rescrit nous avons renvoyé la connaissance de l'affaire, ne la jugera pas moins, quoique vous objectiez que quelque chose de ce qui a déjà été fait ait été omis dans la requête qui nous a été présentée.

Fait le 5 des nones de mai, sous le consulat des empereurs Dioclétien et Maximien, l'un pour la quatrième fois consul, et le second pour la troisième fois. 290.

2. *Les mêmes empereurs et les Césars Constantin et Maximien, à Statia.*

Lorsqu'on oppose une exception de mensonge, soit qu'on le suppose dans l'exposition du droit, ou des faits, ou dans le silence d'un point essentiel, le juge à qui l'affaire a été renvoyée doit juger, non d'après les assertions de celui qui oppose l'exception, mais d'après la vérité, et rendre son jugement selon sa teneur.

Fait pendant les calendes de décembre, sous le consulat des Césars ci-dessus nommés. 294.

3. *L'empereur Constantin, à Bassus, préfet du prétoire.*

Nous ordonnons que les juges qui empêcheront qu'on argue de faux les faits exposés dans les requêtes sur lesquelles

Tome I.

TITULUS XXII.

Si contra jus, vel utilitatem publicam, vel per mendacium fuerit aliquid postulatum, vel impetratum.

1. *Impp. Dioclet. et Maxim. AA. et Cæs. **, Gregorio.*

NON idcircò minùs is cui ex nostro rescripto cognitio delata est, judicare potest, quòd ex gestis quædam in precibus omissa proponis.

Dat. 5 non. maij, Diocletiano IV et Maximiano III, AA. Coss. 290.

2. *Iidem, AA. et Constantius et Maxim. cc. Statiæ.*

Præscriptione mendaciorum oppositâ, sive in juris narratione mendacium reperiatur, sive in facti, sive in tacendi fraude, pro tenore veritatis, non deprecantis adfirmatione, datum judicem cognoscere debere, et secundùm hoc de causâ convenit ferre sententiam.

Dat. cal. decemb. Sirmij, cc. Coss. 294.

3. *Imp. Constantinus, A. ad Bassum, P. P.*

Puniri jubemus decem librarum auri multâ judices, qui vetuerint precum argui falsitatem.

25

Dat. cal. octob. Constantino A. III, et Licinio Cæsare III. Coss. 313.

il a été accordé des rescrits soient condamnés à une amende de 10 liv. d'or.

Fait pendant les calendes d'octobre, sous le troisième consulat de l'empereur Constantin, et le troisième du César Licinius. 313.

4. *Idem, A. ad Pompeianum.*

4. *Le même empereur, à Pompéien.*

Et si non cognitio, sed executio mandatur, de veritate precum inquiri oportet : ut, si fraus intervenerit, de omni negotio cognoscatur.

Dat. 3 id. novemb. Dalmatio et Zenophilo, Conss. 333.

Quoique ce ne soit point la connaissance de l'affaire qu'on renvoie au juge, mais l'exécution d'une sentence qui a été rendue, on ne doit pas moins s'informer de la vérité des faits exposés dans la requête, afin que, si le juge découvre de la fraude, il connaisse de toute l'affaire.

Fait le 3 des ides de novembre, sous le consulat de Dalmatius et de Zénophile. 333.

5. *Impp. Theod. et Valent. AA. ad Senatum.*

5. *Les empereurs Théodose et Valentinien, au sénat.*

Et si legibus consentaneum sacrum oraculum mendax precator attulerit, careat penitùs impetratis ; et si nimia mentientis inveniatur improbitas, etiam severitati subjaceat judicantis.

Dat. 7. id. novemb. Theodosio XII, et Valentiniano 11, AA. Conss. 426.

Quoique celui qui a avancé des mensonges dans sa requête ait obtenu un rescrit conforme aux lois, que son rescrit soit absolument nul, et qu'il soit lui-même abandonné à la sévérité du juge, si l'on trouve dans lui une trop grande méchanceté.

Fait le 6 des ides de novembre, sous le consulat des empereurs Théodose et Valentinien, le premier pour la douzième fois consul, et le second pour la deuxième fois. 426.

6. *Imp. Anastasius, A. Matroniano, p. p.*

6. *L'empereur Anastase, à Métronien, préfet du prétoire.*

Omnes cujuscumque majoris vel minoris administrationis universæ nostræ reipublicæ judices monemus, ut nullum rescriptum, nullam pragmaticam sanctionem, nullam sacram adnotationem, quæ generali juri vel utilitati publicæ adversa esse videatur, in

Nous prévenons tous les juges supérieurs ou inférieurs de l'Empire de ne point souffrir qu'on cite dans la discussion de quelque cause que ce soit aucun rescrit ou pragmatique-sanction ou annotation impériale, qui soit contraire au droit commun ou à l'utilité publique ; mais qu'ils observent avec zèle, et dans tous les cas, les constitutions impériales et générales.

Fait à Constantinople pendant les calendes de juillet.

disceptationem cujuslibet litigii patiantur proferri : sed generales sacras constitutiones modis omnibus non dubitent observandas.

Dat. calend. jul. Constan.

TITRE XXIII.

Des divers Rescrits et des Pragmatiques-sanctions.

1. *L'empereur Alexandre, à Superus.*

Si vous ou votre frère avez présenté une requête pour une cause qui vous est commune à tous les deux, quoique le rescrit ne semble adressé qu'à l'un de vous, on doit cependant le considérer comme ayant été délivré pour vous deux également.

Fait pendant les ides de juillet, sous le second consulat de l'empereur Alexandre et le premier de Marcellus. 227.

2. *L'empereur Claude, à Epagathe.*

C'est à tort qu'on assure que les rescrits perdent leur autorité après l'espace d'une année : car les dispositions du rescrit qui a été donné sur une affaire, sont éternelles, s'il ne désigne point lui-même le temps auquel il doit être cité ou entendu.

Fait le sept des calendes de novembre, sous le consulat d'Antiochien et d'Orphite. 271.

3. *Les empereurs Dioclétien et Maximien, à Crispin, président de la province de la Phénicie.*

Nous ordonnons qu'on n'ajoute foi qu'à l'original des rescrits signés de notre main, et non à la copie.

Fait la veille des calendes d'avril, sous le consulat d'Annibalien et d'Asclépiodotte. 292.

TITULUS XXIII.

De diversis rescriptis, et pragmaticis sanctionibus.

1. *Imp. Alexander, A. Supero.*

Si libellum de communi causâ, tu fraterque tuus dedisti, quamvis rescriptum ad unius personam directum sit, utrique tamen prospectum est.

Dat. id. jul. Alexandro A, II, et Marcello, Conss. 227.

2. *Imp. Claudius, A. Epagatho.*

Falsò adseveratur, auctoritatem rescriptorum devoluto spatio anni obtinere firmitatem suam non oportere : cùm ea quæ ad jus rescribuntur, perennia esse debeant, si modò tempus, in quo allegari vel audiri debent, non sit comprehensum.

Dat. 7 calend. novembr. Antiochiano et Orphito Coss. 271.

3. *Impp. Dioclet. et Maximian. AA. Crispino, præsidi provinc. Phœniciæ.*

Sancimus, ut authentica ipsa atque originalia rescripta, et nostrâ etiam manu subscripta, non exempla eorum insinuentur.

Dat. prid. calend. april. Annibaliano et Asclepiodoto Coss. 292.

4. Imp. Constantinus, a. ad Lusitanos.

Si qua beneficia personalia sine die te consule fuerint deprehensa, autoritate careant.

Dat. 5. cal. aug. Probiano et Juliano Conss. 322.

5. Impp. Valent. Theod. et Arcad. aaa. ad Nicentium, v. v. Annonæ.

Sacrilegii instar est, super quibuscumque administrationibus vel dignitatibus promulgandis divinis obviare beneficiis.

Dat. calend. feb. Mediolani, Arcadio a et Bautone Coss. 385.

6. Imp. Leo, a. Hilariano, mag. officiorum et patritio.

Sacri affatus, quoscumque nostræ mansuetudinis in quâcumque parte paginarum scripserit autoritas, non alio vultu penitùs aut colore, nisi purpureâ tantummodò inscriptione lustrentur, scilicet ut cocti muricis et triti conchylii ardore signentur : eaque tantummodò fas sit proferri vel dici rescripta in quibuscumque judiciis, quæ in chartis sive membranis subnotatio nostræ subscriptionis impresserit. Hanc autem sacri encausti confectionem nulli sit licitum aut concessum habere aut quærere, aut à quocumque sperare : eo videlicet qui hoc aggressus fuerit tyrannico spiritu, post proscriptionem bonorum omnium, capitali non immeritò pœnâ plectendo.

Dat. 6 calend. april. Jordane et Severo Coss. 470.

Authentique extraite de la novelle 114, ch. 1.

La signature du questeur est encore nécessaire, quel que soit le contenu du rescrit,

4. L'empereur Constantin, aux Portugais.

Que les rescrits qui ont pour objet un privilége personnel soient annulés, s'ils sont sans date et désignation de consulat.

Fait le 5 des calendes d'août, sous le consulat de Probien et de Julien. 322.

5. Les empereurs Valentinien, Théodose et Arcadius, à Nicentius.

C'est une espèce de sacrilége que de ne point respecter les choix que l'Empereur fait pour remplir quelque dignité ou gérer quelque administration.

Fait à Milan, pendant les calendes de février, sous le consulat de l'empereur Arcadius et de Bautone. 385.

6. L'empereur Léon, à Hilarien, patrice et maitre des offices.

Que les écritures qui émanent de notre majesté, en quels endroits des rescrits ou autres actes qu'elles soient, ne soient faites qu'en couleur de pourpre qui est composée de deux poissons, l'un appelé *murex* et l'autre *conchili*, que l'on brûle et réduit en poudre. Qu'il ne soit permis de citer ou de se prévaloir que des rescrits écrits sur le papier ou le parchemin où l'on trouvera notre signature. Il n'est permis ni accordé à personne de faire de cette espèce d'encre de s'en procurer ou d'en attendre de quelqu'un, car celui qui par l'effet d'un esprit audacieux mépriserait ces dispositions, sera condamné non-seulement à la perte de ses biens, mais encore à la peine capitale.

Fait le 6 des calendes d'avril, sous le consulat de Jordan et de Sévère. 470.

Auth. ex novell. 114, c. 1.

Gloriosissimi quoque quæstoris subscriptio est necessaria, in quâ contineatur,

entre quelques personnes qu'il ait été rendu
et à quelque juge qu'il ait été envoyé. Les
juges ne doivent point le recevoir, à moins
qu'il ne soit revêtu de cette formalité ; que
celui qui aura fait quelque chose de contraire à ces dispositions, soit condamné à
l'amende de vingt livres d'or, et que son office soit condamné à une semblable peine.

7. *L'empereur Zénon, à Sébastien, préfet du
prétoire.*

Nous ordonnons que tous les rescrits, soit
qu'ils aient été remis à ceux qui les ont demandés ou à quelque juge que ce soit, soit qu'ils
portent le nom d'annotation ou de pragmatique-sanction, ne soient exécutés qu'autant
qu'ils contiendront cette clause: *Si la requête
est conforme à la vérité.* Nous ordonnons
que l'auteur de la requête ne puisse retirer
aucun fruit du rescrit qu'il a obtenu, quand
même il assurerait en jugement la vérité de
sa requête, à moins que le rescrit ne contienne, par un bienfait de notre majesté, la
clause dont nous venons de parler : car le
questeur ou ceux de nos secrétaires qui dé-
livreront des rescrits sans y avoir ajouté
cette clause, ainsi que les juges qui les recevront, seront censurés ; les secrétaires
de quelque *écrin* que ce soit, *les prag-
maticaires*, les aides du *primicer*, qui auront négligé cette clause, seront privés de
leurs dignités.

§. 1.er. Nous ordonnons en outre qu'on
ne fasse point de pragmatiques-sanctions en
faveur de particuliers et sur des affaires
privées, mais seulement dans les cas ou un
corps, une école, un office, une curie, une
ville, une province ou toute autre réunion
d'hommes, les auraient demandées pour le
bien public. On doit de même insérer dans
ces dernières la clause dont nous avons
parlé ci-dessus.

Fait à Constantinople, le 10 des calendes
de janvier, après le second consulat de Ba-
sile et le premier d'Armatius. 470.

7. *Imp. Zeno, A. Sebastiano, P. P.*

Universa rescripta, sive in personam pre-
cantium, sive ad quemlibet judicem mana-
verint, quamvis adnotatio vel quævis pragmatica sanctio nominetur, sub eâ conditione proferri præcipimus, si preces veritate
nituntur ; nec aliquem fructum precator
oraculi percipiat impetrati (licet in judicio
adferat veritatem), nisi quæstio fidei precum
imperiali beneficio monstretur inserta : nam
et vir magnificus quæstor, et viri spectabiles
magistri scriniorum, qui sine præfatâ adjectione qualecumque divinum responsum dic-
taverint, et judices qui susceperint, repre-
hensionem subibunt, et qui illicité dictata
scribere ausi fuerint, cujuscumque scrinii
memoriales, seu pragmaticarii vel adjutores
primicerii, amissione cinguli ferientur. Pragmaticas præterea sanctiones non ad singulorum preces super privatis negotiis proferri
præcipimus ; sed si quandò corpus aut
schola, vel officium vel curia, vel civitas
vel provincia, vel quædam universitas hominum ob causam publicam fuderit preces, manare decernimus : ut his etiam veritatis quæstio reservetur.

Dat. 10 calend. januar. Constantinop.
post consulatum Basilici II et Armatii. 470.

TITULUS XXIV.

De Statuis et Imaginibus.

1. *Impp. Arcad. et Honor.* AA. *Theodoro,*
P. P.

Sɪ quis judicum accepisse æneas vel
argenteas vel marmoreas statuas extrà imperiale beneficium in administratione positus detegetur, emolumenta, quæ accepit
in eâ positus dignitate, quam polluit, cum
extortis titulis vel præsumptis, in quadruplum fisco nostro inferat, simulque noverit existimationis suæ pœnam se subiturum.
Nec eos sanè à periculo pudoris haberi
volumus immunes, qui, adulandi studio
aut metu inconstantis ignaviæ, transire quæ
sunt interdicta tentaverint.
Dat. 12. cal. januar. Mediolani, Honorio IIII et Eutychiano Conss. 398.

2. *Imp. Theod.* A. *et Valentin. Cæs. Aetio,*
P. P.

Si quandò nostræ statuæ vel imagines
eriguntur, sive diebus (ut adsolet) festis sive
communibus, adsit judex sinè adorationis
ambitioso fastidio, ut ornamentum diei et
loco et nostræ recordationis suâ probet accessisse præsentiâ.
Dat. 3 non. maii, Theodosio A. XI et
Valentiniano Cæs. Conss. 425.

TITRE XXIV.

Des Statues et des Tableaux.

1. *Les empereurs Arcade et Honorius, à*
Théodore, préfet du prétoire.

Sɪ l'on découvre que quelqu'un d'entre les
juges en exercice ait souffert qu'on lui éri-
geât sans la permission de l'Empereur des
statues de marbre, d'airain ou d'argent,
qu'il soit condamné au profit de notre fisc
à une amende du quadruple des émolumens qu'il a reçus de la province dans laquelle il exerçait une dignité qu'il a souillée
par ses usurpations et sa présomption ; qu'il
sache encore qu'il subira la peine de l'infamie. Nous voulons de même que les autres
ne soient pas exempts des peines de l'infamie, qui, dans le dessein de flatter ou par
l'effet d'une ignorance inquiète, ont tenté
de faire des choses qui leur étaient interdites.
Fait à Milan, le 12 des calendes de janvier, sous le quatrième consulat de l'empereur Honorius et celui d'Eutichianus.
398.

2. *L'empereur Théodose et le césar Valen-*
tinien, à Aëtius, préfet du prétoire.

Que lorsqu'on nous érige des statues,
lorsqu'on fait des tableaux en notre honneur,
soit dans les jours de fêtes, comme c'est
l'ordinaire, soit pendant les jours ouvriers,
le juge soit présent (et sans cependant souffrir qu'on observe la fastueuse cérémonie de
l'adoration), afin qu'il prouve honorer par
sa présence le jour et le lieu consacrés à
notre souvenir.
Fait le 3 des nones de mai, sous le onzième consulat de l'empereur Théodose,
et celui du César Valentinien. 425.

3. *Le même empereur et césar, à Flo-rentius, préfet du prétoire.*

Nous ordonnons que, lorsqu'il s'agit de nous élever des statues, ou de faire des tableaux en notre honneur, on ne se serve point du produit de collectes particulières, parce que c'est honteux, et de peur que celui qui a fourni à la collecte puisse dire que quelque chose de ces statues ou tableaux lui appartienne.

Fait le 3 des nones d'avril, sous le dix-septième consulat de l'empereur Théodose et celui de Festus. 439.

4. *Les mêmes empereurs et césar, à Nomus, comte et maître des offices.*

Il est juste de donner des récompenses à ceux qui le méritent ; mais il ne faut pas que les honneurs qui sont accordés aux uns, soient pour d'autres l'occasion de souffrir du dommage. C'est pourquoi, toutes les fois qu'il a été demandé par quelque corps ou office, ou dans cette ville ou dans les provinces, qu'il soit érigé une statue à un juge ou à toute autre personne, nous ne souffrirons point que cela soit fait aux frais d'autres personnes que de celles en l'honneur de qui la statue a été demandée et érigée.

Fait le 5 des calendes d'avril, sous le dix-huitième consulat de l'empereur Théodose et celui d'Albinus. 444.

TITRE XXV.

De ceux qui se réfugient aux statues de l'Empereur.

1. *Les mêmes empereurs Valentinien, Théo-dose et Arcade ; à Cynegius, préfet du prétoire.*

CEUX qui se réfugient aux statues, s'y réfugient ou pour éviter des dangers, ou pour en faire naître sur la tête des autres.

3. *Iidem A. et Cæs. Florentio, P. P.*

In nostræ serenitatis imaginibus ac sta-tuis erigendis privatæ collationis injuriam propulsari præcipimus, ne quid in eis suum collator cognoscat.

Dat. 3 non. april. Theodosio A. XVII et Festo Conss. 439.

4. *Iidem A. et Cæs. ad Nomum, comitem et magistrum officiorum.*

Et virtutum præmia tribui merentibus convenit, et aliorum honores aliis damno-rum occasionem fieri non oportet. Idcircò, quoties vel judicibus nostris vel cuilibet alii statua fuerit à quocunque collegio seu officio, vel in hac sacratissimâ civitate vel in provinciis postulata, nequaquàm ex de-scriptione sumptus colligi patimur : sed ejus, cujus ad honorem petitur, expensis propriis statuam collocari præcipimus.

Dat. 5 calend. april. Theodosio A. XVIII. et Albino Conss. 444.

TITULUS XXV.

De his qui ad Statuas confugiunt.

1. *Impp. Valent., Théod. et Arcad., AAA. Cynegio, P. P.*

QUI ad statuas, vel vitandi metus, vel creandæ invidiæ causâ confugerint, si certas habuerint causas, quibus confugere ad imperatoria simulacra debuerint, jure ac legibus vindicentur; sin verò probati fuerint artibus suis invidiam inimicis creare voluisse, ultrix in eos sententia proferatur.

Dat. prid. non. jul. Constantinop. Honorio N P. et Evodio V C. Conss. 386.

Dans le premier cas, où ils ont fui justement aux statues impériales, qu'ils soient jugés selon le droit et les lois : mais dans le second cas, où il est prouvé qu'ils n'ont agi ainsi que pour faire naître des dangers contre leurs ennemis, qu'on prononce contre eux une sentence vengeresse.

Fait à Constantinople la veille des nones de juillet, sous le consulat d'Honorius et d'Evodius. 386.

TITULUS XXVI.

De Officio præfecti prætoriorum Orientis et Illyrici.

1. *Imp. Alexander A. Theodoro.*

LIBELLUS præfecto prætorio datus pro litis contestatione haberi non potest.

Dat. prid. calendas octob. Agricolà et Clementino Conss. 231.

TITRE XXVI.

De l'Office du préfet des prétoires d'Orient et d'Illyrie.

1. *L'empereur Alexandre, à Théodose.*

LA requête au préfet du prétoire ne suffit point pour l'introduction d'instance.

Fait la veille des calendes d'octobre, sous le consulat d'Agricola et de Clémentin. 231.

2. *Idem A. Restitulo.*

Formam à præfecto prætorio datam, etsi generalis sit, minimè legibus vel constitutionibus contraria, si nihil posteà ex auctoritate meâ innovatum est, servari æquum est.

Dat. idib. aug. Severo et Quintiano Conss. 236.

2. *Le même, à Restitulus.*

On doit observer les règlemens faits par le préfet du prétoire, quand même ils seraient généraux, toutes les fois qu'ils ne sont point contraires aux lois ni aux constitutions impériales, pourvu cependant qu'il n'y ait point été dérogé depuis par mon autorité.

Fait pendant les ides d'août, sous le consulat de Sévère et de Quintien. 236.

3. *Impp. Valent. Theod. et Arcad. AAA. Tatiano, P P.*

Si quos judices, vel propter adversam longam corporis valetudinem, vel propter negligentiam aut furtum, vel simile aliquod vitium, sublimitas tua inutiles esse reperit : his ab administratione remotis, et vice eorum aliis subrogatis, furibusque pœnis legitimis subactis, ad nostræ man-

3. *Les empereurs Valentinien, Théodose et Arcadius; à Tatien, préfet du prétoire.*

Si vous pensez que des juges, à cause de maladie, ou d'une longue infirmité, ou bien à cause de leur négligence, ou du crime de vol, ou autres vices semblables, soient inutiles, après les avoir éloignés de l'administration, et avoir subrogé d'autres personnes à leur place, et les avoir soumis aux peines qu'ils ont méritées s'ils sont coupables de vol, que la vengeance qui doit être tirée d'eux, et non leurs crimes, soit renvoyée au jugement de notre majesté.

Fait le 5 des ides de décembre, sous le consulat d'Arcadius et de Bauton. 385.

4. *Les mêmes empereurs, à Addeus, comte et chef de l'une et l'autre milice.*

Le préfet peut toujours connaître du juge ordinaire, quand même l'accusé serait militaire.

Fait à Constantinople, la veille des calendes de janvier, sous le troisième consulat de l'empereur Théodose et celui d'Habundantius. 393.

5. *Les empereurs Arcadius, Honorius et Théodose; à Anthemius, préfet du prétoire.*

À l'égard de ceux qui auront désormais des réclamations à faire sur des charges auxquelles on les a soumis injustement, ou sur des objets appartenant à la navigation ou aux transports, que les rescrits qui traiteront de ces sortes de matières, soient adressés à votre tribunal.

Fait pendant les ides de décembre, sous le second consulat de Stilichon et celui d'Anthemius. 404.

TITRE XXVII.

De l'Office du préfet du prétoire d'Afrique, et de l'état des provinces de son ressort.

Au nom de Notre Seigneur Jésus-Christ.

1. *L'empereur César Flavius Justinien, Alemanicus, Gothicus, Germanicus, Francicus, Anticus, Alanicus, Wandalicus, Africanus, pieux, heureux, illustre, victorieux, triomphateur et toujours auguste; à Archelaüs, préfet du prétoire d'Afrique.*

Notre esprit ne peut concevoir, ni notre langue exprimer, les grâces et les
Tome I.

suetudinis sententiam non crimina, sed vindicta referatur.

Dat. 5 id. decemb. Arcad. et Bautone Conss. 385.

4. *Iidem AAA. Addeo, comiti et magistro utriusque militiæ.*

De ordinario judice semper illustris est cognitio prefecturæ, licet militari viro ab eo facta fuerit injuria.

Dat. prid. calend. januar. Constantinop. Theod. A. III et Habundantio Conss. 393.

5. *Impp. Arcad. Honor. et Theod. AAA. Anthemio, P. P.*

Si qui posthac, velut indebitis oneribus gravati, ad preces crediderint convolandum, sive de naviculariis rationibus, sive transvectionibus : rescripta quæ de omnibus his atque hujusmodi ordinationibus emitti contigerit, ad sedem sublimitatis tuæ rescribantur.

Dat. idib. decemb. Stilichone II et Anthemio Conss. 404.

TITULUS XXVII.

De Officio præf. præt. Africæ, et de omni ejusdem diœceseos statu.

In nomine Domini nostri Jesu Christi.

1. *Imperator Cæsar Flavius Justinianus, Alemanicus, Gotthicus, Germanicus, Francicus, Anticus, Alanicus, Wandalicus, Africanus, pius, felix, inclytus, victor ac triumphator semper Augustus; Archelao, P. P. Africæ.*

Quas gratias aut quas laudes domino Deo nostro Jesu-Christo exhibere debeamus,

26

nec mens nostra potest concipere, nec lingua proferre. Multas quidem et anteà à Deo meruimus largitates, et innumerabilia circà nos ejusdem beneficia confitemur, pro quibus nihil dignum nos egisse cognoscimus : præ omnibus tamen hoc, quod nunc omnipotens Deus per nos pro suâ laude et pro suo nomine demonstrare dignatus est, excedit omnia mirabilia opera, quæ in seculo contigerunt, ut Africa per nos tam brevi tempore reciperet libertatem, anteà nonaginta quinque annos à Vandalis captivata, qui animarum fuerant simul hostes et corporum. Nam animas quidem, diversa tormenta atque supplicia non ferentes, rebaptizando ad suam perfidiam transferebant : corpora verò liberis natalibus clara jugo barbarico durissimè subjugabant : ipsas quoque Dei sacrosanctas ecclesias suis perfidiis maculabant ; aliquas verò ex eis stabula fecerunt. Vidimus venerabiles viros, qui abscissis radicitàs linguis, pœnas suas miserabiliter loquebantur. Alii verò, post diversa tormenta per diversas dispersi provincias, vitam in exilio peregerunt. Quo ergo sermone, aut quibus operibus dignas Deo gratias agere valeamus, qui per me ultimum servum suum Ecclesiæ suæ injurias vindicare dignatus est, et tantarum provinciarum populos à jugo servitutis eripere ? Quod beneficium Dei antecessores nostri non meruerunt: quibus non solùm Africam liberare non licuit, sed etiam ipsam Romam viderunt ab eisdem Wandalis captam, et omnia imperialia ornamenta in Africam exindè translata. Nunc verò Deus per suam misericordiam non solùm Africam et omnes ejus provincias nobis tradidit : sed et ipsa imperialia ornamenta, quæ, captâ Româ, fuerunt ablata, nobis restituit. Ergo post tanta beneficia, quæ nobis divinitas contulit, hoc de domini Dei nostri misericordiâ postulamus, ut provincias quas nobis restituere dignatus est, firmas et illæsas custodiat : et faciat nos eas secundùm volunta-

louanges que nous devons à notre Seigneur Dieu Jésus-Christ : car nous avons déjà reçu et nous avouons recevoir de lui une infinité de dons et bienfaits pour lesquels nous ne connaissons pas avoir rien fait qui pût nous en rendre dignes ; mais surtout ce qu'il vient de faire par notre organe, à son honneur et gloire, excède toutes les merveilles de ce siècle, puisqu'il a daigné, par notre moyen, et en si peu de temps, rendre la liberté à l'Afrique dont les Vandales la privaient depuis quatre-vingt-quinze années, eux qui sont également les ennemis des ames et des corps; car ils faisaient participer à leurs crimes, en les rebaptisant, ceux qui n'avaient pas le courage de supporter les divers tourmens et les supplices auxquels ils les soumettaient, et ils réduisaient à l'esclavage le plus dur les personnes de la plus haute naissance. Ils souillaient même par leurs crimes les saintes églises de Dieu, jusqu'au point d'en transformer quelques-unes en écuries. Nous avons vu des hommes respectables qui ne pouvaient plus manifester leurs peines, parce qu'on leur avait coupé leur langue jusqu'à la racine; d'autres qui, dispersés dans les diverses provinces, passaient leur vie dans l'exil après avoir souffert beaucoup de tourmens. Par quels discours et par quelles œuvres pourrai-je donc témoigner à Dieu une digne reconnaissance pour avoir daigné se servir de moi, le plus humble de ses serviteurs, pour venger les injures de son église, et délivrer de la servitude les peuples de tant de provinces ? Chose dont nos prédécesseurs ne purent se flatter, puisque, non-seulement ils n'ont pu délivrer l'Afrique, mais qu'ils ont encore vu la ville de Rome prise par ces mêmes Vandales, et tous les ornemens impériaux emportés par eux en Afrique ; et à présent Dieu par sa miséricorde nous a livré non-seulement l'Afrique et toutes ses provinces, mais il nous a fait recouvrer ces mêmes ornemens de l'empire qui avaient été enlevés lors de la prise de Rome. Après tant de bienfaits dont la Divinité nous a comblé, nous demandons de la miséricorde du Seigneur notre Dieu de nous conserver intactes et paisibles les provinces qu'il a daigné nous restituer, et qu'il nous donne les moyens de les gouverner selon sa volonté et à sa satisfaction, afin que toute l'Afrique ressente les effets de la miséricorde du Dieu tout-puissant, et que ses habitans connaissent de quel barbare joug et de quel dur esclavage ils ont été délivrés, et de quelle liberté ils ont mérité de jouir sous notre très-heureux empire. Nous supplions notre Seigneur, par l'intercession de la sainte et glorieuse Marie, toujours Vierge, qu'il veuille se servir de nous, le plus humble de ses serviteurs, pour faire restituer à la république tout ce qui lui a été enlevé, et qu'il nous rende digne de remplir ses volontés.

§. 1. Avec l'aide de Dieu et pour le bonheur de l'état, nous ordonnons par cette loi que toute l'Afrique que Dieu nous a confiée, reçoive de sa miséricorde un bon gouvernement, et qu'elle ait une préfecture particulière pour elle seule; de sorte qu'à l'exemple de l'Orient et de l'Illyrie, le prétoire d'Afrique tienne un grand pouvoir de notre clémence. Nous voulons que le siége de cette préfecture soit à Carthage, et que son nom soit joint à celui des autres préfectures dans le préambule des ordonnances publiques; et c'est maintenant à vous que nous en donnons l'administration.

§. 2. Nous ordonnons de plus que votre excellence, avec l'aide de ses conseillers et de Dieu, dispose de l'administration de sept provinces. Que Tingi, l'une d'elles, Carthage, Bizance et Tripoli, qui étaient auparavant proconsulaires, aient des recteurs consulaires. Que les autres, savoir, la Numidie, la Mauritanie et la Sardaigne, soient,

tem suam ac placitum gubernare, ut universa Africa sentiat omnipotentis Dei misericordiam, et cognoscant ejus habitatores, à quàm durissimâ captivitate et jugo barbarico liberati, in quantâ libertate sub felicissimo nostro imperio degere meruerunt. Hoc etiam deprecantes exoramus sanctæ et gloriosæ semper virginis et Dei genetricis Mariæ precibus, ut quicquid minus est reipublicæ nostræ, per nos ultissimos servos suos restituat in suo nomine Deus, et dignos nos faciat servitium ejus adimplere.

§. 1. Deo itaque auxiliante, pro felicitate reipublicæ nostræ per hanc divinam legem sancimus, ut omnis Africa, quam nobis Deus præstitit per ipsius misericordiam, optimum suscipiat ordinem, et propriam habeat præfecturam : ut sicut Oriens atque Illyricum, ita et Africa prætorianâ maximâ potestate specialiter à nostrâ clementiâ decoretur; cujus sedem jubemus esse Carthaginem, et in præfatione publicarum chartarum præfecturis aliis ejus nomen adjungi : quam nunc tuam excellentiam gubernare decernimus.

§. 2. Et ab eâ, auxiliante Deo, septem provinciæ cum suis judicibus disponantur, quarum Tingi, et quæ proconsularis anteà vocabatur, Carthago, et Bysatium ac Tripolis, rectores habeant consulares : reliquæ verò, id est, Numidia, et Mauritania, et Sardinia, à præsidibus cum Dei auxilio gubernentur.

§. 3. Et in officio quidem tuæ magnitudinis, necnon pro tempore viri magnifici præfecti prætorio Africæ, trecentos nonaginta sex viros per diversa scrinia et officia militaria decernimus. In officiis verò consularium ac præsidum quinquaginta homines per singula officia esse sancimus.

§. 4. Quæ verò emolumenta, sive magnificentia tua, sive consulares et præsides, et quod unusquisque ex officio eorum de publico consequi debeat, notitia subter adnexa declarat.

§. 5. Optamus ergo ut omnes judices nostri, secundùm voluntatem et timorem Dei et nostram electionem atque ordinationem, sic suas administrationes gubernare studeant, ut nullus eorum aut cupiditati sit deditus, aut violentias aliquas vel ipse inferat, vel judicibus, aut officiis eorum, aut quibuscumque aliis collatoribus inferre permittat. Licet enim per omnes provincias nostras, Deo juvante, festinemus, ut illæsos habeant collatores : maximè tamen tributariis diœceseos Africanæ consulimus, qui post tantorum temporum captivitatem meruerunt, Deo juvante, per nos lumen libertatis aspicere. Ergo jubemus omnes violentias et omnem avaritiam cessare : et justitiam atque veritatem circà omnes nostros tributarios reservari. Sic enim et Deus placabitur et ipsi posterunt celerius, sicut collatores alii nostræ reipublicæ, relevari atque florere.

§. 6. Sportulas etiam ab officio tàm viri magnifici præfecti prætorio Africani, quàm reliquorum judicum, sic exigi jubemus, quo modo in nostris legibus est dispositum, et ab omni republicâ nostrâ custoditur : ut

avec l'aide de Dieu, gouvernées par des présidens.

§. 3. Nous ordonnons qu'à votre office, et dans la suite à tous ceux qui seront préfets d'Afrique, soient attachées trois cent quatre-vingt-seize personnes pour exercer les divers écrits et offices militaires. Nous ordonnons de même que, pour les mêmes objets, il y en ait cinquante pour chacune des provinces gouvernées par des consulaires ou des présidens.

§. 4. La notice ci-jointe détermine les émolumens que vous, ou les consulaires, ou les présidens, et tous les autres employés doivent retirer du public.

§. 5. Nous désirons donc que tous nos juges, selon la volonté et la crainte de Dieu, et d'après les motifs de notre choix et nos ordres, s'étudient à remplir les fonctions qui leur sont confiées, de manière qu'aucun d'eux ne se laisse emporter à la cupidité, ne commette lui-même des violences ou ne les permette aux autres juges, à leurs officiers ni à personne autre. Car il faut qu'avec l'aide de Dieu nous puissions nous réjouir de ce que dans toutes nos provinces les administrés ne soient pas lésés ; ce que nous recommandons surtout à l'égard des provinces d'Afrique, d'autant que, par l'aide de Dieu et notre ministère, ils ont mérité, après une très-dure et très-longue captivité, de revoir la lumière de la liberté. Nous ordonnons donc qu'on ne commette à leur égard aucune violence ni aucun acte d'avarice, et que la justice et la vérité règnent seules sur eux ; par ce moyen, Dieu sera apaisé et nos sujets pourront plus tôt se remettre et prospérer, ainsi que ceux de nos autres provinces.

§. 6. Quant aux *sportules*, nous ordonnons qu'elles soient exigées, tant par le magnifique préfet du prétoire d'Afrique, que par les autres juges, ainsi qu'il est réglé par nos lois, qu'on doit observer dans tout l'état, de manière que personne ne soit assez hardi en aucun temps ni par aucun motif d'en augmenter le taux.

§. 7. Nous croyons encore devoir ordonner, par la présente loi, que les juges ne soient pas tenus de payer de fortes sommes pour l'enregistrement de leurs commissions, soit dans notre cour ou dans les bureaux du préfet, parce que, n'étant pas lésés par de grandes dépenses, ils ne seront pas forcés de surcharger nos sujets d'Afrique. Nous ordonnons donc que les juges des provinces d'Afrique, tant civils que militaires, ne paieront à notre cour pour l'exécution de leurs diplômes que 6 *sous*, et qu'on ne pourra exiger d'eux plus de 12 *sous* dans les bureaux du préfet. Le juge lui-même qui aura excédé ce taux sera condamné à l'amende de 30 livres d'or ; et son officier sera non-seulement condamné à une amende semblable, mais encore soumis à la peine capitale. Car, si quelqu'un est assez hardi pour outre-passer nos ordres et ne pas s'empresser de les observer avec le même respect qu'inspirent ceux de Dieu, il ne sera pas seulement en danger de perdre sa fortune ou sa dignité, mais encore en danger d'être puni du dernier supplice.

§. 8. Voici cette note, que nous avons rédigée avec l'aide de Dieu (1):

nullus audeat quocunque tempore vel quocumque modo earum excedere quantitatem.

§. 7. Hoc etiam in præsenti sanctione credimus ordinandum, ut non multa dispendia pro completione chartarum vel codicillorum, vel in nostro laterculo, vel in scriniis præfecti prætorio per Africam judices sustinere videantur : quià si ipsi dispendiis læsi non fuerint, nullam habebunt necessitatem ejusdem nostræ Africæ tributarios prægravandi. Jubemus ergo ut judices diœceseos Africanæ tam civiles, quàm militares, in nostro laterculo pro codicillorum atque chartularum promotionis suæ consuetudinibus nihil ultrà sex solidos præbeant. At verò in scrinio præfectorum non ultrà duodecim solidos cogantur inferre. Quemodum si quis excesserit, ipse quidem judex triginta librarum auri dispendio subjacebit. Officium verò ejus non solùm simile dispendium, sed et capitale periculum sustinebit. Nam si aliquis ex quacunque parte ausus fuerit jussiones nostras excedere, et non festinaverit cum Dei timore eas servare, non solùm dignitatis aut substantiæ periculum sustinebit, sed etiam ultimo supplicio subjacebit.

§. 8. Et est notitia Deo auxiliante.

Pro annonis et capit. pro tempore p. p. per totam Africam auri libras centum. Pro annonis Consularium auri libras xx. Pro annonis Cancellariorum auri libras vii. Item officiis ejus ita. In scrinio primo hominibus decem pro annonis xviii. pro cap. sol. xii. Fiunt sol. cxlviii. Item Numerario, pro annonis, sol. v. et pro capit. sol. iv. Fiunt sol. xlvi. Secundo pro an. iii annuos sol. v. et pro c. vii. cap. sol. v. et pro cap. ii. cap. sol. iv. Fiunt sol. xvi. iii. verò et xv. ad ann. l. ann.

(1) *Je n'ai pas cru devoir traduire ce paragraphe de la loi, parce qu'il n'est plus aujourd'hui d'aucun intérêt pour les Jurisconsultes ; mais j'en mettrai cependant le texte sous les yeux du lecteur.* (Note du Traducteur.)

sol. v. et ad cap. l. cap. sol. iv. Fiunt xxiv. Reliquis iii. ad ann. l. sol. v. et ad cap. l. cap. sol. iv. Fiunt solidi xxviii. In scrinio secundo, ut suprà scriptum est. In scrinio tertio, ut suprà scriptum est. In scrinio quarto, ut suprà scriptum est. In scrinio primi scrinii, quod est subadjuvæ hominibus, x. ann. xiv. cap. xii. Fiunt solidi cxvi. sol. Ita primi scrinio pro ann. iii. ann. sol. v. et pro capitu. ii. cap. sol. iv. Fiunt solidi xxiii. Secundo pro ann. ii. annona solidi, ut suprà scriptum est, et pro cap. capit. sol. ut suprà scriptum est, et fiunt solidi xvi. Tertio et quarto pro ann. i. annona, solidorum ut suprà scriptum est, et pro capitu. i. capit. solidorum, ut suprà scriptum est. Fiunt solidi xxiii. Reliquis hominibus vi. ad ann. i annona solid. v. et pro capitu. capit. solidi iv. Fiunt solidi lviii. In scrinio commentariensis hominibus xii. ann. xvii. capit. iv. Fiunt solidi clii. Primo commentariensi ann. iii. sol. v. pro cap. ii. capit. sol. iv. Fiunt solidi xxiii. Sequentes homines iii. ad ann. ii. ann. sol. v. pro capitu. ii. cap. sol. iv. Fiunt solidi xlviii. Reliqui homines viii. ad ann. i. ann. sol. v. et cap. i. cap. sol. iv. Fiunt solidi xxvii. In scrinio ab actis hominibus x. ann. xiv. cap. xii. sol. cxviii. Ita primo ann. iii. pro ann. i. sol. vi. cap. ii. cap. sol. iv. Fiunt solidi xxiii. Secundo et tertio ad ann. ii. an. sol. v. et ad cap. ii. cap. sol. iv. Fiunt solidi xxvii. Reliquis xvii. ad ann. i. sol. v. ad cap. i. sol. viii. Fiunt sol. lxiv. In scrinio libellorum hominibus vii. ann. vi. cap. vi. Fiunt solidi v. pro capitu. ii. cap. sol. iv. Fiunt sol. xvi. Secundo ii. pro ann. sol. v. pro capitu. i. iv. Fiunt solidi xii. Reliquis hominibus iv. ad ann. i. ann. sol. v. et ad cap. i. sol. iv. Fiunt solidi xxxvi. In scholâ exceptorum hominibus lx. ann. lxxiv. cap. lxii. solidi dcxviii. Ita primo et secundo anno iii. pro ann. sol. v. et ad cap. cap. sol. iv.

Fiunt solidi xlvi. Aliis hominibus vi. ad ann. ii. ann. sol. v. ad cap. i. cap. sol. iv. Fiunt sol. cxvi. Reliquis hominibus x. ad ann. i. ann. sol. v. et ad cap. i. cap. sol. iv. Fiunt solidi cxv. Reliquis hominibus xliv. ad ann. i. sol. v. et ad cap. solidi iv. Fiunt solidi ccclxxxvi. In scholâ singularium hominibus l. ann. iii. cap. iii. cap. i. sol. cccclxxii. Ita i. ann. ii. ann. sol. v. cap. i. cap. sol. iii. Fiunt sol. xxxiv. Secundo, tertio et quarto ad ann. v. et ad cap. i. cap. sol. iv. Fiunt sol. xxxiv. s. Reliquis xlvi. ad ann. i. sol. et cap. i. cap. sol. iv. Fiunt solidi ccccxviii. In scholâ mittendariorum hominibus i. ann. lii. s. cap. i. sol. ccccxlii. Ita primo anno ii. ann. sol. v. et ad cap. i. cap sol. iv. Fiunt solidi xiv. Secundo, tertio et quarto ad an. i. an. sol. v. et ad cap. i. cap. sol. iv. Fiunt solidi xxxiv. s. Reliquis hominibus xlvi. ad ann. i. ann. sol. v. et ad cap. i. cap. sol. iv. Fiunt solidi cccxxiv. In scholâ cursorum hominibus xxx. ann. xxii. s. cap. xxx. sol. ccxxxii. Ita primo anno, ann. sol. v. cap. i. cap. sol. iv. Fiunt sol. xvii. Secundo, tertio et quarto ad an. i. s. ann. sol. v. et ad cap. i. cap. sol. iv. Fiunt solidi xxxiv. s. Reliquis hominibus xxvi. ad ann. i. ann. sol. v. et ad cap. i. cap. sol. iv. Fiunt solidi ccxxxiv. In scholâ nomenculatorum, hominibus xxii. ann. sol. v. cap. xii. sol. iv. Fiunt solidi cxv. Ita primo anno, sol. v. cap. i. s. cap. solidos iv. Fiunt solidi xvi. Reliquis hominibus xi. ad ann. i. ann. sol. v. et ad cap. i. cap. sol. iv. Fiunt solidi xcix. In scholâ stratorum hominibus vi. ann. vii. cap. vi. sol. lix. Ita primo anno, ann. solidi. v. cap. i. cap. sol. iv. Fiunt solidi xiv. Reliquis hominibus v. ad ann. i. ann. sol. v. et ad cap. i. cap. sol. iv. Fiunt solidi xlv. In scholâ prætorianorum hominibus decem ann. xii. cap. xi. sol. xcvii. Ita primo anno, pro an. ii. sol. v. pro cap. sol. iv. Fiunt solidi xvi. Reliquis

hominibus ix. ad ann. i. pro ann. sol. v.
cap. i. pro cap. sol. iv. Fiunt solidi lxxi.
In scholâ draconariorum hominibus x.
ann. xi. cap. x. s. sol. ccvi. Ita primo anno,
pro ann. sol. xiv. cap. i. pro cap. i. sol iv.
Fiunt solidi xvi. Reliquis hominibus ix.
ad ann. i. pro ann. sol. v. cap. i. pro cap.
sol. iv. Fiunt solidi lxxx. In scrinio operum hominibus xx. ann. xxiv. cap. xxi.
sol. ccxxiv. Ita primo anno iii. pro ann.
sol. v. cap. ii. pro cap. sol. viii. Fiunt
solidi xxiv. Reliquis hominibus iii. ad
ann. ii. pro ann. sol. v. et ad cap. i. pro
capit. sol. iv. Fiunt sol. lxii. Reliquis
aliis hominibus vi. ad ann. i. pro ann.
sol. v. et ad cap. i. pro capit. sol. iv. Fiunt
solidi xc. In scrinio arcæ, hominibus xx.
ann. xxviii. cap. xxi. sol. ccxxiv. Ita
primo anno, iii. pro ann. sol. v. cap. ii.
pro cap. sol. iv. Fiunt solidi xxiii. Reliquis
hominibus iv. ad ann. ii. pro ann. sol. v.
et ad cap. i. pro cap. sol. iv. Fiunt solidi
xiii. Reliquis aliis hominibus vi. ad ann.
ii. v. et ad cap. i. pro cap. sol. iv. Fiunt
solidi lxviii. Reliquis aliis hominibus cx.
i. pro ann. sol. v. et ad cap. i. pro cap.
sol. iv. Fiunt solidi xc. In scholâ chartu-
lariorum hominibus l. ann. ann. lviii.
cap. ii. pro cap. sol. iv. Fiunt solidi xxiv.
Ita primo anno iii. pro anno sol. v. cap.
ii. pro cap. sol. iv. Fiunt solidi xxiii.
Reliquis hominibus iii. ad an. ii. pro
an. sol. v. et ad cap. i. pro cap. sol.

iv. Fiunt solidi xlviii. Reliquis aliis
hominibus vi. ad ann. i. pro ann. sol. v.
et ad cap. i. pro cap. sol. iv. Fiunt solidi xliv. Reliquis hominibus xi. ad ann. i.
pro ann. sol. v. et ad cap. i. pro cap. sol. iv.
Fiunt solidi cccix. Fiunt homines cccxcvi.
ann. cccxcvi. sol. ii. cccxc. cap. cccxx.
Fiunt solidi iv. lxxvi. dclxxxii. Item
pro ann. et cap. censualium sol. ccccxlviii.
Officiorum eos sol. clx. post medi hominibus v. ann. xlviii. cap. xviii. sol.
ccccxviii. Ita primo anno pro ann. xv.
cap. sol. v. Secundo pro ann. x. cap. v.
sol. lxx. Reliquis hominibus iii. ad ann.
viii. et ad cap. ii. sol. cl. Gramma-
ticis hominibus ii. ad ann. x. et ad cap. ii.
ad sol. lxx. sortitas. Oratoribus hominibus ii. ad ann. x. cap. v. ad solidi lxx.
Hæc igitur, quæ pro dispendiis, civilibus
judicibus Africæ, eorumque officiis i. tàm
scriniariis amplissimæ ejus præfecturæ,
quàm cohortalibus, per hanc divinam
constitutionem statuimus, tua magnitudo
cognoscens ex calend. septemb. futuræ tertiæ decimæ indictionis, effectui mancipari,
observarique procuret, atque edictis publicis omnibus innotescat. His scilicet, qui
ordinati fuerint à tuâ sublimitate, secundùm præsentem divinam constitutionem,
firmitatem statuimus in perpetuo habituris.
Nam, Deo juvante, de militaribus judicibus,
et de officiis eorum, et de alio nostro exer-
citu per altam sanctionem statuemus.

2. *Idem 1. Belisario, magistro militum per Orientem.*

2. *Le même empereur, à Bélisaire, général de l'armée d'Orient.*

In nomine Domini nostri Jesu Christi ad omnia consilia omnesque actus semper per Deum progredimur, per ipsum cum jura Imperii suscepimus, per ipsum pacem cum Persis in æternum confirmavimus, per ipsum acerbissimos hostes et fortissimos tyrannos dejecimus, per ipsum multas difficultates superavimus, per ipsum et Africam defendere et sub nostrum imperium redigere nobis concessum est ; per ipsum quoque, ut nostro moderamine recte gubernetur et firme custodiatur, confidimus : unde jam per ejus gratiam etiam civilium administrationum judices et officia singulis Africanis provinciis constituimus, attribuentes, quid emolumentorum unusquisque percipere debeat ; ad ejus igitur providentiam etiam animum nostrum referentes, et armatas militias, et duces militum ordinare disponimus.

§. 1. Sancimus itaque, ut dux militum Tripolitanæ provinciæ in Leptimagnensi civitate sedes interim habeat. Dux vero Byzacenæ provinciæ et in Capsâ et alterâ Lepte civitatibus interim sedeat. Dux vero Numidiæ provinciæ in Constantiniensi civitate sedes interim habeat. Dux autem Mauritaniæ provinciæ in Cæsariensi civitate interim sedeat.

§. 2. Jubemus etiam ut in trajectu qui est contrà Hispaniam, qui Septa dicitur, quantos providerit tua magnitudino de militibus unâ cum tribuno suo, homine prudente et devotionem servante reipublicæ nostræ, per omnia constituas, qui possint et ipsum trajectum semper servare, et omnia quæcumque in partibus Hispaniæ, vel Galliæ, sive Francorum aguntur, viro spectabili duci denunciare, ut ipse tuæ magnitudini referat, in quo trajectu etiam

Nous procédons dans toutes nos entreprises et toutes nos actions au nom de notre Seigneur Jésus-Christ : car c'est de lui que nous tenons tous les droits de l'empire ; c'est par lui que nous avons fait la paix pour toujours avec les Perses ; c'est par lui que nous avons défait des ennemis dangereux et des tyrans puissans, et que nous avons surmonté de grandes difficultés pour parvenir à défendre l'Afrique et à la remettre sous notre empire. Nous espérons par sa grâce parvenir à ce qu'elle soit bien gouvernée sous nos ordres et bien conservée. C'est pour parvenir à ce but que nous avons, par sa grâce, établi des juges civils et des offices dans chacune de ses provinces, en leur assurant des émolumens convenables. En rapportant toujours notre esprit à sa divine Providence, nous disposons maintenant des armées et de leurs chefs.

§. 1. Nous ordonnons en conséquence que le commandant des troupes de la province de Tripoli réside dans la ville de Deluda. Le commandant militaire de la province de Bizacène résidera alternativement dans les villes de Capse et de Lepte. Celui de la Numidie résidera dans la ville de Constantine ; et enfin celui de la Mauritanie aura sa résidence dans la ville de Césarie.

§. 2. Nous ordonnons encore que vous placiez dans le détroit qui est vis-à-vis l'Espagne et qu'on appelle Septa (Gibraltar) un nombre convenable de soldats avec un tribun qui soit prudent et attaché à notre république, lesquels auront soin de conserver le détroit et de rapporter à leur chef tout ce qu'ils pourront découvrir de ce qui se passe de la part des Espagnols et des Français, afin qu'il puisse lui-même en instruire votre grandeur. Vous établirez encore dans le détroit le nombre de bâtimens légers qui vous paraîtra convenable.

§. 3. Votre grandeur pourvoira encore à ce qu'il y ait en Sardaigne un chef avec sa garde militaire posté près des montagnes où on voit de temps en temps aborder des barbares, pour garder les lieux qui lui sont confiés, et vous fixerez le nombre de soldats qui doit composer cette garde.

§. 4. Que ceux à qui est commis le soin de garder nos provinces soient vigilans, afin de garantir nos sujets de toute invasion de la part des ennemis, et prêts de nuit et de jour, en invoquant le secours de Dieu, à marcher pour étendre les provinces d'A-frique jusques aux limites qu'avait fixées la république romaine avant l'invasion des Barbares et des Maures, et où les anciens corps-de-garde étaient posés ; ce qu'on reconnaît par les retranchemens et les forts : mais surtout qu'ils s'empressent d'envoyer des garnisons dans les villes les plus voi-sines des limites et des retranchemens qui existaient lorsque les provinces d'Afrique étaient entièrement sous l'empire romain, à mesure que les ennemis en seront succes-sivement chassés. Avec l'aide de Dieu, qui nous les a fait recouvrer, nous espérons un prompt succès ; et afin que les provin-ces remises en leur entier jouissent d'une grande tranquillité et restent en paix sous la garde des troupes, il convient que vous placiez, selon les circonstances, des chefs et des soldats fidèles et prévoyans, qui empêchent l'ennemi de tenter des incur-sions et de dévaster les lieux qui appar-tiennent à nos sujets.

§. 5. Que votre grandeur fixe comme elle le jugera à propos le nombre de mi-litaires tant d'infanterie que de cavalerie qu'il convient de placer à chacune des li-mites pour la défense des provinces et des

dromones, quantos provideris, ordina r facias.

§. 3. In Sardinia autem jubemus ducem ordinari, et cum juxtà montes ubi Barbaricæ gentes videntur sedere, habentem milites pro custodiâ locorum, quantos et ibi tua magnitudo providerit.

§. 4. Et homines diligenter pro commissis suæ custodiæ provinciis invigilent, et ab omni hostium incursione subjectos nostros tueantur illæsos : et festinent die nocteque Dei invocando auxilium, et diligenter labo-rando, usque ad illos fines provincias Afri-canas extendere, ubi antè invasionem Wan-dalorum et Maurorum respublica romana fines habuerat, et ubi custodes antiqui ser-vabant : sicut ex clausuris et burgis osten-ditur. Maximè autem civitates, quæ propè clausuras et fines anteà tenebantur, cùm essent sub Romano imperio constitutæ, auxi-liante divinâ misericordiâ, cùm hostes per partes expelluntur, festinent comprehen-dere atque munire : et in illis locis duces et milites per partes accedant, ubi anteà fines et clausuræ provinciarum erant, quandò integræ Africanæ servabantur sub Romano imperio provinciæ ; quod Deo annuente, cujus auxilio nobis restitutæ sunt, spera-mus citò nostris provenire temporibus. Ut et in securitate et pace provinciæ cum anti-quis finibus integræ serventur, et vigiliis ac laboribus devotissimorum militum, et curâ spectabilium pro tempore ducum custo-diantur illæsæ : quoniam ita convenit, ut semper custodes fines provinciæ servent, ne detur hostibus licentia incurrendi aut devastandi loca, quæ nostri subjecti pos-sident.

§. 5. Quantos autem milites, sive pe-dites, sives equites, per unumquemque limi-tem collari oportet ad custodiendas pro-vincias et civitates, tua magnitudo, prout consideraverit, ordinet, et nobis referat : ut

si præviderimus sufficientem esse ordinationem, confirmemus eam, sin autem pes-
peverimus et aliquid ampliùs fieri, ut eam
augmentemus.

§. 6. Quid autem dux stipendiorum nomine pro se suisque : hominibus, et quid
ejus officium consequetur : hoc in subditâ
declaratur notitiâ.

§. 7. Sicut ergo prædictum est, interim
nunc duces ac milites secundùm nostram
dispositionem in locis seu civitatibus, in
quibus jussimus, sedeant, donec, Deo oxi-
liante, nobis ac reipublicæ nostræ per labores nostros in illis locis constitui possint,
in quibus uniuscujusque provinciæ anti-
quus limes constitutus erat, quandò florente
romanâ republicâ memoratæ provinciæ integræ tenebantur.

§. 8. Pro limitaneis verò ordinandis necessarium nobis esse videtur, ut extrà co-
mitatenses milites qui per castra sunt milites limitanei constituantur, qui possint et
castra et civitates limitis defendere, et ter-
ras colere, et ut alii provinciales videntes
eos per partes, ad illa loca se conferant.
Et exemplum fecimus unius numeri limitaneorum, ut secundùm exemplum quod
nos misimus, per castra et loca, quæ providerit tua magnitudo, eos ad similitudinem
nostri exempli ordinet : sic tamen, ut si in-
veneris de provinciis idonea corpora, aut
de illis quos anteà milites habebant, limitaneorum constituas numero in unoquoque
limite ; ut si aliqua forsitan commotio fuerit, possint ipsi limitanei sine comitatensi-
bus militibus unà cum ducibus suis adjuva-
vare loca ubi dispositi fuerint, non longè
limitem exeuntes nec ipsi limitanei, nec duces eorum : ut nullum etiam dispendium à
ducibus vel ducianis prædicti limitanei sustineant, nec aliquas sibi consuetudines de

villes, et qu'elle nous fasse connaître ses
intentions, afin que, si nous prévoyons que
les dispositions que vous aurez faites soient
suffisantes, nous les confirmions, et qu'au
contraire, si elles nous paraissent insuffisan-
tes, nous les augmentions.

§. 6. On trouvera dans la notice suivante
ce qui revient au chef tant pour lui-même
que pour ses soldats.

§. 7. Donc, comme nous l'avons déjà dit,
qu'en attendant les chefs et les soldats restent dans les lieux et les villes que nous
avons désignées, jusqu'à ce qu'ils puissent
être placés avec l'aide de Dieu, qui favo-
rise nous et notre république, et par nos
travaux, dans les lieux où étaient établies
les anciennes limites des provinces, quand,
pendant la prospérité de la république romaine, les provinces dont nous venons de
parler faisaient dans leur intégrité partie
de l'empire.

§. 8. Quant à ce qui concerne le règle-
ment des limites, il nous a paru nécessaire
d'établir d'autres soldats sur les frontières, outre ceux qui sont dans les camps, à
l'effet de défendre et les camps et les villes
qui y sont situés, et de cultiver les terres,
afin que les autres provinciaux, les voyant
divisés dans ces lieux, s'y rendent. Nous
avons fait un état du nombre de soldats qu'on
peut placer sur une des frontières, afin que,
d'après ce modèle que nous vous envoyons,
vous puissiez en dresser de semblables pour
les camps et les divers autres lieux que vous
jugerez à propos de défendre : de sorte que,
si vous trouvez des corps convenables dans
les provinces ou dans celles qui avaient
déjà des soldats, vous en formiez un
corps de *limitéens* et les établissiez sur
chaque frontière ; afin que, si par hasard
quelques troubles se faisaient sentir, les
limitéens puissent, avec leurs chefs, sans
le secours des soldats campés, défendre les
lieux où ils sont établis. Les *limitéens* de

même que leurs chefs ne doivent point s'é-
loigner des frontières. On doit faire en sorte
que ces *limitéens* dont nous venons de parler
ne soient pas forcés à des dépenses par leurs
chefs, ni que ceux-ci s'approprient la solde
de leurs gens par fraude.

§. 9. Nous voulons au surplus, tant
pour ce qui concerne les *limitéens* que
les soldats campés, que tous les chefs
et tribuns des soldats les exercent journelle-
ment aux armes, qu'ils ne leur permettent
pas de s'écarter, afin que si jamais le cas l'exigeait ils puissent repousser l'ennemi. Nous ordonnons en outre que les chefs et les tribuns
n'aient la hardiesse de leur accorder aucun
congé, crainte que pendant qu'ils cherchent
à gagner de l'argent, nos provinces restent
sans défense; car si les susdits chefs ou leurs
officiers ou les tribuns s'avisent d'usurper
et tirer de l'argent de ces congés, ou de retirer un bénéfice quelconque sur les payes
des soldats, nous ordonnons non-seulement
qu'on les condamne publiquement à restituer au quadruple, mais encore qu'ils soient
privés de leurs places : car les chefs et
tribuns doivent attendre une plus grande
récompense de notre générosité, selon
leurs services, que ne peut être le gain
qu'ils feraient sur les soldats, puisque les
soldats sont entretenus pour défendre les
provinces, et que d'ailleurs nous avons assez
pourvu à ce que les chefs et leurs officiers
aient des payes suffisantes et convenables, et
qu'ils avancent en grades chacun selon ses
services.

§. 10. Sitôt donc que par la grâce de
Dieu et que par votre courage l'ancienne
limite aura été remise dans l'ancien état et que
l'ordre sera rétabli, que les chefs, lorsque
le cas l'exigera, veillent alternativement à
ce que les provinces ou leurs frontières restent intactes par leurs soins et vigilance et
avec le secours de Dieu.

corum stipendiis per fraudem ad suum lucrum convertant.

§. 9. Hæc autem non solùm in limita-
neos volumus observari, sed etiam in co-
mitatenses milites: et unumquemque ducem, et tribunos eorumdem militum jubemus ut semper milites ad exercitationem
armorum teneant, et non concedant eos di-
vagari, ut si quandò necessitas contigerit,
possint inimicis resistere. Et nullum audeant
duces aut tribuni commeatalem de ipsis di-
mittere ; ne dùm sibi lucrum student consi-
cere incustoditas nostras relinquant provincias : nam si usurpaverint memorati duces,
vel officia eorum, seu tribuni commeatalem
de militibus relinquere, aut aliquod lucrum
de eorum emolumentis sibi adquirere, hoc
non solùm in quadruplum jubemus publico reprehendere, sed etiam dignitate eos
privari ; magis enim debent duces et tribuni
suprà deputata sibi emolumenta secundùm
labores suos de nostrà largitate remunera-
tionem sperare, et non de commeatis militum aut de eorum stipendiis lucrum sibi
adquirere : quoniam ideo ordinati sunt
milites, ut per ipsos provinciæ vindicentur ; præcipuè cùm sufficienter et ipsis ducibus et eorum officiis emolumenta præstitimus, et semper providimus unumquemque secundùm labores suos ad meliores
gradus et ad majores dignitates perducere.

§. 10. Postquam verò Deo placuerit, et
per tuam magnitudinem limes omnis in
antiquum statum pervenerit, et bené ordinatus fuerit : tunc ubicumque necessitas
emerserit, viri spectabiles duces invicem
sibi, quandò usus exigerit, auxilium præbeant, ut provinciæ seu limites eorum vigiliis et laboribus, Deo juvante, illæsi custo-
diautur.

§. 11. Sicut autem jubemus audaces et feroces contrà inimicos judices ac milites nostros esse, sic volumus eos mites et benevolos circà collatores nostros existere, et nullum damnum nullamque læsionem in eos efficere. Sin autem quisquam de militibus ausus fuerit quamcumque læsionem tributariis nostris inferre, periculo viri spectabilis ducis seu tribuni et principis dignâ vindictâ afficiatur, ut indemnes tributarii nostri custodiantur.

§. 12. Si verò pro quibusdam causis interpellatio apud nostros judices facta fuerit, jubemus non ampliùs sportularum nomine, quàm nostris legibus definitum est, executores accipere : pœnam eisdem legibus insertam ex transgressione formidantes.

§. 13. Cùm autem, Deo annuente, Africanæ nostræ provinciæ per tuam magnitudinem secundùm nostram dispositionem ordinatæ, et limites in antiquum statum reducti, et omnis Africa sic detenta fuerit, sicut erat ; cùm ergo hæc omnia, Deo juvante, præsente tuâ magnitudine disposita et perfecta fuerint, et per labores tuos antiquos fines omnis Africa receperit, et docuerit nos de omni ordinatione totius Africanæ diœceseos, id est, quanti et qui milites in quibus locis vel civitatibus constituti sunt, et quanti limitanei et in quibus locis et militiis collocati sunt; tunc jubemus tuam magnitudinem ad nostram clementiam remeare.

§. 14. Intereà verò, si aliquas civitates seu castella per limites constituta providerit tua magnitudo nimiæ esse magnitudinis et propter hoc non posse benè custodiri : ad talem modum ea construi disponat, ut possint per paucos benè servari.

§. 15. Cùm autem magnitudo tua omnibus dispositis ad nos remeare jussa fuerit, tunc duces uniuscujusque limitis, quoties pro componendis civitatibus aut cas-

§. 11. Que si d'un côté nous voulons que nos juges et soldats soient courageux et acharnés envers nos ennemis, nous voulons aussi qu'ils soient doux et paisibles envers nos sujets, et qu'ils ne leur fassent aucune lésion ni injure ; que si quelqu'un de nos soldats ose léser quelqu'un de nos tributaires, qu'il soit puni de suite par l'ordre exprès du chef ou du tribun : car tel est l'ordre du prince, que les tributaires soient gardés de tout dommage.

§. 12. Si dans certaines causes ils sont apelés comme témoins par-devant nos juges, nous défendons aux exécuteurs de prendre ou exiger, à titre de *spostules*, au-delà de ce que nous avons ordonné par nos lois, à peine de subir les peines portées par ces mêmes lois.

§. 13. Lors donc que, Dieu aidant, les provinces d'Afrique auront été remises sous nos ordres par votre grandeur, et les anciennes limites rétablies, et toute l'Afrique remise en son ancien état, et que vous aurez, avec le secours de Dieu, disposé et ordonné de tout ce qui concerne l'Afrique ; après en avoir, par vos exploits, reculé les limites jusqu'au point où elles étaient anciennement, et que vous nous aurez rendu compte de l'organisation de ses diocèses, c'est-à-dire, combien de soldats vous avez, et en quels lieux et en quelles villes vous les aurez établis, combien de *limitéens* vous avez sous vos ordres et en quels lieux vous les aurez placés, nous ordonnons que votre grandeur retourne auprès de notre clémence.

§. 14. Si dans ces entrefaites votre grandeur reconnaît que quelque château ou quelque ville soit trop grande pour pouvoir être bien défendue, elle disposera de la faire reconstruire de manière à pouvoir être bien défendue par un petit nombre de soldats.

§. 15. Lorsque votre grandeur, après avoir disposé de toutes ces choses, aura reçu ordre de revenir auprès de nous ; alors les chefs de chaque limite, toutes les fois qu'il sera nécessaire de faire de nouvelles dispositions pour les villes et les camps, ou qu'on aura besoin de sommes ou pour les paies ou pour les *annones*, s'adresseront au magnifique préfet d'Afrique, pour qu'il pourvoie de suite à tout ce qui sera nécessaire, de peur que les délais ne devinssent nuisibles.

§. 16. Le magnifique préfet d'Afrique et les principaux chefs auront soin de nous rendre compte et de nous prévenir, et de ce qu'ils auront fait et de ce qu'ils jugeront convenable de faire, et nous instruiront fréquemment de tout ce qui se passera, pour que nous approuvions ce qui sera bien et que nous pourvoyions à ce que nous jugerons convenable de faire.

§. 17. Nous ordonnons encore que les juges qui seront établis sur les frontières d'Afrique n'accordent à aucune personne, quelle que soit sa dignité ou son grade dans notre palais et leur pouvoir auprès de la préture d'Afrique, que ce que porte la notice annexée ci-dessus : car si quelqu'un paie au-delà du traitement auquel la taxe porte, ou s'il le reçoit, il sera condamné à l'amende de trente livres d'or, et en outre il encourra les effets de notre indignation ; personne en charge ou en dignité ne devant rien recevoir d'eux, excepté ceux dont les noms sont portés dans la notice suivante.

§. 18. Pour cela nous ordonnons (Dieu aidant) que chaque chef ou leurs offices retirent leurs émolumens sur les tributs d'Afrique, à commencer des calendes de septembre prochain de l'indiction treizième, ainsi que le porte la notice suivante.

§. 19. Et cette notice (Dieu le voulant) doit être envoyée aux chefs et à leurs offices établis en Afrique, pour les *annones* et traitemens annuels.

tris et pro stipendiis suis aut pro annonis aliquod opus habuerint, celeriùs ad virum magnificum præfectum per Africam significent, ut ipse quæ necessaria fuerint festinet facere, ne aliqua protractio provinciis noceat.

§. 16. Ea verò quæ ipse fecerit, vel quæ adhuc necessariò procuranda sunt, posteà et memoratus vir magnificus prætorio Africæ et viri spectabiles duces, et de aliis omnibus quæ ibi aguntur, frequenter ad nos referant, ut benefacta confirmemus, et quæ opportuniùs debent fieri ex nostrà dispositione peragantur.

§. 17. Hoc etiam decernimus, ut judices qui ordinandi sunt per Africanos limites, nihil amplius in sacratissimo palatio cuilibet personæ aut dignitati, vel in prætorio per Africam præfecturæ et magisteriæ potestati præbeant, nisi quantum subter adnexa declarat notitia. Nam si quis amplius quàm in subditâ notitiâ taxatum est, usurpaverit seu acceperit, triginta libras auri multæ dependat nomine, cum quo et periculo indignationis nostræ serenitatis subjacebit : nullâ aliâ qualibet personâ aut dignitate aut officio accipiente aliquid ab eis, præter illos quorum nomina in subjectâ notitiâ continentur.

§. 18. Ad hoc jubemus, ut (Deo juvante) unusquisque dux seu eorum officia, secundùm quod notitia subter annexa continet, emolumenta sua ex tributis Africanæ provinciæ ex calend. septembris instantis felicissimæ tertiæ decimæ indictionis percipiant.

§. 19. Et hæc notitia (Deo volente) debet delegari ducibus et eorum officiis in Africâ constitutis, pro annonis et capitu per singulos annos præbendis.

Note du traducteur. Je suis encore obligé de prévenir le lecteur que je n'ai pas jugé à propos de traduire la suite de cette loi, parce qu'elle est souverainement inutile.

Ità clarissimo viro duci Tripolitanæ provinciæ et hominibus ejus singulis sol. v. cap. cLx. singulis caput. sol. DCCLXIIIXX. Assessori ducis, et officio ac hominibus ejus xL. an. xcIv. s. singulis annis cap. sol. vi. Simul fiunt pro an. et cap. solidi DCLxxIV. Dividuntur sic : Assessori in an. vIII. cap. IV. Primicerio in an. vIII. cap. II. Ducenariis III. ad. ann. vI. solidi fiunt ann. capitis fiunt capitum cap. Centenariis vI. ann. v. sunt. Fiunt ann. IV. et ad cap. I. fiunt ann. xvI. et ad cap. III. fiunt cap. vIII. Circitoribus IX. semis. Aliis xI. ad ann. I. s. fiunt ann. xIV. sunt et ad capita III. fiunt cap. xI. Item viro clarissimo duci Byzacenæ provinciæ et hominibus ejus an. cxc. singulis in an. solid. v. cap. cLvIII. singulis cap. sol. x. Simul fiunt pro an. cap. solidi DCLxx. omnes. Dividuntur sic : Assessori in an. vII. cap. IV. Primicerio in ann. v. cap. II. Numerario in an. vI. cap. III. Ducenario IV. ad an. III. fiunt cap. III. Centenariis vI. ad ann. ann. xv. et cap. I. fiunt cap. vII. Circitoribus IX. ad an. fiunt an. xIII. et ad cap. III. fiunt cap. vII. Circitoribus IX. ad an. II. fiunt xvIII. et ad capit. fiunt ann. xIII. cap. IX. semis. Aliis xI. ad ann. III. fiunt ann. xIII. , et ad cap. xI. Item viro clarissimo duci Numidiæ provinciæ, et hominibus ejus an. cxc. singul. ann. sol. IX. cap. cLvIII. singulis cap. sol. IX. Simul fiunt pro ann. et cap. sol. cccLI.xxxIV. Assessori ducis et officio ejus, hominibus xL. ann. et capit. sol. v. cap. xLvIx. singuli cap. sol. v. cap. xLvII. II. singulis cap. sol. III. Simul fiunt pro an. et cap. sol. cLxIII. s. Dividuntur sic : Assessori in ann. xIII. cap. vI. Primicerio in annum IV. Fiunt ad an. xvI. et ad cap. v. Centenariis ad ann. II. s. Fiunt duodecim et ad cap. capita vI. Biarchis vIII. Circitoribus vIII. ad an. II. fiunt ann. cxxvII. et ad cap. III. fiunt cap. vIII. semis. Aliis xI. ad ann. II. fiunt ann. xvI. sunt xv. et ad capit. III. fiunt cap. xI. Item viro cla-

rissimo duci Mauritaniæ provinciæ et hominibus ejus ann. cxc. singulis ann. solidi v. capit. solidi cc.cLx.xxxv. Assessori. ducis et officio ejus hominibus xL. ann. xcvI. s. III. fiunt simul pro ann. et cap. solidi DcLxx. III. s. Dividuntur sic : Assessori in ann. Ix. cap. IV. Primicerio in ann. v. cap. I. Numerario in ann. cap. III. Ducenariis III. ad ann. III. s. fiunt ann. et cap. III. fiunt cap. II. Centenariis IX. ad ann. xv. et ad cap. III. fiunt capita v. Biarchis vIII. Circitoribus ad ann. vIII. fiunt ann. xvIII et ad capita III. fiunt capita III. fiunt cap. xI. Item viro clarissimo duci Sardiniæ insulæ, et hominibus ejus ann. cxc. singulis ann. solidi ccLxxxII. Assessori ducis, et officio ejus hominibus xL. ann. xcvI. s. singulis ann. solid. cap. xLvIII. singulis cap. solidi IX. Simul fiunt pro ann. et cap. cL. cLxxxvI. Dividuntur sic : Assessori ann. IX. et cap. III. Primicerio in ann. II. cap. III. Numerario in annum cap. III. Ducenariis IV. ann. III. sunt ann. xvI. et cap. III. sunt et cap. IX. Circitoribus IX. ann. III. Fiunt ann. xxvIII. et cap. III. fiunt cap. IX. Circitoribus IX. ann. III. fiunt. ann. IV. cap. IX. semis. Aliis I. ad an. xvI. sunt, et ad cap. III. fiunt cap. xI.

Notitia consuetudinum, quas in sacro laterculo, et in prætorio amplissimæ præfecturæ per Africam, et in officio magistri militum, pro tempore dux præbere debet uniuscujusque limitis, sic. In sacro laterculo solidi vI. In officio magisteriæ militum potestatis pro insinuandis administrationis suæ divinis nostræ serenitatis afflatibus, solidi xII. In officio amplissimæ præfecturæ per Africam pro insinuandis ejusdem chartis, solidi xII. Gloria itaque tua, quæ per hanc pragmaticam sanctionem nostra statuit æternitas, effectui ea mancipari observarique præcipiat. Emissa lex Idibus Aprilibus, CP. DN. Justiniano. Item viro duci Tripolitanæ provinciæ, et hominibus ejus anno nonagesimo, singula annona, solidos quin-

que, cap. centum quinquaginta novem, singuli cap. solidos ducentos octoginta duos.
Assessori ducis et officio ac hominibus ejus
quadraginta annis nonaginta et septem. Item
viro clarissimo duci Numidiæ et hominibus
ejus similiter. Item viro clarissimo duci
Mauritaniæ provinciæ et hominibus ejus similiter. Item duci Sardiniæ et hominibus
ejus similiter. Item notitia consuetudinum,
quas in sacro laterculo, et in prætorio amplissimæ præfecturæ per Africam, et in officio magistri militum pro tempore dux præbere debet uniuscujusque limitis, sic. In
sacro laterculo sex solidos, in officio magisteriæ militum potestatis pro insinuandis divinis administrationibus, seu divinæ serenitatis affatibus, solidos duodecim, pro officio
amplissimæ præfecturæ per Africam, pro
insinuandis ejus chartis, solidos duodecim.
Gloria itaque tua, quæ per hanc pragmaticam sanctionem nostram statuuntur, æter-
nitatis effectu mancipari observarique præcipiat.

TITRE XXVIII.

De l'office du préfet de la ville.

1. *Les empereurs Valentinien et Valens,
à Volusien, préfet de la ville.*

Désirant régler d'une manière stable
l'état de la ville et ce qui concerne les
subsistances, nous avons pensé que ce soin
ne devait pas être confié à tout le monde;
et de crainte que la préfecture de la ville
ne crût que ses attributions ont été bornées,
si tout le soin des vivres appartenait exclu-
sivement au préfet établi spécialement pour
cet objet, nous voulons qu'elle en aie toute
la surveillance, de manière cependant que le
préfet des subsistances continue ses fonctions,
et que les deux pouvoirs, en ce qui les concerne respectivement, surveillent ce qui concerne cette matière, et que la charge leur soit
commune, en observant toujours que le
grade inférieur doit reconnaître la supériorité de l'autre, et que le supérieur
se conduise de manière à ne pas oublier
ce qu'il doit au préfet des annones.

2. *Les mêmes empereurs, à Ampelius,
préfet de la ville.*

Quoique vous n'ignoriez pas les dispositions de notre rescrit sur l'objet dont nous

TITULUS XXVIII.

De Officio præfecti Urbi.

1. *Impp. Valentin. et Valens, AA. Volusiano, P. V.*

Studentibus nobis statum urbis et anno-
nariam rationem aliquando firmare, in animum subiit, ejusdem annonæ curam non
omnibus deferri potestatibus. Et ne præfectura urbis abrogatum sibi aliquid putaret,
si totum ad officium annonarium redundas-
set, eidem præfecturæ sollicitudinis necessitatem mandamus. Sed non ita, ut lateat officium annonariæ præfecturæ; sed ut ambæ
potestates, in quantum sibi negotii est,
tueantur civilem annonam, sitque societas
muneris: ita, ut inferior gradus meritum
superioris agnoscat; atque ita superior potestas se exerat, ut sciat ex ipso nomine,
quid præfecto debeatur annonæ.

2. *Iidem AA. ad Ampelium, P. V.*

Quod promulgatis sanctionibus tua sinceritas rescriptum esse non nescit, etiam

ex præcepto nostro competenter observet : nec quasdam personas de provinciâ existimet advocandas, nisi tantummodò suos officiales et homines populares hujus almæ urbis seditioni obnoxios.

allons vous entretenir, nous vous recommandons encore de les observer ponctuellement ; et ne croyez pas pouvoir appeler devant vous des personnes des provinces, excepté vos domestiques, et les hommes du petit peuple de cette ville prévenus de sédition.

3. Imppp. *Valens, Gratianus et Valentin.* ʌʌʌ. *ad Rufinum,* p. v.

3. *Les empereurs Valens, Gratien et Valentinien, à Rufin.*

Præfectura urbis cunctis, quæ intra urbem sunt, antecellat dignitatibus et potestatibus : tantum ex omni parte derivatis, quantum sine omni injuriâ ac detrimento honoris alieni usurpat.

Que la préfecture de la ville tienne le premier rang parmi toutes les dignités qui résident dans la ville, quelles qu'elles soient, de sorte que cependant elle ne fasse tort et n'usurpe pas les honneurs et droits des autres.

Dat. 6 cal. Jul. Valente, ʌ. v. et Valentiniano Jun. Conss. 368.

Fait le 6 des calendes de juillet, sous le cinquième consulat de l'empereur Valens, et celui de Valentinien jeune. 368.

4. Imppp. *Valent., Théod. et Arcad.* ʌʌʌ. *Severino, comiti sacrarum largitionum.*

4. *Les empereurs Valentinien, Théodose et Arcade, à Severin, intendant de nos largesses.*

Omnia corporatorum genera, quæ in Constantinopolitanâ civitate versantur, universosque cives ac populares præfecturæ urbanæ regi moderamine cognoscas.

Sachez que tous les genres de corporations qui sont dans la ville de Constantinople, et tous les citoyens et le bas peuple, sont soumis à l'autorité de la préfecture de la ville.

5. Imp. *Theod.* ʌ. *Constantino,* p. v.

5. *L'empereur Théodose, à Constantin, préfet de la ville.*

Primicerius adjutor tuæ sedis officii per biennium, quod in eodem gradu ex consuetudine priscæ ordinationis meruit, curam in super epistolarum usurpatione omni atque ambitione cessante suscipiat : hoc etiam adjecto, ut si quis ex memorato ordine, vel conditionis humanæ fine præventus, vel aliâ quâcumque ratione militiæ gradum propriæ amisisse monstrabitur, solitæ ambitionis injuriâ vacante, locum is qui juxta matriculæ veritatem sequitur, obtineat.

Que le primicère adjoint à votre siège, et qui a rempli ses fonctions pendant deux ans d'après l'ancien usage, soit préposé au soin de notre correspondance, pourvu que dans cette nouvelle dignité il renonce à tout genre d'usurpation et d'ambition. Nous devons encore ajouter que si quelqu'un de la classe ci-dessus est reconnu avoir perdu sa charge, soit par la mort ou toute autre raison, on doit le remplacer, sans condescendre à l'ambition de personne, par celui qui est inscrit au premier rang dans la matricule.

TITRE XXIX.

De l'Office du général.

1. *Les empereurs Valentinien, Gratien et Théodose, à Eugenius, préfet du prétoire.*

LES comtes, ainsi que les généraux de l'infanterie, comme de la cavalerie, n'ont absolument aucun pouvoir sur les provinciaux. Le préfet n'en a de même aucun sur les militaires.

2. *Les empereurs Honorius et Théodose, au général Hupatius.*

Les appariteurs pour l'Orient établis auprès de votre office ne doivent pas être cités devant un autre tribunal que le vôtre. Sachez donc qu'ils doivent plaider devant vous, quel que soit le procès qu'on leur intente, civil ou criminel.

3. *L'empereur Zénon, à Sébastien, préfet du prétoire.*

Nous ordonnons que les appariteurs surnuméraires établis auprès du général pour l'Orient, soient soumis pour toutes les affaires qui leur surviennent aux sentences des juges civils, puisqu'il n'est aucun doute que ceux de ces mêmes appariteurs qui sont tributaires, ne soient soumis à l'autorité des juges civils.

4. *L'empereur Anastase, à Jean, général pour l'Illyrie.*

Nous ordonnons qu'on ne renvoie pas les soldats des lieux où ils sont dans d'autres endroits, sans une autorisation spéciale de notre majesté, ni qu'on diminue leur solde pendant leur séjour dans ces mêmes lieux : mais s'il arrive que l'utilité ou la sûreté publique exigent d'une manière urgente et indispensable un déplacement de soldats, on doit s'adresser de suite et sans délai, tant à la préfecture prétorienne qu'à vous-même, afin qu'il nous en soit fait ensuite un rapport avec l'indication des lieux où on doit prendre les sol-

Tome I.

TITULUS XXIX.

De Officio magistri militum.

1. *Imppp. Valentin., Grat. et Theod. AA. ad Eugenium, p. p.*

VIRI illustres comites, et magistri peditum et equitum, in provinciales nullam penitùs habeant potestatem, nec amplissima præfectura in militares viros.

2. *Impp. Honor. et Theod. AA. ad Hypatium, magistrum militum per Orientem.*

Apparitores per Orientem statutos officii tui ad aliud judicium trahi minimè oportebit. Sciat igitur illustris magnificentia tua sub te, sive civiliter, sive criminaliter appetantur, eos litigare debere.

3. *Imp. Zeno, A. Sebastiano, p. p.*

Eos, qui ultrà statutos in officio magisteriæ per Orientem potestatis militant, civilium quoque judicum sententiis super quolibet negotio subjacere præcipimus : ipsis quin etiam statutis in tributariis collationibus civilium quoque judicum dispositionibus procul dubiò parituris.

4. *Imp. Anastasius, A. Joanni, magistro militum per Illyricum.*

Milites de locis, in quibus consistunt, ad alia loca sine speciali nostræ serenitatis autoritate nullatenùs transferri præcipimus ; ne eorum expensæ in locis, in quibus consistunt, minuantur : sed si fortè quædam urgens et necessaria causa emerserit, utilitati ac securitati publicæ tàm amplissimam prætorianam præfecturam, quàm tuam sedem, sine ullà procrastinatione prospicere protinùs oportet ; et suggestiones ad nostras aures destinare, indicantes tàm loca de quibus milites transferendi sunt, quàm ea ad quæ pervenire eos oportet ; nominaque

28

fortissimorum, in quibus iidem milites referuntur, necnon quantitatem annonarum, et
antè omnia causam, ob quàm iidem milites
transferendi sunt : ut post talem suggestionem à nostrâ autoritate competentia proce·
dant.

5. *Imp. Justinianus*, 1. *Zetæ, viro illustri,*
magistro militum per Armeniam et Pon-
tum Polemoniacum, et cæteras gentes.

Cùm propitiâ divinitate romanum nobis
sit delatum imperium, sollicitâ curâ, cautâ
diligentiâ pertractantes, perspeximus oportere etiam partibus Armeniæ, et Ponto
Polemoniaco, et gentibus proprium magistrum militum per hanc legem constituere :
tuamque magnitudinem, quæ nobis ex antè
gestis optimè commendata est, idoneam ad
talem fore dignitatem confidentes elegimus,
certasque provincias, id est, magnam Armeniam quæ interior dicebatur , et gentes
Anzitenam videlicet, Acilisenam, Hoborde-
nam, Sophenam, et primam et secundam
Armeniam, et Pontum Polemoniacum, tuæ
curæ cum suis ducibus commisimus, comite
Armeniæ penitùs sublato ; cunctosque sub-
dimus numeros, non modò quos in præsenti
novos constituimus, sed etiam de præsenta-
libus et orientalibus, et aliis agminibus se-
gregatos : non tamen eorum quantitatem
agminum minuentes, sed quia plures eis
addidimus sine reipublicæ gravamine, et
sine augmento sumptuum aliquantos sub-
traximus ; ita tamen, ut post hanc subtrac-
tationem ampliores remanserint, quàm usque ad nostra felicia fuerant tempora.

dats, de ceux où on doit les placer , des
noms des chefs sous le commandement
desquels ils doivent entrer, de la quantité
de vivres qui sont nécessaires , et avant
tout, de la cause pour laquelle ce déplacement a lieu, afin que d'après ce rapport
nous donnions les ordres convenables.

5. *L'empereur Justinien*, à *Zéta , général*
pour l'Arménie, le Pont et d'autres peuples.

Tenant l'empire romain de la faveur de
Dieu, et le gouvernant en conséquence
avec des soins empressés et une diligence
éclairée, nous avons cru qu'il était nécessaire d'établir par cette loi un général spécial pour les provinces de l'Arménie, le Pont
Polémoniaque et autres peuples ; et d'après
l'excellente opinion que vos exploits nous
ont déjà donnée de vous, nous vous avons élu
pour exercer les fonctions de cette dignité.
Nous commettons à vos soins les provinces
dont les noms suivent : la grande Arménie,
qui était appelée Arménie intérieure, An-
zitène, Acilizène, Hobordène, Sophène,
la première et la seconde Arménie, et le
Pont Polémoniaque, ainsi que leurs gouverneurs ; car il n'y aura plus dorénavant
de comte pour l'Arménie. Nous confions à
votre commandement tous les corps, non-
seulement ceux que nous avons créés nouvellement, mais encore ceux qui sont en activité de service, ceux destinés pour l'Orient,
et autres. Nous ne diminuons pas cependant
la quantité des corps, parce que nous en
avons ajouté plusieurs sans que l'état en ait
souffert, et que les dépenses en aient été
augmentées. C'est pourquoi nous en re-
tranchons quelques-uns ; de sorte que cependant il en reste encore plus qu'il n'y en
avait lorsque nous sommes parvenus à l'Empire.

TITRE XXX.

De l'Office du questeur.

1. *L'empereur Théodose, à Salustius, questeur.*

SACHEZ que le soin du *petit laterculo* (*registro qui contenait les noms des fonctionnaires publics et la copie des lois*) vous appartient ; de sorte que les dignités qu'il renferme soient d'abord conférées comme vous le jugerez à propos, et ensuite confirmées, selon l'ancienne coutume, par notre autorité. Ces dignités sont les préfectures, les tribunats et *les préposés des camps.*

Fait à Constantinople le 6 des calendes de mai, sous le consulat de Castin et de Victor. 424.

2. *Le même, à Helion, comte et maître des offices.*

Toutes les dignités du *petit laterculo* étaient sous la surveillance et à la disposition du questeur. Toutes ou la moitié furent ensuite remises au pouvoir et à la disposition des généraux. Nous voulons dorénavant que l'ancien usage soit repris, et qu'elles soient de nouveau remises à la disposition du questeur.

Fait le 3 des calendes de mai, sous le consulat des consuls ci-dessus nommés. 424.

3. *L'empereur Anastase, à Eusèbe, maître des offices.*

Qu'il ne soit permis à personne et dans aucune occasion, sans une autorisation de notre part et revêtue de notre signature, d'exercer les diverses fonctions qui appartiennent aux personnes attachées à notre *écrin de mémoire* (*lieu où l'on conservait les notes faites par les Empereurs en réponse des requêtes qui leur étaient présentées par les particuliers*) ; que celui qui sera désormais convaincu de ce crime soit

TITULUS XXX.

De Officio quæstoris.

1. *Imp. Theodosius, A. Salustio, quæstori.*

TOTIUS minoris laterculi curam scias ad tuæ sublimitatis sollicitudinem pertinere : ita, ut tuo arbitratu et scrinio memoriæ totius minoris laterculi dignitates, hoc est, præfecturæ, omnes tribunatus, et præpositûræ castrorum, juxta consuetudinem priscam clementiæ meæ autoritate deinceps mittantur.

Dat. 6 calend. maii, Constantin. Castino et Victore, Conss. 424.

2. *Idem A. Helioni, comiti et mag. officiorum.*

Omnes minoris laterculi dignitates, quæ sub curâ quidem ac sollicitudine viri illustris quæstoris esse anteà videbantur, posteà verò vel universæ, vel mediæ ad magistrorum militum potestatem dispositionemque transierant, placuit nunc clementiæ meæ, vetusti temporis more revocato, ad prisca deinceps jura revocare.

Dat. 3, cal. maii, suprascriptis Conss. 424.

3. *Imp. Anastasius, A. Eusebio, magistri officiorum.*

Officia, et conditiones, quæ pertinent ad viros devotos in sacro scrinio memoriæ militantes, nemini liceat sub quâcumque occasione sine ullâ divinæ subscriptionis liberalitate peragere : eo quicumque in hoc fuerit posteà facinore convictus, publicatione bonorum suorum mulctando ; officio quoque rectoris provinciæ, in quâ non allegato super gerandâ sollicitudine sacro rescripto aliquis ausus fuerit eamdem curam sibimet usurpare, trium librorum auri dispendio feriendo.

Dat. calend. mart. Constantinop. Anastasio A. et Rufino Coss. 492.

condamné à la perte de ses biens ; et si quelqu'un dans les provinces a eu la témérité d'usurper de telles fonctions, que le recteur de la province qui n'aura pas exigé la représentation du prétendu rescrit dont le coupable se prévalait, soit condamné à l'amende de trois livres d'or.

Fait à Constantinople pendant les calendes de mars, sous le consulat de l'empereur Anastase et de Rufin. 492.

TITULUS XXXI.

De Officio magistri officiorum.

1. *Imp. Constantin. A. ad agentes in rebus.*

PRIVILEGIIS dudum scholæ vestræ indultis, et integris reservatis, ad ducenariam, centenariam, et biarchiam nemo suffragio, sed labore unusquisque perveniat, principatum verò adipiscatur matriculâ decurrente : ita ut ad curas agendas, et cursum illi exeant, quos ordo militiæ vocat, et ejus laborum adjutor. Prætereà in quo totius scholæ status, et magistri securitas constituta est : idoneus probitate morum, ac bonis artibus præditus, nostris per magistrum obtutibus offeratur, ut nostro ordinetur arbitrio.

2. *Imppp. Valentin., Theod. et Arcad., AAA. ad Patritium, magistrum officiorum.*

Nemo agentium in rebus ordinem militiæ, atque stipendia prævertat, etiam si nostri numinis per obreptionem detulerit indultum; ac si quis formam istiusmodi admissi docebitur obtulisse, in locum, ex quo indecenter emerserat, revertatur : ut is gradu cæteros antecedat, quem stipendia meliora, vel labor prolixior fecerit anteire.

TITRE XXXI.

De l'Office du maitre des offices.

1. *L'empereur Constantin, aux agens dans les choses.*

LES priviléges accordés anciennement à votre classe, sont confirmés en leur entier ; mais que personne de vous ne soit élevé aux dignités de *ducénaire*, de *centenaire* et de *biarque*, par l'effet de la faveur : que le mérite seul en soit le motif ; que votre chef soit nommé d'après l'ordre d'inscription sur la matricule ; de sorte que ses fonctions, ainsi que celles de son adjoint, soient exercées par ceux que l'ancienneté de service appelle. En outre, l'état de l'école et la sécurité du maître exigent que le chef ait de bonnes mœurs et de l'éducation. Nous ordonnons que celui qui aura été désigné nous soit présenté, afin que nous le confirmions, si c'est notre volonté.

2. *Les empereurs Valentinien, Théodose et Arcade, à Patricius, maitre des offices.*

Que personne de la classe *des agens dans les choses* n'intervertisse l'ordre adopté dans les règlemens qui les concernent au sujet de leur avancement, quand même il aurait obtenu, ce qui ne pourrait être que par fraude, une autorisation de notre majesté. Que celui donc qui sera convaincu d'être dans ce cas, soit remis à la place d'où il était sorti illégalement, afin que celui qui se trouve le premier par son grade et l'ancienneté de son service, soit préféré pour l'avancement aux autres.

3. *Les empereurs Théodose et Valentinien, à Pleitius, comte et maitre des offices.*

L'attachement que les *scholaires* ont porté à nos prédécesseurs, a disposé notre majesté en leur faveur. C'est pourquoi nous avons cru devoir leur accorder de suite la conservation des priviléges dont ils jouissent, ainsi que d'autres qu'ils nous ont demandés. En conséquence, approuvant vos observations, nous dispensons les comtes des *scholaires* de frapper ou de dégrader les sénateurs et les *ducénaires*. Nous voulons que la connaissance des crimes qui exigent une telle punition soit renvoyée à votre tribunal.

4. *Les mêmes empereurs, à Nomus, maitre des offices.*

Nous avons cru devoir ajouter aux fonctions de votre dignité celle de nous faire toutes les années un rapport qui nous fasse connaître le nombre de soldats placés sur chacune des frontières soumises à votre juridiction, et l'état des camps et des retranchemens qui y sont placés.

Fait à Constantinople le 2 des ides de septembre, sous le 2.e consulat de Maximo et le 1.er de Paterius. 443.

5. *Les empereurs Justin et Justinien, à Tatien, maitre des offices.*

Nous ordonnons qu'on ne puisse parvenir à être agregé à l'ordre de nos affectionnés *scholaires* sans notre autorisation, ni qu'il soit permis à celui qui a pour un temps l'administration de votre tribunal, de recevoir quelqu'un au nombre des *scholaires*, sans que nous ayons approuvé son choix; et que celui qui aura la témérité de se faire nommer *scholaire* sans notre intervention, sache qu'il sera non-seulement dégradé, mais encore condamné à une amende de 20 livres d'or.

§. 1. Nous voulons en outre que ceux qui seront nommés par nos rescrits rem-

3. *Impp. Théod. et Valentin. AA. Pleitio, comiti et mag. offic.*

Scholarium nostrorum devotio probata à nostris parentibus circà maximæ serenitatis nostræ affectionem enituit, undè quidquid ad fovenda servandaque eorum privilegia postulatur, statim credidimus admittendum: ideòque suggestionem tui culminis adprobantes, viris spectabilibus comitibus scholarum verberandi degradandive senatores et ducenarios licentiam denegamus; ea namque, quæ tali commotione digna sunt, ad tuæ sublimitatis volumus referri notitiam.

4. *Idem AA. Nomo, mag. off.*

Curæ tui perpetui culminis credidimus injungendum, ut super omni limite sub tuâ jurisdictione constituto, quemadmodum se militum numerus habeat, castrorumque ac clausularum cura procedat, quotannis significare nobis propriâ suggestione procuret.

Dat. 2 id. sept. Constant. Maximo II et Paterio, Coss. 443.

5. *Impp. Justinus et Justinian. AA. Tatiano, magistro officiorum.*

Jubemus eum ad militiam devotissimorum scholarium de cætero pervenire, qui nostrum meruit judicium; nec licere pro tempore tui culminis administrationem habenti, sine hujusmodi probatoriâ aliquem inter eosdem viros devotos scholares suis referre præceptionibus: sed sciat is, qui sine sacro rescripto ad eamdem pervenire militiam ausus fuerit, non solùm eâ se privari, verùm etiam pœnæ viginti librarum auri subjici.

§. 1. Illud etiam observari de cætero volumus, ut si quis locus statusve scholarium

in quâcumque scholâ vacaverit, ille subrogetur, quem nostra pietas per sacrum rescriptum vacantem subire locum præceperit.

§. 2. Ad hæc quadrimenstruos breves eorumdem scholarum curâ tuæ sublimitatis et pro tempore viri excellentissimi magistri officiorum conscribi volumus, et eos sacro scrinio laterculi præstari, ibi deponendos, ut semper notitia eorumdem scholarium certa sit, neque publico damnum aliquod infligatur.

Dat. 10 cal. maii, Constantinop. Mavortio Cons. 523.

TITULUS XXXII.

De Officio comitis sacrarum largitionum.

1. *Impp. Arcad. et Honor. AA. Limenio comiti.*

PALATINIS hæc cura debet esse præcipua, ut periculo proprio notariis designatis super negligentiâ judicum (si ita res exigerit) conquerantur, ne eorum sit impunita desidia.

§. 1. Judices quoque de eorum nominibus referre convenit, quos commodis propriis magis quàm utilitatibus publicis studere providerint; breves etiam quadrimenstruos ad officium palatinum noverint dirigendos, aurumque exactum ad sacras largitiones sine ullâ dilatione esse mittendum.

Dat. 3. cal. maii, Honorio VII, et Theodosio II, AA. Conss. 407.

---

plissent les places qui pourront vacquer dans l'école.

§. 2. Nous voulons que pendant tout le temps que dureront vos fonctions, vous nous fassiez un rapport précis tous les quatre mois de l'état de ces *scholaires*. Ce rapport doit être envoyé et déposé dans l'écrin du *latercule*, afin que nous ayons une connaissance certaine de ces *scholaires*, et que l'état ne souffre aucun dommage.

Fait à Constantinople, le 10 des calendes de mai, sous le consulat de Mavortius. 523.

TITRE XXXII.

De l'Office du comte des Largesses.

1. *Les empereurs Arcadius et Honorius, à Limenius, comte.*

LE principal soin des palatins doit être de nous informer, par le moyen des *notaires désignés* pour ça, de la négligence des juges, afin que, si le cas l'exige, elle ne reste pas impunie.

§. 1. Il convient de rapporter les noms des juges qui s'occupent plutôt de leurs avantages particuliers que de l'utilité publique. Qu'ils sachent qu'ils doivent envoyer tous les quatre mois, à l'office du palais, les *bordereaux*. Ils doivent faire passer de même, et sans délai, au trésor des largesses, tout l'argent qu'ils auront perçu.

Fait le 3 des calendes de mai, sous le consulat des empereurs Honorius, pour la septième fois consul, et Théodose, pour la deuxième fois. 407.

TITRE XXXIII.

De l'Office du comte des affaires privées.

1. *Les empereurs Valentinien et Valens, à Honorat, consulaire de Bisance.*

S'IL résulte des affaires qui ont été agitées, qu'il soit dû quelque chose au fisc, informez-en le comte des choses privées, afin qu'il connaisse ce qui est dû d'après les lois.

Fait le 6 des calendes de janvier sous le second consulat des empereurs Valentinien et Valens. 368.

TITRE XXXIV.

De l'Office du comte du palais.

1. *Les empereurs Arcadius et Honorius, à Minervius, comte du palais.*

QUE le soin de recouvrer ce qui nous est dû, ainsi que ce qui nous revient de ce qui a été donné à ferme perpétuelle, c'est-à-dire, par contrat emphythéotique, retourne aux palatins.

Fait à Milan, pendant les calendes de janvier, sous le consulat de Césarius et d'Atticus.

2. *Les mêmes empereurs, à Ursutius, comte des affaires privées.*

Si quelqu'un des juges auxquels on donne le titre d'illustres, ou si le préfet de la ville, ont connu d'une affaire dont la connaissance appartenait au comte des affaires privées, ou s'ils l'ont défendue contre les règlemens de ce dernier tribunal, que leur office soit condamné en forme de peine à une amende de cinquante livres d'or, qui doit être exigée de suite, et versée dans le trésor de notre majesté.

Fait à Ravennes, le 6 des ides d'août, sous le consulat de Constance et de Constantin. 397.

TITULUS XXXIII.

De Officio comitis rerum privatarum.

1. *Impp. Valentin. et Valens, AA. ad Honoratum, consularem Byzancii.*

SI quid negotiorum actitatum fuerit, in quibus aliquid commodi fiscalis appareat, ad officium rei privatæ tua gravitas acta transmittat, ut instructione perceptâ, quid sibimet juris auxilio debeatur, agnoscat.

Dat. 6 calend. januar. Valentiniano et Valente, AA. II Conss. 368.

TITULUS XXXIV.

De Officio comitis sacri palatii.

1. *Impp. Arcad. et Honor. AA. Minervio, comiti rerum privatarum.*

AD palatinorum curam, et rationalium officia omnium rerum nostrarum, et totius perpetuarii, hoc est emphyteuticarii juris, exactio revertatur.

Dat. cal. januar., Mediolani, Cæsario et Attico, Conss.

2. *Iidem AA. Ursatio, comiti R. P.*

Si quis judicum vir illustris, vel præfectus urbi, cognitionem comitis rerum privatarum examini debitam, sibimet vindicandam censuerit, vel tuitionem contrâ ejusdem statuta sedis præstiterit; ad quinquaginta librarum auri illationem pœnæ nomine officium ejus teneatur, quam decet in articulo exigi, mansuetudinis nostræ ærario sociandam.

Dat. 6 id. Aug. Ravennæ, Constantio et Constantino Conss. 397.

TITULUS XXXV.

De Officio proconsulis et legati.

1. *Imp. Constant.* A. *Aeliano, proconsuli Africæ.*

LEGATI non solùm civiles, sed etiam criminales causas audiant : ita ut si sententiam in reos ferendam providerint, ad proconsules eos transmittere non morentur.

TITULUS XXXVI.

De Officio comitis sacri patrimonii.

1. *Impp. Honorius et Theodosius,* AA. *Simplicio, proconsuli Asiæ.*

OFFICIUM Hellesponti consularis æternæ recordationis patrem serenitatis nostræ adiit, et expositis suis incommodis, quibus à vicarianis apparitoribus urgebatur, oravit sub tuæ sublimitatis agere potestate, cujus allegationes humanè procliviùs pium principem commoverunt, quod et nos obtinere censemus.

TITULUS XXXVII.

De Officio comitis Orientis.

1. *Imp. Leo,* A, *Usco,* P. P.

TITULOS, qui Lyciarchiæ et Syriarchiæ muneribus in primâ Syriâ deputati sunt, per officia tàm viri spectabilis comitis Orientis, quàm viri clarissimi rectoris provinciæ flagitari præcipimus : Lyciarchiæ quidem ludi curâ viri spectabilis comitis Orientis et ejus officio, Syriarchiæ verò sollicitudine viri clarissimi moderantis provinciam ejusque apparitoris exercentur : nullique penitùs curialium, nec si voluerint, idem mu-

TITRE XXXV.

De l'Office du proconsul et du légat.

1. *L'empereur Constantin, à Elien, proconsul d'Afrique.*

QUE les légats connaissent non-seulement des affaires civiles, mais encore des affaires criminelles ; de sorte que cependant, s'ils jugent qu'on doive porter une sentence contre les coupables, ils les renvoient de suite par-devant le proconsul.

TITRE XXXVI.

De l'Office du comte du patrimoine impérial.

1. *Les empereurs Honorius et Théodose, à Simplicius, proconsul d'Asie.*

L'OFFICIER du consulaire de l'Hellespont ayant été voir notre père d'éternelle mémoire, et lui ayant exposé les dommages qu'il souffrait de la part des appariteurs du vicaire, demanda la permission de soumettre ses réclamations à votre tribunal. Ce prince pieux, touché de cette juste demande, l'accorda ; et nous, nous confirmons ce qui fut réglé à ce sujet alors par notre père.

TITRE XXXVII.

De l'Office du comte de l'Orient.

1. *L'empereur Léon, à Uscus, préfet du prétoire.*

NOUS commandons qu'on nous donne des renseignemens sur ceux qui sont préposés aux charges de l'aliarchat et du syriarchat, pour la Syrie supérieure, par le moyen du comte de l'Orient, ainsi que du recteur de cette province. Que le soin des jeux alytarques soit confié au comte d'Orient, et celui des syriarques à celui du recteur de la province. Qu'il soit défendu aux curiaux d'exercer cette charge ou cet honneur,

nus vel honorem subeunti licentia permittatur.

Dat. 5 id. novemb. c. p. Basilisco et Armeri Conss.

TITRE XXXVIII.

De l'Office du préfet augustal.

1. *Les empereurs Valentinien, Théodose et Arcadius, à Florentius, préfet augustal.*

Nous ordonnons que vous mettiez vos soins et votre prévoyance à ce que tous les tributs dus par le diocèse d'Egypte soient perçus par les recteurs des provinces. Si des propriétaires, des militaires ou autres refusent de payer ce qu'ils doivent, nous ordonnons qu'on les force à ce paiement avec le secours de la force armée, si le cas l'exige.

2. *Les empereurs Théodose, Arcadius et Honorius, à Rufin, préfet du prétoire.*

Que le préfet du prétoire augustal ait le droit de s'informer des crimes des juges ordinaires constitués dans son ressort, et de nous en renvoyer la connaissance ; mais qu'il n'ait point celui de les destituer ou de les punir.

TITRE XXXIX.

De l'Office du vicaire.

1. *Les empereurs Valentinien, Valens et Gratien, à Antonius, préfet du prétoire.*

Il convient que dans les affaires civiles les vicaires aient la priorité sur les comtes des armées, et que ces derniers l'aient de même sur les premiers lorsqu'il s'agit d'affaires militaires. Toutes les fois que le cas exige, qu'ils jugent de concert, que le vicaire tienne le premier rang et que le comte ne paraisse que comme adjoint ; car si la dignité de préfet surpasse toutes les autres, celle de vicaire montre par son nom même qu'elle en est une partie. Que les vicaires aient la puissance de juger à la place

Tome I.

TITULUS XXXVIII.

De Officio præfecti augustalis.

1. *Imppp. Valent., Théod. et Arcad. ▲▲▲. Florentio, præf. augustali.*

Omnia tributa per ægyptiacam diœcesim curâ et providentiâ claritatis tuæ à moderatoribus provinciarum exigi jubemus. Si qui tamen ex possessoribus, sive militaribus, sive non militaribus, ad inferenda quæ debentur, audaces extiterint, eos per militare etiam auxilium, si opus exegerit, ad solutionem compelli sancimus.

2. *Impp. Théod. Arcad. et Honor. ▲▲▲. Rufino, p. p.*

Præfectus prætorio augustali ordinariorum sub se judicum examinandi flagitia, et super his referendi, non amovendi vel puniendi habeat potestatem.

TITULUS XXXIX.

De Officio vicarii.

1. *Imppp. Valentin., Valens et Grat., ▲▲▲. Antonio, p. p.*

In civilibus causis vicarios comitibus militum convenit anteferri, in militaribus negotiis comites vicariis anteponi. Quotiens societas in judicando contigerit, priore loco vicarius ponetur, comes adjunctus accedat. Siquidem præfecturæ meritum cæteris dignitatibus antestet, et vicaria dignitas ipso nomine ejus se trahere judicet portionem : et sacræ cognitionis habeat potestatem, et judicationis nostræ soleat representare reverentiam.

29

2. *Iidem* AAA. *ad Hesperium*, P. P.

Relationes vicariorum, si quandò usus attulerit, ad nostram mansuetudinem referantur ; relationes enim judicum libenter audimus , ne administratorum decrescere videatur autoritas , si eorum consulta veluti profanorum preces à nostris auditis repellamus.

du prince, etqu'ils ne cessent jamais de faire respecter les volontés impériales.

2. *Les mêmes empereurs*, *à Hespérius*, *préfet du prétoire*.

Que les rapports des vicaires , lorsque le cas arrive, soient mis sous les yeux de notre majesté : car nous écoutons volontiers les rapports des juges, de peur que l'autorité des magistrats ne parût diminuée, si nous repoussions leurs observations comme celles qui nous seraient présentées par des profanes.

TITULUS XL.

De Officio prætoris.

1. *Imp.* Constantinus, A. *ad Senatum.*

PRÆTORI defertur hæc jurisdictio, sancientibus nobis , ut liberale negotium ipse disceptator examinet. Sanè interponi ab eo decreta convenit , ut sive in integrum restitutio referenda est, probatis dumtaxat causis , ab eodem etiam interponatur decretum ; seu tutoris dandi, seu ordinandi curatoris impleatur ab eo interpositio decretorum : quippe cùm apud eum quoque adipisci debeat patronorum judicio sedula servitus libertatem. Nec sanè debita filiorum votis patrum vota cessabunt , ut patenti copiâ liberos suos exuant potestate , magis propriis obsequiis mancipatos : cum sese intelligant his obsequii plus debere , à quibus se meminerint sacris vinculis exutos.

Dat. 6 calend. januar. Eusebio et Hypatio, Cons. 359.

TITRE XL.

De l'Office du préteur.

1. *L'empereur* Constantin , *au sénat.*

NOUS ordonnons que la juridiction du préteur soit telle , qu'il connaisse comme juge des affaires dont l'objet est la liberté ou la servitude. Il convient certainement qu'il rende des jugemens ; car si une restitution en entier lui est renvoyée, après en avoir approuvé les motifs, il doit rendre un décret. Il doit de même interposer ses décrets lorsqu'il s'agit de donner un tuteur ou d'ordonner un curateur. C'est aussi devant lui que les esclaves dont les maîtres sont satisfaits, peuvent acquérir la liberté d'après la volonté de leurs patrons. Mais ces derniers ne doivent pas pour cela se croire dispensés des devoirs des pères envers leurs enfans , en les délivrant seulement pour cette cause de leur puissance, et en les retenant sous leur domination , après leur délivrance : parce qu'ils n'ignorent pas que les enfans leur doivent davantage par la raison qu'ils les ont délivrés des liens domestiques.

Fait le 6 des calendes de janvier , sous le consulat d'Eusèbe et d'Hipatius. 359.

2. *Impp.* Valentin. *et* Martian. AA. Tatiano, P. P.

Tres tantummodò prætores electæ opi-

2. *Les empereurs* Valentinien *et* Martien , *à* Tatien , *préfet du prétoire.*

Nous ordonnons qu'il ne soit nommé que

trois préteurs par an pour cette ville, qui seront nommés et choisis par le sénat. Leurs fonctions sont de juger et de connaître entièrement des causes compétentes et des actions légitimes. On ne peut les élire que parmi ceux qui sont domiciliés dans cette ville, et non dans les provinces. C'est pourquoi on ne doit pas élever à la dignité de la préture celui qui est venu par hasard et pour d'autres affaires dans cette ville, mais seulement ceux qui, comme nous l'avons déjà dit, ont leur domicile ici. On ne doit pas les forcer à faire des dépenses malgré eux, mais ils sont libres de faire telle libéralité qu'ils voudront.

Fait à Constantinople, le 15 des calendes de janvier, sous le 7.e consulat de Valentinien et celui d'Avien. 450.

nionis in hâc urbe per singulos annos judicio senatûs præcipimus ordinari : qui competentes causas et debitos actus integrè disceptare atque tractare debebunt : ut hi tantùm tres ex iis qui proprium larem in hâc almâ urbe habeant, non ex provinciis eligantur. Nec si quis fortè propter alias causas ad hanc urbem de provinciis venerit, ad præturæ munus efferatur; sed hi tantummodò (ut dictum est) qui hîc domicilium fovent : ita tamen, ut nec ipsi sumptus quosdam inferre cogantur inviti, sed habeant spontaneum libertatis arbitrium.

Dat. 15 calend. januar. Const. Valentin. VII et Avieno Cons. 450.

TITRE XLI.

De l'Office du recteur de la province.

1. *L'empereur Alexandre, à Julien.*

LE président de la province, connaissant d'une cause *de faux* peut décider les questions incidentes de propriété.

Fait le 6 des calendes d'avril sous le second consulat de Maxime et celui d'Urbanus. 225.

2. *L'empereur Constantin, à Maximien, président de province.*

Lorsque les présidens des provinces rencontrent dans leur ressort des personnes puissantes dont ils ne peuvent venger les crimes, ni connaître de cette affaire, ni porter une sentence à ce sujet, ils doivent nous en informer et nous envoyer les noms des coupables : ils peuvent de même s'adresser pour cet objet au préfet du prétoire. C'est de cette manière qu'il doit être pourvu, comme de discipline publique, à ce que les vexations faites aux faibles ne restent pas impunies.

Fait le 5 des calendes de mai sous le consulat de Probien et de Julien. 322.

TITULUS XLI.

De Officio rectoris provinciæ.

1. *Imp. Alexander A. Juliano.*

POTEST de falso causam cognoscens præses provinciæ, incidentem proprietatis quæstionem dirimere.

Dat. 6 calend. april. Maximo II et Urbano Conss. 225.

2. *Imp. Constantinus A. ad Maximianum, præs. pr.*

Præsides provinciarum oportet, si quis potentiorum extiterit insolentior, et ipsi vindicare non possunt, aut examinare aut pronunciare nequeunt, de ejus nomine ad nos, aut certè ad prætorianæ præfecturæ scientiam referre : quo provideatur, qualiter publicæ disciplinæ et læsis tenuioribus consulatur.

Dat. 5 cal. maii, Probiano et Juliano Conss.

3. *Idem* A. *ad provinciales.*

. Justissimos et vigilantissimos judices publicis acclamationibus collaudandi damus
omnibus potestatem , ut honoris ejus auc-
tiores proferamus processus ; et, è contrario, injustos et maleficos querelarum vocibus accusandi, ut censuræ nostræ vigor
eos absumat : nam si veræ voces sint, nec
ad libidinem per clientelas effusæ, diligenter investigabimus ; præfectis prætorio, et
comitibus qui per provincias constituti sunt,
provincialium nostrorum voces ad nostram scientiam referentibus.

Dat. calend. novemb. , Constantinop. ,
Basso et Ablavio Conss. 331.

4. *Idem* A. *ad Periclem , præsidem pr.*

In officiales præfectorum cursum publicum laniantes, vel prava contrà utilitatem
publicam molientes, vindicanti tibi dedimus
potestatem : ita ut præfectos de eorum culpâ
facias certiores.

Dat. 10 calend. novemb., Constantio et
Albino. Conss. 335.

5. *Impp. Valentin. et Valens,* AA. *ad Apro-
nianum, P. V.*

Potioris gradûs judicibus ab inferioribus
competens reverentia tribuatur. Sed ubi publica tractatur utilitas , et si minor judex
veritatem investigaverit, nulla majori irrogatur injuria. Sanè qui insignia dignitatis
ad hoc exercet, ut indignis injuriis existimet afficiendos eos, qui officia cum potestate
moderantur, non declinabit nostræ indignationis aculeos.

3. *Le même empereur, aux habitans des
provinces.*

Nous donnons à tous la liberté de louer
par des acclamations publiques les juges
équitables et vigilans, afin que leur gloire
soit plus étendue, ainsi que d'accuser par
des injures ceux qui se conduisent injustement et méchamment, afin que la rigueur
de notre censure les atteigne : car si les
reproches qui leur sont faits sont justes et
ne sont point l'effet des dérèglemens des
cliens, nous nous informerons diligemment
de l'affaire ; c'est pourquoi les préfets du
prétoire et les comtes établis dans les provinces sont chargés de nous instruire des
plaintes des habitans de nos provinces contre les juges.

Fait à Constantinople pendant les calendes de novembre , sous le consulat de
Bassus et d'Ablavius. 331.

4. *Le même empereur, à Périclès, président.
de province.*

Nous vous avons donné le pouvoir de
punir les officiers des préfets qui troublent
la course publique, ou se livrent méchamm-
ment à des choses contraires à l'utilité générale, afin que vous puissiez convaincre
les préfets des torts de ceux qu'ils emploient.

Fait le 10 des calendes de novembre,
sous le consulat de Constance et d'Albin.
325.

5. *Les empereurs Valentinien et Valens,
à Apronien, préfet de la ville.*

Que les juges inférieurs rendent le respect qu'ils doivent aux juges supérieurs.
Mais lorsqu'il s'agit de l'utilité publique,
le juge inférieur qui remplit les fonctions
d'un autre juge qui lui est supérieur, ne
fait en cela aucun tort à ce dernier. Certainement celui qui exerce les fonctions de
sa dignité de manière à croire devoir faire
de graves injures à des personnes qui exercent légitimement des offices, n'échappera
point à notre indignation.

Fait le 5 des calendes de juin, sous le consulat d'Arinteus et de Modestus. 372.

6. *Les empereurs Valentinien, Gratien et Théodose, à Cynégius, préfet du prétoire.*

La ville des Rhodiens a porté, plus tard qu'elle n'aurait dû, plainte de l'injure qui lui a été faite. C'est pourquoi nous ordonnons par cette loi, qui doit être d'une observation inviolable, que, puisque dans la saison de l'hiver la navigation est souvent périlleuse et toujours incertaine, les juges séjournent pendant cette saison dans les cinq principales villes, de manière à ce qu'ils passent un hiver dans l'une et un autre dans l'autre. Que celui qui sera convaincu de mépriser ces dispositions soit condamné à 50 livres d'or, et son office à cent, s'il a été fait quelque chose de contraire; lesquelles amendes devront être perçues au profit de notre fisc.

7. *Les empereurs Valentinien, Théodose et Arcade, à Cynégius, préfet du prétoire.*

Celui qui, revêtu d'une dignité ordinaire, a exercé quelques vexations sous le prétexte qu'il devait être remplacé, doit être retenu dans la province, et réparer, aux risques de son honneur et de sa fortune, les vexations qu'il a commises, avec son propre bien.

Fait à Constantinople, le 7 des calendes de juin, sous le consulat d'Honorius et d'Évodius. 396.

8. *Les mêmes empereurs, à Cynégius, préfet du prétoire.*

Qu'aucun juge ne croie qu'il lui soit permis de nommer dans sa province pour exécuteur d'une affaire, soit publique, soit privée, des personnes attachées à la préfecture, au palais, à la classe des militaires, et toute autre de celles qui ont exercé de pareils offices : car celui qui contreviendrait à ces dispositions, serait condamné avec son office à l'infamie et à une amende.

Fait à Constantinople, pendant les nones d'août, sous le consulat d'Honorius et d'Évodius. 396.

Dat. 5 calend. jun. Arintheo et Modesto Conss. 372.

6. *Impp. Valentin., Grat. et Théod. AAA. Cynegio, P. P.*

Civitas Rhodiorum injuriam suam non tàm decenter, quàm serò conquesta est. Undè inviolabili observatione sancimus, ut quoniam tempora hiemis navigatio sæpè periculosa est et semper incerta, in illis quinque urbibus, quæ potiores esse cæteris adseruntur, vicissim hiemandum sibi judices recognoscant. Quòd si cuiquam tale existat ingenium, ut præcepta nostra contemnat, quinquaginta ab eo argenti libræ, centum ab ejus officio, si aliter factum fuerit, fisci nostri juribus inferantur.

7. *Imppp. Valent. Theod. et Arcad. AAA. Cynegio, P. P.*

Qui ordinariam gesserit potestatem, quicquid ex venturæ delegationis titulis profligaverit, cum dispendio pudoris atque fortunæ, de propriis facultatibus intrà provinciam positus inferre debebit.

Dat. 7 calend jun., Constantinop., Honorio, nobiliss. puero et Evodio Conss. 396.

8. *Iidem AAA. Cynegio, P. P.*

Ne quis judicum in provinciâ suâ præfectianum, palatinum, vel militem, vel ex iis etiam omnibus qui anteà in hujusmodi officiis fuerint commorati, intercessorem, id est, executorem cujusquam litigatoris petitione in quolibet seu privato, seu publico negotio putet esse tribuendum; nam peccantem contrà consulta cœlestia, cum officio suo non solùm detrimentum famæ, sed etiam patrimoniorum damna comitentur.

Dat. Non. Augusti, Constantinopoli, Honorio N. P. et Evodio. Cons. 396.

9. *Iidem* ᴀᴀᴀ. *Polemio*, ᴘ. ᴘ.

Nullus provinciæ moderator augustissi-
mam urbem sine jussione nostrâ adire audeat; nam si patuerit quem contrà decreti
nostri præcepta venisse, is congruâ condemnatione plectetur.

Dat. 10 cal. januar. Mediolani, post
consulatum Timasii et Promoti. 390.

10. *Impp. Arcad. et Honor.* ᴀᴀ. *Limenio,*
comiti sacr. larg.

Nullum palatinis tibi obsecundantibus
cum provincialibus volumus esse commer-
cium : sed judices scire debent hoc sibi
præcipuè esse commissum, ut ipsi à provincialibus exigant, et consueta deposcant;
palatinum verò possessor non horreat, qui
non sibi, sed judicibus atque officiis præ-
ceptus est imminere.

Dat. 6, calend. april **.

11. *Imppp. Arcad. Honor. et Theod.* ᴀᴀᴀ.
Theod., ᴘ. ᴘ.

Moderatores provinciarum curam gerere
jubemus, ne quid potentum procuratores
perperam injustèque committant.

Dat. 6 calend. decemb. Ravennæ, Basso
et Philippo Conss. 408.

12. *Impp. Honor. et Theod.* ᴀᴀ. *Monachio,*
ᴘ. ᴘ.

Omnes provinciarum apparitores pro
inveteratâ autoritate juxtà motum judicis
nudatos, verberibus (si ita res tulerit) subjacere præcipimus : ut et facilis executio
rerum publicarum sit, et officiorum inso-
lentia comprimatur, et judicum severitati
competens reddatur autoritas.

Dat. 6, calend. januar. Honorio IX et
Theodosio V, ᴀᴀ. Conss. 412.

9. *Les mêmes empereurs, à Polémius, préfet du prétoire pour l'Illyrie.*

Qu'aucun gouverneur de province n'entre
dans cette auguste ville, sans notre ordre.
Car celui qui y entrera en contrevenant à
ces dispositions, sera condamné à la peine
qui sera jugée convenable.

Fait à Milan, le 10 des calendes de janvier, après le consulat de Timasius et de
Promotus. 390.

10. *Les empereurs Arcadius et Honorius,
à Liménius, comte de nos largesses.*

Nous voulons qu'il n'y ait aucun commerce entre les palatins qui sont sous vos
ordres, et les provinciaux ; mais les juges
doivent savoir qu'ils sont chargés spécialement d'exiger et de demander des provinciaux les tributs ordinaires. Le propriétaire
ne doit point haïr le palatin, parce que ce
ne sont pas eux qui commandent, mais les
juges et leurs officiers.

Fait le 6 des calendes d'avril **.

11. *Les empereurs Arcadius, Honorius et
Théodose, à Théodore, préfet du prétoire.*

Nous ordonnons que les gouverneurs des
provinces fassent en sorte que les procureurs
des puissans ne commettent rien de mé-
chant et d'injuste.

Fait à Ravennes, le 6 des calendes de
décembre, sous le consulat de Bassus et de
Philippe. 408.

12. *Les empereurs Honorius et Théodose,
à Monachius, préfet du prétoire.*

Nous ordonnons que les appariteurs des
provinces, coupables d'excès d'autorité,
soient, au gré du juge, dégradés, et, si le
cas l'exige, battus des verges ; afin que par
ce moyen les sentences soient plus facilement exécutées, l'insolence des employés
comprimée, et que les juges jouissent de
l'autorité qui leur appartient.

Fait le 6 des calendes de janvier, sous
le neuvième consulat de l'empereur Honorius, et le cinquième de l'empereur Théodose. 412.

13. *L'empereur Léon, à Constantin, préfet du prétoire.*

Si quelqu'un encore engagé *au service cohortal,* a reçu de quelque manière que ce soit le gouvernement d'une province, un grade militaire ou toute autre dignité, qu'il en soit dépouillé, comme l'ayant obtenu ou usurpé malgré les dispositions des lois qui le lui interdisaient; quand même il opposerait tenir le gouvernement de la province, le grade militaire ou la dignité dont il est question, de notre libéralité.

Fait le 7 des ides d'août, sous le quatrième consulat de l'empereur Léon et celui de Probien. 471.

14. *Le même empereur, au même préfet du prétoire.*

Qu'il ne soit permis à aucun des juges résidant dans les provinces et dans des villes où se trouvent des palais impériaux ou prétoriens, d'abandonner ces derniers palais pour demander des maisons des particuliers, à l'effet de les habiter et d'y tenir leurs séances; mais qu'ils soient forcés par toutes sortes de moyens de demeurer dans les palais impériaux ou prétoriens, et d'y faire les réparations nécessaires. Que dans les villes où l'on trouve un palais impérial et un palais prétorien, le premier soit destiné à l'habitation du président, et l'autre à recevoir et à garder, comme magasin, les épices publiques ou autres choses nécessaires. Nous ordonnons que celui qui contreviendra à ces dispositions, soit de suite condamné ainsi que son office, à une amende de cinquante livres d'or, qui doit être destinée à réparer le palais impérial qui a été négligé.

Fait le 7 des ides de février, sous le consulat de Clémentin et de Probus.

13. *Imp. Leo, a. Constantino, p. p.*

Si quis cohortalibus adhuc obsequiis obligatus regimen provinciæ, vel cingulum cujuslibet militiæ dignitatisve, quoquo modo meruerit, contra licitum usurpatis impetratisve careat, etiam si ultroneâ à nostrâ liberalite jus regendæ provinciæ vel militiæ, seu dignitatis cujuspiam, sibi jactaverit delatum fuisse.

Dat. 7 id. Augusti, Leone a. IV, et Probiano, Cons. 471.

14. *Idem a. eidem, p. p.*

Nulli judicum qui provincias regunt, in civitatibus in quibus sacra palatia aut prætoria sunt, liceat, his relictis, privatorum sibi domos ad habitandum veluti prætoria vindicare: sed sacratissima modis omnibus inhabitare palatia seu prætoria cogantur, ut hac necessitate compellantur eorum reparationi providere. Ubi autem et palatium est et prætorium, palatium quidem habitationi præsidis, prætorium autem vel suscipiendis conservandisque speciebus publicis, horreorum vice, vel alii necessariæ rei deputetur. Quòd si quis aliquandò dissimulare tentaverit, protinùs eum atque officium ejus quinquaginta librarum auri mulctam ad reparandum sacrum quod neglexerit palatium, solvere sancimus.

Dat. 7 id. febr. Clementino et Probo Conss.

TITRES XLII et XLIII.

Les constitutions renfermées dans ces deux titres sont perdues.

TITULUS XLII et XLIII.

Desunt in authentico texti.

TITULUS XLIV.

De Officio præfecti vigilum.

1. *Impp. Theod. et Arcad. AA. Nephridio, præfecto vigilum.*

Præfecti vigilum hujus urbis nihil de capitalibus causis suâ autoritate statuere debent : sed si quid hujusmodi evenerit, culmini tuæ potestatis referre, ut de memoratis causis celsiore sententiâ judicetur.

TITULUS XLV.

De Officio civilium judicum.

1. *Imppp. Arcad., Honor. et Theod. AAA. Curtio, P. P.*

Honorati qui litem habere noscuntur, his horis vel temporibus quibus causarum vel merita vel fata panduntur, residendi cum judicibus non habeant facultatem.

Dat. 3, non. februa. Ravennæ, Basso et Philippo Conss. 408.

2. *Impp. Honor. et Theod. AA. Anthemio, P. P.*

Si quis pro publicis functionibus, quæ flagitantur, aliquo se defendere tentet munimine : adeat judicem, et promat quæ duxerit adserenda, quem si judex (quod non arbitramur) minùs audire maluerit, ipse quidem administrator triginta librarum auri, apparitor verò ejus quinquaginta feriatur dispendio.

Dat. 13, cal. augusti, Constantinop. Honorio VIII et Theodosio III. AA. Conss. 409.

TITRE XLIV.

De l'Office du préfet du guet.

1. *Les empereurs Théodose et Arcadius, à Nephridius, préfet de la ville.*

Les préfets du guet ne peuvent connaître de leur autorité, des crimes qui demandent l'application de la peine capitale ; mais s'il se présente quelqu'affaire semblable, ils doivent la renvoyer à votre tribunal, afin que vous rendiez à ce sujet une sentence que votre autorité rende valable.

Il y a ici une lacune d'un titre qui est perdu.

TITRE XLV.

De l'Office des juges civils.

1. *Les empereurs Arcadius, Honorius et Théodose, à Curtius, préfet du prétoire.*

Que les avocats chargés de défendre une cause ne puissent être présens à la discussion des moyens ou des faits de la cause entre les juges.

Fait à Ravennes, le 3 des nones de février, sous le consulat de Cassus et de Plutipe. 408.

2. *Les empereurs Honorius et Théodose, à Anthemius, préfet du prétoire.*

Si quelqu'un croit devoir tenter de se défendre par quelque raison du paiement de charges publiques auxquelles il a été soumis, qu'il aille trouver le juge et qu'il lui expose ce qui l'amène chez lui ; et si le juge, ce que nous ne croyons pas, refuse de l'écouter, qu'il soit condamné à trente livres d'or et son appariteur à cinquante.

Fait à Constantinople, le 13 des calendes d'août, sous le huitième consulat de l'empereur Honorius et le troisième de l'empereur Théodose. 409.

TITRE XLVI.

De l'Office des juges militaires.

1. *Les empereurs Valentinien, Théodose et Arcadius, aux maîtres et aux comtes de l'une et de l'autre milice.*

Qu'on n'emploie jamais et en aucune manière la force militaire, pour la défense des causes des particuliers ou l'exécution des sentences portées sur ces mêmes affaires.

Fait à Constantinople, la veille des ides de février, sous le troisième consulat de l'empereur Théodose et celui d'Habundantius. 393.

2. *Les empereurs Honorius et Théodose, à Monachius, préfet du prétoire.*

Nous ordonnons qu'on ne puisse appeler les curiaux ou les particuliers devant un tribunal militaire, ni qu'ils repoussent les actions dirigées contr'eux, ni enfin qu'ils soient forcés de plaider devant un pareil tribunal; et nous ordonnons en outre que le tribunal du comte qui aura tenté quelque chose de contraire à ces dispositions, soit condamné à 50 livres d'or.

Fait le 6 des calendes de septembre, sous le septième consulat de l'empereur Théodose et celui de Palladius. 416.

3. *Les empereurs Théodose et Valentinien, à Anatolius, général.*

Que personne de ceux qui ont servi sous les ordres des nobles ducs, ne soit reçu sous quelque prétexte que ce soit, de l'école des *agens dans les choses*, lorsque le nombre en est complet. Qu'ils n'aient pas la faculté non plus d'en remplacer le chef. Que celui qui contreviendra aux dispositions de ce décret, soit non-seulement dégradé, mais encore condamné à la perte du tiers de ses biens.

Fait à Constantinople, le 5 des calendes de février, sous le second consulat de Maxime et le premier de Patérius. 443.

Tome I.

TITULUS XLVI.

De Officio militarium judicum.

1. *Imppp. Valentin., Theod. et Arcad., ᴀᴀᴀ. magistris et comitibus utriusque militiæ.*

Nunquam omninò in negotiis privatorum, vel tuitio militaris, vel executio tribuatur.

Dat. prid. id. febr. Constantinop. Theodosio, ᴀ. III. et Abundantio Conss. 393.

2. *Imp. Honor. et Theod. ᴀᴀ. Monachio p. p.*

Præcipimus, nequandò curiales, vel privatæ conditionis homines ad militare exhibeantur judicium, vel contrà se agentium actiones excipiant, vel litigare in eo cogantur. Interminationem autem quinquaginta librarum auri adversùs comitianum officium proponi decernimus, si quid contrà hoc aliquandò tentaverit.

Dat. 6 calend. septemb. Theodosio ᴀ. VII et Palladio Conss. 416.

3. *Impp. Theod. et Valent. ᴀᴀ. Anatolio, magist. militum.*

Nemo de his qui in virorum spectabilium ducum officiis militaverit, scholæ agentium in rebus quâcunque subreptione post completam militiam societur : nec agendi vices viri clarissimi principis accipiat facultatem. Si quis autem adversùs hæc perennitatis nostræ decreta venire conetur, militiâ spoliatus, proscriptionis pœnâ pro parte bonorum tertiâ constringatur.

Dat. 5, calend. februa. Constantinop. Maximo II et Paterio, Conss. 443.

4. *Iidem* AA. *Nomo, magist. officiorum.*

Duces militum, et præcipuè quibus gentes (quæ maximè cavendæ sunt) appropinquant, in ipsis limitibus commorari, et milites ad proprium redigere numerum, imminentibus magisteriis potestatibus, diuturnisque, eorum exercitationibus inhærere præcipimus. Castrorum quinetiam refectionis lustrationisque curam habeant. Quibus cum principibus castrorumque præpositis pro laborum vicissitudine limitaneorum militum duodecimam annonarum partem, distribuendam videlicet inter eos magisteriæ potestatis arbitrio, deputamus.

Dat. a, id. sept. Constantinop. Maximo II et Paterio Conss. 443.

TITULUS XLVII.

Ne rei militaris comitibus vel tribunis lavacra præstentur.

1. *Imppp. Arcad., Honor. et Theod.* AAA. *Anthemio,* P. P.

OMNEM inquietudinem à curiis et civitatibus precipimus prohiberi : nec ulla privata ab his succendi balnea ad tribunorum vel ducum aliorumve militarium comitum usus : nec adæerationem aliquam pro hâc causâ infligi. Illustribus enim tantummodò viris comitibus, ac magistris militum (si tamen id voluerint) hoc ministerium indulgemus : dupli pœnâ violatoribus hujus sanctionis imminente.

Dat. 5, cal. decemb. Arcadio A. VI et Probo Conss. 406.

---

4. *Les mêmes empereurs, à Nomus, maître des offices.*

Nous ordonnons que le chef des frontières, et principalement ceux qui sont placés près des peuples dont on doit se méfier, demeurent sur les mêmes frontières, qu'ils complètent, avec le secours des généraux, le nombre de soldats qui a été fixé, et qu'ils continuent les exercices journaliers ; que le soin encore de refaire et réparer les camps, leur soit confié. Nous leur accordons ainsi qu'aux chefs préposés aux camps pour le travail des soldats des frontières, de même que pour les dangers qu'ils ont encouru, la douzième partie des *annones*, qui doit être distribuée entre eux au gré du commandant en chef.

Fait à Constantinople, le 2 des ides de septembre, sous le premier consulat de Maxime et le premier de Patérius. 443.

TITRE LXVII.

Qu'il ne soit point fourni des bains aux comtes ni aux tribuns des soldats.

1. *Les empereurs Arcadius, Honorius et Théodose, à Anthemius, préfet du prétoire.*

NOUS ordonnons qu'on ne fasse souffrir aucune inquiétude aux curies ni aux villes, et qu'il ne soit fourni aucun bain particulier à l'usage des tribuns, des ducs et autres officiers militaires, ni qu'on leur donne pour cet usage, un supplément de solde. Nous n'accordons la faculté d'avoir des bains qu'aux illustres comtes et aux maîtres des soldats, s'ils le désirent. Nous condamnons ceux qui violeront cette loi, à la peine de la restitution du double.

Fait le 5 des calendes de décembre, sous le sixième consulat de l'empereur Arcadius, et le premier de Probus. 406.

TITRE XLVIII.

De l'Office de divers juges.

1. *L'empereur Constantin, à Domitius Celsus, vicaire.*

Qu'aucun juge ne s'avise d'envoyer un huissier chez une mère de famille, avec ordre de la traîner dans les prisons ; parce qu'il est certain qu'on peut faire acquitter les dettes de celle qui, à cause de son sexe, garde la maison, par la vente de la maison qui lui appartient ou de tout autre chose ; que celui qui, en contravention de la présente, entraîne une mère de famille dans les prisons publiques, soit compté parmi les plus grands coupables et condamné sans rémission à la peine capitale.

Fait le 4 des ides d'août, sous le consulat de Sabinus et de Rufinus. 316.

Authentique extraite de la Novelle 134, ch. 9.

Mais, d'après le droit nouveau, aucune femme ne peut être renfermée pour des dettes fiscales ou privées. La femme doit se représenter en personne devant le juge ou par un procureur ou plusieurs, d'après le nombre que l'affaire en exige légitimement. S'il a été fait quelque chose de contraire à ces dispositions, que les juges supérieurs soient condamnés à l'amende de 20 livres d'or, et ceux de leurs subordonnés qui leur auront obéi, soient dégradés, soumis à des peines corporelles et envoyés en exil.

2. *Les empereurs Valentinien, Théodose et Arcadius, à Primipius, préfet de la ville.*

Que tous les juges sachent qu'ils doivent rendre les honneurs qui leur sont dus aux grands dignitaires et à ceux d'entre eux qui par fois sont appelés en jugement. Il leur est défendu de les désigner dans leurs actes par la qualité de *frères.* Les appa-

TITULUS XLVIII.

De Officio diversorum judicum.

1. *Imp. Constantinus A. ad Domitium Celsum, vicarium.*

Nemo judex aliquem officialem ad eam domum in quâ materfamiliás degit, cum aliquo precepto existimet esse mittendum, ut eamdem in publicum protrahat : cùm certum sit, debita ejus, quæ intrà domum considerato sexu semet contineat, domus ejus vel cujusque, rei habitâ distractione, publicis necessitatibus posse servari, quòd si quis in publicum matremfamiliás post hâc crediderit protrahendam, inter maximos reos citrâ ullam indulgentiam capitali pœnâ plectetur.

Dat. 4, id. aug. Sabino et Rufino Conss. 316.

Auth. ex Novell. 134, ch. 9.

Sed hodiè novo jure pro fiscalibus, vel privatis debitis nulla mulier debet includi, sed ad judicem veniet per se, vel per procuratorem suum, vel mittat unum, vel alterum, quatenùs negotium legitimè exequantur. Si contrà factum fuerit, majores judices viginti libris auri, minores decem puniantur. Obedientes autem eis cingulo spoliabuntur, et pœnis subjacebunt corporalibus, et in exilium damnabuntur.

2. *Imppp. Valentin., Theod. et Arcad., AAA. ad Principium v. v.*

Singuli quique judices sciant celsioribus viris, et iis quorum nonnnnquàm judicio provehuntur, honorificentiam debitam esse præstandam, nec in proscriptionibus suis fratres audeant nominare : apparitione multanda, cujus hæc est cura.

Dat. idib. febr. Richomero et Clearcho Conss. 324.

Sciant principes, et corniculario, et primates officiorum, et judices etiam ternas libras auri à suis facultatibus eruendas, si honoratis viris (quibus etiam consistorium nostrum ingrediendi facultas præbetur) secretarii judicum non patuerit ingressus, aut reverentia non fuerit in salutatione delata, aut sedendi cum judice societas denegata.

Dat. 5 id. novemb., Timasio et Promoto Conss. 389.

TITULUS XLIX.

Ut omnes judices tàm civiles quàm militares post administrationem depositam, quinquaginta dies in civitatibus vel certis locis permaneant.

1. *Imp. Zeno, A. Sebastiano, P. P.*

NEMO ex viris clarissimis præsidibus provinciarum, vel consularibus, aut correctoribus, vel qui administrationis majoris infulas meruerint, id est, viri spectabiles proconsules, aut præfectus augustalis, aut comes Orientis, aut cujuslibet tractus vicarius, aut quicumque dux vel comes cujuslibet militis, vel divinarum comes domorum, postquàm sibi successum fuerit, audeat excedere de locis quos rexisse noscitur, antequàm quinquaginta dierum constitutus numerus finiatur ; sed per id tempus præsides quidem, et consulares, necnon correctores, in metropoli, spectabiles verò judices tàm civiles quàm militares, in civitatibus administratæ diœceseos illustrioribus,

riteurs à qui ce soin est confié, seront mis à l'amende, s'il est porté quelqu'atteinte à cette loi.

Fait pendant les ides de février, sous le consulat de Richomer et de Cléarque. 324.

3. *Les mêmes empereurs, à Constantius, préfet du prétoire des Gaules.*

Que les grands officiaux, les trompettes, les primats des offices et les juges soient condamnés à l'amende de 3 livres d'or, si l'entrée du cabinet des juges a été refusée aux *honorés* (qui ont encore le droit d'entrer dans notre conseil), si on ne leur a pas rendu les honneurs qui leur sont dus, ou si on leur a refusé la faculté de siéger avec les juges.

Fait le 5 des ides de novembre, sous le consulat de Timasius et de Promotus. 329.

TITRE XLIX.

Que tous les juges civils ou militaires restent encore 50 jours après l'époque où ils doivent être remplacés dans les villes ou les lieux où ils exerçaient leurs fonctions.

1. *L'empereur Zénon, à Sébastien, préfet du prétoire.*

QU'AUCUN des présidents de province, de consulaires, des correcteurs, de ceux qui ont été honorés des *infules* de la grande administration, c'est-à-dire, les proconsuls, le préfet augustal, le comte d'Orient, les vicaires, en quelque lieu qu'ils résident, les ducs ou comtes de quelque milice que ce soit, et des comtes des palais impériaux, n'ait la témérité de sortir des lieux qu'il a gouvernés avant qu'il se soit écoulé cinquante jours depuis l'arrivée de son successeur. Que pendant ce temps les présidens, les consulaires et les correcteurs résident dans le chef-lieu de la province. Que les nobles juges, tant civils que militaires résident pendant ce temps dans la

principale ville de leur ressort et publiquement, et ne se cachent point dans leur maison, sur les frontières ou dans des lieux et
des maisons fortes; mais se tiennent dans
les lieux les plus connus de tous ceux qu'ils
ont gouvernés, afin que tout le monde ait
la libre faculté de les attaquer pour vols ou
autres crimes; et afin qu'il soit défendu de
toute injure par les soins de son successeur, lesquelles, s'il lui en était porté, seraient aux risques de ce dernier, ainsi que
des curiaux et des défenseurs de la ville;
et que celui d'entre eux qui serait attaqué
en justice, étant admis à la caution juratoire, il se défende par les lois, des attaques
de ceux qui se plaignent de lui. Qu'on
n'admette aucun motif ni excuse avant que
cet espace de temps soit écoulé, pour sortir de la province, fondée soit sur un rescrit, sur une nomination à une autre dignité, sur un ordre de votre tribunal qui
le nomme en remplacement du gouverneur d'une autre province, ou sur l'ordre
de tout autre magistrat civil ou militaire,
quelles que soient les fonctions publiques
qu'il exerce; soit enfin qu'il s'appuie sur
quelques ruses ou circonstance que ce soit.
De sorte que ce que nous ordonnons pour
le bonheur des provinces, reçoive pleine-
ment son effet; que celui qui, par une témérité punissable, aurait cru devoir éluder ou violer cette loi très-salutaire, soit
censé avec juste raison, criminel de lèze-
majesté et condamné à une amende de
50 livres d'or, au profit du fisc public.
On doit condamner à une semblable peine
le successeur immédiat qui n'aurait pris aucun soin de retenir quoique honnêtement,
pendant l'espace de temps précité, son prédécesseur, ou qui n'aurait pas aussitôt instruit de sa fuite.

§. 1. Nous ne voulons point que celui
qui est remplacé cesse l'administration avant
que son successeur soit arrivé jusqu'aux limites de la province, quand même il au-

publicò, non domi vel intrà sacrosanctos
terminos, vel regiones, aut potentes domos latitantes: sed in celeberrimis locis
ante omnium, quos nuper gubernaverant,
ora versentur: ut pateat omnibus facultas libera super furtis, aut criminibus querimoniam commovendi: ita ut ab omni de-
fensus injuriâ provisione post eum adminis-
trantis, ac periculo officii, nec minùs curialium, et defensoris civitatis, juratoriæ
tantùm cautioni commissus, postquàm fuerit in querimoniam devocatus, pulsare volentibus (ut dictum est) pro legum ratione
respondeat: nec ullam antè præfinitum
tempus de provinciâ discedendi excusatio-
nem ei tribuat vel divinæ vocis copiâ, vel
codicilli alterius administrationis oblati,
vel præceptum amplissimæ tuæ sedis, ut
alterius provinciæ moderatoris vices obtineat, aut præceptum præfatæ vel alterius
civilis vel militaris cujuscumque potestatis, ut quamcumque sollicitudinem publicam gerat, aut exhibeatur vel deducatur,
aut postremò cujuslibet artis astutia, cujuscumque occasionis excogitata calliditas ex-
cludatur: ut modis omnibus, quæ pro
universarum provinciarum salute sancimus,
sortiantur effectum. Quòd si quis temeritate punienda saluberrimam legem circumscribendam vel violandam crediderit, licèt
et majestatis reus non immeritò judicetur:
attamen quinquaginta librarum auri multam publicis calculis inferre cogetur: simili pœnâ plectendo eo qui post eum administratione susceptâ, minimè eum curaverit
honestè retinendum, aut super ejus fugâ
protinùs referendum.

§. 1. Administrationem autem deponere
non volumus decessorem, antequàm successor ad provinciæ fines pervenerit: licèt
litteris ad eum, sed programmate vel edicto

ad officium et provinciales usus fuerit.

§. 2. Ipse autem qui præsentem fugiens non observaverit legem : ubicumquè repertus fuerit, licèt in hâc florentissimâ civitate, ad provinciam sine ullo penitùs obstaculo præceptione tui culminis, curâ etiam viri clarissimi rectoris provinciæ in quâ repertus fuerit, deducetur, per sex mensium curricula ibidem moraturus : quatenùs intereà minimè possint crimina vel furta celari. Officium etiam quod eum (debito tamen honore servato) non prohibuerit contrà legis tenorem discedere, triginta librarum auri dispendio feriatur.

§. 3. Quod si intrà quinquaginta dierum numerum fuerit fortè pulsatus, et præfato elapso tempore nécdum finitalis fuerit, civiliter quidem super furtorum sceleribus pulsatus, dato procuratore instructo, post quinquaginta dies protinùs habeat licentiam discedendi, accusatione verò super criminibus facta, per inscriptionum laqueos irretitus, usquè ad terminum causæ ibidem necessariò perdurabit.

§. 4. Sciant autem universi judices, apud quos vel administrationis jure, vel ex præcepto amplissimæ tuæ sedis hujusmodi controversiæ civiliter vel criminaliter ventilantur, intrà viginti dierum spatium debere se præfata litigia, postquàm orta fuerint, terminare; nam si supersederint, ipsos quidem decem librarum auri condemnationem subire censemus : accusationem verò seu civilem intentionem semel in judicium deductam, præfato modo legitimè terminari.

rait été prévenu de son remplacement par des lettres ou par un édit adressé à son office ou aux habitans de la province qu'il gouverne.

§. 2. Que celui donc qui par la suite violera cette loi, soit, en quelque lieu qu'il soit trouvé, même dans cette très-florissante ville, conduit par votre ordre, ou celui du recteur de la province dans laquelle il a été trouvé, dans le lieu qu'il a gouverné, et qu'il soit forcé d'y rester pendant six mois ; afin que ses crimes ou ses vols ne puissent rester cachés ; que l'office qui, malgré la disposition de la loi ne l'a point retenu, soit condamné en lui conservant toutefois les honneurs qui lui sont dus, à l'amende de 30 livres d'or.

§. 3. Mais si, pendant les cinquante jours pendant lesquels il est obligé de rester dans la province, il a été attaqué en justice, et cet espace de temps s'étant écoulé avant que le procès soit fini, qu'il ait la liberté de quitter la province, pourvu toutefois étant attaqué civilement pour crimes de vols, qu'il se nomme un procureur. Mais s'il a été prévenu de quelque crime, et qu'il ait été passé à ce sujet des écritures, qu'il soit forcé de demeurer dans ce lieu même, jusqu'à la fin du procès.

§. 4. Que tous les juges devant lesquels, en vertu de leurs charges ou de la commission dont vous les avez chargés, se discutent les procès civils ou criminels dont nous avons parlé, sachent qu'ils doivent les terminer dans l'espace de vingt jours à compter de celui où ils ont été commencés; car, s'ils excèdent ce temps, nous ordonnons qu'ils soient condamnés eux-mêmes à une amende de 10 livres d'or. L'accusation ou l'action civile dirigée contre le fonctionnaire sorti de charge, une fois portée au tribunal, doit être terminée après cet espace de temps.

Fait à Constantinople, le 5 des ides d'octobre, sous le second consulat de l'empereur Zénon. 479.

Authentique extraite de la Novelle 8, ch. 9.

Mais s'il est pris fuyant avant que les cinquante jours soient accomplis, qu'il soit détenu par les provinciaux, et que tout ce qui a été donné dans cette occasion, soit exigé en vertu de l'action *de vol*. La cause doit être discutée sans écrit en présence de l'évêque.

TITRE L.

De l'Office de celui qui remplace un juge ou un président.

1. *L'empereur Gordien, à Domitius, préfet du prétoire.*

On n'a jamais douté que celui qui administre la province à la place du président, ne puisse connaître des causes qui concernent les intérêts de l'état. Car si les droits de la république ont souffert quelqu'atteinte, les défenseurs de l'état peuvent, après en avoir instruit l'empereur, demander, s'il y a lieu, le secours de la restitution.

Fait le 3 des nones de novembre, sous le second consulat de Sabinus et le premier de Venustus. 241.

2. *Mandats des empereurs Théodose et Valentinien, envoyés à Antiochus et aux autres préfets du prétoire. Ils sont ainsi conçus :*

Votre magnificence ayant observé que la majesté impériale devait accorder à ceux qui, par l'ordre de l'empereur ou par le vôtre, remplissent les fonctions des recteurs des provinces, l'autorité de donner des tuteurs ou des curateurs à ceux qui en demandent, d'interposer leurs décrets lorsqu'il s'agit de l'aliénation des biens des mineurs ou des autres personnes semblables à eux, tels que les curiaux, de célébrer légitimement les émancipations et de

Dat. 5, id. octobr. Constantinop. Zenone A. II. Conss. 479.

Auth. ex Novell. 8, ch. 9.

Si verò antequàm compleantur quinquaginta dies, fugiens capiatur, detineatur à provincialibus, et omne, quod datum fuit occasione, furti actione exigatur, præsente tantùm deo amabili episcopo, et causam sine scripto examinante.

TITULUS L.

De Officio ejus qui vicem alicujus judicis vel præsidis obtinet.

1. *Imp. Gordianus A. Domitio, P. P.*

In causâ quæ spectat ad utilitatem reipublicæ, eum qui vice præsidis provinciam administrat, potuisse cognoscere, in dubium non venit. Sanè si in aliquo captum est jus reipublicæ, juxtà scita divorum principum defensores reipublicæ (si modò adesse fiduciam negotia putant) restitutionis auxilium possunt flagitare.

Dat. 3 non. novembr. Sabino II et Venusto Conss. 241.

2. *Mandata impp. Theod. et Valentin. AA. missa Antiocho, cæterisque, P. P. Quæ sic habent :*

Suggerentę magnificentiâ vestrâ, docta imperialis eternitas debere eos qui præceptione principali, seu vestræ sedis amplissimæ, tueri locum rectorum provinciarum noscuntur, auctoritatem habere tutores seu curatores petentibus dare, decretum etiam interponere ad alienandas minorum similiumque; eis personarum seu curialium facultates, et emancipationes quoque legibus celebrare, et omnia quæ ad jurisdictionem rectoris provinciæ pertinent, actitare: præcipere dignata est pro dispositione vestræ celsitudinis præfatas hujusmodi sollicitudines peragendi habere licentiam.

Dat. prid. id. octob. Constantinop. Hierio et Ardaburio Conss. 427.

TITULUS·LI.

De assessoribus, et domesticis, et Cancellariis judicum.

1. *Impp. Dioclet. et Maximian.* AA. *Paulino.*

STUDIORUM labor meretur, ut ii qui in publicis administrationibus constituti, sociari sibi consiliorum participes cupiunt: spe præmiorum atque honorificentiá suá provocent eos, quorum prudentiam sibi putant esse necessariam, non metu terribili, et necessitate incongruá libertati.

Dat. pri. id. jul. Tiberio et Maximo Conss.

2. *Imp. Constantinus* A. *ad Bassum,* P. U.

Præsides non per assessores, sed per se subscribant libellis. Quòd si quis assessori subscriptionem inconsultis nobis permiserit, mox assessor qui subscripsit, exilio puniatur; præsidis verò nomen ad nos referri jubemus, ut in eum severiùs vindicetur.

Dat. 15 cal. sept. Constantino A. VI et Constantino Cæs. Conss. 329.

5. *Impp. Arcad. et Honor.* AA. *Messalæ,* P. P.

Consiliarios judicum, et cancellarios, et

---

connaître de toutes les choses qui appartiennent à la juridiction du recteur de province. D'après donc vos observations, nous leur avons permis de faire toutes les choses dont nous venons de parler.

Fait à Constantinople, la veille des ides d'octobre, sous le consulat d'Iliérius et d'Ardaburius. 427.

TITRE LI.

Des Assesseurs, des Huissiers et des Chanceliers des juges.

1. *Les empereurs Dioclétien et Maximien, à Paulinus.*

C'EST une chose louable que de s'adonner à l'étude, c'est pourquoi ceux qui sont employés dans les administrations publiques, s'ils désirent s'associer des personnes qui les aident de leurs lumières, doivent s'attacher celles qu'ils pensent leur devoir être utiles, par l'espoir des récompenses et des honneurs, et non par des craintes repoussantes ou une nécessité que la liberté désavoue.

Fait la veille des ides de juillet, sous le consulat de Tibérius et de Maximus.

2. *L'empereur Constantin, à Bassus, préfet de la ville.*

Que les présidens signent eux-mêmes les assignations et non leurs assesseurs, et si quelqu'un d'entre eux a permis, sans nous avoir consulté, à un assesseur d'en signer, que ce dernier soit de suite condamné à l'exil. Nous ordonnons en outre qu'on nous donne le nom du président, afin que nous en tirions une vengeance sévère.

Fait le 15 des calendes de septembre, sous le 6.e consulat de l'empereur Constantin, et le 1.er du César du même nom. 329.

5. *Les empereurs Arcadius et Honorius, à Messala, préfet du prétoire.*

Nous ordonnons que les conseillers des

juges, les chanceliers et ceux qui sont auprès d'eux les fonctions d'huissier, restent encore cinquante jours dans les provinces après qu'ils ont été remplacés; et celui qui, étant accusé, se sera enfui, sera tenu pour convaincu de ce dont on l'accuse; et nous commandons qu'il soit condamné à restituer le quadruple de ce qui lui est demandé : de sorte que le double en soit remis au plaignant et l'autre double à notre fisc.

Fait à Milan, le 6 des calendes de janvier, sous le consulat de Théodose et de Rumoridius. 403.

4. Les mêmes et l'empereur Théodose, à Celicianus, vicaire.

Que l'huissier du juge soit éloigné des affaires publiques; car s'il est convaincu de s'en être mêlé, qu'il soit aussitôt traduit au tribunal du président, pour qu'il en tire la vengeance convenable.

Fait le 6 des ides d'avril, sous le sixième consulat de l'empereur Honorius et le premier d'Aristénette. 404.

5. Les empereurs Honorius et Théodose, à Seleucus, préfet du prétoire.

Qu'il soit défendu à ceux qui ont rempli une fois les fonctions d'huissier ou de chancelier dans les provinces, de les exercer de nouveau sous quelque prétexte que ce soit.

Fait à Ravennes, le 3 des ides de décembre, sous le dixième consulat de l'empereur Honorius et le sixième de l'empereur Théodose.

6. Les mêmes empereurs, à Vitalien, commandant de Lybie.

Qu'aucun des huissiers, des ducs et des comtes militaires, comptés au nombre des personnes composant l'office de ces derniers, n'ose, après avoir fini le terme fixé à ses fonctions, aspirer de nouveau à les remplir : que celui qui aura voulu violer cette loi,

Tome I.

---

eos qui domesticorum funguntur officio, post depositam administrationem quinquaginta dies in provinciis residere præcipimus; pro confesso autem tenebitur, qui accusatus, hujusmodi personam subtraxerit; eaque in quadruplum restitui jubemus, quæ docebuntur ablata; ut duplum spoliatus accipiat, et duplum noster fiscus adquirat.

Dat. 6, cal. januar. Mediolani, Theodosio et Rumoridio Conss. 403.

4. Iidem et Theod. AA. ad Cælicianum, vicarium.

Domesticus judicis à publicis actibus arceatur; quòd si necessitatibus publicis sese convictus fuerit miscuisse, statim cum ad majoris potestatis examen deduci oportet, ut competens in eum vindicta promatur.

Dat. 6, id. april. Honorio A. 6 et Aristeneto Conss. 404.

5. Impp. Honor. et Theod. AA. Seleuco, P. P.

Nemo in provinciis, qui semel domestici vel cancellarii ministerium gesserit, ad eamdem observationem aliquâ ambitione iterùm remeare concedatur.

Dat. 3, id. decembr. Raven. AA. X et VI Conss.

6. Iidem AA. Vitaliano, duci Libyæ.

Nemo de domesticis ducum vel comitum militarium officiis eorum connumeratus, post completum sui temporis actum ad eamdem rursùm sollicitudinem audeat adspirare : decem librarum auri condemnatione propositâ, si quis hanc violare vo-

31

luerit sanctionem, eâdem pœnâ officio quoque ejus coercendo, si per ambitionem vel avaritiam ex his aliquid temerarié consenserit.

Dat. 8, cal. novemb. Honorio A. XI et Constantio II Conss. 417.

7. Iidem AA. Eustach'o, P. P.

Velut castrense peculium filii familiâs assessores, etiam post patris obitum vindicent, qui consiliis propriis administratores juvare consueverunt, si quid licitis honesti-que lucris condinare potuerint.

Dat. cal. april. Constantinop. Honorio XIII et Theodosio X, AA. Conss. 422.

8. Iidem AA. Asclepiodoto, P. P.

Nullus judicum ad provinciam sibi commissam quemquam secum ducere audeat, cui domestici vel cancellarii nomen imponat, nec profectum ad se undecumque suscipiat, ne famæ notâ cum bonorum publicatione plectatur; periculo enim primatum officii, cancellarios sub fide gestorum ex eodem officio electos judicibus applicari jubemus : ita ut post depositam administrationem, nec militiam deserant, et provincialibus præsentiam sui exhibeant, quô volentibus sit accusandi eos facultas. Si enim idonea causa exegerit, ad detegenda judicis flagitia, et quæstioni eos subdi oportet.

Dat. prid. cal. jul. Asclepiodoto et Mariniano Conss. 423.

soit condamné à l'amende de 10 livres d'or. L'office auquel il appartient doit être condamné à la même peine, s'il a eu la témérité d'y consentir par ambition ou par avarice.

Fait le 8 des calendes de novembre, sous le consulat de l'empereur Honorius et le 2.e de Constance. 417.

7. Les mêmes empereurs, à Eustachius, préfet du prétoire.

Si les assesseurs qui sont fils de famille et dont les fonctions sont d'aider par leurs conseils les administrateurs auxquels ils sont attachés, ont acquis quelque chose par des gains licites et honnêtes, ils peuvent le demander même après la mort de leurs pères, comme pécule castrense.

Fait à Constantinople, pendant les calendes d'avril, sous le douzième consulat d'Honorius et le dixième de Théodose. 417.

8. Les mêmes empereurs à Asclepiodotte, préfet du prétoire.

Qu'aucun juge n'ait la témérité de mener quelqu'un avec lui dans la province dont le gouvernement lui est confié, pour lui donner le titre de chancelier ou d'huissier, ou de prendre au même titre, d'autres personnes qui auraient déjà exercé les mêmes fonctions, sous peine d'être noté d'infamie et de voir ses biens confisqués ; car nous ordonnons que cette élection appartienne au primat de l office, qui doit la faire à ses risques et périls et d'après l'expérience.

Et nous ordonnons en outre que ces chanceliers ou huissiers restent encore après la cessation de leurs fonctions, dans les provinces, afin que les habitans des provinces qu'ils ont gouvernées, et qui auraient des plaintes à porter contre eux, aient la libre faculté de les accuser, et pour que, par leur moyen, on puisse découvrir les torts des juges.

Fait la veille des calendes de juillet,

sous le consulat d'Asclépiodotte et de Marinien. 423.

9. *Les empereurs Théodose et Valentinien,
à Taurus.*

Si après la cessation de leurs fonctions, les plaintes des administrés, des curiaux ou toute autre cause publique, exigent la représentation des juges ou des huissiers, qu'ils soient mis en jugement, au nom des lois, par ceux-là même auxquels ils étaient subordonnés.

Fait à Constantinople, le 5 des nones de juillet, sous le 14.e consulat de l'empereur Théodose, et le 1.er de Maxime. 433.

10. *Les mêmes empereurs, à Florentius, préfet du prétoire.*

Nous ordonnons que les conseillers qui, au mépris des lois anciennes et des constitutions des princes, exerceront leurs fonctions pendant plus de quatre mois auprès des gouverneurs, soient condamnés à la perte de leurs biens, et considérés comme coupables de crime public; à moins cependant qu'ils ne se défendissent par un rescrit ou une autorisation de votre tribunal.

Fait le 3 des calendes de février, sous le 17.e consulat de Théodose, et le 1.er de Festus.

11. *Les mêmes empereurs, à Zoilus, préfet du prétoire pour l'Orient.*

Les assesseurs des grands magistrats ne doivent pas avoir moins de part à notre générosité que les juges mêmes. C'est pourquoi nous ordonnons que les conseillers, tant des préfets du prétoire que de la ville, des généraux ainsi que des maîtres des offices, soit qu'ils aient exercé ou n'exercent leurs fonctions qu'à l'avenir, soient exempts de tous tributs dus aux juges. Et afin que vous ne leur donniez aucune inquiétude au sujet de ces charges, votre office sera condamné à cinquante livres d'or, s'il a

9. *Impp. Theod. et Valentin.* AA. *ad Taurum.*

Si post depositam administrationem; judicum præsentiam, vel exhibitionem domesticorum, querimonia provincialium aut curialium vel aliqua publica necessitas postulaverit, per eosdem administratores quorum domestici fuerint, judicio legibusque tradantur.

Dat. 5, non. jul. Constantinop. Theodosio A. XIV et Maximo Conss. 433.

10. *Iidem* AA. *Florentio,* P. P.

In consiliariis observari censemus, ut in eum qui in suâ provinciâ ultrà quatuor menses moderatoribus adsederit adversùs leges antiquas et divorum retrò principum scita, proscriptio bonorum et accusatio publici criminis immineat; nisi per cœleste oraculum, vel amplissimæ tuæ sedis præceptione sese defendat.

Dat. 13 cal. febr. Theodosio XVII et Festo Conss. 439.

11. *Iidem* AA. *Zoilo,* P. P. *Orientis.*

Non minùs assessoribus majorum magistratuum, quàm ipsis judicibus nostræ benevolentiæ liberalitas tribuenda est; ideòque consiliarios virorum illustrium præfectorum tàm prætoriorum, quàm hujus inclytæ urbis, eminentissimorumque magistrorum militum, necnon etiam viri illustris magistri officiorum, sive prædicto officio jam functi sunt, seu fungentur in posterum, post depositum etiam officium ab omni indictionis onere, seu civilium, seu militarium judicum, prorsùs immunes esse præcipimus : ut nec ab amplissimâ quidem sede tui culminis eis ulla molestia super suscipiendo quolibet gravamine penitùs injungatur, quinquaginta librarum auri officio tui culminis condemnatione multando, si quid adversùs statuta clementiæ nostræ innovari concesserit.

Dat. 5, calend. mart. Theodosio A. XVIII et Albino Conss. 444.

12. *Impp. Valentin. et Marian, AA. Palladio, P. P.*

Liceat omnibus judicibus illustri præditis potestate, consiliarios sibi eosdem secundò ac tertiò et sæpiùs adjungere; quià qui semel rectè cognitus est, non debet ob hoc solùm quod jam probatus est, improbari.

15. *Imp. Justinianus, A. Demostheni, P. P.*

Nemo ex iis, qui advocati causarum constituti sunt vel fuerint, etiam in hâc regiâ urbe, in quocumque judicio deputati, et in aliis omnibus provinciis nostro subjectis imperio, audeat in uno eodemque tempore tàm advocatione uti, quàm consiliarii cujuscumque magistratus, quibus respublica gerenda committitur, curam arripere : cùm satis abundèque sufficiat vel per advocationem causis perfectissimè patrocinari vel assessoris officio fungi : ne cùm ad utrumque festinat, neutrum benè peragat ; sed sive advocatus esse maluerit, hoc cùm debita solertia implere possit, vel si assessionem elegerit, in eâ videlicet permaneat : ita tamen, ut post consilarii sollicitudinem depositam liceat ei ad munus advocationis reverti.

§. 1. Nec sit concessum cuiquam duobus magistratibus assidere, et utriusque judicii curam peragere (neque enim facilè credendum est etiam duabus necessariis rebus unum sufficere ; nam cùm uni judicio adfuerit, alteri abstrahi necesse est, sicque nulli eorum idoneum in totum inveniri)

permis qu'il fût fait quelque chose de contraire aux présentes dispositions.

Fait le 5 des calendes de mars, sous le 18.e consulat de l'empereur Théodose et le 1.er d'Albinus. 444.

12. *Les empereurs Valentinien et Martien, à Paladius, préfet du prétoire.*

Qu'il soit permis à tous les juges décorés du nom d'illustre, de s'adjoindre une seconde, une troisième fois et même plus souvent, les mêmes conseillers ; car celui dont on a éprouvé la droiture, ne doit pas par cela seul, être rejeté.

13. *L'empereur Justinien, à Démosthène, préfet du prétoire.*

Que personne de ceux qui sont ou ont été avocats à quelque tribunal établi dans une des provinces sujètes à notre empire, ou dans cette ville royale, n'ose en même temps cumuler les fonctions d'avocat et celles de conseiller ou assesseur de quelqu'un des magistrats chargés de l'administration de la république, parce que l'une des deux fonctions d'avocat ou d'assesseur étant bien exercée, suffit seule pour occuper une personne. En les remplissant l'une et l'autre, il n'en remplirait aucune bien. S'il préfère celle d'avocat, il pourra la mieux exercer ; ou s'il préfère celle d'assesseur, qu'il se borne à celle-là, avec la faculté toutefois après avoir cessé la fonction de conseiller, de reprendre celle d'avocat.

§. 1. Qu'il ne soit non plus permis à personne d'être en même temps assesseur de deux magistrats, parce qu'il n'est pas à présumer qu'un seul puisse suffire à deux travaux différens et nécessaires ; car pendant qu'il sera occupé auprès d'un juge, il ne pourra pas nécessairement être auprès de l'autre , et par conséquent ne peut suffire ni à l'un ni à l'autre.

§. 2. Et que personne ne pense éluder cette loi par des machinations subtiles , comme en mettant au lieu de sa signature accoutumée au bas des actes émanés du tribunal , une autre signature simulée, croyant par-là cacher la fraude ; puisque tous ceux qui cherchent à éluder la loi par des ruses et des subtilités, sont coupables de contravention.

Que personne ne pense éluder cette loi comme on l'a fait des amendes; car si quelqu'un est découvert l'avoir fait, qu'il sache qu'il sera de suite rayé de la matricule des avocats, et condamné à l'amende de dix livres d'or au profit de notre trésor des largesses privées, exigible par le comte des affaires privées, et même à une plus grande punition ; et le juge qui aura souffert cette contravention à la loi, ne sera pas lui-même sans être grièvement puni. Nous soumettons encore à la même punition celui ou ceux qui, étant devenus juges ou assesseurs, osent porter jugement d'une affaire dans laquelle ils ont été avocats, de peur que leur prévention ou le souvenir de leur travail comme avocats, ne les empêche de prendre la qualité de juge incorruptible.

Fait à Calcédoine , le 5 des calendes d'octobre, sous le consulat de Décius. 529.

sed alterâ assessione penitùs remota, unius magistratus esse contentum judicio.

§. 2. Nec callidis machinationibus hujusmodi legem putet quis esse circumscribendam : et si non consiliarii signum, quod solitum est , chartis imponat , sed alias quasdam litteras excogitatas adsimulaverit existimans ei licere fungi quidem memorato officio, sub hujusmodi tamen umbrâ latere : cùm in legem committant et ii qui vigorem ejus scrupulosis et excogitatis artibus eludere festinant. Neque sibi blandiri quemquam oportet, quòd praesentis etiam legis aculeos possit evadere, quemadmodum anteriores leges super hâc re positas deludebat. Si quis etenim in tali commisso fuerit inventus, sciat se de matriculis advocatorum penitùs esse delendum , et decem librarum auri multam nostris privatis largitionibus illaturum , per virum illustrem comitem rerum privatarum exigendam : et aliam majorem regalis culminis subiturum offensam : cùm nec ipse judex qui hoc fieri passus est, et sciens prudensque hoc commiserit, sine imperiali commotione remanebit. Eidem poenæ quidem subjiciendo etiam eo vel eis qui in iis causis quarum patrocinium adepti sunt, quibusque advocationem suam praestiterunt, assessiones cujusque , magistratus colore audeat vel audeant vindicare : ne affectionis suæ vel advocationis memor, incorrupti judicis non possit nomen perferre.

Dat. 5, calend. octobris, Chalcedone, Decio v. c. Cons. 529.

TITULUS LII.

De Annonis, et Capitatione Adminis-trantium, et eorum Assessorum, aliorumve publicas sollicitudines gerentium, vel eorum qui aliquas consecuti sunt dignitates.

1. *Impp. Theod. et Valentin.* AA. *Floren-tino*, P. P.

OMNIBUS tàm viris spectabilibus, quàm viris clarissimis judicibus, qui per provin-cias sive militarem sive civilem administra-tionem gerunt, necnon comiti commercio-rum, magistro æris, sive privatæ rei ratio-nali per Ponticam atque Asianam diœcesin, item et assessoribus judicum singulorum, in præbendis solatiis annonarum hic fixus ac stabilis servabitur modus, ut ea pro an-nonis et capite dignitatis suæ debitis pretia consequantur, quæ particularibus delega-tionibus solent contineri.

Dat. 3, cal. jun. Constantinop. Theodo-sio XVII et Festo Conss. 439.

TITULUS LIII.

De Contractibus judicum, vel eorum qui sunt circà eos, et inhibendis donationibus in eos faciendis, et ne administrationis tempore pro-prias ædes ædificent sine sanctione pragmaticâ.

1. *Imp. Justinianus* A. *Mennæ*, P. P.

QUICUMQUE administrationem in hac flo-rentissimâ urbe gerunt, emere quidem mo-biles res vel immobiles, vel domos extruere non aliter possunt, nisi specialem nostri

TITRE LII.

Des Annones et Capitations des Administrateurs, de leurs Asses-seurs et d'autres Magistrats.

1. *Les empereurs Théodose et Valentinien, à Florentinus, préfet du prétoire.*

NOUS entendons que pour la satisfaction générale de tous les respectables et illustres juges qui administrent dans les provinces les affaires tant militaires que civiles, du comte du commerce, du maître de la mon-naie et trésorier des affaires privées, pour le diocèse de Pont et d'Asie, ainsi que des assesseurs, des juges, on suive un ordre fixe et immuable, et qu'ils soient payés exactement des sommes qui leur sont dues pour leurs annones et leur capitations, telles qu'elles sont portées dans leurs com-missions particulières.

Fait à Constantinople, le 3 des calendes de juin, sous le 17.e consulat de l'em-pereur Théodose et le premier de Festus. 439.

TITRE LIII.

Des Contrats des juges et de leurs subordonnés, de leur incapacité de recevoir des donations, et de cons-truire pour leur compte des édi-fices pendant le temps de leur ad-ministration, s'ils ne sont autorisés par une pragmatique sanction.

1. *L'empereur Justinien, à Menna, préfet du prétoire.*

AUCUN de ceux qui sont chargés de l'ad-ministration de cette florissante ville, ne peut acheter aucun effet mobilier ou im-mobilier, ni faire construire des maisons, qu'il n'ait obtenu de nous un rescript qui le lui permette.

§. 1. Ils doivent refuser toutes donations, sachant qu'elles ne sont pas valides, quels que soient les objets dans lesquels elles consistent, et quelle qu'en soit la valeur ; à moins qu'après avoir cessé leurs fonctions, le donateur ne les ait ratifiées ou qu'il se soit écoulé cinq années sans qu'on ait réclamé contre ; après lesquelles le donateur ou ses héritiers ne sont point admis à faire des oppositions.

§. 2. Mais nous défendons absolument aux gouverneurs des provinces, toute sortes d'achats de meubles ou immeubles (à l'exception de ce qui est nécessaire pour la nourriture et l'habillement), ainsi que toute construction, quand même ils fussent autorisés par un rescrit, et qu'on ne ratifie aucune donation ni vente à eux faite, quand même le terme de cinq ans serait écoulé depuis qu'ils ont quitté leur charge, et que le consentement du donateur ou vendeur aurait été donné après la même époque.

§. 3. Nous jugeons nécessaire de soumettre également à cette loi leurs huissiers et assesseurs, afin qu'ils ne puissent éluder la loi par l'interposition de personne.

§. 4. Et nous donnons à cette loi force rétroactive, excepté pour les affaires sur lesquelles il y a eu des transactions ou des jugemens.

Fait à Constantinople, le 5 des ides de décembre, sous le 2.ᵉ consulat de l'empereur Justinien.

nominis hoc eis permitentem divinam rescriptionem meruerint.

§. 1. Donationes verò omnimodò recusent, scientes non esse validas eas in quibuscumque rebus, et quâcumque æstimatione ; nisi post administrationem depositam, vel specialiter in scriptis donator eamdem donationem ratam habuerit, vel tempus quinquennale præterierit, in quo nulla querela super iisdem donationibus, vel ab ipso donatore, vel ab ejus successoribus facta sit.

§. 2. Provincias verò moderantibus non solùm donationes, sed etiam emptiones quarumcumque mobilium vel immobilium rerum (præter eas, quæ ad alimoniam vel vestes pertinent) et ædificationes, licèt sacri apices aliquid eorum permiserint, penitùs interdicimus : nec ratum sit quod his donatione vel venditione datum est, licèt quinquennale tempus post depositam administrationem excesserit, vel consensus donatoris vel venditoris post eamdem administrationem adjectus sit.

§. 3. Hæc autem etiam ad domesticos et consiliarios eorum trahi necessarium duximus, illud etiam adjicientes, ut nec per interpositam personam aliquid eorum sine periculo possit perpetrari.

§. 4. Quæ etiam ad præterita negotia referri sancimus, nisi transactionibus vel judicationibus sopita sint.

Dat. 5, id. decemb. Constantinop. D. N. Justiniano A. II. Conss.

TITRE LIV.

Du Taux des Amendes que les juges peuvent infliger.

1. Les empereurs Sévère et Antonin, à Firmus.

La condamnation à une amende n'entraîne point d'infamie après elle.

Fait le 5 des ides d'avril, soas le 2.ᵉ

TITULUS LIV.

De Modo Multarum quæ à judicibus infliguntur.

1. Impp. Severus et Antoninus AA. Firmo.

Multa damnum famæ non irrogat.

Dat. 5, id. april. Antonino A. et Geta utrisque II Conss. 206.

2. *Imp. Alexander* A. *Decimio*, P. P.

Procuratores meos vel rationales multæ indicendæ jus non habere, sæpè rescriptum est.

Dat. 13, cal. septemb. Modesto et Probo Coss. 229.

3. *Imp. Gordianus* A. *Celeri*, P. P.

Curator reipublicæ, qui græco voca-bulo *logista* nuncupatur, multandi jus non habet.

Dat. id. septembr. Gordiano A. et Aviola Coss. 240.

4. *Impppp. Grat.*, *Valentin. et Theod.* AAA. *Eutropio*, P. P.

Illustres viros præfectos prætoriis usquè ad quinquaginta librarum auri multam, cùm peccatum gravissimum erit, pervenire sinimus.

Dat. 8, id. januar. Gratiano V et Theo-dosio AA. Coss. 380.

5. *Impppp. Valentin.*, *Theod. et Arcad.*, AAA. *ad Prætextatum*, P. P.

Multarum severa compendia ærario nos-tro prolinùs esse-quærenda, nullus igno-ret ; nisi ipse judex id quod ad pœnam admissi facinoris exculpitur, vel publicis operibus, vel cursui publico, vel aliis ne-cessariis causis specialiter deputaverit.

Dat. 5, id. septemb. Richomere et Clear-cho Conss. 384.

6. *Impp. Arcadius et Honorius* AA. *Mes-salæ*, P. P.

Eos qui ordinario provincias jure modo-

consulat de l'empereur Antonin et de Geta. 206.

2. *L'empereur Alexandre*, à *Decimius*, *préfet du prétoire.*

Il a été souvent rescrit que mes procu-reurs n'avaient pas le droit d'infliger des amendes.

Fait le 13 des calendes de septembre, sous le consulat de Modestus et de Probus. 229.

3. *L'empereur Gordien*, à *Celerus*, *préfet du prétoire.*

Le curateur de la république, appelé en grec *logista*, n'a point le droit de com-damner à des amendes.

Fait pendant les ides de septembre, sous le consulat de l'empereur Gordien et d'A-viola. 240.

4. *Les empereurs Gratien*, *Valentinien et Théodose*, à *Eutropius*, *préfet du prétoire.*

Nous avons fixé le maximum des amen-des auxquelles les préfets du prétoire pour-ront condamner, à 50 livres d'or : cette dernière ne pourra avoir lieu que pour des cas très-graves.

Fait le 8 des ides de janvier, sous le 5.e consulat de l'empereur Gratien et le 1.er de Théodose. 380.

5. *Les empereurs Valentinien*, *Théodose et Arcadius*, à *Prétextatus*, *préfet du prétoire.*

Nul ne doute qu'on doive verser dans notre trésor le produit exact des amendes, à moins que le juge n'ait destiné spécia-lement l'amende à laquelle le coupable a été condamné, aux ouvrages publics, à la course publique ou à d'autres choses né-cessaires.

Fait le 5 des ides de septembre, sous le consulat de Richommer et de Cléarque. 384.

6. *Les empereurs Arcadius et Honorius*, à *Messala*, *préfet du prétoire.*

Nous ne souffrirons point que les gouverneurs ordinaires de provinces, condamnent ceux dont les fautes exigent qu'ils soient punis par une amende, à payer une somme qui excède deux onces d'or.

§. 1. Le proconsul, lorsqu'il y aura nécessité de condamner à une amende, pourra la prononcer de six onces d'or. Ces dispositions doivent s'appliquer au préfet augustal et au comte de l'Orient.

§. 2. Que les autres juges et ceux qui jugent à notre place sachent qu'ils ne peuvent prononcer une amende qui excède trois onces d'or.

§. 3. Nous croyons devoir encore observer que les gouverneurs de province peuvent condamner à l'amende, selon le taux fixé ci-dessus, une même personne trois fois dans la même année, si la continuation de la faute qui y donne lieu l'exige; mais qu'ils ne peuvent répéter la condamnation une quatrième fois.

§. 4. Que celui qui excédera le taux fixé ci-dessus soit condamné à la restitution du double en faveur du condamné, et forcé de verser dans notre fisc l'amende illicite qu'il avait reçue.

§. 5. Que ceux qui se seront rendus coupables de péculat, de déprédation, de concussion, de vol ou d'autres crimes qu'il convient de punir sévèrement, ne se croient pas compris dans les présentes dispositions; que la sentence soit alors donnée par écrit par les juges précités, et aux dépens de celui contre qui elle est dirigée.

§. 6. Qu'ils ne jugent point d'une manière si légère, au point de condamner par un jugement précipité celui dont la faute n'est pas assez grave; et qu'ils ne pensent pas de même pouvoir condamner et changer ce qui a été réglé, au gré de leur volonté, à moins que l'indigence du condamné n'exige un adoucissement.

Fait le 12 des calendes de septembre, sous le 2.e consulat de l'empereur Théodose et le 1.er de Cynégius. 388.

rantur, ergà eorum personas quos culpa reddit obnoxios, ultrà duarum unciarum auri summam condemnare non patimur.

§. 1. Proconsularem verò potestatem si multandi necessitas imminebit, senarum unciarum auri summa cohibebit, in quâ formâ etiam comes Orientis, atque præfectus augustalis erit.

§. 2. Cæteri verò spectabiles judices, et qui vice nostra administrationis gubernacula susceperint, ultrà tres auri uncias sibi intelligant licentiam denegatam.

§. 3. Id quoque observandum à moderatore esse censemus, ut in unius correptione personæ, si ad id continuatio peccati impulerit, trinæ tantùmmodò in anno condemnationis sub præstitutâ summâ severitas exerceatur.

§. 4. Quòd si quis prædictum modum excesserit : hujus auctor admissi condemnato ad dupli restitutionem : fisco verò nostro ad inferendam eam quantitatem, quam multæ nomine inflixerit, tenebitur.

§. 5. Nec tamen ad hujus legis moderationem pertinere se credant, qui in peculatibus, aut manubiis, id est, deprædationibus aut concussionibus, furtis, aliisque flagitiis, quæ coerceri severiùs convenit, fuerint deprehensi : scilicet ut scripta per judices memoratos, in cujuslibet fuerit dirigenda dispendium, sententia proferatur.

§. 6. Nec putent factu facile esse, ut aut præcipiti persuasione condemnent quem culpa non ingravet : aut erubescenda varietate judicii pro arbitrio proprio immutandum esse quod jusserint, nisi paupertas condemnati hoc persuaserit.

Dat. 12, calen. septemb. Theodosio A. II et Cynegio Couss. 388.

TITULUS LV.

De defensoribus civitatum.

1. *Impp. Valentinianus et Valens* AA.
Senecæ, defensori.

Si quis de tenuioribus ac minusculariis rebus interpellandum te esse crediderit : in minoribus causis, id est, usquè ad quinquaginta solidorum summam, acta judicialia conficiat : scilicet, ut si quando quis vel debitum justum, vel servum qui per fugam fuerat elapsus, vel quod ultrà delegationem dederat, postulaverit, vel quodlibet hujusmodi, tuâ disceptatione restituas, cæteras vero, quæ dignæ forensi magnitudine videbuntur, ordinario insinuato rectori.

Dat. 15 cal. jan. Valentiniano et Valente AA. Coss. 365.

2. *Iidem* AA. *ad Probum,* P. P.

Defensores civitatum, non ex decurionum seu cohortalium corpore, sed ex aliis idoneis personis huic officio deputentur.

Dat. 3, non. novemb. iisdem Conss. 365.

3. *Iidem et Gratianus* AAA. *ad Senatum.*

Utili ratione perspectum est, ut innocens et quieta rusticitas, peculiaris patrocinii, id est, defensoris locorum beneficio perfruatur, et apud eum in pecuniariis causis litigandi habeat facultatem.

Dat. 4, id. aug. Valentiniano et Valente AA. utrisque II Conss. 368.

4. *Imppp. Grat. Valentin. et Theod.* AAA.
Theodoro, defensori.

In defensoribus universarum provinciarum erit administrationis hæc forma, et tem-

TITRE LV.

Des Défenseurs des villes.

1. *Les empereurs Valentinien et Valens,*
à Sénèque, défenseur.

Si quelqu'un a cru devoir vous consulter sur des causes de peu de valeur, c'est-à-dire, au-dessous de cinquante sous, qu'il plaide devant votre tribunal. Comme lorsque quelqu'un demande que vous lui fassiez restituer une dette légitime, un esclave échappé par la fuite, un excédent non dû de contribution ou autre chose semblable. Quant aux autres causes qui vous paraîtront appartenir à un tribunal supérieur, renvoyez-les au gouverneur ordinaire de la province.

Fait le 15 des calendes de janvier, sous le consulat des empereurs Valentinien et Valens. 365.

2. *Les mêmes empereurs, à Probus, préfet*
du prétoire.

Que les défenseurs des cités ne soient pas pris parmi les décurions ou les cohortaux ; mais qu'on choisisse, pour exercer cette charge, parmi les autres personnes capables.

Fait sous le même consulat, le 2 des nones de novembre. 265.

3. *Les mêmes et l'empereur Gratien, au*
sénat.

Il a paru utile que l'innocent et paisible paysan jouisse de l'avantage qui résulte de l'institution des défenseurs des villes, et ait la faculté de porter à ce tribunal ses causes pécuniaires.

Fait le 4 des ides d'août, sous le 2.e consulat des empereurs Valentinien et Valens. 368.

4. *Les empereurs Gratien, Valentinien et*
Théodose, à Théodore, défenseur.

Les défenseurs des villes, en quelques provinces qu'ils résident, doivent administrer d'après les règles que nous allons poser et pendant l'espace de cinq ans. Vous devez tenir au peuple lieu de père, empêcher qu'on ne surcharge trop les cultivateurs ainsi que les habitans des villes, vous opposer à l'insolence des officiaux et des juges en leur rendant toutefois les respects qui leur sont dus, et jouir de la libre faculté d'avoir, à votre volonté, audience chez le juge. Faites en sorte qu'on ne lèse et ne surcharge illicitement ceux que vous devez défendre comme vos enfans, et ne souffrez point que des fonctionnaires publics exigent de vos administrés plus qu'il ne leur est accordé pour leurs appointemens; parce qu'il est certain que c'est le seul moyen de les garantir des pertes de cette sorte.

Fait à Constantinople, le 11 des nones de janvier, sous le consulat d'Arcadius et de Bauton. 385.

5. *Les empereurs Valentinien, Théodose et Arcadius, à Potamius, préfet augustal.*

Que les défenseurs des villes n'exigent et ne demandent rien d'illicite et d'indû, et qu'ils ne puissent exercer leur office que par eux-mêmes. Qu'ils n'infligent aucune amende, qu'ils n'exercent aucune torture trop sévère, qu'ils garantissent le peuple et les décurions de l'insolence et de la témérité des méchans, et enfin qu'ils justifient en tout le nom qu'ils portent.

Fait à Constantinople, le 3 des nones de mars, sous le deuxième consulat de l'empereur Arcadius et le premier de Ruffin. 392.

6. *Les mêmes empereurs, à Tatien, préfet du prétoire.*

Que dans toutes les régions ravagées par des voleurs cruels et insensés, on place des défenseurs sévères et éprouvés. Qu'ils président aux affaires particulières, et ne multiplient point les crimes en les laissant impunis. Et enfin qu'ils poursuivent ceux qui par la faveur et les secours

pus quinquennii spatii metiendum : scilicet ut in primis parentis vicem plebi exhibeas, descriptionibus rusticos urbanosque non patiaris affligi, officialium insolentiæ, et judicum procacitati (salvâ reverentiâ pudoris) occurras, ingrediendi, cùm voles, ad judicem liberam habeas facultatem, super exigendi damna, vel spolia plus petentium ab iis quos liberorum loco tueri debes, excludas : nec patiaris quicquam ultrâ delegationem solitam ab iis exigi, quos certum est, nisi tali remedio non posse reparari.

Dat. 11 non. jan. Constantinopol. Arcadio et Bautone Conss. 385.

5. *Imppp. Valent., Théod. et Arcad. ᴀᴀᴀ. Potamio, præfecto augustali.*

Defensores nihil sibi insolenter, indebitum vindicantes, nominis sui tantùm fungantur officio : nullas infligant multas, sæviores non exerceant quæstiones, plebem vel decuriones ab omni improborum insolentiâ et temeritate tueantur : ut id tantum, quod esse dicuntur, esse non desinant.

Dat. 3, non. mart. Constantin. Arcad. ᴀ. 11 et Rufino Conss. 392.

6. *Iidem ᴀᴀᴀ. Tatiano, ᴘ. ᴘ.*

Per omnes regiones, in quibus fera et periculi sui nescia latronum fervet insania probatissimi quique et districtissimi defensores adsint disciplinæ : et quotidianis actibus præsint, qui non sinant crimina impunita coalescere : removeant patrocinia quæ favorem reis, et auxilium scelerosis

32 *

impertiendo , maturari scelera fecerunt.

Dat. 5, id. april. Arcadio A. 11 et Rufino Conss. 392.

7. *Impp. Honor. et Theod.* AA. *Cæciliano ,*
P. P.

Defensores civitatum oblatos sibi reos in
ipso latrocinio, vel congressu violentiæ, aut
perpetrato homicidio aut stupro vel rap-
tu vel adulterio deprehensos, et actis publicis sibi traditos : expresso crimine cum
iis à quibus fuerint accusati, mox sub ido-
neâ persecutione ad judicium dirigant.

Dat. 12, cal. feb. Rau. Honor. VIII et
Theod. III AA. Conss. 405.

8. *Impp. Honor. et Theod.* AA. *Cæcilio,* P. P.

Defensores ita præcipimus ordinari, ut
sacris orthodoxæ religionis imbuti mysteriis, reverendissimorum episcoporum, necnon clericorum, et honoratorum , ac possessorum, et curialium decreto constituantur , de quorum ordinatione referendum est
ad illustrissimam prætorianam potestatem,
ut litteris ejusdem magnificæ sedis eorum
solidetur auctoritas.

§. 1. Quòd si quid à quâlibet personâ
contrà publicam disciplinam in læsionem
possessorum fieri cognoverint defensores,
referendi habeant potestatem ad illustres
et magnificos viros præfectos prætorii , et
illustres viros magistros equitum et peditum, magistros etiam officiorum , et comites tàm sacrarum largitionum quàm rerum
privatarum.

Dat. 15, calend. febr. Ravennæ, Honorio VIII et Theodosio III AA. Conss. 409.

9. *Iidem* AA. *Cæcilio,* P. P.

Jubemus, curâ ac solertiâ defensorum,
minimè possessores majoribus mensuris et

qu'ils accordent aux coupables, excitent et
préparent les crimes.

Fait le 5 des ides d'avril, sous le 2.e consulat de l'empereur Arcadius et le 1.er de
Rufinus. 392.

7. *Les empereurs Honorius et Théodose ,
à Cécilien, préfet du prétoire.*

Lorsque des criminels prévenus de vol ,
de violence , de meurtre, de rapt ou d'a-
dultère , sont traduits devant les défenseurs
de la ville, que ces derniers, s'ils jugent que
les accusations soient fondées, les renvoient
sous bonne escorte (avec les accusateurs)
aux juges.

Fait à Ravennes, le 12 des calendes de
février, sous le 8.e consulat de l'empereur
Honorius et le 3.e de l'empereur Théodose.
405.

8. *Les empereurs Honorius et Théodose, à
Cecilius , préfet du prétoire.*

Nous ordonnons que les défenseurs de
la ville soient pris parmi ceux qui professent la religion chrétienne , et nommés en
vertu d'un décret des évêques , des clercs ,
des *honorés*, des propriétaires et des curiaux. Ce décret doit être communiqué à la
préfecture prétorienne , afin que le préfet
confirme par son autorité cette nomination.

§. 1. Si les défenseurs découvrent qu'il
soit fait quelque chose par qui que ce soit,
de contraire aux intérêts publics et des
propriétaires, qu'ils aient la faculté d'en
informer les préfets de prétoires, les chefs
de la cavalerie ainsi que de l'infanterie , les
maîtres des offices , les comtes de nos
largesses, ainsi que ceux de nos affaires
privées.

Fait à Ravennes, le 15 des calendes de
février, sous le 8.e consulat de l'empereur
Honorius et le 3.e de l'empereur Théodose.
409.

9. *Les mêmes empereurs , au même.*

Nous ordonnons que les défenseurs, par
leurs soins et leur surveillance, empêchent

que les propriétaires ne soient injustement
surchargés par les receveurs des contributions publiques; que si ces derniers sont
surpris dans ce crime, il les renvoient aux
juges en leur donnant les preuves qu'ils ont
du crime dont il s'agit.

§. 1. Nous permettons encore à nos sujets des provinces, si les défenseurs ont
refusé de recevoir leurs réclamations sur les
injustices et les extorsions qui leur ont été
faites, de rédiger leurs plaintes, de les
présenter au peuple, à l'époque où l'affaire
doit être discutée, dans le lieu le plus fré-
quenté de la ville, d'assembler les scribes,
les tabellions, et de sommer les autres fonctionnaires publics de recevoir les plaintes,
afin que, malgré les défenseurs, les réclamations étant reçues par des personnes
publiques, on puisse examiner la foi qu'elles
méritent, et que si elles sont trouvées justes,
les juges poursuivent rigoureusement ceux
qui ont refusé de les recevoir.

Fait à Ravennes, le 11 des calendes de
février, sous le 8.ᵉ consulat de l'empereur
Honorius et le 3.ᵉ de l'empereur Théodose.
409.

10. *Les empereurs Théodose et Valentinien,*
à Cyrus, préfet du prétoire.

Nous ordonnons qu'il ne soit permis à
aucun des défenseurs des villes d'abandonner ses fonctions, à moins qu'il ne vous
montre une autorisation impériale, et que
les gouverneurs des provinces ainsi que les
autres juges et ceux qui présenteraient de
faux rescrits, soient condamnés à l'amende
de trente livres d'or, si l'autorité du prince
est méprisée dans cette matière.

Fait à Constantinople, le 15 des calendes de septembre, sous le consulat de
Cyrus. 441.

ponderibus à susceptoribus pregravari, sed
eos deprehensos ad judicium dirigi cum ipso
commissæ fraudis judicio.

§. 1. Illud etiam fieri permittimus, ut
si provincialibus nostris contestari injurias
seu læsiones suas cupientibus actorum con-
fectio, à defensoribus denegetur : licentia
eis tribuatur querelæ propriæ libellum cons-
criptum eo tempore quo fuerat contestan-
dum, in frequentioribus civitatum locis
proponendi, conveniendisque, scribas tabu-
larios, et cætera officia publica commo-
nendi, per quæ libellum colligi oportebit,
atque invitis suprà memoratis personis sub
actorum confectione ingerendi, quorum
quæstione fides possit inquiri, quâ probatâ, in eos quos gestorum petitam confectionem negasse constiterit, vigor judi-
ciarius exerceatur.

Dat. 11, calend. febr. Ravennæ, Honorio VIII et Theodosio III AA. Conss. 409.

10. *Impp. Theod. et Valentin. AA. Cyro,*
P. P.

Nulli defensorum licere decernimus, si
de publicâ sollicitudine voluerit se liberare,
nisi divinos affatus intimaverit tuæ sublimitatis judicio : triginta librarum auri pœnam
tàm moderatoribus provinciarum quàm cæteris judicibus, vel temeratoribus sacri nostri oraculi subituris, si neglecta fuerit auctoritas principalis.

Dat. 15 calendas septemb. Constantin.
Cyro V. C. Conss. 441.

TITULUS LVI.

De Magistratibus municipalibus.

1. *Imp. Constantinus* ▵. *ad Florentium*, P. P.

DECURIONES ad magistratum vel exactionem annonarum antè tres menses vel amplius nominari debent, ut si querimonia eorum justa videatur, sine impedimento in absolvendi locum alius subrogetur.

Dat. idib. april. Constantinopoli, Severo et Rufino, Couss. 323.

2. *Impp. Valentin. et Valens* ▵▵. *ad Germanianum.*

Magistratus conficiendorum actorum habeant potestatem.

Dat. 13 calend. januar. Gratiano N. P. et Dagalaipho Couss. 366.

TITULUS LVII.

De Officio juridici Alexandriæ.

1. *Impp. Leo et Anthem.* ▵▵. *Alexandro duci et* P. P. august.

JUBEMUS apud Alexandrinæ dumtaxat clarissimæ civitatis juridicum licitum et concessum esse singulis quibuscumque volentibus donationis conscriptæ solemniter instrumenta reserare : eisdemque robur adjiciat gestorum series apud eumdem confecta, tanquàm si apud virum clarissimum moderatorem provinciæ vel magistratus vel defensores plebis habita fuisse dicerentur.

TITRE LVI.

Des Magistrats municipaux.

1. *L'empereur Constantin*, à *Florentius*, *préfet du prétoire.*

QUE les décurions soient nommés pour exercer les fonctions de magistrats ou de receveurs des annones, trois mois ou davantage avant le terme auquel ceux qui exercent actuellement ces fonctions doivent les cesser, afin que s'ils offrent de justes réclamations, on puisse sans inconvénient les remplacer.

Fait à Constantinople, pendant les ides d'avril, sous le consulat de Sévère et de Rufin. 323.

2. *Les empereurs Valentinien et Valens*, à *Germanien.*

Que les magistrats municipaux aient la faculté de recevoir des actes.

Fait le 13 des calendes de janvier, sous le consulat de Gratien et de Dagalaïphe. 366.

TITRE LVII.

De l'Office du juge d'Alexandrie.

1. *Les empereurs Léon et Anthemius*, à *Alexandre*, *préfet augustal.*

NOUS ordonnons qu'il soit accordé à tous ceux qui le désireront, la faculté de passer des actes authentiques, dont l'objet est des donations devant le juge de l'illustre ville d'Alexandrie, seule ville qui jouisse de ce privilége Ces actes doivent avoir la même force que s'ils avaient été reçus par un gouverneur de province, un magistrat municipal ou un défenseur du peuple.

CODICIS
DOMINI JUSTINIANI,
SACRATISSIMI PRINCIPIS,
EX REPETITA PRÆLECTIONE.

CODE
DE L'EMPEREUR JUSTINIEN,
DE LA SECONDE ÉDITION.

LIVRE SECOND.
TITRE PREMIER.
De la dénonciation de l'action.

1. *L'empereur* ANTONIN PIE, *à* EMILIUS.

EXAMINEZ vous-même de quelles preuves vous pourrez vous servir pour prouver que la somme que vous dites avoir déposée vous est due ; car la demande que vous faites que votre adversaire produise ses livres, ne peut vous être accordée. Il n'appartient ordinairement qu'au juge, lorsqu'il a de justes motifs, de demander cette exhibition de livres.

Fait le 4 des calendes d'octobre, sous le 2.e consulat de Sabinus et le 1.er de Sévère. 156.

2. *Les empereurs Sévère et Antonin, à Faustus.*

Celui auprès duquel l'affaire est discutée, a l'autorité de se faire représenter les actes authentiques passés devant des personnes publiques, soit qu'ils concernent le civil ou

LIBER SECUNDUS.
TITULUS PRIMUS.
De Edendo.

1. *Imp.* ANTONINUS PIUS A. AEMILIO.

IPSE dispice quemadmodum pecuniam quam te deposuisse dicis, deberi tibi probes; nam quod desideras, ut rationes suas adversaria tua exhibeat : id ex causâ ad judicis officium pertinere solet.

P. P. 4. calend. octobr. Sabino II et Severo, Conss. 156.

2. *Impp. Severus et Antoninus AA. Fausto.*

Is apud quem res agitur, acta publica tàm civilia quàm criminalia exhiberi inspicienda ad investigandam veritatis fidem jubebit.

Dat. non. jul. Severo A. et Albino Conss. 193.

3. *Iidem AA. Valenti.*

Edita actio speciem futuræ litis demonstrat, quam emendari vel mutari licet, prout edicti perpetui monet auctoritas, vel jus reddentis decernit æquitas.

Dat. 2, calend. septemb. Severo III et Antonino AA. Conss. 203.

4. *Imp. Antoninus A. Epaphrodito.*

Qui accusare volunt, probationes habere debent : cùm neque juris neque æquitatis ratio permittat, ut alienorum instrumentorum inspiciendorum potestas fieri debeat. Actore enim non probante, qui convenitur, et si nihil ipse prestat, obtinebit.

P. 1, 5. Id. mart. Duobus et Aspris Conss. 223.

5. *Imp. Alexander, A. Valentinianæ.*

Non est novum, cum à quo petitur pecunia, implorare rationes creditoris ut fides veri constare possit. P. P.

7. Id. mart. Maximo II. et Aeliano Cons. 224.

6. *Idem, A. Uranio.*

Justum est desiderium ejus, à quo pecunia petitur, licet nomine publico ut rationibus publicis exhibitis constet, quantum sub nomine suo solutum sit.

P P. 16. Calend. decemb. Maximo II, et Aeliano. Conss. 224.

le criminel, lorsque la recherche de la vérité l'exige.

Fait pendant les nones de juillet, sous le consulat de l'empereur Sévère et celui d'Albinus. 193.

3. *Les mêmes empereurs, à Valens.*

L'action étant intentée, il n'existe que l'image d'un procès futur. C'est pourquoi il est permis au demandeur, en vertu de l'édit perpétuel, ou lorsque l'équité des juges le lui accorde, de corriger ou de changer sa première demande.

Fait le 2 des calendes de septembre, sous le 3.e consulat de l'empereur Sévère et le 1.er de l'empereur Antonin. 203.

4. *L'empereur Antonin, à Epaphrodite.*

Ceux qui veulent accuser doivent fournir les preuves de ce qu'ils avancent; car le droit ainsi que l'équité exigent que l'accusé ne soit point forcé à fournir lui-même les preuves de ce dont on l'accuse. C'est pourquoi si le demandeur ne prouve point ses assertions, quoique le défendeur n'ait fourni aucune défense, ce dernier sera acquitté.

Fait le 5 des ides de mars, sous le consulat des deux Osper. 223.

5. *L'empereur Alexandre, à Valentiniana.*

Ce n'est pas nouveau que celui à qui on demande une somme exige la représentation des livres de son créancier, afin de s'assurer de la vérité de la dette.

Fait le 7 des ides de mars, sous le 2.e consulat de Maxime et le 1.er d'Élien. 224.

6. *Le même empereur, à Uranius.*

Il est juste que celui à qui on demande une somme, quand même ce fût l'état qui la lui demandât, puisse s'assurer, par l'inspection des registres publics, de ce qu'il a déjà payé.

Fait le 16 des calendes de décembre, sous le consulat mentionné ci-dessus. 224.

7. Le même, à Valens.

Le procureur de nos affaires privées, vous permettra, comme c'est l'usage, de prendre copie des actes authentiques que vous dites vous être communs avec le fisc, si le cas exige que vous produisiez quelqu'un de ces actes auprès d'un autre tribunal, comme une preuve de ce que vous avancez; et si votre adversaire ne veut pas se contenter de la copie, le procureur de César ordonnera que l'original soit produit.

Fait le 6 des calendes de mars, sous le consulat de Fuscus et de Dexter. 226.

Authentique extraite de la Novelle 119, ch. 3.

La mention qui est faite dans un acte authentique d'un autre acte semblable précédent, ne mérite aucune foi, à moins que l'acte qui est le sujet de la mention, ne soit produit, ou qu'on ne produise d'autres preuves légitimes de ce que porte l'acte mentionné : parce que la quantité dont ce dernier acte parle, ne peut par le seul fait de cette mention, être regardée comme vraie. On retrouve ce principe dans le droit ancien.

8. Le même empereur, à Florus.

Les dispositions des rescrits de mon père l'empereur Antonin, ainsi que celles contenues dans les miens, sont conformes aux principes de l'équité et du droit. Elles ne sont point opposées ni contraires les unes aux autres. Car il y a bien de la différence dans le désir que peut avoir le défendeur de repousser par l'exception de dol et par la demande qu'il fait au demandeur des preuves par lesquelles il prétend se défendre contre les prétentions de son adversaire, désir que l'équité même exige qu'on lui accorde, et celui du demandeur qui demande au défendeur les preuves de l'action qu'il intente contre lui. En effet, les premières preuves sur lesquelles le demandeur appuie les prétentions, ne doi-

7. Idem A. Valenti.

Procurator privatæ rationis, instrumentorum quæ communia tibi esse cum fisco dicis, describendorum facultatem secundum morem fieri jubebit : et si quandò res exigerit ad fidem petitionis tuæ apud alium judicem probandam, aliquod eorum proferri desiderante eo qui convenitur, ut id fiat precipiet.

PP. 10 cal. Mart. Fusco et Dextro. Conss. 226.

Authent. ex Novell. 119, cap. 3.

Si quis in aliquo documento mentionem faciat alterius documenti, nulla ex hâc memoriâ fiat exactio: nisi aliud documentum, cujus memoria in secundo facta est, proferatur, aut alia secundùm leges quantitatis debitæ probatio exhibeatur, quià quantitas, cujus memoria facta est, pro veritate debeatur, hoc enim et in veteribus legibus invenitur.

8. Idem A. Floro.

Et quæ à divo Antonino patre meo, et quæ à me rescripta sunt, cum juris et equitatis rationibus congruunt. Nec enim diversa sunt vel discrepantia, quod multum intersit an ex parte ejus qui aliquid petit, quique doli exceptione submoveri ab intentione petitionis suæ potest, rationes promi reus desideret, quibus se posse instruere contendit, quod utique ipsa rei æquitas suadet, an vero ab eo, à quo aliquid petitur, actor desideret rationes exiberi ; quandò hoc casu non opportet originem petitionis ex instrumentis ejus, qui convenitur fundari.

PP. calend. octobr. Fusco et Dextro. Conss. 226.

TITULUS II.

De in jus vocando.

1. *Imp. Alexander* A. *Trophinio.*

Sicut bonis moribus convenit, reverentiam manumissoris uxori præberi : ita, re exigente, in jus eam sine permissu prætoris vocari, prohibitum est.

PP. 4 cal. apri. Agricola et Clementino. Conss. 231.

2. *Imp. Gordianus,* A. *Nocturno.*

Venia edicti non petita patronum seu patronam, eorumque parentes, et liberos hæredes insuper, et si extranei sint, à libertis seu liberis eorum, non debere in jus vocari, jus certissimum est : nec in eâ re rusticitati venia prebeatur, cùm naturali ratione honor hujusmodi personis debeatur. Cùm igitur confitearis patroni tui filium sine permissu præsidis te in jus vocasse, pœnam edicto perpetuo præstituram rescripto tibi concedi temerè desideras.

PP. 8 id. novemb. Gordiano A et Aviola Conss. 240.

3. *Impp. Diocletian et Maximian.* AA. *Rosanæ.*

Qui in potestate patrum agunt, adversùs eos experiri non possunt. Si igitur eman-

---

vent pas être fondées sur les pièces qui appartiennent à son adversaire.

Fait pendant les calendes d'octobre, sous le consulat de Fuscus et de Dexter. 226.

TITRE II.

De la Citation en justice.

1. *L'empereur Alexandre, à Trophinius.*

Les bonnes mœurs exigent que l'affranchi porte du respect à la femme de son patron; il est nécessaire qu'il ne puisse appeler en justice l'épouse de ce dernier, sans qu'il en ait obtenu préalablement la permission du préteur.

Fait le 4 des calendes d'avril, sous le consulat d'Agricola et de Clémentin. 231.

2. *L'empereur Gordien, à Nocturnus.*

C'est un point très-certain du droit, que les patrons, les patrones, leurs ascendans ou leurs descendans ainsi que leurs héritiers, quand même ils ne seraient pas parens, ne peuvent être appelés en justice par les affranchis ou les enfans de ces derniers, s'ils n'ont profité du bénéfice de l'édit, et dans ce cas, l'ignorance du droit n'est pas admise, parce que c'est la raison naturelle elle-même qui exige qu'il soit rendu de l'honneur à ces sortes de personnes. Ainsi en avouant vous-même avoir cité en justice le fils de votre patron sans en avoir obtenu préalablement la permission du président, c'est en vain que vous désirez que je vous exempte par un rescrit de la peine que vous avez encourue en vertu de l'édit.

Fait le 8 des ides de novembre, sous le consulat de l'empereur Gordien et d'Aviola.

3. *Les empereurs Dioclétien et Maximien, à Rosana.*

Ceux qui vivent sous la puissance de leurs parens, ne peuvent intenter aucune action contre eux; mais si vous êtes émancipée, vous pourrez en intenter; dans ce cas vous profiterez du bénéfice de l'édit. Ces dispositions s'appliquent également à la mère.

Fait le 8 des ides de novembre, sous le 2.ᵉ consulat de l'empereur Dioclétien et le 1.ᵉʳ de l'empeur Maximien. 289.

cipata es, venia edicti petita hoc facere non prohiberis, quod et in matris personâ observandum est.

PP. 8 id. novem. Diocletiano II et Maximiano AA. Conss. 287.

TITRE III.

Des Pactes.

1. *Les empereurs Sévère et Antonin, à Philinus.*

L'INCERTITUDE d'une condition peut être ôtée légitimement entre les deux frères, par l'effet d'une convention faite entre eux. Avouant donc que les expressions du fidéicommis exigent que dans le cas où votre père mourût sans enfans, il restituerait sa portion de l'hérédité à Licinius Fronton, le pacte qu'il avait fait pendant le temps qu'il n'avait point d'enfans, par lequel il avait cédé la sixième partie de l'hérédité à Licinius Fronton, ne peut paraître illégitime, quoiqu'après le partage fait, il soit mort en vous laissant au monde.

Fait le 7 des calendes de décembre, sous le 2.ᵉ consulat de l'empereur Sévère et celui de Victorin. 204.

2. *Les empereurs Sévère et Antonin, à Claude.*

Si après avoir vendu l'hérédité, vous pouvez prouver que les créanciers de cette hérédité ont dirigé leurs actions contre les acquéreurs, et que ceux-ci ne les ont point repoussées, vous pouvez excepter utilement de ce pacte tacite.

Fait la veille des ides de février, sous le 3.ᵉ consulat de l'empereur Sévère et celui de l'empereur Antonin.

3. *Les mêmes empereurs, à Restitutus.*

L'esclave d'un créancier peut rendre meilleure la condition de son maître : mais

TITULUS, III.

De Pactis.

1. *Impp. Severus et Antoninus AA. Philino.*

CONDITIONIS incertum inter fratres non iniquis rationibus conventione finitum est. Cùm igitur verbis fideicommissi petitum à patre tuo profitearis, ut si vitâ sine liberis decederet, hæreditatem Licinio Frontoni restitueret, pactum eo tempore de sextante Licinio Frontoni dando, cùm liberos Philinus non sustulerit, interpositum, non idcircò potest iniquum videri, quòd factâ (sicut placuit) divisione, diem suum te filio ejus superstite functus esset.

P P. 7 calend. decemb., Severo A 11 et Victorino. Conss. 204.

2. *Impp. Severus et Antoninus AA. Claudio.*

Post venditionem hæreditatis à te factam, si creditores contra emptores actiones suas movisse probare poteris, eosque eas spontaneâ voluntate suscepisse, exceptione taciti pacti non inutiler defenderis.

P P. Prid. id. feb., Severo III et Antonino AA. Conss. 203.

3. *Iidem AA. Restituto.*

Servus creditoris meliorem causam domini facere potest; in deterius autem refor-

33 *

mare novo pacto non potest obligationem recte constitutam.

P P. 8 calend. april., Severo III et Antonino AA. Conss. 203.

4. *Iidem* AA. *Valeriæ.*

Postquam liti de prædio motæ renuntiasti, causam finitam instaurari posse nulla ratio permittit.

P P. 4 id. febr., Albino et Æmiliano. Conss. 207.

5. *Imp. Antoninus* A. *Demagoræ.*

Creditori tuo si partem pecuniæ exsolvisti de parte verò non petendâ inter te et ipsum convenit, ob causas negotiaque ejus tuo patrocinio fideque defensa : eâ obligatione partim civili jure, partim honorario liberatus es ; nam exceptio perpetua pacti conventi, vel doli, residui petitionem repellit : cùm et solutum per ignorantiam repeti potuisset.

P P. 8 calend. aug. Româ, Antonino A IV et Balbino. Conss. 214.

6. *Idem* A. *Basiliæ.*

Pacta quæ contrà leges, constitutionesque, vel contrà bonos mores fiunt, nullam vim habere indubitati juris est.

P P. Calend. Aug. ijsdem. Conss. 214.

7. *Idem* A. *Julio Maximo.*

Debitori tuo si hæres extitisti, actio quam contrà eum habuisti, aditâ hæreditate confusa est. Sed si eam hæreditatem posteà quàm in judicio obtinuisti, ei tradidisti quem sententiâ superaveras, eâ conditione pactoque, ut tàm cæteris creditoribus, quàm tibi in eo quod tibi deberetur, si eam hæreditatem non adisses, satisfaceret, pacti conventionisque fides servanda

il ne peut par un nouveau pacte rendre désavantageuse une obligation déjà légalement contractée.

Fait le 8 des calendes d'avril, sous le 3.e consulat de l'empereur Sévère, et le 1.er de l'empereur Antonin 203.

4. *Les mêmes empereurs, à Valéria.*

Lorsque vous avez renoncé à une contestation mue au sujet d'un héritage, aucune raison ne permet que vous puissiez renouveler un procès déjà terminé.

Fait le 3 des ides de février, sous le consulat d'Albin et d'Émilien. 207.

5. *L'empereur Antonin, à Demagoras.*

Si vous avez payé à votre créancier une partie de la dette, et qu'il soit convenu entre vous qu'il ne vous demandera pas le restant en considération de ses causes et de ses affaires que vous défendez, vous serez libéré de votre obligation en partie par le droit civil et en partie par le droit honoraire ; car vous pouvez toujours repousser la demande du restant, par l'exception du pacte convenu ou de dol ; puisqu'on peut répéter ce qu'on a payé par ignorance.

Fait à Rome le 8 des calendes d'août, sous le quatrième consulat de l'empereur Antonin, et le premier de Balbinus. 214.

6. *Les mêmes empereurs, à Basilia.*

Il est de droit certain que les pactes faits contre les lois et les constitutions ou les bonnes mœurs, n'ont aucune autorité.

Fait pendant les calendes d'août, sous le même consulat que ci-dessus. 214.

7. *L'empereur Antonin, à Julius Maximus.*

Si vous devenez l'héritier de votre débiteur, l'action que vous aviez contre lui a été éteinte par la confusion depuis l'addition que vous avez faite de l'hérédité ; mais si, après que vous avez obtenu en justice la mise en possession de cette hérédité, vous vous en démettez en faveur de celui qui vous l'a disputée en vain, sous la condition et avec le pacte, qu'*il satisfe-*

rait tant les autres créanciers que vous-même, pour ce qui vous était dû, si vous n'eussiez pas accepté la succession ; une telle convention doit être exécutée, sinon et en cas de contestation, vous aurez l'action de la stipulation, si la convention a été faite par pacte ou l'action *prescriptis verbis*, si on n'a point fait intervenir la stipulation.

Fait le 3 des calendes d'août, sous le quatrième consulat de l'empereur Antonin, et celui de Balbinus. 214.

8. *Le même empereur, à Mucatraulius.*

S'il est prouvé qu'Appollinaire se soit chargé de faire paître des troupeaux à mi-fruits, *c'est-à-dire, à condition que le profit de leur croît serait partagé entre le propriétaire et le berger en telles portions qu'ils conviendraient,* le juge le forcera à accomplir ce pacte.

Fait le 4 des calendes d'octobre, sous le second consulat de l'empereur Alexandre. 227.

9. *L'empereur Alexandre, à Dionysius.*

Lorsque l'adversaire de votre mère, après qu'il a perdu sa cause, la fait consentir par surprise à le garantir, *qu'elle n'élèvera aucune contestation touchant ses esclaves,* ce pacte fait de mauvaise foi est nul ; et lorsque, en vertu de convention il actionnera votre mère, le juge la déchargera de la demande.

Fait la veille des ides de septembre, sous le second consulat d'Alexandre et celui de Marcellus. 227.

10. *Le même empereur, à Nicas.*

Les conditions que vous avez imposées à la dot que vous constituez à votre fille doivent être observées ; et on ne pourra vous opposer cette maxime vulgaire, qu'*il ne naît aucune action d'un pacte.* Ce droit a lieu lorsque le pacte est nu ; mais il en est autrement, lorsqu'on donne une somme, et que l'on convient de quelque chose touchant sa restitution, l'action personnelle, dans ce cas, est utile.

est quæ si non servatur, ex stipulatu, si modò pacto subjecta est, dabitur actio, vel prescriptis verbis, si stipulatio non interveniat.

PP. 3 calend. Augusti, Antonino A iv et Balbino. Conss. 214.

8. *Idem A. Mucatraulio.*

Si pascenda pecora partiaria, id est, ut fœtus eorum portionibus, quibus placuit, inter dominum et pastorem dividantur, Apollinarem suscepisse probabitur. fidem pacto præstare per judicem compelletur.

PP. 4 cal. octob. Alexandro A ii et Marcello. Conss. 227.

9. *Imp. Alexander A. Dionysio.*

Cùm posteà quàm adversarius matris tuæ victus esset, matrem tuam circumvenerit, ut ei caveret nullam se controversiam de servis moturam, id pactum malâ fide factum, irritum est ; et cum ex eâ conventione cum matre tuâ agi cœperit, judex eam liberabit.

PP. prid. id. septembr. Alexandro A ii et Marcello. Conss. 227.

10. *Idem A. Nicæ.*

Legem, quam dixisti, cùm dotem pro alumnâ dares, servari oportet ; nec obesse tibi poterit, quod dici solet, ex pacto actionem non nasci ; tunc enim hòc jure utimur, cùm pactum nudum est ; alioquin cùm pecunia datur, et aliquid de reddendâ eâ convenit, utilis est condictio.

P P. 3 calend. mart. Albino et Maximo.
Conss. 227.

11. *Idem* A. *Capitoni.*

Ex conventione quidem , quâ pactam
novercam tuam cum patre tuo dicis cùm
fundum in dotem daret, ut creditoribus,
quibus fuerant prædia obligata, usuras
solveret. Actio tibi adversùs eam competere
non potest, etsi pactum in stipulationem
deductum probetur. Sed si fundus æstimatus
(ita ut pars instrumenti significat) in dotem
datus est, *ex vendito* actio, ut placitis stetur , competit.

P P. non. decembr. ipso A III et Dione
II. Conss. 230.

12. *Idem* A. *Flacillæ.*

Pacta novissima servari oportere, tàm
juris quàm ipsius rei æquitas postulat ;
quapropter si conventione quæ præcessit
diversa pars usuram se non esse consensit ,
et maximè si (ut proponis) id etiam apud
acta presidis adseveravit , actionem quæ
super primâ conventione fuerat, exercere
non prohiberis.

P P. 3 calend. martii. Agricola et Clemente. Conss. 231.

13. *Imp. Maximinus* A. *Mario.*

In bonæ fidei contractibus ita demum ex
pacto actio competit, si in continenti fiat;
nam quod posteà placuit, id non petitionem , sed exceptionem parit.

P P. 5 id. januar. Maximino A et Africano.
Conss. 237.

14. *Imp. Gordianus* A. *Cælio, militi.*

Si pacto quo pœnam adversarium tuum
promisisse proponis, si placito non stetis-
set, stipulatio subjecta est : ex stipulatu

Fait le 3 des calendes de mars , sous
le consulat d'Albin et de Maxime. 228.

11. *Le même empereur, à Capiton.*

Vous prétendez qu'il a été convenu entre
votre père et votre belle-mère, lorsqu'elle a
donné un fonds en dot, qu'*elle paierait
les intérêts aux créanciers à qui ce fonds
était obligé et hypothéqué.* Cette convention
ne peut, à la vérité, vous donner aucune action contre elle, quoiqu'il soit prouvé que le
pacte a été revêtu de la stipulation. Mais si on
a constitué en dot un fonds estimé (ainsi
qu'il est porté dans l'acte), vous avez alors
l'action *ex vendito ,* pour demander l'exécution de la convention.

Fait pendant les nones de décembre ,
sous le troisième consulat du même empereur, et le second de Dion. 230.

12. *Le même empereur, à Flacilla.*

L'équité de droit comme l'équité de la
chose même, exige qu'on observe les pactes
les plus nouveaux : c'est pourquoi si, par
une première convention, les créanciers
consentent à ce que la créance ne produise aucun intérêt, et si (comme vous le
prétendez) ils ont fait la même déclaration devant le président de la province,
vous pouvez exercer l'action que vous ayiez
en vertu de la première convention.

Fait le 3 des calendes de mars , sous le
cons. d'Agricola et de Clément. 231.

13. *L'empereur Maximin , à Marius.*

Dans les contrats de bonne foi , il naît
une action du pacte, s'il est fait en même
temps que les contrats ; car ce qu'on a convenu dans la suite, ne produit pas une action , mais seulement une exception.

Fait le 5 des ides de janvier , sous le
cons. de l'empereur Maximin et celui d'A-
fricain. 237.

14. *L'empereur Gordien , au soldat Célius.*

Si vous avez ajouté une stipulation au
pacte par lequel vous prétendez que votre
adversaire s'est soumis à une peine, au cas

où *il refuserait d'exécuter la convention*, vous pouvez, en vertu de la stipulation, poursuivre l'exécution de ce qui est porté par la convention, ou bien exiger la peine établie par la stipulation, selon ce qui se pratique ; car vous demanderiez en vain que les biens de votre adversaire vous fussent transférés sans formalité solennelle.

Fait pendant les calendes d'avril, sous le second cons. de l'empereur Gordien, et le premier de Pompéien. 242.

15. *Les empereurs Valentinien, Galien, et le César Valérien, à Pactumeius.*

Ce pacte contenu dans un acte de constitution de dot, et par lequel le père est convenu avec la fille qu'il a mariée, qu'*elle serait son héritière par égale portion avec son frère*, ne peut en aucune manière obliger le père ni lui ôter faculté de tester.

Fait le 10 des calendes de mars, sous le consulat d'Émilien et de Bassus. 267.

16. *Les empereurs Dioclétien et Maximien, à Diaphantus.*

Vous dites que des fils héritiers institués par un testament ont été priés en ces termes : *que celui qui décéderait le premier remettrait à l'autre sa portion de l'hérédité* ; comme vous assurez que les frères ont consenti à se désister de cette substitution précaire, il n'y a pas lieu, dans ce cas, à demander le fidéicommis.

Fait le 4 des ides de février, sous le second consulat de Maxime, et le premier d'Aquilien. 286.

17. *Les mêmes empereurs, à Deximachus.*

Le président de la province ordonnera l'exécution d'un pacte qu'on constatera avoir été fait de bonne foi, quoiqu'il n'existe aucune écriture, si d'ailleurs la vérité du fait peut être prouvée d'une autre manière.

Fait le 9 des calendes de juillet, sous le consulat désigné ci-dessus. 286.

---

agens, vel id quod in conventionem devenerat, ut fiat consequeris : vel pœnam stipulatione comprehensam more judiciorum exiges, nam bona adversarii tui in te transferri citrà solemnem ordinem, frustrà deprecaris.

P P. cal. april. Gordiano A. II et Pompeiano Conss. 242.

15. *Impp. Valentin. et Gallien. AA. et Valerian., nobilis Cæs. Pactumeio.*

Pactum quod dotali instrumento comprehensum est, ut si pater vitâ fungeretur, ex æquâ portione ea quæ nubebat, cum fratre hæres patri suo esset, neque ullam obligationem contrahere, neque libertatem testamenti faciendi mulieris patri potuit auferre.

PP. 10 cal. Mart. Æmiliano et Basso Conss. 267.

16. *Impp. Dioclet. et Maximian. AA. Diaphanto.*

Cùm proponas filios testamento scriptos hæredes rogatos esse, ut qui primus rebus humanis eximeretur, alteri portionem hæreditatis restitueret, quoniam precariam substitutionem fratrum consensu remissam adseris, fideicommissi persecutio cessat.

PP. 3. id. febr. Maximo II. et Aquilino Conss. 286.

17. *Iidem AA. Deximacho.*

Pactum quod bonâ fide interpositum docebitur, etsi scripturâ non existente, tamen si aliis probationibus rei gestæ veritas comprobari potest, præses provinciæ secundùm jus custodiri efficiet.

Dat. 9 cal. jul. iisdem Conss. quibus suprà. 287.

18. *Iidem*, ᴀᴀ. *Julio et Aemilio.*

, Si creditores vestros ex parte debiti admisisse quemquam vestrum pro suâ personâ solventem probaveritis, aditus rector provinciæ pro suâ gravitate, ne alter pro altero exigatur, providebit.

PP. 7 id. januar. Diocletiano III et Maximiano ᴀᴀ. Conss. 287.

19. *Iidem* ᴀᴀ. *Victoriano militi.*

Licèt inter privatos hujusmodi scriptum quo comprehenditur, ut is qui supervixerit, alter'us rebus potiatur, ne donationis quidem mortis causâ gestæ efficacitur speciem ostendat ; tamen cùm voluntas militum , quæ super ultimo vitæ spiritu , deque familiaris rei decreto quoquo modo contemplatione mortis in scripturam deducitur, vim postremi judicii obtineat , proponasque te ac fratrem tuum ad discrimen prælii pergentes , ob communem mortis fortunam invicem esse pactos , ut ad eum qui superstes fuisset, res ejus cui casus finem vitæ attulisset, pertinerent ; existente conditione intelligitur ex fratris tui judicio (quod principalium constitutionum prompto favore firmatur) etiam rerum ejus compendium ad te delatum esse.

PP. 15 cal. decemb., ipsis XV et III. ᴀᴀ. Conss.

20. *Idem* ᴀᴀ. *et* ᴄᴄ. *Martiali.*

Traditionibus et usucapionibus dominia rerum, non nudis pactis transferuntur.

PP. cal. januar. Ipsis V. et IV. ᴀᴀ. ᴄᴄ. Conss. 293.

21. *Iidem et* ᴄᴄ. ᴀᴀ. *Eusebio.*

Cùm proponas inter vos sine scripturâ placuisse, fratrum tuorum successiones æquis ex partibus dividi , et transactionis causâ probari possit hanc intercessisse conventionem, exceptione te tueri potes , si possides. Quòd si adversarius tuus teneat :

18. *Les mêmes empereurs*, *à Julius et à Emilius.*

Si vous prouvez que vos créanciers ont admis un de vos co-débiteurs à payer une partie de la dette pour sa part , le gouverneur de la province veillera à ce que l'un ne soit pas actionné pour la dette à la place de l'autre.

Fait le 7 des ides de janvier , sous le troisième consulat de l'emp. Dioclétien et le premier de l'emp. Maximien. 287.

19. *Les mêmes empereurs*, *à Victoriana.*

Quoiqu'un écrit privé, dans lequel il est dit, *que celui qui survivra à l'autre aura ses biens*, ne contienne pas les caractères d'une donation à cause de mort; cependant comme la volonté que les soldats expriment par écrit dans leurs derniers momens , et en contemplation de la mort touchant leurs biens de famille, a la force d'une volonté dernière , et que vous dites en conséquence , que, vous et votre frère allant au combat, vous êtes réciproquement communs en considération de la mort; que les biens de celui qui décéderait le premier appartiendraient au survivant; la condition venant à s'accomplir , il est constant d'après la volonté de votre frère (ce qui est confirmé par les constitutions impériales) , que ses biens vous sont transférés.

Fait le 15 des cal. de déc., sous le cons. des mêmes emp. , l'un pour la quinzième fois consul, et l'autre pour la troisième fois.

20. *Les mêmes empereurs*, *à Martial.*

Le domaine des choses se transfère par les traditions et l'usucapion, et non par des nus-pactes.

Fait sous le consulat des mêmes empereurs. 293.

21. *Les mêmes emp. et les Cés.*, *à Eusèbe.*

Lorsque vous dites qu'il a été convenu entre vous , sans écriture , *que les successions de vos frères seraient partagées par égales portions*, et qu'il est prouvé que cette convention a été faite par forme de transaction, vous pouvez, en ce cas, vous défendre par une exception, si vous possédez; mais si votre adversaire détient, vous devez savoir s'il ne naît *aucune action* de cette convention, si vous n'avez jugé à propos d'y ajouter les stipulations. Votre adversaire ne peut se prévaloir de la transaction, à moins qu'il ne soit prêt à exécuter ce qui a été convenu.

Fait pendant les calendes de mai, sous le second consulat de Faustus, et le premier de Gallus. 298.

22. *Les mêmes empereurs et les césars, à Archelaüs.*

Le pacte par lequel un curateur consent à recevoir une moindre quantité que celle qui est due, ne peut nuire à l'adulte mineur; car les tuteurs et curateurs, en exigeant ce qui est dû à leurs pupilles ou mineurs, ne peuvent libérer de l'obligation, même en faisant remise de la dette.

Fait le 18 des cal. de déc., sous le cons. des empereurs nommés ci-dessus, l'un pour la 7.e fois consul, et l'autre pour la 6.e 299.

23. *Les mêmes empereurs et césars, à Honoratus.*

Le fils en composant sur la dette ou en la recevant ne diminue rien à l'obligation contractée envers son père.

Fait le 17 des calendes de décembre, sous le même consulat des empereurs nommés ci-dessus. 299.

24. *Les mêmes emp. et césars, à Domina.*

Quoique vous ayez renoncé à l'action que vous avez contre les héritiers de votre mari à cause des legs ou des fiddi-commis qu'il vous a laissés, en faveur de quelques-uns seulement des héritiers, sachez que les autres héritiers, en faveur de qui vous n'avez pas renoncé ne peuvent vous opposer l'exception du pacte que vous avez fait avec leurs co-héritiers.

Fait le 17 des calendes de janvier, sous le 3e cons. des césars. 300.

25. *Les mêmes emp. et cés., à Euthemerus.*

Les débiteurs ne peuvent, par des pactes faits entre eux, détruire ni changer les droits de leurs créanciers.

Tome I.

---

ex hoc placito nullam actionem natam esse, si tibi stipulatione non prospexisti, debes intelligere; nec adversario tuo transactione uti concedendum est, nisi ea quæ placita sunt, adimplere paratus sit.

PP. Cal. maii, Fausto II. et Gallo Conss. 298.

22. *Iidem, AA. et CC. Archelao.*

Pactum curatoris recipere minorion quantitatem pacicentis, adultæ ætatis suffragium, ne noceat, efficiet : tutores enim et curatores exigentes pupillis et adultis debitum, non etiam remittentes, præstant liberationem obligationis.

PP. 18 cal. decemb. ipsis VII et VI. AA. Conss. 299.

23. *Iidem, AA. et CC. Honorato.*

Filius paciscendo, aut debitum accipiendo, nihil detrahit patris obligationi.

PP. 17 cal. decemb. ipsis VII et VI. AA. Conss. 299.

24. *Iidem, AA. et CC. Dominæ.*

Si actionem legati vel fideicommissi, quam adversùs hæredes mariti quondam tui habuisti, te affectione hæredum aliis remisisse probetur, exceptionem pacti contrà debitores instituenti actiones nocere tibi minimè posse intelligis.

PP. 17 cal. januar. CC. III. Conss. 3co.

25. *Iidem, AA. et CC, Euthemero.*

Debitorum pactionibus, creditorum petitio nec tolli nec mutari potest.

34

Dat. 4 cal. maii, cc. III. Conss. 300.

26. Iidem AA. et cc. Corneliæ.

Pacto successorum debitoris ex lege duodecim tabularum, res alienum hæreditarium pro portionibus quæsitis singulis, ipso jure divisum, in solidum unum obligare creditori non potest, quod et in honorario succedentibus jure locum habet. De chirographis itaque communibus exhibendis cohæredem, vel non perfectis in divisione placitis, convenire quanti tua interest, potes.

PP. 3 id. octob., cc. Conss.

27. Iidem AA. et cc. Aurelio Chresimo.

Petens ex stipulatione, quæ placiti servandi causâ secuta est, seu antecessit pactum, seu post statim interpositum sit, rectè secundum se ferri sententiam postulat.

S. 6 id. novemb. Heracleæ, cc. Conss.

28. Iidem AA. et cc. Leontio.

Si certis annis, quod nudo pacto convenerat, datum fuerit, ad præstandum in posterum indebitum solutum obligare non potuit eum qui pactum fecit, nisi placitis stipulatio intercesserit.

S. 3 non. decem., ipsis VIII et VII. AA. Conss.

29. Imp. Justinianus A. Joanni, P. P.

Si quis in conscribendo instrumento sese confessus fuerit non usurum fori præscriptione propter cingulum militiæ suæ, vel dignitatis, vel etiam sacerdotii prærogativam, licèt anteà dubitabatur si oporteret eamdem scripturam tenere et cùm qui hoc pactus est, non debere adversùs suam

---

Fait le 3 des calendes de mai, sous le 3.e cons. des césars. 300.

26. Les mêmes empereurs, à Cornélia.

Les dettes de la succession étant divisées proportionnellement par un pacte entre les héritiers du débiteur, en vertu de la loi des 12 Tables, ce pacte ne peut obliger un seul des débiteurs envers le créancier pour le total de la dette, ce qui a pareillement lieu à l'égard de ceux qui succèdent par le droit honoraire ; c'est pourquoi vous pouvez actionner, pour ce qui vous concerne, un des co - héritiers, à l'effet de produire les titres communs, ou de prouver qu'il n'y a pas eu de partage.

Fait le 3 des ides d'octobre, sous le cons. des césars.

27. Les mêmes empereurs, à Aurelius Chresimus.

Celui qui demande, en vertu d'une stipulation qu'on a ajoutée pour l'exécution d'une convention, soit qu'un pacte ait précédé, soit qu'il ait été fait aussitôt après, est fondé à demander qu'on juge selon ses prétentions.

Fait à Héraclée, le 6 des ides de novembre, sous le cons. des césars.

28. Les mêmes empereurs, à Léontius.

Si le débiteur a payé ce dont il était convenu par un pacte-nu, il n'a pu obliger celui qui a fait le pacte, à restituer ce qu'il avait payé sans être dû, à moins que la stipulation n'ait été ajoutée à la convention.

29. L'empereur Justinien, à Jean, préfet du prétoire.

Si quelqu'un, en passant un acte, déclare qu'il ne se prévaudra point de l'exception déclinatoire qui lui appartient, à cause de son grade militaire, de sa dignité ou des prérogatives du sacerdoce ; quoiqu'on doutât auparavant s'il fallait suivre cette convention, si celui qui avait fait ce pacte

ne devait point revenir contre son obligation, ou s'il avait la faculté de violer
son engagement et user de son droit, nous
ordonnons que personne ne puisse revenir
contre son engagement, et tromper ainsi
les parties contractantes; car, s'il est statué par l'édit même du préteur *que les
conventions qui ne sont pas contre les lois
et qui sont contractées sans dol, doivent
être entièrement observées*, pourquoi donc,
dans ce cas-là, *le pacte ne serait-il pas
valable ?* et puisque en outre il y a une
autre règle de droit ancien qui dit : *que
toute personne a la faculté de renoncer à
ce qui a été établi en sa faveur :* c'est
pourquoi nous voulons que tous les juges,
tant les juges pedanées que les arbitres
observent ces dispositions dans les causes
qui leur sont soumises, et qu'ils sachent
que s'ils les méprisent, ils sont censés
prévariquer.

Fait à Constantinople, pendant les calendes de septembre, après le cons. de
Lampadius et d'Oreste. *531.* 5

30. *Le même empereur, au même.*

Nous avons été interrogés par le barreau de Césarée sur la question suivante :
Deux ou plusieurs personnes avaient l'espérance qu'une succession leur serait peut-
être dévolue, attendu leur parenté, et
ils ont fait entre eux, sur cette succession
future, des conventions par lesquelles il
était dit spécialement que si, au décès de
la personne, l'hérédité leur était dévolue,
on observerait certaine formalité sur cette
même hérédité; on était en doute pour
savoir si une telle convention devait être
exécutée. Le point qui les embarrassait était
que le pacte avait été fait pendant le vivant de celui dont on attendait la succession. Ces sortes de pactes ne sont pas fondés sur le point certain que la succession
sera dévolue aux contractans; ils dépendent au contraire de ces deux conditions :
si celui dont on attend la succession est

conventionem venire, vel licentiam ei præstare, discedere quidem ab scripturâ, suo
autem jure uti : sancimus nemini licere adversùs pacta sua venire, et contrahentes
decipere, si enim et ipso prætoris edicto
pacta conventa, que neque contrà leges,
neque dolo malo inita sunt, omnimodo
observanda sunt : quare et in hâc causâ
pacta non valeant; cùm alia sit regula juris antiqui, omnes licentiam habere, iis
quæ pro se introducta sunt, renuntiare?
Omnes itaque judices nostri hoc in litibus
observent, et hujusmodi observatio et ad
pedaneos judices, et ad compromissarios,
et arbitros electos perveniat, scituri, quod
si neglexerint, etiam litem suam facere in-
telligantur.

Dat. cal. septemb. Constantinop. post
consulatum Lampadii et Orestis VV. CC.
331. *.331.*

30. *Idem* A. *Joanni,* P. P.

De quæstione tali à cæsariensi advocatione interrogati sumus : « Duabus, vel pluribus personis spes alienæ hæreditatis fuerat ex cognatione forté ad eos devolvendæ;
pactaque inter eos inita sunt pro adven-
turâ hæreditate, quibus specialiter decla-
rabatur, si ille mortuus fuerit, et hæreditas ad eos pervenerit, certos modos in
eâdem hæreditate observari : vel si forté
ad quosdam ex his hæreditatis commodum pervenerit, certas pactiones evenire,
et dubitabatur si hujusmodi pacta servari oporteret ». Faciebat autem eis quæstionem, quià adhuc superstite eo de cujus
hæreditate sperabatur, hujusmodi pactio
processit : et quià non sunt ita confecta,
quasi omnimodo hæreditate ad eos perven-
turâ, sed sub duabus conditionibus composita sunt, SI ILLE MORTUUS FUERIT,
et, SI AD HÆREDITATEM VOCENTUR, II,

QUI HUJUSMODI PACTIONEM FECERUNT.
Sed nobis omnes hujusmodi pactiones odio-
sæ esse videntur, et plenæ tristissimi et
periculosi eventus, quare enim quodam
vivente et ignorante de rebus ejus quidam
paciscentes conveniunt? Secundùm veteres itaque regulas sancimus, omnimodo
hujusmodi pacta, quæ contrà bonos mores inita sunt, repelli, et nihil ex his
pactionibus observari: nisi ipse fortè de
cujus hæreditate pactum est, voluntatem
suam eis accommodaverit, et in eâ usquè
ad extremum vitæ suæ spatium perseveraverit, tunc etenim sublatâ acerbissimâ spe,
licebit eis illo sciente et jubente hujusmodi
pactiones servare: quod etiam anterioribus
legibus et constitutionibus non erat incognitum, licet à nobis clarius est introductum. Jubemus etenim neque donationes
talium rerum, neque hypothecas penitùs
esse admittendas, neque alium quemquam
contractum, cùm in alienis rebus contrà
domini voluntatem aliquid fieri vel pacisci,
secta temporum nostrorum non patitur.

Dat. cal. novemb. Constantinop. post
consulatum Lampadii et Orestis. 531.

TITULUS IV.

De Transactionibus.

1. Imp. Antoninus A. Celerio.

NEQUE pactio neque transactio cum quibusdam ex curatoribus sive tutoribus facta,
auxilio cæteris est in iis quæ separatim
communitterve gesserunt, vel gerere de-
buerunt. Cùm igitur tres curatores habue-

---

mort, et si cette succession sera dévolue
aux contractans. Ces sortes de pactes nous
paraissent odieux et susceptibles d'entraîner
après eux de tristes et funestes effets. Car
pourquoi des personnes disposeraient-elles
des biens d'autrui, du vivant et à l'insu du
maître? Nous ordonnons donc conformément aux anciens principes du droit, que
ces sortes de pactes, faits au mépris des
mœurs, soient absolument nuls, et qu'il
ne soit donné suite à aucune de leurs
dispositions, à moins que celui dont la
succession fait l'objet du pacte, ne le confirme et ne persévère pendant toute sa vie
dans l'approbation qu'il lui a donnée. Car
dans ce cas, ces pactes doivent être observés; parce que tout ce qu'il peut y avoir
d'odieux est détruit par le consentement
et l'approbation donnés par le maître des
biens qui font l'objet des pactes. Ces dispositions n'étant pas tout à fait étrangères
aux anciennes lois et aux constitutions, nous
ne faisons que les ordonner présentement
d'une manière plus claire. Nous ordonnons donc qu'aucune des donations, qu'aucun contrat qui auront pour objet de telles
choses, ne soient admis; nous ordonnons
encore qu'on ne puisse les hypothéquer,
afin que de nos jours, on ne souffre que personne traite ou dispose des biens d'autrui,
sans le consentement du maître.

Fait à Constantinople, pendant les calendes de novembre, après le cons. de Lampadius et d'Oreste. 531.

TITRE IV.

Des Transactions.

1. L'empereur Antonin, à Célérius.

UNE convention ou une transaction faite
avec quelques-uns des tuteurs ou des curateurs ne peut profiter aux autres pour les
biens qu'ils ont géré ou dû gérer séparément ou en commun: ainsi donc si vous

avez trois curateurs, et que vous transigiez avec deux, vous pourrez toujours actionner le troisième.

Fait pendant les calend. de mai sous le consulat de Gentien et de Bassus. 212.

2. Le même empereur, à Luctatius.

Vous dites que vous avez transigé avec votre sœur sur une succession, et que vous lui avez garanti que vous lui deviez une somme déterminée, quoiqu'il n'y eût aucune question de succession ; cependant comme vous avez transigé dans la crainte d'un procès, la somme est valablement garantie ; c'est pourquoi si vous avez payé le fisc, vous ne pouvez rien répéter ; et si vous ne l'avez pas payé, vous pouvez être actionné pour le faire.

Fait le 3 des ides d'août sous le quatrième consulat de l'empereur Antonin et le premier de Balbinus. 214.

3. L'empereur Alexandre, à Tullia.

Attaquez en justice Géminien, parce que son père votre curateur a géré vos affaires ; s'il allègue devant le juge qu'il n'est point tenu de cette action sur le fondement qu'on a transigé et interposé la stipulation aquilienne, le juge, en considération de sa bonne foi, s'informera quelle est la somme sur laquelle on a nommément transigé ; et s'il apparaît qu'on a transigé sur une somme moindre que celle qu'on prouve être due par le reliquat de compte, le juge le contraindra à payer, par le motif que dans la stipulation aquilienne toute la somme lui était due.

Fait la veille des ides d'août sous le second consulat de Maxime et le premier d'Elien. 224.

4. Le même empereur, à Numidius.

Lorsque celui qui a atteint sa majorité a soumis à la stipulation aquilienne l'action en reddition de compte, et qu'il l'a éteinte par l'acceptation, il est hors de doute qu'il ne lui reste aucune action,

ris, et cum duobus ex his transegeris, tertium convenire non prohiberis.

Dat. calend. maii, Gentiano et Basso. Conss. 212.

2. Idem A. Luctatio.

Cùm te proponas cum sorore tuâ de hæreditate transegisse, et ideò certam pecuniam ei te debere cavisse : et si nulla fuisset quæstio hæreditatis, tamen propter timorem litis transactione interposita, pecunia rectè cauta intelligitur, ex quâ causâ si fisco solvisses, repetere non posses ; et si non solvisses, tamen jure convenireris.

PP. 3 id. aug. Antonino A IV et Balbino Conss. 214.

3. Imp. Alexander A. Tuliæ.

Age cum Geminiano, quòd pater ejus curator tibi datus negotia tua gesserit : et si apud judicem negabit se hâc actione teneri, quoniam transactio et aquiliana stipulatio interposita est, judex comtemplatione judicii, quod bonæ fidei est quæret, de quantâ pecuniâ nominatim transactum sit ; et si apparuerit de minore transactum quantam pecuniam reliquam ex administratione curæ deberi probatum fuerit, solvere eum jubebit, quòd non in stipulationem aquilianam obligationis jure tantum deductum est, quanta erat quantitas pecuniæ quæ debebatur.

Dat. prid. id. aug. Maximo II et Æliano Conss. 224.

4. Idem A. Numidio.

Actione administratæ curæ ab eo qui legitimæ ætatis annos complevit, in aquilianam stipulationem deductâ, et per acceptilationem extinctâ, nullam aliam superesse : nisi de dolo intrà concessa tempora, non ambigitur : nisi specialiter etiam de dolo transactum sit.

P P. 2 non. mar. Alexandro A II et Marcello. Conss. 227.

5. *Idem* A. *Evocato.*

Cùm te transegisse cum hærede quondam tutoris tui profitearis, si id post legitimam ætatem fecisti, frustrà desideras ut à placitis recedatur, licèt enim (ut proponis) nullum instrumentum intercesserit : tamen si de fide contractùs confessione tuà constet, scriptura, quæ probationem rei gestæ continere solet, necessaria non est.

P P. calend. mart. Albino et Æmiliano. Conss.

6. *Idem* A. *Pomponiis.*

Cùm mota inofficiosi querela, matrem vestram cum diversâ parte transegisse ita ut partem bonorum susciperet, et à lite discederet, proponatis, instaurari quidem semel omissam querelam per vos, qui matri hæredes extitistis, juris ratio non sinit ; verùm si fides placitis præstita non est, in id quod interest, diversam partem rectè convenietis. Aut enim stipulatio conventioni subdita est, et ex stipulatu actio competit ; aut si omissa verborum obligatio est, utilis actio quæ præscriptis verbis rem gestam demonstrat, danda est.

P P. 8 id. januar. Agricola et Clemente. Conss. 231.

7. *Idem,* A. *Licinio militi.*

Transactionis placitum ab eo interpositum, cui causæ actionem, non decisionem litis mandasti, nihil petitioni tuæ derogavit.

excepté pour le dol, dont il peut user dans le terme fixé par la loi, à moins qu'on n'eût aussi transigé spécialement sur le dol.

Fait le 2 des nones de mars sous le second consulat de l'empereur Alexandre et le premier de Marcellus. 227.

5. *Le même empereur, à* Evocatus.

Avouant que vous avez transigé avec un des héritiers, quel qu'il soit, de votre tuteur, si vous avez fait cette transaction après avoir atteint votre majorité, c'est en vain que vous en demandez la rescision ; car quoique (comme vous le supposez) on n'ait dressé aucun acte, si cependant vous convenez de la vérité du contrat, l'écriture qui en contient ordinairement la preuve, n'est pas nécessaire dans ce cas.

Fait pendant les calendes de mars sous le consulat d'Albinus et d'Émilien.

6. *Le même empereur, aux* Pomponius.

Avouant que votre mère ayant élevé la plainte d'inofficiosité, a transigé avec une partie des héritiers, sous la condition qu'elle prendrait une partie des biens, qu'elle n'intenterait aucun procès, et renoncerait à toute contestation, vous ne pouvez, en qualité d'héritier de votre mère, renouveler une plainte dont elle s'est désistée ; mais si la convention n'a point été exécutée, vous pouvez valablement actionner une partie des héritiers chacun en ce qui le concerne ; car ou la convention a été accompagnée d'une stipulation, et en ce cas vous avez l'action *ex stipulatione ;* ou bien on a omis d'ajouter l'obligation des paroles, et alors on doit vous donner l'action utile qui démontre que la chose s'est passée *præscriptis verbis.*

Fait le 8 des ides de janvier sous le consulat d'Agricola et de Clément. 231.

7. *Le même empereur, à* Licinius.

Une transaction passée par celui que avez chargé de la poursuite de votre cause mais non pas de la décision du procès, ne déroge en rien à votre demande.

Fait le 14 des cal. de janvier sous le cons. de l'empereur Gordien et d'Aviola. 240.

8. *L'empereur Gordien, au soldat Junius.*

S'il s'élève une question à l'égard des alimens échus, on peut transiger ; mais une transaction faite sur des alimens futurs doit, pour être valable, être autorisée par le préteur ou le président.

Fait le 10 des calendes de janvier sous le consulat de Pius et de Pontien. 239.

9. *Le même empereur, à Agrippinus.*

Si étant actionné par le frère de votre épouse, vous passez avec lui une convention accompagnée de stipulations pour la possession qu'il vous demande, et par laquelle il est dit que si dans un tel jour fixe votre adversaire vous comptait dix pièces d'or, vous lui céderiez la possession ; ou que s'il ne vous payait pas la somme au jour convenu, il ne pourrait plus faire contre vous aucune demande ultérieure, et qu'ensuite après une telle obligation il ne satisfasse pas à sa promesse, il est évident que vous à qui la chose appartient, vous ne devez endurer de lui aucune violence, et le président de la province interpellé pour cela, défendra qu'il vous en soit fait aucune, surtout pouvant être repoussé par une exception utile en vertu d'un tel pacte, et l'action *in rem* ne le regardant pas.

Fait le 6 des ides d'avril, sous le second cons. de l'empereur Gordien, et celui de Pompéien. 242.

10. *L'empereur Philippe, à Apollophania.*

C'est injustement que vous vous proposez de disputer aux fils de votre frère la succession de leur père, et même leur état, contraire aux liens du sang et de violer la foi due aux conventions ; il n'y aurait en effet aucune fin aux contestations, si on pouvait facilement violer des transactions passées de bonne foi.

Fait la veille des calendes d'avril, sous le cons. de Peregrinus et d'Émilien. 245.

P P. 14 calend. januar, Gordiano A et Aviola. Conss. 240.

8. *Imp. Gordianus A. Junio, militi.*

De alimentis præteritis si quæstio defertur, transigi potest : de futuris autem sine prætore seu præside interposita transactio, nullâ auctoritate juris censetur.

P P. 10 calend. januar, Pio et Pontiano. Conss. 239.

9. *Idem A. Agrippino.*

Si super possessione quæ tibi quæsita est, cùm quæstionem patereris à fratre uxoris tuæ, pactum conventum, et stipulatio inter vos (ut allegas) interposita est, ut si intrà diem certum idem adversarius tuus decem aureos tibi numerasset, possessionem ei cederes : vel si eam inferre quantitatem non curasset, ulterius quæstionem non patereris, et is qui ita spopondit, promisso satis non fecit, consequens est, te, ad quem res pertinet, vim ab eo pati non debere, cujus rei gratiâ vir clarissimus præses provinciæ interpellatus, vim fieri prohibebit, præcipuè cùm etiam si in rem diversæ parti actio competeret, hujusmodi pactione propter utilem exceptionem posset submoveri.

P P. 6 id. april. Gordiano A II et Pompeiano. Conss. 242.

10. *Imp. Philippus A. Apollophaniæ.*

Fratris tui filiis de paternâ successione ac statu etiam nunc contrà fidem sanguinis itemque placitorum quæstionem inferre parum probè postulas ; nullus etenim erit litium finis, si à transactionibus bonâ fide interpositis cœperit facilè discedi.

P P. prid. calend. april. Peregrino et Æmiliano. Conss. 245.

11. *Impp. Vallerianus, Gallienus, AA. et Valerianus, nobilis cæsar, Caiano, militi.*

De fideicommisso à patre inter te et fratrem tuum vicissim dato, si alter vestrum sine liberis excesserit vitâ, interposita transactio rata est : cum fratrum concordiâ, remoto captandæ mortis alterius voto improbabili, retinetur : et non potest eo casu rescindi , tanquàm circummventus sis : cùm pacto tali consenseris, neque eam , cui subveneri solet, ætatem agere te proponas : nec si ageres , iisdem illis de causis in integrum restitutionis auxilium impetrare deberes.

P P. 15 cal. decemb. Valeriano et Gallieno AA utrisque II. Conss. 256.

12. *Iidem AA. Primo.*

Præses provinciæ existimabit, utrum de dubiâ lite transactio inter te et civitatis tuæ administratores facta sit, an ambitiosè id, quod indubitatè deberi posset, remissum sit; nam priore casu ratam manere transactionem jubebit ; posteriore verò casu nocere civitati gratiam non sinet.

PP. 16 calend. mart. Æmiliano et Basso. Conss. 260.

13. *Impp. Diocletian. et Maximian AA. Probæ.*

Interpositas metûs causâ transactiones, ratas non haberi, edicto perpetuo continetur; nec tamen quilibet metus ad rescindendum ea , quæ consensu terminata sunt, sufficit : sed talem metum probari oportet , qui salutis periculum, vel corporis cruciatum contineat; ad vim tamen vel dolum arguendum qualitas causæ principalis non sufficit, undè si nihil tale probari potest , consensu

11. *Les empereurs Vallerien et Galien, et le césar Valérien, au soldat Caïanus.*

La transaction faite sur un fidéicommis que votre père a créé entre vous et votre frère, pour le cas où l'un de vous d'eux vint à mourir sans enfans, est valable ; de cette manière, l'union est maintenue entre les frères, en mettant fin à ce qui pouvait faire souhaiter à l'un la mort de l'autre; et elle ne peut dans ce cas être rescindée sous prétexte que vous avez été trompé, puisque par un tel pacte , vous avez consenti à ne point vous prévaloir de l'âge auquel on a coutume d'être relevé de ses engagemens ; ou que, si vous veniez à agir, vous ne devriez point , par la même raison, obtenir le bénéfice des restitutions en entier.

Fait le 15 des calendes de décembre, sous le consulat des empereurs Valérien et Galien. 256.

12. *Les mêmes empereurs , à Primus.*

Le président de la province examinera si la transaction passée entre vous et les administrateurs de la ville que vous habitez a été faite sur une chose douteuse, ou si vous avez obtenu par ruse la remise de ce que vous deviez indubitablement; car, dans le premier cas, il confirmera la transaction ; mais dans le second cas, il ne permettra pas qu'elle nuise à la ville.

Fait le 16 des calendes de mars, sous le consulat d'Émilien et de Bassus. 260.

13. *Les emp. Dioclétien et Maximien, à Proba.*

Il est établi dans l'édit perpétuel, que les transactions passées par crainte ne sont pas valables ; une crainte quelconque ne suffit pas cependant pour rescinder celles qui ont été scellées par le consentement des parties ; mais il faut prouver qu'une telle crainte était fondée sur le danger de perdre la vie ou d'endurer des tourmens corporels; *la qualité de la cause princi-*

pale, ne suffit pas non plus pour arguer la violence ou le dol ; ainsi, si on ne pouvait prouver rien de tel, on ne doit pas renouveler des contestations terminées par un consentement mutuel. Mais alléguant que celui avec qui vous dites avoir transigé, est né de votre servante et qu'il est par conséquent votre esclave ; si cette allégation est vraie, le pacte est alors nul par une autre cause, car il est de principe certain que les maîtres qui contractent avec leurs esclaves, ne peuvent être liés par une telle obligation.

Fait à Bisance, le 4 des nones d'avril, sous le 4.e cons. de l'un de ces empereurs, et le 3.e de l'autre. 258. 29.

14. *Les mêmes empereurs, à Sopatra.*

Si votre adversaire veut attaquer la transaction; et si vous y consentez, la transaction étant annulée, l'équité conseille que l'on recommence l'affaire en entier.

Fait le 14 des nones de juillet, sous le consulat désigné ci-dessus. 290.

15. *Les mêmes emp., à Pontius.*

Pour que vous puissiez recevoir de nous une réponse convenable, rapportez-nous l'espèce du pacte, afin que nous sachions si l'on a fait une simple convention, ou si on a ajouté la stipulation aquilienne et l'acceptilation ; dans ce dernier cas, il est évident que votre adversaire ne peut former aucune demande d'hérédité, ni demander une chose particulière.

Fait le 15 des cal. d'août, sous le consulat désigné ci-dessus. 290.

16. *Les mêmes empereurs et les Césars, à Cécilius.*

Il est défendu par un rescrit impérial de ressusciter des procès terminés par une transaction légalement passée.

Fait le 6 des ides de mars, sous le cinquième consulat de l'un des empereurs nommés ci-dessus, et le quatrième de l'autre. 293.

quæstiones terminatas minimè instaurari oportet. Sed quoniam cum cum quo te transegisse commemoras, ex ancillâ tuâ natum, servum tuum esse adseveras : si vera sunt quæ precibus complexus es, alia ratio pactum reformat : ne enim dubii juris est, dominos cum servis suis paciscentes, ex placitis teneri atque obligari non posse.

S. 4 non. april Bizantii, ipsis IV et III AA. Conss. 258.

14. *Iidem AA. Sopatræ.*

Si diversa pars contrà placitum agere nititur, equitatis ratio suadet, refusâ pecuniâ (cùm et tu hoc desideras) causam ex integro agi.

PP. 4 non. jul. ipsis IV et III AA. Conss. 290.

15. *Iidem AA. Pontio.*

Ut responsum congruens accipere possis insere pacti exemplum: ita enim intelligemus, utrùm sola conventio fuerit, an etiam aquiliana stipulatio necnon et acceptilatio secuta fuerit, quæ si subdita esse illuxerit, nullam adversariæ tuæ petitionem hæreditatis, vel in rem specialem competere, palàm est.

PP. 15 calend aug. ipsis IV et III AA. Conss. 290.

16. *Iidem AA. et CC. Cœcilio.*

Causas vel lites transactionibus legitimis finitas, imperiali rescripto resuscitari non oportet.

S. 5 id. mart. ipsis V et IV AA. Conss. 293.

17. *Iidem* AA.

Cùm proponas ab
plicas, litem quam t
tione decisam, eamq
gotii dirimendi causa
de conventione resila
stasi, vel data restitu
dem de his reddendis
placito, statim stipul
cerit, prospexisti, e
major fuerit : quòd e
actionem datorum h
tale convenit : exceptio
quæ dedisti repetitio

PP. 5 id. jun. Ipsi
293.

18. *Iidem* AA.

Transigere, vel pac
tali, excepto adulteri
est, in aliis autem p
quæ sanguinis pœnam
sigere non licet citrà fa

S. 3 calend. septeml

19. *Iidem* AA. e

Sub pretextu instru
transactionem bonâ fi
jura non patiuntur. Sa
alium subtraciis instrun
argui potuit, decision
probetur : si quidem a
cationis auxilio doli ma
movetur ; si verò jam pi
constitutum tempus to
dolo putes exercere.

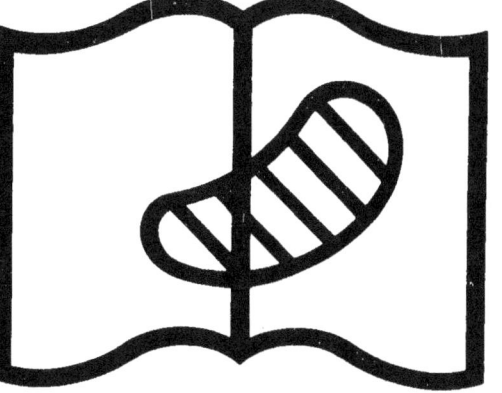

4 calend octobr. AA. Conss. 293.

. *Iidem* AA. et cc. *Antistiæ.*

minorem auctoritatem transactio-
nàm rerum judicatarum esse, rectà
placuit ; si quidem nihil ita con-
loi humanum, quàm ea quæ placue-
ustodiri ; nec enim ad rescinden-
orum sufficit, quòd hoc secundà
betis intercessio proponas, cùm
tempus sanæ mentis majoris vigin-
te annis consensum repudiet.

:alend. octob. Ipsis AA. Conss. 293.

Iidem AA. et cc. *Geminiano.*

ea, quæ transactionis causâ dari,
ri convenit, velut emptorem cum
ccipere placuerat, obtinere præs-
iis quæ simulatè geruntur, pro
habitis, frustrà ficti pretii postu-
pneratio.

ion. octob. ipsis AA. Conss. 293.

Iidem AA. et cc. *Alexandro.*

ijor transegisti, ad rescindendam
onem de dolo contestatio non

endis decemb. ipsis AA. Conss. 293.

. *Iidem* AA. ei cc. *Tatiano.*

atentio creditorum Archimedori,
successisse profiteris : si obligatus
on fuisti, tuaere te potest : sed hoc
segotio tractari convenerat ; nam

35 *

17. *Iidem* AA. *et* CC. *Marcello.*

Cùm proponas ab eâ , contrà quam supplicas, litem quam tecum habuit, transactione decisam, eamque acceptis iis quæ negotii dirimendi causâ placuerit dari, nunc de conventione resiluisse, ac petas vel pacto stari, vel data restitui : perspicis, si quidem de his reddendis manente transactionis placito, statim stipulatione, si contrà fecerit, prospexisti, et vigintiquinque annis major fuerit : quòd exceptionem pacti, et actionem datorum habeas, quòd si nihil tale convenit : exceptio tibi, non etiam eorum quæ dedisti repetitio competit.

PP. 5 id. jun. ipsis AA. V et IV. Conss. 293.

18. *Iidem* AA. *et* CC. *Valenti.*

Transigere, vel pacisci de crimine capitali, excepto adulterio, prohibitum non est, in aliis autem publicis criminibus, quæ sanguinis pœnam non ingerunt, transigere non licet citrà falsi accusationem.

S. 3 calend. septemb. AA. Conss. 293.

19. *Iidem* AA. *et* CC. *Irenæo.*

Sub prætextu instrumenti post reperti transactionem bonâ fide finitam rescindi jura non patiuntur. Sanè si per se vel per alium subtractis instrumentis quibus veritas argui potuit, decisionem litis extorsisse probetur : si quidem actio superest, replicationis auxilio doli mali pacti exceptio removetur; si verò jam perempta est, intrà constitutum tempus tantùm actionem de dolo potes exercere.

---

17. *Les mêmes empereurs et Césars,* à *Marcellus.*

Disant que celle contre laquelle vous nous suppliez, a mis fin par une transaction au procès qu'elle a eu avec vous, et qu'après avoir reçu les choses que vous étiez convenu de lui donner pour terminer vos différens, veut aujourd'hui résilier la convention; vous demandez, par conséquent ou qu'elle s'en tienne a▮▮▮te ou qu'elle rende ce qu'elle a reçu : ▮▮minez si vous avez prévu qu'en cas de ▮ontravention, elle rendrait les choses reçues en laissant subsister la transaction et la stipulation, et si ensuite elle était majeure de 25 ans : car vous avez en ce cas, l'exception du pacte et l'action en reddition de ce que vous avez donné; et à défaut d'une telle convention, vous avez toujours l'exception, mais non pas la répétition de ce que vous avez donné.

Fait le 5 des ides de juillet, sous le cons. désigné ci-dessus. 293.

18. *Les mêmes empereurs et Césars,* à *Valens.*

Il est permis de transiger ou d'entrer en accommodement sur un crime capital, l'adultère excepté; mais on ne peut pas transiger sur les autres crimes publics qui ne méritent pas une peine capitale, hormis l'accusation de faux.

Fait le 3 des calendes de septembre, sous le consulat désigné ci-dessus. 293.

19. *Les mêmes empereurs et Césars,* à *Irénée.*

On ne doit pas rescinder une transaction passée de bonne foi sur le fondement d'un acte découvert dans la suite; mais s'il est prouvé que votre partie a extorqué la décision du procès, en recélant par elle ou par un tiers les pièces qui pouvaient établir la vérité du fait; si l'action subsiste, vous pouvez repousser l'exception du pacte par l'action du dol, et si l'action est périmée, vous ne pouvez exercer l'action du dol que dans le terme établi par la loi.

Fait le 4 des calendes d'octobre, sous le consulat des empereurs désignés ci-dessus. 293.

20. *Les mêmes empereurs et Césars, à Antistia.*

La raison veut que les transactions n'aient pas moins d'autorité que la chose jugée ; rien en effet ne fait autant d'honneur aux hommes que l'observation de leurs conventions : et il ne suffit pas pour rescinder le pacte, que vous alléguiez qu'il a été passé dans la deuxième heure de la nuit, parce que tous les temps sont propres à recevoir le consentement d'un majeur de 25 ans qui jouit de sa raison.

Fait le 4 des calendes d'octobre, sous le consulat désigné ci-dessus. 293.

21. *Les mêmes empereurs et Césars, à Geminien.*

Étant ordonné que les choses qu'on convient, par forme de transaction, de donner ou de faire, comme de prendre pour acheteur celui qu'on a jugé à propos, auront leur effet ; les choses simulées qu'on a faites étant regardées comme non avenues, c'est en vain que l'on demandera que le prix simulé soit compté.

Fait le 5 des nones d'octobre, sous le consulat désigné ci-dessus. 293.

22. *Les mêmes empereurs et Césars, à Alexandre.*

Si vous avez transigé pendant votre majorité, l'action de dol ne suffit pas pour rescinder la transaction.

Fait pendant les calendes de décembre, sous le consulat désigné ci-dessus. 293.

23. *Les mêmes empereurs et les Césars, à Tatien.*

L'action des créanciers d'Archimédore à qui vous prétendez que d'autres ont succédé, ne peut vous concerner si vous ne vous êtes pas obligé pour lui. Mais il con-

---

Dat. 4 calend octobr. AA. Conss. 293.

20. *Iidem AA. et CC. Antistiæ.*

Non minorem auctoritatem transactionum, quàm rerum judicatarum esse, rectà ratione placuit ; si quidem nihil ita congruit fidei humanæ , quàm ea quæ placuerant, custodiri : nec enim ad rescindendum pactum sufficit, quòd hoc secundà horà noctis intercessisse proponas , cùm nullum tempus sanæ mentis majoris vigintiquinque annis consensum repudiet.

S. 4 calend. octob. ipsis AA. Conss. 293.

21. *Iidem AA. et CC. Geminiano.*

Cùm ea, quæ transactionis causà dari, aut teneri convenit, velut emptorem eum quem accipere placuerat, obtinere præscribitur : iis quæ simulatè geruntur, pro infectis habitis , frustrà ficti pretii postulatur numeratio.

S. 5 non. octob. ipsis AA. Conss. 293.

22. *Iidem AA. et CC. Alexandro.*

Si major transegisti, ad rescindendam transactionem de dolo contestatio non sufficit.

S. calendis decemb. ipsis AA. Conss. 293.

23. *Iidem AA. et CC. Tatiano.*

Nec intentio creditorum Archimædori , cui alios successisse profiteris : si obligatus pro eo non fuisti, tenere te potest : sed hoc integro negotio tractari convenerat ; nam

35 *

cùm jam quæstionem transactione decisam, et à te dari placitam, numeratam pecuniam proponas , hujus indebiti soluti pretextu improbè tibi petitionem decerni postulas : cùm etsi tantùm in stipulationem fuisset deducta , in debiti promissi velamento defendi non posses.

vient que cela soit décidé d'après l'examen de toute l'affaire. Avouant que la question était déjà terminée par une transaction, et que vous avez compté la somme convenue, c'est mal à propos que vous demandez qu'on vous donne l'action en répétition sur le fondement que vous avez payé ce que vous ne deviez pas, puisque quand même la transaction aurait été faite seulement par stipulation, vous ne pourriez vous défendre sous le prétexte que vous avez promis ce qui n'était pas dû.

Dat. 8 id. mart. cc. Coss. 294.

Fait le 8 des ides de mars, sous le consulat des Césars. 294.

24. Iidem AA. et cc. Victorino.

24. Les mêmes empereurs et Césars, à Victorinus.

Si quidem ex causâ transactionis acceptis iis quæ instrumento continentur, nihil ampliùs peti convenit , adversariam tuam exceptionis auxilio defendi perspicis; sin verò eorum certam quantitatem, quasi solam ab eâ debitam reddere se debere sine litis decisione confessa est, tàm eam, quàm residuam debiti partem petere minimè prohiberis.

Si ayant reçu ce qui est mentionné dans la transaction, et ayant été convenu qu'il ne sera pas demandé davantage, vous voyez que votre adversaire se défend par une exception de la demande que vous lui faites du restant ; vous pourrez l'obtenir, si elle s'est obligée de payer une certaine somme qu'elle a dit être seule due.

S. 5 non. april. , Sirmii, cc. Coss. 294.

Fait le 5 des nones d'avril, sous le consulat des Césars. 294. .

25. Iidem AA. et cc. Marcellæ et Quirillæ.

25. Les mêmes empereurs et Césars, à Marcella et à Quirilla.

Si majores vigintiquinque annis cum patruo sive avunculo vestro transegistis, vel ei debita donationis causâ sine aliquâ conditione remisistis ; non idcircò quòd hoc ejus hæreditatis captandæ causâ, id est, spe futuræ successionis vos fecisse proponatis , aliis ei succedentibus instaurari finita debent.

Si étant majeurs de 25 ans, vous avez transigé avec votre oncle paternel ou maternel, et lui avez fait sans aucune condition la remise de ce qu'il vous devait à titre de donation ; quoique vous alléguiez que vous n'avez fait ce pacte que dans la vue et l'espérance de recueillir sa succession, si d'autres lui succèdent, vous ne devez pas revenir pour cela contre cette transaction.

S. 2 id. april. , cc. Coss. 294.

Fait le 2 des ides d'avril, sous le consulat des Césars. 294.

26. Iidem AA. et cc. Dionysiadæ.

Transactione matris filios ejus non posse servos fieri, notissimi juris est.

26. Les mêmes emp. et Cés. , à Dionisiada.

Il est de droit incontestable que les enfans ne peuvent point devenir esclaves par la transaction de leur mère.

Fait pendant les ides d'avril, sous le consulat des Césars. 294.

27. *Les mêmes emp. et Césars, à Caton.*

Il est évident que celui qui est sain d'esprit peut transiger, quoique malade du corps, et vous n'auriez pas dû par un désir inique demander la rescision de la transaction sur le fondement d'une maladie corporelle.

Fait le 7 des ides de mai, sous le consulat des Césars. 294.

28. *Les mêmes empereurs et Césars, à Saparita.*

Soit que la transaction ait été insinuée dans les registres du gouverneur de la province ou qu'elle ne l'ait pas été, qu'elle soit écrite ou verbale, elle doit être observée ; mais comme vous alléguez que vous êtes convenu, quoique sans écrit et sans stipulation, de recevoir quelque chose de certain, et que vous n'avez pas ajouté la stipulation ; quoiqu'une action ne puisse pas naître d'un pacte, cependant comme la voie en revendication vous est ouverte, si l'exception du pacte vous est opposée, vous pourrez, en répliquant par l'allégation de dol ou de l'action *in factum*, contraindre votre adversaire à l'observation de la convention.

Fait le 3 des nones de juillet, sous le consulat des Césars. 294.

29. *Les mêmes empereurs et Césars, à Martia.*

Il est expressément défendu de renouveler les contestations terminées par une transaction générale sur le fondement de pièces nouvellement découvertes; mais si l'on ignorait que la propriété de la chose appartenait, au temps de la transaction, à une autre personne que les contractans, cette erreur ne peut pas nuire.

Fait le 4 des calendes d'octobre, sous le consulat des Césars. 294.

30. *Les mêmes empereurs et Césars, à Antonin.*

Avouant que dans la transaction, il est

S. id. april., cc. Coss. 294.

27. *Iidem AA. et cc. Catoni.*

Sanum mente, licèt ægrum corpore, rectè transigere manifestum est ; nec postulare debueras improbo desiderio, placita rescindi valetudinis corporis adversæ velamento.

S. 7 id. maii. cc. Coss. 294.

28. *Iidem AA. et cc. Saparitæ.*

Sive apud acta rectoris provinciæ, sive sine actis, scripturâ intercedente vel non, transactio interposita est, hanc servari convenit ; sed quoniam ut certum quid accipias convenisse te, licèt sine scripturâ, proponis, nec hujus rei causâ stipulationem secutam esse ; quamvis ex pacto non potuit nasci actio, tamen rerum vindicatione pendente, si exceptio pacti opposita fuerit, doli mali, vel in factum replicatione usus, poteris ad obsequium placitorum adversarium tuum urgere.

Dat. 3 non. jul. cc. Coss. 294.

29. *Iidem AA. et cc. Martiæ.*

Sub pretextu specierum post repertarum generali transactione finitâ rescindi prohibent jura; error autem circà proprietatem rei apud alium extrà personas transigentium tempore transactionis constitutæ, nihil potest nocere.

S. 4 calend. octob. cc. Coss. 294.

30. *Iidem AA. et cc. Antonino.*

Transactione finitâ, cùm ex partibus tuis

magis dolùm intercessisse , quàm eorum ,
contrà quos preces fundis, confitearis ,
instaurari, grave necnon criminosum tibi
est.

S. 5 id. octob. cc. Coss. 294.

31. *Iidem* AA. *et* cc. *Proculo.*

Si de certâ re pacto transactionis interposito, hoc comprehensum erat, nihil amplius peti, etsi non additum fuerat, eo nomine, de cæteris tamen quæstionibus integra permaneat actio.

PP. 4 id. octob. Byzantii, cc. Coss.

32. *Iidem* AA. *et* cc. *Cyrillo.*

Si causâ cognitâ prolata sententia (sicut
jure traditum est), appellationis, vel in
integrum restitûtionis solemnitate suspensa
non est , super judicato frustrà transigi, ·
non est, opinionis incertæ; proindè si non
aquilianâ stipulatione et acceptilatione
subsecutâ , competentem tibi actionem pe-
remisti, præses provinciæ usitato more legum, rebus pridem judicatis effectum adhibere curabit.

S. 8 calend. novemb. cc. Coss. 294.

33. *Iidem* AA. *et* cc. *Euchrusio.*

Si pro fundo quem petebas, prædium
certis finibus liberum dari transactionis causâ
placuit, nec eo tempore minor annis vigintiquinque fuisti , licèt hoc prædium obligatum post, vel alienum pro parte fuerit
probatum, instaurari decisam litem prohibent jura. Ex stipulatione sanè, si placita
servari secuta est , vel si non intercessèrit
præscriptis verbis actione civili subditâ,
apud rectorem provinciæ agere potes. Si

entré plus de votre dol que de celui des
personnes contre lesquelles vous réclamez,
il serait injurieux et criminel de votre part,
de renouveler le différent.

Fait le 5 des ides d'octobre, sous le consulat des Césars. 294.

31. *Les mêmes empereurs et Césars, à Pro-* *culus.*

Si dans une transaction faite sur une
chose déterminée, il est stipulé qu'on ne
pourra plus former aucune demande, quoique cette clause n'ait pas été ajoutée no-
minalement, elle ne porte cependant aucune atteinte à l'action que l'on peut avoir
pour d'autres questions.

Fait à Bisance, le 4 des ides d'octobre,
sous le consulat des Césars. 294.

32. *Les mêmes empereurs et Césars, à Cy-* *rillus.*

Si une sentence rendue en connaissance
de cause (comme il est établi par le droit),
n'est point suspendue par l'appel ou par la
restitution en entier, il est certain que vous
avez transigé en vain sur l'affaire jugée ; par
conséquent, si n'ayant point ajouté la stipulation aquilienne et l'acceptilation, vous
avez laissé périr l'action qui vous com-
pétait , le président de la province ordonnera selon l'usage l'observation de la sentence primitivement rendue.

Fait le 8 des calendes de novembre, sous
le consulat des Césars. 294.

33. *Les mêmes empereurs et Césars, à Eu-* *chrusius.*

Si pour un fonds que vous demandiez,
il a été convenu par une transaction que
l'on vous donnerait un héritage d'une étendue déterminée, et si vous étiez majeur de
25 ans, quoiqu'il soit prouvé que cet héritage a été obligé dans la suite ou qu'il
appartient en partie à autrui, le droit défend de renouveler le procès terminé. En
effet, vous pouvez agir devant le gouvernement de la province, en vertu de la sti-

pulation, si elle a suivi la convention ou sinon, en vertu de l'action civile, *prœscriptis verbis*. Si cependant le fisc ou tout autre a revendiqué sur vous les mêmes choses que vous avez en votre possession, et relativement auxquelles est intervenu la décision du procès, vous ne pouvez rien demander.

Fait le 5 des ides de novembre, sous le consulat des Césars. 294.

54. *Les mêmes empereurs et Césars, à Cyrillus et Ptolemaïdus.*

Avouant que vous avez, par donation ou transaction, fait sciemment la remise à votre frère de ce qu'il vous devait pour administration de tutelle, et que l'on ne fait jamais de dol à celui qui le veut, c'est en vain que vous vous plaignez du dol; car personne n'est astreint à remplir son obligation, par la promesse de sa propre succession.

Fait le 6 des ides de novembre, sous le consulat des Césars. 294.

55. *Les mêmes empereurs et Césars, à Hammon.*

Étant démontré qu'une transaction qui a reçu son exécution par la tradition de quelque propriété ou par l'extinction d'une action, a été passée avec l'intervention d'amis, la demande en rescision pour cause de crainte dévoile la mauvaise foi du demandeur.

Fait à Nicomédie, le 9 des calendes de décemb., sous le cons. des Césars. 294.

36. *Les mêmes empereurs et Césars, à Achilla.*

Si étant majeur de 25 ans, vous avez transigé; quoique vos adversaires ne soient pas convaincus d'avoir exécuté la transaction, et qu'ils n'offrent pas de le faire, l'équité défend qu'on ne puisse exiger d'eux rien de plus.

Fait le 6 des ides de décembre, sous le consulat des Césars. 294.

tamen res ipsas apud te constitutas, ob quarum quæstionem litis intercessit decisio, fiscus vel alius à te vindicavit, nihil petere potes.

S. 5 id. novemb., cc. Coss. 294.

54. *Iidem aa. et cc. Cyrillo et Ptolemaidi.*

Cùm donationis, seu transactionis causâ administratæ tutelæ debiti scientes vos obligationem fratri vestro remisisse proponatis nec unquàm volentibus dolus inferatur : frustrà de dolo querimini : nec ad implendum promissum hæreditatis propriæ pollicitatione quisquam adstringitur.

PP. 6 id. novemb., cc. Conss. 294.

55. *Iidem aa. et cc. Hammon.*

Transactionem quæ dominii translatione, vel actione per acta, seu perempta finem accepit, cùm ea amicis etiam intervenientibus reverà ostenditur processisse, metûs velamento rescindi postulantis professio detegit improbitatem.

S. 9 calend. decemb. Nicomediæ, cc. Conss. 294.

36. *Iidem aa. et cc. Achillæ.*

Si major annis vigintiquinque transegisti; quamvis dari tibi placita repræsentata necdum probentur, nec offerant ii qui convenientur, ne quid ampliùs ab his exigi possit, exceptionis proficit æquitas.

S. 6 id. decemb. cc. Conss. 294.

37. *Iidem* AA. *et* CC. *Basylissæ.*

Promissis transactionis causâ non impletis, pœnam in stipulationem deductam, si contrà factum fuerit, exigi posse constat.

S. 12 calend. januar., Nicomediæ, CC. Conss. 294.

58. *Iidem* AA. *et* CC. *Theodotioni.*

Transactio nullo dato, vel retento, seu promisso, minimé procedit.

S. 8 calend. januar., Nicomediæ, CC. Conss. 294.

59. *Iidem* AA. *et* CC. *Martianæ.*

Quamvis eum qui pactus est, statim pœnitcat, transactio tamen rescindi, et lis instaurari non potest, et qui tibi suasit, intrà certum tempus licere à transactione recedere, falsum adseveravit.

S. cal. januar. CC. Conss. 294.

40. *Imppp. Grat., Valent. et Theod.* AAA. *Eutropio* P. P.

Ubi pactum, vel transactio scripta est, atque aquilianæ stipulationis, et acceptilationis vinculis firmitas juris innexa est, aut subsecutis secundùm leges accommodandus est consensus, aut pœnâ unâ cum iis quæ data probantur ante cognitionem causæ (si adversarius hoc maluerit) inferenda est.

Dat. 3 non. jun. Constantinop. Eucherio et Syagrio Conss. 381.

41. *Impp. Arcad. et Honor.* AA. *Rufino,* P. P.

Si quis major vigintiquinque annis adversùs pacta vel transactiones nullo cogente imperio, sed libero arbitrio et vo-

---

37. *Les mêmes empereurs et Césars, à Basilissa.*

Faute d'accomplir ce qu'on a promis dans une transaction, il est constant que l'on peut exiger en cas de contravention, la peine stipulée.

Fait à Nicomédie, le 12 des calendes de janvier, sous le consulat des Césars. 294.

58. *Les mêmes empereurs et Césars, à Théodotion.*

Une transaction ne peut pas avoir lieu sans donner, retenir ou promettre quelque chose.

Fait à Nicomédie, le 8 des calendes de janvier, sous le consulat des Césars. 294.

59. *Les mêmes empereurs et Césars, à Martien.*

Quoique celui qui a transigé se repente aussitôt, on ne peut pas cependant rescinder la transaction et renouveler le procès : et celui qui vous a persuadé que l'on pouvait jusques à un certain temps, revenir contre la transaction, vous a induit en erreur.

Fait pendant les calendes de janvier, sous le consulat des Césars. 294.

40. *Les empereurs Gratien, Valentinien et Théodose, à Eutrope, préfet du prétoire.*

Lorsque le pacte ou la transaction est écrite et qu'on l'a, en outre, consolidée par le lien de la stipulation aquilienne et de l'acceptilation, il faut dans ce cas ou que l'on donne son consentement aux choses que l'on a légalement ajoutées, ou que l'on adjuge la peine avec ce qui est prouvé avoir été donné avant l'examen de la cause, si l'adversaire le préfère.

Fait à Constantinople, le 3 des nones de juin, sous le consulat d'Eucharius et de Syagrius. 381.

41. *Les empereurs Arcadius et Honorius, à Rufinus, préfet du prétoire.*

Si quelqu'un majeur de 25 ans, pense pouvoir revenir contre les pactes ou les transactions qu'il a passés sans violence et librement, soit en interpellant le juge, soit en adressant des suppliques à l'empereur, soit en n'accomplissant pas son obligation, et qu'il l'ait confirmée par l'invocation du dieu tout-puissant ; qu'il soit non-seulement noté d'infamie, mais qu'étant privé de son action et supportant la peine qui est stipulée dans le pacte, il perde la propriété de la chose et le profit qu'il aurait pu tirer du pacte ou de la transaction; c'est pourquoi toutes ces choses seront au profit de ceux qui observeront fidèlement la convention, et nous ordonnons que l'on regarde comme dignes des éloges ou de la munificence de cette loi, ceux qui insérant notre nom dans leurs conventions, ont juré que cette invocation était la garantie des engagemens qu'ils contractaient.

Fait à Constantinople, le 5 des ides d'octobre, sous le consulat d'Olybrius et de Probinus. 395.

42. *Les empereurs Léon et Anthémius, à Achrochirius, préfet du prétoire.*

Si on a fait une transaction ou un arrangement d'après des titres faux, quoiqu'on les ait confirmé par serment, cependant le faux étant découvert, nous ordonnons qu'ils soient annulés ; de manière pourtant que si on a transigé sur plusieurs chefs ou affaires, on n'annulle que la disposition que l'on prouve avoir été insérée d'après un acte faux, et qu'on laisse subsister les autres, excepté qu'on ait transigé aussi sur la contestation élevée sur le faux.

Fait pendant les calendes de juillet, sous le consulat de Martien et de Zénon. 469.

43. *L'emp. Anastase, à Thomas, préfet du prétoire pour l'Illyrie.*

Nous ordonnons que les transactions déjà faites ou que l'on fera sur les contestations déjà pendantes ou qui pourront s'élever sur la condition servile ou *adcriptitienne*, reçoivent leur exécution, si toutefois elles sont

Tome I.

luntate confectas, putaverit esse veniendum, vel interpellando judicem, vel supplicando principibus, vel non implendo promissa, eas autem, invocato Dei omnipotentis nomine, eo auctore solidaverit : non solùm notetur infamiâ, verùm etiam actione privatus, restitutâ pœnâ quæ pactis probatur inserta, et rerum proprietate careat, et emolumento quod ex pactione vel transactione illa fuerit consecutus. Itaque omnia eorum mox commodo deputabuntur, qui intemerata pacti jura servaverint. Eos etiam hujus legis vel jacturâ dignos esse jubemus, vel munere, qui nomina nostra placitis inserentes, salutem principum confirmationem initarum juraverint esse pactionum.

D. 5 id. octob. Constantinop. Olybrio et Probino Conss. 395.

42. *Impp. Leo et Anthemius* AA. *Achrochirio,* P. P.

Si ex falsis instrumentis transactiones vel pactiones initæ fuerint quamvis jusjurandum de his interpositum sit, tamen civiliter falso revelato, eas retractari præcipimus; ita demum, ut si de pluribus causis vel capitulis eædem pactiones seu transactiones initæ fuerint : illa tantummodo causa vel pars retractetur quæ ex falso instrumento convicta fuerit, aliis capitulis firmis manentibus : nisi forte etiam de eo, quod falsum dicitur, controversia orta decisa sopiatur.

Dat. calend. jul. Constantinop. Martiano et Zenone Conss. 469.

43. *Imp. Anastasius* A. *Thomæ,* P. P. *per Illyricum.*

Jubemus in omnibus litigiis jam motis et pendentibus, seu posteà super servili vel adscriptitiâ conditione movendis, transactiones celebrandas, vel jam celebratas si non alio juri cognito modo eas vacillare

36

contigerit, vires suas obtinere: nec ob videri tenorem earum titubare, quòd pro conditione servili vel adscriptitiâ confectæ sunt.

Dat. 15 calend. decemb. Patricio et Hypatio Conss. 541.

TITULUS V.

De errore calculi.

1. *Impp. Dioclet. et Maximian. AA. et CC. Aureliano Quarto.*

Errorem calculi, sive ex uno contractu, sive ex pluribus emerserit, veritati non adferre præjudicium, sæpè constitutum est: unde rationes etiam sæpè computatas denuò tractari posse, si res judicatæ non sunt vel transactio non intervenit, explorati juris est. Sed et si per errorem calculi, velut debitam quantitatem, cùm esse indebita, promisisti, conditio liberationis tibi competit.

Dat. 6 cal. mart. AA. Conss.

TITULUS VI.

De Postulando.

1. *Imp. Antoninus A. Artemidoro.*

Cum à præfecto Ægypti perpetuo causas agere prohibitus, non appellaveris, placitis obtempera.

PP. 3 cal. aug. Sabino II et Anulino Conss. 217.

2. *Imp. Alexander A. Polydoro.*

Nec cæterorum liberti, nedum mei qui-

---

conformes aux lois ; et nous ordonnons de plus, qu'on ne regarde pas leur teneur comme incertaine et chancelante, par la seule raison qu'elles sont faites sur la condition servile ou adscriptitienne.

Fait le 15 des calendes de décembre, sous le consulat de Patricius et d'Hypatius, 541.

TITRE V.

De l'erreur de calcul.

1. *Les empereurs Dioclétien et Maximien et les Césars, à Aurélien Quartus.*

Il a été souvent décidé que l'erreur de calcul, soit qu'elle provienne d'un ou de plusieurs contrats, ne peut nuire à la vérité. C'est un point de droit non moins affermi que l'erreur de calcul, quand même elle serait répétée plusieurs fois dans l'acte, peut être rectifiée, à moins qu'il ne soit intervenu à ce sujet une sentence ou une transaction. Il en est de même si par erreur de calcul vous avez promis de donner une chose que vous ne deviez pas : vous avez le droit d'annuler cet engagement.

Fait le 6 des calendes de mars, sous le consulat des empereurs nommés ci-dessus, 287.

TITRE VI.

De la Plaidoirie.

1. *L'empereur Antonin, à Artémidore.*

N'ayant point appelé de la défense perpétuelle de plaider que vous a fait le préfet d'Egypte, soumettez-vous à sa volonté.

Fait le 3 des calendes d'août, sous le deuxième consulat de Sabinus et le premier d'Anulinus. 217.

2. *L'empereur Alexandre, à Polydore.*

Que la profession d'avocat soit interdite

aux affranchis, même aux miens, quand même ils seraient par leurs lumières dans les lettres, capables d'exercer cet état.

Fait pendant les nones de mars, sous le second consulat de Julien et le premier de Crispinus. 225.

3. *L'empereur Gordien, à Flavien.*

Si ayant fixé volontairement ce qui peut être dû à votre avocat pour ses honoraires, vous avez donné caution de le lui payer, comme si vous aviez reçu cette somme en prêt de lui, en promettant de la lui rendre, vous pouvez, si vous n'avez pas confirmé votre consentement et votre promesse, par deux ans de silence, opposer hardiment l'exception de la somme non comptée, et redemander par conséquent la caution que selon l'usage, vous avez interposée.

Fait le 5 des ides de juin, sous le second consulat de Sabinus et celui de Venustus. 241.

4. *Les empereurs Dioclétien et Maximien, et les Césars, à Théodote.*

C'est en vain qu'on s'efforcerait de renouveller des procès déjà terminés, sous le prétexte de l'absence de l'avocat.

Fait à Nicomédie, le 4 des calendes de janvier, sous le consulat des Césars. 294.

5. *L'empereur Constantin, à Helladius.*

S'il se trouve des avocats qui au mépris de leur honneur, exigent pour leurs honoraires des affaires qu'ils se sont chargés de défendre, de grandes sommes ou des profits illicites, comme une certaine partie de la chose en litige (ce qui ne peut se faire sans que les plaideurs souffrent des dommages et des vexations) il nous plaît que ceux qui seront convaincus d'un tel crime, soient rayés du nombre des avocats.

Fait le 3 des calendes d'avril, sous le consulat de Paulinus et de Julien. 326.

dem, si ità sunt litteris eruditi, ut patrocinia desiderantibus præstare possint, prohibentur id facere.

PP. non. mart. Juliano II et Crispino Conss. 225.

3. *Imp. Gordianus A. Flaviano.*

Si sub specie honorarii quod advocato usque ad certum modum deberi potuisset, eam quantitatem quam desiderio tuo complecteris, te daturum cavisti, et quasi mutuam pecuniam accepisses, eam te redditurum promisisti, nec temporis spatio gesto negotio consensum ac fidem accommodasti : competenti exceptione non numeratæ pecuniæ tutus es, et ex hac causâ cautionem interpositam usitato more potes condicere.

PP. 5 id. jun. Sabino II et Venusto Conss. 241.

4. *Impp. Dioclet. et Maximian AA. et cc. Theodoti.*

Velamento absentiæ patroni causæ, rursus ad finitas quæstiones quis frustrà redire conatur.

S. 4 cal. januar. Nicomediæ, cc. Conss. 294.

5. *Imp. Constantinus A. Helladio.*

Si qui advocatorum existimationi suæ immensa atque illicita compendia prætulisse sub nomine honorariorum ex ipsis negotiis, quæ tuenda susceperint, emolumenta sibi certè partis, cum gravi damno litigatoris et deprædatione poscentes, fuerint inventi : placuit, ut omnes qui in hujuscemodi sævitate permanserint, ab hac professione penitus arceantur.

Dat. 3, cal. april. Paulino et Juliano Conss. 326.

36 *

6. *Impp. Valentin. et Valens* ⊼⊼. *ad Oly-brium, v. v.*

Quisquis vult esse causidicus, non idem in eodem negotio sit advocatus et judex : quoniam aliquem inter arbitros et patronos oportet esse delectum.

§. 1. Ante omnia autem universi advocati ita præbeant patrocinia jurgantibus, ut non ultrà quàm litium poscit utilitas, in licentiam conviciandi et maledicendi temeritatem prorumpant. Agant quod causa desiderat, temperent se ab injurià, nam si quis adeo procax fuerit, ut non ratione, sed probris putet esse certandum : opinionis suæ imminutionem patietur. Nec enim conniventia commodanda est, ut quisquam negotio derelicto, in adversarii sui contumeliam aut palam pergat, aut subdolè.

§. 2. Præterea nullum cum eo litigatore contractum, quem in propriam recepit fidem, ineat advocatus : nullam conferat pactionem.

§. 3. Nemo ex his quos licebit accipere, vel decebit, aspernamer habeat quod sibi semel officii gratià libero arbitrio, obtulerit litigator.

§. 4. Nemo ex industrià protrahat jurgium.

§. 5. Apud urbem autem Romanam etiam honoratis qui hoc putaverint eligendum, eousque liceat orare, quousque maluerint : videlicet ut non ad turpe compendium stipemque deformem hæc arripiatur occasio, sed laudis per eam augmenta quærantur. Nam si lucro pecuniàque capiantur : veluti abjecti atque degeneres inter vilissimos numerabuntur.

6. *Les empereurs Valentinien et Valens, à Olybrius, préfet de la ville.*

Que celui qui veut être avocat sache qu'il ne peut dans une même affaire, exercer cette profession en même temps que celle de juge : parce qu'il faut que ces deux professions soient distinctes.

§. 1. Avant toutes choses, que les avocats défendent les causes dont ils se sont chargés. Mais en profitant de la liberté qu'ils ont de chercher à convaincre, qu'ils ne fassent rien de plus que ce qu'exige l'utilité des causes qu'ils défendent, et qu'ils s'abstiennent de la témérité de médire. Qu'ils ne négligent rien de ce qui est utile à la cause, mais qu'ils s'abstiennent des injures. Car que celui qui sera assez impudent pour croire qu'une cause doive se défendre plutôt par des injures que par des raisons, souffre l'infamie. On ne doit pas tolérer de même qu'un avocat après l'affaire finie, continue, soit publiquement ou en secret, à injurier son adversaire.

§. 2. Que l'avocat ne passe aucun contrat avec le plaideur qui lui a confié ses affaires. Qu'il ne fasse avec lui aucun pacte.

§. 3. Qu'aucun avocat en outre, ne montre du mépris pour ce que le plaideur lui offre volontairement pour le paiement de ses peines.

§. 4. Qu'aucun avocat ne fasse traîner de lui-même le procès dont il est chargé.

§. 5. Qu'il soit permis aux *honorés*, qui dans la ville de Rome, ont embrassé les fonctions d'avocat, de parler sur les affaires qui leur ont été confiées, autant qu'ils le désireront ; mais qu'ils ne saisissent point cette occasion pour chercher à faire des profits honteux ; qu'au contraire ils ne soient guidés dans l'exercice de ces fonctions que par le désir d'accroître leur réputation. Car s'ils cherchent du gain et reçoivent de l'argent, ils seront regardés commes des personnes abjectes et dégénérées, et comptées au nombre des moins considérés.

§. 6. Que ceux donc qui veulent être avocats et à qui nous avons permis d'exercer ces fonctions, sachent qu'ils ne peuvent en exercer d'autres pendant le temps qu'ils sont en possession d'exercer celles-là. Qu'aucun d'eux ne pense qu'on a diminué les honneurs qui lui étaient dus, parce que ce sont eux-mêmes qui ont embrassé volontairement la profession d'avocat et ont abandonné de cette manière le droit de s'asseoir avec les juges.

Fait le 10 des calendes de septembre, sous le consulat des empereurs Valentinien et Valens. 368.

7. *Les empereurs Valentinien, Valens et Gratien, à Olybrius, préfet de la ville.*

On doit faire en sorte que les avocats distingués au barreau par leur mérite ou leur expérience, ne se trouvent pas tous d'un seul côté, et que la partie adverse ne soit forcée de confier sa défense à des avocats ignorans ou sans expérience. C'est pourquoi si on ne trouve parmi les personnes qui composent l'auditoire, que deux ou quelques autres avocats d'une grande réputation, il est du devoir du juge de distribuer les avocats de telle manière que l'une et l'autre des parties soient également défendues. Que celui qui ayant été sommé par le juge de défendre la partie qui lui a été désignée, a donné une excuse pour s'en dispenser, qui a été rejetée, soit suspendu de ses fonctions d'avocat; et qu'il sache qu'il sera à jamais incapable d'exercer de telles fonctions. L'action de celui des plaideurs qui est convaincu d'avoir gagné en sa faveur, plusieurs avocats et qui a, par cette fraude, privé son adversaire d'une égale défense, montre évidemment que le procès qu'il soutient est injuste et qu'il cherche à tromper la religion du juge.

Fait pendant les calendes de mars, sous le troisième consulat des empereurs Valentinien et de Valens. 370.

§. 6. Quisquis igitur ex iis quos agere permisimus, vult esse causidicus : eam solam quam sumet tempore agendi, sibi sciat esse personam, quousque causidicus est. Nec putet quisquam honori suo aliquid esse detractum : cum ipse necessitatem elegerit standi, et contempserit jus sedendi.

PP. 10 cal. septemb. Valentiniano et Valente AA. Conss. 368.

7. *Iidem et Gratianus AAA. ad Olybrium P. V.*

Providendum est, ne ii quos in foro aut meritum nobilissimos fecerit, aut vetustas, in unâ parte consistant : aliam à rudibus atque tyronibus necesse sit sustineri; atque ideo si in uno auditorio duo tantùm præ cæteris fuerint, vel plures, quorum fama sit hilarior, in judicantis officio sit, ut par causidicorum distributio fiat, et exæquetur partibus auxilium singulorum, et æqua divisio procedat. Si quis verò monitus à judice, eâ excusatione, quæ nequeat comprobari, cuicunque parti patrocinium denegaverit; careat foro, sciat etiam nunquam sibi ad agendum copiam posse restitui. Si quis autem ex litigatoribus detectus fuerit separatim tractasse cum plurimis, et adversario suo tali fraude subtraxisse paris defensionis copiam, ostendet procul dubio iniquam à se litem foveri, et auctoritatem judiciariam à se delusam experietur.

Dat. cal. mart., Valentiniano et Valente AA. utrisque III Couss. 370.

8. *Impp. Leo et Anthemius* ᴀᴀ. *Nicostrato* ᴘ. ᴘ.

Nemo vel in foro magnitudinis tuæ, vel in provinciali judicio, vel apud quenquam judicem accedat ad togatorum consortium, nisi sacrosanctis catholicæ religionis fuerit imbutus mysteriis. Sin autem aliquid quoquo modo, vel quâdam machinatione factum vel attentatum fuerit, officium quidem sublimitatis tuæ centum librarum auri jacturam pro condemnatione sustineat. Idem verò, quicunque ausus fuerit contrà providum nostræ serenitatis decretum, officium advocationis per subreptionem arripere, et prohibitum patrocinium præstiterit, ab advocationis officio remotus, stylum proscriptionis atque perpetui exilii specialiter sustinebit : scituris etiam provinciarum rectoribus, quòd is sub cujus administratione aliquid hujusmodi fuerit attentatum, partis bonorum dimidiæ proscriptionem, et pœnam exilii per quinquennium sustinebit.

Dat. pridie cal. april. Constantinop. Anthemio ᴀ. ɪɪ. Couss. 468.

TITULUS VII.

De advocatis diversorum judiciorum.

1. *Imp. Antoninus* ᴀ. *Dolont.*

Si patronum causæ prævaricatum putas, et impleveris accusationem, non deerit adversùs eum pro temeritate commissi sententia, atque ita de principali causâ denuò quæretur. Quod si non docueris prævaricatum, et calumniâ notaberis, et rebus judicatis, à quibus non est provocatum, stabitur.

P P. 3 calend. octobr. Antonino ᴀ ɪᴠ et Albino. Couss. 214.

---

8. *Les empereurs Léon et Anthémius, à Nicostrate, préfet du prétoire.*

Que personne ne soit admis au nombre des avocats exerçant près le tribunal de votre grandeur, ou un tribunal de province ou tout autre, qu'il ne soit reconnu être pénétré des saints mystères de la religion catholique : et s'il a été fait par quelque moyen que ce soit, quelque chose de contraire à ces dispositions, que votre office soit condamné à l'amende de cent livres d'or. En outre, celui qui au mépris de ce décret de notre majesté, aura la témérité d'arracher frauduleusement le droit d'exercer les fonctions d'avocat et qui se chargera en conséquence de défendre des causes, sera destitué de ces fonctions, dépouillé de ses biens, et condamné en outre à un exil perpétuel. Que les recteurs des provinces sachent aussi que celui d'entre eux qui aura souffert qu'on fit dans les lieux de son ressort, quelque chose de contraire à ces dispositions, sera dépouillé de la moitié de ses biens, et condamné à la peine de cinq années d'exil.

Fait à Constantinople, la veille des calendes d'avril, sous le second consulat d'Anthémius. 468.

TITRE VII.

Des Avocats des diverses juridictions.

1. *L'empereur Antonin, à Dolon.*

Si vous pensez qu'un avocat chargé d'une cause a prévariqué, et si vous prouvez votre accusation, il sera jugé suivant la rigueur que mérite sa prévarication, et on recommencera de nouveau l'instruction de la cause ; mais si vous ne prouvez pas qu'il ait prévariqué, vous serez entaché de la note encourue par votre calomnie, et le jugement sera maintenu, si on n'en a pas interjeté appel.

Fait le 3 des calendes d'octobre, sous le quatrième consulat de l'empereur Antonin et le premier d'Albinus. 214.

2. *Les empereurs Valens, Gratien et Va-*
lentinien, à Antoine, préfet du prétoire.

A l'égard de ceux qui sont obligés de
remplir des charges dans les villes où ils
demeurent, quand ils sont aggrégés à un
corps de décurions, nous ne voulons pas
qu'il leur soit loisible d'exercer dans diverses juridictions; nous leur permettons
de remplir les fonctions d'avocat, et nous
voulons qu'ils soient soumis aux charges
de décurions dans leur ville : mais cependant il ne leur est pas permis de se charger
des causes contre la ville dans laquelle ils
ont été placés au rang des décurions.

Fait à Ravennes, le 15 des calendes de
septembre; sous le sixième consulat de l'empereur Valens et le second consulat de l'empereur Valentinien. 378.

3. *Les empereurs Arcadius et Honorius, à*
Africanus, préfet du prétoire.

Que personne de l'ordre des avocats, s'il
n'est décurion, ne puisse exercer des charges dans les provinces. Il faut que ces charges
soient interdites à ceux de cette condition
qui les brigueraient, comme aussi ils ne
peuvent être contraints de les accepter.

Fait à Constantinople, le 3 des nones
d'août, sous le troisième consulat de l'empereur Honorius et le quatrième de l'empereur Arcadius. 394.

4. *Les empereurs Honorius et Théodose,*
à Eustathius, préfet du prétoire.

Les avocats de votre juridiction et tous
autres, posséderont en propre ce qu'ils auront gagné dans l'exercice de leur profession, et les gains qu'ils auront faits à cette
occasion. Les biens qu'ils auront acquis
de cette manière, ils les posséderont en toute
propriété après le prédécès de leurs pères,
comme un pécule castrense, à l'instar des
militaires, pour ce qu'ils ont gagné à l'armée.

Fait à Constantinople, le 10 des calendes
d'avril, sous le treizième consulat de l'empereur Honorius et le dixième de l'empereur
Théodose. 422.

2. *Imppp. Valens, Grat. et Valentin. AAA.*
ad Antonium P. P.

Qui necessariò patriæ suæ debent muni-
cipio functiones, eos decurionibus aggre-
gatos, nolumus evagari, permittentes, ut
in negotiis causidicorum fungantur officiis,
et in civitatibus propriis subeant munera curialium, ita tamen, ut non contrà rempublicam civitatis in quâ honorem hunc
consecuti sunt, eis adesse permittatur.

Dat. 15 calend. septembr. Ravennæ, Valente VI et Valentiniano II AA. Conss. 378.

3. *Impp. Arcad. et Honor. AA. ad Africa-*
num P. P.

Ne quis ex corpore togatorum, minimè
curialibus nexibus illigatus, provinciales
suscipiat functiones : scilicet ut ambienti-
bus claudatur ingressus, et invitis necessitas auferatur.

Dat. 3 non. aug. Constantinop. Arcadio
IV et Honorio III AA. Conss. 394.

4. *Impp. Honor. et Theod. AA. Eustathio P. P.*

Fori tui culminis et universorum judiciorum advocati, quicquid ex hujuscemodi
professione, vel ipsius occasione quæsie-
rint, id etiam post patris obitum præcipuum,
veluti peculium castrense, ad exemplum
militum, proprio dominio valeant vindicare.

Dat. 10 cal. april. Constantinop. Honorio
XIII et Theodosio X. AA. Conss. 422.

5. *Impp. Theod. et Valent.* AA. *Cyro* p. v.

Quicquid animi largitate, et magnificentiâ principali præstitimus togatis per Orientem eminentissimæ præfecturæ reverentiâ studiorum, id sibi præsenti sanctione præstitum esse cognoscant patroni causarum illustris urbicariæ præfecturæ.

Dat. 7 cal. januar. Constantin. Theodosio XII et Valentiniano II. AA. Conss. 426.

6. *Iidem* AA. *ad Florentium* p. p.

Sancimus, ut advocatis qui apud tuam magnificentiam causas acturi sunt, à nullo judice, nec ab ipsâ eminentissimâ præfecturâ sollicitudo ulla penitus injungatur. Sed nec advocatis provinciarum, vel spectabilium judicum, quisquam existimet aliquid injungendum. Nulla igitur togatis inspectio, nulla peræquatio ingeratur, nulla operis constructio, nulla discussio, nullum ratiocinium imponatur, nullum denique aliud eis mandetur præter arbitrium, in eodem duntaxat loco, ubi advocationis exercent officium : quinquaginta librarum auri pœna officio feriendo, si legis istius regulas temerare tentaverit.

Dat. 7 cal. mart. Constantinop. Theodosio A. XVII et Festo Conss. 439.

7. *Iidem* AA. *Thalassio* p. p. *per Illyricum.*

Iisdem privilegiis, iisdemque immunitatibus potiri togam illustrissimæ per Illyricum præfecturæ, quibus fruitur toga per Orientem prætorianæ sedis excelsæ decernimus.

Dat. 7 id. septemb. Constantinop. Theodosio A. XVII et Festo Conss. 439.

5. *Les empereurs Théodose et Valentinien,* à *Cyrus, préfet de la ville.*

Que les avocats de la préfecture urbaine sachent que par notre présente constitution, nous leur accordons tous les priviléges que nous avons accordés aux avocats de la préfecture de l'Orient.

Fait à Constantinople, le 7 des calendes de janvier, sous le douzième consulat de l'empereur Théodose et le deuxième de l'empereur Valentinien. 426.

6. *Les mêmes empereurs à Florentius, préfet du prétoire.*

Nous ordonnons qu'on ne puisse soumettre à aucune charge les avocats qui exercent en votre juridiction, soit qu'elle leur soit imposée par l'ordre d'un juge quelconque, soit par celui de la préfecture. Que personne donc ne puisse imposer quelques charges aux avocats ni aux juges, telles que la surveillance de quelques travaux, un partage, une construction d'ouvrage, une discussion ou une comptabilité, enfin on ne leur imposera aucune charge, si ce n'est celle d'arbitre, et seulement dans le lieu où ils exercent leurs fonctions : si quelqu'un osait enfreindre les dispositions de cette loi, il sera puni d'une amende de cinquante livres d'or.

Fait à Constantinople, le 8 des calendes de mars, sous le dix-septième consulat de l'empereur Théodose et le premier de Festus. 439.

7. *Les mêmes empereurs à Thalassius, préfet du prétoire pour l'Illyrie.*

Nous ordonnons que l'ordre des avocats de la préfecture d'Illyrie, jouisse des mêmes priviléges et immunités que celui des avocats de la préfecture d'Orient.

Fait à Constantinople, le 7 des ides de septembre, sous le dix-septième consulat de l'empereur Théodose, et le premier de Festus. 439.

8. *Les mêmes empereurs à Cyrus, préfet du prétoire et consul désigné.*

Le nombre des avocats prétoriens est fixé à cent cinquante, et ne peut être ni diminué ni augmenté. Nous ordonnons que ceux d'entr'eux qui seront appelés à la défense du fisc soient, eux et leurs enfans nés et à naître, exempts des obligations de la cohorte ou de tout autre ordre plus inférieur, et qu'après qu'ils auront quitté leurs fonctions, après les avoir exercées pendant une année entière, ils puissent sortir de l'ordre des avocats, et abdiquer la dignité de *comte du consistoire*. Nous ordonnons, par la présente loi, que tout ce qui est acquis par les avocats de votre barreau, dans quelque circonstance et à quelque titre que ce soit, ils puissent le revendiquer comme pécule castrense, et nous voulons que ces biens ne puissent être acquis ni à leurs pères ni à leurs ayeux paternels. Ces dispositions seront communes aux avocats de la préfecture urbaine.

Fait le 3 des calendes de janvier, sous le cinquième consulat de l'empereur Valentinien et le premier d'Anatolius. 440.

9. *Les mêmes empereurs, à Apollonius, préfet du prétoire.*

Si quelqu'un des avocats de votre barreau, de celui de la préfecture d'Illyrie ou de la préfecture urbaine, ou si quelqu'un de ceux qui exercent la profession d'avocat dans les tribunaux des provinces, ayant été chargé par vous du gouvernement d'une province, s'est acquitté avec intégrité et d'une manière irréprochable de l'administration qui lui a été confiée, qu'après la cessation de sa charge, il puisse reprendre son état dont il avait été distrait, et par le moyen duquel il se procurait des moyens d'existence ; et qu'il ne soit pas empêché de plaider comme il faisait auparavant.

8. *Iidem* ᴀᴀ. *Cyro* ᴘ. ᴘ., *consuli designato.*

Advocatio prætoriana centum quinquaginta numero togatis minimè vel minuendo vel augendo concluditur. Jubemus eos qui ex his ad fisci patronatum pervenerint, à cohortis vel alterius vilioris conditionis nexibus cùm liberis quandocunque genitis liberos custodiri : postque tale officium depositum annumque completum advocatorum consortio abscedere cum comitivâ consistorianâ ; omneque, quod togatis fori celsitudinis tuæ quolibet casu, quolibet acquiritur titulo : quasi castrense sibimet vindicare : nec patribus, nec avis paternis earum rerum commodum acquirere legis istius auctoritate decernimus. His omnibus etiam ad urbicariæ præfecturæ advocatiouem trahendis.

Dat. 3 calend. januar. Valentiniano ᴀ. ᴠ. et Anatolio Conss. 440.

9. *Iidem* ᴀᴀ. *Apollonio* ᴘ. ᴘ.

Si quis de togatis fori celsitudinis tuæ, vel Illyricanæ, seu urbicariæ præfecturæ, sive de iis qui in provincialibus judiciis causarum patrocinium profitentur, electione tuæ sedis regendæ provinciæ munus potestatemque susceperit, post peractam integrè ac sine ullâ opinionis labe administrationem, et ad illud officium undè abstractus est, et undè sibi vitæ subsidia comparabat, remeandi habeat facultatem, nec causas orare denuo quâdam prohibeatur invidiâ.

Dat. 12 calend septemb. Constantinop.
Eudoxio et Dioscoro Conss. 442.

10. *Impp. Valentin. et Martianus* ᴀᴀ. *Palladio* ᴠ. ᴘ.

Binos, qui priores in tui culminis sede invenitur, ad patronatum fisci singulis quibuscumque annis accedere paribus dignitatis et privilegiorum insignibus ambiendos esse præcipimus, quibus antehac utebatur is qui solus fisci creabatur patronus.

Dat. 14 calend. jul. Constantinop. Herculano et Asporatio. Conss. 452.

11. *Imp. Leo* ᴀ. *Viviano* ᴘ. ᴘ.

Nemini licere sancimus, aliquem sub adsidendi colore statutis centum quinquaginta advocatis, quos sibi eminentissima præfectura in consilium adsumpserit, aggregare.

§. 1. Non aliter verò consortio advocatorum tuæ sedis aliquis societur, nisi priùs in examine viri clarissimi rectoris provinciæ ex quâ oriundus est, præsentibus cohortalibus gesta confiant, quibus apertè pateat cohortali vitæ ac fortunæ eundem minimè subjacere. Atque hæc fieri volumus, si præsens vir clarissimus rector provinciæ fuerit in ejus examine. Si verò abfuerit, apud defensorem sui oppidi gesta confiant. Jurisperitos etiam eorum doctores jubemus juratos sub gestorum testificatione depromere, esse eum qui post hæc subrogari voluerit peritia juris instructum. Filios autem togatorum excellentiæ tuæ, qui vel nunc causas agunt, vel futuris temporibus actitaverint, cæteris supernumerariis anteferri.

§. 2. Illud insuper decernimus, ut etiam iis qui ultra centum quinquaginta advocatos eminentissimæ tuæ sedis reperiuntur, liceat et apud virum spectabilem proconsulem, vel præfectum augustalem, vel comitem

---

Fait à Constantinople, le 12 des calendes de septembre, sous le consulat d'Eudoxius et de Dioscore. 442.

10. *Les empereurs Valentinien et Martion, à Palladius, préfet du prétoire.*

Nous ordonnons que tous les ans, les deux premiers avocats de votre barreau soient nommés pour exercer les fonctions d'avocats du fisc, et qu'ils jouissent des mêmes dignités et priviléges dont jouissait avant celui qui était nommé seul avocat du fisc.

Fait à Constantinople, le 14 des calend. de juillet, sous le consulat d'Herculanus et d'Asporatius. 452.

11. *L'empereur Léon, à Vivianus, préfet du prétoire.*

Nous défendons à qui que ce soit d'augmenter, sous prétexte d'assistance, le nombre des avocats, fixé à cent cinquante, et destinés à former le conseil de votre préfecture.

§. 1. Que personne ne puisse être admis à l'ordre des avocats de votre siége, à moins que, lors de l'enquête qui sera faite par le gouverneur de la province dont il est originaire, en présence des membres de la cohorte, il n'ait donné des preuves évidentes qu'il n'est en rien soumis à la condition des membres de la cohorte. Et nous voulons que cet examen soit fait en la présence du gouverneur de la province; s'il était absent, nous voulons que le candidat fasse les preuves susdites en présence du défenseur de la ville, et nous ordonnons que les professeurs et les docteurs assermentés certifient que celui qui veut être reçu est instruit dans la jurisprudence : nous voulons aussi que les fils des avocats de votre barreau, qui plaident ou qui plaideront, soient préférés aux autres surnuméraires.

§. 2. De plus, nous ordonnons qu'il soit permis à ceux qui excèdent le nombre des cent cinquante avocats de votre barreau, de plaider devant le proconsul, devant le préfet augustal, devant le comte d'Orient, devant les lieutenans et les gouverneurs des provinces.

Fait à Constantinople, pendant les calendes de février, sous le consulat de Magnus et d'Apollonius. 460.

12. *Le même empereur à Eusebius, préfet du prétoire pour l'Illyrie.*

Nous ordonnons que l'avocat du fisc près votre tribunal, qui sort tous les ans de fonctions, n'en sorte dorénavant que tous les deux ans, suivant l'ancienne coutume. Nous maintenons au même ordre d'avocat tous les priviléges qu'ils ont obtenus précédemment des empereurs.

Fait à Constantinople, le 10 des calendes de mars, sous le consulat de Basilius et de Vivien. 463.

13. *Les empereurs Léon et Anthémius, à Alexandre, préfet augustal.*

Trouvant raisonnable la demande que les avocats de la ville d'Alexandrie ont faite concernant leur ordre et l'avocat du fisc, nous voulons par cette ordonnance que leur nombre soit porté à cinquante ; que le nom de chacun soit à son rang inscrit dans une matricule, et qu'ils puissent, lorsqu'ils en sont priés, exercer leurs fonctions près le tribunal du préfet augustal et celui du gouverneur d'Égypte. Que les autres avocats excédant le nombre précité plaident devant les autres juges d'Alexandrie, et que leurs fils soient préférés aux surnuméraires pour les places qui viendront à vacquer. L'avocat du fisc sortant, après deux ans sera revêtu de la dignité de consulaire administrateur de province, pour le récompenser de ses travaux : il aura aussi la faculté, lorsque la circonstance l'exigera, de plaider pour lui, pour ses fils, pour ses parens, pour sa femme, et pour les personnes qui lui sont liées en ligne collatérale jusqu'au quatrième degré. Lorsque l'avocat du fisc viendra à décéder, celui qui le suivra sera mis à sa place sans aucun délai, les héritiers du défunt ne

Orientis, apud viros etiam spectabiles vicarios, et apud rectores provinciarum negotia perorare.

Dat. cal. feb. Constantinop. Magno et Apollonio Couss. 460.

12. *Iidem A. Eusebio v. v. Illyrici.*

Sancimus, patronum fisci judicio celsitudinis tuæ non jam quotannis, sed biennio pro vetere consuetudine finem officii sui sortiri : salvis eidem consortio privilegiis omnibus quæ à retrò principibus meruit, manentibus.

Dat. 10 cal. mart. Constantinop. Basilio et Viviano Couss. 463.

13. *Impp. Leo et Anthemius AA. Alexandro v. v.*

Petitionem virorum dissertissimorum advocatorum Alexandrinæ splendissimæ civitatis, quam de fori sui matriculâ et fisco patrono obtulerunt, meritò admittentes, hac sanctione decernimus, quinquaginta statutos haberi, eorumque nomina pro tempora matriculæ conficiendæ inscribi : et eos advocationis officium in judicio tàm viri spectabilis præfecti augustalis, quàm viri spectabilis ducis Ægyptiaci limitis potentibus adhibere. Cæteros verò ultra memoratum numerum constitutos, apud alios judices ejusdem Alexandrinæ civitatis perorare, filiis scilicet statutorum in loco deficentium supernumerariis anteponendis. Egredientem autem post biennium fisci patronum, contemplatione laborum, ex consularis moderatoris provinciæ dignitate decorari, licentia facultatemque ei non deneganda, cum usus exegerit, tàm pro se, quàm pro filis, parentibus et uxoribus, necnon etiam personis ex transverso latère usque ad quartum gradum constitutis, patrocinium suum adhibere. Quando autem fisci patronum mori contigerit, gradu eum sequentem sine ullâ dilatione in locum ejus

37 *

subrogari, hæredibus defuncti nihil exindè sibi commodi adquiri posse speraturis, cunctis privilegiis quæ hactenus habuisse noscuntur, necnon iis quæ suggestio tuæ magnitudinis continet, etiam in posterum intactis inviolatisque servandis ; quatenus hujusmodi delato eis liberalitate nostræ serenitatis honore possint in otio et tranquillitate reliquum vitæ suæ tempus peragere, nulla eis invitis ingerenda sollicitudine.

14. *Iidem* AA. *Callicrati* P. P. *Illyrici.*

Advocati qui dirimunt ambigua fata causarum, suæque defensionis viribus in rebus sæpè publicis ac privatis lapsa erigunt, fatigata reparans, non minus provident humano generi, quàm si prœliis atque vulneribus patriam parentesque salverunt. Nec enim solos nostro imperio militare credimus illos, qui gladiis, clypeis, et thoracibus nituntur : sed etiam advocatos militant namque patroni causarum, qui gloriosæ vocis confisi minimè, laborantium spem, vitam, et posteros defendunt.

Dat. 5 cal. april. Constantinop. Zenone et Martiano Conss. 469.

15. *Imp. Leo* A. *Dioscoro* P. P.

Post duos fisci patronos, qui ex anterioribus constitutionibus iisdem beneficiis muniuntur, sexagintaquatuor togatos, qui in præsenti sunt, à primo usque ad sexagesimumquartum imperialibus beneficiis perfrui censemus, quibus fisci patroni liberique eorum honorati sunt.

§. 1. Iis quoque illud adjiciendum esse statuimus, ut si quis patroni fisci adeptus gradum, fatalem diem obierit, universa

---

pourront tirer aucun profit de cette subrogation : tous les priviléges dont ils jouissaient déjà et ceux qui ont été accordés d'après votre avis, seront maintenus à l'avenir, pour qu'au moyen de l'honneur qu'ils ont obtenu de notre libéralité, ils puissent couler le restant de leurs jours dans le repos et la tranquillité, et qu'on ne puisse les soumettre à aucune charge.

14. *Les mêmes empereurs, à Callicrate, préfet du prétoire pour l'Illyrie.*

Les avocats qui éclaircissent les faits douteux des causes, et qui par la force de leur défense, tant dans les affaires publiques que dans les affaires privées, relèvent ceux qui sont exposés à la ruine, et qui rétablissent ceux dont la fortune est ébranlée, ne sont pas moins utiles au genre humain, que ceux qui servent leur patrie et leurs parens par l'effort de leurs bras et par leurs blessures. Et nous ne pensons pas qu'il n'y a que ceux qui se servent des armes qui combattent dans notre empire; mais nous pensons que les avocats remplissent aussi en quelque sorte les mêmes fonctions ; car, munis de la force de l'éloquence, ils protègent ceux qui souffrent, entretiennent leur espérance, défendent leur vie et leurs enfans.

Fait à Constantinople, le 5 des calendes d'avril, sous le cons. de Zénon et de Martien. 469.

15. *L'empereur Léon, à Dioscore, préfet du prétoire.*

Après les deux avocats du fisc, qui jouissent des mêmes bienfaits en vertu de nos précédentes constitutions, tous les avocats, depuis le premier jusqu'au soixante-quatrième, jouiront des avantages dont ont été honorés les avocats du fisc et leurs enfans.

§. 1. De plus nous ordonnons que si un avocat nommé avocat du fisc venait à mourir, le traitement entier de toute l'année, qui n'aurait été que commencée, puisse par lui être transmis à ses héritiers ou à ses successeurs, soit enfans, soit étrangers, et qu'il puisse faire cette transmission, soit par testament, soit *ab intestat.*

Fait à Constantinople le 1.er des cal. de juin, sous le cons. de Festus et de Martien. 472.

16. *Les empereurs Léon le jeune et Zénon, à Justinien, préfet de la ville.*

A l'instar des soixante avocats du barreau de la préfecture prétorienne, les quinze seulement de votre barreau, qui sont actuellement au premier rang, après l'avocat du fisc, jouiront des mêmes privilèges que ceux dont jouissent les avocats du fisc et leurs fils.

Fait à Constantinople, le 17 des cal. d'avril, sous le cons. de Léon le jeune. 474.

17. *L'empereur Zénon, à Paulus, préfet pour l'Illyrie.*

Nous voulons que le nombre des avocats de votre barreau soit limité à cent cinquante; comme il avait été précédemment réglé; et que ce même nombre soit rempli à votre choix, toutes les fois qu'il se trouvera diminué par la cessation de la profession, par la mort ou toute autre cause, en sorte que d'ici à deux ans le nombre fixé soit rempli, sans aucun examen, s'ils sont d'une cohorte ou de quelqu'autre condition inférieure : sous la réserve de l'action que les appariteurs peuvent avoir contr'eux, laquelle action s'éteint, sans aucun doute, à l'égard de ceux qui rempliront les fonctions d'avocat du fisc ; mais après le laps de deux années, ceux qui aspireront à être reçus à votre barreau ne seront admis qu'après qu'ils auront prouvé qu'ils ne sont engagés à la cohorte.

§. 1. Nous voulons par cette loi, qui aura le sceau de l'éternité, que tous les privilèges

totius anni solatia, ex quo hoc idem officium peragere cœperit, ad hæredes seu successores suos (sive liberi sive extranei fuerint) transmittendi tàm ex testamento quàm ab intestato liberam habeant facultatem.

Dat. 17 cal. jun. Constantinop. Festo et Martiano Conss. 472.

16. *Impp. Leo junior et Zeno* A A. *Justiniano* P. V.

Ad similitudinem sexagintaquatuor advocatorum fori amplissimæ pretorianæ præfecturæ, quindecim tantùm ex foro tuæ magnitudinis, qui in præsenti gradus primos obtinent, post fisci videlicet patronum eisdem privilegiis nostræ mansuetudinis beneficio perfruantur, quibus fisci patroni liberique eorum muniuntur.

Dat. 17 cal. april. Constantinop. Leone juniore A. Conss. 474.

17. *Imp. Zeno* A. *Paulo* P. P. *per Illyricum.*

Jubemus advocationem fori tui culminis centum quinquaginta (sicut antè constitutum fuerat) advocatis concludi : eundemque numerum, quotiens vel professionis fine, vel morte, vel quocunque fuerit casu imminutus, electione magnificæ tuæ sedis impleri, ita ut in præsenti quidem et hinc usque ad biennium ad impletionem supra definiti numeri subrogandi ; sine ulla cohortalis, aut cujuslibet deterioris conditionis quæstione succedant, salva videlicet adversùs eos apparitoribus (si quâ competit actione, quàm certum est, postquàm fisci patronatum officio impleto exegerint evanescere. Post lapsum verò biennium foro tuæ magnificæ potestatis inseri postulantes, non aliter nisi sub gestorum confectione minimè eos cohortali conditioni subjacere patefactum fuerit, admittantur.

§. 1. Cuncta sanè privilegia, quæ magnificæ per Orientem præfecturæ advocatis ex divinis retro principum, seu inclytæ recordationis Leonis, vel nostris sanctionibus indulta sunt, tuæ quoque gloriosissimæ sedis causidicis absque ullâ discretione competere, per hanc in æternum valituram legem sancimus.

Dat. 6 cal. januar. Constantinop. Decio et Longino Conss. 486.

TITULUS VIII.

De Advocatis diversorum judicum.

1. *Imp. Anastasius A. Eusebio magist. officiorum.*

SUGGESTIONEM viri illustris comitis rerum privatarum, et proconsulis Asiæ duximus admittendam, per quam nostræ serenitatis auribus intimavit, fori sui advocatos communi petitione magnopere postulasse, ut postquàm advocationis deposuerint officium, dignitate quâdam nostrâ liberalitate potiantur. Jubemus itaque post depositum(ut dictum est) præfatum officium, unumquemque eorum, qui in præsenti sunt, vel posteà matriculis eorum pro tempore fuerint inserti, clarissimi primi ordinis comitis perfrui dignitate: quatenus et tempore quietis fructum præteritorum laborum consequantur, proque fide atque industria erga clientes suos comprobata à privatæ conditionis hominum multitudine seggregati, clarissimis meritò connumerentur.

Dat. 11 calend. januar. Constantinop. Anastasio A. II. Conss. 497.

2. *Idem A. Thomæ P. P. per Illyricum.*

Advocatos amplissimæ tuæ sedis, qui pro tempore ad fisci patroni gradum et officium provehuntur, unâ cum liberis jam natis vel posteà procreandis, ab omni co-

qui ont été accordés sans exception aux avocats de la préfecture de l'Orient, par les ordonnances des anciens empereurs, par celles de Léon, de glorieuse mémoire, et par les nôtres, soient communs aux avocats de votre barreau.

Fait à Constantinople, le 6 des cal. de janvier, sous le consulat de Decius et de Longinus. 486.

TITRE VIII.

Des Avocats des différens juges.

1. *L'empereur Anastase, à Eusèbe, maître des offices.*

NOUS avons jugé à propos d'admettre le conseil du comte de nos affaires privées et du proconsul d'Asie, par lequel ils nous ont fait entendre que les avocats de leur barreau désiraient unanimement d'obtenir de notre libéralité quelque dignité, après qu'ils auraient quitté leurs fonctions ; c'est pourquoi nous ordonnons qu'après qu'ils auront quitté leurs fonctions, comme il a été dit, chacun de ceux qui sont actuellement ou qui seront dans la suite immatriculés à leur rang, jouissent de la dignité de comte du premier ordre, afin qu'ils recueillent dans leur retraite le fruit de leurs travaux, déjà distingués des hommes d'une condition privée par la fidélité et les talens qu'ils ont montrés dans la défense de leurs clients.

Fait à Constantinople, le 2 des cal. de janvier, sous le second consulat de l'empereur Anastase. 497.

2. *Le même empereur, à Thomas, préfet du prétoire pour l'Illyrie.*

Nous voulons que les avocats de votre barreau qui sont parvenus d'après la matricule à l'office d'avocat du fisc, soient exempts, ainsi que leurs enfans nés ou à naître et leurs patrimoine, de toute charge de cohorte et de l'assujétissement d'une condition quelconque plus inférieure; puisqu'il est constant que cette faveur a déjà été accordée par les constitutions impériales aux avocats des préfectures prétorienne et urbaine : car il n'est pas douteux que votre autorité ne soit égale à celle de ces préfets.

Fait le 12 des cal. de décembre, sous le cons. de Patricius et d'Hipatius.

5. *Le même empereur, à Constantin, préfet du prétoire.*

Nous ordonnons que le primat des avocats du barreau du comte d'Orient, remplisse les fonctions d'avocat du fisc pendant deux ans, et qu'il reçoive pendant le même espace de temps le traitement qui lui sera alloué d'un consentement unanime, et que, passé ce temps, il quitte la profession d'avocat ; le nombre de ces avocats sera fixé seulement à quarante ; et que ceux qui excéderont ce nombre soient obligés de s'abstenir des fonctions d'avocat, et que personne autre ne puisse être admis à l'exercice de ces fonctions, tant que ce nombre sera complet; de plus, ceux qui auront quitté l'office d'avocat du fisc, comme il a été réglé, pourront à l'avenir plaider pour eux, pour leur femme, pour leur beau-père, pour leur belle-mère, pour leur gendre, pour leur bru, pour leurs enfans, pour leurs colons et pour leurs esclaves. Leur maison ne sera pas soumise à contribuer au logement des soldats ; mais chacun d'eux ne pourra se prévaloir de ce privilége que pour une seule maison lui appartenant. Personne ne pourra, à titre de sportules, exiger d'eux, soit pour eux, pour leurs colons et leurs esclaves, plus que ce que nous avons fixé à leur égard. On ne pourra admettre à l'ordre des avocats, aux époques que nous avons fixées, que ceux qui seront connus pour s'être appliqués à l'étude des lois; les fils des avo-

hortali seu cujuslibet deterioris conditionis vinculo immunes ac liberos. Cum patrimonio suo conservari decernimus; cum constet hoc jampridem tàm advocatis amplissimæ prætorianæ per Orientem, quàm magnificæ urbicariæ præfecturæ sacris constitutionibus esse indultum, et non dubium sit, non tantùm eas, sed etiam sublimissimæ tuæ sedis germanas esse potestates.

Dat. 12 calend. decemb. Patritio et Hypatio Conss.

5. *Idem A. Constantino P. P.*

Jubemus pro tempore primatem advocatorum fori viri illustris comitis Orientis per biennium fisci patroni fungi officio, et solatia sibi communi consensu deputata per idem biennium consequi: hoc quoque transacto, professionem advocationis deponere, consortio videlicet eorumdem advocatorum ad quadraginta tantùm viros redigendo, ita ut si qui superflui sunt jam eidem consortio sociati, de advocationis officio minimè rejiciantur, nemine alio eis adjiciendo, ne quadraginta virorum numerum advocatorum consortium excedere contingat. Ad hæc eos qui (prout statutum est) fisci patroni deposuerint officium, posteà quoque non prohiberi singulos tam pro se, quàm pro jugali suâ, et socero et socru, necnon genero et nuru, liberisque propriis, colonis et servis ad se pertinentibus advocationis fungi officio; nec ædiculas eorum metatorum onere molestari, si tamen in unâ tantummodo suâque domo singuli talem prærogativam sibi vindicare maluerint. Pro sportulis præterea modum, quem notitia nobis porrecta declarat, tam pro his, quàm pro colonis et eorum servis custodiri, neminique preberi licentiam eundem modum circa sportularum exactionem contrà eos excedendi. Nec de cætero quenquam antequam per statuta tempora legum eruditio noscatur inhæsisse, supradicto consortio sociari. Et filios advocatorum, vel adhuc in tali constitutorum officio, vel eorum qui fisci patronatum deposuerint, superstitum, vel mortuorum, extraneis ad idem officium accedentibus anteponi : eique gratis et sine sumptibus sociari, si et ipsi (prout dispositum est) solito tempore legum doctrinam meruerint. Ut autem iis qui fisci patroni officium adepti sunt, vel fuerint, non tantùm superstitibus, sed etiam morte præventis prospiciatur, tam ad hæredes fisci patroni, qui semel ad talem gradum vocatus sit, solatia ejus transire, hisque servari, quàm ipsos qui fisci patronatum jam deposuerunt, vel posteà deposuerint minimè cujuslibet actus publici sollicitudinem nolentes subire compelli, nec exhibitionis seu deductionis onere (nisi speciali auctoritate nostrâ) molestari, et in provinciâ incusandos per sententiam viri spectabilis comitis Orientis, ut pote competentis judicis conveniri atque litigare decernimus.

Dat. calend. jul. Constantinop. Sabiniano et Theodoro Conss. 5o5.

4. Idem A. Eustatio P. P.

Laudabile, vitæque hominum necessarium advocationis officium, maximé principalibus præmiis oportet remunerari. Ideóque jubemus viros clarissimos fisci pro tempore patronos fori tuæ celsitudinis, solenni die festivitatis calendarum januariarum, ipsius tantummodo anni, per quem tale peragunt officium, inter spectabiles sacri nostri consistorii comites divinâ nostræ serenitatis manu puncti consequi solatia. Et postquam tale deposuerunt officium, si quidem filios ingenuos habeant, eos clarissimorum notariorum inseri con-

cats, de ceux qui sont encore en fonctions, ou de ceux qui ont quitté les fonctions d'avocats du fisc, vivans ou décédés, seront préférés aux étrangers aspirant au même office : ils seront reçus gratuitement et sans frais, si, comme il a été réglé, ils se sont livrés à l'étude des lois pendant le temps prescrit ; mais pour traiter favorablement ceux qui sont ou qui ont été avocats du fisc, non-seulement ceux qui vivent, mais encore ceux qui sont décédés, que les traitemens soient transmis, non-seulement aux héritiers de l'avocat du fisc, qui a été appelé une fois à cette fonction, et que ce traitement leur soit conservé, mais encore aux héritiers de ceux qui ont déjà quitté la fonction d'avocat du fisc, ou qui la quitteront par la suite : et qu'ils ne soient pas, malgré eux, soumis à quelque charge publique, ni inquiétés pour comparaître devant les juges ou devant nous, si ce n'est par notre ordre exprès ; nous ordonnons que quand ils seront accusés dans nos provinces, ils ne puissent être poursuivis, et que leur procès ne puisse leur être fait qu'en vertu d'une sentence du comte d'Orient.

Fait à Constantinople, pendant les cal. de juillet, sous le cons. de Sabinien et de Théodore. 5o5.

4. Le même empereur, à Eustatius, préfet du prétoire.

La fonction d'avocat est digne d'éloge ; elle est nécessaire pour conserver la vie aux hommes ; elle doit être récompensée par la munificence impériale : c'est pourquoi nous ordonnons que les avocats du fisc de votre barreau reçoivent les prescrits (pensati silentia), au jour solennel de la fête des calendes de janvier, comme les comtes de notre consistoire, mais seulement l'année pendant laquelle ils ont rempli leur office ; après qu'ils l'auront quitté, s'ils ont des enfans ingénus, ils seront mis au rang des personnes illustres et recevront gratuitement les lettres des tribuns dans la forme ordinaire. Si quelqu'un d'eux, étant cité par votre sentence, pour reconnaître une dette, ou une action, est disposé à la reconnaître, que la reconnaissance s'en fasse, par écrit et à la manière accoutumée, non devant un arbitre délégué, mais devant ceux qui rempliront alors les fonctions d'avocat du fisc, ou devant l'un d'eux, s'il y en a un qui ne puisse être présent. Quand quelqu'un voudra légitimer les enfans nés et à naître d'un mariage qui aura été fait sans constitution de dot et sans aucune formalité, la légitimation pourra se faire pardevant les avocats du fisc, lors en fonction, ou pardevant l'un d'eux, comme il a été dit, de laquelle il sera pris acte; on doit pourvoir cependant à ce que, dans cette occasion, il ne soit porté aucune atteinte aux droits des absens. De plus, quand quelqu'un voudra affranchir ses esclaves, il pourra déclarer ses intentions devant les avocats du fisc, et opérer ces affranchissemens devant eux comme devant les consuls. Enfin par cette ordonnance, nous voulons que les autres priviléges, dont nous avons déjà parlé, qui ont été accordés de diverses manières aux avocats du fisc et à ceux qui rempliront à l'avenir ces fonctions, subsistent dans toute leur force.

Fait à Constantinople, le 12 des calend. de décembre, sous le consulat d'Ariovinius et de Messala. 506.

5. *Le même empereur, à Sergius, préfet du prétoire.*

Nous avons pensé que nous devions admettre avec quelque tempérance la pétition des avocats du barreau présidial de la seconde province de Syrie, et nous ordonnons que leur primat remplisse les fonctions du fisc pendant deux ans, et qu'il reçoive le traitement qui est alloué d'un consentement commun pour cet usage, pen-

Tome I.

sortio, tribunorum sacras solitas epistolas sine quamdam suffragii solutione percepturos. Et si quis per sententiam sublimitatis tuæ monitus super agnito debito, vel agnitâ causâ quæ ingeritur, ei confessionem exponere paratus sit, eam non arbitro delegato, sed tunc temporis fisci patronis, vel alterutri eorum, si altera adesse non possit, pro more tamen solito, sub actorum testificatione intimari. Quotiesque de nuptiis quis sine dotalibus instrumentis mutuo contrahendi matrimonium animo celebratis, super affectu suo liberis ex hujusmodi conjugio jam extantibus, vel necdum procreatis legitimis allegationibus uti maluerit, eas apud eosdem pro tempore fisci patronos, vel alterutrum eorum (ut dictum est) gestis intervenientibus commendari, ita videlicet ut juri cognitæ allegationes in absentibus personis, si quæ competunt, serventur intactæ. His insuper quicumque apud viros gloriosos pro tempore consules mancipia sua libertate donare voluerint, antelatos fisci patronos ad easdem libertates peragendas propriam advocationis vocem accomodare. Aliis nihilominùs privilegiis, quæ jam pridem memoratis vel fisci patronis, vel adhuc advocationis pro tempore peragentibus officium togatis, diversis modis indulta sunt, ex hâc etiam sanctione nostrâ in suâ stabilitate duraturis.

Dat. 12 calend. decemb. Constantinop. Ariovinio et Messala Conss. 506.

5. *Idem ᴀ. Sergio.*

Petitiones virorum disertissimorum fori præsidialis secundæ Syriæ provinciæ advocatorum cum competenti moderatione censuimus admittendas, et jubemus pro tempore primatem eorum per biennium fisci patroni fungi officio et solatia sibi communi consensu hôc in usu deputata, per idem biennium consequi: hoc quoque transacto

38

professionem advocationis deponere, consortio videlicet eorumdem advocatorum ad triginta tantummodo viros redigendo; ita ut si qui superflui sunt jam eidem consortio sociati, de advocationis officio minimè rejiciantur, nemine alio eis adjiciendo, ne triginta virorum numerum advocatorum excedere consortium contingat. Ad hæc eos, qui (prout statutum est) fisci patroni deposuerint officium, posteà quoque non prohiberi singulos tàm pro se quàm pro jugali suâ, et socero, et socru necnon genero et nuru, liberisque propriis, colonis, et servis ad se pertinentibus advocationis fungi officio; nec ædiculas eorum metatorum nomine molestari, si tamen in unâ tantummodo suâque domo singuli talem prærogativam sibi vindicare maluerint. Pro sportulis præterea modum quem notitia nobis porrecta declarat, tàm pro his, quàm pro colonis et eorum servis custodiri: neminique præberi licentiam, eumdem modum circà sportularum exactionem contrà eos excedendi: nec de cætero quemquam, antequàm per statuta tempora legum eruditioni noscatur inhæsisse, supradicto consortio sociari. Et filios advocatorum, vel adhuc in tali constitutorum officio, vel eorum qui fisci patronatum deposuerint, superstitium, vel mortuorum, extraneis ad idem officium accedentibus anteponi, eique gratis et sine sumptibus sociari, si et ipsi (prout dispositum est) solito tempore legum doctrinam meruerint. Ut autem iis qui fisci patroni officium adepti sunt, vel fuerint, non tantùm superstitibus, sed etiam morte præventis prospiciatur, tàm ad hæredes fisci patroni, qui semel ad talem gradum vocatus sit, solatia ejus transire, hisque servari, quàm ipsos qui fisci patronatum jam deposuerant, vel posteà deposuerint, minimè cujuslibet actus publici sollicitudinem nolentes subire compelli, nec exibitionis seu deductionis onere (nisi speciali

dant le même espace de temps; ce temps expiré, ils cesseront la fonction d'avocat; le nombre de ces avocats sera fixé à trente seulement: ceux qui excéderont ce nombre, s'abstiendront entièrement de leurs fonctions; on n'admettra plus personne à ces fonctions, afin que l'ordre n'excède pas le nombre de trente; de plus, ceux qui (comme il a été réglé) ont quitté les fonctions d'avocat, pourront continuer ces mêmes fonctions, pour eux, pour leur femme, pour leur beau-père, pour leur gendre, pour leurs enfans, leurs colons et leurs esclaves. Leur maison ne sera point assujétie au logement des soldats, pourvu qu'ils ne se prévalent de ce privilége que pour une seule maison leur appartenant; et ils ne pourront pas être tenus de payer, soit pour eux, soit pour leurs colons et leurs esclaves, les sportules dans une plus forte proportion que celle que nous avons réglée à leur égard. Au surplus, on ne pourra admettre dans l'ordre des avocats que ceux qui se seront livrés à l'étude des lois pendant le temps prescrit. Les fils des avocats qui sont encore en fonction ou de ceux qui ont cessé la fonction d'avocat du fisc, vivans ou décédés, seront préférés aux étrangers aspirans au même office. Ils seront reçus gratuitement et sans frais, si, comme il est réglé, ils ont étudié les lois pendant le temps prescrit. Pour traiter favorablement ceux qui ont rempli la fonction d'avocat du fisc, non-seulement ceux qui vivent, mais aussi ceux qui sont décédés, nous voulons que leur traitement passe à leurs héritiers: ceux qui ont cessé ou qui cesseront dans la suite d'exercer les fonctions d'avocat du fisc, ne seront assujétis, malgré eux, à aucune charge publique, et on ne pourra leur imposer la charge *exhibitio seu deductio* que par notre ordre exprès. Nous voulons qu'on ne puisse poursuivre et faire le procès de ceux d'entre eux qui seront accusés dans les provinces, qu'en vertu d'une sentence du gouverneur de la province où ils demeurent, comme juge compétent.

Fait pendant les calendes de décembre, sous le cons. d'Anatolius et d'Agapitus. 508.

6. *L'empereur Justin à Marin, préfet du prétoire.*

Seront rendus aux avocats du fisc, les soixante livres d'or, qui sous l'empire de Zénon, de glorieuse mémoire, avaient été attribués aux juges pedanées et à ceux qui jugeaient de la solvabilité des fidéjusseurs, et que le dernier empereur, par une économie trop sévère, avait réduit en partie ; afin que par l'effet de notre libéralité, les avocats du fisc jouissent intégralement de la susdite somme d'or chaque année ; laquelle sera partagée également entre les deux avocats du fisc, par votre tribunal : car c'est favoriser tous les avocats que de privilégier, d'après leur vœu commun, leurs chefs.

§. 1. Nous voulons aussi que les lettres qui sont délivrées pour l'approbation d'un tribun prétorien ou d'un notaire, soient expédiées non pas au nom d'un seul avocat du fisc, mais au nom des deux, soit qu'il s'agisse de leurs fils, soit qu'il s'agisse de quelqu'autre.

§. 2. Nous voulons encore qu'ils reçoivent le brevet accordé à ceux qui sont honorés d'une grande dignité, et que ce brevet, quoiqu'il ne soit qu'au nom d'un seul, puisse servir à un autre, du consentement de celui qui l'a obtenu ; ils pourront en conséquence le céder à leur gré à un de leurs compatriotes ou de leurs amis, pourvu cependant qu'ils demeurent dans la même province que le cédant.

§. 3. Nous leur permettons aussi de présenter tous les ans deux candidats, pour être admis à nous rendre leurs hommages, et faire partie du corps de nos gardes ; l'un sera compris dans la garde à cheval, et l'au-

auctoritate nostrâ) molestari, et in provinciâ incusandos per sententias viri clarissimi provinciam in quâ degunt, moderantis ut pote competentis judicis, conveniri atque litigare decernimus.

D. cal. dec. Anatolio et Agapito Coss. 508.

6. *Imp. Justinus* a. *Marino* v. p.

Restituendæ sunt clarissimis eloquentiæ luminibus sexaginta auri libræ, quas sub imperio Zenonis divæ memoriæ pedaneis deputatas arbitris, necnon fidejussorum vires æstimantibus, tamen auferendas credidit pro parte posterioris subtilitas principis ; ut jam liberalitate nostri numinis viri clarissimi fisci præfatam auri summam sine fraude annis singulis consequantur, ab amplissimâ tuâ sede pari lance in utrumque dividendam. Nam universis redditur, quod pro voto omnium primatibus indulgetur.

§. 1. Sacras insuper epistolas, quibus approbantur viri clarissimi tribuni prætoriani et notarii, non unius tantùm nomine, sed alterius quoque utrius præstandas perspicimus, sive suos filios, sive alios quosdam duxerint illustrandos.

§. 2. Ad hæc altiore beneficio codicillos, quibus illustris honoratur dignitas, consequantur, quos unius solùm nomine eisdem viris facundissimis daturos nos pollicemur, pro futuro scilicet alteri eorum altero concedente, seu qui ex provinciis suis, vel ex amicis voluerint, in provinciis tamen degentibus.

§. 3. Licentiam eis præterea facimus binos homines singulis annis itidem offerendi, nostram adoraturos purpuram, statutis inserendo præsentialibus domesticis, unum equitum, alterum scholæ peditum in vacantem

38 *

eorum locum qui defuncti sunt, nullo dùm supererunt, de militià venundandà pacto cum eis interposito, ita tamen, ut iidem viri facundissimi, cùm offerendos eosdem crediderint homines, bina solidorum pro singulis millia nihilque ampliùs, noverint dependenda viris magnificis comitibus dicatissimorum domesticorum, id est, equitum quidem pro eo qui inter equites meriturus est, peditum autem pro eo inter pedites inserendus est, solitis videlicet statim stipendiis, necnon cæteris solatiis iisdem tyronibus deputandis sine quolibet alio dispendio.

§. 4. Aliis etiam privilegiis potiantur, quæ diversis temporibus consecuti sunt, sive per augustos apices, sive per dispositiones et sententias amplissimæ tuæ sedis; nam qui nobis digni judicati sunt, ii multo magis in anterioribus quoque sunt adjuvandi.

Dat. cal. decemb. Constantinop. ipso A. et Eutherico Conss. 531.

7. *Idem* A. *Theodoro* P. P.

Per hanc legem decernimus, ne antequàm in octoginta tantùm virorum numerum fori tui culminis togatorum collegium deductum fuerit, adspirare quis quálibet arte concedatur, aut possit, nisi vel eorum filii qui triginta priorum obtinent numerum, facundiæ studiis eruditi, gratis videlicet et sine ullo suffragio, aut fortassè exteri non ultrà duos per annos singulos, facundià et ipsi conspicui, taxati fuerint, nullo deinceps posquàm in octoginta virorum numerum redacti fuerint, superare quálibet rursùs ambitione vel astutià quantitatem ausuro.

§. 1. Interdicenda quoque cunctis licentia prævertendi progressus seriem quam ipsius temporis ordo suppeditat; et ut in mercatorum contractibus loca permutandi, et

---

tre dans la garde à pied, en remplacement de ceux qui sont décédés; il ne sera fait aucune convention avec eux pour la cession de leur office, tant qu'ils existeront. Des candidats ayant été présentés, les chefs de notre garde leur paieront deux sols pour chaque mille, et rien de plus. Il leur sera payé, en outre, pour traitemens et autres frais, les sommes accoutumées, sans autres honoraires quelconques.

§. 4. Qu'ils jouissent aussi des autres priviléges qui leur ont été accordés en divers temps, soit par nos lettres, soit par les décisions de votre cour; mais on doit avoir bien plus d'égards pour ceux que nous avons élus, que pour ceux qui l'ont été par d'autres.

Fait pendant les calendes de décem! sous le consulat de l'empereur Constant... et d'Euthéricus. 531.

7. *Les mêmes empereurs à Théodore, préfet du prétoire.*

Nous ordonnons par cette loi, que jusqu'à ce que le nombre des avocats de votre barreau soit réduit à quatre-vingts, personne ne puisse y aspirer, sous quelque prétexte que ce soit, si ce n'est les fils de ceux qui sont au nombre des trente premiers, quand ils seront instruits dans l'éloquence et dans l'étude du droit, lesquels seront reçus gratuitement et sans examen, ou des étrangers seulement au nombre de deux par chaque année, et qui auront aussi été instruits dans l'éloquence et la science du droit. Après que le nombre des avocats sera réduit au nombre de quatre-vingts, que personne n'entreprenne d'excéder ce nombre par faveur ou par adresse.

§. 1. Il n'est permis à personne d'intervertir l'ordre de l'avancement, qui ne doit être que l'ouvrage du temps; et que les jeunes gens succèdent aux anciens, comme il a été réglé à l'égard des corporations des marchands.

§. 2. Nous avons cru aussi nécessaire de décider qu'aucun d'eux ne puisse abandonner votre tribunal, pour aller habiter d'autres contrées; que ceux qui ont obtenu le titre d'avocat, sachent que s'ils se sont éloignés de votre ville pendant l'espace de trois ans, ils seront privés de leur titre d'avocat et des priviléges accordés à ces fonctions. Qu'ils ne s'absentent sous prétexte d'autorisations sollicitées fréquemment dans le dessein d'éluder la loi ou que les voyages ne soient pas multipliés.

§. 3. Si la moindre de ces dispositions est violée, en quelque temps que ce soit, que les vingt premiers de cet ordre qui sont de fonction auprès de vous, ainsi que ceux qui les secondent, soient condamnés chacun en dix livres d'or, pour les punir de ce qu'ils n'auront pas aussitôt opposé la présente loi à ceux qui auront contrevenu à nos volontés impériales, ou qui n'y auraient opposé aucune résistance, et qui n'auraient formé aucun obstacle à ce qu'il ne soit rien fait de contraire à la présente loi. Les officiers de votre tribunal qui n'auraient pas observé soigneusement ces dispositions salutaires, et qui n'auraient pas veillé à ce qu'elles ne soient pas enfreintes, seront aussi condamnés en dix livres d'or.

§. 4. Six cents pièces d'or de la caisse de votre barreau, suivant ce qui était observé précédemment, sont destinées aux avocats du fisc qui exercent près de vous, de peur qu'après avoir terminé leurs fonctions et leurs glorieux travaux, ils ne tombent dans indigence. Que cette somme ne leur soit pas payée à une époque indéterminée; mais qu'ils la reçoivent lorsque la moitié du temps de leur mission sera révolue, c'est-à-dire, aux calendes d'octobre de chaque année, sans aucun retardement.

§. 5. Que tous les priviléges qui ont été

adhuc tyrones jam interesse veteribus.

§. 2. Hoc etiam pronuntiandum censemus, ne quis ex his in aliis degat regionibus, relictâ observatione glorificæ tuæ sedis : noverint etenim qui post nomen impetratum patroni litium, ultrà trium annorum spatium ex sacratissimâ hâc urbe morandum duxerint : nec nuncupationem togati, nec privilegia virorum hujusmodi concedenda sibi : ut ne repetitis ex industriâ prædictæ sedis auctoritatibus protrahantur, aut multiplicetur peregrinationis excursus.

§. 3. Quorum omnium si quid vel minium quocumque tempore fuerit violatum, viginti primates ejusdem ordinis, et qui pro tempore sollicitudinem ab actis in amplitudinis tuæ gerent officio, adjutores etiam eorum denis singuli libris auri ferientur, quòd adversùs imperialia consulta serenitatis nostræ tendentibus non statim objecerint intercessionem legis præsentis, aut non restiterint, et omninò non prohibuerint ne quid tentaretur contrarium : cùm nec in administratores sublimissimæ tuæ sedis, si non intentè custodierint disposita salutaria, et ut non temerentur prospexerint, pœna deerit decem auri librarum.

§. 4. Sexcenti autem aurei, quibus pro tempore fisci patronis fori tuæ celsitudinis ad exemplum priorum temporum ex arcâ tui judicii consulatur, ne post decursum celerem advocationis, et labores gloriosos egeni exeant : non (ut sæpè contingit) incerto die præstentur, sed cùm ad medium iter pervenerint patrocinii rerum fiscalium, id est, calendis octobribus per annos singulos sine cunctatione solventur.

§. 5. Quicquid insuper privilegiorum

retrò principum sacris affatibus, vel autoritate tribunalis cuja interest, huic eidem
ordini datum ostenditur, inviolatum servari.

§. 6. Cumque lite quisquam eorum pulsatus fuerit, seu civilis causæ certamine,
aut criminalis quæstionis obtentu, hic, vel
in provinciis : cùm per concessum tempus
eorum adesse quemquam evenit, nullas
executores sportulas assequi : nec qui controversiis movendis inserviunt, aut exci-
piendo seu præparando vel officio quolibet
alio, quocumque nomine sumptum exigendum censemus.

Dat. idib. febr. Constantinop. Justiniano
et Opilione Coss. 524.

8. *Idem* A. *Archelao,* v. p.
Nemo, exceptâ Menandri fisci patroni
personâ, speret de cætero permutationum
saltibus superiore gradu captato fruitu-
rum, sed beneficiis quæ patronis ærarii,
seu dùm officium exhibent causis fiscalibus,
aut post impletum agmen impertita mons-
trantur.

Dat. 12 cal. septemb. Justiniano et Opilione Coss. 524.

9. *Imp. Justinianus* A. *Joanni* P. P.

De constitutione divinæ recordationis Jus-
tini patris nostri super togatis amplissimæ
tuæ sedis prolatâ, illyricani advocati pos-
tulaverunt à nobis eis clarum fieri si locum
etiam circà eos possit habere sive cum
commeatu, sive sine commeatu, judicio
ejusdem sublimitatis tuæ abfuerint : sancimus itaque talem legem generaliter etiam
in personâ eorum valere; ut si quis sine commeatu ultrà continuum biennium abfuerit,
vel cum commeatu ultrà quinquennium, de

accordés à cet ordre précédemment par
les empereurs ou par l'autorité d'un juge
compétent, soient inviolablement maintenus.

§. 6. Si une action étant intentée contre
quelqu'un d'entre eux, soit au civil soit au
criminel, ici ou dans les provinces, il se présente dans le délai fixé, que les exécuteurs
ne puissent exiger de lui aucuns frais, à
titre de sportule, et que ceux qui sont chargés de les poursuivre, qui prêtent leur ministère, soit pour opposer quelqu'exception,
ou pour mettre la cause en état, ou pour
quelque autre motif que ce soit, ne s'imagi-
nent pas qu'ils puissent exiger d'eux les frais
qu'ils auront faits.

Fait aux ides de février, à Constantinople, sous le consulat de Justinien et d'Opilien. 524.

8. *Le même à Archelaüs, préfet du prétoire.*
Que personne, excepté Ménandre, avocat du fisc, n'espère jouir des avantages
qui sont accordés à ceux qui remplissent ou
ont rempli les fonctions d'avocat du fisc,
quand on sera parvenu à cette dignité par
subtilité, et sans avoir passé successivement
par les divers degrés.

Fait le 12 des calendes de septembre,
sous le consulat de Justinien et d'Opilien.
524.

9. *L'empereur Justinien à Jean, préfet du
prétoire.*
Les avocats d'Illyrie nous ont demandé
que nous fissions connaître si la constitution de Justin notre père, de glorieuse mémoire,
concernant les avocats de votre siége, pouvait leur être applicable, soit qu'ils s'absentassent, sans congé du juge de cette cour,
soit qu'ils s'absentassent avec congé : c'est
pourquoi nous avons ordonné que cette loi
aurait tout son effet à leur égard; de sorte
que si quelqu'un d'entre eux s'absente plus
de deux ans de continue, sans congé, ou

plus de cinq ans avec congé, son nom sera rayé de la matricule ; après quoi il ne pourra plus réclamer son rang et faire partie de l'ordre des avocats de ce siége. Que les avocats de cette cour se conforment donc à notre présente ordonnance générale.

TITRE IX.

Des Avocats du fisc.

1. L'empereur Antonin à Claudius.

Avouant que vous avez entrepris de défendre la cause du fisc, quoique vous prétendiez que vous n'avez pas reçu de salaire, vous devez cependant vous conformer aux ordonnances ; car il a été défendu à ceux qui se sont chargés de défendre le fisc de se charger d'une cause contraire.

Fait le 13 des calendes de janvier, sous le quatrième consulat de l'empereur Antonin et le premier de Balbinus. 214.

2. Les empereurs Valérien et Gallien, à Fréquentius.

Nous vous autorisons à défendre les particuliers contre le fisc, pourvu que vous vous absteniez de vous charger d'une cause que vous avez défendue pour le fisc, lorsque vous exerciez les fonctions d'avocat du fisc.

Fait le 6 des calendes de mars, sous le consulat des empereurs Valérien et Gallien. 255.

3. L'empereur Constantin à Ælien, proconsul d'Afrique.

L'avocat du fisc qui ne veut pas s'exposer à quelques condamnations, doit faire attention de ne négliger aucun des intérêts du fisc : cependant qu'il ne s'avise pas de troubler la tranquillité des particuliers par des procès mal fondés et sans motifs.

Fait le 7 des ides de novembre, sous le quatrième consulat de l'empereur Constantin et du César Licinius. 315.

triculâ penitùs aboleatur : nulla licentia ei danda gradum suum vindicare, nec iterùm viris disertissimis togatis ejusdem sedis adsistere. Perfuantur igitur advocati ejusdem sublimitatis hâc nostrâ generali sanctione.

TITULUS IX.

De Advocatis fisci.

1. Imp. Antoninus a. Claudio.

Cum te fisci causam agitasse proponas quamvis te salarium percepisse neges, tamen placitis adquiesce ; eos enim qui causam fisci egissent, prohibitum est adversùs fiscum patrocinium præstare.

PP. 13 cal. januar. Antonino a. IV et Balbino Conss. 214.

2. Imp. Valerianus et Gallienus aa. Frequentio.

Potes, auctoribus nobis, adversùs fiscum quoque patrocinium exhibere privatis : dùm eam scilicet causam, quam tu cùm fisci advocatus fueras, forté tractasti, suscipere declines.

PP. 6 calend. mart. Valeriano II et Gallieno aa. Coss. 255.

3. Imp. Constantin. a. Æliano p. Africæ post alia.

Fisci advocatus pœnas metuens caveat ne fiscalia commoda occultet : neve ullo negotio existente, fisci nomine privatis audeat calumnias commovere.

Dat. 6 id. novembr. Treu. Constantinop. a. IV et Licinio IV Coss. 315.

4. *Imppp. Grat. Valentin. et Theod.* ᴬᴬᴬ. *ad Amianum com.* ʀ. ᴘ.

Rationales privatæ rei causis, vel sacris ærariis præsidentes, examen præsente fisci advocato suscipiant.

D. 14 cal. jan. Merobande 11 et Saturnino Coss. 383.

4. *Les empereurs Gratien, Valentinien et Théod., à Amien, comte des choses privées.*

Nos procureurs qui président au jugement des causes concernant à la fois des particuliers et le trésor public, ne prendront connaissance de ces causes qu'en présence de l'avocat du fisc.

Donné le 17 des calendes de janvier, sous le second consulat de Mérobande et le premier de Saturninus. 383.

TITULUS X.

De errore advocatorum, vel libellos, seu preces concipientium.

1. *Imp. Alexander* ᴀ. *Aureliæ.*

Eᴀ quæ advocati præsentibus iis quorum causæ aguntur, allegant, perindè habenda sunt, ac si ab ipsis dominis litium proferantur.

PP. calend. mart. Albino et Maximo Conss. 228.

TITRE X.

Des erreurs des avocats et de ceux qui rédigent les requêtes.

1. *L'empereur Alexandre à Aurélia.*

Lᴇs allégations que font les avocats en présence de leurs parties, sont considérées comme si elles avaient été faites par leurs parties elles-mêmes.

Fait pendant les calendes de mars, sous le consulat d'Albinus et de Maxime. 228.

2. *Imp. Gordianus* ᴀ. *Rogato militi.*

Errores eorum qui desideria, id est, preces scribunt, veritati præjudicium adferre non posse manifestum est : et ideò si condemnationem cujus mentionem libello insertam esse proponis, manifestò probare potest non intercessisse allegationes tuas lædi non oportere, is qui super negotio disceptaturus est, non ignorabit.

PP. 10 calend. jul. Pio et Pontiano Conss. 239.

2. *L'empereur Gordien à Rogat, soldat.*

Il est évident que les erreurs de ceux qui rédigent les requêtes, ne peuvent préjudicier à la vérité : c'est pourquoi si vous parvenez à prouver clairement que la condamnation que vous dites avoir été alléguée dans votre requête, n'a point eu lieu, celui qui connaîtra de l'affaire, saura que cette allégation ne peut pas vous nuire.

Fait le 10 des calendes de juillet, sous le consulat de Pius et de Pontien. 239.

3. *Impp. Dioclet. et Maximian.* ᴬᴬ. ᴄᴄ. *Ulpiæ.*

Sententiis finita negotia, rescriptis revocari non oportet; nec enim quæ constituta sunt, id est, ut advocatorum error litigatoribus non noceat, tibi etiam opitulari possunt : cùm te præsentæ neque causæ palàm ex continenti, id est, triduo proxi-

3. *L'empereur Dioclétien et Maximien et les Césars, a Ulpia.*

Quand le jugement a été rendu, la chose jugée ne peut pas être révoquée par des rescrits ; car la règle qui veut que l'erreur des avocats ne puisse préjudicier à leur partie, ne peut être invoquée à votre égard, puisque vous exposez qu'étant présent, vous

n'avez pas hautement démenti les allégations que vous désapprouviez incontinent, c'est-à-dire, dans les trois jours, et puisqu'après le jugement, vous n'avez pas eu recours à l'appel.

Donné le 6 calendes de septembre, sous le cons. des Césars. 294.

TITRE XI.

Que le juge supplée les moyens de droit omis par les avocats des parties.

1. *Les empereurs Dioclétien et Maximien et les Césars, à Honoratus.*

Il est indubitable que s'il a été omis quelque chose par les parties ou par leur avocat, que le juge doit y suppléer et juger d'après les moyens qu'il sait être conformes aux lois et au droit commun.

Fait le 16 des calendes de mars, sous le cinquième consulat de l'empereur Dioclétien et le quatrième de l'empereur Maximien. 293.

TITRE XII.

Des causes pour lesquelles on inflige l'infamie.

1. *Les empereurs Sévère et Antonin, à Manilius.*

Quoique vous soyez emprisonné ou chargé de chaînes par l'ordre du juge, ce seul motif ne suffit pas pour que vous éprouviez, en aucune manière, les effets de l'infamie.

2. *Les mêmes empereurs, à Venerius.*

Celui qui est condamné à la peine du double, par le président, pour avoir exigé des débiteurs plus qu'ils ne devaient, n'est pas condamné par l'action du vol, ni par celle du pillage, ni du péculat.

Fait le 5 des ides de janvier, sous le cons. de Latéranus et Rufinus. 198.

Tome I.

mo, contradixisse neque post sententiam appellationis remedio, si tibi hæc displicebant, usam eo esse proponas.

Dat. 6 calend. septemb. CC. Conss. 294.

TITULUS XI.

Ut quæ desunt advocatis partium, judex suppleat.

1. *Impp. Dioclet. et Maximian. AA. et CC. ad Honoratum.*

Non dubitandum est, judicem si quid à litigatoribus, vel ab iis qui negotiis adsistunt, minùs fuerit dictum, id supplere, et proferre, quod sciat legibus et juri publico convenire.

S. 16 calend. mart. Diocletiano V, et Maximiano IV AA. Couss. 293.

TITULUS XII.

Ex quibus causis infamia irrogatur.

1. *Impp. Severus et Antoninus AA. Manilio.*

Infamiæ detrimentum minimè tibi affertur ob id solùm, quod in carcerem conjectus es, vel vincula tibi jussu legitimi judicis injecta sunt.

PP. sine die et consule.

11. *Iidem AA. Venerio.*

Neque furti, neque vi bonorum raptorum, neque peculatûs damnatus intelligi potest, qui cum plus debito nomine debitorum exégisset, in duplum à præside condemnatus est.

PP. 5 id. ianuar. Latorano et Rufino Conss. 298.

39

3. *Iidem* AA. *ad Metrodorum.*

Et si severior sententia dici debuit, tamen cùm proconsul vir clarissimus certis rationibus motus mitiorem sententiam dixerit, et ordine decurionum te biennio abstinere jusserit, transacto tempore non esse te in numero infamium palàm est, eo quòd post biennium remisisse tibi prohibitionem decurionatus judex videtur.

PP. 10 calend. januar. Laterano et Rufino Conss. 198.

4. *Iidem* AA. *Venustiniano.*

Si Posidonium in tempus anni relegandum, sententiam excessisse proconsulis probaveris, quinque annis exilio temporali damnatum, inter infames haberi non oportet : quoniam sententiæ severitas cum cæteris damnis transigere videtur.

PP. 6 calend. mart. Saturnino et Gallo Conss. 199.

5. *Iidem* AA. *Ambrosio.*

Decuriones quidem, item filios decurionum fustibus castigari prohibitum est ; verùm si injuriam te fecisse proconsul vir clarissimus pronunciaverit, ignominiâ notatus es.

PP. calend. jul. Saturnino et Gallo Conss. 199.

6. *Iidem* AA. *Justo.*

Ad tempus in opus publicum damnati pristinum quidem statum retinent ; sed damno infamiæ post impletum tempus subjiciuntur.

PP. 7 id. decembr. Geta et Plautiano Conss. 204.

7. *Iidem* AA. *Demetrio.*

Nemo ob id quòd bonis paternis se abstinuit, infamis est.

---

3. *Les mêmes emp.*, à *Métrodore.*

Si vous étant exposé à être condamné à une peine plus sévère, cependant le proconsul, touché par de certains motifs, a prononcé contre vous un jugement moins rigoureux ; et vous a privé pour deux ans de votre qualité de décurion, passé ce temps, vous ne serez plus au nombre des infâmes ; car il est évident que par son jugement, le juge a levé, après l'expiration des deux ans, l'interdiction qui vous excluait du rang de décurion.

Fait le 10 des calendes de janvier, sous le consulat de Lateranus et de Rufinus, 198.

4. *Les mêmes empereurs,* à *Venustien.*

Si vous prouvez que Posidonius a été condamné par jugement du proconsul à une rélégation de cinq ans, quoique, pour le fait dont il s'agissait, il ne dût être condamné qu'à une rélégation d'un an, Posidonius ne sera pas pour cela mis au nombre des infâmes, quoique la sévérité de la sentence fasse présumer que le proconsul a eu en vue d'autres crimes.

Fait le 6 des calendes de mars, sous le consulat de Saturnin et Gallus. 199.

5. *Les mêmes empereurs,* à *Ambroise.*

Il a été défendu de châtier les décurions et leurs fils, par la peine du fouet ; mais si le proconsul a jugé que vous avez commis un crime qui vous assujétisse à cette peine, vous avez encouru l'infamie.

Fait dans les calendes de juillet, sous le cons. de Saturnin et Gallus. 199.

6. *Les mêmes empereurs,* à *Juste.*

Ceux qui sont condamnés aux travaux publics pour un temps, conservent leur premier état ; mais après que le temps de la peine est accompli, ils sont soumis à la peine de l'infamie.

Fait le 7 des ides de décembre, sous le consulat de Geta et de Plautien. 204.

7. *Les mêmes empereurs,* à *Démétrius.*

Celui qui a renoncé à la succession de son père, n'est pas pour cela infâme.

Fait le 5 des ides de janvier, sous le 2.e consulat de l'empereur Antonin et Geta. 206.

8. *Les mêmes empereurs, à Ulpia.*

Si vous avez été condamné pour vol, vous êtes entaché d'infamie, quoiqu'on ne vous ait pas infligé la peine du fouet. Mais si on a trouvé chez vous une chose volée par un autre, laquelle y a été remise à votre insu, la sévérité du jugement ne porte pas atteinte à votre réputation.

Fait le 10 des calendes de mars, sous le 2.e consulat de l'empereur Antonin et Geta. 206.

9. *Les mêmes empereurs, à Lætus.*

Personne n'est soumis à l'infamie, pour n'avoir pas défendu les affaires publiques de son pays.

Fait le 13 des calendes de mars, sous le 2.e consulat de l'empereur Antonin et Geta. 209.

10. *Les mêmes empereurs, à Sévère.*

Celui qui est condamné pour crime, quoiqu'il ait été commis envers la personne d'un esclave, est noté d'infamie.

Fait le 4 des calendes d'août, sous le même consulat. 209.

11. *L'empereur Alexandre, à Herennius.*

Les débiteurs qui fesant cession de biens, quoique par suite de cette cession, leurs biens soient vendus, ne sont pas pour cela infâmes.

Fait le 10 des calendes de mai, sous le 2.e consulat de Maxime et le 1.er d'Ælien. 224.

12. *Le même empereur, à Donat.*

S'il est prouvé par la sentence du président que vous ayez pillé les effets d'une hérédité, outre la peine qui vous est imposée, vous serez noté de l'infamie qui suit le vol.

Fait pendant les calendes de juillet, sous le 2.e consulat de Julien et le 1.er de Crispinus. 225.

13. *Le même empereur, à Juventius.*

Un père en instituant ses fils dans son testament, leur adresse des reproches : ces

PP. 5. id. januar, Antonino A. et Geta II utrisque Conss. 206.

8. *Iidem AA. Ulpiæ.*

Si furti condemnata es, citrà verbera quoque fustium famæ damnum subiisti. Quòd si res furtiva, quam alter surripuit, apud te ignorantem comperta est, non læsit existimationem tuam durior sententia.

PP. 10. calend. mart, Antonino A. et Geta utrisque II. Conss. 206.

9. *Iicem AA. Gæto.*

Neminem sequitur infamia ob non defensa negotia publica patriæ suæ.

PP. 12. calen. mart. Antonino A. et Geta utrisque III. Conss. 209.

10. *Iidem AA. Severo.*

Injuriarum, ex personâ quoque servi damnatus, infamiâ notatur.

PP. 4. calend. aug. iisdem Conss. 209.

11. *Imp. Alexander A. Herennio.*

Debitores qui bonis cesserint, licet ex eâ causâ bona eorum vediderint, infames non fiunt.

PP. 10 cal. maias, Maximo II et Æliano Conss. 204.

12. *Idem A. Donato.*

Si te expilasse hæreditatem sententiâ præsidis constiterit, non ex eo quòd non et alia tibi pœna irrogata est, furti improbioris infamiam evitasti.

PP. calend. jul. Juliano II et Crispino Conss. 225.

13. *Idem A. Juventio.*

Ea quæ patea testamento suo filios increpans scripsit, infames quidem filios jure

39 *

non faciunt ; sed apud bonos et graves opinionem ejus qui patri displicuit, onerant.

13 calen. novemb. ipso A. III et Dionysio
Conss. 230.

14. *Imp. Gordianus A. Jovino.*

Nullam existimationis infamiam avun-
culus tuus pertimescat ictibus fustium subjectus ob crimen quæstione habitât, si sententia non præcessit ignominiæ maculam
irrogans.

Dat. cal. septemb. Pio et Pontiano Conss.
239.

15. *Idem A. Sulpitiæ.*

Decreto amplissimi ordinis luctu fœminarum deminuto, tristior habitus, cetera-
que hoc genus insignia mulieribus remit-
tuntur : non etiam intrà tempus quo his elu-
gere maritum moris est, matrimonium contrahere permittitur cùm etiam si nuptias
alias intrà hoc tempus secuta est, tàm ea,
quàm is qui sciens eam duxit uxorem,
etiam miles sit, perpetuo edicto labem
pudoris contrahat.

PP. 17 cal. jul. Gordiano A. et Aviola
Conss. 240.

16. *Idem A. Domitiano.*

Fustibus cæsum, cui per præconem ita
dictum est, *συκοφάντης*, ut calumniatorem
videri notatum, ideòque esse famosum,
manifestam est.

PP. 3. cal. aug. Sabino et Venusto Conss.
241.

17. *Idem A. ad Magnum.*

Verbum precibus insertum, potiùs verecundiam onerare, quàm ullam existimationis
maculam videtur adspergere ; et enim cùm
non causâ cognitâ dictum est *συκοφάντης*,

reproches ne rendent pas les fils infâmes ;
mais ceux qui ont encouru la disgrâce de
leur père, perdent l'estime des honnêtes
gens.

Fait le 13 des calendes de novembre,
sous le consulat de l'empereur Alexandre
et le premier de Dionisius. 230.

14. *L'empereur Gordien, à Jovinus.*

Votre oncle, accusé de crime, a été soumis au fouet par forme de torture : il ne
doit pas pour cela éprouver quelque atteinte à sa réputation, si d'ailleurs il n'a
pas été condamné précédemment par un
jugement infligeant l'infamie.

Fait pendant les calendes de septembre,
sous le consulat de Pius et Pontianus,
consuls. 239.

15. *Le même empereur, à Sulpitia.*

Par un décret du sénat, on a diminué
les obligations que le deuil imposait aux
femmes ; on les a dispensées de marquer de
la tristesse, et des autres marques de deuil
de ce genre : mais il ne leur est pas permis
de contracter mariage, dans le temps du
deuil ; c'est pourquoi la femme qui a con-
volé pendant ce temps, à des secondes
noces, elle et celui qui sciemment l'a épou-
sée, fût-il militaire, sont par l'édit perpétuel déclarés impudiques.

Fait le 17 des calendes de juillet, sous
le consulat de l'empereur Gordien et d'A-
viola. 240.

16. *Le même empereur, à Domitien.*

Celui qui est fouetté et à qui il a été dit
par le crieur public : *Vous avez calomnié,*
afin qu'il fût noté comme un calomniateur, est par conséquent évidemment infâme.

Fait le 3 des calendes d'août, sous le
consulat de Subinus et de Venustus. 241.

17. *Le même empereur, à Magnus.*

Un reproche contenu dans une requête
paraît effleurer la réputation, mais il n'im-
prime aucune tache ; en effet lorsqu'il
a été dit, mais hors du jugement : *Vous*

êtes un calomniateur, comme si, par exemple ce reproche a été fait par le juge, en interrompant l'avocat ; car ce que dit le juge dans ce cas, n'inflige point l'infamie.

Fait le 8 des calendes d'octobre, sous le consulat d'Atticus et de Prétextatus. 243.

18. *Les empereurs Valérien et Gallien, à Antiochus.*

L'édit perpétuel n'inflige pas seulement l'infamie à celui qui a été condamné pour crime, mais encore à celui qui a transigé sur ce crime. On a décidé que celui qui se sentant coupable, a donné une somme d'argent à ses adversaires pour transiger, est dans cette cathégorie : mais celui qui a transigé gratuitement, n'éprouve aucune atteinte dans sa réputation ; il est certain aussi qu'il en est de même de celui qui s'est purgé par le serment qui lui a été déféré par le juge.

Fait le 14 des calendes de janvier, sous le 2e. consulat de Secular et le premier de Donat. 261.

19. *Les empereurs Cara et Numérien, à Aristocrate.*

L'interlocutoire du président, dont il s'agit, ne paraît pas avoir rendu infâme celui pour lequel vous nous demandez une réponse, puisqu'il n'a pas été condamné précisément pour un crime ou pour violence ; mais seulement averti par le président de mener une vie plus régulière.

Fait le 17 des calendes de février, sous le 2.e consulat de l'empereur Carinus et le premier de Numérien. 284.

20. *Dioclétien et Maximien et les Césars, à Fortunat.*

Ceux qui exercent une usure condamnable, et qui exigent illicitement les intérêts des intérêts, sont infâmes.

Fait le 17 des calendes de mars, sous le consulat des mêmes empereurs. 284.

---

sed ad postulatum patroni interlocutione judicis responsum sit, nequaquàm hoc infamiam irrogat.

PP. 8 cal. octob. Attico et Prætextato Conss. 243.

18. *Impp. Valerian. et Galièn. AA. Antiocho.*

Non damnatos quidem duntaxat injuriæ, sed pactos quoque perpetuum edictum infamat. Verùm pactos eos demùm, qui ullos adversariis nummos pro malà conscientiâ ex transactione numerassent, in hâc causâ placuit intelligi. Cæterùm simplex ejus rei gratiâ integram pacti existimationem illibatamque conservat. Quòd si jurejurando decisa contentio sit, nemo dubitaverit quin religionem absolutio judicantis sequatur.

PP. 14 calend. januar. Seculare II et Donato Conss. 261.

19. *Impp. Carin. et Numerian AA. Aristocrati.*

Interlocutio præsidis, quæ indicta est, infamem eum de quo quæris, fecisse non videtur : cùm non specialiter ob injuriam vel admissam vim condemnatus sit, sed ita præsidis verbis gravatus et admonitus, ut ad melioris vitæ frugem se reformet.

PP. 17 calend. febr. Carino II et Numersano AA. Conss. 284.

20. *Impp. Dioclet. et Maximian. AA. et CC. Fortunato.*

Improbum fœnus exercentibus, et usuras usurarum illicité exigentibus, infamiæ macula irroganda est.

S. 17 calend. mart. ipsis AA. et Conss. 284.

21. *Iidem* AA. *et* CC. *Statio.*

Si fratres tui minores duntaxat ætate in
ludicræ artis ostentatione spectaculum sui
populo præbuerunt, inviolatam existimationem obtinent.

Dat. 5 calend. septemb. ipsis AA. et Conss.
284.

22. *Iidem* AA. *et* CC. *Domitiano.*

Fidem rumpens societatis, cum infamiæ periculo, suo nomine pro socio conventus, ad faciendum satis urgetur.

Dat. 6 id. decemb. Nicomedi CC. Conss.

TITULUS XIII.

De Procuratoribus.

1. *Divus Antoninus Pius* A. *Severo.*

CAUTIO ratihabitionis tunc exigitur à
procuratore, quotiens incertum est, an ei
negotium mandatum sit.

PP. 4 id. octob. Gallicano et Venusto
Conss. 151.

2. *Divi Fratres Sextiliæ.*

Cùm rem pecuniariam esse dicas, potes per maritum tuum, solemnibus impletis,
appellationi adversariæ tuæ respondere;
cùm appellationes pecuniariæ etiam per procuratores exerceri ab utrâque parte litigantium possint.

Accepta 8 calend. augusti, IV et III AA.
Conss. 163.

3. *Impp. Severus et Antoninus* AA. *Pomponio.*

Eum qui res agit hæredum, à quibus
tibi deberi fideicommissum dicis, evoca ad
prætorem virum clarissimum : qui aut tibi
respondere cogetur, aut ab administratione negotiorum secundùm formam juris-

21. *Les mêmes empereurs et Césars*, à
Statius.

Si vos frères étaient mineurs lorsqu'ils se
sont offerts en spectacle au peuple dans
des jeux scéniques, ils ne sont pas pour
cela notés d'infamie.

Fait le 5 des calendes de septembre, sous
le consulat des mêmes empereurs. 284.

22. *Les mêmes empereurs et Césars*, à
Domitien.

Celui qui ayant manqué de la fidélité
qu'il devoit à ses associés, est poursuivi
en vertu de l'action *pro socio*, et est forcé
de leur donner satisfaction, est noté
d'infamie.

Fait le 6 des ides de décembre, à Nicomédie, sous le consulat des Césars. 284.

TITRE XIII.

Des Procureurs.

1. *L'empereur Antonin le Pieux*, à *Sévère.*

LE procureur est obligé de donner caution
de la ratification, toutes les fois qu'il n'est
point certain qu'il soit fondé de procuration.

Fait le 4 des ides d'octobre, sous le
consulat de Gallican et de Venuste. 151.

2. *Les empereurs frères*, à *Sextilia.*

Puisque vous exposez qu'il s'agit d'une
affaire pécuniaire, vous pouvez, en remplissant les formalités nécessaires, répondre par le ministère de votre mari à l'appel de votre adversaire; car le demandeur
et le défendeur peuvent procéder sur l'appel, à l'égard de ces sortes d'affaires, par
procureur.

Fait le 8 des calendes d'août, sous le
même consulat. 163.

3. *Les empereurs Sévère et Antonin*, à
Pomponius.

Citez devant le préteur celui qui fait les
affaires des héritiers qui, à ce que vous dites, vous doivent un fidéicommis : il sera
forcé ou de vous répondre, ou on lui inter-
dira l'administration des affaires, selon la

jurisprudence de la juridiction ; si les héritiers ne se défendent pas, le préteur examinera s'il doit vous envoyer en possession suivant la jurisprudence qui s'observe à l'égard de ceux qui ne sont pas défendus.

Fait le 10 des calendes de septembre, sous le consulat de Chilon et Libon. 205.

4. Les mêmes empereurs, à Saturnin.

Disant que vous avez été jugé en votre absence, il est juste de vous rendre la faculté de vous défendre, et on ne pourra pas vous opposer que votre femme était présente au jugement, ou qu'elle y a même acquiescé ; puisque les femmes ne peuvent faire les affaires d'autrui, et qu'elles ne peuvent être procuratrice que lorsqu'il s'agit d'être en justice pour ce qui concerne leurs propres biens.

Fait la veille de nones de janvier, sous le consulat d'Aper et de Maxime. 208.

5. L'empereur Antonin, à Pancrace.

Il est porté en l'édit perpétuel que le procureur ne sera pas admis à agir, s'il refuse de défendre à une demande reconventionnelle.

Fait le 4 des calendes de mars, sous le consulat des deux Aper. 213.

6. L'empereur Alexandre, à Martien.

Il est reconnu qu'un accusé ne peut défendre sa cause qu'au préalable il ne se soit justifié.

Fait le 6 des calendes de mars, sous le second cons. de Maxime et le premier d'Ælien. 224.

7. Le même empereur, à Macrin.

Un militaire ne peut poursuivre, en vertu de procuration ou d'un rescrit ni pour son père ou pour sa mère, ni même pour sa femme ; car l'intérêt public ne permet pas qu'il se charge de la défense d'un autre, qu'il se fasse donner des actions, ou qu'il soit admis à exercer les fonctions d'avocat.

---

dictionis prohibebitur ; deliberabit autem prætor, si non defendantur hæredes, an mittere te in possessionem debeat, secuturus jurisdictionem quæ exerceri adversùs indefensos solet.

PP. 10 calend. septemb. Chilone et Libone Conss. 205.

4. Iidem. AA. Saturnino.

Quia absente te judicatum dicis, æquum est tibi restitui causæ defensionem, nec oberit tibi, quòd uxor tua interfuit judicio, aut etiam aquievit sententiæ ; cùm aliena negotia per mulieres non aliter agi possint, nisi in rem suam et proprium lucrum mandatæ sint eis actiones.

PP. Prid. non. nan. Apro et Maximo Conss. 208.

5. Imp. Antoninus A. Pancratiæ.

Actionem ei qui absentis nomine agere vult, si non eum defendat, denegari oportere, jam edicto perpetuo expressum est.

4 calend. mart. Duobus et Aspris Conss. 213.

6. Imp. Alexander A. Martiano.

Reum criminis constitutum, defensionem causæ suscipere non posse antequàm purget innocentiam suam, incognitum non est.

6 calend. mart. Maximo II et Æliano. Conss. 224.

7. Idem. A. Macrino.

Militem nec pro patre, vel matre, vel etiam uxore, nec ex sacro rescripto, procuratorio nomine experiri oportet ; cùm neque defensionem alienam suscipere vel redimere negotia, vel quasi suffragatorem accedere, utilitate publicâ permittatur.

PP. 8 id. marti, Maximo II et Æliano Conss. 224.

8. *Idem 4. Mansueto.*

Quod quis sibi debitum exigere tibi mandavit, ante litis contestationem tu alii petendum mandare non potes.

PP. 8 calend. septemb. Maximo II et Æliano Conss. 224.

9. *Idem 4. Aufidio.*

Qui stipendia merentur, suis negotiis super esse inoffensa disciplina possunt, nec potest dici, cum qui honestâ et verecundâ præcedente causâ mandatas sibi actiones exercuerit, alieno negotio fungi : cùm licet contentio ex personâ alterius bonâ fide sumatur, hunc tamen rem suam gerere non ambigatur, quod militibus meis interdici, non modò absurdum, verùm etiam iniquum est.

10. *Idem 4. Castiæ.*

Si procurator ad unam speciem constitutus, officium mandati egressus est, id quod gessit, nullum domino præjudicium facere potuit. Quòd si plenam potestatem agendi habuit, rem judicatam rescindi non oportet : cùm si quid fraude vel dolo egerit, convenire eum more judiciorum non prohibearis.

PP. 3 cal. mart. Albino et Maximo Conss. 228.

11. *Idem 4. Sebastiano.*

Neque tutores neque curatores ex suâ personâ in rem pupilli vel adolescentis procuratorem facere possunt : sed actorem constituere debent. Pupillus autem vel pupilla, adultus vel adulta, tàm ad agendum quàm ad defendendum, tutore seu curatore interveniente procuratorem ordinare possunt. Ipsi etiam tutores et curatores post litis contestationem à se factam, ad exemplum procuratorum, qui litem contestati sunt, dare procuratores non prohibentur.

Fait le 8 des ides de mars, sous le même consulat, 224.

8. *Le même empereur, à Mansuetus.*

Ayant été chargé par quelqu'un de poursuivre le recouvrement d'une dette, vous ne pouvez commettre un autre procureur ayant la contestation en cause.

Fait le 8 des calendes de septembre, sous le même consulat. 224.

9. *Le même empereur, à Aufide.*

Les soldats peuvent vacquer à leurs affaires sans blesser la discipline ; on ne pas dire que celui qui a exercé des actions qui lui ont été cédées par un motif honnête, fasse l'affaire d'un autre : car quand une action a été cédée de bonne foi par un autre, il n'est pas douteux que celui à qui elle a été cédée ne fasse ses propres affaires, ce qui serait non-seulement absurde, mais injuste de refuser à mes soldats.

10. *Le même empereur, à Castia.*

Si un procureur constitué spécialement pour une affaire, sort des bornes de son mandat, ce qu'il a géré n'a pu préjudicier à son mandant. S'il avait un pouvoir indéterminé, on ne pourra rescinder ce qui aura été jugé ; mais s'il a fait quelque chose frauduleusement et par dol, vous pourrez le poursuivre par l'action du mandat.

Fait le 3 des calendes de mars, Albin et Maxime, consuls. 228.

11. *Le même, à Sébastien.*

Les tuteurs ni les curateurs ne peuvent personnellement constituer un procureur dans une affaire concernant leurs pupilles, mais il peuvent constituer un agent. Quant au pupille, et au pupille adulte, ils peuvent sons l'autorité de leur tuteur ou curateur, constituer un procureur soit pour agir, soit pour défendre. Les tuteurs et les curateurs peuvent aussi eux-mêmes, à l'instar des procureurs, constituer des procureurs après la constestation en cause.

Fait la veille des ides de mai, sous le troisième consulat de l'empereur Alexandre et le premier de Dion. 230.

12. *Les mêmes emp., à Fronton.*

Il y a deux raisons qui dispensaient d'exiger un mandat de votre fils qui se présentait pour vous défendre, parce que qui que ce soit (affranchi ou étranger) peut défendre un autre sans mandat, toutefois en donnant caution pour la défense, et observant une autre formalité dont il est parlé ailleurs, et parce que le fils qui dirige spontanément une action au nom de son père, n'est pas forcé de justifier de son mandat. Le juge ne devait pas priver le fils de défendre son père, quoiqu'il ne fût pas encore majeur : car il valait bien mieux qu'il entendit un défenseur de cette sorte, que de vous charger pendant votre absence d'une condamnation très-préjudiciable, comme contumace, et comme non défendu.

Fait le 5 des calendes d'octobre, Agricola et Clémentin, consuls. 231.

13. *L'empereur Gordien, à Lucien, militaire.*

Vous pouvez intenter l'action relativement au procès que votre mère vous a chargé de poursuivre, si dès le commencement de la contestation on ne vous a pas opposé l'exception de la milice, qu'on ne peut plus vous opposer sur l'appel ; mais si l'affaire est encore entière, l'édit perpétuel ne permet pas que vous intentiez une action au nom d'un autre.

Fait le 3 des ides de janvier, l'empereur Gordien et Aviola, consuls. 240.

14. *Le même empereur, à Sabinien.*

Quoique votre adversaire soit mineure de vingt-cinq ans, et qu'à cet âge elle ne puisse charger son mari de défendre sa cause sans l'autorité de son curateur, cependant la sentence rendue contre vous n'en est pas moins valable par le droit ; car l'âge est bien un motif d'accorder

Tome I.

---

12. *Iidem A. Frontoni.*

Exigendi à filio tuo mandati, qui se defensioni tuæ offerebat, duplici ratione necessitas non fuit, aut quòd defendere quis (sive libertus sive extraneus sit) sine mandato potest, satisdatione tamen pro defensione præstitâ, et aliâ procul dubiò observatione subjectâ, aut quòd filius etiam si ultrò actionem patris nomine dirigat, mandatum probare non cogitur. Sanè quòd necdum legitimam ætatem idem filius tuus compleverit, ob hoc quidem depellere à procurationis officio eum judex non injustè potuit, sed multò justius fuit, hujusmodi defensorem audire, quàm te absentem quasi contumacem et indefensum gravi condemnatione afficere.

5 cal. octobr. Agricola et Clementino Conss. 231.

13. *Imp. Gordianus A. Luciano militi.*

Ita demùm super lite persequendâ, quam tibi mater mandavit, actionem intentare potes, si cùm primum litem contestareris, non est tibi eo nomine opposita præscriptio militiæ, quod nec, cùm appellatio agitur, tibi objici potest, nam si integra res est, ratio perpetui edicti acceptam tibi non permittit alieno nomine actionem intendere.

3 id. januar Gordiano A. et Aviola Conss. 240.

14. *Idem A. Sabiniano.*

Non eo minùs sententia adversùs te lata juris ratione subsistit, quòd adversaria tua minor vigintiquinque annis constituta causam suam marito sine curatore agendam mandavit. Minoribus etenim ætas in damnis subvenire, non rebus prosperè gestis obesse consuevit.

40

PP. 3 non. octobr. Gordiano A. 11 et Pompeiano cc. Couss. 242.

15. *Impp. Dioclet. et Maximian* AA. *et* cc. *Cornificio.*

Litem te redemisse contrà bonos mores, precibus manifestè professus es. Cùm procurationem quidem suscipere (quod officium gratuitum esse debet) non sit res illicita, hujusmodi autem officia non sine reprehensione suscipiuntur.

S. 3 non. april. cc. Conss. 294

16. *Idem* AA. *et* cc. *Paconiæ.*

Procuratorem vel actorem prædii, si non specialiter distrahendi mandatum accepit, jus rerum dominii vendendi non habere, certum ac manifestum est ; undè si non ex voluntate domini vendentibus his, fundum comparasti, pervides improbum tuum desiderium esse, dominium ex hujusmodi emptione tibi concedi desiderantis.

S. non. april. Byzantii, cc. Conss. 294.

17. *Iidem* AA. *et* cc. *Mardonio.*

Invitus procurationem suscipere nemo cogitur, nec eamdem ultrà, nisi provocationis causâ extendere, sed nec defensionem absentis subire compellitur, cùm fidem susceptam implere sufficiat.

PP. 6 non. jul. Philippopoli, Dioclet. V et Maximo AA. Conss. 294.

des secours aux mineurs quand ils souffrent quelque dommage, mais on n'a pas coutume de leur accorder ces secours dans les affaires qui leur ont été avantageuses.

Fait le 3 des nones d'octobre, sous le second consulat de l'empereur Gordien et le premier de César Pompeien. 242.

15. *Les empereurs Dioclétien et Maximien, et les Césars, à Cornificius.*

Vous avez avoué clairement dans votre requête que vous avez acheté un procès, au mépris des bonnes mœurs. Se charger d'une procuration qui est un office qui doit être gratuit, est une chose licite; mais on ne peut entreprendre l'affaire dont vous vous êtes chargé, sans s'exposer au blâme.

Fait le 3 des nones d'avril, sous le cons. des Césars. 294.

16. *Les mêmes empereurs et les Césars, à Paconia.*

Il est certain qu'un procureur ou le régisseur d'un fonds n'a pas le droit de vendre les biens de son commettant, sans un pouvoir spécial qui l'autorise à vendre; c'est pourquoi si vous avez acquis le fonds dont il s'agit, sans le consentement du propriétaire, vous n'êtes pas fondé à demander d'être maintenu dans la propriété de ce domaine, en vertu d'un achat fait de cette sorte.

Fait à Byzance, pendant les nones d'avril, sous le consulat des Césars. 294.

17. *Les mêmes empereurs et les Césars, à Mardonius.*

Personne ne peut être forcé de se charger d'une procuration, ni de continuer sa mission à un plus long temps que celui exprimé en la procuration, à moins que ce ne soit pour interjeter appel ; car il n'est pas obligé d'entreprendre la défense de l'absent, puisqu'il suffit d'accomplir ce dont il s'est chargé.

Fait le 6 des nones de juillet, à Philippe-Ville, sous le cinquième consulat de l'empereur Dioclétien et le premier de l'empereur Maximien. 294.

18. *Les mêmes empereurs, à Dionysia.*

Il est constant qu'il n'appartient qu'à un homme d'entreprendre la défense d'autrui, et que cette fonction est tout à fait étrangère à une femme ; c'est pourquoi il faut que vous demandiez un tuteur à votre fils, s'il est mineur.

Fait le 14 des calendes de février, sous le cons. des Césars. 294.

19. *Les mêmes empereurs et les Césars, à Firmius.*

Si vous avez payé le prix d'un fonds ou d'un esclave d'autrui que des procureurs vous ont vendu sans l'ordre du propriétaire, et si le consentement du propriétaire n'a ni précédé ni suivi le contrat de vente, et que le président de la province, en prenant connaissance du fait, se soit convaincu que ce prix a été employé au profit du propriétaire, il ordonnera que ce prix vous soit rendu.

Fait la veille des ides de mars, sous le cons. des Césars. 294.

20. *Les mêmes empereurs, à Verrin, président de Syrie.*

Nous pensons qu'il est indifférent qu'on ait transmis l'affaire au procureur avant ou après la contestation en cause.

Fait le 10 des calendes d'octobre, sous le consulat du César Demessus.

21. *L'empereur Constantin, au Conseil de la province d'Afrique.*

Le mari a la faculté de s'entremettre dans les affaires de sa femme, sans mandat, en donnant caution, et remplissant les autres formalités, afin que les femmes, sous prétexte de défendre leurs droits, ne contreviennent d'une manière indécente à la pudeur qui convient à leur sexe, et qu'elles ne soient forcées de comparaître dans des assemblées d'hommes ou en jugement ; mais si le mari est porteur d'un mandat de sa femme, malgré sa qualité de mari, il ne peut sortir des bornes de son mandat.

Fait le 4 des ides de mars, sous le second consulat de l'empereur Constantin et du César Licinius. 312.

18. *Iidem* ᴀᴀ. *et* cc. *Dionysiæ.*

Alienam suscipere defensionem, virile est officium, et ultrà sexum muliebrem esse constat; filio itaque tuo, si pupillus est, tutorem pete.

S. 14 calend. febr. cc. Conss. 294.

19. *Iidem* ᴀᴀ. *et* cc. *Firmo.*

Si pretium quidem actoribus alienum fundum vel servum citrà mandatum domini tibi distrahentibus dedisti, et neque præcessisse, neque secuta contractum domini declaretur voluntas, in rem autem ejus idem pretium processisse provinciæ præses causâ cognitâ perspexerit, hoc tibi restitui jubebit.

Prid. id. mart. cc. Conss. 294.

20. *Idem* ᴀᴀ. *ad Verrinum præsidem Syriæ.*

Nihil arbitramur interesse, utrùm ab initio, an cœptâ jam lite, negotium ad personam procuratoris transitum fecerit.

Dat. 10 cal. octob. * Demosso cc. Conss.

21. *Imp. Constantinus* ᴀ. *ad Concilium provinciæ Africæ.*

Maritus citrà mandatum in rebus uxoris, cùm solemni satisdatione et alia observatione intercedendi liberam habeat facultatem, ne fœminæ persequendæ litis obtentu, in contumeliam matronalis pudoris irreverenter irruant, et conventibus virorum vel judiciis interesse cogantur ; sin autem mandatum susceperit, licèt maritus sit, id solùm exequi debet quòd procuratio cmissa prescripserit.

Dat. 4 id. mart., Constantino ᴀ. et Licinio Cæsare utriusque ii Couss. 312.

40 *

22. *Idem. A. Bassum v. v.*

Procuratoribus institutis , et post contestatam litem dominis effectis , ii , qui mandaverint , non habeant facultatem negotia persequendi , nisi capitales inimicitiæ vel moribus vel alia necessaria causa intercesserit : tunc enim etiam invitis his transferri lis potest.

Dat. 13 calend. jul. Constantino A. et Licinio Cæs. utrisque Conss. 312.

23. *Imp. Julianus A. Secundo p. p.*

Nulla dubitatio est, post causam in judicio agitatam, ut potè dominum litis procuratorem effectum, etiam post excessum ejus qui agendam vel defendendam litem mandaverat, posse inchoatam causam jurgiumque finire : quippè cùm et procuratorem posse eum instituere, veteris juris voluerint conditores.

Lect. 2 non. febr. Juliano A. IV et Sallustio Conss. 363.

24. *Impppp. Grat. , Valentin. et Theod. AAA. Pancratio v. v.*

Licèt in principio quæstionis persona debeat inquiri procuratoris, an ad agendum negotium mandatum à domino litis habeat, si tamen falsus procurator inveniatur , nec dici controversiæ solent, nec potest esse judicium.

Dat. 11 calend. april. Constantinop. Antonino et Syagrio Conss. 382.

25. *Impppp. Valentin. , Theod. et Arcad. AAA. Tatiano p. p.*

Quicumque prætoriæ , vel urbanæ præfecturæ sublime fastigium, vel magisterium militare , vel consistorianæ comitivæ insignia meruerit dignitatis, vel proconsulare

22. *Le même , à Bassus , préfet de la ville.*

Quand les procureurs sont constitués , et qu'ils ont été reconnus maîtres du litige par la contestation en cause, ceux qui leur ont donné leur mandat, n'ont pas la faculté de poursuivre l'affaire , à moins qu'il ne soit survenu entre eux des inimitiés capitales, ou qu'il n'y ait d'autres motifs de mœurs ou autre cause nécessaire : car , dans ce cas, on peut transférer les litiges malgré les procureurs.

Fait le 13 des calendes de juillet, sous le même consulat. 312.

23. *L'empereur Julien , à Secondus , préfet du prétoire.*

Il n'y a aucun doute , la contestation en cause étant commencée et le procureur étant reconnu maître du litige , qu'après le décès de ce dernier, le mandant peut terminer la cause ou le procès commencé : car les anciens législateurs ont même décidé qu'il peut dans ce cas constituer un procureur.

Fait le 2 des nones de février , sous le quatrième consulat de l'empereur Julien et le premier de Salustius. 363.

24. *Les empereurs Gratien , Valentinien et Théodose , à Pancrace , préfet de la ville.*

Quoiqu'au commencement du procès on doive s'assurer du pouvoir des procureurs , et s'il a un mandat du maître du litige pour agir, si cependant il était reconnu que le procureur eût une fausse procuration , le jugement qui aurait été rendu ne pourrait subsister.

Fait le 2 des calendes d'avril , à Constantinople , sous le consulat d'Antonin et Syagrius. 382.

25. *Les empereurs Valentinien, Théodose et Arcadius , à Tatien , préfet du prétoire.*

Quiconque est revêtu de la dignité de préteur, de préfet de la ville, de maître des soldats, de comte du palais, de proconsul ou de vicaire, doit constituer un procureur dans les affaires judiciaires qui lui surviennent, soit pour demander, soit pour défendre. Si quelqu'un transgresse les dispositions de cette loi, il sera condamné pour ne pas s'être défendu par procureur à la perte de son procès; et le juge qui y aura contrevenu sera aussi obligé de payer vingt livres d'or : ses officiers payeront de même une pareille somme.

Fait le 18 des calendes d'octobre, sous le deuxième cons. de l'empereur Arcadius et le premier de Ruffinus. 292.

Authentique extraite de la Novelle 71, ch. 1.

Ce droit ne concerne que les personnes illustres. Les autres sont régies par le droit commun.

26. *Les empereurs Arcadius, Honorius et Théod., à Anthémius, préfet du prétoire.*

Quoique cela ne soit indiqué par aucune règle, cependant quand il s'agit de causes pécuniaires, nous permettons de répondre indifféremment par procureur, si on le préfère; à moins que le juge ne vous ordonne de comparaître en personne par quelques justes motifs, ou que la nature de l'affaire l'exige.

Fait la veille des ides d'octobre.

TITRE XIV.

Il n'est pas permis aux personnes qui ont de l'autorité, de se charger de la défense des plaideurs, ni de se faire céder leurs actions.

1. *Les empereurs Dioclétien et Maximien, à Aristobolus.*

L'EMPEREUR Claude, notre père, prince d'une très-profonde érudition dans la jurisprudence, a très-sagement ordonné que ceux qui chargeraient de leur défense des hommes en autorité, seraient punis par la perte de leur cause ; afin que, retenus

jus dixerit, aut vicarii fuerit administratione suffultus, si quòd ab eo vel infertur jurgium, vel refertur, procuratoris personam in negotii sui jura substituat. Quòd si quis sanctionis hujus statuta transgressus, judiciis sese jurgaturus ingesserit, careat ejus litis sorte, cujus non per procuratorem expectavit eventum ; judex nihilominùs qui contrà fecerit, noverit à se viginti libras auri : item ab officio quoque suo tantumdem ponderis exigendum.

Dat. 18 calend. octob. Arcadio A. II et Rufino Conss. 292.

Authen. ex Nov. 71, cap. 1.

Hoc jus stabit usque ad illustres solos. Cæteri enim commune jus amplectuntur.

26. *Imppp. Arcad. Honor. et Theod. AAA. Anthemio v.v.*

In pecuniariis controversiis, et si specialiter hoc præcepti vel sententiæ minimè designat auctoritas, passim unicuique (si tamen ita maluerit) per procuratorem respondendi tribuimus facultatem ; nisi fortè quosdam, justiores nonnunquàm ob causas, vehementiores maximi judicis vocabit auctoritas.

Dat. prid. id. octob.

TITULUS XIV.

Ne liceat potentioribus patrocinium litigantibus prœstare, vel actiones in se transferre.

1. *Impp. Dioclet. et Maximian. AA. Aristobolo s.*

DIVINÈ admodùm constituit divus Claudius consultissimus princeps parens noster, ut jacturâ causæ afficerentur ii, qui sibi potentiorum patrocinium advocassent, ut hoc proposito metu judiciariæ lites potiùs suo marte discurrerent, quàm potentiorum domorum opibus niterentur. Quem palàm est in tantum provincialium questionibus esse commotum ut hujus sanctionis rectores provinciarum custodes, et contemptæ hujus rei vindices fecerit : scilicet , ut in actores seu procuratores , in subsidia negotiorum vel usurpatos gratiâ vel redemptos , severa sententia vindicarent; quare cùm intersit in universum omnium , et præcipuè tenuiorum , qui sæpè importunis potentium intercessionibus opprimuntur, inter litigatores audientiam tuam impertiri debebis ; nec me tuas ne præjudices clarissimis viris; cùm divus Claudius hujus rei rectorem provinciæ disceptorem , et si res postularet , ultorem specialiter fecerit.

Dat. 4 id. septemb. AA. III et II Conss. 287.

2. *Imppp. Arcad., Honor. et Theod.* AAA. *Joanni v. v.*
Si cujuscumque modi actiones ad potentiorum fuerint delatæ personas, debiti creditores jacturâ multentur , aperta enim credentium videtur esse voracitas, qui alios actionum suarum redimunt exactores.

Dat 5 id. jul. Honorio VII et Theodosio II AA. Conss. 407,

par cette crainte , les affaires judiciaires soient décidées selon la justice, et ne soient pas influencées par le crédit des hommes puissans. Il a voulu que dans les procès de ceux des provinces, ce soit les gouverneurs de ces provinces qui fussent chargés de punir les infractions qui seraient faites à cette ordonnance , et qu'ils sévissent fermement contre les agens ou procureurs qu'on aurait engagés par faveur ou par argent , à prêter leur appui à ces affaires; et comme il est de l'intérêt de tous , et notamment des gens d'une médiocre condition , qui sont souvent oppimés dans leurs affaires par l'intervention des gens en autorité, il faudra que vous receviez les demandes qui vous seront faites à ce sujet , et ne craignez pas de porter en cela atteinte aux hommes en autorité; puisque l'empereur Claude a voulu que le gouverneur de la province fût compétent pour connaître d'un fait de ce genre.

Fait le 4 des ides de septembre , sous le consulat des empereurs nommés ci-dessus, l'un pour la troisième fois et l'autre pour la première fois consuls. 287.

2. *Les empereurs Arcadius , Honorius et Théod., à Jean , préfet du prétoire.*
Si des actions de cette sorte étaient transférées à des personnes qui ont de l'autorité, les créanciers seront condamnés à la perte de leur créance ; car la voracité des créanciers est manifestement prouvée par la transmission du droit de poursuivre leurs actions à d'autres personnes.

Fait le 5 des ides de juillet , sous le 7.e consulat de l'empereur Honorius et le deuxième de l'empereur Théodose. 407.

TITRE XV.

De ceux qui exposent sur leurs fonds une inscription portant le nom de personnes en autorité, ou qui se servent du nom de ces personnes dans un procès.

1. *Les empereurs Arcadius et Honorius, à Messala.*

Nous sommes instruits qu'il y a des personnes qui désespérant d'une mauvaise cause, se permettent d'opposer des inscriptions, faites aux noms des personnes élevées en dignité, et les priviléges de ces personnes, à ceux par qui ils sont cités en justice : afin donc qu'on n'abuse point de ces noms et de ces inscriptions en fraude des lois, pour inspirer de la terreur à ses adversaires, que ceux qui participeront à un dol de ce genre soient notés d'infamie; mais s'ils n'ont eu aucune part à cette fraude, et que l'inscription de leur nom ait été placé sur des maisons qui leur sont étrangères, à leur insu, et qu'on se soit aussi servi de leur privilége de même à leur insu, ceux qui se seront rendus coupables de ce délit, seront condamnés à perpétuité aux travaux des mines. Tout défendeur à une demande, lorsqu'il sera possesseur de la chose et du droit qui feront l'objet de la demande, et qu'il excipera en bonne forme contre la demande qui sera formée contre lui, qu'il est fondé à croire que son adversaire a substitué au sien le nom d'un autre dans le libelle de sa demande, le demandeur sera puni par la privation de la possession ou du droit qu'il aura tenté de retenir ou d'extorquer par le moyen de cette fraude; et quand même sa demande serait fondée en droit, il sera privé de la faculté de la former de nouveau; et ceux qui ont souffert seulement que l'on fit usage de leur nom, dans une instance qui leur

TITULUS XV.

De his qui potentiorum nomine titulos prædiis affigunt, vel eorum nomina in litem prætendunt.

1. *Impp. Arcad. et Honor. AA. Messalæ P. P.*

ANIMADVERTIMUS plurimos injustarum desperatione causarum, potentium titulos, et clarissimæ privilegia dignitatis iis, à quibus in jus vocantur, opponere. at ne in fraudem legum, adversariorumque terrorem his nominibus abutantur et titulis, qui hujusmodi dolo scientes conniverint, afficiendi sunt publicæ sententiæ notâ; quòd si nullum hâc in parte consensum præbuerint, ut libelli aut tituli eorum nominibus vel ædibus affigerentur alienis, etenùs in eos qui fecerint, vindicetur, ut affecti plumbo, perpetuis metallorum suppliciis deputentur. Quisquis igitur lite pulsatus (cùm ipse et rei sit possessor, et juris, et titulum illatæ solemniter pulsationis exceperit) contradictoriis libellis aut titulis alterius nomen crediderit ingerendum, ejus possessionis aut causæ, quam sub hâc fraude, aut retinere, aut evitare tentaverit, amissione multetur : nec repetendæ actionis, etiam si ei probabilis negotii merita suffragantur, habeat facultatem; eos sanè qui se sponte alienis litibus inseri patiuntur, cùm his neque possessio neque proprietas competat, veluti famæ suæ prodigos, et calumniarum redemptores, notari oportebit.

Dat. 15 calend. decembr. Mediolani, Stilichone et Aureliano Conss. 400.

TITULUS XVI.

*Ut nemo privatus titulos prædiis suis,
vel alienis imponat, vel vela regia
suspendat.*

1. *Impp. Honor. et Theod.* AA. *Flaviano* P. P.

REGIÆ majestatis est, ut nostræ tantùm
domus et patrimonia titulorum inscriptione
legantur, omnes igitur intelligant publico
juri esse deputandum id cui nomen dominicum præscribitur.
Dat. 3 cal. decembr. Ravennæ, Basso et
Philippo Conss. 408.

2. *Impp. Theod. et Valentin.* AA. *ad Flo-*
rentium P. P.

Ne quis vela regia suspendere, vel titulum audeat sine præceptione judicis competentis alienis rebus imponere, quas quocumque modo qualiscumque persona possideat, licèt non dominus licèt injustus
possessor, vel temerarius invasor, qui possidet, doceatur. Eum autem qui hoc facere
ausus fuerit, si plebeius est, ultimo subdi
supplicio; si clarissimus, vel curialis, vel
miles, vel clericus, proscribendum depor-
tandumque, non solùm civitate romand,
sed etiam libertate primari censemus : exe-
cutoresque hujus legis omnes judices esse
oportere. Deponendi autem, vel frangendi

est étrangère, n'auront, aussi bien que les
véritables demandeurs, aucun droit à la
possession ni à la propriété de la chose,
ou du droit demandé; et ils seront notés
comme des gens qui ont prostitué leur réputation, et comme des acquéreurs de
mauvais procès.
Fait le 15 des calendes de décembre, à
Milan, sous le consulat de Stilicon et Aurélien. 400.

TITRE XVI.

*Qu'aucun particulier ne place sur ses
fonds ou ceux d'autrui les marques
distinctives des propriétés du prince,
et qu'il ne se permette pas d'y faire
flotter les enseignes impériales.*

1. *Les empereurs Honorius et Théod.,*
à Flavien.

IL n'appartient qu'à l'empereur de mettre
sur ses palais et ses domaines, les enseignes
impériales. Que nos sujets sachent donc que
tout ce qui portera le nom impérial, de-
viendra domaine public.
Fait le 3 des calendes de décembre, à
Ravennes, sous le consulat de Bassas et
Philippe. 408.

2. *Les empereurs Théodose et Valentinien,*
à Florentius, préfet du prétoire.

Que personne n'ait la témérité de suspendre l'étendard impérial sur les propriétés
de quelqu'un, ou de les désigner comme propriétés du prince, sans y être autorisé par
le juge compétent, quel que soit la personne qui les possède, et quel que soit son
titre, peu importe qu'il n'en soit pas le
propriétaire, qu'il s'en soit mis injustement
en possession, ou qu'il s'en soit emparé
témérairement. Que celui qui aura été assez
audacieux pour se porter à cette entreprise,
s'il est plébéien, soit puni du dernier supplice ; s'il est noble, décurion, militaire,
ou clerc, qu'il soit dépouillé de ses biens

et exilé de la ville de Rome; nous ordonnons qu'en outre il soit privé de la liberté. Que tous les juges soient compétens pour l'exécution de cette loi. Nous donnons plein pouvoir, non-seulement à ceux à qui cette infraction aux lois porte préjudice, mais encore à tous les hommes libres, même aux esclaves, d'enlever et de briser les fausses inscriptions dont il s'agit, et de déchirer l'étendart, sans qu'il ait à craindre à ce sujet d'être poursuivi comme coupable d'injure, ou d'être attaqué criminellement. Nous ordonnons que les juges qui recevraient une accusation de ce genre, ou même qui admettraient quelqu'un à souscrire, soient, ainsi que leurs officiers, condamnés à trente livres d'or.

Fait le 15 des calendes de juillet, sous le dix-septième consulat de l'emper. Théodose et le premier de Festus. 439.

TITRE XVII.

Qu'il ne soit permis à personne d'apposer un scellé sur les propriétés d'autrui, sans une autorisation de juge.

1. *L'empereur Probe, à Octave.*

IL a été souvent répondu qu'on n'a pas le droit, avant le jugement, d'apposer le cachet sur les propriétés qu'un autre possède. C'est pourquoi il vous est permis de rompre les scellés apposés sur les propriétés et les fruits que vous possédez, et après que ces scellés auront été brisés, on jugera l'action qui a été formée contre vous.

Fait le 4 des calendes de juillet, sous le consulat de Probus et le premier de Lupus. 278.

2. *Les empereurs Dioclétien et Maximien et les Césars, à Craugasius.*

Il n'est permis à personne d'apposer le cachet sur les propriétés qu'un autre possède, quand même il affirmerait que ces propriétés lui appartiennent, ou qu'elles lui sont engagées.

Tome I.

titulos, et etiam consciendi vela, non solùm eis, ad'quorum præjudicium tale aliquid contrà fas contràque leges committitur, sed omnibus tàm liberis, quàm servis, sine metu calumniæ, vel accusatione criminis licentiam ministramus : decernentes, judices eorumque officia tricenis libris auri mulctari, si talem accusationem vel admittant, vel depositam scribi concedant.

D. 15 cal. jul. Theodosio A. XVII. et Festo Conss. 439.

TITULUS XVII.

Ut nemini liceat sine judicis auctoritate signa rebus imponere alienis.

1. *Imp. Probus A. Octavio.*

SÆPE rescriptum est, ante sententiam signa rebus, quas aliquis tenebat, imprimi non oportere, et ideò ea rebus aut fructibus apud te constitutis illicitè imposita, poteris ipse licitò detrahere, ut amotis his, causa quæ ex officio tibi infertur, terminetur.

D. 4 calend. jul. Probo A. II. et Lupo. Conss. 278.

2. *Impp. Dioclet. et Maximian. AA. et CC. Craugasio.*

Rebus, quas alius detinet, imprimere signa nemini licet, etiam si suas, vel obligatas sibi eas esse aliquis affirmet.

41

TITULUS XVIII.

Ne fiscus vel respublica procurationem alicui patrocinii causâ in lite præstet.

1. *Imp. Gordianus* A *Legitimo et aliis.*

Reipublicæ juribus adjuvari te sub obtentu quantitatis, quam eidem reipublicæ debes, contrà juris rationem desideras.

3 id. jan. Gordiano A. 11. et Pompeiano Conss. 242.

2. *Idem* A *Tertullo.*

Cùm allegas partem rerum vel actionum dimidiam fisco, quo magis ejus juribus protegaris, velle te donare, hujusmodi litium donationem admitti, temporum meorum disciplina non patitur, undè jus tuum, si quod tibi competit, citrà invidiam fisci mei tueri solemniter cura.

S. 6 non. aug. Gordiano A. 11. et Pompeiano Conss. 242.

5. *Impp. Dioclet. et Maximian.* AA. *et* CC. *Amphioni.*

Abhorret à seculo nostro, sub pretextu debiti procurationem contrà privatos fiscum præstare.

Dat. 8 calend. januar. Philippopoli, CC. Conss. 294.

4 *Idem* AA. *et* CC. *Achilli.*

Ad fraudem creditoribus faciendam, invidiam fiscalem contrà seculi nostri tranquillitatem implorari non decet. Redde itaque quod fisco nostro debes, et si conventus

TITRE XVIII.

Que le fisc ou la république ne se charge pas de la procuration de quelqu'un pour le défendre en justice.

1. *L'emper. Gordien, à Légitimus et autres.*

Vous formez une demande contraire au droit, lorsque vous désirez que la république vous aide de son crédit, sous prétexte que vous lui devez une somme.

Fait le 3 des ides de janvier, sous le deuxième consulat de l'empereur Gordien et le premier de Pompéius. 242.

2. *Le même empereur, à Tertullus.*

Vous exposez que vous voulez donner au fisc une partie d'une chose que vous avez le droit de réclamer, ou la moitié dans une action que vous avez le droit d'exercer, afin que votre demande reçoive un appui de son autorité; je vous déclare que la discipline qui s'observe sous mon règne, ne permet pas que le fisc accepte une donation de cette sorte; prenez vous-même le soin de faire valoir votre droit suivant les formalités ordinaires, si vous en avez un réel, sans compromettre mon fisc, en l'entremettant dans votre demande.

Fait le 6 des nones d'août, sous le même consulat. 242.

5. *Les empereurs Dioclétien et Maximien, à Amphion.*

Il répugne à la jurisprudence qui s'observe sous notre règne, que le fisc s'ingère à défendre les particuliers, sous prétexte d'une somme qu'ils lui doivent.

Fait le 8 des calendes de janvier à Philippe-ville, sous le consulat des Césars. 294.

4. *Les mêmes empereurs, à Achille.*

Il ne convient pas de demander à compromettre l'autorité de notre fisc pour frauder des créanciers; cette demande tend même à troubler la tranquillité de notre empire. C'est pourquoi, payez à notre fisc ce que vous lui devez; et si votre créancier vous poursuit pour être payé d'une somme que vous prétendez ne vous avoir point été comptée, vous pouvez user, conformément à la loi, de l'exception de la somme non comptée.

Fait le 6 des calendes de janvier, sous le cons. des Césars. 294.

TITRE XIX.

De l'action des affaires gérées.

1. *Les empereurs Sévère et Antonin, à Sopatra.*

LORSQUE vous avez accusé les tuteurs de vos enfans comme suspects, et que vous avez demandé qu'il leur fût nommé des tuteurs et des curateurs, vous avez en cela satisfait aux sentimens affectueux que vous leur devez. C'est pourquoi vous ne pouvez pas avoir dans ce cas l'action des affaires gérées pour pouvoir répéter les frais auxquels a donné lieu cette instance; car quand quelqu'un a fait des dépenses par attachement pour les personnes auxquelles il tient par les liens du sang, il ne peut les répéter en aucune manière.

Fait le 3 des nones d'octobre, sous le cons. de Dexter et Priscus. 197.

2. *Les mêmes empereurs, à Rufine.*

Il a été reçu pour l'avantage des pupilles que si en cas d'urgence on avait géré utilement leurs affaires, on aurait contre eux l'action des affaires gérées, dans la proportion du profit qu'ils en ont retiré. C'est pourquoi on vous accordera avec raison la dépense que vous prétendez avoir faite pour le mineur que vous avez conduit à Rome, pour lui faire nommer des tuteurs, si sa tante maternelle ne prouve pas qu'elle voulait faire faire cette nomination à ses dépens.

Fait le 10 des calendes de février, sous le cons. de Lateran et Rufinus. 198.

velut à creditore fueris, quem tibi numerare pecuniam negas, exceptione non numeratæ pecuniæ secundùm leges uti potes.

Dat. 16 calendas januar. cc. Conss. 294.

TITULUS XIX.

De negotiis gestis actione.

1. *Impp. Severus et Antoninus AA. Sopatræ.*

CUM tutores filiorum tuorum suspectos faceres, eisdemque tutores seu curatores peteres, munere pietatis fungebaris, quæ causa non admittit negotiorum gestorum actionem, ut sumptus, quos in eâ lite fecisti, repetere possis; cùm etiam si quis pro affectione domesticâ aliquos sumptus fecerit, nullâ ratione eos repetere possit.

PP. 3 non. octob. Dextreo et Prisco. Conss. 197.

2. *Iidem AA. Rufinæ.*

Contrà impuberes quoque, si negotia eorum urgentibus necessitatis rationibus utiliter gerantur, in quantùm locupletiores facti sunt, dandam actionem, ex utilitate ipsorum receptum est. Quæ tibi quoque jure decernitur, quòd sumptus in pupillum; quem Romam tutorum petendorum gratiâ duxisti, fecisse te allegas, si non matertera ejusdem se facere paratam propriis impendiis ostenderit.

PP. 10 cal. februa. Laterano et Rufino Conss. 198.

41*

3. *Idem* ᴀᴀ. *Hadriano.*

Sive pro fratre coherede pecuniam solvisti , negotiorum gestorum actione experiri potes , sive pignoris liberandi gratiâ debitum universum solvere coactus es , actionem eamdem habebis , vel judicio familiæ erciscundæ (si non est inter vos redditum) eam quantitatem adsequeris.

PP. 8 cal. februar. Anulino et Frontone Conss. 200.

4. *Iidem* ᴀᴀ. *Claudio.*

Qui pupillæ negotia tutoris mandatu suscepit , pro tutore negotia non videtur gessisse , sed negotiorum gestorum actione pupillæ tenebitur.

PP. 3 non. decemb. Fabiano et Mutiano Conss. 202.

5. *Iidem* ᴀᴀ. *Triphonio.*

Officio nec minùs obsequio liberti functus , negotiorum gestorum actionem contrà patroni filiam pupillam habere non potest.

PP. 13 calend. jul. Geta et Plautiano Conss. 204.

6. *Iidem* ᴀᴀ. *Gallo.*

Curatorem tibi quidem patris testamento datum dicis , quòd non potest videri jure factum , quòd si (ut proponis) administrationi se immiscuit, negotiorum gestorum actio tàm adversùs eum , quàm contra hæredes ejus tibi competit.

PP. * Apro et Maximo Conss. 208.

7. *Imp. Antoninus* ᴀ. *Euphratæ.*

Si ab eo qui negotia tua gessit , hæres ex duabus unciis institutus es , etiam si adeas hæreditatem , in reliquis decem unciis adversùs cohæredem competit tibi petitio , si

---

3. *Les mêmes , à Hadrien.*

Si vous avez payé une somme pour votre frère qui est votre co-héritier . vous pouvez exercer contre lui l'action des affaires gérées; et si vous avez été forcé de payer une dette intégralement pour le recouvrement d'une chose donnée en gage , vous aurez cette action, ou vous pourrez vous faire payer en exerçant l'action en partage , s'il n'a pas encore été rendu entre vous de jugement pour le partage.

Fait le 8 des calendes de février , sous le cons. d'Alinus et Fronton. 200.

4. *Les mêmes empereurs , à Claude.*

Celui qui a fait les affaires d'une pupille en vertu d'un mandat du tuteur , n'est pas censé avoir géré comme tuteur ; c'est pourquoi il ne sera pas obligé envers la pupille par l'action de tutelle , mais par celle des affaires gérées.

Fait le 3 des nones de décembre , sous le cons. de Fabien et Mutien. 202.

5. *Les mêmes empereurs , à Triphon.*

Si un affranchi a fait les affaires de la fille de son patron dans la vue de lui rendre service , il n'aura pas contre elle l'action des affaires gérées ; si c'est par devoir qu'il les a gérées , il ne sera pas plus fondé à exercer cette action.

Fait le 13 des calendes de juillet , sous le cons. de Geta et Plautien. 204.

6. *Les mêmes , à Gallus.*

Vous exposez qu'un curateur vous a été donné par le testament de votre père, ce qui n'a pu être fait légalement , et si comme vous le dites, il s'est immiscé dans la gestion de vos affaires, vous aurez l'action des affaires gérées contre lui, aussi bien que contre ses héritiers.

Sous le consulat d'Aper et de Maxime, 208.

7. *L'empereur Antonin , à Euphrate.*

Si celui qui a géré vos affaires, vous a institué héritier pour deux douzièmes , dans le cas même où vous accepteriez l'hérédité, vous aurez contre votre co-héritier, action pour les dix autres douzièmes qui vous resteraient dues si vous aviez le droit d'exercer cette action contre le défunt.

Fait pendant les ides de mars, à Rome, sous le cons. de Sabinus et d'Anulinus. 217.

8. *Le même empereur, à Saluste.*

Si Julien ayant reçu une somme de votre débiteur, vous avez ratifié ce paiement, vous aurez contre lui l'action des affaires gérées.

Fait le 3 des calendes de mars, sous le consulat de Præsent et Extricat. 218.

9. *Le même empereur, à Sévère.*

Vous avez l'action civile des affaires gérées contre ceux qui ont géré vos affaires, et le retard que vous avez mis à exercer votre action, à cause de votre service militaire, ne vous nuira pas, puisque cette action ne peut périr par la prescription d'un long temps.

Fait le 6 des calendes d'août, sous le consulat d'Antonin et d'Avent. 219.

10. *L'empereur Alexandre à Secondus et à d'autres.*

Si vous soignez dans sa maladie un esclave qui n'était pas reconnu inutile à son maître, vous exercerez utilement l'action des affaires gérées, et vous pourrez par cette action recouvrer vos dépenses.

Fait le 12 des calendes de décembre, sous le deuxième consulat de l'empereur Alexandre, et le premier de Marcellus. 227.

11. *Le même empereur, à Hérennia.*

Vous n'êtes pas fondée à demander que les frais de la nourriture que vous avez fournie à vos enfans, vous soient rendus, parce qu'en cela vous avez satisfait à l'obligation que vous imposait l'affection maternelle. Mais si ayant fait des dépenses utiles pour les affaires de vos enfans, que vous prouvez que vous n'avez pas fait

quam adversùs defunctum habuisti actionem.

PP. 6 id. mart. Romæ, Sabino et Anulino Conss. 217.

8. *Idem* A. *Salustio.*

Si pecuniam tuam à debitore Julianus exegit, eamque solutionem ratam habuisti, habes adversùs eum negotiorum gestorum actionem.

PP. 8 cal. mart. Præsente et Extricato Conss. 218.

9. *Idem* A. *et* C. *Severo.*

Adversùs eos, qui negotia tua gesserunt negotiorum gestorum judicio civiliter consiste, nec tibi oberit, si propter occupationes militares eam litem tardiùs fueris executus, cùm hoc genus actionis longi temporis præscriptione excludi non possit.

6 calendas aug. Antonino et Avento. Conss. 219.

10. *Imp. Alexander* A. *Secundo et aliis.*

Si servum alienum non inutilem domino constitutum, ægrum curastis, negotium utiliter gessistis, et competenti vobis actione sumptus recuperare potestis.

PP. 12 cal. decemb. Alexandro A. II. et Marcello Conss. 227.

11. *Idem* A. *Herenniæ.*

Alimenta quidem quæ filiis tuis præstitisti, tibi reddi non justâ ratione postulas, cùm id exigente maternâ pietate feceris. Si quid autem in rebus eorum utiliter et probabili more impendisti, si non et hoc maternâ liberalitate, sed recipiendi animo fecisse te ostenderis, id negotiorum gestorum actione consequi potes.

PP. 12 calend. febr. Albino et Maximo
Conss. 231.

12. *Idem* ⅄. *Theophilo.*

Si filius pro patre suo debitum solverit
nullam actionem ob eam solutionem habet,
sive in potestate patris, cùm solveret, fuerit
sive sui juris constitutus, si donandi animo
pecuniam dedit ; si igitur pater tuus sui
juris constitutus , pro patre suo negotia gerens, non præcedente mandato debitum
ejus solvit, negotiorum gestorum actione
agere cum patruis tuis potes.

PP. calend. aug. Agricola et Clemente
Conss. 225.

13. *Idem* ⅄. *Aquiliæ.*

Quòd in uxorem tuam ægram erogasti,
non à socero repetere, sed affectioni tuæ
debes expendere. In funus sanè ejus, si
quid eo nomine quasi recepturus erogasti,
patrem, ad quem dos rediit, jure convenis.

PP. 8 cal. novemb. Agricola et Clemente
Conss. 231.

14. *Idem* ⅄. *Mutiano Rufo.*

Si mandatum solius mariti secutus, tàm
ipsius, quàm uxoris ejus negotia gessisti,
tàm tibi quàm mulieri invicem negotiorum
gestorum competit actio. Ipsi sanè, qui
mandavit, adversùs te mandati actio est,
sed et tibi adversùs eum contraria, si quid
fortè super erogasti.

ces dépenses purement par affection pour
eux, mais dans la vue d'en être remboursée, vous pouvez les recouvrer par l'action
des affaires gérées.

Fait le 12 des calendes de février, sous
le consulat d'Albin et de Maxime. 231.

12. *Le même empereur, à Theophile.*

Si un fils a payé une dette en l'acquit de
son père, il n'a aucune action pour recouvrer ce paiement, soit qu'il fût en la
puissance de son père au moment du paiement, soit qu'il fût *sui juris*, s'il l'a
fait dans la vue d'en gratifier son père ; si
donc votre père étant *sui juris*, et faisant
les affaires de son père, sans mandat, a
payé une dette pour lui dans l'intention
de la répéter ; vous aurez l'action des affaires gérées contre vos oncles paternels.

Fait pendant les calendes d'août, sous
le consulat d'Agricola et de Clémentin.
225.

13. *Le même empereur, à Aquilia.*

Vous ne pourrez pas répéter de votre
beau-père, les dépenses que vous aurez
faites pour votre femme, pour sa maladie,
parce que vous avez dû les faire à cause de
l'affection que vous lui portiez. Mais vous
aurez action contre le père de votre femme,
à qui la dot est rendue ; vous aurez, disons-
nous, action pour recouvrer les dépenses
funéraires que vous aurez faites pour votre
femme, si vous les avez faites avec l'intention de les répéter.

Fait le 8 des calendes de novembre,
sous le consulat d'Agricole et de Clémentin.
231.

14. *Le même empereur, à Mutien Rufin.*

Si, en vertu du mandat seulement du
mari, vous avez géré les affaires du mari
et de la femme, vous et la femme vous
aurez respectivement l'action des affaires
gérées : le mari qui vous a donné le mandat
a contre vous l'action du mandat, et vous
aurez contre lui l'action contraire du man-

dat·, pour les dépenses que vous avez
faites.

Fait le 10 des calendes de mars, sous le
deuxième cons. de Maxime et le premier
d'Urbain. 225.

15. *L'empereur Gordien, à Eusichien.*

Si vous avez fourni des alimens à votre
belle-fille, par affection paternelle, ou si
vous avez payé quelques salaires à des
maîtres, vous n'avez aucune action pour la
répétition de ces dépenses. Mais si vous
avez dépensé quelque chose pour votre
belle-fille, dans la vue d'en faire la répétition, vous aurez l'action des affaires gérées.

Fait le 6 des ides de juillet, sous le cons.
de Gordien et d'Aviola. 240.

16. *Les empereurs Gallus et Volusianus, à
Eutichian.*

Si, gérant les affaires de votre sœur, vous
avez payé pour elle des contributions, ou
en vertu de son mandat, ou parce qu'elle
vous en avait prié, vous pouvez répéter ce
que vous prouverez avoir payé pour elle,
par l'action des affaires gérées, ou par l'action de mandat.

Fait le 11 des calendes de mai, sous le
consulat de Gallus et Volusien. 240.

17. *L'empereur Dioclétien et Maximien et
les Césars, à Claudia.*

Les successeurs du curateur poursuivi
par l'action utile des affaires gérées, sont
tenus de dol et de la faute grossière, mais
ils ne sont pas tenus de continuer l'administration ; c'est pourquoi ils ne peuvent
rien aliéner de ce qui appartient à la pupille.

Fait le 13 des calendes de janvier, à Sir-
mick, sous le cons. des empereurs nommés
ci-dessus. 293.

18. *Les mêmes emp. et Cés., à Pomponius.*

La bonne foi exige de payer les intérêts
des sommes dépensées pour la gestion des
affaires d'autrui ; vous avez le même droit
d'user de l'action des affaires gérées contre

PP. 10 cal. mart. Maximo II et Urbano
Conss. 225.

15. *Imp. Gordianus A. Eutychiano.*

Si paterno affectu privignas tuas aluisti
seu mercedes pro his aliquas magistris ex-
pendisti, ejus erogationis tibi nulla repetitio est. Quod si ut repetiturus ea, quæ
in sumptum misisti, aliquid erogasti,
negotiorum tibi gestorum intentanda est
actio.

PP. 6 id. jul. Gordiano A. et Aviola
Conss. 240.

16. *Impp. Gallus et Volusianus AA.
Eutychiano.*

Si negotium sororis tuæ gerens, pro eâ
tributa solvisti, vel mandante eâ, vel rogante
id fecisti, negotiorum gestorum actione,
vel mandati, id, quod solvisse te constiterit,
repetere poteris.

PP. 11 cal. maii, Gallo et Volusiano
Conss. 240.

17. *Impp. Dioclet. et Maximian. AA. et cc.
Claudiæ.*

Curatoris etiam successores negotiorum
gestorum utili conventos actione, tam dolum quàm latam culpam præstare debere,
nec ad eos officium administrationis transire ; ideòque nullam alienandi eos res
adultæ potestatem habere convenit.

Dat. 13 cal. januar. AA. Conss. 293.

18. *Iidem AA. et cc. Pomponio.*

Ob negotium alienum gestum sumptuum
factorum usuras præstari, bona fides suasit;
quo jure contrà eos etiam, quorum te necessitate compulsum negotium gessisse pro-

ponis, per judicium negotiorum gestorum uteris.

Dat. 9 cal. januar. AA. Conss. 293.

19. *Iidem* AA. *et* CC. *Alexandro.*

Ab uno hærede pro solido re veluti communi venundatâ, de pretio cohæres venditoris negotiorum gestorum actione ratam faciens venditionem agere potest.

20. *Iidem* AA. *et* CC. *Octavianæ.*

Tutori vel curatori similis non habetur, qui citrà mandatum negotium alienum sponte gerit : quippe superioribus quidem necessitas muneris administrationis finem, huic autem propria voluntas facit, ac satis abundèque sufficit, si cui vel in paucis amici labore consulatur. Secundùm quæ super his quidem, quæ nec tutor nec curator constitutus, ultrò quis administravit : cùm non tantùm dolum et latam culpam, sed et levem præstare necesse habeat, à te conveniri potest : et ea quæ tibi ab eo deberi patuerit, cum usuris compelletur reddere; de cæteris verò, quæ ab aliis tui constituta juris detenta ex acta non sunt, ab hoc qui nec agendi quidem propter exceptionis obstaculum facultatem habere potuit, exigi non potest ; et idcircò adversùs eos, qui res tuas teneçe dicis, detorquere tuas petitiones debes.

21. *Iidem* AA. *et* CC. *Michræ.*

Si cognati tui servos suos manumiserunt, hoc, quod administrasse eos rem tuam contendis, impedimento eorum libertati fieri

ceux de qui vous dites avoir été forcé de faire les affaires.

Fait le 9 des calendes de janvier, sous le cons. des empereurs nommés ci-dessus. 293.

19. *Les mêmes empereurs et Césars, à Alexandre.*

Un héritier ayant vendu une chose commune, qui faisait partie de la succession, son co-héritier qui a ratifié la vente a contre lui l'action des affaires gérées pour avoir la portion qui lui appartient dans les prix.

20. *Les mêmes emper. et Cés. à Octaviana.*

Celui qui fait les affaires d'autrui sans mandat, ne doit pas être assimilé au tuteur et au curateur : l'administration de ceux-ci ne cesse que quand leur fonction est terminée ; mais le gérant des affaires d'autrui peut quitter ses fonctions quand bon lui semble, et il satisfait aux obligations dont il a bien voulu se charger, quand il gère une affaire ou un petit nombre d'affaires de son ami : la seconde différence est que celui qui a administré spontanément les affaires de quelqu'un, et qui n'est ni son tuteur ni son curateur, est tenu non - seulement du dol et de la faute grossière, mais il est encore tenu de la faute légère ; il peut être poursuivi, et être forcé de payer ce qu'il devait à celui de qui il a géré les affaires et de payer aussi les intérêts ; mais à l'égard des autres qui vous devaient, il n'en est pas tenu, parce qu'il n'avait pas la faculté d'agir contre eux, à cause de l'exception qu'on pouvait lui opposer ; c'est pourquoi vous ne pouvez diriger vos demandes que contre ces débiteurs.

21. *Les mêmes empereurs et Césars, à Michra.*

Si vos cognats ont affranchi leurs esclaves : vous prétendez qu'avant ils avaient administré vos affaires; mais ce n'est pas une raison pour que vous ayez droit de vous opposer à leur liberté : il y a mieux, c'est que vous ne pouvez certainement les rechercher après leur affranchissement pour un acte d'administration de vos biens qui a précédé cet affranchissement, si cet acte n'avait rien de connexe avec l'administration postérieure à leur affranchissement, et si, au contraire, cet ... en était séparé.

Fait le 6 des c... ndes d'octobre, sous le consulat des Césars. 264.

22. *Les mêmes empereurs et Césars, à Euloge.*

Les gérans des affaires d'autrui ne sont pas responsables des cas fortuits, à moins que la convention n'en ait été faite expressément.

Fait le 11 des calendes de décembre, sous le même consulat. 264.

23. *Les mêmes empereurs et Césars, à Théodore.*

L'action des affaires gérées n'est pas une action réelle, mais personnelle.

Fait à Nicomédie, sous le même consulat. 264.

24. *L'empereur Justinien, à Jean.*

Quelqu'un s'est immiscé dans l'administration des affaires d'un autre, sans le consentement du maître qui lui a même fait une défense expresse. Des auteurs célèbres ont mis en doute si ce gérant a l'action des affaires gérées pour les dépenses qu'il a faites relativement à ces affaires : quelques-uns lui accordaient l'action directe, même utile; d'autres la lui refusaient : et au nombre de ceux-ci on trouve Salvius Julien ; mais nous, décidant la question, si le maître s'étant opposé à la gestion, il a interdit l'administration de ses affaires à ce gérant, nous ordonnons, conformément à l'avis de Julien, que ce gérant n'ait aucune action contre lui ni directe ni utile pour les affaires faites après la signification par le maître qu'il n'entendait pas qu'il se mêlât de ses affaires :

Tome I.

tuit. Quin autem ex actu præcedenti post manumissionem, si utriusque temporis administratio non connexa, sed separata sit, conveniri non posse, procul dubio est.

Dat. 6 cal. octob. Viminatii. cc. Conss. 264.

22. Iidem AA. et cc. Eulogio.

Negotium gerentes alienum, non interveniente speciali pacto, casum fortuitum præstare non compelluntur.

Dat. 11 cal. decemb. cc. Conss. 264.

23. Iidem AA. et cc. Theodoro.

Negotiis gestis, non in rem, sed in personam est actio.

Dat. 12 cal. decemb. Nicomediæ. cc. Conss. 264,

24. Imp. Justinianus 2. Joanni.

Si quis, nolente et specialiter prohibente domino rerum, administrationi earum sese immiscuit, apud magnos autores dubitabatur, si pro expensis quæ circà res factæ sunt, talis negotiorum gestorum habeat aliquam adversus dominum actionem ; quam quibusquam pollicentibus directam vel utilem, aliis negantibus (in quibus et Salvius Julianus fuit) hoc decidentes sancimus, si contradixerit dominus, et eum res suas administrare prohibuerit : secundùm Juliani sententiam nullam esse adversùs eum, vel directam vel utilem contrariam actionem, scilicet post denuntiationem, quam ei dominus transmiserit, non concedens ei res ejus attingere, licèt res bene ab eo gestæ sint. Quid deinde si dominus aspexerit ab administratore multas expensas utiliter fac-

42

as, et tunc dolosâ ad similatione habitâ cùm prohibueris, ut neque anteriores expensas præstet, quod nullo modo patimur : sed ex quo ea testatio ad eum facta est, vel in scriptis, vel sine scriptis, sub testificatione aliarum tamen personarum, ex eo die pro faciendis meliorationibus nullam ei competere actionem : super anterioribus autem, si utiliter factæ sunt, habere eum actionem contrâ dominum concedimus suâ naturâ currentem.

Dat. 14 calend. decemb. Lampadio et Oreste. Conss. 538.

TITULUS XX.

De his quæ vi metusve causa gesta sunt.

4. *Imp. Alexander A. Felici.*

PERSECUTIONEM eorum quæ vi vel furto ablata sunt, etiam si posteà interciderint, integram esse jure responsum est.

PP. 10 cal. decem. Maximo 11 et Æliano Conss. 224.

11. *Idem A. Alexandro.*

Cùm te non solùm cavisse, verùm etiam solvisse pecuniam confitearis, quâ ratione ut vim passus restitui quod illatum est, postules, perspici non potest : quandò verisimile non sit, ad solutionem te prope-

quand même il les aurait bien gérées ; mais si le maître voyant que le gérant a fait beaucoup de dépenses utiles, et feignant frauduleusement de l'ignorer, il lui a interdit l'administration de ses affaires, et lui refuse le remboursement de ses dépenses, même antérieures à la défense, nous déclarons que nous ne souffrirons d'aucune manière cette subtilité ; mais nous ordonnons que le gérant n'aura aucune action pour les dépenses utiles qu'il aurait faites depuis le jour que le maître lui a fait notifier son opposition, ou par écrit ou sans écrit, en prenant d'autres personnes pour témoins de la défense qu'il lui a fait ; à l'égard des dépenses antérieurement faites à la défense, si elles ont été faites utilement, nous accordons au gérant l'action ordinaire contre le maître.

Fait le 14 des calendes de décembre, sous le consulat de Lampadius et Oreste. 530.

TITRE XX.

De ce qui a été fait par ceux qui y ont été contraints par la violence ou par la crainte.

1. *L'empereur Alexandre, à Félix.*

IL a été répondu qu'on a le droit de poursuivre le recouvrement des choses qui ont été enlevées par violence ou par vol, et que cette action ne s'éteint point par la destruction des choses qui en sont l'objet.

Fait le 10 des calendes de décembre, sous le deuxième consulat de Maxime et le premier d'Ælien. 224.

2. *Le même empereur, à Alexandre.*

Convenant que non-seulement vous vous êtes obligé de payer une somme, mais encore que vous l'avez payée, on ne peut concevoir comment vous pouvez demander à être restitué à cause de la violence que vous prétendez avoir été exercée contre vous; il n'est pas possible de croire à cette violence, quand vous vous êtes empressé de remplir, sans avoir rendu plainte à ce sujet, l'obligation que vous dites vous avoir été extorquée ; à moins que vous ne prouviez qu'on a aussi employé la violence pour vous forcer de payer la somme.

Fait le 6 des calendes de juillet, sous le deuxième consulat de l'emp. Alexandre et le premier de Marcellus. 227.

3. L'empereur Gordian, à Caïus.

Si la violence ou la crainte ayant été employée pour contraindre votre ayeul à vendre un fonds, l'acquéreur de ce fonds l'a vendu à un autre ; vous étant héritier de votre ayeul, vous êtes fondé à vous pourvoir devant le président de la province, et à demander, en en rendant le prix, que ce fonds vous soit restitué; puisqu'il a été décidé que dans ce cas on avait aussi l'action réelle, suivant la disposition de l'édit perpétuel, pourvu néanmoins que le second acquéreur ne puisse se défendre par la prescription de la longue possession.

Fait le 6 des ides d'août, sous le consulat de Pius et Pontien. 239.

4. Le même empereur, à Primus et à Euthidicus.

Si vous avez été contraint par la violence, la crainte de la mort, ou les tourmens, de faire une vente que vous n'avez pas ratifiée; ensuite, votre action dans la forme voulue par l'édit perpétuel ayant intenté dans l'année pendant laquelle vous pouvez agir, si on ne vous rend pas la chose, vous obtiendrez; en rendant le prix, la restitution du quadruple : après l'année vous pourrez exercer cette action, et après connaissance de cause, vous obtiendrez simplement la restitution; mais cette action ne vous est accordée que dans le cas, que vous n'en aurez pas d'autre à exercer.

rasso, omissâ querelâ de chirographo, ut potô per vim extorto : nisi et in solvendo vim te passum dicas.

3. Imp. Gordianus A. Cajo.

Si vi vel metu fundum avus tuus distrahere coactus est, etiam si maximè emptor eum alii vendidit : si tamen tu avo tuo hæres extitisti , ut tibi reddito à te pretio restituatur, postquàm placuit in rem quoque dari actionem secundùm formam perpetui edicti, adito præside provinciæ poteris postulare : si modò qui secundo loco comparavit, longæ possessionis præscriptione non fuerit munitus.

PP. 6 id. Aug. Pio et Pontiano Conss. 239.

4. Idem A. Primo et Euthydico.

Si per vim, vel metum mortis, aut cruciatus corporis, venditio à vobis extorta est, et non posteà eam consensu corroborastis : juxta perpetui formam edicti intra annum quidem agentes (quo experiendi potestas est) si res non restituatur, quadrupli condemnationem referetis, scilicet reddito à vobis pretio. Post annum verò causâ cognitâ, eadem actio in simplum permittitnr, quæ causæ cognitio eo pertinet, ut ita demùm decernatur, si alia actio non sit.

PP. 3 non. Aug. Gordiano A. et Aviola.
Conss. 240.

5. Idem A. Rufo militi.

Non interest à quo vis adhibita sit patri, et patruo tuo, utrum ab tempore, an vero sciente emptore ab alio, ut vi metuve possessionem vendere cogerentur; nam si adhibita vi compulsi sunt possessiones suas, quæ majore valebant, minimo distrahere jurisdictionis tenore, ut id, quod improbè factum est, in priorem statum revolvatur, impetrabunt.

Fait le 3 des nones d'août, sous le consulat de Gordian et d'Aviola 240.

5. Le même empereur, à Rufus, militaire.

Peu importe par qui la violence a été exercée envers votre père et votre oncle paternel pour les contraindre de vendre leur bien; peu importe que cette violence ou cette crainte ait été exercée par l'acquéreur ou par un autre au su de l'acquéreur; car s'ils ont été forcés par violence de vendre leur bien au-dessous de sa valeur, ils obtiendront, conformément aux lois, que ce qui a été entrepris méchamment à leur égard soit rétabli dans son premier état.

PP. 6 cal. januar. Gordiano A et Aviola Coss. 294.

9. Impp. Dioclet. et Maximian. AA. et CC. Polliæ.

Ad invidiam alicui nocere nullam dignitatem oportet; undè intelligis quòd ad metum arguendum, per quem dicis initum esse contractum, senatoria dignitas adversarii tui sola non est idonea.

Fait le 6 des calendes de janvier, sous le consulat de l'emper. Gordien et d'Aviola. 294.

6. L'empereur Dioclétien et Maximien, et les Césars, à Pollia.

Il ne faut pas que la dignité dont quelqu'un est revêtu tourne à son préjudice; c'est pourquoi sachez que la dignité de sénateur dont votre adversaire est revêtu ne forme pas seule une preuve suffisante, que vous avez été forcé par la crainte à souscrire le contrat dont vous parlez.

PP. 3 calendas maii, Heracliæ, *c c. Coss. 294.

7. Iidem AA. et CC. Cotui.

Si donationis, vel transactionis, vel stipulationis, vel cujuscumque alterius contractus obligationis confectum instrumentum, metu mortis, vel cruciatu corporis extortum, vel capitales minas pertimescendo, adito præside provinciæ, probare poteris: hoc ratum haberi secundum edicti formam non patietur.

Fait le 3 des calendes de mai, à Heraclée, sous le consulat des Césars. 294.

7. Les mêmes emper. et Césars, à Cotus.

Si vous pouvez prouver qu'un contrat vous a été extorqué par la crainte de la mort, par les tourmens ou par les plus fortes menaces, soit qu'il s'agisse d'une donation, d'une transaction, d'une stipulation ou d'une autre obligation quelconque, vous vous pourvoierez devant le président de la province; il rescindera ce contrat suivant la disposition de l'édit.

Dat. 2 non. jan. AA. Conss. 299.

8. Iidem AA. et CC. Tryphonio.

Cùm te domus et horti venditionem fecisse sub spe recipiendi, quod de frumento feceras instrumentum, vel timore,

Fait le 11 des nones de février, sous le même consulat. 299.

8. Les mêmes empereurs, à Tryphon.

Exposant que vous avez vendu votre maison et votre jardin dans l'espoir de recouvrer une obligation que vous aviez faite à celui qui reçoit les contributions qui se paient en grains, et, par conséquent, que vous n'avez fait cette vente que dans la crainte de ne pas être nommé à des fonctions civiles, vous demandez que la vente soit rescindée, comme ayant été faite par crainte, sachez qu'une crainte de ce genre ne peut vous servir pour obtenir la rescision du contrat.

Fait le 11 des calendes de septembre, sous le consulat des Césars. 3oo.

9. *Les mêmes empereurs et Césars, à Hymnoda.*

Il faut que la crainte soit prouvée non par des menaces ou des disputes qui ont eu lieu, mais par la force du fait qui a produit la crainte.

Fait pendant les calendes de décembre, sous le consulat des Césars. 3oo.

10. *Les mêmes et Césars, à Faustina.*

Vous demandez la rescision d'une aliénation ou d'une promesse faite par crainte d'une accusation qu'on avoit intentée contre vous, ou dont on vous menaçait en disant qu'on l'intenterait; cette demande n'est pas raisonnable.

Fait le 6 des calendes de février, sous le consulat des Césars. 3o2.

11. *L'empereur Constantin, à Evagrius.*

Si quelqu'un, forcé par l'impression qu'a faite sur lui la crainte que lui avait inspiré un officier subalterne, lui a vendu un objet lui appartenant, situé dans la province ou dans le lieu où cet officier exerçait son office, la chose vendue sera restituée à son ancien maître qui en retiendra même le prix : ceux qui auront extorqué ainsi une chose par le même moyen, sous le nom de leur femme ou de leur ami, seront soumis à la même peine.

Fait le 10 des calendes d'octobre, à Aquilée, sous le septième consulat de l'empereur Constance, et le premier du César Constantin. 353.

ne ad civilia munera nominareris, proponas, et rescindi venditionem velut metûs causâ factam desideres, intelligis ad ratum non habendum contractum, metum hujusmodi prodesse non posse.

Dat. 11 cal. septemb. Viminatij, CC. Conss. 3oo.

9. *Iidem* AA. *et* CC. *Hymnodae.*

Metum non jactationibus tantùm, vel contestationibus, sed atrocitate facti probari convenit.

Dat. cal. dec. CC. Conss. 3oo.

10. *Iidem* AA. *et* CC. *Faustinae.*

Accusationis institutae vel futurae metu alienationem seu promissionem factam rescindi postulantis, improbum est desiderium.

Dat. 6, cal. februar. CC. Conss. 3o2.

11. *Imp. Constantinus* A. *ad Evagrium* P. P.

Si per impressionem quis aliquem metuens saltem in mediocri officio constitutum, rei suae in eâdem provinciâ vel loco ubi tale officium peragit, sub venditionis titulo fecerit cessionem : et quod emptum fuit, reddatur, et nihilominùs etiam pecunia retineatur : simili poenâ servandâ, si qui vel conjugis vel amici nominibus abutentes, praedam tamen sibi acquirant.

Dat. cal. octob. Aquileiae, Constantio A. VII. et Constantino Caes. Conss. 353.

12. *Impp. Honor. et Theod. AA. ad populum.*

Venditiones, donationes, transactiones, quæ per potentiam extortæ sunt, præcipimus infirmari.

Dat. 13. cal. mart. ipsis AA. VIII. et III. Conss. 409.

12. *Les empereurs Honoré et Théodose, au peuple.*

Nous déclarons nulles toutes ventes, donations, transactions qui auront été extorquées par ceux qui auront à cette fin abusé de leur autorité.

Fait le 13 des calendes de mars, sous le consulat des empereurs nommés ci-dessus; l'un pour la huitième fois et l'autre pour la troisième fois. 409.

TITULUS XXI.
De Dolo malo.

1. *Immp. Severus et Antoninus AA. Clementinæ.*

Si fidejussor à creditore pignora emerit oblatâ quantitate sortis et usurarum, tibi dominium cum fructibus, quos bonâ fide percepit, consultius restituet; ne fidei ruptæ gratiâ de dolo possit actio exerceri.

Dat 3, id. maij, Plautiano et Geta Conss. 294.

2. *Imp. Antoninus A. Agrippæ.*

De dolo actio, cùm alia nulla competit, causâ cognitâ permittitur.

Dat. nonis novemb. Gentiano et Basso Conss. 212.

5. *Imp. Gordianus A. Aquilino.*

Non possunt obesse tibi tempora, quæ in actione de dolo solent computari, quibus reipubl. causâ (ut allegas) occuparis : sed exindè tibi incipiet tempus cedere, ex quo muneribus liberatus, facultatem agendi intrà præstituta tempora cœperis obtinere.

TITRE XXI.
Du Dol avec mauvaise foi.

1. *Les empereurs Sévère et Antonin, à Clémentina.*

Si le fidéjusseur, ayant payé la somme en capital et intérêts, a acheté du créancier la chose qui lui était donnée en gage, il fera bien de vous restituer le domaine du gage avec les fruits qu'il en a perçus de bonne foi; pour qu'autrement, manquant à la bonne foi, il ne s'exposât à l'action de dol.

Fait le 3 des ides de mai, sous le consulat de Plautien et Geta. 264.

2. *L'empereur Antonin, à Agrippa.*

L'action de dol sera donnée, en connaissance de cause, à celui qui n'en aura pas d'autre à exercer.

Fait pendant les nones de novembre, sous le consulat de Gentian et Bassus. 212.

3. *L'empereur Gordien, à Aquilien.*

Dans les délais qui sont accordés pour pouvoir exercer l'action de dol, on ne vous comptera pas le temps durant lequel vous exposez que vous avez été occupé pour l'intérêt de la république. Le délai ne commencera à courir contre vous que du jour qu'étant sorti de charge, vous avez commencé à pouvoir agir dans le délai prescrit.

Fait pendant les ides d'août, sous le consulat de Sabinus et Venustus. 241.

4. *Les empereurs Dioclétien et Maximien, et les Césars, à Menandra.*

Vous exposez que quelqu'un s'étant uni à votre esclave, il avait été convenu entre vous qu'il vous donnerait un esclave mâle en place de l'esclave à laquelle il s'est uni; sachez que si vous l'avez affranchie, ou la lui ayant livrée, il l'a affranchie, vous ne pouvez pas révoquer la liberté de cette esclave ; mais si le temps fixé n'étant pas encore expiré, celui avec qui vous avez contracté a violé la foi du contrat, vous pouvez demander qu'on vous accorde l'action du dol. Si cette esclave n'a pas été affranchie, vous vous pourvoirez devant le président de la province, et vous la recouvrerez avec les enfans qui seront nés d'elle, s'il n'a été élevé aucune question sur son état.

Fait le 3 des calendes de mars, à Héraclée, sous le consulat des Césars. 294.

5. *Les mêmes empereurs, à Amphidrosa.*

Si, étant devenu *sui juris* par l'émancipation, vous avez succédé à votre mère du vivant de votre père, et si vous avez transigé de bonne foi avec votre père qui vous a affranchi de la puissance paternelle sur l'administration de vos biens qu'il a gérés en qualité de légitime tuteur; sachez que s'il a été fait entre vous un simple pacte, votre demande sera écartée par l'exception de ce pacte: mais s'il a été fait légitimement entre vous une novation, suivie de l'acceptilation, vous n'aurez aucune action. Cependant si vous avez été lésé excessivement, par la libération que vous avez accordée par la formalité solennelle de la novation et de l'acceptilation, vous n'aurez pas contre votre père l'action du dol, qui blesserait le respect que vous lui devez, mais vous exercerez seulement l'action *in factum.*

PP. idib. august. Sabino II et Venusto Conss. 241.

4. *Impp. Dioclet. et Maximian. AA. et CC. Menandræ.*

Cùm proponas inter te et eum, quem in contubernio ancillam tuam sibi conjunxisse memorasti, placuisse, ut tibi pro eâdem daret mancipium, intelligis, quòd si manumisisti, vel ei tradidisti, et ille manumisit, revocandæ libertatis potestatem non habes : sed solùm, si needum statutum tempus excesserit, et fidem placiti rumpat, desiderare debes de dolo tibi decerni actionem. Quòd si penes te dominium ejus remansit, adito præside provinciæ, cum natis ejus hanc potes recuperare, si nulla moveatur status quæstio.

Dat. 3, cal. maij ; Heracliæ, cc. Conss. 294.

5. *Iidem AA. et CC. Amphidrosæ.*

Si superstite patre per emancipationem tui juris effecta, matri successisti, rebusque tuis per legitimum tutorem patrem, eumdemque manumissorem administratis, postea transegisti cum eo bonâ fide : perspicis ; quòd si pactum tantùm factum sit, petitio tua per exceptionem submovetur, si verò novatio legitimo modo intercessit, et acceptilatio subsecuta est, nullam tibi jam superesse actionem. Sanè si læsa es immodicè, liberatione solemniter per novationem atque acceptilationem tributa : non de dolo propter paternam verecundiam, sed in factum actio tibi tribuenda est.

Dat idib. junij, cc. Conss. 294.

6. *Idem* AA. *et* cc. *Hymnodæ.*

Dolum ex indiciis perspicuis probari convenit.

Dat. cal. decemb. cc. Conss. 294.

7. *Iidem* AA. *et* cc. *Sebastiano.*

Si major quinque et viginti annis hæreditatem fratris tui repudiasti, nulla tibi facultas ejus adeundæ relinquitur. Sanè si ejus uxoris tibi substitutæ dolo factum est, actionem de dolo contrà eam exercere potes.

Dat. 16, calend. maij, cc. Conss.

8. *Imp. Constantinus* A. *ad Symmachum, vicarium.*

Optimum duximus, non ex eo die quo se quisque admissum dolum didicisse commemoraverit, neque intrà anni utilis tempus, sed potiùs ex eo eo die quo asseritur commissus dolus, intrà continuum biennium de dolo actionem moveri, sive abfuerit, sive præsto sit is qui dolum se passum esse conqueritur. Omnes igitur sciant, neque incipiendæ post biennium, neque anto completum biennium cœptæ, post biennium verò finiendæ doli actionis esse concessam licentiam.

Dat 8 calend. aug. Nesso, Constantino A. V. et Licinio Cæsare Conss. 319.

Fait pendant les ides de juin, sous le consulat des Césars. 294.

6. *Les mêmes empereurs et Césars, à Hymnoda.*

Il faut que le dol soit prouvé par des indices manifestes.

Fait pendant les calendes de décembre, sous le consulat des Césars. 294.

6. *Les mêmes empereurs et Césars, à Sébastien.*

Si vous étiez majeur de vingt-cinq ans lorsque vous avez renoncé à l'hérédité de votre frère, vous ne pouvez plus, sous quelque prétexte que ce soit, l'accepter; mais si vous avez été induit à faire cette renonciation par le dol de la veuve de votre frère qui vous était substituée, vous pouvez exercer contre elle l'action de dol.

Fait le 16 des calendes de mars, sous le consulat des Césars.

8. *L'empereur Constantin, à Symmachus, vicaire.*

Nous avons pensé qu'au lieu que le délai d'une année, pendant lequel on peut exercer l'action du dol, soit compté du jour que quelqu'un expose qu'il a appris que le dol a été commis; il devrait être compté du jour qu'on assure que le dol a été commis, et n'être pas borné à une année; mais durer deux ans, soit que le plaignant soit présent ou absent, qu'on ne pourra pas commencer l'exercice de cette action après l'expiration de deux années, et que personne n'ignore que quand elle aura été commencée dans les deux années, elle devra être terminée avant leur expiration.

Fait le 8 des calendes d'août, sous le cinquième consulat de l'empereur Constantin et le premier du César Licinius. 319.

TITRE XXII.

De la restitution en entier accordée aux mineurs de vingt-cinq ans.

1. *L'empereur Alexandre*, *à Plotiana.*

IL faut examiner si on a renoncé expressément ou tacitement à la querelle d'inofficiosité ; et cela ne montre pas que ce secours puisse vous être accordé, quoiqu'il soit nécessairement accordé au mineur.

Fait le 5 des ides de juillet, sous le deuxième cons. de Maxime et d'Ælien. 224.

2. *L'empereur Gordien*, *à Alexandre.*

Si, au temps que votre sœur pouvait jouir du secours accordé à la minorité, elle avait droit à la possession des biens de son père mort *ab intestat*, ce secours ne lui était pas moins assuré, quoiqu'elle eût alors cinq fils ; c'est pourquoi si elle est encore dans le temps utile, elle peut demander le bénéfice de la restitution.

Fait le 8 des ides d'août, sous le consulat de Pius et Pontien. 239.

3. *Les empereurs Dioclétien et Maximien et les Césars, à Attianus.*

Si, étant mineur de vingt-cinq ans et ayant un curateur, vous avez vendu quelque chose après être sorti de la pupillarité, ce contrat ne produira pas d'effet : le mineur qui a un curateur est assimilé à celui qui est interdit et qui a reçu de l'autorité du préteur un curateur. Mais si vous avez fait cette vente sans avoir de curateur, vous pouvez obtenir la restitution en entier en connaissance de cause, si vous êtes encore dans le délai utile.

Fait le 14 des calendes de mai, à Héraclée, sous le consulat des empereurs nommés ci-dessus. 293.

4. *Les mêmes emp.*, *à Isidore.*

Si vous, prouvant que vous étiez mineur de vingt-cinq ans, lorsque vous avez contracté, votre adversaire ne prouve pas que le temps utile pour demander la

TITULUS XXII.

De in integrum restitutione minorum vigintiquinque annis.

1. *Imp. Alexander A. Plotianæ.*

ILLUD inspiciendum est, num inofficiosi querelæ vel palàm vel tacitâ dissimulatione sit renuntiatum ; nec hoc autem in tuam personam cadere posse, auxilium quod ætati impertitur, ostendit.

Dat. 5 id. jul. Maximo II et Æliano Conss. 224.

11. *Imp. Gordianus A. Alexandro.*

Eo tempore, quo soror tua auxilio ætatis juvabatur, si patris intestati bonorum possessionem accipere debuit ; licèt quinque filios superstites habuerit, non tamen ideò minùs ad edicti prærogativam pertinet : scilicet si nunc per ætatem beneficium restitutionis largitur.

PP. 8 id. augusti, Pio et Pontiano Conss. 239.

3. *Impp. Dioclet. et Maximian. AA. et CC. Attiano.*

Si curatorem habens, minor quinque et viginti annis post pupillarem ætatem res vendidisti : hunc contractum servari non oportet : cùm non absimilis ei habeatur minor curatorem habens, cui à prætore curatore dato bonis interdictum est. Si verò sine curatore constitutus, contractum fecisti, implorare in integrum restitutionem, si needum tempora præfinita excesserint, causâ cognitâ non prohiberis.

Dat. 14 calend. maii, Heracliæ, AA. Conss. 293.

4. *Iidem AA. et CC. Isidoro.*

Si minorem te quinque et viginti annis fuisse cùm contraheres, ostenderis, et tempora restitutionis præstituta excessisse, ab adversario tuo comprobatum non fuerit,

præses provinciæ in integrum restitutionis
dari tibi auxilium debet.

Dat. 6 cal. maii, Heracliæ, AA. Conss.
293.

5. *Iidem* AA. *et* cc. *Rufo.*

Minoribus in integrum restitutio, in quibus se captos probare possunt, et si dolus adversarii non probetur, competit, anté impletum etiam quintum et vigesimum annum, de iis in quibus se captos existimant minores, posse in integrum restitutionem implorare, certissimi juris est.

Dat. 5 calend. mai, Heracliæ, AA. Conss.
293.

6. *Iidem* AA. *et* cc. *Sententiæ.*

Si intrà ætatem cui succurri solet in integrum restitutionis auxilio lis inchoata est, nec ei à te renunciatum est : mors ejus, contrà quem hæc fuerit implorata, fraudi tibi esse non potest.

Dat. 5 cal. mai, cc. Conss. 294.

7. *Iidem* AA. *et* cc. *Severæ.*

De tutelá avunculi, ejusdemque tutoris, cui falso ætate probatá præstitisti liberationem, quem ignarum ætatis tuæ non fuisse, tàm officium tutelæ, quàm sanguinis proximitas arguit ; si nondùm statutum tempus excessit, ex causa in integrum restitutionis hæredes ejus convenire potes.

Dat. 11 cal. aug. cc. Conss. 274.

8. *Impp. Honor. et Theod.* AA. *Juliano Proconsuli Africæ.*

Minoribus in his quæ vel prætermise-

---

restitution est expiré, le président de la province vous accordera le secours de la restitution en entier.

Fait à Héraclée, le 6 des calendes de mai, sous le même cons. 293.

5. *Les mêmes emp. et Césars, à Rufus.*

Les mineurs sont restitués en entier pour les affaires dans lesquelles ils peuvent prouver qu'ils ont été trompés, lors même qu'il n'est pas prouvé que le dol vient du fait de leur adversaire ; et il est certain qu'ils peuvent demander le secours de la restitution en entier, avant même d'avoir ateint l'âge de vingt-cinq ans, pour les affaires dans lesquelles ils pensent qu'ils ont été trompés.

Fait le 5 des calendes de mai, à Héraclée, sous le même cons. 293.

6. *Les mêmes emp. et Césars, à Sententia.*

Si l'instance sur la demande en restitution en entier a été commencée dans l'âge auquel ce secours est accordé, et qu'il n'y ait pas été renoncé, la mort de celui contre lequel vous aviez formé cette demande, ne peut vous préjudicier.

Fait le 5 des calendes de mai, sous le consulat des Césars. 294.

7. *Les mêmes emp. et Césars, à Sévèra.*

Si votre oncle étant votre tuteur, vous l'avez déchargé de la tutelle de votre personne en lui faisant croire faussement que vous étiez majeure, sa fonction de tuteur, et sa proximité avec vous par les liens du sang qui vous unissaient, empêchent de croire qu'il était dans l'ignorance de votre âge ; c'est pourquoi si vous êtes encore dans le temps utile, vous pouvez poursuivre votre demande en restitution en entier contre ses héritiers.

Fait le 11 des calendes d'août, sous le cons. des Césars. 274.

8. *Les empereurs Honorius et Théodose, à Julien, proconsul d'Afrique.*

Il est constant que les mineurs sont restués pour ce qu'ils auront omis de faire, comme pour ce qu'ils auront fait par ignorance.

Fait pendant les nones de mai, sous le cons. de Constance. 420.

9. *L'empereur Zénon, à Ælien.*

Le mineur ne paraît pas avoir été trompé quand il a usé du droit commun.

Fait pendant les calendes de janvier, sous le consulat de Basilius. 420.

TITRE XXIII.

De la restitution en entier à l'égard du fils de famille mineur.

1. *L'empereur Gordien, à Triphon, militaire.*

Si un fils de famille, mineur de 25 ans, s'est rendu fidéjusseur pour un étranger, il peut demander la restitution en entier; si c'est pour son père qu'il s'est rendu fidéjusseur, il peut de même, quoiqu'il ne soit pas son héritier, demander la restitution en entier.

Fait pendant les calendes de juillet, sous le second consulat de l'empereur Gordien et le premier de Pompéien. 242.

2. *La même empereur, à Gaudentius, militaire.*

Si votre frère étant en la puissance de son père, lorsqu'il a reçu une somme à titre de prêt, n'a pas contracté par l'ordre de son père, ni contre la disposition du sénatus-consulte macédonien, il peut demander le secours de la restitution contre son billet, à cause de la faiblesse de son âge.

Fait le 3 des nones d'octobre, sous le consulat de Pius et de Pontien.

runt, vel ignoraverunt, innumeris auctoritatibus constat esse consultum.

Dat. non. maii, Constantio v. c. Conss. 420.

9. *Imp. Zeno. a. Æliano.*

Non videtur circumscriptus esse minor, qui jure sit usus communi.

Dat. calendis januar. Basilio Conss. 420.

TITULUS XXIII.

De filio familias minore.

1. *Imp. Gordianus a. Triphoni militi.*

Filius familiâs, si minor vigintiquinque annis pro extraneo fidejussit, in integrum restitutionem implorare non prohibetur; sed et si pro patre suo fidejussor extitit, eique diem suum functo non successit : in integrum restitutionem postulare potest.

Dat. calend. jul. Gordiano a. ii. et Pompeiano Conss. 242.

2. *Idem. a. Gaudentio militi.*

Si frater tuus cùm mutuam pecuniam acciperet, in patris fuit potestate, nec jussu ejus, nec contrà senatusconsultum contractum est, propter lubricum ætatis adversùs eam cautionem in integrum restitutionem potuit postulare.

PP, 3 non. oct. Pio et Pontiano Conss.

TITULUS XXIV.

De fidéjussoribus minorum.

1. *Impp. Severus et Antoninus AA. Mironi.*

POSTQUAM in integrum ætatis beneficio restitutus es periculum evictionis emptori, cui prædium ex bonis paternis vendidisti, præstare non cogeris ; sed ea res fidejussores, qui pro te intervenerunt, excusare non potest : quare mandati judicio, si pecuniam solverint, aut condemnati fuerint, convenieris : modò si eo quoque nomine restitutionis auxilio non juvaberis.

6. calend. octob. Severo A. et Albino Conss. 195.

2. *Impp. Dioclet. et Maximian. AA. Curioni.*

Si ea, quæ tibi vendidit possessiones, interposito decreto præsidis, ætatis tantummodò auxilio juvatur, non est dubium, fidejussorem ex personâ suâ obnoxium esse contractui : verùm si dolo malo apparuerit contractum interpositum esse, manifesti juris est, utrique personæ, tàm venditricis quàm fidejussoris consulendum esse.

S. 6 calend. maii, Dioclet. II. et Maximiano AA. Conss. 287.

TITULUS XXV.

Si tutor vel curator intervenerit.

1. *Antoninus A. Martianæ et aliis.*

SI jam puberes utriusque sexus parentum hæreditatem adiistis : si etiam nunc in ea

TITRE XXIV.

Des fidéjusseurs des mineurs.

1. *Les empereurs Sévère et Antonin, à Miron.*

QUAND vous aurez obtenu la restitution en entier, vous ne serez pas tenu du péril de l'éviction envers l'acquéreur à qui vous avez vendu l'héritage en question qui faisait partie de vos biens paternels ; mais les fidéjusseurs qui se sont obligés pour vous ne sont pas affranchis de leur obligation : c'est pourquoi s'ils ont payés une somme pour vous, ou s'ils y ont été condamnés, vous serez poursuivi par l'action du mandat, à moins que vous n'ayez été restitué aussi contre les fidéjusseurs.

Fait le 6 des calendes d'octobre, sous le cons. de l'empereur Sévère et celui d'Albin. 195.

2. *Les empereurs Dioclétien et Maximien, à Curion.*

Si celle qui vous a vendu ses propriétés, obtient, en vertu d'un décret du président, la restitution seulement à cause de son âge, il n'est pas douteux que celui qui s'est rendu fidéjusseur pour elle, ne soit obligé d'exécuter le contrat : mais s'il a été reconnu que le contrat a été extorqué à l'aide d'un dol malicieux, il est évident qu'on doit accorder le secours de la restitution, tant à la venderesse qu'à son fidéjusseur.

Fait le 6 des calendes de mai, sous le second consulat de l'empereur Dioclétien et le premier de l'empereur Maximien. 287.

TITRE XXV.

De la restitution du mineur qui a agi sous l'assistance de son tuteur ou de son curateur.

1. *L'emp. Antonin à Martian et à d'autres.*

SI étant pubères lorsque vous accepté l'hérédité de vos parens des deux sexes, vous êtes encore dans un âge tel que vous deviez obtenir la restitution en entier contre l'obligation que vous avez contractée au sujet de l'hérédité paternelle, vous pouvez vous pourvoir, par le ministère de vos procureurs, devant le président de la province; mais si étant devenu majeur, vous avez laissé passer le délai pour demander la restitution en entier, vous aurez action contre vos curateurs, si vous ne les avez pas déjà poursuivis.

Fait le 2 des nones d'avril, sous le consulat de Lœtus et Céréal. 216.

2. *L'empereur Alexandre, à Martiana.*

On a décidé que les mineurs de vingt-cinq ans sont restitués pour les affaires qui ont été faites même sous l'assistance de leur tuteur et curateur, hors et en jugement, s'ils ont été trompés.

Fait le 3 des nones de mars, sous le deuxième consulat de Maxime et le premier d'Aquilin. 224.

3. *Les empereurs Dioclétien et Maximien, à Nicomède.*

Il a déjà été décidé que la restitution en entier est aussi accordée aux mineurs dans les affaires qu'ils peuvent prouver avoir été mal gérées par leurs tuteurs ou curateurs: quoiqu'ils puissent exiger ce qui leur appartient de leurs tuteurs ou curateurs, contre lesquels ils ont une action personnelle.

Fait le 4 des nones de mai, sous le consulat de Maxime et Aquilin. 286.

4. *Les mêmes empeteurs et les Césars, à Isidore.*

Si un héritier se confiant non à vous, mais à vos curateurs, a contracté avec eux, qui se sont obligés envers lui, il est certain que ce créancier n'a contre vous aucune action.

Fait le 5 des calendes de mai, à Héraclée, sous le consulat des empereurs nommés ci-dessus. 291.

PP. 2 non. april. Lœto et Cæreali Conss. 216.

2. *Imp. Alexander A. Martianæ.*

Minoribus annis vigintiquinque etiam in his, quæ præsentibus tutoribus vel curatoribus in judicio vel extrà judicium gesta fuerint, in integrum restitutionis auxilium superesse, si circumventi sunt, placuit.

PP. 3 non. mart. Maxim. II. et Aquilino Conss. 224.

3. *Impp. Dioclet. Maximian. AA. Nicomedi.*

Etiam in iis, quæ minorum tutores vel curatores malè gessisse probari possent, licèt personali actione à tutore vel curatore jus suum consequi possint, in integrum tamen restituis auxilium eisdem minoribus dari, jam pridem placuit.

Dat. 4 non. maii. Maximo et Aquilino Conss. 286.

4. *Iidem AA. et cc. Isidoro.*

Si creditor non vestram personam, sed curatorum secutus, cum ipsis contractum habuit, et ab ipsis stipulatus est, nullam et prorsùs adversùs vos actionem competere manifestum est.

5. calend. maii, Heracliæ, AA. Conss. 291.

5. *Iidem* ᴀᴀ. *et* ᴄᴄ. *Valentino.*

Etiam tutoribus vel curatoribus distrahentibus, vel aliàs contrahentibus minores, tàm restitui rebus propriis, quàm tutorum vel curatorum damna sequi, nullo eis præjudicio per electionem generando, placuit.

6. id. decemb, ᴄᴄ. Conss. 164.

TITULUS XXVI.

Si in communi in integrum restitutio postuletur.

1. *Impp. Dioclet. et Maximian.* ᴀᴀ. *et* ᴄᴄ. *Aphobio, et aliis.*

Nec si major vigintiquinque annis soror vestra fuit, vobis non mandantibus, nec ratam transactionem habentibus, de jure vestro quicquam minuere potuit. Nam si cognitis quæ gessit, his consensum post vigintiquinque annos ætatis commodastis, quamvis illa minor pro portione suâ restitutionis auxilium implorare possit, vobis tamen ad communicandum edicti perpetui beneficium ejus ætas patrocinari non potest.

S. 3 id. august. ᴄᴄ. Conss. 264.

TITULUS XXVII.

Si adversùs rem judicatam restitutio postuletur.

1. *Imp. Alexander* ᴀ. *Viliis.*

Minus ex tutelæ judicio consecuti, de superfluo habere actionem ita potestis, si tempore judicii minores annis fuisti, et

---

5. *Les mêmes empereurs à Valentin.*

Lorsque les tuteurs ou les curateurs ont aliéné quelque chose appartenant à leurs mineurs, ces derniers peuvent, non-seulement être restitués dans ce qui leur appartient, mais encore ils peuvent faire condamner leurs tuteurs ou curateurs en réparation des dommages qu'ils leur auront causés, et le choix qu'ils auront fait de l'une de ces voies, ne les empêchera pas de choisir l'autre, et ne leur causera aucun préjudice.

Fait le 6 de décembre, sous le consulat des Césars. 264.

TITRE XXVI.

De la restitution qui est demandée pour une chose commune.

1. *Les empereurs Dioclétien et Maximien, à Aphobius et à d'autres.*

Quoique votre sœur fût majeure de vingt-cinq ans, elle n'a pas pu diminuer en rien votre droit, si vous ne lui en avez pas donné le pouvoir, et si vous n'avez pas ratifié ce qu'elle a fait ; mais si, étant instruit de ce qu'elle a fait, vous y avez donné votre consentement après avoir atteint l'âge de vingt-cinq ans, quoiqu'elle même, si elle est mineure, puisse demander la restitution en entier pour sa portion ; cependant son défaut d'âge ne peut vous être utile pour vous faire participer au bénéfice de la restitution.

Fait le 3 des ides d'août, sous le consulat des Césars. 264.

TITRE XXVII.

De la restitution demandée contre la chose jugée.

1. *L'empereur Alexandre, aux Viliis.*

Par le jugement qui a été rendu contre votre tuteur, n'ayant pas obtenu tout ce qui vous était dû, vous pourrez avoir action pour le restant et jouir du bénéfice d'âge, si lorsque le jugement a été rendu vous étiez mineurs : mais si le jugement a été rendu après votre majorité, vous ne pouvez pas exercer de rechef cette action pour les mêmes choses.

Fait le 5 des calendes de février, sous le consulat de Pompéius et Pélignus.

2. *L'empereur Gordien , à Serena.*

Votre père prétendant que vous êtes resté en sa puissance, et que l'émancipation qu'il a faite n'est pas valable, si le proconsul qui a pris connaissance de la cause, a confirmé les assertions de votre père, le gouverneur de la province, puisque vous demandez à être restitué contre la sentence, prendra connaissance de l'affaire, et prononcera sur votre demande, conformément aux lois.

Fait le 15 des calendes de décembre, sous le consulat d'Ulpius et Pontian. 239.

3. *L'empereur Philippe , à Aliana.*

Il vous est impossible de demander la restitution en entier au préteur ou au président de la province contre la sentence de celui qui juge comme représentant de l'empereur. Il n'y a que l'empereur qui accorde la restitution contre cette espèce de jugement.

Fait le 18 des calendes de novembre, sous le consulat des empereurs Philippe et Titian. 246.

4. *Les empereurs Dioclétien et Maximien, à Urbinius et à d'autres.*

Puisque vous assurez que vous étiez mineurs et que vous n'avez pas été défendus, le président de la province, selon le droit de sa charge , aura soin qu'il ne vous soit fait aucun préjudice; mais si étant défendus et assistés de vos tuteurs ou curateurs, il a été jugé quelque chose vous concernant, vous êtes dans la nécessité de demander la restitution en entier ; il en sera de même, si le procès a été défendu par votre procureur légalement constitué.

nunc beneficium ætatis tibi largitur, cæterùm si post legitimam ætatem sententia prolata est, iteratò eamdem actionem de eisdem speciebus inferre non potestis.

PP. 5 calend. febr. Pompeiano et Peligno , CC.

2. *Imp. Gordianus A. Serenæ.*

Si cùm pater tuus te in suâ potestate esse, minimèque emancipationem à se factam valere diceret, proconsul super causâ cognoscens te ejus potestati subjectam pronunciaverit , cùm adversùs eam sententiam in integrum restitui postules, is qui provinciam regit, in impertienda cognitione suas partes secundùm leges exibebit.

PP. 15 calend. decemb. Pio et Pontiano Conss.

3. *Imp. Philippus A. Ælianæ.*

Adversùs sententiam ejus, qui tunc vice principis judicavit , in integrum restitutionis auxilium apud prætorem seu præsidem provinciæ clarissimum virum flagitare nequaquàm poteris; nam adversùs ejus sententiam, qui vice principis cognovit, solus princeps restituet.

PP. 18 cal. novemb. Philippo A. et Titiano Conss. 246.

4. *Impp. Dioclet. et Maximian. AA. Urbinio et aliis.*

Cùm et minores vos esse adfirmetis, et indefensos, nullum vobis præjudicium fieri præses provinciæ pro suâ gravitate curabit; nam si justâ defensione tutorum vel curatorum vobis adsistente aliquid statutum est, intelligitis in integrum restitutionis auxilium vobis esse necessarium ; eodem obtinente etiam si per procuratorem vestrum legitimè ordinatum lis agitata est.

Dat. 16 cal. maii, Maximo et Aquilino
Conss.

5. *Iidem* AA. *et* cc. *Martiano.*

In rem pupilli vel adulti contrà tutores
seu curatores à præside latâ sententiâ, restitutionis auxilium non minùs quàm si
quid adversùs eos fuisset statutum, implorare minores posse constat.

Dat. 10 cal. novemb. AA. Conss. 293.

TITULUS XXVIII.

Si adversùs venditionem.

1. *Imp. Alexander,* A. *Florentio militi.*

SI minor annis vigintiquinque emptori
prædii cavisti, nullam de cætero te esse controversiam facturum, idque etiam jure ju-
rando corporaliter præstito servare confir-
masti, neque perfidiæ, neque perjurii me
auctorem tibi futurum sperare debuisti.
Dat. 6 cal. septemb. ***

Nova constitutio Frideriohi.

Sacramenta puberum sponte facta super
contractibus rerum suarum non retractan-
dis inviolabiliter custodiantur ; per vim
autem vel per justum metum extorta etiam
à majoribus, maximè ne querimoniam ma-
leficiorum commissorum faciant, nullius
esse momenti jubemus.

2. *Imppp. Constantinus, Constantius et Constans* AAA. *ad populum.*

In integrum restitutione minoribus adversùs commentitias venditiones, et adversùs tutorum seu curatorum insidias, sanctionem præsidio cautum esse non dubitum
est.

Fait le 16 des calendes de mai, sous le
consulat de Maxime et Aquilin.

5. *Les mêmes empereurs, à Martian.*

Il est évident que le pupille et l'adulte
peuvent demander la restitution dans les
affaires qui les concernent, quoique la sentence ait été rendue contre leurs tuteurs ou
leurs curateurs, comme si la sentence avoit
été rendue contre eux-mêmes.

Fait le 10 des calendes de novembre,
sous le consulat des empereurs nommés ci-
dessus. 293.

TITRE XXVIII.

De la restitution qui est demandée contre une vente.

1. *L'empereur Alexandre, à Florentius, soldat.*

SI étant mineur de vingt-cinq ans, vous
avez vendu un fonds, et vous vous
obligé, par serment, de n'élever aucune
contestation sur cette vente, vous n'auriez
pas dû espérer que je vous autoriserais à
commettre une perfidie et un parjure.

Fait le 6 des calendes de septembre ***.

Nouvelle constitution de Frédéric.

Les sermens que font volontairement
les pubères de ne pas revenir contre les
contrats relatifs à leurs biens, doivent être
inviolablement observés ; mais nous ordonnons que les sermens extorqués par
violence ou par une crainte telle que celle
qui est définie par le droit, de ne pas se
plaindre du tort qui leur aurait été fait,
ne soient d'aucun effet, même lorsque ces
sermens auraient été faits par des majeurs.

2. *Les empereurs Constantin, Constantius et Constant, au peuple.*

Il est certain que les lois accordent le
secours de la restitution aux mineurs contre
les ventes simulées et les opérations insi-
dieuses de leurs tuteurs ou de leurs curateurs.

Fait pendant les ides d'août, sous le second consulat de l'empereur Constantius, et le premier de Constans. 339.

Dat. idib. aug. Constantio II et Constante CC. Conss. 339.

TITRE XXIX.

De la restitution qui est demandée contre la vente d'un gage.

1. *Les empereurs Dioclétien et Maximien, et les Césars, à Sabina et autres.*

ON a déjà décidé que les mineurs obtiendraient la restitution contre la vente des gages qui aurait été faite par le créancier, mais seulement dans le cas qu'ils en auraient éprouvé un grand dommage. Si donc vous prouvez que vous avez souffert un dommage considérable de la vente qui a été faite de vos fonds engagés, surtout si vous êtes encore aujourd'hui mineur comme vous l'affirmez, vous pouvez vous pourvoir en restitution.

Fait le 10 des calendes de décembre, sous le consulat des empereurs nommés ci-dessus. 293.

2. *Les mêmes empereurs et Césars, à Sévéra et à Clémentina.*

Un créancier de votre père ayant vendu la chose qu'on lui avait donnée en gage, vous n'êtes pas fondées à demander la restitution contre cette vente; il en est de même à cet égard que si vous aviez succédé à un étranger; car si le créancier n'a pas agi de bonne foi, poursuivez principalement ce créancier, et ensuite, s'il est nécessaire, vos tuteurs et vos curateurs qui ont souffert que cette chose fût vendue.

Fait le 13 de mai, sous le consulat des Césars. 294.

TITULUS XXIX.

Si adversùs venditionem pignorum.

1. *Impp. Dioclet. et Maximien, AA. et CC. Sabinæ et aliis.*

ETIAM adversùs venditiones pignorum, quæ à creditoribus fiunt minoribus subveniri (si tamen magno detrimento afficiantur) jam pridem placuit. Si igitur pignori captis prædiis ac distractis, enorme damnum ex hujusmodi venditione passos vos ostenderitis præsertim cùm hodie minores vos esse affirmetis, auxilium restitutionis vobis impartietur.

Dat. 10 calend. decemb. ipsis AA. Conss. 293.

2. *Iidem AA. et CC. Severæ et Clementinæ.*

Rem quam à patre vestro quondam creditor ejus obligatam sibi distraxit, per ætatem vestram postulantium revocari desiderium non habet rationem, quod juris est etiam si extraneo successistis. Nam si creditor non bonâ fide versatus est, ipsum magis, vel tutores sive curatores vestros, qui hanc venundari passi sunt, convenite.

Dat. 13 calend. maii, CC. Conss. 294.

TITULUS XXX.

Si adversùs donationem.

1. *Impp. Diocletian et Maximian. AA.*
Theodorœ.

SI quæ res antè nuptias congruenti moderatione à minore annis vigintiquinque marito sponsaliorum tempore, etiam curatore præsente, tibi donatæ sunt, obtentu ætatis non revocabuntur.

S. 3 non. novemb. Diocletiano et Aristobulo. Conss. 285.

2. *Iidem AA. et çc. Medœ.*

Si in te ac fratrem tuum emancipatos pater vester donationem fecit, in alium posteà transferendo portionem ejus, nihil vobis abstulit, nec si frater tuus sibi quæsiti prædii rustici partem donanti patri consensit, dominium ab eo discedere potuit, propter senatûs-consulti auctoritatem nec auxilium in integrum restitutionis hâc in re necessarium est. In aliis verò rebus quæ etiam sine decreti recitatione alienari possunt, si postquàm sibi donatæ fuerint, posteà alii donanti eamdem patri voluntatem in minori ætate commodavit, nec præstituta tempora restitutionis excessit, hoc auxilium implorare potest.

Dat. 8 calend. januar. AA. Çonss. 293.

TITRE XXX.

De la restitution qui est demandée contre une donation.

1. *Les empereurs Dioclétien et Maximien,*
à Théodora.

SI les choses qui vous ont été données par votre mari mineur au jour des fiançailles avant les noces, et en présence de son curateur, ne sont pas d'une valeur considérable, la donation n'en sera pas révoquée sous le prétexte de défaut d'âge.

Fait le 3 des nones de novembre, sous le consulat de Dioclétien et d'Aristobule. 285.

2. *Les mêmes empereurs et Césars,*
à Méda.

Si après avoir émancipé vous et votre frère, votre père vous a fait une donation à tous deux, et si ensuite ayant transféré la portion de votre frère à un autre, en ne diminuant en rien la vôtre, votre frère n'a pas consenti à la donation que son père a faite de la portion du fonds rural qui lui étoit acquis par une donation précédente, il n'a pas perdu son droit au domaine qui lui a été donné, à cause de l'autorité du sénatus-consulte : c'est pourquoi le secours de la restitution en entier, ne lui sera pas nécessaire dans cette circonstance. A l'égard des autres choses qui ne peuvent être aliénées sans un décret, si étant mineur il a consenti à la donation qui en a été faite par son père, quoiqu'elles lui eussent déjà été données par une donation précédente, il pourra, s'il est encore dans le temps utile, demander la restitution.

Fait le 8 des calendes de janvier, sous le consulat des empereurs nommés ci-dessus. 293.

TITRE XXXI.

De la restitution qui est demandée contre la liberté.

1. *Les empereurs Sévère et Antonin, à Hamnia.*

Si, quoiqu'il ait été rendu un décret par le préteur qui prononce que la liberté fidéicommissaire est due, Secondus, que vous accusez de n'avoir pas rempli la condition imposée à sa liberté n'a pas été affranchi, votre état de minorité vous fait admettre à demander la restitution contre ce décret. Mais si vous avez donné la liberté, quoiqu'elle ne fût pas due, sachez que cette liberté ne peut pas être révoquée ; mais vos curateurs sont obligés, par l'action des affaires gérées, de vous dédommager de la perte que vous avez éprouvée à cette occasion.

Fait le 2 des calendes de juillet, sous le consulat de Lateran et Ruffin, 198.

2. *L'empereur Gordien, à Solanoa.*

Si étant mineure (comme vous l'alléguez) vous avez affranchi votre esclave, quoiqu'il vous ait induit par fraude à l'affranchir, cependant ayant reçu la liberté par l'imposition de la baguette, cette liberté fortifiée par cette formalité ne peut être rescindée sous prétexte du défaut d'âge; mais cet affranchi est tenu de vous indemniser : il y sera pourvu, conformément aux lois, par le juge qui a le droit d'en connaître.

Fait le 6 des ides de mars, sous le second consulat le l'empereur Gordien, et le premier de Pompeien. 242.

3. *Les empereurs Valérien et Gallien, à Martona et à Sabillina.*

Vous demandez qu'on révoque la liberté des esclaves que vous avez affranchis, disant que vous étiez alors mineures de vingt-cinq ans, et que le conseil n'a pas pris connaissance de cet affranchissement; vous ne pouvez pas en demander la révocation par la de-

TITULUS XXXI.

Si adversùs libertatem.

1. *Impp. Severus et Antoninus AA. Hamniæ.*

Si post decretum prætoris viri clarissimi, qui fideicommissariam libertatem deberi pronunciavit, Secundus quem conditioni non paruisse conquereris, manumissus non est, ætas tua litis instaurationem admittit. Quòd si libertatem (quamvis indebitam) dedisti, non posse eam revocari intelligis, sed damnum quod ob eam causam illatum est, judicio negotiorum gestorum à curatoribus tuis esse sarciendum.

PP. 2 cal. jul. Laterano et Rufino Conss. 198.

2. *Imp. Gordianus A. Solanoæ.*

Et si minor viginti annis (ut allegas) constituta servum tuum ab eo circumscripta in concilio manumisisti, tamen vindictæ impositio, quâ libertas justa munitur, nec obtentu quidem ætatis rescindi potest ; indemnitati verò tuæ à manumisso scilicet sarciendæ, ab eo, cujus jurisdictio est, quatenùs juris ratio permittit, consuli debet.

PP. 6 id. mart. Gordiano A. II. et Pompeiano Conss. 242.

3. *Impp. Valerian et Gallien AA Marthonæ et Sabillinæ.*

Quos retrahi in servitutem postulatis, si non in concilio causâ cognitâ, cùm minores annis viginti fuissetis, manumisistis, non per in integrum restitutionem, sed ipso jure persequi potestis. Quòd si probatâ causâ libertas præstita est, restitutio

44 *

in integrum contrà libertatem locum habere non potest; si tamen in eâ re culpâ seu fraude liberti, ejusdemque curatoris, ratio vestra læsa sit, sarciri damnum ab eo qui hoc intulit, præses provinciæ curabit; non dubitaturus etiam graviorem executionem adhibere, si quid tàm apertâ fraude commissum est, ut puniendum in liberto crimen deprehendatur.

PP. 8 cal. octob. Seculare II et Donato Conss. 261.

4. *Impp. Dioclet. et Maximian.* AA. *et* CC. *Tatiano.*

In judicio de liberali causâ sententiam pro libertate latam, ne quidem prærogativa minoris ætatis sine appellatione posse rescindi, ambigi non potest.

Dat. 6 id. jan. ipsis AA. V. et IV Conss. 290.

TITULUS XXXII.

Si adversùs transactionem vel divisionem in integrum minor restitui velit.

1. *Impp. Severus et Antoninus* AA. *Antonio.*

CUM in integrum pupilla restituta, rescindi transactionem vel divisionem placuit, tu quoque actionibus, quas pridem habuisti, uteris.

PP. 15 calend. april. AA. Conss. 203.

mande en restitution; mais vous pouvez la poursuivre de plein droit. Si la cause de cette liberté a été approuvée, vous ne pouvez être admis à en demander la révocation; mais si vous avez été lésées en cela par la fuite ou par la fraude de votre affranchi, ou de son curateur, le président de la province vous fera indemniser par celui qui vous aura causé ce préjudice; et il n'hésitera pas à prononcer contre l'affranchi une peine plus grave, s'il a été surpris à commettre un crime punissable pour parvenir à ses fins.

Fait le 8 des calendes d'octobre, sous le consulat de Sécular, et le premier de Donat. 261.

4 *Les empereurs Dioclétien et Maximien, et les Césars, à Tatien.*

Il est certain que dans une question d'état, la sentence prononcée en faveur de la liberté, ne peut être rescindée à cause de défaut d'âge, et qu'on ne peut se pourvoir contre cette sentence que par la voie de l'appel.

Fait le 6 des ides de janvier, sous le consulat des empereurs nommés ci-dessus, l'un pour la cinquième fois, et l'autre pour la quatrième fois consuls. 293.

TITRE XXXII.

Du mineur qui veut être restitué contre une transaction ou un partage.

1. *Les empereurs Sévère et Antonin, à Antoine.*

LA pupille étant restituée en entier, et la transaction et le partage étant rescindé, vous pouvez user des actions que vous aviez contre elle précédemment.

Fait le 15 des calend. d'avril, sous le consulat des empereurs nommés ci-dessus. 203.

3. *Les empereurs Dioclétien et Meximien, et les Césars, à Hymnoda.*

Si la restitution en entier est demandée au nom de mineurs contre une transaction sous prétexte du défaut d'âge, on vient aussi au secours de celui qui procède contre eux, et on lui restitue la réplique qu'il avoit contre l'exception du pacte ; ou s'il est constant que son ancienne action est périmée, elle lui est rendue, puisque l'affaire recommence.

Fait pendant les calendes de décembre, sous le consulat des empereurs, nommés ci-dessus. 293.

2. *Impp. Diocletian. et Maximian. AA. et CC. Hymnodæ.*

Si ex personâ minorum in integrum restitutio adversùs transactum propter ætatis auxilium imploretur, tibi quoque agenti ex integro vel replicatione contrâ exceptionem pacti ; vel si peremptam esse constet pristinam obligationem, ex instauratione negotii tributâ tibi actione consulendum est.

Dat. calend. decemb. AA. Conss. 293.

TITRE XXXIII.

Du mineur qui demande la restitution contre un paiement qu'il a fait lui-même, ou qui a été fait par son tuteur.

1. *Les empereurs Dioclétien et Maximien, et les Césars, à Sétorica.*

LES tuteurs, redevables de leur compte de tutelle, en payant cette dette aux curateurs, sont libérés comme les autres débiteurs, mais l'édit perpétuel permet au mineur de demander la restitution en entier contre ce paiement, s'il est encore dans le temps utile pour former cette demande, et il sera jugé en connaissance de cause si la restitution lui doit être accordée.

Fait le 6 des ides de février, sous le consulat des Césars. 294.

2. *Les mêmes empereurs et Césars, à Laurina.*

Il est juste d'accorder au mineur la répétition d'un legs qui n'était pas dû, quoiqu'il ait été payé par erreur de droit, s'il est encore dans le temps utile pour demander la restitution.

Fait le 15 des calendes d'avril, sous le même consulat. 294.

TITULUS XXXIII.

Si adversùs solutionem à tutore vel à se factam.

1. *Impp. Diocletian. et Maximian. AA. et CC. Sotericæ.*

EXEMPLO cæterorum debitorum tutores etiam, quæ ex administratione tutelæ debent curatoribus solventes, liberantur ; sed antè tempus in integrum restitutionis præstitutum edicto perpetuo permissum beneficium implorari, et an si tribuendum, per causæ cognitionem estimari potest.

Dat. 6 id. februar. CC. Conss. 294.

2. *Iidem AA. et CC. Laurinæ.*

Indebito legato, licèt per errorem juris à minore soluto, repetitionem ei decerni si necdum tempus quo restitutionis tribuitur auxilium, excesserit, rationis est.

Dat 15 calend. april. CC. Conss. 294.

TITULUS XXXIV.

Si adversùs dotem.

1. *Imp. Alexander* A. *Valenti.*

QUONIAM circumventam dicis sororem tuam omnia bona in dotem dedisse, an veritas allegationi tuæ adsistat, si ad te hæreditas sororis tuæ vel bonorum possessio pertinuit, et tempora nondum præterierint, intrà quæ legibus conceditur ex personâ defuncti postulare integram restitutionem, præses provinciæ presente adversâ parte examinabit.

Dat. 6 id. jul. Maximo et Paterno Conss. 234.

TITULUS XXXV.

Si adversùs delictum.

1. *Impp. Severus et Antoninus* AA. *Longino.*

IN criminibus quidem ætatis suffragio minores non juvantur, etenim malorum mores infirmitas animi non excusat, si tamen delictum non ex animo, sed extrà venit, noxia non committitur, etiam si pœnæ causa pecuniæ damnum irrogetur; et ideò minoribus in hâc causâ in integrum restitutionis auxilium competit.

Dat. id. octob. Severo A. II. et Victorino Conss. 201.

2. *Impp. Dioclet. et Maximian.* AA. *et* CC. *Proculæ.*

Licèt in delictis ætate neminem excusari constet, matri tamen, quæ filiis tutorem ætatis lubrico lapsa non petiit, eorum mi-

TITRE XXXIV.

De la restitution qui est demandée contre une dot.

1. *L'empereur Alexandre, à Valens.*

PUISQUE vous exposez que votre sœur a été trompée, quand-elle a donné tous ses biens en dot, si le délai durant lequel vous pouvez demander la restitution en entier du chef de la défunte n'est pas expiré, le président de la province jugera, contradictoirement entre les deux parties, si votre exposé est véritable, et si vous avez droit à l'hérédité de votre sœur, ou à la possession de ses biens.

Fait le 6 des ides de juillet, sous le consulat de Maxime et Paternus. 234.

TITRE XXXV.

Du mineur qui demande la restitution contre son délit.

1. *Les empereurs Sévère et Antonin, à Longin.*

LES mineurs ne sont pas restitués, sous le le prétexte de la faveur qui est due à l'infirmité de l'âge, contre les crimes; car la faiblesse d'esprit ne sert pas d'excuse aux méchans; mais lorsque le délit ne procède pas de l'esprit, mais d'un contrat, la peine n'est pas encourue, dans le cas même où elle consisterait dans la condamnation au paiement d'une somme; c'est pourquoi on admet dans ce cas les mineurs à demander la restitution en entier.

Fait pendant les ides d'octobre, sous le second consulat de l'empereur Sévère, et le premier de Victorinus. 201.

2. *Les empereurs Dioclétien et Maximien, et les Césars, à Procula.*

Quoiqu'il soit constant que le défaut d'âge n'excuse personne, quand il s'agit de délits, il est cependant juste qu'on ne refuse pas à la mère la succession de ses enfans, quand elle ne leur a pas fait nommer un tuteur par une imprudence pardonnable à son âge; il n'y a que les mères majeures qui soient soumises à cette peine.

Fait le 5 des nones de mars, sous le consulat des Césars. 294.

nimè denegari successionem convenit, cùm hoc in majoribus matribus tantùm obtineat.

5 non. mart. CC. * 294.

TITRE XXXVI.

Du mineur qui demande la restitution contre l'usucapion.

1. *Les empereurs Dioclétien et Maximien, et les Césars, à Isidora.*

LES mineurs sont admis à demander la restitution contre les détenteurs de leurs biens, qui en ont acquis la propriété par l'usucapion.

Fait pendant les calendes de mai, sous le consulat des Césars. 294.

TITULUS XXXVI.

Si adversùs usucapionem.

1. *Impp. Dioclet. et Maximianus* AA. *et* CC. *Isidorœ.*

CONTRA eos, qui res minorum tenent, si usucapione dominium acquisierint, restitutionis auxilium eis decerni debet.

Dat cal. maii, CC. Coss. 294.

TITRE XXXVII.

Du mineur qui demande la restitution contre le fisc.

1. *Les empereurs Sévère et Antonin, à Longin.*

SI Probus étant mineur a été trompé par Rufinus notre proconsul, et que ce mineur trompé se soit hâté, sans réflexion, de faire la vente de sa propriété à vil prix, notre fisc n'est pas exempt de la demande en restitution en entier.

Fait sous le second consulat de l'empereur Sévère, et le premier de Victorinus. 227.

2. *L'empereur Alexandre, à Antiochus et à d'autres.*

Si vous et votre frère désirez obtenir la restitution en entier contre des particuliers, c'est au président de la province à en connaître; il jugera en connaissance de cause, si la restitution que vous demandez doit vous être accordée. Mais si vous demandez la restitution contre le fisc, vous devez vous

TITULUS XXXVII.

Si adversus fiscum.

1. *Impp. Severus et Antoninus* AA. *Longino.*

SI Probus in minore ætate constitutus, circumventus à Rufino dispensatore nostro, venditionem rei præcipiti animo pretio longè minore contrahere festinavit, juris publici fiscus noster in integrum restitutionis sequetur auctoritatem.

Dat. * Severo A. II. et Victorino Conss. 227.

2. *Imp. Alexander* A. *Antiocho et aliis.*

Si adversùs privatos in integrum restitutionem, tàm tu quàm fratres tui, desideratis, præsidis provinciæ viri clarissimi notio est, isque causâ cognitâ æstimabit, an auxilium quod imploratis, conferri vobis debeat. Quòd si adversùs fiscum postulatis, intelligitis procuratorem meum unà cum præside, præsentê fisci patrono, adire vos debere.

Dat. cal. aug. Alexandro A. II. et Marcello Coss. 227.

3. *Impp. Dioclet. et Maximian.* AA. et CC. *Laurentio.*

Edicto quidem divi Marci parentis nostri res minorum exceptæ, nihil tuum adjuvant desiderium : siquidem debiti causâ patris minoris, vel etiam ipsius prædia venundata, quinquennii prescriptionis nullam admittunt quæstionem ; sed quoniam per collusionem sive fraudem tunc temporis procuratoris nostri nimis exiguo pretio fundum tuum cum mancipiis venundatum adseveras, si aditus rationalis noster tuis adesse fidem allegationibus, nec servatam solemnitatem hastarum animadverterit, fisco te satisfaciente, revocatâ venditione fundum tibi restitui jubebit.

Dat. id. feb. cc. Conss. 294.

TITULUS XXXVIII.

Si adversus creditorem.

1. *Imp. Antoninus Pius* A. *Prunico.*

Cum et ipse profitearis cum Zenodorâ minore vigintiquinque annis te contraxisse, nec doceri potuisse prætorem virum clarissimum ex eo contractu locupletiorem eam esse factam, intelligis eam meritò in integrum restitutam.

D. 6 non. aug. Larga et Messalino Coss. 148.

2. *Imp. Gordianus* A. *Caiano.*

Si (ut allegas) minor annis pecuniam fœnori accepisti, nec ea in rem tuam versa

---

pourvoir devant mon procureur siégeant, avec le président, en présence de l'avocat du fisc.

Fait pendant les calendes d'août, sous le second consulat de l'empereur Alexandre, et le premier de Marcellus. 227.

3. *Les emp. Dioclétien et Maximien et les Césars, à Laurentius.*

L'exemption accordée aux mineurs par l'édit de l'empereur Marc notre père, ne peut aucunement s'adapter à votre demande : il ne peut être question de la prescription de cinq ans, pour les fonds de votre père mineur, ou pour vos fonds qui ont été vendus pour une dette; mais puisque vous assurez que votre fonds avec vos esclaves a été vendu à vil prix, par la collusion ou la fraude de notre procureur qui était alors en fonction, vous vous pourvoirez devant son successeur; et s'il reconnaît la vérité des faits par vous allégués, et que la solennité des publications n'a pas été observée, il revoquera; si vous offrez de payer ce qui est dû, la vente, et il ordonnera que votre fonds vous soit restitué.

Fait pendant les ides de février, sous le consulat des Césars. 294.

TITRE XXXVIII.

Du mineur qui demande la restitution contre un créancier.

1. *L'empeur Antonin Pie, à Prunicus.*

Puisque vous avez contracté avec Zénodore, mineure de vingt-cinq ans, et que vous n'avez pas pu démontrer au préteur qu'elle a trouvé son avantage dans ce contrat, vous concevez que la justice veut que je lui accorde la restitution.

Fait le 6 des nones d'août, sous le consulat de Largus et Messalin. 148.

2. *L'emp. Gordien, à Caien.*

Si, comme vous l'alléguez, vous étiez mineur, lorsqu'on vous a fait un prêt, et que la somme prêtée ne soit pas tournée à votre profit, vous pouvez demander la restitution en entier contre le billet, par lequel vous vous êtes obligé pour cette somme.

Fait le 3 des nones de février, sous le deuxième consulat de l'empereur Gordien. 242.

TITRE XXXIX.

Du mineur qui a renoncé à une hérédité.

1. *L'empereur Sévère et Antonin, à Florentius et à d'autres.*

Si vous ne vous êtes pas immiscés à l'hérédité paternelle, on ne pourra vous regarder comme héritier, ni exiger de vous que vous certifiez par des témoins que vous n'avez point accepté l'hérédité, parce que la vérité, dans ce cas, n'a pas besoin d'être confirmée par le témoignage des paroles; mais si vous avez fait acte d'hérédité, ou si vous avez accepté la possession des biens, vous devez jouir du bénéfice de la restitution à cause de l'âge où vous êtes, en faveur duquel on a coutume de l'accorder.

Fait le 6 des nones de mai, sous le consulat de Saturninus et de Gallus. 199.

Extrait de la Novelle 119, chap. 6.

Si tous les créanciers sont présens quand la restitution est demandée, qu'ils soient appelés par le juge pour être présens à l'abstention du mineur; si tous sont absens, ou seulement quelques-uns d'entre eux, qu'ils soient appelés solennellement par le juge. S'il s'écoule trois mois sans qu'ils comparaissent, que le mineur s'abstienne, sans danger, de l'hérédité; le juge décidera où et comment les biens héréditaires devront être gardés, et il en fera faire inventaire.

2. *L'empereur Gordien, à Hérodota.*

Si vos ayeux vous ayant institué héritière par testament, vous n'avez pas accepté leurs hérédités, vous avez cependant quoique vous ayez renoncé à la succession paternelle,

Tome I.

est, adversùs cautionem, per quam eo nomine te obligasti, in integrum restitutionis auxilium potes solemniter postulare.

PP. 3 non. februar. Gordiano A. II. 242.

TITULUS XXXIX.

Si minor ab hœreditate se abstineat.

1. *Impp. Severus et Antoninus AA. Florentio et aliis.*

Si vos paternæ hœreditati non immiscuistis, ob eam rem testificatio necessaria non fuit, cùm fides veritatis verborum adminicula non desideret. Quòd si pro hœrede gessistis, vel bonorum possessionem accepistis, propter ætatem, cui subveniri solet, in integrum restitutionis auxilium accipere debetis.

PP. 6, non. maii, Saturnino et Gallo Conss. 199.

Auth. ex Nov. 119, cap. 6.

Si omnes creditores præsentes sunt, ubi restitutio postulatur, à judice vocentur, ut intersint, cùm minor se abstinet; sed si omnes absunt, vel quidam, solemniter à judice citentur. Quibus intrà tres menses non apparentibus, minor sine periculo ab hœreditate discedat, judice providente ubi et qualiter res hœreditariæ debeant custodiri, quantitate earum in actis manifestandâ.

2. *Imp. Gordianus A. Herodotæ.*

Si cùm avi tui testamento te hœredem reliquissent, hœreditates eorum non adisti, liberum tibi est, repudiatâ paternâ successione, per in integrum restitutionis auxi-

45

lium (quo te ætatis jure dicis esse mu-
nitam) hæreditatem parentum tuorum (licèt anteà non adiisti) nunc obtinere.

PP. 3 non. febr. Gordiano A. II et
Pompeiano Conss. 242.

TITULUS XL.

Si ut omissam hæreditatem, vel bo-
norum possessionem, vel quid aliud
acquirat.

1. *Imp. Gordianus A. Protæ.*

Minores vigintiquinque annis non tantùm in his, quæ ex bonis propriis amise-
runt, verùm etiam si hæreditatem sibi delatam non adierint, posse in integrum restitutionis auxilium postulare jam dudùm
placuit.

PP. idib. octob. Pio et Pontiano Conss.
239.

2. *Impp. Dioclet. et Maximian AA. et CC.*
Sarapiado.

Ad bonorum possessionem in paternis
rebus omissam, minores in integrum restitutionis admitti beneficio jam pridem placuit restituti autem decreto, bona quæ
habuerunt mortis tempore patris, debent
conferre fratribus.

Dat. 16 cal. novemb. CC. Conss. 294.

TITULUS XLI.

In quibus causis in integrum restitutio
necessaria non est.

1. *Imp. Alexander A. Mutato.*

Minoribus vigintiquinque annis (præsertim qui per tutores et curatores non de-

---

la faculté d'accepter la succession de vos
ascendans, malgré que vous y eussiez déjà
renoncé, puisque vous dites que vous êtes
dans l'âge qui permet de demander la restitution en entier.

Fait le 3 des nones de février, sous le
deuxième consulat de l'empereur Gordien
et le premier de Pompéien. 242.

TITRE XL.

Du mineur qui demande la restitution
pour acquérir une hérédité qu'il
n'a pas acceptée, ou une posses-
sion de biens ou quelqu'autre chose.

1. *L'empereur Gordien, à Prota.*

Il a déjà été décidé que les mineurs de
vingt-cinq ans peuvent demander la restitution en entier, non-seulement quand
ils ont perdu de leur propre bien, mais
encore quand ils n'ont pas accepté une hérédité qui leur était déférée.

Fait pendant les ides d'octobre, sous le
consulat de Pius et de Pontien. 239.

2. *Les empereurs Dioclétien et Maximien*
et les Césars, à Sarapiadus.

Il a déjà été décidé que les mineurs sont
admis à demander la restitution en entier
contre la non acceptation de la possession
des biens de la succession de leur père;
mais ceux qui sont ainsi restitués par un
décret, doivent rapporter à leurs frères,
le bien qu'ils ont eu au temps de la mort
de leur père.

Fait le 16 des calendes de novembre,
sous le consulat des Césars. 294.

TITRE XLI.

Des circonstances où la restitution en
entier n'est pas nécessaire.

1. *L'empereur Alexandre, à Mutatus.*

Suivant la teneur d'un grand nombre de
mes rescrits et de ceux des empereurs

mes ancêtres, on ne peut pas opposer aux mineurs de vingt-cinq ans, et surtout à ceux qui n'ont pas été défendus par des tuteurs et des curateurs, l'omission qu'ils ont faite de venger la mort de leur père.

Fait pendant les ides de mai, sous le troisième consulat de l'empereur Alexandre et le premier de Dion. 230.

2. *Les empereurs Valérien et Galien, à Théodora.*

Nous avons précédemment fait connaître, d'une manière évidente, que le temps de l'adolescence n'est pas compté dans les cinq années qui forment une prescription qu'on oppose aux enfans qui ont tardivement intenté la querelle d'inofficiosité ; c'est pourquoi après l'âge de la majorité la restitution en entier n'est pas nécessaire, parce que dans ce cas on ne fait pas revivre pour eux une action périmée, mais la cause leur est conservée intégralement.

Fait le 2 des ides d'août, sous le consulat de Tuscus et de Bassus. 260.

3. *Les emp. Dioclétien, Maximien et les Césars, à Décimus.*

Il est admis incontestablement en droit qu'on est en demeure à l'égard de la personne du mineur, dès l'instant qu'on est en retard de lui payer le prix ; cette disposition s'applique aux actes qui exigent la mise en demeure, c'est-à-dire, dans les contrats de bonne foi, dans les fidéicommis, et dans les legs.

4. *Les mêmes empereurs et les Césars, à Stratonice.*

Si votre tuteur n'ayant pas donné de sûreté de son administration pupillaire, est poursuivi en jugement, la sentence rendue contre lui n'a pu nuire à votre droit, et les affaires qu'il a gérées n'ont aucune consistance ; c'est donc inutilement que vous demandez la restitution en entier, puisque les affaires qu'a gérées celui qui n'a pu avoir le caractère d'un légitime administrateur, sont de nul effet, et cela de plein droit.

---

fenduntur) non obesse, si mortem defuncti parentis non ulciscantur, innumeris divorum parentum meorum ac meis rescriptis continetur.

2. *Impp. Valerian. et Gallien. AA. Theodorae.*

Adolescentiae tempus non imputari in id quinquennium liberis, cujus praescriptio seram inofficiosi quaestionem moventibus opponi solet, manifesté antè descripsimus. Impletâ igitur aetate legitimâ non est in integrum restitutio necessaria, quià non redintegratio amissae causae his datur, sed integra ipsa causa servatur.

PP. 2 id august. Tusco et Basso Coss. 260.

3. *Impp. Dioclet. et Maximian. AA. et CC. Decimo.*

In minorum personâ, re ipsâ et ex solo tempore tardae pretii solutionis recepto jure moram fieri creditum est, in iis videlicet quae moram desiderant, id est, in bonae fidei contractibus, et fideicommissis, et legatis.

4. *Iidem AA. et CC. Stratonicae.*

Si tutor tuus, qui pro tutelari officio non caverat, judicio expertus est, contrâ eum lata sententia juri tuo officere non potuit, nec ea quae ab eo gesta sunt, ullam firmitatem obtinent ; frustrâ ergo in integrum restitutionis auxilium desideras, quandô ea quae ab eo gesta sunt, qui legitimi administratoris personam sustinere non potuit, ipso jure irrita sunt.

45 *

S. 18 cal. nov. Nicomédia, cc. Coss. 294.

Fait le 18 des calendes de novembre, à Nicomédie, sous le consulat des Césars. 294.

5. *Imp. Justininus* a. *Joanni.* p. p.

Sancimus favore imperfectæ ætatis exceptionem non numeratæ pecuniæ ab initio minoribus non currere, ne dùm in integrum restitutionem expectamus, vel aliquod emergat obstaculum, per quod hujusmodi beneficio minor 'uti non possit, vel substantia ejus subvertatur; sed humaniùs est, latiùs eamdem legis interpretationem extendere in omnibus casibus, in quibus vetera jura currere, quidem temporales præscriptiones adversùs minores concesserunt, per in integrum autem restitutionem eis subveniebant, eas ipso jure non currere; meliùs etenim intacta eorum jura servari, quàm post causam vulneratam remedium quærere : videlicet exceptionibus triginta vel quadraginta annorum in suo statu remanentibus.

5. *L'empereur Justinien*, à *Jean, préf. du prét.*

Nous ordonnons, en faveur des mineurs, que la prescription contre l'exception de la somme non comptée, ne courre point contre eux pendant leur minorité, afin que pendant le temps pendant lequel ils peuvent jouir de la restitution, il ne survienne pas quelqu'empêchement qui prive les mineurs de ce bénéfice, et que leur fortune ne soit même exposée à la ruine; mais il est plus conforme à l'humanité de donner plus de latitude à l'interprétation de cette loi dans tous les cas dans lesquels les lois anciennes voulaient que les prescriptions temporaires courussent contre les mineurs, et qui venaient à leur secours par la voie de la restitution en entier, et que les prescriptions soient interrompues de plein droit; car il vaut mieux leur assurer leur droit dans toute leur intégrité que de chercher le remède après que la cause serait en péril : à l'égard des prescriptions de trente et de quarante ans, elles resteront dans leur état actuel.

Dat. calend. novemb. Constantinop. post Lampadium et Orestem vv. cc. Conss. 531.

Fait pendant les calendes de novembre, à Constantinople, après le consulat de Lampadius et d'Oreste. 531.

TITULUS XLII.

Qui, et adversus quos in integrum restitui non possunt.

TITRE XLII.

De ceux en faveur de qui et contre qui la restitution en entier ne peut avoir lieu.

1. *Imp. Alexander* a. *Cononido.*

In concilio quidem cognoscentis de restitutione in integrum esse oportet, num is, qui se minorem annis læsum esse dicit, diligens paterfamiliâs fuerit actibusque publicis industrium se docuerit, ut lapsum eum per ætatem verisimile non sit. Verùm si causâ cognita circumventus depræhendatur, propter hoc solùm velut præscriptione à solito auxilio removeri non debet,

1. *L'empereur Alexandre*, à *Conidus.*

Il faut que le juge compétent examine si celui qui demande la restitution en entier, sous le prétexte qu'il était mineur et qu'il a été lésé, s'est conduit comme un sage père de famille, et avec une telle prudence dans les affaires publiques qu'on ne l'aurait jamais présumée de son âge. Mais si après l'examen de l'affaire on connaît qu'il a été trompé, on ne doit, par cela seul qu'on a été forcé de le nommer décurion, avant l'âge, à cause des besoins de la patrie ou qu'il s'est marié, lui refuser les priviléges qu'on accorde ordinairement à ceux qui sont dans le cas où il se trouve.

Fait le 10 des calendes d'octobre, sous le consulat de Lupus et de Maxime. 223.

2. *L'empereur Justinien, à Jean, préfet du prétoire.*

LES anciens doutaient si des fils de famille ou des affranchis pouvaient intenter un procès à leurs parens ou à leurs patrons, sans violer l'affection qu'ils doivent porter à ces sortes de personnes. Les uns croyaient qu'il n'y avait aucune restitution en entier; que les devoirs naturels d'un fils envers ses parens, et le respect qu'un affranchi doit avoir pour son patron interdisaient des prétentions de cette sorte, à moins qu'elle ne fussent appuyées d'un grand motif, ou qu'elles ne s'adressassent à une personne infâme. Les autres pensaient qu'on devait rejeter toutes ces distinctions de mots ou de personnes et accorder la restitution lorsque le mineur se plaindrait d'avoir été lésé à cause de son inexpérience et non du dol de son père ou de son patron; mais nous, afin de conserver pur et intact le respect dû à tous les parens, au patron ou à la patrone, nous ordonnons qu'on ne puisse accorder en aucune manière la restitution contre les parens des deux sexes, ni contre le patron ou la patrone; car le respect que l'on doit à ces personnes exclut la restitution, et ne permet pas qu'il soit rien fait de contraire à leur réputation.

Fait à Constantinople pendant les cal. de septembre, après le consulat de Lampadius et d'Oreste, 531.

scilicet quòd urgentibus patriæ necessitatibus decurio minor annis creatus sit, vel propagandæ soboli liberorum educatione prospexerit.

PP. 10 calend. octob. Lupo et Maximo Conss. 253.

2. *Imp. Justinianus A. Joanni P. P.*

Cùm apud veteres dubitabatur an liberi parentes suos, vel liberti patronos in querimoniam deducere possint, quasi non ritè in eos versatos quidam existimabant nullam esse contrà hujusmodi personas in integrum restitutionem, pondere naturali vel patronali reverentiâ hujusmodi petulantiæ refragante, nisi vel ex magnâ causâ, vel adversùs turpem eorum personam. Alii autem personarum quidem vel causæ distinctionem respuendam esse censuerunt, tunc autem tantummodò dandam esse restitutionem putaverunt, cùm minor ex suâ simplicitate se deceptum, non ex dolo patris vel patroni circumscriptum esse diceret; sed ut maneat in omnibus honor parentibus et patrono vel patronæ illibatus atque intactus, sancimus nullo modo, neque adversùs parentes utriusque sexûs, neque adversùs patronum vel patronam dari restitutionem; nam personarum reverentia omnem eis excludit restitutionem, cùm procul dubio sit etiam ipsas personas cavere, ne quid suæ opinioni contrarium existat.

Dat. calend. septembr. Constantinop. Post consulatum Lampadii et Orestæ VV. cc. Conss. 531.

TITULUS XLIII.

Si minor se majorem dixerit.

1. *Imp. Alexander* **A.** *Maximianæ.*

Si cùm minor annis vigintiquinque esses, tabulis quæ sunt tuarum professionum, oblatis tibi, ætatem quasi major annis vigintiquinque decepta probasti in integrum restitutionem intrà statutum legibus tempus etiam post impletam ætatem de omnibus intrà eam ætatem adversùs te gestis postulare apud eum cui de eâ re jurisdictio est, potes.

PP. 12 calend. april. Maximo et Paterno Conss. 234.

2. *Impp. Dioclet. et Maximian.* **AA.** *et* **CC.** *Vitaliano.*

Si is qui minorem nunc se esse adseverat, fallaci majoris ætatis mendacio te deceperit: cùm juxtà statuta juris errantibus, non etiam fallentibus minoribus publica jura subveniant, in integrum restitui non debet.

Dat. 3 calend. decembr. Diocletiano II. et Maximiano **AA.** Conss. 293.

3. *Iidem* **AA.** *et* **CC.** *Theodoræ.*

Si alterius circumveniendi causâ minor ætate majorem te aspectu probare laboraveris, cùm malitia suppleat ætatem, restitutionis auxilium, tàm sacris contitutionibus, quàm rescriptorum auctoritate denegari statutum est. Quòd si per injuriam vel circumventionem adversarii hoc fuerit factum, durabit beneficium, quo minoribus, causâ cognitâ, subveniri solet. Aditus itaque præses provinciæ probationis ætatis examinatâ causâ, si tuum dolum non repererit intercessisse, ac te minorem tunc fuisse probaveris, causâ cognitâ, in inte-

TITRE XLIII.

Du mineur qui s'est dit majeur.

1. *L'empereur Alexandre, à Maximiana.*

Si étant mineur de vingt-cinq ans vous avez été trompé par votre acte de naissance par lequel il paraissait que vous étiez majeur, et vous avez déclaré en conséquence que vous aviez cet âge, vous pouvez demander la restitution en entier à celui qui a droit d'en connaître, dans les temps fixé par les lois, même après votre majorité, pour tout ce qui avait été fait de contraire à vos intérêts pendant votre minorité.

Fait le 12 des calendes d'avril, sous le consulat de Maxime et Paternus. 234.

2. *Les empereurs Dioclétien et Maximien et les Césars, à Vitalien.*

Si celui qui se prétend aujourd'hui mineur, vous a trompé sur son âge en se déclarant majeur, il ne doit pas être restitué en entier, parce que les lois n'accordent ce secours qu'à ceux qui se sont trompés, et non à ceux qui ont trompé.

Fait le 3 des calendes de décembre, sous le deuxième consulat de l'empereur Dioclétien et le premier de l'empereur Maximien. 293.

3. *Les mêmes empereurs et Césars, à Théodora.*

Si étant mineure vous avez employé des moyens frauduleux pour vous faire croire majeure, dans ce cas votre malice vous tient lieu de l'âge qui vous manque, et il a été décidé par les constitutions impériales et par l'autorité des rescrits que vous ne devez pas être admise au bénéfice de la restitution. Mais si cela a été fait par l'injustice et la fraude de votre adversaire, il y a lieu au bénéfice de la restitution qui est accordée aux mineurs en connaissance de cause. C'est pourquoi vous vous pourvoirez devant le président de la province, qui après avoir examiné la cause de la justification d'âge, s'il reconnaît que vous ne vous ne vous êtes pas rendue coupable de dol, et que vous prouviez que vous étiez mineure, il vous fera restituer en entier, en connaissance de cause; si cependant vous avez assuré dans un acte, sous la foi du serment, que vous étiez majeure, vous ne devez pas ignorer que, dans ce cas, vous êtes privée du bénéfice de la restitution, à moins que vous ne fassiez voir ouvertement et évidemment par la production des actes, et non par des témoins que vous étiez mineure; mais il est d'un droit incontestable que si vous avez fait un serment personnellement, vous ne serez pas admise au bénéfice de la restitution.

Fait le 13 des calendes d'octobre, sous le consulat des Césars. 294.

4. Les mêmes empereurs et Césars à Labius.

Puisque vous exposez que devant le gouverneur de la province, on a erré, dans la supputation du nombre des années, ayant été décidé que dans ces circonstances on viendrait aussi au secours des fils de famille mineurs, le président de la province examinera les faits consignés dans votre requête; et si, après avoir examiné votre âge, il reconnaît, par les preuves que vous en donnerez, que vous étiez dans une fausse opinion quand vous avez cru que vous étiez majeur, il ordonnera, à votre égard ce qui est conforme à la vérité.

Fait le 6 des ides de décembre, sous le consulat des Césars. 294.

grum restitui providebit; si tamen in instrumento per sacramenti religionem majorem te esse adseverasti, non ignorare debes, exclusum tibi esse in integrum restitutionis beneficium, nisi palàm evidenter ex instrumentorum probatione, non per testium depositiones te fuisse minorem ostenderis, hujusmodi autem sacramento corporaliter præstito, nullum tibi superesse auxilium, perspicui juris est.

Dat. 13 calendas octobr. CC. Conss. 294.

4. Iidem AA. *et* CC. *Labio.*

Cùm circà probandum annorum numerum apud rectorem provinciæ erratum esse proponas, et in hujusmodi causis etiam filiisfamiliàs minoribus subveniri admissum sit, ea quæ in prece contulisti, præsidem provinciæ examinare convenit, qui si æstimatâ ætate tuâ, majorem annis falsâ opinione te præsumpsisse ex probationum luce cognoverit, ergà minoris personam fidem veri sequetur.

Dat. 6 id. decembr. CC. Conss. 294.

TITULUS XLIV.

Si sæpiùs in integrum restitutio postuletur.

1. *Impp. Severus et Antoninus* ΛΛ. *Romano et aliis.*

Si post sententiam proconsulis contrà vos latam desiderastis in integrum restitui, nec obtinuistis , frustrà rursùs ut ea quæstio in integrum restitutionis agitetur, desideratis; appellare enim debuistis, si vobis sententia displicebat : sed si adhuc in eâ ætate estis, cui subveniri solet , appellandi jus vobis restituimus.

PP. 5 calend. aug. Chilone et Libone Conss. 205.

2. *Imp. Alexander* Λ. *Justo militi.*

Quanquàm curatores pupillæ victi sunt, cùm in integrum restitui pupillam desiderabant, cùm tamen novis defensionibus causam instrui posse dicas , adeant curatores uxoris tuæ judicem et petant ut causas in integrum restitutionis agant.

PP. 5 calend. aug. Alexandro Λ. II. et Marcello Conss. 227.

2. *Imp. Philippus* Λ. *Anitiæ.*
In unâ eâdemque causâ iteratum in integrum restitutionis auxilium non jure (nisi novæ defensiones prætendantur) posci , sæpè rescriptum est.

PP. 2 calend. jul. Peregrino et Æmiliano Conss. 247.

TITRE XLIV.

De la restitution qui est demandée plusieurs fois.

1. *L'empereur Sévère et Antonin , à Roman et à d'autres.*

Si, après la sentence du proconsul rendue contre vous, vous désiriez être restitué en entier, et que vous ne l'ayez pas obtenu, c'est en vain que vous demandez de rechef à être restitué; car, vous auriez dû interjeter appel, si vous pensiez que la sentence vous faisait grief : mais si vous êtes encore dans l'âge utile pour obtenir la restitution, nous vous restituons dans le droit d'appeler.

Fait le 5 des calendes d'août , sous le consulat de Chilon et de Libon. 205.

2. *L'empereur Alexandre , à Juste , militaire.*

Quoique les curateurs d'une pupille aient succombé dans la demande qu'ils avaient formée pour lui obtenir la restitution en entier, cependant comme vous exposez que la demande peut être présentée avec de nouveaux moyens de défense, que les curateurs de votre femme se pourvoient devant le juge, et qu'ils demandent que leur demande en restitution soit examinée.

Fait le 5 des calendes d'août, sous le deuxième consulat de l'empereur Alexandre et le premier de Marcellus. 227.

3. *L'empereur Philippe, à Anitia.*

Il a été souvent répondu que la loi ne permet pas de demander de nouveau la restitution en entier pour la même cause (à moins qu'on ne présente de nouveaux moyens de défense).

Fait le 2 des calendes de juillet, sous le consulat de Pérégrinus et d'Émilien. 247.

TITRE XLV.

De ceux qui ont obtenu une dispense d'âge.

1. L'empereur Aurélien, à Agathocle.

Il est évident que les mineurs qui ont obtenu de l'autorité du prince une dispense d'âge, ne peuvent obtenir le secours de la restitution en entier, quand même ils paraîtraient n'avoir pas administré sagement leurs biens; afin qu'il ne paraisse pas que ceux qui, sur la foi de la dispense, ont contracté avec eux, aient été induits en erreur par l'autorité impériale.

Fait pendant les calendes de juillet, sous le consulat de l'empereur Aurélien et de Capitolin. 275.

2. L'empereur Constantin, à Vérinus, préfet du prétoire.

Tous les jeunes gens d'une bonne conduite qui desirent administrer la fortune qu'ils ont eue de leur père ou de leurs aïeux, et qui sont dans une situation à avoir besoin de cette faveur impériale, pourront obtenir une dispense d'âge lorsqu'ils auront accompli leur 20e. année; mais ils ne pourront se prévaloir de cette faveur impériale qu'autant qu'ils prouveront par des écrits leur âge; et, par des témoins appelés à cet effet, la régularité de leurs mœurs, la rectitude de leur esprit, et qu'ils ont mené une vie sans reproches.

§. 1. Nous ordonnons aussi que les femmes que la pureté des mœurs, la maturité de leur esprit rendront recommandables, puissent obtenir une dispense d'âge lorsqu'elles auront atteint et accompli leur dix-huitième année; mais à cause de la pudeur et des réserves de leur sexe, nous ne les obligeons point d'assister à des assemblées publiques. Lorsqu'elles auront obtenu cette dispense, elles seront tenues de prouver par cinq témoins, ou seulement par des titres, en en-

Tome I.

TITULUS XLV.

De his qui veniam ætatis impetraverunt.

1. Imperator Aurelianus A. Agathocli.

Eos qui veniam ætatis à principali clementia impetraverunt, etiam si minus idoneè rem suam administrare videantur, in integrum restitutionis auxilium impetrare non posse manifestissimum est; ne hi qui cum eis contrahunt, principali auctoritate circumscripti esse videantur.

PP. calend. jul. Aureliano A. et Capitolino, Conss. 275.

2. Imperator Constantinus A. ad Verinum, P. P.

Omnes adolescentes, qui honestate morum præditi paternam frugem vel avorum patrimonia gubernare cupiunt, et super hoc imperiali auxilio indigere cœperint, ita demùm ætatis veniam impetrare audeant, cùm vicesimi anni metas impleverint; ita ut post impetratam ætatis veniam iidem isti per se principale beneficium allegantes, non solùm per scripturam annorum numerum probent, sed etiam testibus idoneis advocatis morum suorum instituta, probitatemque animi, et testimonium vitæ honestioris edoceant.

§. 1. Fœminas quoque, quas morum honestas mentisque solertia commendat, cùm octavum et decimum annum egressæ fuerint, veniam ætatis impetrare sancimus; sed eas propter pudorem ac verecundiam fœminarum cœtui publico demonstrari non cogimus; sed percepta ætatis venia, annos tantùm ætatis probare posse testibus quinque vel instrumentis misso procuratore concedimus, ut ipsæ etiam in omnibus negotiis tale jus habeant; quale et mares habere præscripsimus; ita

46

tamen, ut prædia sine decreto non alienent.

§. 2. Sed senatores quidem clarissimi viri in hac regia urbe commorantes, apud sublimitatem tuam, cæteri verò apud prætorem; in provinciis autem omnes apud earum rectores de suis moribus et honestate perdoceant.

§. 3. Hi verò qui contra memoratam dispositionem veniam ætatis à principali clementia impetraverint, sciant eam nullas vires obtinere.

Dat. 3 cal. jul. Romæ, Crispo II. et Constantino Cæs. II. Conss. 321.

3. *Imperator Justinianus* A. *Mennæ*, P. P.

Eos qui veniam ætatis à principali clementia impetraverunt, vel impetraverint, non solùm alienationem, sed etiam hypothecam minimè posse sine decreti interpositione rerum suarum immobilium facere jubemus, in quarum alienatione vel hypotheca decretum illis necessarium est, qui necdum veniam ætatis meruerint; ut similis sit in ea parte conditio minorum omnium, sive petita sit, sive non ætatis venia.

Dat. 8 id. april. Decio v. c. Cons. 529.

4. *Idem* A. *ad Senatum.*

Si quis aliquid dari vel fieri voluerit, et legitimæ ætatis fecerit mentionem, vel si se absolutè dixerit perfectæ ætatis, illam tantummodo ætatem intellectam esse videri

---

voyant un procureur, le nombre de leurs années. Cette formalité remplie, elles auront dans toutes les affaires les mêmes droits que nous avons accordés aux hommes : elles ne pourront point en conséquence aliéner leurs héritages sans un décret.

§. 2. Nous ordonnons que les sénateurs qui auront obtenu une dispense d'âge justifient de leurs bonnes mœurs et de leur probité devant votre tribunal, s'ils demeurent dans cette capitale ; que les autres habitans de cette ville remplissent les mêmes formalités devant le préteur ; et enfin que tous les provinciaux les remplissent devant le gouverneur de la province.

§. 3. Que ceux qui auraient obtenu de la clémence du prince une dispense d'âge, sans s'être conformés aux dispositions ci-dessus, sachent que cette dispense ne peut avoir aucun effet.

Fait à Rome, le 3 des cal. de juillet, sous le deuxième consulat de Crispus et du César Constantin. 321.

3. *L'empereur Justinien, à Menna, préfet du prétoire.*

Nous ordonnons que ceux qui ont obtenu ou qui obtiendront la dispense d'âge de la clémence impériale, ne puissent non-seulement aliéner, mais encore hypothéquer en aucune manière leurs biens immobiliers, sans l'interposition d'un décret : les mineurs pourvus d'une dispense d'âge ne peuvent aliéner ou hypothéquer, sans l'interposition d'un décret, dans tous les cas où les autres mineurs en ont besoin eux-mêmes; car, dans ce cas, la condition de tous les mineurs est semblable, soit qu'ils aient obtenu ou non une dispense d'âge.

Fait le 8 des ides d'avril, sous le consulat de Décius. 529.

4. *Le même empereur, au Sénat.*

Si quelqu'un ayant voulu qu'il soit donné ou fait quelque chose à quelqu'un, a fait mention d'*âge légitime*, ou a dit être dans un *âge parfait*, nous voulons qu'on entende par ces expressions l'âge de vingt-cinq ans accomplis, et non l'espèce de majorité donnée par la dispense d'âge. Nous ordonnons que cette interprétation soit surtout admise dans ce qui concerne les substitutions et les restitutions. Ces dispositions doivent cependant être appliquées à toutes les autres affaires, à moins qu'on ne soit convenu expressément que ces expressions s'entendraient de la dispense d'âge.

Fait le 9 des calendes d'avril, sous le consulat de Lampadius et d'Oreste. 530.

TITRE XLVI.

Du Mineur qui a ratifié en majorité.

1. *Les empereurs Dioclétien et Maximien et les Césars, à Eutichien.*

Si un partage ayant eu lieu sans fraude entre des mineurs, par écrit ou sans écrit, les parties l'ont confirmé après leur majorité, il doit être considéré comme valable.

Fait le 8 des calendes de mai, sous le consulat des empereurs nommés ci-dessus. 293.

2. *Les mêmes empereurs et Césars, à Sortirus.*

C'est en vain que ceux qui, après avoir atteint leur majorité, ont ratifié ce qu'ils avaient fait en minorité, en demandent après la rescision.

Fait pendant les ides de février, sous le consulat des Césars. 294.

TITRE XLVII.

Où et devant quel Juge on doit poursuivre la demande en restitution en entier.

1. *L'empereur Antonin, à Sévère.*

On ne peut être restitué en entier, par la sentence du président de province, contre ce qui a été jugé par mon procureur; car le prince seul peut restituer en entier contre la sentence de ses procureurs.

volumus, quæ et vigintiquinque annorum curriculis completur, non quæ ab imperiali beneficio suppletur; et præcipuè quidem in substitutionibus vel restitutionibus hoc intelligi sancimus : nihilominùs tamen et in aliis nisi specialiter quisquam addiderit, ex venia ætatis velle aliquid procedere.

Dat. 9 cal. april. Lampadio et Oreste ꝟꝟ. cc. Conss. 530.

TITULUS XLVI.

Si Major factus ratum habuerit.

1. *Imperatores Dioclet. et Maximian. AA. et cc. Eutychiano.*

Si inter minores quinque et viginti annis, vel scriptura interposita, vel sine scriptura, facta sine dolo divisio est, eamque post legitimam ætatem ratam fecerint, manere integram debere convenit.

S. 8 cal. maii, AA. et Conss. 293.

2. *Iidem AA. et cc. Sortiri.*

Qui post vicesimum quintum annum ætatis ea, quæ in minore ætate gesta sunt, rata habuerint, frustrà rescisionem eorum postulant.

Dat. id. febr. cc. Conss. 294.

TITULUS XLVII.

Ubi et apud quem cognitio in integrum restitutionis agitanda sit.

1. *Imperator Antoninus A. Severo.*

Si quid à procuratore meo judicatum est, id per integrum restitutionem præsidis sententia non potest rescindi. Princeps enim solus contra sententiam procuratorum suorum in integrum restituere solet.

PP. 6 cal. decemb. Lætò et Cereali, Conss. 216.

2. *Imperatores Dioclet. et Maximian.* AA. *et* CC. *Acquilinæ.*

Quoniam ea, quæ in transactione dari placuerat, te tradidisse proponis; consequens est, si de his repetendis per in integrum restitutionem vel quamcunque aliam causam putaveris agendum, ejus adire te provinciæ præsidem, in qua domicilium habent quos convenis.

Dat. 3 cal. septemb. post tertium consulatum Lampadii et Orestis. 531.

3. *Imperator Justinianus* A. *Joanni,* P. P.

Cùm scimus esse dubitatum de restitutionibus quæ in integrum postulantur, sive tantummodo apud judicem, cui aliqua jurisdictio est, examinari eas oportet, sive apud pedaneos judices, sive eas minores vigintiquinque annis petierunt, sive majores, secundùm quod anterioribus sanctionibus vel veteris juris vel nostris declaratum est; sancimus, non solùm apud judices pro tribunali hujusmodi causæ cognitionem proponi, sed etiam apud eos judices quos augustalis dederit majestas, aut nostræ reipublicæ administratores, vel in hac regia urbe, vel in provinciis; ut videatur ipse qui judicem destinaverit, utpotè pro tribunali cognoscens, in integrum dare restitutionem, et causas ejus examinare; sic etenim non difficilis erit causarum examinatio. Sed ne quis ita effusè intellectum nostræ constitutionis audeat esse trahendum, ut etiam apud compromissarios judices, vel arbitros ex communi sententia electos, vel apud eos qui dantur à judicibus, qui propriam jurisdictionem non habent, sed tantummodo judicandi facultatem, putet hujusmodi extendi sanctionem hos tantùm generaliter volumus tales causas dirimere, qui vel certæ administrationi, cui et jurisdictio adhæret, præ-

Fait le 6 des calendes de décembre, sous le consulat de Lætus et de Céréal. 216.

2. *Les empereurs Dioclétien et Maximien et les Césars, à Acquilina.*

Puisque vous exposez avoir fait la tradition des choses que vous vous étiez, par transaction, obligé de donner, si vous voulez vous pourvoir pour la répétition de ces choses, par la restitution en entier ou par toute autre voie, vous devez porter la cause devant le président de la province du domicile de ceux que vous poursuivez.

Fait le 3 des cal. d'octobre, après le consulat de Lampadius et d'Oreste. 531.

3. *L'empereur Justinien, à Jean, préfet du prétoire.*

Ayant appris qu'il a été élevé des doutes relativement aux restitutions en entier, sur la question de savoir si elles doivent être soumises au juge qui a droit de juridiction, ou si elles peuvent être soumises aussi aux juges pédanés, tant lorsqu'elles sont demandées par des mineurs que par des majeurs, dans les cas où il est permis aux uns et aux autres de les demander, en vertu des anciennes constitutions et des nôtres; nous ordonnons que ces causes soient portées non-seulement devant les juges qui ont droit de juridiction, mais encore devant ceux donnés par notre auguste majesté, ou devant des administrateurs en notre empire, soit que ces causes s'élèvent dans cette capitale, soit dans les provinces; ensorte que celui qui a donné le juge, soit considéré comme connaissant de l'affaire, selon le droit de la juridiction, accorder la restitution en entier et en examiner les motifs. De cette manière l'instruction de ces causes n'éprouvera aucune difficulté. Mais afin que personne ne s'avise de donner à notre constitution une si grande extension, au point de croire qu'elle puisse s'étendre aussi aux juges constitués en vertu d'un compromis, ou aux arbitres élus d'un consentement commun, ou à ceux nommés par les juges qui, n'ayant point de juridiction en propre, n'ont seulement que la faculté de juger, nous ordonnons généralement que ces causes ne puissent être décidées que par ceux qui sont préposés à une administration à laquelle soit annexée une juridiction, ou par leurs délégués, et surtout par ceux délégués spécialement par nous-même pour connaître de ces causes; et, afin de ne laisser aucun doute à cet égard, nous avons cru devoir ajouter qu'il est permis aux juges dont nous venons de parler de connaître des restitutions en entier, non-seulement lorsque ce droit leur a été donné spécialement, mais encore lorsqu'ils auront été nommés sans spécification, ou qu'il s'élevera incidemment quelque question de restitution dans d'autres affaires.

Fait le 3 des calendes de septembre, après le consulat de Lampadius et d'Oreste. 531.

positi sunt, vel ab his fuerint dati; et multo magis si à nostra majestate delegata eis sit causarum audientia. Sed ne quid penitùs dubitandum relinquatur, et hoc addendum esse censemus, ut his tantùm, quos suprà enumeravimus, liceat de in integrum restitutione disceptare; sive hoc specialiter eis fuerit mandatum, (quod et veteribus non fuerat incognitum) vel si generaliter dati sunt judices, vel in aliis speciebus inciderit quædam quæstio restitutionis.

Dat. 3 calend. septemb. post consulatum Lampadii et Orestis vv. cc. 531.

TITRE XLVIII.

Des imputations qui doivent se faire lors du jugement de la restitution en entier.

1. *L'empereur Antonin, à Tatien.*

Sɪ celui qui est restitué en entier ne doit souffrir aucun dommage de l'affaire contre laquelle il est restitué, il ne doit pas non plus en retirer du profit; c'est pourquoi il doit restituer tout ce qu'il a reçu, soit qu'il s'agisse d'un achat, d'une vente ou de tout autre contrat. Si un débiteur a délégué au mineur, le créancier doit rentrer dans son action contre l'ancien débiteur. Si un mineur est restitué contre une addition d'hérédité, il doit aussitôt restituer tout ce qu'il a eu de l'hérédité; ou s'il a commis du dol en quelque chose, il doit en être tenu.

TITULUS XLVIII.

De reputationibus quæ fiunt in judicio in integrum restitutionis.

1. *Imperator Antoninus* ᴀ. *Tatiano.*

Quɪ restituitur in integrum, sicut in damno morari non debet, ita nec in lucro, et ideo quicquid ad eum pervenit, vel ex emptione, vel ex venditione, vel ex alio contractu, hoc debet restituere. Sed et si intercessor minor vigintiquinque annis intervenerit, in veterem debitorem debet restitui actio. Sed et cùm minor adiit hæreditatem, et restituitur, mox quicquid ad eum ex hæreditate pervenit, debet præstare. Verùm et si quid dolo ejus factum est, hoc eum præstare convenit.

TITULUS XLIX.

Etiam per Procuratorem causam in integrum restitutionis agi posse.

1. *Imperator Alexander* A. *Licinio.*

Causam in integrum restitutionis, si qua competit, etiam per procuratorem agi posse placet.

Dat. 13 calend. octobr. Pompeïano et Peligno, Conss. 232.

TITULUS L.

In integrum restitutione postulata, ne quid novi fiat.

1. *Imperator Gordianus* A. *Secundino militi.*

Postulata in integrum restitutione, omnia in suo statu esse debere, donec res finiatur, perspicui juris est; idque curabit is, ad cujus partes ea res pertinet.

PP. 12 calend. jul. Gordiano A. et Aviola, Conss. 240.

TITULUS LI.

De restitutione Militum, et eorum qui Reipublicæ causa absunt.

1. *Imperatores Severus et Antoninus* AA. *Chiloni.*

Si Valerianus centurio cohortis duodecimæ Alpinorum ante vita decessit, quàm bonorum possessionem acciperet, hæres ejus ex persona defuncti restitutionis auxilium intra annum utilem ita rectè implorabit, si Valeria-

TITRE XLIX.

De la restitution en entier demandée par Procureur.

1. *L'empereur Alexandre, à Licinius.*

On a décidé que celui qui a droit de demander la restitution en entier, peut la demander par procureur.

Fait le 13 des calendes d'octobre, sous le consulat de Pompéien et de Péligous. 232.

TITRE L.

La cause ne doit pas changer d'état, par le seul fait de la demande en restitution.

1. *L'empereur Gordien, au soldat Secundinus.*

Il est évident en droit que la restitution en entier étant demandée, les choses doivent rester dans leur même état jusqu'à ce que la cause soit décidée. Celui qui connaîtra de la restitution, veillera à ce que ces dispositions soient observées.

Fait le 12 des calendes de juillet, sous le consulat de l'emp. Gordien et d'Aviola. 240.

TITRE LI.

De la restitution des Militaires, et de ceux qui sont absens pour cause de la République.

1. *Les empereurs Sévère et Antonin, à Chilon.*

Si Valérien, centurion de la douzième cohorte des Alpes, est décédé avant d'avoir été envoyé en possession des biens, son héritier pourra vablement, du chef du défunt, demander la restitution dans l'année utile, si Valérien est décédé dans l'exercice de l'état militaire, après l'expiration du délai pendant lequel la possession des biens lui était déférée.

Fait pendant les calend. de novembre, sous le consulat de Latéranus et de Rufinus. 198.

2. L'empereur Alexandre, au centurion Pétronius.

Si ceux qui sont absens pour cause de la république ont souffert quelque diminution dans leurs biens, ou si quelqu'un a été libéré d'une action légitime que ces absens avaient contre lui, ils peuvent, sans qu'on puisse leur opposer aucune prescription, demander utilement la restitution en entier dans l'année de leur retour.

Fait le 13 des calend. de novembre, sous le deuxième consulat de l'emper. Alexandre, et le premier de Marcellus. 227.

3. Le même empereur, au soldat Flavius Aristodème.

Il est permis au militaire, dans l'année après qu'il a cessé d'être absent pour cause de la république, de revendiquer la partie de ses biens qui a été possédée par quelqu'un pendant son absence, le tems pendant lequel a duré cette absence ne devant point être calculé dans la prescription; mais passé ce tems, on ne peut pas troubler le possesseur.

Fait pendant les nones de janvier, sous le deuxième consulat de Maxime, et le premier d'Elien. 224.

4. L'empereur Gordien, à Mastrien.

Vous ne devez pas ignorer que l'on doit seulement se borner à posséder les biens de ceux qui, sans dol malicieux, sont absens pour cause de la république, s'ils ne sont pas défendus convenablement, et que la vente doit être différée jusqu'à l'époque où ils cesseront d'être absens pour cause de l'état.

Fait le 12 des calend. de janvier, sous le

nus post exactos dies, quibus bonorum possessio defertur, in militia defunctus est.

PP. calend. novemb. Laterano et Rufino, Conss. 198.

2. Imp. Alexander A. Petronio centurioni.

Si quid de bonis eorum, qui reipublicæ causa absentes sunt, deminutum est, actioneve qua competente eis aliquis liberatus fuit, in integrum restitutio perpetua jurisdictione intra annum utilem permittitur.

PP. 13 calend. novemb. Alexandro A. II. et Marcello, Conss. 227.

3. Idem A. Flavio Aristodemo militi.

Quod tempore militiæ de bonis alicujus possessum ab aliquo est, postea quàm is reipublicæ causa abesse desiit, intra annum utilem, amota præscriptione temporis medii possessionem vindicare permissum est; ultra autem jus possessoris lædere contra eum institutum non oportet.

PP. non. januar. Maximo II. et Aeliano, Conss. 224.

4. Imperator Gordianus A. Mastriano.

Ignorare non debes, eorum qui reipublicæ causa sine dolo malo absunt, si absentes boni viri arbitratu non defenduntur, bona tantùm possideri : venditionem autem in id tempus diferri, quo reipublicæ causa abesse desierint.

Dat. 12 cal. januar. Gordiano A. et Aviola, Conss. 240.

5. *Idem* A. *Secundino militi.*

Neque reipublicæ causa absentibus, neque aliis majoribus ad titulum in integrum restitutionis pertinentibus, præscriptionem quadriennii post factam à fisco venditionem obesse posse, manifestum est.

PP. 6 id. maii, Sabino et Venusto, Conss. 241.

6. *Imperatores Valerian. et Gallien.* AA. *Germano centurioni.*

Si cùm militaribus laboribus operam dares, creditoris tui hæredes possessiones sibi obligatas distraxerunt, poteris, adito præside provinciæ, in integrum restitutionem impetrare : retractaque venditione recipies possessiones, oblato ante debito, vel pretio, si minus debito fuisset.

PP. 4 non. april. Valeriano et Gallieno AA. Conss. 225.

7. *Imperat. Dioclet. et Maximian.* AA. *et* cc. *Marinæ.*

Ea quæ à patre geruntur, non decet pro disciplina militari à filiis ad irritum revocari, præsertìm cùm nec patrem tuum in rebus humanis agentem adfirmes conquestum fuisse super hujusmodi contractu.

Dat. non. feb. ce. Conss. 294.

8. *Imperator Justinianus* A. *Mennæ*, P. P.

Sancimus iis solis, qui in expeditionibus occupati sunt, ea tantummodo tempora, quæ in eadem expeditione percurrunt, tàm in exceptionibus declinandis, quàm in petendis in integrum restitutionibus eis opitulari : illis temporibus, per quæ citra expeditionis necessitatem in aliis locis vel in suis

---

consulat de l'empereur Gordien et d'Aviola. 240.

5. *Le même empereur, au soldat Secundinus.*

Il est évident que la prescription de cinq ans, après une vente faite par le fisc, ne peut nuire aux absens pour cause de la république, ni aux autres majeurs qui ont droit à la restitution en entier.

Fait le 6 des ides de mai, sous le consulat de Sabinus et de Vénustus. 241.

6. *Les empereurs Valérien et Gallien, au centurion Germain.*

Si, pendant que vous étiez militaire, les héritiers de votre créancier ont vendu les fonds obligés à leur auteur, vous pouvez obtenir devant le président de la province la restitution en entier ; et la vente étant annullée, vous recevrez vos fonds, en offrant préalablement le montant de la dette, ou le prix, s'il est moindre que la dette.

Fait le 4 des nones d'avril, sous le consulat des empereurs Valérien et Gallien. 225.

7. *Les empereurs Dioclétien et Maximien et les Césars, à Marina.*

Il ne convient point que des fils, sous le prétexte de leur service militaire, demandent la révocation des actes consentis par leur père, surtout ne prouvant point que votre père se soit plaint de son vivant du contrat qu'il a fait.

Fait pendant les nones de février, sous le consulat des Césars. 294.

8. *L'empereur Justinien, à Menna, préfet du prétoire.*

Nous ordonnons qu'il n'y ait que ceux-là seuls qui sont employés dans une expédition militaire qui puissent se prévaloir du tems qui s'est écoulé pendant cette expédition, tant pour se garantir des exceptions, que pour former des demandes en restitution en entier. Ceux qui sont absens, mais non occupés dans l'expédition, ou ceux qui sont chez eux, ne peuvent se prévaloir des priviléges dont nous venons de parler.

A Constantinople, le 6 des ides d'avril, sous le consulat de Décius. 529.

TITRE LII.

Des femmes des soldats, et de ceux qui sont absens pour cause de la république.

1. L'empereur Alexandre, à Secundina.

C'est une chose connue qu'on a coutume, à l'exemple des soldats, de secourir les femmes qui voyagent avec leurs maris absens pour cause de la république, en ce qui concerne les actions temporaires éteintes pendant cette absence.

Le 3 des nones de décembre, sous le deuxième consulat de l'empereur Alexandre, et le premier de Marcellus. 227.

2. Les empereurs Dioclétien et Maximien et les Césars, à Quintilien.

On ne peut opposer la prescription de long-tems à la femme qui a été long-tems absente, ayant suivi son mari qui servait dans le militaire. Les impostures employées et combinées adroitement ne peuvent nuire à une personne pendant long-tems absente pour la cause dont nous venons de parler: c'est pourquoi si la femme qui se trouve dans ce cas, prouve qu'une maison qui a été vendue pendant son absence, lui appartient, nous ordonnons que le prix que l'acheteur en a réellement donné, lui étant remboursé, cette maison soit restituée à la femme qui la revendique.

Fait le 8 des calendes de décembre, sous le consulat des mêmes empereurs. 293.

æibus degunt, minimè eos ad vindicanda memorata privilegia adjuvantibus.

Dat. 6 id. april. Constantinop. Decio v. c. Cons. 529.

TITULUS LII.

De uxoribus militum, et eorum qui reipublicæ causa absunt.

1. Imp. Alexander A. Secundinæ.

TEMPORALIBUS actionibus exclusis mulieribus quæ cum maritis reipublicæ causa absentibus peregrinatæ sunt, ad exemplum militum subveniri solere, non est ignotum.

PP. 3 non. decembr. Alexandro A. II. et Marcello, Conss. 227.

2. Imp. Dioclet. et Maximian. AA. et CC. Quintiliano.

Ei quæ diutissimè fuit cum marito, qui militiæ operam dabat, non officit præscriptio longi temporis; sed quia hujusmodi diutinæ absentiæ commenta callidè adhibita atque composita obesse omninò non debent; decernimus, ut si talis mulier domum ad se pertinere monstraverit, quæ in absentia ejus vendita est, refuso pretio quod reverà solutum est, eamdem recipiat.

Dat. 8 cal. decembr. ipsis AA. et Conss. 293.

TITULUS LIII.

De temporibus in integrum resti-
tutionis tàm minorum aliarumque
personarum, quæ restitui pos-
sunt, quàm etiam hæredum eo-
rum.

1. *Imp. Gordianus A. Pudenti, militi.*

In his, in quibus læsus es, cùm minor
annis vigintiquinque esses, toto militaris
expeditionis tempore auxilium restitutionis
postulare potes. Tempus etenim post impletam minorem ætatem præstitutum ex die
missionis juxta rationem juris computari debet.

PP. 3 non. octobr. Pio et Pontiano,
Conss. 239.

2. *Idem A. Secundino, militi.*

Si intra legitimam ætatem, vel ea im-
pleta, nondùm exacto tempore præstituto,
pater tuus in fata concessit, tuque ei hæres
extitisti, et intra vigintiquinque annos, vel
post eam ætatem intra id tempus quod ad
in integrum restitutionem defuncto supe-
rerat, nomen militiæ dedisti, præses provinciæ causa cognita per in integrum restitutionem ex persona defuncti subveniri tibi
providebit.

Dat. 11 calend. novembr. Pio et Pontiano, Conss. 239.

3. *Idem A. Mutiano, militi.*

Si intra annos quibus in integrum restitutionis auxilium indulgetur, constitutus es,
vel eo tempore nomen militiæ dedisti, et
expeditione occupatus es, continuatum beneficium restitutionis per usucapionem,
licet ante militiam suppleta sit, non patitur

TITRE LIII.

Du tems utile pendant lequel les
mineurs et les autres personnes
qui peuvent être restituées, ainsi
que leurs héritiers, peuvent de-
mander la restitution en entier.

1. *L'empereur Gordien, à Pudent, soldat.*

A l'égard des choses au sujet desquelles vous
avez été lézé, étant à cette époque mineur
de vingt-cinq ans, vous pouvez demander
la restitution pour tout le tems qu'a duré l'expédition militaire où vous avez été employé;
car le tems fixé pendant lequel on peut
demander la restitution, après la majorité,
ne commence à courir dans ce cas, d'après
le droit, que du jour du congé.

Le 3 des nones d'octobre, Pius et Pontien,
consuls. 239.

2. *Le même empereur, à Secundinus, soldat.*

Si votre père étant mort pendant sa minorité,
ou après sa majorité, avant cependant que
le délai utile pendant lequel on peut demander la restitution, fût écoulé, vous lui
avez succédé, et avant d'avoir atteint vos
vingt-cinq ans, ou après les avoir atteint,
avant cependant l'expiration du tems qui restait à votre père décédé pour demander la restitution, vous vous enrôlez à l'armée, le président de la province pourvoira à ce qu'on
vienne à votre secours par la restitution en
entier provenant du droit du défunt.

Le 11 des calendes de novembre, Pius et
Pontien, consuls. 239.

3. *Le même empereur, à Mutien, soldat.*

Si étant dans l'âge auquel on accorde la
restitution en entier, vous vous êtes enrôlé
pour servir à l'armée, et vous avez rempli
ce service, le tems passé à l'armée étant
considéré comme celui de minorité, on ne
souffrira pas que vous soyez dépouillé de

vos biens par l'effet de l'usucapion, quoique parfaite avant que vous fussiez enrôlé dans l'armée.

Pendant les calendes de novembre, Pius et Pontien, consuls. 239.

4. *Les empereurs Dioclétien et Maximien et les Césars, à Dionysius.*

Si vous êtes héritier de vos frères, vous pouvez agir contre celui contre lequel vous suppliez, en vertu de leurs droits; car vous devez savoir que si vos frères, étant mineurs de vingt-cinq ans, sont morts à l'armée, ils pouvaient encore réclamer le bénéfice de la restitution en entier, et ont par conséquent transmis leurs droits à leur héritier.

A Philippeville, le 8 des calendes de janvier, sous le consulat des Césars. 294.

5. *L'empereur Constantin, à Bassus, préfet du prétoire.*

Il faut observer les dispositions portées dans les lois à l'égard des tems pendant lesquels on peut demander la restitution en entier. Et si quelqu'un peut obtenir de notre bienfait la dispense d'âge, il convient que ce délai pendant lequel il doit agir courre du jour où nous l'avons signifiée au juge compétent, et où ce dernier a donné à celui à qui nous avons accordé cette dispense la libre administration de ses biens, à l'effet de poursuivre la restitution en entier, et de faire ses affaires dans le tems utile. On ne doit néanmoins jamais refuser aux mineurs de vingt-cinq ans le secours de la restitution contre ce qu'ils ont fait avant l'obtention de la dispense d'âge.

§. 1. Lorsqu'un mineur succède aux droits d'un mineur, il a la faculté, après avoir atteint sa vingt-cinquième année, de demander la restitution en entier pendant tout le tems utile.

§. 2. Lorsqu'un mineur succède aux droits d'un majeur, il n'a, pour demander la restitution en entier, au sujet de ce qu'a fait le majeur auquel il succède, que le tems qui

---

te dispendio rei familiaris affligi.

Dat. 9 calend. novemb. Pio et Pontiano, Conss. 239.

4. *Impp. Dioclet. et Maximiaz. AA. et cc. Dionysio.*

Ex persona fratrum, si tibi eorum quæsita est successio, potes, contra quem supplicas, agere : non ignorans, quòd si minores vigintiquinque annis militaverint fratres tui, atque in militia diem functi sunt, in integrum restitutionis tempus eis non cesserit, sed omne ad successorem transmiserint.

S. 8 calend. januar. Philippopoli, cc. Coss. 294.

5 *Imp. Constantinus A. ad Bassum, P. P.*

Ea quæ de temporibus in integrum restitutionum legibus cauta sunt, custodiri convenit. Et si fortè quis beneficio nostro ætatis veniam fuerit consecutus, ex eo die quo indulgentia nostra in judicio competenti fuerit intimata, eique administratio rei propriæ permissa, ad persequendas in integrum restitutionum finiendasque causas jure tempus habeat præstitutum ; ita tamen ut numquàm minoribus vigintiquinque annis constitutis de iis, quæ ante impetratam veniam ætatis gesserunt, auxilium in integrum restitutionis denegetur.

§. 1. Si quandò sanè in minoris jura successerit minor, minimè prohibeatur, cùm quintum et vicesimum suæ ætatis annum transierit, in integrum restitutionis beneficio uti tempore illibato.

§. 2. Quòd si majoris fuerit minor jura nactus, quantùm ad eas pertinet causas, quas ex persona majoris fuerit consecutus, tantùm temporis ad exponendas in integrum

restitutiones, decidendasque causas accipere debebit, quantùm defuncto cujus hæres
aut bonorum possessor docebitur extitisse,
reliquum fuerat.

§. 3. Cùm verò major successionem fuerit
adeptus minoris, si quidem civili jure ab
intestato vel ex testamento successerit, mox
cùm fuerit adita hæreditas. Si verò honorario jure, ex quo bonorum possessio fuerit
accepta, examinando ac terminando in integrum restitutionis negotio, solida sine
ulla deminutione tempora supputentur.

Dat. non. octob. Romæ, Constantino A.
et Licinio Cæs. utrisque II. Conss. 312.

Authent. ex novell. 100, *cap.* 2.

Si minor vigintiquinque annis de dote
cauta non numerat statìm non quæritur, restituitur eatenùs, ut non transcendat à tempore nuptiarum duodecimum annum. Eo
quoque mortuo intra prædictum tempus,
indulgetur annus hæredi ejus. Sed si hæres
sit minor majoris. seu minoris defuncti,
quinque annorum gaudeat spatio, non expectato exitu ætatis ejus.

6. *Idem* A. *ad Julianum,* P. V.

Petendæ in integrum restitutionis temporibus observatis, si dilatio ab actore petatur, quæ intra metas restitutionis valet
arctari, eandem, quocunque flagitante, causis cognitis tribui oportebit. Sin verò ejusmodi postulantur curricula, quæ intra spatium receptum angustari nequeunt (quippe
si in confinio legitimi temporis petantur, et
ejus terminos prorogabunt) dilationem pe-
titori denegari conveniet. In ejus enim arbitrio fuerat, tunc inferre litigium, cùm
petitæ dilationis mora superstite spatio posset
includi.

§. 1. Quod si defensio rei dilationis suffragium postulaverit, eandem adserta causa

restait au défunt lui-même pour faire cette
demande.

§. 3. Lorsqu'un majeur succède à un mineur, si c'est *ab intestat* ou par testament,
il jouit de tout le délai pendant lequel on
peut demander la restitution, à compter du
jour où il a accepté l'hérédité; et si c'est
en vertu du droit prétorien, à compter de
celui où il a reçu la possession des biens.

A Rome, pendant les nones d'octobre,
sous le deuxième consulat de l'empereur
Constantin et du César Licinius. 312.

Authentique extraite de la nov. 100, *chap.* 2.

Si un mineur de vingt-cinq ans ne s'est
pas plaint aussitôt de ce que la dot promise
n'a pas été comptée, il peut encore être restitué, pourvu cependant qu'il ne se soit
point écoulé douze années depuis que le
mariage a été contracté. Mais si le mineur
décède dans les douze années, on n'accordera à son héritier qu'une seule année pour
demander cette restitution. Si l'héritier du
défunt majeur ou mineur est encore dans
l'âge de minorité, il pourra faire cette
demande pendant l'espace de cinq ans, sans
avoir égard à la majorité ou à la minorité.

6. *Le même empereur à Julien, préfet de la
ville.*

La demande de la restitution en entier
ayant été faite dans le délai prescrit, si le
demandeur demande un nouveau délai, qui
ne s'étende pas au-delà du tems pendant lequel on peut réclamer la restitution en entier, ce délai devra lui être accordé après
connaissance de cause. Mais si le délai demandé excède le tems dont nous venons de
parler, il convient de le refuser, parce qu'il
était libre d'intenter le procès dans un tems
où le délai qu'il demande n'aurait point
excédé le tems prescrit pour faire une telle
déclaration.

§. 1. Si le défendeur a besoin, pour le dé-
veloppement de ses défenses, d'un délai, nous

ordonnons qu'après connaissance de cause ce délai lui soit accordé, parce qu'il n'a pas tenu à lui que le procès fût commencé plutôt. On doit lui donner ce délai, quand même il excéderait le tems prescrit pour intenter l'action de la restitution en entier. Le défendeur ayant obtenu un tel délai, le demandeur pourra en profiter pour faire la recherche de ses preuves.

A Rome, le 14 des cal. d'août, sous le 5e. cons. du César Constant. et de Maxime. 319.

7. *L'empereur Justinien, à Jean, préfet du prétoire.*

Voulant abolir de la jurisprudence de notre empire l'inutile distinction de l'année utile, nous ordonnons que dans l'ancienne Rome comme dans cette capitale, dans l'Italie comme dans les autres provinces, on jouisse de l'espace de quatre années pour intenter l'action en restitution en entier; que ces quatre années commencent à courir à compter du jour auquel commençait à courir l'action utile, et que ce délai soit accordé à tous ceux qui y auront droit, sans distinction du pays qu'ils habitent; car il nous paraît absurde qu'on conclue des distinctions de la différence des lieux. Ce délai doit être non-seulement accordé à l'égard des restitutions en entier des mineurs, pour qui l'année utile courait du premier jour de leur vingt-sixième année, mais encore à l'égard de celles des majeurs; et nous ordonnons que pendant ce délai l'action soit intentée et le procès terminé.

§. 1. De la même manière qu'à l'égard du délai que nous venons de fixer, pendant lequel on peut intenter l'action en restitution en entier, on excepte l'âge de minorité des mineurs, on doit excepter, à l'égard des majeurs, le tems pendant lequel ils ont été absens pour cause de la république, ou pour d'autres causes légitimes détaillées dans les anciennes lois; et, à cet égard, la cause des majeurs est semblable à celle des mineurs.

Pendant les cal. de septemb. à Constant. après le cons. de Lampadius et d'Oreste, 531.

citra obstaculum temporis diferri sancimus, quia nequaquàm steterat in ipsius potestate, quandò litigio pulsaretur. Dari igitur debet, et si impetrata dimensio sese ultra temporis definitionem proferat, qua dilatione, si à reo impetratur, etiam actor in requirendis probationibus uti minimè prohibebitur.

Dat. 14 calend. aug. Romæ, Constantino Cæs. v. et Maximo, Conss. 319.

7. *Imp. Justinianus* A. *Joanni,* P. P.

Supervacuam differentiam utilis anni in integrum restitutionis à nostra republica separantes, sancimus et in antiqua Roma, et in hac alma urbe, et in Italia, et in aliis provinciis quadriennium continuum tantummodò numerari ex die, ex quo annus utilis currebat, et id tempus totius loci esse commune. Ex differentia enim locorum aliquod induci discrimen, satis nobis absurdum visum est. Quod non solùm in minorum restitutionibus, (quibus utilis annus incipit currere ex quo vicesimisexti anni dies illuxerit) sed etiam in majorum hoc idem adhiberi sancimus, ut et hic pro utili anno memorata continuatio temporis observetur ad interponendam contestationem, finiendamque litem.

§. 1. Et quemadmodùm omnis minor ætas excipitur in minorum restitutionibus, ita et in majorum, tempus in quo reipublicæ causa abfuerint, vel aliis legitimis causis, quæ veteribus legibus enumeratæ sunt, fuerint occupati, omne excipiatur; et non absimilis sit in hac parte minorum et majorum restitutio.

Dat. calend. septemb. Constantinop. post consulatum Lampadii et Orestæ VV. cc. Conss. 531.

TITULUS LIV.

Quibus ex causis majores in integrum restituuntur.

1. *Imp. Antoninus* A. *Æmiliano.*

Sɪ propter officium legationis ad me bona fide factæ absens et indefensus condemnatus es, instaurationem judicii jure desideras, ut ex integro defensionibus tuis utaris; nam eos quoque, qui legationis officio funguntur, in eo privilegio esse, in quo sunt, qui reipublicæ causa absunt, receptum est.

PP. 5 non. mart. duob. et Aspris, Coss. 213.

2. *Idem* A. *Dionysio.*

Si idcircò apud arbitrum præsentiam tui facere non potuisti, quòd sub custodia militari jussu præsidis detinebaris, idque in veritate esse præsidi provinciæ probaveris, accipies causæ instaurationem.

PP. 13 calend. octobr. Læto et Cereali, Coss. 216.

3. *Imp. Dioclet. et Maximian.* AA. *et* CC. *Proculo, decurioni.*

In contractibus qui bonæ fidei sunt, etiam majoribus officio judicis causa cognita publica jura subveniunt.

Dat. non. aug. Diocletiano et Aristobolo, Coss. 285.

4. *Iidem* AA. *Prisciano.*

Respublica minorum jure uti solet, ideoque auxilium restitutionis implorare potest.

Dat. 11 id. novembr. Diocletiano et Aristobolo, Coss. 285.

5. *Iidem* AA. *Liciniano.*

Si ab hostibus cum patre ac matre cap-

TITRE LIV.

Pour quelles causes les majeurs sont restitués en entier.

1. *L'empereur Antonin, à Emilien.*

Sɪ vous avez été condamné sans qu'on ait entendu vos défenses, parce qu'à cette époque vous remplissiez les devoirs de la mission dont vous aviez été chargé, sans fraude de votre part, auprès de moi, c'est avec raison que vous desirez qu'il vous soit permis d'user de tous vos moyens de défenses. Or, il a été reçu que ceux qui sont absens pour cause de députation sont censés l'être pour cause de la république.

Le 5 des nones de mars, sous le consulat des deux Asper. 213.

2. *Le même empereur, à Dionysius.*

Si vous prouvez par-devant le président de la province que vous n'avez pu comparaître devant l'arbitre, parce que vous étiez détenu par ordre du président, vous pourrez recommencer la cause.

Le 13 des calend. d'octobre, Lætus et Céréal, consuls. 216.

3. *Les emp. Dioclétien et Maximien et les Césars, à Proculus, décurion.*

A l'égard des contrats de bonne foi, les lois viennent aussi au secours des majeurs, par l'office du juge qui prendra connaissance de la cause.

Pendant les nones d'août, Dioclétien et Aristobole, consuls. 285.

4. *Les mêmes empereurs, à Priscien.*

La république jouit ordinairement du droit des mineurs; c'est pourquoi elle peut implorer le secours de la restitution.

Le 2 des ides de novembre, sous le même consulat. 285.

5. *Les mêmes empereurs, à Licinien.*

Si, ayant été pris par les ennemis avec

votre père et votre mère, ces derniers sont morts captifs, et vous étant retourné, vous avez demandé leur succession en vertu de la loi Cornélia, vous pouvez, par une action semblable à celle accordée à ceux qui demandent la restitution, en opposant l'exception du tems fixé, revendiquer les biens de la succession.

Le 16 des calend. de mai, sous le consulat des Césars. 294.

tus, posteà his ibi defunctis, legis Corneliæ beneficio reversus successiones eorum quasisti, exemplo utilis actionis, quæ in integrum restitutis datur, cum exceptionis annuæ (quæ huic objici solet) objectu res vindicare non prohiberis.

Dat. 16 calend. maii. cc. Coss. 294.

TITRE LV.

De l'aliénation faite dans l'intention de changer l'action.

1. Les empereurs Dioclétien et Maximien et les Césars, à Attalus.

COMME la possession donne à l'adversaire l'action *in rem*, et que la restitution en entier est permise par l'édit perpétuel, même lorsque l'aliénation a été faite dans l'intention de changer l'action, sachez que si celui qui possédait la chose l'a vendue, et en a fait la tradition à un autre, afin que vous ne l'actionnassiez pas lui-même, vous avez la faculté de poursuivre celui des deux que vous voudrez, le vendeur ou l'acheteur.

Fait le 6 des calend. de décembre, sous le consulat des Césars. 294.

TITULUS LV.

De alienatione judicis mutandi causa facta.

1. Impp. Dioclet. et Maximian. AA. et cc. Attalo.

CUM in rem actionem possessio pariat adversario, alienatione etiam judicii mutandi causa celebrata, in integrum restitutio edicto perpetuo permittatur : intelligis, si rem, ne secum ag>eretur, qui possidebat, venundedit, et emptori tradidit, quem elegeris, conveniendi tibi tributam esse jure factam facultatem.

Dat. 6 calend. decembris, cc. Coss. 294.

TITRE LVI.

Des arbitres.

1. L'empereur Antonin, à Nepotiana.

IL a été souvent rescrit qu'on ne peut appeler de la sentence rendue par un arbitre nommé d'après un compromis revêtu de toutes les formalités légales; l'action non plus *judicati* ne peut être accordée contre une telle sentence : c'est pourquoi les parties se soumettent réciproquement à une peine dans le cas où ils refuseraient d'exécuter la sentence, afin qu'ils soient forcés par cette

TITULUS LVI.

De receptis arbitris.

1. Imp. Antoninus A. Nepotianæ.

EX sententia arbitri ex compromisso jure perfecto aditi appellari non posse, sæpè rescriptum est; quia nec judicati actio inde præstari potest, et ob hoc invicem pœna promittitur, ut metu ejus à placitis non recedatur. Sed si ultra diem compromisso comprehensum judicatum est, sententia nulla est, nec ullam pœnam committit qui ei non paruerit.

PP. 9 cal. august. Romœ, Antonino A. IV. Cons. 223.

2. *Impp. Carus, Carin. et Numerian.* AAA. *Clementi.*

Si contra compromissum adversarius tuus apud electum arbitrum præsentiam sui facere detrectavit, placitæ pœnæ videtu. obnoxius.

PP. 8 calend. januar. Caro et Carino, Coss. 283.

3. *Impp. Dioclet. et Maximian.* AA. *et* cc. *Petroniæ.*

Arbitrorum ex compromisso sententiæ non obtemperans, si sordes vel evidens gratia eorum qui arbitrati sunt, intercessit, adversum filiam tuam agentem ex stipulatu, exceptione doli mali uti poteris : sed ex doli mali clausula, quæ compromissi stipulationi subjici solet, filiam tuam convenire non vetaberis.

PP. 3 id. jan. ipsis AA. et Coss. 293.

4. *Imp. Justinianus* A. *Demostheni,* P. P.

Ne in arbitris cum sacramenti religione eligendi perjurium committatur, et detur licentia perfidis hominibus passìm definitiones judicum eludere, sanctissimo arbitrio et hujusmodi rem censemus esse componendam.

§. 1. Si igitur inter actorem et reum, nec non ipsum judicem fuerit consensum, ut cum sacramenti religione lis procedat, et ipsi quidem litigatores in scriptis hoc

crainte d'y accéder. Mais si les arbitres ont porté leur sentence après l'expiration du délai fixé à ce sujet dans le compromis, la sentence est nulle, et celle des parties qui refuse de l'exécuter n'encourt aucune peine.

Fait à Rome, le 9 des cal. d'août, sous le quatrième consulat de l'emp. Antoine. 223.

2. *Les emp. Carus, Carinus et Numérianus, à Clément.*

Si votre adversaire, en contravention du compromis, a refusé de comparaître devant l'arbitre qui a été élu, il a encouru la peine convenue dans le compromis.

Le 8 des calend. de janvier, Carus et Carinus, consuls. 283.

3. *Les empereurs Dioclétien et Maximien et les Césars, à Pétronia.*

Si vous refusez d'obéir à la sentence rendue par les arbitres en vertu d'un compromis, à cause que cette sentence a été provoquée par l'avarice ou une faveur évidente pour votre adversaire, vous pouvez user de l'exception *doli mali* contre votre fille qui vous attaque au sujet de la peine convenue dans le compromis; vous pouvez encore poursuivre votre fille en vertu de la clause *doli mali* qu'on ajoute ordinairement aux compromis.

Le 3 des ides de janvier, sous le même consulat. 293.

4. *L'empereur Justinien, à Démosthène, préfet du prétoire.*

Afin qu'il ne se commette des parjures à l'occasion des arbitres, dont l'élection doit être confirmée par le serment des parties, et que des personnes de mauvaise foi n'aient la liberté d'éluder à leur volonté les décisions des juges, nous décrétons les dispositions suivantes :

§. 1. Nous ordonnons en conséquence que la sentence de l'arbitre soit entièrement valable; que le défendeur ni le demandeur ne puissent s'en écarter; qu'ils en soient absolument tenus et contraints d'y obéir ; si ayant été convenu entre les parties et l'arbitre que l'affaire serait jugée par ce serment, les parties l'ont affirmé par un écrit de leur propre main, ou par des personnes publiques, ou ont dicté elles mêmes pardevant l'arbitre qui l'a rédigé par écrit, qu'elles l'ont élu pour arbitre, après avoir prêté préalablement le serment, et si à cet écrit on a ajouté que l'arbitre lui-même a prêté le serment de décider l'affaire conformément à la vérité.

§. 2. Mais si l'arbitre n'ayant rien fait ni écrit de semblable à ce que nous venons de rappeler, les parties ont manifesté par des écrits émanés d'elles, qu'elles se sont soumises par serment à exécuter la sentence de l'arbitre, nous ordonnons qu'encore, dans ce cas, cette sentence arbitrale soit exécutée dans toute sa teneur, parce que les écrits des parties ont également de l'autorité, soit qu'ils aient été faits dès le commencement, ou dictés comme nous l'avons dit ci-dessus, en nommant l'arbitre, soit qu'ils aient été faits après la sentence définitive, s'il conste par ces derniers écrits, qu'ils aient confirmé l'arbitre par la religion du serment, ou qu'ils aient juré d'exécuter la sentence qu'il a déjà rendue.

§. 3. S'il conste par des écrits ou par les déclarations dont nous avons fait mention ci-dessus, que l'arbitre seulement a prêté le serment de décider le procès conformément à la vérité et à l'équité, nous ordonnons que la sentence soit, dans ce cas comme dans les précédens, valable et confirmée par les lois.

§. 4. Nous ordonnons qu'il soit permis dans tous ces cas d'intenter l'action *in factum*, ou l'action conditionnelle *ex lege*, ou l'action utile *in rem*, selon que le demande la nature du fait.

§. 5. S'il ne conste pas par les écrits ou déclarations dont il a été fait mention ci-dessus, que ces formalités aient été observées,

suis manibus vel per publicas personas scripserint, vel apud ipsum arbitrum in actis propria voce deposuerint, quòd sacramentis præstitis arbiter electus est, hoc etiam addito, quòd et ipse arbiter juramentum præstiterit super lite cum omni veritate dirimenda : ejus definitionem validam omnimodo custodiri censemus, et neque reum, neque actorem posse discedere, sed tenere omnifariam, quatenùs obedire ei compellantur.

§. 2. Sin autem de arbitro quidem nihil tale fuerit vel compositum, vel scriptum, ipsæ autem partes litteris hoc manifestaverint, quòd juramenti nexibus se illigaverint, ut arbitri sententiæ stetur : et in præsenti casu omnimodo definitionem arbitri immutatam servari, litteris videlicet eorum similem vim obtinentibus ; sive ab initio hoc fuerit ab his scriptum, vel præfato modo depositum, dum arbiter eligebatur ; sive post definitivam sententiam hoc scriptum inveniatur, quòd cum sacramenti religione ejus audientiam amplexi sunt, vel quòd ea quæ statuta sunt, adimplere juraverint.

§. 3. Sed et si ipse solus arbiter hoc litigatoribus poscentibus, vel scriptis, vel depositionibus (ut dictum est) manifestum facientibus, præstiterit juramentum, quòd cum omni veritate liti libramenta imponat : similem esse etiam in præsenti casu prioribus ejus definitionem, et eam omnimodo legibus esse vallatam.

§. 4. Et in his omnibus casibus liceat vel in factum, vel condictionem ex lege, vel in rem utilem instituere actionem secundùm quod facti qualitas postulaverit.

§. 5. Sin autem in scriptura quidem aut depositione nihil tale apparuerit, una autem pars dicat juramentum esse præstitum, quatenùs arbitrali stetur sententiæ hujusmodi litigatorum, vel solius arbitri sermones minimè esse credendos: cùm et si quis juramentum datum esse, non judice supposito, nec hoc scriptura partium testante, concesserit, incerti certaminis compositio, quæ inter homines imperitos sæpè accidit, non aliquid vigoris rebus judicatis inferat, sed in hujusmodi casu hæc obtineant, quæ veteres super arbitris eligendis sanxerunt.

Authent. ex novell. 82, cap. 11.

Decernit jus novum, nullum sic fieri posse arbitrum ut cum sacramenti religione judicet; sed pœnam statuatur, qua præstita, liceat à judicatis recedere. Si contra hoc judicatum fuerit, judex, qui malè judicat, si dolo facit, pœnam à Deo expectet; si ignorantia, nihil præter sacramentum ei erit, neque litigatores rursùs damno alliciantur.

(Sequitur textus Codicis.)

§. 6. Si quis autem post arbitri definitionem subscripserit: *emmenein* vel *plerophosein* vel *didonai*, (Græcis enim vocabulis hoc enarrare propter consuetudinem utilius visum est) etsi non adjecerit *omologo*, et sic omnimodo per actionem in factum eum compelli ea facere, quibus consensit. Qualis enim differentia est, si hujusmodi verbis etiam *omologo* adjiciatur, vel hujusmodi vocabulum omnimodo omittatur? Si enim verba consueta stipulationum, et subtilis, imò magis supervacua observatio ab aula concessit, et nos quidem nuper legibus à nobis scriptis multa vitia stipulationum, multasque ambages scrupulososque circuitus correximus, cur non et hujusmodi scriptura totam formidinem veteris juris amputamus, ut si quis hæc scripserit, vel unum ex his,

comme si une des parties seulement a juré de s'en rapporter à la sentence arbitrale, nous ordonnons qu'il ne soit ajouté aucune foi à la déclaration d'un seul des plaideurs ou du seul arbitre. Quoique le serment n'ait point été prêté devant l'arbitre, et ne soit pas attesté par écrit, ce qui arrive souvent parmi les personnes illitérées, cependant s'il est constant qu'il ait été prêté, ce défaut de formalité ne diminue rien de la force de la chose jugée; mais l'on doit observer dans tous ces cas ce que les anciens ont établi au sujet de l'élection des arbitres.

Authentique extraite de la nov. 82. chap. 11.

Le droit nouveau défend de soumettre l'arbitre au serment, et porte qu'il doit être seulement tenu de statuer une peine contre celle des parties qui n'obéirait pas à la sentence, au moyen de laquelle on peut se dispenser de l'exécuter. S'il est fait quelque chose de contraire à ces dispositions, que le juge qui a mal jugé par son dol, attende sa peine de Dieu; s'il a mal jugé par ignorance, les parties ne seront pas plus obligées à cause du serment, ni punies de nouveau pour cet objet.

(Suit le texte du Code.)

§. 6. Celui qui a déclaré par écrit au bas de la sentence arbitrale qu'il l'approuvait, ou qu'il l'exécuterait, quoiqu'il n'ait pas ajouté qu'il le promettait, doit être forcé, par l'action *in factum*, d'exécuter ce qu'il a approuvé; car y a-t-il quelque différence entre exprimer ces mots *je promets*, et les omettre? car si les formules, les subtilités et formalités inutiles des stipulations ont été abolies; si nous avons corrigé par les lois que nous avons rendues il y a peu, les vices des stipulations, les difficultés et les embarras dont elles étaient environnées, pourquoi ne détruirions-nous pas tous les doutes de l'ancien droit au sujet d'un écrit de cette sorte, en ordonnant que celui ou l'un d'eux, s'ils sont plusieurs, qui se sont obligés par un tel écrit, soient forcés d'y acquiescer et absolument contraints de l'exécuter? car il n'est pas vraisemblable que celui qui a fait un tel écrit, ne l'ait fait que dans l'intention d'approuver, mais bien dans celle de se soumettre à une sentence contre laquelle il a pensé ne pouvoir faire aucune objection.

Le 3 des calend. de novembre, sous le consulat de Décius. 529.

5. *Le même empereur à Julien, préfet du prétoire.*

Comme, d'après ce qui a été ordonné avant nous au sujet de l'élection des arbitres, faite sans stipulation de peine contre celle des parties qui refuserait de se soumettre à leur sentence, et faite seulement en vertu du commun consentement des parties, et non nommés par le juge ou en vertu d'une sentence, il s'ensuivait que si la sentence arbitrale était favorable au défendeur, il en résultait pour lui une espèce d'exception de pacte; et que si elle était favorable au demandeur, il n'en résultait pour lui aucun secours; nous ordonnons, à l'égard de ces arbitres dont nous venons de parler, qui ont été élus par un consentement commun sous ce pacte écrit ou non, qu'on s'en rapporterait à leur décision; que si les parties, après que la sentence a été rendue, ont déclaré par écrit qu'elles l'approuvaient, il naisse de cette sentence une espèce d'exception de pacte en faveur du défendeur, mais encore, en vertu de cette loi, une action *in factum* en faveur du demandeur, par laquelle il puisse faire envoyer la sentence à exécution, dans cette ville, par l'office de l'éminentissime préfecture, ou du juge du défendeur; et dans les provinces, tant par le moyen des gouverneurs que celui de leurs appariteurs, ou par l'office des juges du défendeur: mais si la sentence étant rendue, elles ne l'ont point approuvée par écrit, mais l'ont fortifiée par leur silence; et si dans les dix jours qui ont suivi celui où la sentence a été rendue, l'une ou l'autre des parties n'a pas envoyé au juge ou à son adversaire

acquiescere eis compellatur, et ea ad effectum omnimodo perducere? Cùm non sit verisimile hæc propter hoc scripsisse, ut tantùm non contradicat, sed ut etiam ea impleat, adversùs quæ obviam ire non potest.

Dat. 3 calend. novembr. Decio v. c. Cons. 529.

5. *Idem* A. *Juliano,* P. P.

Cùm antea sancitum fuerat in arbitris eligendis, quos neque pœna compromissi vallabat, neque judex dederat, sed nulla sententia præcedente communis electio, ut illorum sententiæ staretur procreabat, si quidem pro parte pulsata forma arbitralis procederet, exceptionem ei veluti pacti generari: sin autem pro actore calculus poneretur, nihil ex eo procedere ei præsidii; sancimus in eos arbitros quos prædiximus et quos talis consensus elegerit sub eo pacto vel in scriptis vel non in scriptis habito, ut eorum definitioni stetur: si quidem subscripserint, postquàm definitio processerit, quòd non displiceat ambabus partibus eorum sententia: non solùm reo exceptionem veluti pacti generari, sed etiam actori ex nostro numine in factum actionem, quatenùs possit sententia ejus executioni mandari, in hac quidem regia civitate ab officio eminentissimæ præfecturæ, vel ejus cujus forum pars persequitur fugientis; in provinciis autem tàm per moderatores, quàm per apparitores eorum, vel per judices, quorum regimen pars pertimescit pulsata. Sin autem post sententiam minimè quidem subscripserint se arbitri formam amplecti, sed silentio eam roboraverint, et non intra decem dies proximos attestatio missa fuerit vel judici, vel adversario ab alterutra parte, per quam manifestum fiat definitionem non esse amplectendam, tunc silentio partium sententiam roboratam esse, et fugienti exceptionem, et agenti memoratam actionem competere. Altera autem parte recusante secundùm præfatum modum, et implere statuta minimè cupiente, nihil fieri præjudicii, neque parari vel exceptionem reo, vel actori actionem : exceptis videlicet arbitris, qui cum sacramenti religione electi sunt secundùm novellam nostri numinis constitutionem, tunc etenim ea omnia servari oportet, quæ lege nostra super hujusmodi audientia definita sunt.

une protestation par laquelle il puisse conster que la sentence n'a point été approuvée ; nous ordonnons, si cela est ainsi, que la sentence soit validée par le silence des parties, et que, selon l'objet de la sentence, le défendeur en conclue pour lui une exception, ou le demandeur l'action dont nous avons parlé ci-dessus. L'une des parties rejetant, en remplissant les formalités indiquées ci-dessus, la sentence, et refusant de l'exécuter, il n'en résulte aucun préjudice, ni d'exception pour le défendeur, ni d'action pour le demandeur. Nous exceptons de ces dispositions les arbitres élus sous le serment, d'après la nouvelle constitution de notre majesté ; car on doit observer à leur égard les dispositions contenues dans cette dernière loi.

§. 1. Licet non ignoremus Julii Pauli opinionem, et aliorum certorum prudentium, qui tetigerunt quidem hujusmodi quæstionem, quam in præsenti aggredimur, non autem peritissimè peregerunt, sed usque ad quasdam actiones temporales standum esse existimaverunt. Plenius autem et generaliter definimus, conventum in scriptis apud compromissarium judicem factum ita temporis interruptionem inducere, quasi in ordinario judicio lis fuisset inchoata.

§. 1. Nous n'ignorons pas l'opinion de Julius Paulus, et de quelques autres jurisconsultes qui ont effleuré la question que nous traitons maintenant ; ils n'ont pas traité la question en plein ; ils ont décidé seulement, sous le rapport de quelques actions temporaires, qu'on doit s'en tenir à la sentence. Quant à nous, nous décidons d'une manière plus générale et plus étendue que la convention écrite faite pardevant le juge compromissaire, interrompt la prescription, comme si le procès eût été porté devant le juge ordinaire.

§. 2. Adhæc generaliter sancimus in iis quæ apud compromissarios facta sunt, si aliquid in factum respiciens, vel professum est, vel attestatum, posse eo et in ordinariis uti judiciis.

Dat. 6 calend. ** Lampadio et Oreste vv. cc. Coss. 530.

§. 2. A cet égard, nous ordonnons généralement qu'au sujet des questions de fait qui auront été traitées devant les arbitres, les aveux des parties et les dépositions des témoins puissent de même faire foi devant les juges ordinaires.

Le 6 des calendes **, Lampadius et Oreste, consuls. 530.

6. *Idem* A. Joanni, P. P.

Sancimus mulieres suæ pudicitiæ memores, et operum quæ eis natura permisit, et à quibus jussit eas abstinere, licet summæ

6. *Le même empereur, à Jean, préfet du prétoire.*

Les femmes ne devant jamais oublier les règles de la pudeur, et devant être attachées aux fonctions auxquelles la nature les a destinées, et ne se mêler en aucune manière des autres, nous ordonnons que quand même, jouissant d'une excellente réputation, elles auraient accepté un arbitrage, ou, étant patrones, elles auraient servi d'arbitres à leurs affranchis, elles soient éloignées de toutes espèces de fonctions judiciaires, et qu'il ne naisse de leur interposition aucune peine ni aucune exception de pacte contre ceux qui, avec justice, méprisent leurs sentences.

A Constantinople, pendant les cal. de septemb. Lampadius et Oreste, consuls, 530.

TITRE LVII.

Du cautionnement.

1. *Les empereurs Dioclétien et Maximien, et les Césars.*

Il est certain en droit que celui qui est constitué procureur du demandeur dans les actes de la procédure, ne doit pas être obligé de répondre de la ratification de son mandat; car, dans ce cas, le procureur doit être censé s'interposer dans la cause en présence de celui qui l'a constitué. C'est pourquoi si dans la suite le constituant, changeant de volonté, n'a plus voulu que son procureur agît pour lui, cependant le juge doit regarder comme valable tout ce qui a été fait en jugement par ce procureur; mais si son adversaire lui a opposé une exception au commencement de l'instance, étant alors dans ce cas considéré procureur de l'absent, il doit être obligé de donner caution pour défendre sur l'exception; à défaut de laquelle le juge ne permettrait pas qu'il fût procédé plus avant : mais le procureur ou le défenseur du défendeur, quoique constitué par écrit, est forcé de donner dans toutes les causes, au commencement du procès, caution de payer ce à quoi il pourra être condamné.

Le 9 des calendes de novembre, sous le consulat des Césars. 294.

atque optimæ opinionis constitutæ in se arbitrium susceperint, vel si fuerint patronæ, etiam si inter libertos suam interposuerint audientiam, ab omni judiciali agmine separari; ut ex earum electione nulla pœna, nulla pacti exceptio adversus justos earum contemptores habeatur.

Dat. cal. septemb. Constantinop. Lampadio et Oreste, Coss. 530.

TITULUS LVII.

De satisdando.

1. *Imperatores Diocletianus et Maximian. AA. et CC.*

Non est juris incerti, cùm qui apud acta factus est agentis procurator, non compelli ratam rem dominum habiturum satisdare. Hoc enim casu veluti præsentis procuratorem intervenire intelligendum est. Itaque et si posteà mutata voluntate procuratorem esse noluerit, tamen judicium quo quasi procurator expertus est, judex ratum habere debebit. Sin autem ei ab adversario suo opposita fuerit in ipso litis exordio defensionis allegatio, etiam ipse quasi absentis in hac parte procurator satisdationem super excipienda lite præstare cogitur, qua non præcedente, lis quæ ei data est, ulterius procedere à judice non conceditur. Rei autem procurator vel defensor, etiam sub gestorum testificatione factus, in ipso litis limine judicatum solvi satisdationem in omnibus causis præstare cogitur.

Dat. 9 cal. novemb. CC. Coss. 294.

TITULUS LVIII.

De formulis et impetrationibus actionum sublatis.

1. *Imperator Constantinus* A. *Marcellino, præsidi Phœniciæ.*

Juris formulæ aucupatione syllabarum insidiantes cunctorum actibus, radicitus amputentur.

Dat. 10 cal. febr. Constantio III. et Constante II. AA. Coss. 342.

2. *Imperat. Theodosius et Valentinianus* AA. *Hierio,* P. V.

Nulli prorsùs non impetratæ actionis, in majore vel minore judicio agenti opponatur exceptio, si aptam rei et proposito negotio competentem eam esse constiterit.

Dat. 10 cal. maii, Felice et Tauro, Coss. 428.

TITULUS LIX.

De jurejurando propter calumniam dando.

1. *Imp. Justinianus* A. *Demostheni,* P. P.

In omnibus causis, sive propter litteras fuerit apud te certatum, sive propter instrumenta, sive propter quicquam aliud in quo necessitas probationis incumbit, sancimus non aliter easdem probationes præstare compelli, nisi priùs, qui eas exposcit, juramentum de calumnia præstiterit, quòd non

TITRE LVIII.

De l'abrogation des formules et des impétrations d'actions.

1. *L'empereur Constantin, à Marcellinus, président de la Phénicie.*

Les formules de droit étaient autant de piéges tendus, par l'attention que mettait l'adversaire à éplucher toutes les syllabes dans lesquelles l'action était conçue : c'est pourquoi nous ordonnons qu'elles soient entièrement supprimées.

Le 10 des calendes de février, sous le troisième consulat de l'empereur Constance, et le deuxième de l'empereur Constantin. 342.

2. *Les empereurs Théodose et Valentinien, à Hiérius, préfet de la ville.*

Qu'absolument on n'oppose à personne aucune exception résultante du défaut d'impétration d'action, soit qu'il s'agisse d'une cause majeure ou d'une cause de moindre importance, s'il est constant que l'action intentée est convenable à la chose dont il s'agit, et s'adapte à la cause qui fait l'objet du procès.

Le 10 des calendes de mai, Félix et Taurus, consuls. 428.

TITRE LIX.

Du serment de calomnie.

1. *L'empereur Justinien, à Démosthène, préfet du prétoire.*

En toutes causes, soit que pardevant vous on intente un procès sur des écritures privées, ou sur des écritures publiques, ou sur tout autre objet pour lequel il y a nécessité d'administrer des preuves, nous ordonnons que les preuves ne soient fournies qu'en tant que celui qui les demande prêtera préalablement le serment de calomnie, qu'il n'est point poussé, en faisant ces allégations, par le desir de différer le jugement de la cause; car la crainte du serment modère le penchant que les plaideurs ont à élever de mauvaises contestations.

§. 1. Afin d'éviter que des personnes n'appliquent sans justes raisons leurs esclaves à la question, et n'exercent ainsi la cruauté de leur ame, nous ordonnons que si quelqu'un demande que la question soit appliquée à des esclaves, et d'être entendu par les juges à ce sujet, cela ne lui soit accordé qu'autant qu'il déclarera, la main sur les saintes écritures, qu'il ne fait point cette demande en haine des esclaves dont il s'agit, ou par des ressentimens contre ses co-héritiers, mais parce qu'il n'y a pas d'autres moyens de rechercher et de prouver le véritable état de la succession.

A Constantinople, le 12 des calendes d'octobre, sous le consulat de Décius. 529.

Authentique extraite de la nov. 49, *chap.* 3.

On est dispensé aujourd'hui de ce serment; car au commencement de l'instance, on jure de poursuivre toute l'affaire sans employer aucune calomnie.

2. *Le même empereur, à Jean, préfet du prétoire.*

Ayant déjà décrété que les juges ne pourraient décider les causes portées à leur tribunal qu'en présence des saints évangiles, et que les avocats, en quelque lieu de l'empire romain qu'ils exercent, ne pourraient entreprendre la défense des causes dont ils seraient chargés, qu'en tant qu'ils auraient préalablement prêté serment, nous avons cru nécessaire de publier la présente loi, par laquelle nous ordonnons qu'à l'égard des procès qui naîtront après sa publication, le demandeur et le défendeur ne puissent, lors du commencement du procès, présenter leurs moyens et leurs défenses, qu'en tant qu'après que l'exposition des faits et la ré-

causa differendi hujusmodi proposuit allegationes, nam sacramenti timore contentiosa litigantium instantia compescitur.

§. 1. Ne autem perperam in quæstionem servorum quidam venientes, sui animi crudelitatem exerceant, non aliter concedi eis qui quæstionem servorum exposcunt, ad hoc venire, vel à judicibus audiri, nisi priùs tactis sacrosanctis scripturis deponant, quòd non odio servorum, vel propter offensas co-hæredum, ad hoc venerunt, sed quia aliter rerum hæreditariarum veritatem exquirere vel ostendere non possunt.

Dat. 12 cal. octob. Constantinop. Decio v. c. Cons. 529.

Authent. ex novell. 49, *cap.* 3.

Hoc sacramentum hodiè remittitur, cùm in initio juretur, nihil calumniosè in toto negotio exigere.

2. *Idem* A. *Joanni*, P. P.

Cùm et judices non aliter causas dirimere concesserimus, nisi sacrosanctis evangeliis propositis, et patronos causarum in omni orbe terrarum, qui Romano imperio suppositus est, priùs jurare, et ita perferre causas disposuerimus, necessarium duximus præsentem legem ponere, per quam sancimus, in omnibus litibus quæ fuerint post præsentem legem inchoatæ, non aliter neque actorem neque fugientem in primordio litis exercere certamina, nisi post narrationem et responsionem, antequàm utriusque partis advocati sacramentum legitimum præstent, ipsæ principales personæ subeant jusjurandum; et actor quidem juret, non calumniandi animo litem se movisse, sed existimando bonam causam habere : reus autem non aliter suis allegationibus utatur, nisi priùs et ipse juraverit, quod putans se bona instantia uti, ad reluctandum pervenerit ; et posteà utriusque partis viros disertissimos advocatos (secundùm quod jam dispositum est à nobis) juramentum præstare, sacrosanctis videlicet evangeliis ante judicem positis.

plique auront eu lieu ; et avant que les avocats de l'une et de l'autre partie aient prêté le serment légal, les parties principales du procès jurent, savoir : le demandeur, qu'il n'a point intenté le procès dont il s'agit dans un esprit de calomnie, mais dans la persuasion que sa cause est bonne ; le défendeur, qu'il n'entreprend à se défendre que par la confiance qu'il a dans ses moyens de défense. A défaut de ce serment, le défendeur ne sera point admis à user de ses exceptions. Ces formalités remplies, les avocats de l'une et de l'autre partie prêteront, comme nous avons déjà décrété, le serment sur les saints évangiles placés vis-à-vis le juge.

Authent. ex novell. 49, cap. 3.

In isto juramento adjiciendum est, nullam in tota lite exacturum probationem, nisi quam pro veritate putat quis necessariò esse exhibendam, ne sæpiùs juretur in causa.

Authentique extraite de la novelle 49, ch. 3.

On doit ajouter à ce serment, afin d'éviter de le prêter plusieurs fois dans le cours du procès, qu'on n'exigera que les preuves qui seront nécessaires pour la manifestation de la vérité.

Authent. ex novell. 124, cap. 1.

Principales personæ, vel illæ, ad quas negotium in medio migraverit, coram judicibus jurent, quod nihil penitùs causa patrocinii dederint judicibus, vel alicui personæ pro hac causa vel promiserint, vel posteà dabunt, vel per se, vel per aliam mediam personam, exceptis his, quæ propriis advocatis pro patrociniis præstant, aliisque personis, quibus nostræ leges dari disponunt.

Authentique extraite de la novelle 124, ch. 1.

Que les premières parties qui ont commencé le procès, ou les personnes qui leur succéderont dans le procès, jurent, en présence des juges, qu'ils n'ont promis ni donné, et que par la suite ils ne donneront, soit par eux-mêmes, soit par personnes interposées, quoi que ce soit, aux juges ou à toute autre personne pour obtenir leur faveur au sujet de la cause. Sont exceptés de ces dispositions les honoraires donnés aux avocats pour prix de leur défense, et ce qui est donné à d'autres personnes à qui les lois permettent qu'on donne.

§. 1. Sed si in sacro consistorio lites vel consultationes intromittantur, sub præsentia sacri senatus prædictum jusjurandum præstetur.

§. 2. Sed si qui litigantium ad judicem venire nequeunt, prædictum jusjurandum præstent coram officiis ab administrantibus directis ad eos cum adversa parte.

§. 1. Lorsque des causes ou des consultations sont portées devant notre sacré consistoire, le serment sus-mentionné doit être prêté en présence du sénat.

§. 2. Si quelques-unes des parties ne peuvent se rendre devant les juges, elles prêteront ce serment, avec leur partie adverse, entre les mains des officiers commis à ce sujet par les juges.

§. 3. Une femme de distinction prêtera le serment devant les officiaux, en l'absence de la partie adverse.

§. 4. S'il arrive que les parties soient dans d'autres lieux, ou que seulement l'une d'elles soit absente, elles prêteront le serment devant le juge de la province, ou devant le défenseur du lieu, qui inscrira l'acte de prestation de serment dans les registres publics.

§. 5. Si quelqu'un des plaideurs refuse de prêter ce serment; si c'est le demandeur, que le juge rende une sentence qui le prive de son action; si c'est le défendeur, qu'il soit condamné.

§. 6. Les tuteurs et les curateurs prêteront, dans les procès qu'ils intentent, le susdit serment.

(*Suit le texte du Code.*)

§. 1. Si la dignité ou le sexe de la personne ne permet pas qu'elle comparaisse devant le juge, le serment sera reçu dans la demeure de cette partie, en présence de la partie adverse ou de son procureur.

§. 2. Ces dispositions sont également applicables aux tuteurs, curateurs, et à toutes les autres personnes qui administrent les affaires des autres en vertu d'un pouvoir légitime; car il convient qu'ils soient aussi assujettis à la formalité du serment, parce qu'ils connaissent les procès qu'ils intentent ou qu'ils défendent. En effet, ni le pupille, ni l'adulte, ni les autres personnes de cette sorte, ne peuvent connaître la cause et se pourvoir devant le juge; mais seulement ceux-là qui gèrent pour eux la tutelle, la curatelle, ou toute autre administration légitime : ils doivent prêter le serment selon leur conscience. Chacun doit jurer d'après ce qu'il croit et ce qu'il pense, quoiqu'il se rencontre que la nature de la cause soit différente : tous les autres sermens ordonnés par les anciennes lois ou par nous-même, seront conservés dans toute leur vigueur.

§. 3. Si l'une ou l'autre des parties étant
Tome I.

§. 3. Mulier honestæ vitæ, absente adversario, juret coram officialibus.

§. 4. Sed si partes in aliis locis abesse contingat, vel una earum absens fuerit, juret sub gestis monumentorum apud judicem provinciæ, vel apud defensores locorum.

§. 5. Si quis autem litigantium prædictum jusjurandum noluit præstare, per sententiam judicis actor casum actionis, reus condemnationem sustineat.

§. 6. Tutores et curatores in causis, quas agunt, prædictum jusjurandum præstabunt.

(*Sequitur textus Codicis.*)

§. 1. Sin autem vel dignitas vel sexus personæ non concesserit eam ad judicem pervenire, in domo litigatoris sacramentum procedere, altera videlicet parte, vel procuratore ejus præsente.

§. 2. Quod observari oportet, et si tutores, vel curatores, vel aliæ quædam sint personæ quæ administrationem alienarum rerum auctoritate legitima gerunt : convenit enim et ipsos jurejurando affici, quia ipsi causam scientes ita ad eam perveniunt. Neque enim pupillus, neque adultus, vel aliæ hujusmodi personæ, sed ipsi qui pro eis tutelam vel curam vel aliam legitimam gerunt administrationem, scire possunt causam, et ita ad judicium pervenire. Eò quòd ex animi sui scientia jurent, et licet veræ causæ natura forsitàn alia est : tamen quod quisque credit et existimat, hoc est jurandum : omnibus aliis juramentis quæ vel ex præteritis descendunt legibus, vel à nobis disposita sunt, in sua firmitate duraturis.

§. 3. Sin autem abfuerit alterutra pars,

49

et per procuratorem causa ejus agitetur,
non ante licentiam habeat actor litem exercendam suo procuratori mandare, nisi priùs
actis intervenientibus in provincia in qua degit, sacramentum calumniæ subeat. Similique modo si reus abfuerit, et forsitàn per judicatum solvi stipulationem procuratorem
ordinaverit, vel defensor pro eo intervenerit : et ipse, vel præsente actore per se, vel
per instructum procuratorem, vel etiam absente eo (si hoc judex perspexerit) inter acta
juramentum præstet, quod reum dare anteà
dispositum est.

§. 4. Sed quia veremur ne forsitàn quidam collusione aliqua utentes, remittere videantur inter se hujusmodi sacramentum,
et ex prædicta dissimulatione nostram sanctionem deludant ; sancimus omnes judices,
licet ex compromisso cognoscant, vigorem
suum exercentes, (quia non pro commodo
privatorum, sed pro communi utilitate præsentem legem posuimus) minimè pati tale
sacramentum remitti, sed omnimodo hoc et
ab actore et à fugiente exigi ; ne paulatìm
videatur hujusmodi res defraudari, et sacramentum vel principalium personarum vel
advocatorum ex quacunque parte mutilari.

§. 5. Hoc etiam huic legi addendum esse
censemus, ut si quis pro alio litem movere
voluerit, et nullo mandato prolato, sed per
fidejussionem ratam rem dominum habiturum suam personam firmaverit, ne vel ex
hac machinatione lex circumscribi videatur ;
sancimus, si quid tale in posterum emerserit, (sive pro una persona quis litem movere
voluerit, sive pro aliquo corpore, vel vico,
vel alia universitate) fidejussionem quidem

absente, elle procède par procureur, nous
ordonnons, si c'est le demandeur qui soit
absent, qu'il ne lui soit pas permis d'envoyer son procureur pour intenter le procès, avant qu'il n'ait lui-même prêté le serment de calomnie dans la province qu'il habite ; de laquelle prestation de serment il
doit conster par actes dressés à ce sujet. Pareillement, si le défendeur, étant absent, a
constitué un procureur, et donné caution de
payer ce qui sera jugé, ou si quelqu'un s'est
présenté pour le défendre, qu'il prête le serment auquel, d'après les dispositions précédentes, il est soumis comme défendeur, le demandeur étant présent, soit par lui-même ou
par procureur, ou même en son absence, si
le juge l'a permis. Il doit être dressé acte
de ce serment.

§. 4. Mais craignant que les parties,
usant de quelque intelligence, ne se fassent
remettre respectivement ce serment, et n'é-
ludent de cette manière cette loi, nous ordonnons que tous les juges, ceux même
qui n'exercent ces fonctions qu'en vertu d'un
compromis, agissant avec sévérité, ne souffrent en aucune manière que ce serment soit
remis ; nous ordonnons au contraire qu'ils
l'exigent rigoureusement du demandeur et
du défendeur ; car nous n'avons point publié
cette loi pour la commodité des particuliers,
mais pour l'utilité commune. La crainte que
cette formalité ne tombe peu à peu en désuétude, et que le serment des parties principales et de leurs avocats ne reçoive quelque
altération, exige cette sévérité.

§. 5. Nous avons cru devoir encore ajouter à cette loi la disposition suivante : Si
quelqu'un desire intenter un procès pour un
autre, sans justifier d'un mandat, mais en
se rendant caution que celui pour lequel il
intente le procès ratifiera ce qui aura été fait
à cette occasion, de peur que par cette ruse
on n'élude la loi, nous ordonnons que si à
l'avenir il se présentait un cas semblable,
soit que le procès soit intenté au nom d'une

personne, d'un corps, d'un bourg ou d'une autre réunion, cette personne soit non-seulement forcée de donner la caution ordinaire, mais encore qu'elle ne puisse continuer la poursuite du procès qu'en tant que, dans le délai fixé par le juge, les parties principales du procès prêteront le serment, soit en présence de leur adversaire, ou, si ce dernier le préfère, en présence de son procureur; et si l'adversaire n'est présent ni par lui-même, ni par procureur, nous ordonnons que ce serment de calomnie soit prêté par celui au nom duquel le procès est intenté; ou, si c'est un corps, par ceux qui en composent la plus grande ou la plus noble partie, par-devant le défenseur des lieux, qui en fera dresser acte.

§. 6. Si le demandeur refusant de prêter le serment de calomnie, ce refus est légalement constaté, nous ordonnons qu'il ne lui soit plus permis de poursuivre le procès, mais qu'il soit, comme plaideur de mauvaise foi, déchu de son action, et que, rejeté par l'indignation des juges, il ne lui reste aucun espoir d'obtenir un jugement.

§. 7. Mais si c'est le défendeur qui refuse de prêter ce serment, il sera censé convenir de tout ce qui a été dit dans l'exposition des faits produits par le demandeur; et il sera permis au juge de porter sa sentence comme il le jugera à propos, et d'a-près ce que la nature de l'affaire lui paraîtra exiger.

§. 8. Car de cette manière on diminuera non-seulement les procès, mais encore les calomniateurs : on se croira plutôt dans des temples que dans des tribunaux. En effet, si les parties elles-mêmes ne peuvent poursuivre leur procès qu'en prêtant ce serment; si leurs avocats prêtent le même serment, et si les juges eux-mêmes ne font l'examen de la cause, et ne prononcent leur jugement qu'en présence des saints évangiles, peut-on croire autre chose, sinon que Dieu lui-même est le juge des hommes dans toutes leurs

solitam præstare, litem autem ulterius minimè procedere, nisi intrà à judice statuendum tempus faciat personas principales sacramentum subire, vel præsente adversario, (si hoc maluerit) vel alio pro eo agente, vel penitùs altera parte cessante, inter acta apud defensorem locorum hujusmodi sacramentum calumniæ, vel ab ipso pro quo agitur, vel à plurima parte, vel idonea universitatis procedat.

§. 6. Quòd si actor noluerit sacramentum calumniæ subire, et hoc legitimè fuerit approbatum, non-liceat ei penitùs ad litem pervenire, sed cadat ab instituta actione quasi improbus litigator, et tristitia judicum ei cum summa interminatione occurrat, et ab judicio eum quàm longissimè expellat.

§. 7. Sin autem reus hoc sacramentum subire recusaverit, in iis capitulis quæ narratione comprehensa sunt, pro confesso habeatur; et liceat judici sententiam proferre, quemadmodùm ei et ipsa rei qualitas suggesserit.

§. 8. Sic enim non lites solùm, sed etiam calumniatores minuantur; sic pro judiciis putabunt sese homines in sacrariis sisti. Si enim et ipsæ principales litigantium partes per juramentum lites exerceant, et causarum patroni præbeant sacramentum, et ipsi judices propositis sacrosanctis scripturis tàm causæ totius faciant examinationem, quàm suum proferant arbitrium : quid aliud, nisi pro hominibus Deum in omnibus causis judicem esse credendum est ? Antiqua itaque calumnia quiescente, et ejus ambagibus, constitutio nostra dilucida et compendiosa in terris clareat omnibus, et sit maximum dirimendarum causarum remedium.

§. 9. Sed prædictum sacramentum in litibus quidem quæ necdùm sunt inchoatæ, præstari volumus in ipso litis primordio. Sin autem causæ adhuc pendentes inveniantur, vel post litem contestatam, et post solitas judiciales cautelas jam præstitas : siquidem præsto fuerit utraque persona, et in eadem civitate vel in territorio ejus moratur, et in his litibus sacramentum locum habere, et in primo post hanc legem ingressu eum compelli jusjurandum præstare. Sin autem una pars abfuerit, ne videatur propter absentiam personæ litis differri, et aliquid contrarium eveniat nostro proposito, et quod pro compendio litium introductum est, protinùs hoc in adversariam figuram transformetur; jubemus præsentem quidem personam omnimodo dare sacramentum, absenti autem in pendentibus duntaxat litibus (secundùm quod prædictum est) hoc concedi. Sin autem utraque principalis persona abfuerit, ne diutiùs lites protelentur, etiam sine datione sacramenti lites pendentes suo decurrant tramite.

PP. 4 cal. augusti, Justiniano IV. A. et Paulino v. c. Coss. 534.

causes? L'ancienne calomnie et toutes les difficultés qui en étaient la suite étant détruites, il faut que notre constitution brille de tout son éclat dans toutes les terres de notre obéissance, et soit un moyen efficace pour terminer les procès.

§. 9. Nous voulons que ce serment ait lieu à l'égard des procès qui ne sont pas encore commencés aussitôt l'introduction d'instance, et qu'il soit prêté à la première audience qui suivra la publication de la présente loi : à l'égard des procès déjà pendans, soit que la contestation en cause ait déjà eu lieu, soit que les cautions judiciaires aient été déjà fournies, les parties doivent être forcées de suite, après la publication de cette loi, à prêter le serment, s'il se rencontre toutefois que les deux parties demeurent dans la même ville ou dans le même territoire. Si l'une des parties est absente, son absence ne suspendra point le cours de l'instance; car autrement ce serait contraire au but que nous nous sommes proposé; et il ne faut pas que ce qui a été établi pour abréger les procès, produise un effet tout opposé : c'est pourquoi nous ordonnons que la partie présente soit soumise au serment; et, quant à ce qui concerne l'absent, qu'on lui fasse grâce du serment. Si l'une et l'autre des parties principales sont absentes, de peur que, pour remplir la formalité du serment, les procès ne devinssent dans ce cas plus longs, nous ordonnons qu'à l'égard des procès pendans on néglige ce serment, et que l'instance ne soit nullement suspendue pour cette cause.

Fait le 4 des calendes d'août, sous le quatrième consulat de l'empereur Justinien, et le premier de Paulinus. 534.

CODICIS
DOMINI JUSTINIANI,
SACRATISSIMI PRINCIPIS,
EX REPETITA PRÆLECTIONE.

CODE
DE L'EMPEREUR JUSTINIEN,
DE LA SECONDE ÉDITION.

LIVRE TROISIÈME.	**LIBER TERTIUS.**
TITRE PREMIER.	**TITULUS PRIMUS.**
Des Jugemens.	*De Judiciis.*

1. *Les empereurs Sévère et Antonin, à Clément.*

Les intérêts courent même après la demande formée en justice ; d'où il résulte que vous pouvez actionner votre débiteur pour les intérêts courus pendant le procès, lesquels n'ont point été comptés dans le jugement.

Fait pendant les calend. d'avril, sous le deuxième consulat de l'empereur Antonin et de Géta. 209.

2. *Les mêmes empereurs, à Valérius.*

Quoique le juge ait prononcé dans l'affaire que vous avez eue avec votre tuteur, toutefois l'action de tutelle ne vous est point ôtée de droit ; car si vous formez une nouvelle action devant le même juge, et que l'on vous oppose l'exception de la chose jugée, vous réfuterez l'exception de dol en prouvant que

1. *Imperatores Severus et Antoninus* AA. *Clementi.*

Judicio cœpto, usurarum stipulatio non est perempta. Superest igitur, ut debitorem ejus temporis quod non est in judicium deductum, convenire possis.

PP. cal. april. Antonino II. et Geta II. Conss. 209.

2. *Iidem.* AA. *Valerio.*

Licet judice accepto cum tutore tuo egisti, ipso tamen jure actio tutelæ sublata non est ; et ideò si rursùs eumdem judicem petieris, contra utilem exceptionem rei judicatæ, si de specie de qua agis, in judicio priore tractatum non esse allegas, non inutiliter replicatione doli mali uteris.

PP. 6 cal. januar. Faustino et Rufo,
Conss. 211.

3. *Imp. Alexander. A. Faustinæ.*

Quotiens quæstio status bonorum disceptationi concurrit nihil prohibet quo magis
apud eum quoque, qui alioqui super causa
status cognoscere non possit, disceptatio
terminetur.

PP. 6 id. februar. Juliano II. et Crispino,
Conss. 229.

4. *Idem. A. Popilio.*

Si cùm tibi pretium prædiorum à curatoribus comparatorum reputaretur, et instrumenta emptionis traderentur, quæstionem
omissæ evictionis non movisti, intelligis
semel finitam litem instaurari non posse.

PP. calendis augusti, Modesto et Probo,
Conss. 229.

5. *Imp. Gordianus. A. Marcello.*

A judice judex delegatus, judicis dandi
potestatem non habet, cùm ipse judiciario
munere fungatur, nisi à principe judex datus
fuerit.

PP. 4 non. septemb. Pio et Pontiano,
Conss. 239.

6. *Idem. A. Juniæ.*

Servus in judicio interesse non potest,
nec si condemnatio aliqua in personam ejus
facta sit, quod statutum est, subsistit.

Dat. 15 cal. septemb. Gordiano et Aviola,
Conss. 240.

7. *Impp. Diocletian. et Maximian. AA. et CC.*
Hyrinæ.

Cùm debitoris tui servum tibi pignoris
jure obligatum, bona domini sui quondam
rebus humanis exempti, tenere profitearis,

la demande que vous formez est différente
de celle qui a été décidée par le premier
jugement.

Fait le 6 des calend. de janvier, sous le
consulat de Faustinus et de Rufus. 211.

3. *L'empereur Alexandre, à Faustine.*

Toutes les fois qu'une question d'état se
présente dans une discussion de biens, rien
n'empêche que celui qui, en toute autre
occurrence, ne peut connaître de la question
d'état, ne termine le différent.

Fait le 6 des ides de fév., sous le deuxième
consulat de Julianus et de Crispinus. 229.

4. *Le même, à Popilius.*

Si lorsque vous avez reçu le prix des
biens achetés par vos curateurs, et livré les
titres de l'achat, vous n'avez point agité
la question de la garantie omise, vous
comprenez qu'une fois la contestation terminée, il est impossible d'y revenir.

Fait dans les calend. d'août, sous le consulat de Modestus et de Probus. 229.

5. *L'empereur Gordien, à Marcellus.*

Un juge commis par un autre n'a pas le
pouvoir de subdéléguer un autre juge, quoiqu'il exerce lui-même une charge judiciaire,
à moins que le prince ne l'ait commis lui-
même.

Fait le 4 des non. de septembre, sous le
consulat de Pie et de Pontianus. 239.

6. *Le même, à Junia.*

L'esclave ne peut intervenir dans un jugement ; toutefois s'il n'a été prononcé contre
lui aucune condamnation, ce qui a été statué
subsiste.

Fait le 15 des calend. de septembre, sous
le consulat de Gordien et d'Aviola. 240.

7. *Les empereurs Dioclétien et Maximien,*
à Hyrina.

Lorsque vous assurez que l'esclave de
votre débiteur, obligé par l'effet de votre
hypothèque, possède les biens de son maître

décédé, vous demandez, sans raison, que l'on vous accorde des actions contre lui; certes, s'il ne peut exister de jugement entre un homme libre et un esclave, il vous convient mieux de recourir au juge pour vous mettre en possession des hypothèques, que de demander des choses défendues par les lois.

Fait le 14 des calend. de mai, cc. Cons. 294.

8. _Les empereurs Constantin et Licinius, à Dionysius._

On doit se régler dans toutes les affaires principalement d'après la justice et l'équité, plutôt que d'après le droit étroit.

Fait dans les ides de mai, sous le consulat de Volusien et d'Annien. 314.

9. _L'empereur Constantin, à Maxime._

Il faut qu'avant tout les juges examinent mûrement la nature de l'affaire, et qu'ensuite ils interrogent fort souvent l'une et l'autre parties pour qu'elles n'aient plus rien à ajouter; vu que cela même profite à l'une ou à l'autre partie, soit que la cause doive être terminée par le juge, ou qu'elle doive être renvoyée devant l'autorité supérieure.

Donné le 2 des ides de janvier, sous le consulat de Licinius et Crispus, Licinius étant consul pour la cinquième fois. 316.

Authentique tirée de la novelle. 116. ch. 2.

Si une partie a donné ses moyens de défense, et que l'autre ne les ait point déclarés, nous ordonnons que le juge de la cause donne un délai de trente jours, à compter de celui que la partie a fourni ses défenses, à l'autre partie qui use de retards, pour qu'elle propose de suite ce qu'elle trouvera convenable; si elle ne l'a pas fait dans ce délai, que le juge lui accorde un autre mois pour vaincre son obstination; si elle ne les a point remis dans cet intervalle, que le juge lui donne encore un autre mois; de sorte que si elle n'a point

adversùs eum dari tibi actiones contra jus postulas; si quidem inter servum et liberum consistere nullum possit judicium, ad possessionem itaque pignorum magis officio judicis venire te convenit, quàm illicita postulare.

S. 14 cal. maii, cc. Conss. 294.

8. _Impp. Constantinus et Licinius. AA. ad Dionysium._

Placuit in omnibus rebus præcipuam esse justitiæ æquitatisque scriptæ, quàm stricti juris rationem.

Dat. idib. maii, Volusiano et Anniano, Conss. 314.

9. _Imp. Constantinus. A. ad Maximum._

Judices oportet in primis rei qualitatem plena inquisitione discutere, et tunc utranque partem sæpiùs interrogare, nunquid novi addere desideret : cùm hoc ipsùm ad alterutram partem proficiat, sive definienda causa per judicem, sive ad majorem potestatem referenda sit.

Dat. 2 id. januar. Licinio v. et Crispo, Conss. 316.

Authent. ex novell. 116, cap. 2.

Jubemus, ut si quandò una pars allegationibus suis renuntiaverit, alia verò pars se habere aliquid, quod proponat, dixerit, judex negotii modis omnibus eam partem, quæ utitur dilatione, compellat intra triginta dies, postquàm altera pars allegationibus renuntiaverit, quicquid velit, sine aliqua intermissione proponere : quod si non fecerit, tunc ad ejus malitiam superandam alius mensis indulgeatur à judice: si verò adhuc distulerit, alterius mensis dilatio præbeatur; ita ut si usque ad prædictos tres menses suas

non proposuerit allegationes, causæ cognitor
non ampliùs expectans, sententiam proferat
omnibus modis legibus, et moribus conso-
nantem; vel si noluerit, referat, ne litigatoribus malè tractantibus liceat causarum
exitus ultrà protrahere.

10. *Idem* A. *ad Severum*, P. V.

Nulli prorsùs audientia præbeatur, qui
causæ continentiam dividet, et ex beneficii
prærogativa id quod in uno eodemque judicio poterat terminari, apud diversos judices voluerit ventilare; pœna ex officio
judicis imminente ei qui contra hanc suppli-
caverit sanctionem, atque alium super possessione, alium super principali quæstione
judicem postulaverit.

Dat. 3 cal. aug. Paulino et Juliano, Conss.
325.

11. *Imperator Justinianus* A. *Juliano*, P. P.

Properandum nobis visum est, ne lites
fiant penè immortales, et vitæ hominum
modum excedant, (cùm criminales quidem
causas jam nostra lex biennio conclusit, et
pecuniariæ causæ frequentiores sunt, et sæpè
ipsæ materiam criminibus creare noscuntur)
præsentem legem super his per orbem terrarum, nullis locorum vel temporum angus-
tiis coarctandam, ponere,

§. 1. Censemus itaque omnes lites super
pecuniis quantæcunque quantitatis, sive super conditionibus, sive super jure civitatum,
sive privatorum fuerint illatæ, sive super
possessione, vel dominio, vel hypotheca,
seu super servitutibus, vel pro aliis quibusdam causis, pro quibus hominibus inter se
litigandum est, exceptis tantummodò causis
quæ ad jus fiscale pertinent, vel quæ ad
publicas respiciunt functiones; non ultra
triennii metas post litem contestatam esse

---

donné ses moyens de défense pendant ces
trois mois, le juge de la cause, n'attendant pas un plus long délai, doit décider
l'affaire conformément aux lois et aux coutumes; si elle a refusé, qu'il en fasse son
rapport, crainte qu'il ne soit permis aux
plaideurs indociles de retarder plus long-
tems la décision d'une affaire.

10. *L'empereur Constantin*, à *Sévère*.

On doit absolument refuser d'entendre
celui qui divisera une seule affaire, et qui
aura voulu, comme par privilége, porter devant plusieurs juges une cause qui aurait
pu être décidée par un seul. Le devoir du
juge est de punir promptement celui qui
présenterait une requête contre la teneur
de cette constitution, et qui postulerait
devant un juge sur le possessoire, et devant
un autre sur le pétitoire.

Donné le 13 des calend. d'août, sous le
consulat de Paulinus et de Julianus. 325.

11. *L'empereur Justinien*, à *Julien*, préfet
du prétoire.

Crainte que les procès ne deviennent presque éternels, et qu'ils ne surpassent la vie humaine, (comme déjà notre loi a déterminé à
deux ans la décision des affaires criminelles,
et que les civiles sont plus nombreuses, et
donnent souvent naissance aux premières)
il nous a paru nécessaire, pour hâter leur
marche, d'établir dans tout l'univers la présente loi, qui ne sera restreinte dans aucun
cas et en aucun lieu.

§. 1. C'est pourquoi nous ordonnons que
tous les procès intentés, soit sur les biens,
de quelque valeur qu'ils soient, sur les conditions, sur le droit des cités ou des particuliers, soit sur la possession, la propriété,
l'hypothèque, les servitudes, soit enfin sur
toutes les affaires qui occasionnent des
contestations parmi les hommes, excepté
toutefois celles qui concernent les droits du
fisc, ou celles qui regardent l'administration publique, soient terminés dans l'espace

de trois ans, à compter de la contestation
en cause; et que tous les juges dans cette
auguste ville ou dans les provinces, soit
qu'ils soient chargés d'une administration
supérieure ou inférieure, ou qu'ils exercent
une magistrature, soit qu'ils aient été délégués par notre conseil ou par nos juges supérieurs, ne puissent étendre les procès au-delà
de cet espace de tems; car nul n'ignore que
cela ne dépende de la volonté des juges: s'ils
ne le voulaient point, personne ne serait assez
téméraire pour différer malgré eux la décision d'un procès.

§. 2. Si le demandeur ayant discontinué ses
poursuites, et le défendeur étant fatigué d'un
si long retard, au point que l'espace de trois
ans, à compter de la contestation en cause,
soit sur le point d'expirer, comme s'il n'y avait
plus que six mois, les juges, après que le défendeur s'est plaint de l'absence de son adversaire, et qu'ils ont pris en considération cette
observation, pourront s'enquérir, par les
exécuteurs, du demandeur. Et si pendant
trois fois cette plainte d'accusation a été suivie
d'un délai de dix jours assigné à chacune,
et que le demandeur n'ait point paru, ni
donné d'instruction sur l'affaire, soit par lui-
même, soit par son procureur, alors nous
ordonnons que le juge du procès examine
les actes qui lui ont été remis; et si après
des examens réitérés il n'y trouve rien d'assez
concluant pour asseoir son jugement, dans
ce cas, nous voulons non-seulement que le
défendeur soit mis hors d'instance, mais que
son adversaire soit condamné à tous les dépens que les procès ont coutume d'occa-
sionner, et dont la quotité devra être fixée
par le serment du défendeur, et que la sûreté
donnée par celui-ci lui soit rendue; car si
elle restait, elle lui serait restituée de notre
autorité; mais que si, d'après les actes que
le juge a, le demandeur ne se présentant pas,
il peut trouver un moyen d'éclaircir la question à juger, si le demandeur même défaillant paraît avoir raison dans sa demande,

Tome I.

protrahendas. Sed omnes judices, sive in
hac alma urbe, sive in provinciis, majorem
seu minorem peragant administrationem,
sive in magistratibus positi, vel ex aula
nostra dati, vel à nostris proceribus delegati;
non esse eis concedendum ulterius lites quàm
triennii spatio extendere. Hoc etenim judicialis magis esse potestatis, nemo est qui
ignoret. Nam si ipsi noluerint, nullus tam
audax invenitur qui possit invito judice litem
protelare.

§. 2. Et siquidem pars actoris cessaverit,
quatenùs multiplici dilatione reus fatigetur,
et triennii metæ post litem contestatam jam
propè finem veniant, ut semestre tempus
tantùm ei supersit; licentia erit judici per
executores negotii actorem requirere, parte
fugiente ex una parte actoris absentiam in-
cusante, et judicibus omnimodo suas aures
hujusmodi quæstioni referentibus; et si per
tres vices hoc fuerit subsecutum decem dierum spatio per unumquenque introitum des-
tinato, et nec ita pars actoris fuerit inventa,
et neque per se, neque per procuratorem
instructum pervenerit, tunc judicem negotii
acta apud se confecta conspicere censemus;
et si quidem nihil sufficiens actitatum est,
ex quo possit termino causæ certa fieri con-
jectura, volumus non solùm partem fugientem ab observatione judicii relaxare, sed
etiam in omnes expensas, quæ consueto
modo circa lites expenduntur, eum condemnare vera quantitate earum sacramento fugientis manifestanda, et omni cautela quam
super lite reus exposuit, reddenda; quæ et
si remanserit, viribus evacuabitur. Sin autem
ex gestis apud se habitis, parte actoris minimè inventa, possit invenire viam, qua
manifestum ei fiat qui statuendum sit; etiam
absente actore si eum meliorem causam habere prospexerit, pro eo ferre sententiam
non moretur, et præsentem reum absenti actori condemnare: expensis tantummodò litis,

50

quas reus legitimè se expendisse juraverit,
condemnatione excipiendis, quia hanc pœnam actori, et meliorem causam habenti,
propter solam absentiæ contumaciam imponimus; nullo penitùs ei regressu ad eandem
litem conservando; sed actor contumax cadat
omninò de lite, si reus absolvatur. Sin verò
aliqua condemnatio contra reum pro absente
actore proferatur, quam forsitàn non sufficientem sibi actor putaverit fugitivus, nullo
modo iterùm eandem litem ressuscitare
concedimus, et hæc quidem pœna actori sit
imposita.

§. 3. Sin autem reus abfuerit, et similis
ejus processerit requisitio, quemadmodùm
pro persona actoris diximus, etiam absente eo
eremodicium contrahatur; et judex, secundùm quod veteribus legibus cautum est, ex
una parte cum omni subtilitate causam re-
quirat; et si obnoxius fuerit inventus, etiam
contra absentem promere condemnationem
non cesset; quæ ad effectum perducatur; et
per res et facultates fugientis victori satisfiat,
sive ipse judex ex sua jurisdictione hoc facere
potest, sive per relationem ad majorem judicem hoc referatur, et ex eo legitima via
contra res contumacis aperiatur : nulla licentia ei vel alii personam ejus solam præten-
denti concedenda contradicendi, cùm in
possessionem ex hujusmodi causa actor mittitur; nec si reversus ipse fuerit et voluerit
fidejussores dare, et possessionem recuperare, audiatur, in hujusmodi etenim casibus
omnem ei contradictionem excludimus.

§. 4. Cùm autem eremodicium ventilatur
sive pro actore, sive pro reo, examinatio
causæ sine ullo obstaculo celebretur. Cùm
enim terribiles in medio proponuntur scripturæ, litigatoris absentia Dei præsentia re-
leatur; nec pertimescat judex appellationis

qu'il ne tarde pas de décider en sa faveur, et
de condamner envers lui le défendeur présent. Les dépens toutefois que celui-ci aura
juré avoir payé légitimement, seront exceptés de la condamnation. Nous imposons
cette peine au demandeur qui, ayant raison,
ne s'est point présenté, en perdant entièrement son recours sur le même procès; mais
que le demandeur défaillant perde tout à fait
sa cause si le défendeur est absous. Si quelque
condamnation est prononcée contre ce dernier en faveur du demandeur absent, et que
celui-ci la prétende insuffisante, nous lui
défendons de renouveler la même instance;
c'est la peine que nous lui infligeons.

§. 3. Que si, le défendeur n'ayant point
comparu, on a procédé à une enquête de
sa personne, de la manière que nous avons
prescrite pour celle du demandeur, et que le
défendeur ait fait aussi défaut, que le juge,
d'après ce qu'ont établi nos anciennes lois,
s'informe soigneusement de l'affaire par la
partie présente. Et si la demande de celle-ci
paraît juste, que le juge ne laisse pas de porter contre le défendeur une condamnation
qui sortisse à effet, et qu'il fasse payer le demandeur sur les biens et les facultés du défendeur, soit qu'il puisse le faire de son autorité, ou qu'il en fasse le rapport au juge
supérieur, pour trouver de là une voie légale
contre les biens du défaillant. On ne doit
point permettre que le demandeur soit con-
tredit dans la possession de ces biens, lorsqu'il y a été mis de cette manière. Si le
défaillant n'est point retourné, et qu'il ait
voulu donner caution et récupérer la possession de ses biens, qu'on l'entende; car, dans
les cas de cette espèce, nous lui défendons
toute contradiction.

§. 4. L'examen du procès doit se faire
sans aucun obstacle, lorsque le demandeur
ou le défendeur a fait défaut; car, lorsque
les écrits sacrés sont exposés, la présence de
Dieu supplée à l'absence du défaillant, et
le juge ne doit point craindre qu'on appelle

de sa sentence, puisqu'il n'est pas permis d'appeler à celui qui ne s'est point présenté. C'est ainsi que l'ont établi nos anciennes lois, ce qui est de droit reconnu.

§. 5. Mais qu'une telle sentence soit rendue près la fin du terme de trois ans, qui est l'objet de la présente loi ; car si l'une ou l'autre a discontinué bien avant ce terme, et que l'absent ait laissé l'espoir de retour, ce dernier sera absous de la condamnation des dépens par la sentence qui sera rendue. Dans ce cas, sa désertion du procès, et la condamnation n'est point introduite contre l'absent, comme dans les cas précédens où il ne reste plus qu'un court délai pour arriver au terme de trois ans.

§. 6. Si le procès a été jugé en présence des deux parties ou en l'absence de l'une d'elles, que tous les juges établis dans notre empire sachent qu'ils doivent condamner aux dépens celui qui a perdu la cause envers celui qui l'a gagnée, seulement aux dépens ordinaires des procès, d'après le serment de ce dernier ; parce que, s'ils omettaient cette disposition, ils seraient tenus de les rendre de leur argent, et d'en refaire la partie lésée.

§. 7. Nous avons trouvé à propos d'établir, suivant les principes de l'équité, ces diverses dispositions sur l'une ou l'autre partie des plaideurs qui font défaut.

§. 8. Mais que si l'une des deux parties desirant terminer la contestation, a été trouver le juge, et que celui-ci n'ait point voulu la recevoir, qu'il ait lui-même contribué à prolonger le procès, soit à cause des liaisons d'amitié, soit par inimitiés ou à la faveur d'un gain sordide, soit enfin pour quelque autre vice qui peut naître de l'ame des juges, et qu'à cause de ce, l'espace de trois ans soit écoulé ; si un pareil juge est élevé à une magistrature ou à une dignité supérieure, de celles qu'on nomme illustres, il sera condamné à verser dans le trésor de nos largesses particulières une amende de dix livres d'or ; mais si ce juge est élevé à une dignité moins

obstaculum, cùm ei qui contumaciter abesse noscitur, nulla sit provocationis licentia ; quod et in veteribus legibus esse statutum, manifestissimi juris est.

§. 5. Hujusmodi autem sententia propè finem triennii proferatur, pro quo et præsentem legem induximus. Si enim in anteriore tempore, in quo larga temporis superest dilatio, et spes absenti relicta fuerit revertendi, alterutra pars cessaverit ; in sola expensarum datione et absolutione forsitàn præstetur pœnalis sententia : non autem tunc mors litis et condemnatio in absentem introducatur, quæ in his tantummodò casibus accidunt, in quibus triennii effluentis imminet formido.

§. 6. Sive autem alterutra parte absente, sive utraque præsente lis fuerit decisa, omnes judices qui sub imperio nostro constituti sunt, sciant victum in expensarum causa victori esse condemnandum, quantùm pro solitis expensis litium juraverit ; non ignorantes, quòd si hoc prætermiserint, ipsi de proprio hujusmodi pœnæ subjacebunt, et reddere eam parti læsæ coarctabuntur.

§. 7. Et hæc de alterutra parte litigantium se contumaciter absentante nobis statuere visum est, ad æquitatis rationem omnia corrigentibus.

§. 8. Sin autem utraque parte imminente, et litem peragere cupiente, judex eam accipere noluerit, vel propter amicitias, vel inimicitias, vel turpissimi lucri gratia, vel propter aliud quodpiam vitium, quod miserrimis animis hujusmodi judicum innasci potest, litem ipse ausus fuerit protelare, et propter hoc triennium fuerit transactum ; judex, si quidem in magistratu positus est, vel in majori dignitate usque ad illustratus gradum, decem libras auri privatis nostris largitionibus inferre per scholam Palatinam compelletur : si autem judex minor fuerit, trium librarum auri multa plectetur, per eandem scholam exigenda, et nostro ærario adplicanda ; et eo removendo, alter judex in locum ejus subrogabitur sub similis pœnæ formidine. His omnibus locum habentibus, cùm unus judex unam causam ab initio peragit. Sin autem in medio triennii vel morte judicis, vel alia irrecusabili occasione judicium fuerit mutatum, tunc si quidem ex triennio annale tempus vel ampliùs residet, in quo alius judex ei causæ imponitur, intra reliquum tempus causa finiatur. Sin autem minus quàm annale sit, tunc omne quod deest, repleatur, ut non in minore quàm perfecti anni tempore litem possit subrogatus judex tàm discutere, quàm terminare.

§. 9. Illo proculdubio observando, ut si neque per alterutram litigantium partem, nec per judicem steterit, quo minùs lis suo marte decurrat, sed per patronos causarum ; licentia detur judici, et eos duarum librarum auri pœna afficere, per scholam Palatinam exigenda, et similiter publicis rationibus aggreganda ; ipso videlicet judice in sua sententia hoc ipsum manifestante, quòd per patronos causarum vel fugientis vel agentis dilatio facta est, vel per omnes, vel per quosdam ex his necessitate advocatis imponenda, ex quo litem peragendam susceperint, eam usque ad terminum (nisi lex vel justa causa impediat) implere ne ex eorum recusatione fiat causæ dilatio : honorariis scilicet à clientibus, qui dare possunt, disertissimis togatis omnimodo præstandis ; et si cessaverint, per executores negotiorum exigendis, ne per hujusmodi machinationem causæ merita protrahantur, nisi ipse litigator alium pro alio patronum eligere maluerit.

§. 10. Hæc autem omnia in his omnibus à nobis cauta sunt, quibus perfectæ ætatis

grande, il devra être condamné à l'amende de trois livres d'or, qui sera versée dans notre trésor : il sera ensuite destitué, et on subrogera à sa place un autre juge, qui, s'il tombait dans la faute de son prédécesseur, serait soumis à une punition semblable. Toutes ces choses ont lieu lorsque le juge a commencé à prendre en main l'affaire dès le commencement du délai dans les bornes duquel elle doit être terminée. Mais si, dans l'espace de trois ans, le jugement a été retardé, soit par la mort du juge ou pour quelque autre cause légitime, s'il reste un an ou plus pour arriver au terme de trois ans, alors il faut nommer un autre juge à la cause, qui doit la terminer avant la fin de ce délai de trois ans ; mais s'il reste moins qu'une année, alors on doit ajouter ce qui manque pour que le juge subrogé n'ait pas moins d'un an révolu pour examiner et terminer l'affaire.

§. 9. En observant néanmoins que si ce n'est ni l'une ni l'autre des parties ni le juge qui aient retardé la marche du procès, mais les avocats, dans ce cas il sera permis au juge de les punir d'une amende de deux livres d'or, qui devra être appliquée pareillement aux besoins publics. Le juge devra faire mention de cela dans son jugement ; que l'affaire a été retardée par le fait des avocats du demandeur ou du défendeur, soit qu'elle l'ait été par le fait de tous ou par certain d'entr'eux. Les avocats doivent poursuivre le procès jusqu'à leur entière fin, à moins que la loi ou une juste cause ne les en empêche, ou que le retardement du procès vienne de leur récusation. Les honoraires doivent leur être payés par les cliens qui peuvent le faire : si ceux-ci ont négligé de les payer, les exécuteurs des affaires doivent les exiger, crainte que, par un pareil artifice, les procès fussent traînés en longueur ; si ce n'est que le plaideur ait préféré choisir un autre avocat en place de celui qu'il avait choisi précédemment.

§. 10. Les dispositions précédentes que nous avons décrétées concernent les majeurs, qui peuvent seuls, sans l'intermédiaire de personne, administrer leurs affaires.

§. 11. Que si ces causes intéressent des pupilles, des adultes ou d'autres personnes qui sont sous la direction d'autrui, et qu'il se soit écoulé trois ans après qu'elles ont été intentées par leurs tuteurs, curateurs, avocats ou procureurs, et qu'elles aient péri, certes le procès n'a rien moins que sa force; mais tout le dommage qui en résulte retombe sur les tuteurs, curateurs, leurs fidéjusseurs, leurs héritiers, leurs biens, et enfin sur tous ceux qui ont un intérêt de droit dans l'affaire. Que si leurs biens ne suffisent pas aux mineurs ou pupilles, alors il leur reste la voie de la restitution en entier pour la perte qu'ils ont éprouvée.

Donné le 6 des calend. d'avril, sous le consulat de Lampadius et d'Oreste. 539.

12. *Le même, à Julien, préfet du prétoire.*

Nous entreprenons une chose qui n'est pas nouvelle ni inusitée, mais vraiment agréable aux anciens législateurs; car, dès qu'elle a été méprisée, elle a porté aux affaires un grand préjudice. Qui doute que les anciens juges ne pussent juger qu'ils n'eussent préalablement prêté serment de décider les affaires suivant la vérité et conformément aux lois? Puisque nous avons trouvé cette disposition tombée en désuétude, et que les plaideurs ont reconnu l'utilité de nos anciennes lois émises sur cette matière, qui furent approuvées généralement, nous arrivons à cette loi importante à jamais, par laquelle nous ordonnons que tous les juges supérieurs ou inférieurs qui ont été placés dans les administrations, résidant dans cette ville, ou dans les états qui sont sous notre dépendance, soit ceux auxquels nous avons permis de donner audience, ou ceux que les juges supérieurs nomment, ou ceux qui ont la faculté de juger dans leur juridiction, ou ceux qui entreprennent de ter-

constitutis, arbitrium suum pro omnibus causis sufficit.

§. 11. Si verò causæ vel pupillorum, vel adultorum sint, vel aliorum sub cura agentium, masculorum vel fœminarum, ut per tutores vel curatores, vel actores, vel eorum procuratores agantur, et eorum desidia triennium fuerit elapsum, et causa ceciderint; litem quidem nihilominùs suum habere vigorem : omnem autem jacturam, quæ ex hac causa oritur, ad tutores et curatores, aut eorum fidejussores, hæredesque, et res eorum, et ad omnes, quorum in hac causa legitimè interest, redundare. Sin autem non sufficiat pupillis vel minoribus eorum substantia, tunc in id in quo fuerint detrimentum perpessi, placuit in integrum restitutionis auxilium eis superesse.

Dat. 6 cal. april. Lampadio et Oreste. vv. cc. Conss. 539.

12. Idem A. *Juliano*, P. P.

Rem non novam, neque insolitam aggredimur, sed antiquis quidem legislatoribus placitam, cùm verò contempta sit, non leve detrimentum causis inferentem. Cui enim non est cognitum, antiquos judices non aliter judicialem calculum accepisse, nisi priùs sacramentum præstitissent, omnimodo sese cum veritate et legum observatione judicum esse disposituros? Cùm igitur et viam non inusitatam invenimus ambulandam, et anteriores leges nostræ quæ de juramentis positæ sunt, non minimam suæ utilitatis experientiam litigantibus præbuerunt, et ideò ab omnibus meritò collaudantur; ad hanc in perpetuum valituram legem pervenimus, per quam sancimus omnes judices, sive majores, sive minores, qui in administrationibus positi sunt, vel in hac regia civitate, vel in orbe terrarum, qui nostris gubernaculis regitur, sive eos, quibus nos audientiam committimus, vel qui à majoribus judicibus dantur, vel qui ex jurisdictione sua judicandi habent facultatem, vel qui ex recepto, id est compromisso (quod judicium imitatur) causas dirimendas suscipiunt, vel qui arbitrium peragunt, vel ex auctoritate sententiarum, et partium consensu electi sunt, et generaliter omnes omninò judices romani juris disceptatores, non aliter litium primordium accipere, nisi priùs ante sedem judicialem sacrosanctæ deponantur scripturæ, et hæ permaneant non solùm in principio litis, sed etiam in omnibus cognitionibus usque ad ipsum terminum, et definitivæ sententiæ recitationem. Sic etenim attendentes ad sacrosanctas scripturas, et Dei præsentia consecrati, ex majore præsidio lites diriment; scituri quòd non magis alios judicant, quàm ipsi judicantur, cum etiam ipsis magis, quàm partibus, terribile judicium est, si quidem litigatores sub hominibus, ipsi autem Deo inspectore adhibito causas proferunt trutinandas. Et hoc quidem jusjurandum judiciale omnibus notum sit, et Romanis legibus optimum à nobis accedat incrementum, et ab omnibus judicibus observandum : et si prætereatur, contemptoribus periculosum sit.

Authent. ex novell. 15, §. *penult.*

Hodiè jurant se facturos, secundùm quod eis visum fuerit justius et melius, exceptis defensoribus civitatum, qui jurant omnia secundùm leges, et jus se facturos.

(*Sequitur textus Codicis.*)

Patroni autem causarum, qui utrique parti suum præstantes auxilium ingrediuntur, cùm lis fuerit contestata, post narrationem propositam, et contradictionem objectam, in qualicunque judicio majore vel minore, vel apud arbitros, sive ex compromisso, sive aliter datos, vel electos, sacrosanctis evangeliis tactis juramentum præstent, quòd omni quidem virtute sua, omnique ope, quod verum et justum existimaverint clientibus suis inferre procurabunt, nihil studii relinquentes, quod sibi possibile est : non autem credita sibi causa cognita, quòd improba sit,

miner les affaires d'après un compromis, (ce qui imite le jugement,) soit les arbitres nommés pour terminer une affaire, par suite d'une sentence ou du consentement des parties, et généralement tous les juges qui connaissent du droit romain, ne puissent connaître d'un différent qu'auparavant les saintes écritures n'aient été placées vis-à-vis les siéges des juges, où elles doivent rester depuis le commencement du procès jusqu'à la fin, et la lecture du jugement définitif. Ils doivent savoir que, faisant attention aux saintes écritures, et la présence de Dieu consacrant leurs décisions, ils terminent les différens avec un secours surnaturel; qu'ils sachent qu'ils seront jugés eux-mêmes comme ils auront jugé les autres : même le jugement est-il plus terrible à eux-mêmes qu'aux parties ; car s'ils jugent les plaideurs, Dieu pèse les jugemens qu'ils rendent. Que ce serment judiciaire soit donc connu de tous; qu'il soit ajouté aux lois romaines, et qu'il soit observé par tous les juges. Si on néglige de le prêter, qu'il y ait du danger pour ceux qui le méprisent.

Authentique tirée de la nov. 15, §. *pénult.*

Maintenant on prête serment de juger selon ce qui paraîtra plus juste et meilleur, excepté les défenseurs des villes qui jurent de se conformer aux lois et au droit.

(*Suit le texte du Code.*)

Mais les avocats qui prêtent leur ministère à l'une et l'autre partie après la contestation en cause, la narration faite et la réfutation, doivent prêter serment sur les évangiles, de défendre leurs cliens selon leur science et leur pouvoir, et de ne rien oublier pour leur défense, s'il est possible, soit qu'ils soient constitués près d'un juge supérieur ou inférieur, soit qu'ils soient nommés près les arbitres élus par un compromis, ou de toute autre manière. Ils ne doivent point se charger des procès reconnus pour être mauvais, entièrement désespérés, et établis sur des allégations mensongères; car, connaissant la nature du procès, ils préféraient de mauvaise foi leur ministère à un tel procès. Mais si, la discussion s'engageant, ils ont reconnu que ce procès était insoutenable, qu'ils en abandonnent la défense, et qu'ils ne se mêlent aucunement d'une telle affaire. Cela fait, il n'est point permis au plaideur rebuté d'avoir recours au ministère d'un autre avocat, de peur qu'en abandonnant un honnête avocat, il ne recoure à de méchans; mais si le plaideur a choisi plusieurs avocats pour la défense de son affaire, lesquels ont tous prêté serment de remplir leur promesse, quelques-uns d'entr'eux seulement se chargent de la défense de l'affaire, et les autres refusent, qu'il soit permis aux uns et aux autres de suivre le parti qu'ils ont pris; car on ne verra pas moins la fin de la cause, quoique des avocats timides aient refusé de la défendre, ou que d'autres plus audacieux aient persisté dans le parti qu'ils avaient pris de s'en charger. Il ne doit pas être permis non plus dans ce cas aux plaideurs de subroger d'autres avocats à la place de ceux qui ont refusé.

Fait le 4 des calend. d'avril, sous le consulat de Lampadius et d'Oreste. 530.

13. Le même empereur, à Julien, préfet du prétoire.

Nous ordonnons par cette loi, qui doit être observée non-seulement dans cette illustre ville, mais encore dans les provinces, qu'aucun des juges ne communique à la personne qui, étant absente lors de l'assignation, revient, l'état de la cause pour laquelle elle a été assignée; qu'au contraire on le lui cache soigneusement, jusqu'à ce qu'elle ait remboursé tous les dépens occasionnés par son absence, et que ses adversaires ont supportés, ainsi que tous les frais du procès, les honoraires des avocats, et tous les autres dépens dont la cause a été l'objet. L'estimation doit en être faite par

vel penitùs desperata, et ex mendacibus allegationibus composita, ipsi scientes prudentesque mala conscientiâ liti patrocinabuntur: sed et si certamine procedente aliquid tale sibi cognitum fuerit, à causa recedant, ab hujusmodi communione·sese penitùs separantes. Hocque subsecuto, nulla licentia concedatur spreto litigatori ad alterius advocati patrocinium convolare, ne melioribus contemptis, improba advocatio subrogetur. Sin autem pluribus patronis adhibitis, et juramento ab omnibus præstito, quidam ex his causa procedente patrocinandum esse crediderint, quidam recusaverint, exeant quidem recusantes, volentes autem remaneant. Causæ etenim terminus manifestare poterit, qui timidiùs, quique audaciùs judicium vel reliquerunt, vel protulerunt: nec in hac parte litigatoribus danda licentia alios pro recusantibus subrogare.

Dat. 4 cal. april. Lampadio et Oreste, vv. cc. Coss. 530.

13. Idem A. Juliano, P. P.

Sancimus omnes judices (sive in hac florentissima civitate, sive in provinciis) si quandò absens persona citata posteà apparuerit : non aliter ei judicial aditum revelare, sed omnem claudere ei judiciorum copiam, nisi priùs omnia damna restituat ex hujusmodi vitio adversariis ejus inflicta, sive circa ingressus litis, sive circa honoraria advocatorum, vel alias causas, quæ in judicio versantur; æstimatione judicis quantitate eorum desinienda, postquàm juratum ab eo fuerit qui fecit expensas : executoribus negotiorum modis omnibus dispositiones eorum adimplentibus : scituris judicibus nostris et executoribus, quòd si hoc prætermiserint, ex sua substantia hujusmodi detrimentum læsis resarcire compellentur : quod et in pedaneis judicibus observari censemus, licet non citati, sed requisiti litigatores mala conscientia abfuerint.

Dat. 10 cal. maii, Lampadio et Oreste. vv. cc. Conss. 530.

le juge, d'après le serment de la personne qui les a avancés, et d'après les opérations des exécuteurs qu'ils ont employés ; que nos juges et leurs exécuteurs sachent que s'il est fait quelque chose de contraire à ces dispositions, ils seront forcés de le réparer avec leurs propres biens. Nous ordonnons, en outre, que l'observation de ces dispositions soit étendue aux juges pédanées, lorsque les personnes qu'ils ont requises (quoique non assignées) se sont absentées par mauvaise foi.

Fait le 10 des calendes de mai, sous le consulat de Lampadius et d'Oreste. 530.

Authent. ex novell. 82, cap. 10.

Post jusjurandum delatum et præstitum non licet judici ampliùs taxare ; sed et si hodiè priùs judex taxaverit, et ita secundùm quantitatem à judice taxatam judicatum fuerit, non habeat licentiam judex minùs quàm juratum fuerit, condemnare. Sed si viderit judex neutrum litigatorum subdi debere rationi sumptuum propter negotii varietatem, sua sententia hoc declaret.

Authentique extraite de la novelle 82, ch. 10.

Après que le compte des frais a été arrêté et confirmé par le serment, il n'est plus permis au juge de l'augmenter ; mais aujourd'hui si le juge a arrêté le compte des frais, et l'a fait confirmer par le serment, il ne lui est plus permis de condamner à payer une moindre somme que celle qui a été portée en premier lieu dans le compte. Si le juge s'aperçoit qu'à cause de la nature de la cause, il ne soit dû aucun frais, qu'il en fasse mention dans sa sentence.

14. *Idem* A. *Juliano,* P. P.

Apertissimi juris est, licere litigatoribus judices antequàm lis inchoetur, recusare : cùm etiam ex generalibus formis sublimissimæ tuæ sedis statutum sit, necessitatem imponi judice recusato partibus ad eligendos arbitros venire, et sub audientia eorum sua jura proponere. Licet enim ex imperiali numine judex delegatus est, tamen quia sine suspicione omnes lites procedere nobis cordi est, liceat ei qui suspectum judicem putat antequàm lis inchoetur, eum recusare, ut ad alium curratur, libello recusationis ei porrecto : cùm post litem contestatam neque appellari posse ante definitivam sententiam jam statuerimus, neque recusari posse, ne lites in infi-

14. *Le même empereur, à Julien, préfet du prétoire.*

C'est un point de droit très-certain, que les plaideurs peuvent récuser avant le commencement du procès les juges délégués pour s'en occuper ; et, d'après les règlemens fondamentaux de votre tribunal, il a été résolu que, dans le cas de la récusation des juges, les parties seraient forcées de se nommer des arbitres, au tribunal desquels elles doivent soumettre leur affaire. Quand même le juge aurait été délégué par notre majesté impériale, desirant qu'il soit procédé dans la décision des procès avec la plus grande impartialité, qu'il soit permis à celui qui suspecte un juge de le récuser avant le commencement du procès, et de recourir à un autre juge, après lui avoir fait parvenir le libello de récusation; car nous avons déjà statué qu'il n'est plus permis d'appeler après la contestation en cause, ni de récuser les juges, si ce n'est après la sentence définitive, afin d'éviter que les procès ne traînent à l'infini. Le juge étant récusé, on doit forcer les parties, par le même exécuteur et par l'autorité du juge ordinaire et des lois, de se choisir des arbitres, et de soumettre leur affaire à leur tribunal, comme s'ils avaient été délégués par l'empereur; ce que nous ordonnons qu'on observe dans tous les cas où le juge n'aura pas été délégué par l'empereur, mais par une autre autorité.

Fait le 5 des calendes de mai, à Constantinople, sous le consulat de Lampadius et d'Oreste. 530.

Authentique extraite de la novelle 86, ch. 2.

Mais s'il arrive que quelqu'un de nos sujets suspecte le juge qui lui est donné, nous ordonnons qu'-» dans le jugement de la cause on adjoigne à ce dernier l'archevêque ou l'évêque du lieu, afin que tous les deux ils applanissent les doutes de la partie plaignante, soit par une composition amicale ou par un acte écrit, ou qu'ils jugent l'affaire en connaissant comme juges, pour que les affaires des provinciaux éloignés de la capitale ne traînent pas trop long-tems; mais si le juge a refusé d'obéir à l'évêque, que ce dernier donne connaissance de ce refus au prince, pour qu'il l'en punisse.

15. *Le même empereur, à Jean, préfet du prétoire.*

C'est un point de droit certain, que la faculté de juger est accordée aux militaires; car enfin est-il quelque chose qui empêche que des personnes douées des talens nécessaires dans leur partie, exercent les fonctions de juges dans cette partie qui les concerne. Nous n'ignorons pas que des militaires exercent des magistratures; et personne n'a à se plaindre de l'usage journalier où ils sont

Tome I.

nitum extendantur : eodem scilicet executore necessitatem partibus per ordinarium judicem, et omne civile auxilium imponere, et arbitros eligere, et ad eos venire, et sic litem appetere, quasi arbitri fuerint ab imperiali culmine delegati. Quod et si ab imperiali majestate judex delegatus non sit, sed ab alio culmine, obtinere censemus.

Dat. 5 cal. maii, Constantinop. Lampadio et Oreste vv. cc. Conss. 530.

Authent. ex novell. 86, cap. 2.

Si vero contigerit aliquem subjectorum nostrorum in dubitationem habere judicem, jubemus sanctissimum archiepiscopum vel episcopum locorum audire causam unà cum clarissimo judice, ut ambo aut per amicabilem compositionem dissolvant quæ dubia sunt, aut per adnotationem in scriptis factam, aut cognitionaliter judicent inter litigantes, ne provinciales recedentes à patria ad longinqua trahantur examina. Si autem judex episcopo parere noluerit, principi scribat, qui de eo judice sumet vindictam.

15. *Idem* A. *Joanni,* P. P.

Certi juris est, quòd concessa est etiam militaribus hominibus judicandi facultas. Quid enim obstaculi est, homines qui alicujus rei peritiam habent, de ea re judicare? Cùm sciamus et militares magistratus, et omnes tales homines per usum quotidianum jam esse adprobatos, ut et audiant lites, easque dirimant, et pro sui et legis scientia hujusmodi altercationibus finem imponant.

51

Dat. cal. novemb. Lampadio et Oreste
vv. cc. Conss. 530.

16. *Idem* A. Joanni, p. p.

Cùm specialis judex sive ob augusta fortuna, sive à judiciali-culmine in aliqua provincia, in qua incusatus degit, datus est, et
una pars suspectum eum sibi esse dicit, ne
fortè absente persona judicis, et in alia civitate ejusdem provinciæ commorante, compellatur longo itinere emenso recusationis
libellum ei incusatus offerre ; sancimus, si
quidem præsto est præses provinciæ in illa
civitate, ubi de ea re dubitatur, licere ei,
qui suspectum sibi judicem esse dicit, ipsum præsidem adire, et hoc facere in actis
manifestum. Si autem non est moderator
provinciæ in præfato loco, hæc eadem apud
defensorem locorum, vel duumviros municipales, gestis apud eos habitis, et celebrare,
et judicem quidem eum recusare : illicò autem, id est intra triduum proximum, sine
ulla dilatione compelli arbitrum vel arbitros
eligere, et apud eos litigare, ne et datus judex removeatur, et alter non eligatur : electione videlicet arbitri, si variatum inter
partes fuerit, simili modo vel præsidis provinciæ, (si adest) vel defensoris locorum, vel
magistratuum municipii arbitrio dirimenda :
et executore negotii, cui mandata est hujusmodi causæ examinatio, imminente, et
statuta ab arbitris effectui mancipante, nisi
fuerit provocatum ; tunc enim ipse qui judicem anteà dedit, qui suspectus visus est,
appellatione trutinata, formam causæ imponat legitimam.

Dat. id. novemb. Lampadio et Oreste,
Conss. 530.

d'écouter la défense des procès, de les juger
et décider d'après leur conscience et les lois.

Fait pendant les cal. de novembre, sous
le consulat de Lampadius et d'Oreste. 530.
16. *Le même empereur, à Jean, préfet du
prétoire.*

Lorsqu'un juge spécial, ayant été désigné
par l'empereur ou par une autre autorité, lequel demeure dans la même province qu'habite la partie qui a récusé le juge ordinaire,
est récusé, comme suspect, par l'autre partie,
crainte que la partie récusante, ne demeu-
rant pas dans la même ville, quoique domi-
ciliée dans la même province, ne fût obligée de s'éloigner de son pays pour présenter
au juge qu'elle récuse le libelle de récusation, nous ordonnons qu'il soit permis à la
partie récusante de le présenter au président
de la province, s'il demeure dans le lieu où
l'affaire a lieu, pourvu que cette notification soit constatée par des écrits ; mais si le
président de la province ı' demeure pas
dans ce lieu, la notification du libelle peut
être faite au défenseur de la cité, ou aux
duumvirs municipaux, qui doivent en dresser
procès-verbal, et récuser le juge en question ;
et aussitôt après, c'est-à-dire dans trois jours
au plus, les parties doivent être forcées de
se nommer des arbitres, et de plaider devant
eux, afin qu'on n'éloigne pas le juge désigné, dans le dessein de n'en avoir pas du
tout. Si les parties ne sont pas d'accord sur
la nomination et le choix des arbitres, le
président doit également, s'il est présent,
le défenseur du lieu ou les magistrats municipaux à son défaut, décider le différent à
leur volonté. L'exécuteur à qui cette affaire
a été confiée doit aussitôt donner effet à ce
que les arbitres auront décidé, à moins
qu'il n'en ait été interjeté appel ; et alors que
celui qui auparavant avait délégué un juge
qui a été récusé comme suspect, décide sur
cet appel d'une manière conforme aux lois.

Fait pendant les ides de novembre, sous
le consulat de Lampadius et d'Oreste. 530.

TITRE II.

Des frais et dépenses des diverses sortes de procès et des exécuteurs de justice.

1. *Les empereurs Valentinien , Gratien et Théodose, à Potitus, vicaire.*

QUELQU'UN ayant été cité en justice, nous ordonnons que l'appariteur qui l'a d'abord cité suive cette cause jusqu'à ce qu'elle soit décidée ; et si , sous quelque prétexte que ce soit, on oublie le décret de nos majestés , que le primiscrin dont les ordres téméraires seront la cause de cette infraction, soit condamné à une amende de 5 livres d'or.

Fait à Milan, pendant les cal. de juillet, sous le consulat d'Ausone et d'Olybrius. 379.

2. *Les mêmes empereurs , à Julien, préfet du prétoire.*

Nous permettons à tous les juges de destituer ceux de leurs appariteurs qui négligent leurs fonctions; de donner les affaires dont ils étaient chargés à d'autres ; de les remplacer par des personnes capables, ou de les condamner à des amendes. Ceux des juges à qui on donne le titre d'illustres, ne peuvent condamner à une amende qui excède 6 sous. Le *maximum* des amendes auxquelles les autres juges peuvent condamner, est de trois pièces d'or. Ces derniers doivent encore renvoyer l'affaire à d'autres juges compétens, pour qu'ils soumettent les coupables à des peines corporelles. Qu'il soit permis aux juges de nos cours supérieures de soumettre les exécuteurs qui ont malversé dans les affaires qui leur ont été confiées, à de plus grandes amendes et à des peines corporelles; mais qu'ils sachent qu'ils ne doivent pas éloigner ces affaires d'eux, ni les négliger par l'avidité du gain.

Fait le 5 des calendes d'avril, sous le consulat de Lampadius et d'Oreste. 530.

TITULUS II.

De sportulis et sumptibus in diversis judiciis faciendis, et de executoribus litium.

1. *Imperat. Grat. Valentin. et Theod.* ΑΑΑ. *ad Potitum, vicarium.*

QUISQUIS fuerit exhibitus, usque ad negotii terminum ab eo apparitore, cui primùm traditus fuit, observari eum decernimus. Si qua præsumptione fuerit hæc mansuetudinis nostræ post habita præceptio ; primiscrinio , qui jussa temeraverit, quinque librarum auri condemnatione multando.

Dat. cal. jul. Mediolani , Ausonio et Olybrio, Conss. 379.

2. *Idem* A. *Juliano ,* P. P.

Omnibus judicibus licentiam præstamus, sive iis, quibus à nostro numine lites mandantur, illustribus , vel spectabilibus , vel clarissimis , vel togati fori cujuscunque præfecturæ, vel ex aliis quibusque , vel iis qui nostris judicibus delegandas lites accipiunt, executores, si cessaverint, causas eis instructas auferre , et removere ab executione eos, et alios idoneos supponere, vel etiam multis afficere : si quidem illustres sint judices , usque ad sex solidorum summam : sin autem alii , usque ad tres tantummodò aureos; et ad judices, quorum interest, referre , quatenùs militia exuti pœnas luant corporales. Nostris autem amplissimis judicibus licentia sit et majores pœnas et corporales maculas executoribus imponere, si malè fuerint circa lites versati ; ut sciant non esse causas à se deludendas , nec lucri gratia aliquod eis vitium imponendum.

Dat. 5 cal. april. Lampadio et Oreste, Conss. 530.

TITULUS III.

De pedaneis judicibus.

1. Imp. Gordianus A. Vicanis.

Procuratori nostro non vice præsidis agenti, dandi judices inter privatas personas non competere facultatem manifestum est : et ideò si (ut allegastis) inter privatas personas is, cujus meministis, arbitros dandos putavit, sententia ab eis prolata nullo jure subsistit.

PP. cal. februar. Attico et Prætextato, Conss. 243.

2. Impp. Diocletian. et Maximian. AA. et cc. vicariis.

Placet nobis præsides de his causis in quibus quòd ipsi non possent cognoscere, antehac pedaneos judices dabant, notionis suæ examen adhibere; ita tamen, ut si vel propter occupationes publicas, vel propter causarum multitudinem omnia hujusmodi negotia non potuerint cognoscere, judices dandi habeant potestatem. Quod non ita accipi convenit, ut in his etiam causis, in quibus solebant ex officio suo cognoscere, dandi judices licentia eis permissa credatur. Quousquè adeò in præsidum cognitione retinendum est, ut eorum judicia non deminuta videantur; dum tamen et de ingenuitate, super qua poterant etiam ante cognoscere, et de libertinitate præsides ipsi dijudicent.

Dat. 15 cal. aug. cc. Conss. 294.

3. Exemplum S. L. eorundem AA. et cc. ad Serapionem.

Placet ut judicibus (si quos gravitas tua disceptatores dederit) iusinues, ut delegata

TITRE III.

Des juges pédanées.

1. L'empereur Gordien, aux Vicanius.

Il n'est pas douteux que notre procureur, n'exerçant pas les fonctions de président de province, n'a pas la faculté de déléguer un juge pour décider des affaires entre particuliers : c'est pourquoi si, comme vous le dites, il a nommé des arbitres pour juger une cause élevée entre des particuliers, la sentence que les arbitres ont portée à ce sujet est nulle de droit.

Fait pendant les calendes de février, sous le consulat d'Atticus et de Prétextatus. 243.

2. Les empereurs Dioclétien et Maximien et les Césars, aux lieutenans.

Il nous plaît que les présidens des provinces prennent connaissance par eux-mêmes des causes dont ils ne pouvaient connaître, et dont ils chargeaient, avant cette loi, des juges spéciaux. Ils ont cependant, si leurs occupations publiques ou la multitude des causes les empêchaient de connaître de toutes les sortes d'affaires, le pouvoir de nommer des juges qui s'en chargent. On ne doit pas néanmoins entendre par-là qu'il leur soit permis de nommer des juges pour les causes dont ils ont habitude de connaître eux-mêmes; car il paraîtrait alors que leurs attributions ont été diminuées. Les présidens doivent encore juger par eux-mêmes des affaires où il s'agit d'ingénuité, desquelles ils pouvaient connaître avant la publication de cette loi, ainsi que de celles où il s'agit d'affranchissemens.

Fait le 15 des calendes d'août, sous le consulat des Césars. 294.

3. Les mêmes empereurs et Césars, à Sérapion.

Il nous plaît que vous insinuiez aux juges que vous jugerez à propos de déléguer, qu'ils terminent par une sentence les affaires dont vous les avez chargés, et qu'il ne leur est pas permis de déléguer d'autres juges pour décider des causes dont ils doivent et peuvent connaître eux-mêmes; mais si une des parties croit devoir se plaindre de la sentence, elle a la libre faculté d'appeler de tout ce qui a été jugé.

Fait à Antioche, le 8 des calendes d'avril, sous le consulat des Césars. 294.

4. *Les mêmes empereurs et Césars, à Firminus.*

Il nous plait que toutes les fois qu'une affaire a été confiée à des juges spéciaux, et que les juges, après la contestation en cause, ont été obligés nécessairement de s'occuper d'une autre affaire, ou d'aller dans une autre province pour raisons d'utilité publique, ou enfin sont morts, lesquels, par ces raisons, n'ont pu terminer les affaires qu'ils avaient commencées, on en subroge d'autres à leur place pour continuer ce que les autres ont commencé, de peur qu'autrement il ne naquît des obstacles à l'administration de la justice.

Fait le 10 des calendes, * sous le consulat de Tibère et de Maxime. 295.

5. *L'empereur Julien, à Secundus, préfet du prétoire.*

Il est de certaines affaires qu'il n'est pas nécessaire de porter au tribunal du gouverneur de la province : c'est pourquoi nous donnons pouvoir aux présidens de nommer pour ces sortes d'affaires des juges spéciaux dont les fonctions sont de juger les affaires de peu de valeur.

Fait à Antioche, le 5 des calendes d'août, sous le consulat de Mamertinus et Névita. 362.

sibi negotia lata sententia terminent; nec in his causis, in quibus pronuntiare debent et possunt, facultatem sibi patere remittendi ad judicium præsidale cognoscant : maximè cùm et si judicatio alicui litigatorum parti injusta videatur, interponendæ provocationis potestas à sententia ex omni causa prolata libera litigatoribus tribuatur.

Dat. 8 cal. april. Antiochiæ, cc. Conss. 294.

4. *Iidem* AA. *et* cc. *Firmino.*

Placuit, quoties pedanei judices dati post litem contestatam vel ad aliud judicium necessariò diriguntur, vel publicæ utilitatis ratione in alias provincias proficiscuntur, vel diem obierunt, atque his rationibus negotiis cœptis finis non potuit adhiberi, alium in locum eorum judicem tribui, qui negotium examinet, ne hujusmodi casibus intervenientibus, impedimentum aliquod in persequendis litibus adferatur.

Dat. 10 cal. * Tiberio et Maximo, Conss. 295.

5. *Imperator Julianus* A. *Secundo,* P. P.

Quædam sunt negotia in quibus superfluum est moderatorem expectare provinciæ; ideòque pedaneos judices, hoc est, qui negotia humiliora disceptant, constituendi damus præsidibus potestatem.

Dat. 5 cal. aug. Antiochiæ, Mamertino et Nevita, Conss. 362.

TITULUS IV.

Qui pro sua jurisdictione judices dare darive possunt.

1. *Imperatores Theod. et Valentin.* AA. *Cyro*, P. P.

Ix causarum delegationibus illud consultissimè præcipimus observari, ut ita valeant, si ad jurisdictionem pertineant delegantis. Quòd si quis alienæ jurisdictionis causam crediderit delegandam, nec præcepto cognitorem datum patientiam accommodare censemus; et si contra leges obtemperaverit deleganti, omnia quæ ab ea delegatione geruntur, ita pro infectis haberi præcipimus, ac si ipsi qui delegaverant alienæ jurisdictionis judices resedissent, ut ne appellandi quidem necessitas victis adversus eas sententias imponatur. Hæc teneant nisi judices à nobis specialiter delegantibus dati, aliis causas delegaverint judicandas; nam his delegantibus, nullo personarum causarumve habito tractatu, appellationum ad eos jure judicia remeabunt.

Dat. 13 calend. januar. Valentiniano A. et Anatolio, Conss. 440.

TITRE IV.

Des juges qui peuvent déléguer, et des personnes qui peuvent être déléguées.

1. *Les empereurs Théodose et Valentinien*, à *Cyrus, préfet du prétoire.*

On doit, dans la délégation des causes, observer rigoureusement que la délégation n'est valable qu'en tant que la cause déléguée appartient à la juridiction du délégant; car si quelqu'un a cru devoir déléguer une cause qui n'appartenait pas à sa juridiction, nous pensons que le juge compétent de la cause n'a pas donné son consentement à cette délégation : mais si, au mépris des lois, le juge avait consenti à la délégation, nous ordonnons que tout ce qui a été fait à cette occasion soit considéré comme nul, comme si les juges qui ont délégué s'étaient attribué une juridiction qui ne leur appartenait pas, au point même que la partie vaincue n'a pas besoin d'appeler des jugemens portés dans cette circonstance. Ces dispositions sont applicables dans tous les cas, à moins que les juges ayant été expressément délégués par l'empereur, n'aient eux-mêmes délégué l'affaire à d'autres; car l'empereur délégant, c'est à lui-même qu'on doit appeler des sentences portées par ses délégués, sans aucune distinction des personnes ou des affaires.

Fait le 13 des calendes de janvier, sous le consulat de l'empereur Valentinien, et celui d'Anatolius. 440.

TITRE V.

Que personne ne soit juge dans sa propre cause.

1. *Les empereurs Valens, Gratien et Valentinien, à Gracchus, préfet de la ville.*

Nous ordonnons par cette loi générale que personne ne puisse être juge à soi-même, ni exécuteur des sentences rendues à son sujet ; car il est très-injuste de donner à quelqu'un le droit de juger dans sa propre affaire.

Fait pendant les calendes de décembre, sous le sixième consulat de l'empereur Valens, et le deuxième de l'empereur Valentinien. 378.

TITRE VI.

De ceux qui peuvent ou ne peuvent pas ester en justice.

1. *L'empereur Gordien, à Candida.*

Si ayant paru en jugement avec votre adversaire pendant que vous étiez encore dans l'âge de pupillarité, sans l'autorisation de votre tuteur, le président de la province a prononcé contre vous, ce qui a été statué à cet égard n'est d'aucune autorité.

Fait pendant les ides de décembre, sous le consulat de l'empereur Gordien et celui d'Aviola. 240.

2. *Les empereurs Dioclétien et Maximien et les Césars, à Gémacha.*

Dans les causes où il s'agit d'un point de droit privé, le pupille peut, par son tuteur, ester en justice, soit en demandant, soit en défendant. L'adulte peut de même, avec l'assistance de son curateur, intenter un procès ou s'en défendre.

Fait le 9 des calendes de janvier, sous le consulat des Césars. 294.

TITULUS V.

Ne quis in sua causa judicet, vel jus sibi dicat.

1. *Imper. Valens, Grat. et Valentin. AAA. ad Gracchum, P. V.*

Generali lege decernimus, neminem sibi esse judicem, vel jus sibi dicere debere. In re enim propria iniquum admodum est, alicui licentiam tribuere sententiæ.

Dat. cal. decemb. Valente VI. et Valentiniano II. AA. Conss. 378.

TITULUS VI.

Qui legitimam personam standi in judiciis habeant, vel non.

1. *Imperator Gordianus A. Candidæ.*

Si cùm esses pupillaris ætatis, sine tutoris auctoritate cum adversario tuo consistens, præses provinciæ adversus te pronuntiaverit, minimè auctoritate judicati nititur, quod statutum est.

Dat. idib. decemb. Gordiano A. et Aviola, Conss. 240.

2. *Imperat. Diocl. et Maximian. AA et CC. Gemachæ.*

In rebus quæ privati judicii quæstionem habent, sicut pupillus tutore auctore et agere et conveniri potest; ita adultus curatore consentiente litem et intendere et excipere debet.

Dat. 9 cal. januar. CC. Conss. 294.

3. *Imperatores Honor. et Theod.* ᴀ ᴀ. *Juliano, proconsuli Africæ.*

Momentaneæ possessionis actio exerceri potest per quamcunque personam. Sub colore autem adipiscendæ possessionis obreptitia petitio alteri obesse non debet : maximè cùm absque conventione personæ legitimæ initiatum jurgium videatur. Nihil autem opitulatur conventio circa minorem habita , cùm id rectius circa curatorem debuerit custodiri.

Dat. 2 non. mart. Ravennæ , Constantio et Constantino, Conss. 339.

3. *Les empereurs Honorius et Théoduse , à Julien , proconsul d'Afrique.*

L'action qui a pour objet la possession provisoire , peut être exercée par toutes sortes de personnes ; mais la demande de la propriété , couverte du prétexte de recouvrer la possession , ne peut nuire à autrui , surtout lorsque le procès n'a pas été commencé par la personne capable ; car ce qui a été fait avec le mineur , n'est d'aucun secours , parce qu'on aurait dû le faire plus régulièrement avec son curateur.

Fait à Ravenne, le 2 des nones de mars, sous le consulat de Constance et de Constantin. 339.

TITULUS VII.

Ut nemo invitus agere, vel accusare cogatur.

1. *Imperator Dioclet.* ᴀ. *Camerio.*

Iɴᴠɪᴛᴜs agere, vel accusare nemo cogatur.

Dat. idib. octobr. Carino ɪɪ. et Numeriano, Conss. 282.

TITRE VII.

Que personne ne soit forcé d'intenter une action ni d'accuser quelqu'un malgré lui.

1. *L'empereur Dioclétien, à Camérius.*

Qᴜᴇ personne ne soit contraint d'intenter une action ou d'accuser quelqu'un malgré lui.

Fait pendant les ides d'octobre , sous le deuxième consulat de Carinus, et le premier de Numérien. 282.

TITULUS VIII.

De ordine judiciorum.

1. *Imperatores Severus et Antoninus* ᴀ ᴀ. *Marcellinæ et aliis.*

Aᴅɪᴛᴇ præsidem provinciæ, et ruptum esse testamentum Fabii præsentis agnatione filii docete ; neque enim impedit notionem ejus, quòd status quæstio in cognitionem vertitur, etsi super status causa cognoscere non possit, pertinet enim ad officium judicis, qui de hæreditate cognoscit , universam incidentem quæstionem quæ in judicium devocatur,

TITRE VIII.

De l'ordre des jugemens.

1. *Les empereurs Sévère et Antonin, à Marcellina et autres.*

Aʟʟᴇᴢ trouver le président de la province , et exposez-lui que le testament de Fabius est rompu par la naissance d'un fils posthume. Rien ne l'empêche de connaître de la question d'état, quoiqu'ordinairement il ne puisse connaître de ces sortes de causes ; car il est du devoir du juge qui connaît d'une cause de succession , de juger toutes les questions incidentes qui naissent de l'affaire principale. En effet, en se conduisant ainsi, il ne juge point de la question d'état, mais de l'affaire principale, qui est la succession.

Fait le 13 des calendes de décembre, sous le consulat de Géta et de Plautien. 204.

2. L'empereur Antonin, à Magnilla.

Si les personnes que vous dites être vos cousins-germains ne vous contestent point votre état, il faut aller trouver le président de la province, pour qu'il s'occupe du partage de famille; mais si on vous conteste votre état, le même juge aura soin d'examiner cette dernière question, d'après les dispositions des lois.

Fait le 10 des calendes d'août, sous le quatrième consulat de l'empereur Antonin, et le premier de Balbinus. 214.

3. Les empereurs Valérien et Gallien, à Démétrius.

Lorsque d'une question civile principale il naît une question criminelle incidente, et vice contrà, le juge peut, par sa sentence, décider l'une et l'autre questions.

Fait pendant les nones de **, sous le cinquième consulat de l'empereur Gallien, et le premier de Faustinus. 263.

4. L'empereur Constantin, à Calphurnius.

Lorsque dans une affaire civile l'on rencontre une question de droit criminel à décider, il arrive le plus souvent qu'on commence par juger cette dernière, par la raison que le moins important doit céder à ce qui l'est davantage; c'est pourquoi, dès que la question de droit criminel a été décidée, on doit remettre en entier la question civile en jugement, à compter du jour même que la question criminelle a été décidée par la sentence qui a été rendue entre les parties.

Fait pendant les ides de mars, sous le consulat de Népotien et de Facundus. 336.

examinare : quoniam non de ea, sed de hæreditate pronuntiat.

Dat. 13 calend. decembr. Geta et Plautiano, Conss. 204.

2. Imperator Antoninus A. Magnillæ.

Si quæstio tibi generis ab his, quos fratres patrueles esse dicis, non fiat, adito præside provinciæ, et accepto familiæ erciscundæ judicio, experire. Quòd si de ea re quæstio erit, priùs de nativitatis veritate secundùm juris formam quæri, idem vir clarissimus curæ habebit.

PP. 10 calend. aug. Antonino IV. A. et Balbino, Conss. 214.

3. Imperatores Valerianus et Gallienus AA. Demetrio.

Cùm civili disceptationi principaliter motæ quæstio criminis incidit, vel crimini priùs instituto civilis causa adjungitur, potest judex eodem tempore utranque disceptationem sua sententia dirimere.

PP. non. ** Gall. v. A. et Faustino, Conss. 203.

4. Imperat. Constantinus A. ad Calphurnium.

Quoniam, civili disceptatione intermissa, sæpè fit ut priùs de crimine judicetur, quod, utpotè majus, meritò minori præfertur; ex quo criminali quæstio quocunque modo cessaverit, oportet civilem causam velut ex integro in judicium deductam distingui, ut finis criminalis negotii ex eo die, quo inter partes fuerit lata sententia, initium civili quæstioni tribuat.

Dat. idid. mart. Nepotiano. et Facundo, Conss. 336.

TITULUS IX.

De litis contestatione.

1. *Imperatores Severus et Antoninus* AA.
Valenti.

Res in judicium deducta non videtur, si
tantùm postulatio simplex celebrata sit, vel
actionis species ante judicium reo cognita.
Inter litem enim contestatam et editam actionem permultùm interest. Lis enim tunc
contestata videtur, cùm judex per narrationem negotii causam audire cœperit.

Dat. cal. septemb. Severo III. et Antonino AA. Conss. 201.

Authent. ex novell. 53, *cap.* 3.

Offeretur ei, qui vocatur ad judicium,
libellus, et exindè præbitis sportulis, et data
fidejussione viginti dierum gaudeat induciis,
quibus deliberet, cedatne, an contendat,
aut judicine alium adsociari petat, an recuset
eum; nisi sit is, quem ipse alio recusato jam
petierit. Denique præsens interrogetur, an
hoc tempus litis transierit, quod non mox ex
ipsius responsione, sed etiam libelli subscrip-
tione manifestatur, quam in initio facere
debet. Litis ergo contestatio contra hoc privilegium habita, pro nihilo ducenda est.

Authent. ex novell. 96, *cap.* 1.

Libellum verò non aliàs actor dirigat, nisi
priùs et in ipsum, quem dicit obnoxium, et
in negotii executorem exponat cautionem,
se scilicet intra duos menses litem contes-

TITRE IX.

De la contestation en cause.

1. *Les empereurs Sévère et Antonin, à
Valens.*

La cause ne passe pas pour être mise en jugement, si on n'a encore fait qu'une simple
demande, ou si on a seulement notifié au
défendeur l'action qu'on se propose de lui
intenter; car il y a une grande différence
entre la contestation en cause et la sortie de
l'action. La contestation en cause commence
au même instant que les plaidoiries.

Fait pendant les calendes de septembre,
sous le consulat des empereurs Sévère et Antonin, le premier pour la troisième fois
consul. 201.

Authentique extraite de la novelle 53, *ch.* 3.

On envoie le libelle à celui qui est appelé en jugement. Il est accordé au défendeur vingt jours, à compter de celui où
le demandeur a payé les frais et fourni
caution, pour délibérer s'il accordera ce
qu'on lui demande, ou s'il se défendra; s'il
doit récuser le juge, ou s'il lui associera
une autre personne; ce qu'il ne pourrait
pas faire cependant si le juge avait été
nommé à sa demande, après avoir récusé
le premier : enfin celui qui est présent est
interrogé, si le délai accordé au défendeur
est écoulé; ce qui doit être constaté, non-
seulement par sa réponse, mais encore par
la date du libelle. Cette formalité est la
première chose qu'on doive faire. La contestation où l'on n'a pas observé ces choses est
regardée comme nulle.

Authentique extraite de la novelle 96, *ch.* 1.

Que le demandeur n'envoie le libelle qu'a-
près avoir fourni caution au défendeur et à
l'exécuteur de l'affaire, laquelle ne doit pas
cependant excéder trente-six pièces d'or;

que si dans deux mois la contestation en cause n'a pas lieu, il paiera au défendeur le double des frais qu'il lui a occasionnés.

taturum, vel omne damnum ei, qui convenitur, contingens restitutum in duplum, cautione tamen non transcendente triginta sex aureos.

TITRE X.

De la demande d'une plus grande somme que celle qui est due.

1. *L'emp. Justinien, à Jean, préfet du prétoire.*

Nous proposant d'extirper les odieuses subtilités des contractans, nous ordonnons que celui qui, par dol et par machination, a exigé le garantissement d'une somme plus grande que celle qui lui est due réellement, et a cité son débiteur en justice, soit renvoyé acquitté, si avant le commencement du procès il s'est repenti de sa supercherie, et s'est borné à ne demander que la somme qui lui est réellement due ; et si au contraire il a attendu que le procès fût commencé, et n'a cessé dans l'affaire de demander ce qu'il a ajouté à la somme qui lui est due, qu'il soit privé non-seulement de ce qu'il demande injustement, mais encore de ce qui lui est dû réellement : au reste, s'il y a eu transaction, ou si le défendeur a réitéré sa promesse de payer la dette telle qu'elle est demandée, soit que ces transactions ou promesses aient été insinuées ou non, elles doivent avoir, dans ce cas, leur effet ; car on ne peut violer de tels engagemens.

Fait le 15 des calendes de novembre, sous le consulat de Lampadius et d'Oreste. 530.

TITRE XI.

Des délais.

1. *Les empereurs Dioclétien et Maximien et les Césars.*

Arrivant très-souvent que le juge est forcé par là nécessité d'accorder des délais pour la représentation des pièces ou des per-

TITULUS X.

De plus petitionibus.

1. *Imperator Justinianus A. Joanni, p. p.*

Otiosas contrahentium calliditates amputare properantes, censemus, ut si quis certa quantitate sibimet debita, super ampliore pecunia per dolum, et machinationem cautionem exegerit, et ad judicium debitorem vocaverit : si quidem ante inchoatam litem calliditatis eum pœniteat, et debiti veram quantitatem confessus fuerit, nullo eum dispendio prægravari. Sin autem liti præbuit exordium, et in certaminibus negotii permanens arguatur de adjecta falsa quantitate, non solùm ea, sed etiam toto debito eum fraudari ; transactionibus scilicet et secundis confessionibus, sive insinuatæ sint, sive non, etiam in hoc casu suam obtinentibus firmitatem, talibus etenim cautionibus hoc objicere non oportet.

Dat. 15 cal. novemb. Lampadio et Oreste vv. cc. Conss. 530.

TITULUS XI.

De dilationibus.

1. *Imper. Dioclet. et Maximian. AA. et cc. dicunt :*

Quoniam plerunquè evenit, ut judex instrumentorum vel personarum gratia dilationem dare rerum necessitate cogatur, spatium instructionis exhibendæ postulatum dari convenit. Quod hac ratione arbitramur esse moderandum, ut si ex ea provincia ubi lis agitur, vel persona, vel instrumenta poscantur, non ampliùs quàm tres menses indulgeantur. Si verò ex continentibus provinciis, sex menses custodiri justitiæ est. In transmarina autem dilatione novem menses computari oportebit. Quod ita constitutum judicantes sentire debebunt, ut hac ratione non sibi concessum intelligant dandæ dilationis arbitrium ; sed eandem dilationem, si rerum urgentissima ratio flagitaverit, et necessitas desideratæ instructionis exegerit, non facilè ampliùs quàm semel, nec ulla trahendi arte sciant esse tribuendam.

Dat. 15 cal. apr. cc. Conss. 294.

sonnes, il convient que ces délais ne soient pas refusés ; c'est pourquoi nous croyons devoir les régler de cette manière : il ne doit être accordé que trois mois, dans le cas où les pièces ou la personne qu'on attend se trouvent dans la province où l'affaire a lieu. Il est de la justice d'accorder six mois, si elles se trouvent dans les provinces adjacentes ; et il faudra accorder le délai de neuf mois, s'il faut les aller chercher au-delà de la mer. Cela étant ainsi réglé, les juges doivent savoir qu'il leur est défendu de donner arbitrairement des délais, et qu'ils ne doivent accorder ceux dont nous venons de parler que lorsque des raisons urgentes le demandent, et que l'instruction de l'affaire l'exige nécessairement ; qu'ils sachent encore qu'ils ne doivent l'accorder qu'une seule fois pour le même objet, et qu'il leur est défendu de le prolonger, sous quelque prétexte que ce soit.

Fait le 15 des calendes d'avril, sous le consulat des Césars. 294.

2. *Imperator Constantinus A. ad Ursum, vicarium.*

Si quandò quis rescriptum ad extraordinarium judicem reportaverit, dilatio ei penitùs deneganda est. Illi autem, qui in judicium vocatur, danda est ad improbanda precum mendacia, vel proferenda aliqua instrumenta, vel testes; quoniam instructus esse non potuit, qui præter spem ad alienum judicium trahitur.

Dat. 2 non. mart. Volusiano et Anniano, Conss. 314.

2. *L'empereur Constantin, au vicaire Ursus.*

On doit refuser tous délais à celui qui a présenté un rescript par lequel la cause a été déléguée à un juge extraordinaire : on doit en accorder au défendeur, soit à l'effet de prouver la fausseté du rescript, soit de produire de nouvelles pièces ou des témoins, parce qu'il n'a pu se préparer, ne prévoyant pas devoir être cité devant ce juge.

Fait le 2 des nones de mars, sous le consulat de Volusien et d'Anien. 314.

Authent. ex novell. 53, *cap.* 1.

Quod fieri non debet, nisi actor satisdederit, certam promittens quantitatem se daturum, si litem non exequatur, aut exequens non vincat causam. Si igitur post tempus à se constitutum infra decem dies reo præsente non occurrat, dimittatur reus, exacto eo, quod promissum est, et si quid circa litem

Authentique extraite de la novelle 53, *ch.* 1.

L'affaire ne peut être portée devant un juge extraordinaire que dans le cas où le demandeur a promis et donné caution de payer une certaine somme s'il ne poursuit pas le procès, ou si, le poursuivant, il le perd. Si donc, dix jours après l'époque qu'il avait fixée pour poursuivre le procès, il ne l'a pas encore commencé, quoique le défendeur soit présent, que ce dernier soit renvoyé absous, après lui avoir fait donner ce qui lui avait été promis, s'il a juré n'avoir pas plus fait de dépenses à l'occasion du procès, qu'il n'en est porté sur le compte fait par le juge.

3. Le même empereur, à Profuturus, préfet de la Pannonie.

Soit que le délai ait été accordé en partie ou en entier, il est défendu au juge de travailler à l'affaire jusqu'à ce que le tems accordé soit écoulé. Le tems des vacances extraordinaires ou ordinaires doit être compté dans les délais qui ont été accordés.

Fait le 7 des ides de février, sous le cinquième consulat de Licinius, et le premier de Crispus. 318.

4. Le même empereur, à Catulien, proconsul d'Afrique.

Il ne convient pas de demander un délai au juge pendant qu'il procède à l'instruction de l'affaire; il ne serait pas valablement accordé, quand même il l'aurait été en présence de l'une et de l'autre parties; car il ne peut donner un délai qu'après avoir pris connaissance de la cause. Cette connaissance résulte moins d'interpellations vagues et impromptues, que de la réflexion. Si le délai que l'une des parties demande est désapprouvé par l'autre, le juge doit décider par une sentence s'il doit être accordé ou refusé.

Fait le 5 des ides de février, sous le cinquième consulat de Licinius, et le premier de Crispus. 318.

5. Le même empereur, à Maximus, préfet de la ville.

Lorsqu'il a été rendu par nous un rescript sur l'appel ou le renvoi du juge qui nous a été fait, soit que dans le premier jugement on ait demandé un délai qui a été refusé, soit qu'il n'ait point été demandé, il est

plus impendisse cùm taxatione judicis juraverit.

3. Idem A. Profuturo, præf. Pannoniæ.

Sive pars, sive integra dilatio fuerit data, eò usque judicis officium conquiescat, donec petiti temporis defluxerint curricula. Feriæ autem sive repentinæ, sive solennes sint, dilationum temporibus non excipiantur, sed his connumerentur.

Dat. 7 id. februar. Licinio V. et Crispo, Conss. 518.

4. Idem A. ad Catullianum, procons. Africæ.

A procedente judice dilationem non convenit postulari, etiam si utraque parte præsente tribuatur : cùm non aliàs nisi causa cognita indulgeri queat, et cognitio causæ non interpellatione plenaria, sed confidente magis judice legitimè colligatur; ut si fortò dilationis petitio fuerit improbata, suscepta quæstio per sententiam judicis dirimatur.

Dat. 5 id. februar. Licinio V. et Crispo, Conss. 318.

5. Idem A. ad Maximum, P. V.

Cùm à nobis fuerit ad appellationem consultationemve rescriptum, sive sit primo judicio petita dilatio, et ea tributa non sit, sive ne petita quidem, eam dare cuiquam non licebit eadem ratione, qua ne in judiciis

quidem cognitionum nostrarum dilatio tribui
solet.

PP. Romæ, 8 cal. april. Probiano et
Juliano, Conss. 322.

6. *Imp. Constantinus, Constantius et Constans*
AAA. ad Petronium, vicarium Africæ.

Inter privatos et fiscum si aliqua lis mota
fuerit, utrique parti petendæ dilationis per
defensores suos copia deneganda non est, si
hoc commoditatis ratio postulaverit.

Dat. 5 id. april. Acindyno et Proculo,
Conss. 340.

7. *Imper. Arcad. et Honor. AA. Messalæ,*
P. P.

Nec de statu ac patrimonio litigantibus
in transmarina etiam dilatione mensium
novem spatia egredi concedatur.

Dat. 6 calend. decembr. Eutropio et
Theodoro, Conss. 399.

TITULUS XII.

De feriis.

1. *Imperat. Constantius et Maximian. AA.*
Severus et Maximianus, nobb. cc. Verino.

Quoniam consulis an similis observantia
à nobis adjiciendarum feriarum quæ rebus
fœliciter gestis perveniunt, ad appellationum
quoque tempora porrigenda sit, Verine ca-
rissime; rescribi placuit experientiæ tuæ, ut
in causis provocationum jugiter et sine addi-
tamento hujuscemodi dierum tempora scias
servari debere, et supradictorum dierum
observationi in appellationum causis minimè
fieri adjectionem.

défendu à qui que ce soit d'en accorder,
parce que ce n'est pas l'usage que le prince,
lorsqu'il connaît d'une affaire, en accorde.

Fait à Rome, le 8 des calend. d'avril, sous
le consulat de Probien et de Julien. 322.

6. *Les empereurs Constantin, Constance et*
Constant, à Pétrone, vicaire d'Afrique.

Lorsqu'il s'élève un procès entre des particuliers et le fisc, il est permis à l'une et
à l'autre parties de demander des délais
par leurs défenseurs, si les circonstances
l'exigent.

Fait le 5 des ides d'avril, sous le consulat
d'Acyndinus et de Proculus. 340.

7. *Les empereurs Arcadius et Honorius, à*
Messala, préfet du prétoire.

On ne doit pas accorder un délai de plus
de neuf mois à ceux qui plaident une cause
d'état ou de patrimoine, pour représenter
certaines pièces ou certaines personnes qui
se trouvent au-delà de la mer.

Fait le 6 des calend. de décembre, sous
le consulat d'Eutrope et de Théodore. 399.

TITRE XII.

Des féries.

1. *Les empereurs Constance et Maximien,*
et les Césars Sévère et Maximin, à Vérinus.

Vous nous demandez, très-cher Vérinus,
si on doit, pour ce qui concerne les appels, considérer les fêtes de circonstances,
et instituées en l'honneur de nos succès,
comme des fêtes solennelles : nous vous ré-
pondons par ce rescript, afin que vous sachiez
que vous devez, dans les causes d'appel,
observer continuellement les termes fixés, et
ne point prolonger en leur ajoutant les jours
destinés à ces sortes de fêtes; car ces fêtes
n'étendent en aucune manière, dans les causes
d'appel, les délais fixés.

2. *L'empereur Théodose, à Vicénus.*

Quoiqu'on puisse émanciper et affranchir le dimanche, qu'il soit défendu de poursuivre dans ce jour aucune autre cause ni procès. Que la vacance des moissons commence au 8 des calendes de juillet, et se termine aux calendes d'août ; qu'il soit permis de poursuivre les procès à compter des calendes d'août jusqu'au 10 des calendes de septembre ; que les vacances des vendanges durent depuis le 10 des calendes de septembre jusqu'aux ides d'octobre. Nous voulons encore qu'on suspende la poursuite des causes pendant le saint jour de Pâques, celui de la naissance du Seigneur et pendant celui de l'Epiphanie, et les sept jours qui précèdent, et les sept autres qui suivent. Que tout ce qui aura été fait de contraire à ces dispositions soit absolument nul.

2. *Imperator Theodosius A. Viceno.*

Ut in die dominico emancipare ac manumittere liceat, reliquæ causæ vel lites quiescant, et à die octavo calend. julii, usque in calendas augusti messis feria concedatur, et à calendis augusti usque in decimum calendarum septembris agendarum causarum tribuatur licentia. A decimo autem calendarum septembris, usque in idibus octobris vindemialis feria concedatur. Sanctum quoque diem Paschæ, et diem natalis Domini, et Epiphaniæ, septem qui præcedunt, et septem qui sequuntur, sine strepitu volumus observari, et quod contra hoc factum fuerit, omnibus modis irritatur.

3. *L'empereur Constant, à Elpidius.*

Que tous les juges, le bas peuple des villes, toutes les sortes d'artisans s'interdisent le travail pendant le saint jour du dimanche ; que les paysans continuent néanmoins sans empêchement la culture des terres; car il arrive souvent qu'on ne peut renvoyer à un autre jour l'ensemencement du blé ou la culture de la vigne : en effet, il ne faut pas que l'occasion d'honorer le ciel entraîne la disette.

Fait pendant les nones de mars, sous le deuxième consulat de Crispus et de Constantin. 321.

3. *Imp. Constantinus A. Elpidio.*

Omnes judices, urbanæque plebes, et cunctarum artium officia venerabili die Solis quiescant. Ruri tamen positi agrorum culturæ liberè licenterque inserviant; quoniam frequenter evenit, ut non aptius alio die frumenta sulcis, aut vineæ scrobibus mandentur, ne occasione momenti pereat commoditas cœlesti provisione concessa.

Dat. non. mart. Crispo II. et Constantino II. Couss. 311.

4. *Le même empereur, à Sévérus.*

Aucun juge ne doit se présumer assez puissant pour établir des fêtes de son autorité. De telles fêtes qu'un administrateur aurait établies ne doivent point porter le nom de fêtes impériales ; et par conséquent, si elles n'en ont pas le nom, elles ne doivent pas en avoir l'effet.

Fait pendant les ides d'avril. ***

4. *Idem A. ad Severum.*

A nullo judice præsumi debet, ut auctoritate sua ferias aliquas condat. Nec enim imperiales ferias vocari oportet, quas administrator edixerit; ac per hoc, si nomine eximuntur, etiam fructu carebunt.

Dat. idib. april. ***

5. *Impp. Valent. Valens et Grat.* AAA. *ad Olybrium.*

Publicas ac fiscales causas tua sinceritas etiam feriatis geminis mensibus, hoc est, sine aliqua intermissione distinguat.

§. 1. Pistoriis quoque causis iisdem diebus ratum in futurum examen adhibebit.

Dat. 4 non. maii, Valentiniano N. P. Conss. 368.

6. *Impp. Grat. Valentin. et Theod.* AAA. *ad Lucianum, vicarium Macedoniæ.*

Quadraginta diebus, qui auspicio ceremoniarum paschale tempus anticipant, omnis cognitio inhibeatur criminalium quæstionum.

Dat. 6 calend. april. Thessalonicæ, Gratiano A. VI. et Theod. A. I. Conss.

7. *Impp. Valentin. Theod. et Arcad.* AAA. *Albino, P. V.*

Omnes dies jubemus esse juridicos; illos tantùm manere feriarum dies fas erit, quos geminis mensibus ad requiem laboris indulgentior annus excepit, æstivos quidem dies fervoribus mitigandis et autumnos fructibus decerpendis. Calendarum quoque januariarum consuetos dies otio mancipamus. His adjicimus natalitios dies urbium maximarum Romæ atque Constantinopolis, in quibus debent jura differri, quia et ab his ipsis nata sunt. Sacros quoque Paschæ dies, qui septeno numero vel præcedunt, vel sequuntur; dies etiam Natalis, atque Epiphaniarum Christi, et quo tempore commemoratio apostolicæ passionis totius christianitatis magistræ à cunctis jure celebratur (in quibus etiam prædictis sanctissimis diebus, neque spectaculorum copiam reseramus) in eadem observatione numeramus. Et dies Solis, quos dominicos ritè dixère majores, qui repetito in sese calculo revolvuntur in quibus parem necesse est habere reverentiam, ut nec apud ipsos arbitros vel à judicibus flagitatos, vel sponte electos, ulla sit cognitio jurgiorum.

5. *Les empereurs Valentinien, Valens et Gratien, à Olybrius.*

Poursuivez sans délai, même pendant les vacances des vendanges et des moissons, les causes publiques ou fiscales.

§. 1. Jugez désormais aussi pendant ces mêmes jours les causes qui concernent les boulangers.

Fait le 4 des nones de mai, sous le consulat du noble enfant Valentinien. 368.

6. *Les mêmes empereurs, à Lucien, vicaire de Macédoine.*

Que pendant les quarante jours qui précèdent les cérémonies de Pâques, on ne connaisse d'aucune question de droit criminel.

Fait à Thessalonique, pendant les calend. d'avril, sous le 6e. consulat de l'empereur Gratien et le premier de l'emper. Théodose.

7. *Les empereurs Valentinien, Théodose et Arcadius, à Albinus, préfet de la ville.*

Nous ordonnons que tous les jours soient censés convenables pour l'administration de la justice. Il n'est permis de la suspendre que pendant le tems des vacances, c'est à dire pendant les deux mois que l'année semble destiner au repos; l'un pour se soulager des grandes chaleurs de l'été, et l'autre pour cueillir les fruits de l'automne. Nous consacrons au repos les jours des calendes de janvier, comme c'est l'usage; nous ajoutons à ceux-là ceux de la fondation des grandes villes de Rome et de Constantinople : pendant ces jours l'administration de la justice doit être suspendue, parce que c'est dans ces villes que les lois ont pris naissance; les saints jours de Pâques, et les sept qui les précèdent, et les sept autres qui les suivent; les jours de la naissance et des Epiphanies du Christ, et le tems pendant lequel la commémoration de la passion apostolique de toute la chrétienté est célébrée de droit par tout le monde. Nous prohibons les spectacles pendant les saints jours dont nous venons de parler. Nous appliquons les mêmes dispositions au jour du Soleil auquel les anciens ont donné, avec raison, le nom de dimanche, qui revient sans cesse après une certaine révolution ; on doit avoir le même respect pour tous les jours. Toutes les sortes de juges, les arbitres même doivent pendant ce tems suspendre leurs fonctions, ainsi que pendant les jours consacrés aux jeux ou à la célébration de l'avènement à l'empire. Pendant les quinze jours de Pâques, on ne peut forcer au travail, même à l'égard de celui qui concerne les subsistances; et l'exaction de toutes les dettes publiques ou privées doit être différée à un autre tems.

Fait à Rome, le 2 des ides d'août, sous le consulat de Timasius et de Promotus. 389.

8. *Les mêmes empereurs, à Tatien, préfet du prétoire.*

Que tous les actes concernant des affaires publiques ou privées soient suspendus pendant la quinzaine de Pâques ; cependant chacun a la liberté, durant ces jours, d'émanciper, d'affranchir et de passer des actes à ce sujet.

Fait pendant les calend. de janvier, sous le deuxième consulat de l'empereur Arcadius et le premier de Rufinus. 392.

9. *Les empereurs Honorius et Théodose, à Anthémius, préfet du prétoire.*

Que les présidens des provinces soient prévenus que; lorsqu'il s'agit des questions à faire souffrir aux voleurs, et surtout aux pirates, le tems du carême et le respectable jour de Pâques ne doivent pas suspendre leurs fonctions, de peur que la connaissance des mauvais desseins des criminels, qu'on cherche à pénétrer par les tourmens qu'on leur fait souffrir, ne soit différée. Cela doit avoir lieu avec d'autant plus de raison, que dans ce tems on espère davantage le pardon du souverain Dieu, et qu'on assure la sûreté et le bonheur de beaucoup de personnes.

Fait le 5 des calend. de mars, sous le consulat de Bassus et de Philippe. 408.

Tome I.

Nostris etiam diebus, qui vel lucis auspicia, vel ortus imperii protulerunt. In quindecim autem paschalibus diebus compulsio annonariæ functionis, et omnium publicorum privatorumque debitorum differatur exactio.

Dat. 2 id. aug. Romæ, Timasio et Promoto, Conss. 389.

8. *Iidem* AAA. *Tatiano, p. p.*

Actus omnes, seu publici sunt, seu privati, diebus quindecim paschalibus conquiescant; in his tamen et emancipandi et manumittendi cuncti licentiam habeant, et super his acta non prohibeantur.

Dat. cal. januar. Arcad. A. II. et Rufino, Conss. 392.

9. *Imperatores Honorius et Theodosius* AA. *Anthemio, P. P.*

Provinciarum præsides moneantur ut in quæstionibus latronum, et maximè Isaurorum, nullum quadragesimæ tempus, nec venerabilem Paschæ diem existiment excipiendum, ne differatur sceleratorum proditio consiliorum, quæ per latronum tormenta quærenda est; cùm facillimè, et in hoc summi numinis speretur venia, per quod multorum salus et incolumitas procuratur.

Dat. 5 cal. mart. Constantinop. Basso et Philippo, Conss. 408.

10. *Impp. Leo. et Anthemius* AA. *Armasio,*
P. P.

Dies festos majestati altissimæ dedicatos nullis volumus voluptatibus occupari , nec ullis exactionum vexationibus profanari.

§. 1. Dominicum itaque diem ita semper honorabilem decernimus et venerandum , ut à cunctis executionibus excusetur, nulla quenquam urgeat admonitio , nulla fidejussionis flagitetur exactio , taceat apparitio, advocatio delitescat , sit ille dies à cognitionibus alienus , præconiis horrida vox silescat , respirent à controversiis litigantes , et habeant fœderis intervallum, ad sese simul veniant adversarii non timentes , subeat animos vicaria pœnitudo ; pacta conferant , transactiones loquantur. Nec hujus tamen religiosi diei otia relaxantes, obscœnis quenquam patimur voluptatibus detineri ; nihil eodem die sibi vindicet scena theatralis, aut circense certamen, aut ferarum lacrymosa spectacula ; et si in nostrum ortum aut natalem celebranda solemnitas inciderit , differatur. Amissionem militiæ, proscriptionemque patrimonii sustinebit, si quis unquàm hoc die festo spectaculis interesse, vel cujuscunque judicis apparitor prætextu negotii publici seu privati hæc quæ lege hac statuta sunt , crediderit temeranda.

Dat. id. decemb. Constantinop. Zenone et Martiano, Conss. 469.

10. *Les empereurs Léon et Anthémius , à Armasius , préfet du prétoire.*

Nous ne voulons point que les jours consacrés à Dieu soient employés à des jeux ou des spectacles, ni à aucune espèce d'exaction.

§. 1. C'est pourquoi nous voulons que le dimanche soit tellement honoré et respecté, qu'il ne soit souillé par aucune exécution. Que les assignations ne pressent personne ; qu'aucune caution ne soit exigée ; que les appariteurs se taisent ; que les avocats abandonnent les procès ; que ce jour soit étranger à l'administration de la justice ; qu'on n'entende pas l'horrible voix du crieur public ; que les plaideurs oublient leurs procès ; que ce jour soit pour eux une trève ; que rassurés ils se réunissent et se fréquentent ; que le repentir, remplaçant l'esprit de division, s'empare de leurs esprits ; qu'ils passent des pactes et transigent. Nous ne souffrons point cependant que, dans le repos de ce jour religieux, on se livre à de sales voluptés ; que personne dans ce jour demande les scènes théâtrales, les combats du cirque, ou le cruel spectacle des bêtes féroces. Si la solennité qui doit se célébrer pour le jour de notre naissance se rencontre le dimanche, qu'elle soit différée ; celui qui pendant ce jour de fête aura cru devoir s'intéresser à des spectacles, ou l'appariteur, de quelque juge que ce soit, qui, sous le prétexte d'une affaire publique ou privée, aura enfreint les dispositions de cette loi, sera condamné à la perte de sa dignité et à la confiscation de ses biens.

Fait à Constantinople , pendant les ides de décembre , sous le consulat de Zénon et de Martien. 469.

TITRE XIII.

De la juridiction de tous les juges, et de la compétence des tribunaux.

1. *L'empereur Antonin, à Sévère et à d'autres.*

A la vérité, notre procureur n'a pas été juge compétent dans votre affaire qui ne concerne que des particuliers; mais comme vous-mêmes vous l'avez choisi pour votre juge, et ayant rendu sentence sans que vos adversaires y aient mis opposition, sachez que vous devez acquiescer à ce qui a été jugé avec votre consentement; car notre procureur a le droit de juger entre certaines personnes; et quoique vous sussiez qu'il n'était pas votre juge compétent, vous l'avez cependant élu. Ces dispositions doivent avoir lieu dans les autres affaires semblables, tant à l'égard du demandeur que du défendeur.

Fait le 2 des ides de janvier, sous le consulat de Messala et de Sabinus. 215.

2. *Les empereurs Dioclétien et Maximien, à Alexandre.*

Vous voulez qu'on intervertisse l'ordre du droit, en demandant que le défendeur suive le domicile du demandeur; car là seulement où le défendeur a son domicile, ou l'avait du tems du contrat, quoiqu'il ait changé depuis, il doit être cité.

Fait le 6 des ides d'octobre. ***

3. *Les mêmes empereurs, à Judéa.*

Le consentement des parties ne suffit pas pour constituer juge celui qui n'a aucune juridiction; et ce qu'une telle personne aurait statué n'a point l'autorité des choses jugées.

Fait le 6 des calend. de janvier, sous le consulat des empereurs nommés ci-dessus. 293.

TITULUS XIII.

De jurisdictione omnium judicum, et de foro competenti.

1. *Imperator Antoninus A. Severo et aliis.*

Non quidem fuit judex competens procurator noster in lite privatorum; sed cùm ipsi eum judicem elegeritis, et is consentientibus adversariis sententiam tulerit, intelligitis vos acquiescere debere rei ex consensu vestro judicatæ: cùm et procurator judicandi potestatem inter certas habeat personas, et vos incongruum eum esse vobis judicem scientes, tamen audientiam ejus elegistis, quod et in aliis similibus judicibus, tàm in actionem proponentis, quàm in exceptionem opponentis persona locum habebit.

Dat. 2 id. januar. Messala et Sabino, Conss. 215.

2. *Imperatores Dioclet. et Maximian. AA. Alexandro.*

Juris ordinem converti postulas, ut non actor rei forum, sed reus actoris sequatur: nam ubi domicilium reus habet, vel tempore contractus habuit, licet hoc posteà transtulerit, ibi tantùm eum conveniri oportet.

Dat. 6 id. octob. ***

3. *Iidem AA. Judæœ.*

Privatorum consensus judicem non facit eum, qui nulli præest judicio: nec quod is statuit, rei judicatæ continet auctoritatem.

Dat. 6 calend. januar. AA. et Conss. 293.

4. *Imperator Constantinus* A. *ad universos provinciales.*

Nemo post litem contestatam ordinariæ sedis declinet examen; nec priùs præfecti prætorio, aut comitis Orientis, vel alterius spectabilis judicis imploret auxilium; sed appellatione legibus facta, ad sacrum auditorium veniat.

Dat. cal. octob. Basso et Ablabio, Conss. 331.

5. *Imper. Arcad. et Honor.* AA. *Vincentio,* P. P. *Galliarum.*

In criminali negotio rei forum accusator sequatur.

§. 1. Is verò qui suam causam, sive criminalem, sive civilem, sive cœlesti oraculo in vetito vocavit examine, aut executionem poposcit militarem : actor quidem propositi negotii actione mulctetur, reus verò pro condemnato habeatur, et tribuni sive vicarii capitalem sibi animadversionem subeundam esse cognoscant, si vel suam, vel militum executionem interdictam præbuerint.

Dat. 5 cal. januar. Mediolani, Lucio v. c. Cons. 413.

6. *Imper. Honor. et Theod.* AA. *Anthemio,* P. P.

Magisteriæ potestati inter militares viros, vel privatum actorem et reum militarem, etiam civilium quæstionum audiendi concedimus facultatem : præsertim cùm id ipsum de more litigantium esse videatur, constetque militarem reum, nisi à suo judice nec exhiberi posse, nec si in culpa fuerit, coërceri.

Dat. 5 calend. maii, Lucio v. c. Cons. 413.

7. *Imperator Anastasius* A. *Constantino,* P. P.

Per iniquum et temerarium esse perspi-

4. *L'empereur Constantin*, à tous les habitans des provinces.

Que personne, après la contestation en cause, ne décline la compétence du juge ordinaire, et qu'on n'appelle point avant la sentence, au préfet du prétoire, au comte de l'Orient, ou à toute autre juge supérieur; mais après la sentence rendue, qu'on recourre à nous, si on le juge à propos, par un appel conforme aux lois.

Fait pendant les calend. d'octobre, sous le consulat de Bassus et d'Ablabius. 331.

5. *Les empereurs Arcadius, et Honorius, à Vincent, préfet du prétoire des Gaules.*

Dans les affaires criminelles qu'on suive le domicile de l'accusateur.

§. 1. Que celui qui a soumis sa cause, soit civile, soit criminelle, à un juge incompétent, sans être autorisé par un rescript impérial, ou qui a demandé une exécution militaire, s'il est demandeur, qu'il soit condamné à la perte de son action; et s'il est défendeur, qu'il se tienne pour condamné. Que les tribuns ou les vicaires sachent qu'ils seront condamnés à la peine capitale, s'ils ont donné à la cause une exécution militaire défendue.

Fait à Milan, le 5 des calend. de mai, sous le consulat de Lucius. 413.

6. *Les empereurs Honorius et Théodose, à Anthémius, préfet du prétoire.*

Nous accordons aux maitres des soldats la faculté de juger dans les affaires même civiles qui s'élèvent entre des militaires, ainsi que dans celles dont le défendeur seulement serait de cette condition, non-seulement parce qu'ils sont de la même condition que les parties, mais encore parce qu'il n'est point douteux qu'un militaire ne peut être cité ni puni, lorsqu'il le mérite, que par son propre juge.

Fait le 5 des calend. de mai, sous le consulat de Lucius. 413.

7. *L'empereur Anastase, à Constantin, préfet du prétoire.*

Nous considérons comme iniques et téméraires ceux qui, exerçant certaines professions ou certains commerces, s'efforcent de se soustraire à la juridiction et à l'autorité des juges dont ressortent ces professions ou ces commerces. Nous ordonnons en conséquence qu'ils ne puissent dans ce cas décliner la compétence de ces personnes qui sont leurs juges naturels , sous prétexte de leur condition militaire ou des prérogatives de leur dignité, s'ils appartiennent réellement à cette condition ou s'ils exercent quelque dignité ; que ceux donc qui par les statuts sont ou ont été compris dans quelque milice , ou qui prétextent quelque dignité, soient forcés, sans pouvoir opposer aucune exception déclinatoire, d'obéir dans leurs causes, soit publiques, soit privées , aux juges dont ressort la profession ou le commerce qu'ils exercent , outre , comme nous l'avons dit, leurs fonctions militaires ; de sorte que cependant ils dépendent toujours des juges dans la juridiction desquels se trouve la milice ou la dignité qu'ils exercent. Ceux qui tenteront quelque chose de contraire aux présentes dispositions seront punis par la perte de leur grade ou de leur dignité.

cimus , eos qui professiones aliquas seu negociationes exercere noscuntur, judicum ad quos earundem professionum seu negotiationum cura pertinet , jurisdictionem et præceptionem declinare conari. Quapropter jubemus hujusmodi hominibus nec cujuslibet militiæ , seu cinguli vel dignitatis prærogativam in hac parte suppetere ; sed eos qui statutis in quacunque militia connumerati sunt , vel fuerint, vel qui dignitatem aliquam prætendunt , sine quadam fori præscriptione his judicibus tàm in publicis quàm in privatis causis obedire compelli , ad quorum sollicitudinem professionis seu negotiationis quam præter militiam (ut dictum est) exercent, gubernatio videtur respicere : ita tamen , ut ipsis nihilominùs judicibus , sub quorum jurisdictione militia sive dignitas eorum constituta est ; procul dubio respondeant : his videlicet qui contra hujus tenorem legis venire tentaverint , militiæ cingulo, seu dignitatis honore pro tali conamine spoliandis.

TITRE XIV.

Que des pupilles, des veuves, et les autres personnes qui sont incapables de se défendre elles-mêmes , ne soient point forcées de paraître devant l'empereur.

1. *L'empereur Constantin , à Andronic.*

Si quelqu'un a obtenu de notre majesté un rescript , par lequel il a été autorisé à faire comparaître par-devant notre conseil des pupilles , des veuves , des imbécilles ou des personnes attaquées de maladies incurables , qu'aucun de nos juges ne puisse contraindre ces sortes de personnes à exécuter le rescript ; au contraire , que le procès soit dis-

TITULUS XIV.

Quandò imperator inter pupillos , vel viduas , vel aliàs miserabiles personas cognoscat , et ne exhibeantur.

1. *Imper. Constantinus A. ad Andronicum.*

Si contra pupillos , vel viduas , vel diuturno morbo fatigatos et debiles impetratum fuerit lenitatis nostræ judicium, memorati à nullo nostrorum judicum compellantur comitatui nostro sui copiam facere : quinimò intra provinciam in qua litigator et testes vel instrumenta sunt , experiantur jurgandi fortunam ; atque omnis cautela servetur, ne terminos provinciarum suarum cogantur excedere. Quòd si pupilli, vel viduæ, aliique fortunæ injuria miserabiles judicium nostræ serenitatis oraverint, præsertim cùm alicujus potentiam perhorrescunt, cogantur eorum adversarii examini nostro sui copiam facere.

Dat. calend. jul. Constantinop. Optato et Paulino, Conss. 334.

cuté dans la province où se trouve la personne qui est du nombre de celles dont nous venons de parler, ou les témoins ou les pièces du procès. Qu'on exige du demandeur la caution qu'il poursuivra le procès dans ce lieu, de peur que ses adversaires ne soient forcés de sortir de la province. Mais si des pupilles, des veuves, et d'autres personnes faibles ont demandé que leur affaire fût soumise au jugement de notre majesté, surtout lorsqu'ils redoutent l'influence d'une personne puissante, que leurs adversaires soient contraints de comparaître devant nous.

Fait à Constantinople, pendant les calend. de juillet, sous le consulat d'Optatus et de Paulinus. 334.

TITULUS XV.

Ubi de criminibus agi oporteat.

1. Imperatores Severus et Antoninus AA. Laurinæ.

Quæstiones eorum criminum quæ legibus aut extra ordinem coërcentur, ubi commissa vel inchoata sunt, vel ubi reperiuntur qui rei esse perhibentur criminis, perfici debere, satis notum est.

PP. 4 non. octob. Dextro et Prisco, Conss. 194.

2. Imper. Dioclet. et Maximian. AA et CC. Niceæ.

Sciens liberum venundando, plagii crimen committit, ab eo itaque hoc qui super quæri potest, aditus competens judex, si iis quem puerum ingenuum vendidisse proponis, ibi degit, ibi causam cognoscet.

Dat. 2 non. februar. CC. Conss. 294.

TITRE XV.

Des lieux où l'on doit poursuivre les crimes.

1. Les empereurs Sévère et Antonin, à Laurina.

Il est assez connu que les procès intentés pour des crimes que les lois punissent, ou qui doivent être punis extraordinairement, doivent être jugés dans les lieux où les crimes ont été commis ou commencés, ou dans ceux où l'on a trouvé ceux qu'on accuse de les avoir commis.

Fait le 4 des nones d'octobre, sous le consulat de Dexter et de Priscus. 194.

2. Les empereurs Dioclétien et Maximien et les Césars, à Nicée.

Celui qui a vendu sciemment une personne libre est coupable du crime de plagiat. Que le juge compétent du lieu habité par celui que vous dites être coupable de ce crime, sur la plainte de la personne qui a droit de le poursuivre, connaisse de cette cause.

Fait le 2 des nones de février, sous le consulat des Césars. 294.

Authentique extraite de la novelle 69, ch. 1.

Que celui qui a délinqué, ou à qui on intente un procès pour un objet pécuniaire ou pour crimes, pour une terre, pour des bornes, une possession, une propriété, un gage ou pour autre chose, soit jugé dans le lieu de la province où l'affaire a eu lieu. C'est un principe constant, lorsque ces deux parties, c'est à dire le demandeur et le défendeur, sont dans la province, alors l'affaire doit être jugée dans le lieu même, sans qu'il soit permis de se prévaloir d'aucun privilége pour qu'elle le soit ailleurs. Le chef de la maison étant absent, je dois assigner celui-là même dont j'ai à me plaindre, ou son curateur, à qui je donne un délai pour qu'il fasse connaître mes intentions au chef de la maison. Si ce dernier ne comparait pas ni par lui-même ni par procureurs, que celui qui a d'abord été assigné, étant présent, soit jugé sur ce dont on l'accuse, de même que celui qui a refusé d'envoyer quelqu'un pour le représenter, dans le cas cependant qu'il sera coupable; car il est tenu de payer la somme à laquelle celui qui était présent a été condamné, dans le cas qu'il soit insolvable. Mais si celui qui doit représenter le chef de la maison n'a point comparu, quoiqu'il ait été appelé par le crieur public, qu'il soit condamné, parce que sa désobéissance doit être censée comme une présence : mais si, le défendeur ou la personne qui le représente comparaissant, le défendeur s'est absenté, le premier doit être renvoyé absous, et ses dépenses doivent lui être remboursées. On ne peut se prévaloir de l'absence du défendeur, lorsque, sa cause étant considérée comme cause publique, il a été appelé par un rescrit à comparaître par-devant le conseil du prince, ou si la cause a été renvoyée conformément à la loi, à la connaissance du prince, tel qu'on le fait ordinairement à l'égard des appels. La durée des délais a été déterminée par une nouvelle constitution, selon la diversité des lieux, ainsi qu'il

Authent. ex novell. 69, cap. 1.

Qua in provincia quis deliquit, aut in qua pecuniarum aut criminum reus fit, sive de terra, sive de terminis, sive de possessione, sive de proprietate, sive de hypotheca, aut qualibet occasione, vel qualibet de re fuerit reus: illic etiam juri subjaceat, quod jus perpetuum est. Si ergo ambo et actor et reus sint in provincia, illic, omni privilegio cessante, res expediatur. Eo autem absente, ex cujus domo iniquum quid patior, ipsum, qui admisit, vel ejus curatorem conveniam, cui, datis induciis, licet nuntiare domino causæ. Qui si neque per se veniat, neque mittat, is, qui primò conventus est præsentatus, condemnetur in quo sit obnoxius, insuper et is, qui mittere noluit, si tamen omninò appareat obnoxius; nam et de rebus ejus satisfiet, si is, qui præsens est, non sit solvendo. Sed si nec ipse, qui dominum præsentare debuit, compareat, præconia voce vocatus condemnetur, quia contumacia ejus pro præsentia est. Quòd si desit actor, cùm reus venerit, sive miserit, absolvendus est, et ei damna resarciantur. Excipitur hic, si forma pragmatica occasione publicæ causæ procedens, præceperit quenquam principali comitatui exhiberi, aut ex lege hoc faciat, quale est super appellationibus. Induciarum verò tempus prefinitum est quatuor mensium nova constitutione ex diversitate locorum, si vicina est provincia, in qua hoc agitur, una aut duabus mansionibus in medio provinciarum constitutis. Si verò sit majus spatium, sex. Si verò ex Palæstina, aut Ægypto, aut gentium longinquarum, octo menses sufficiant. Si verò ex Hesperiis gentibus, aut septemtrionalibus, aut in Lybia, sufficiens est tempus novem mensium.

suit : quatre mois si la province dans laquelle l'affaire doit se juger est voisine de celle où demeurent les parties, si l'une de ces dernières ou toutes les deux ont leur domicile dans le centre de la province : s'ils sont éloignés du centre, le délai est de six mois ; huit mois de délai suffisent si la partie demeure dans la Palestine, dans l'Egypte ou dans d'autres contrées lointaines ; neuf mois enfin suffisent pour les nations méridionales, septentrionales et la Lybie.

TITULUS XVI.

Ubi de possessione agi oporteat.

1. *Imperatores Valentin. et Valens* AA. *ad Festum, procons. Africæ.*

Ubi aut vis facta dicitur, aut momentaria possessio postulanda est, ibi loci judicem adversùs eum qui possessionem turbavit, convenit judicare.

Dat. 8 calend. jun. Gratiano et Dagalaïpho, Conss. 366.

TITRE XVI.

Du lieu où l'on doit intenter l'action de possession.

1. *Les empereurs Valentinien et Valens, à Festus, proconsul d'Afrique.*

Lorsque la possession est interrompue par la violence, ou lorsqu'il s'agit de demander une possession provisoire, il convient de poursuivre celui qui a troublé la possession devant le juge du lieu où existe la chose de la possession de laquelle il est question.

Fait le 8 des calend. de juin, sous le consulat de Gratien et de Dagalaïphe. 366.

TITULUS XVII.

Ubi fideicommissum peti oporteat.

1. *Imperatores Severus et Antoninus* AA. *Demetrio.*

Fideicommissum ibi petendum esse, ubi hæreditas relicta est, dubitari non oportet.

PP. 8 calend. septemb. Chilone et Libone, Conss. 205.

TITRE XVII.

Du lieu où il convient de demander le fidéicommis.

1. *Les empereurs Sévère et Antonin, à Démétrius.*

Il n'est aucun doute que le fidéicommis ne doive être demandé dans le lieu même où l'hérédité a été laissée.

Fait le 8 des calend. de septembre, sous le consulat de Chilon et de Libon. 205.

TITRE XVIII.

Du lieu de l'assignation de celui qui a promis de payer ou de livrer dans un lieu déterminé.

1. *L'empereur Alexandre, à Héraclida.*

Si celui qui s'est obligé de payer en un certain lieu ne s'est pas libéré entièrement, il peut être assigné en un autre lieu ; et en outre, en vertu d'une action soumise à l'arbitrage du juge, actionné pour les frais que cette différence de lieux peut avoir occasionnés au demandeur, lesquels doivent être fixés par le juge.

Fait le 6 des ides de mars, sous le consulat de Fuscus et de Dexter.

TITRE XIX.

Du lieu où l'on doit exercer l'action in rem.

1. *Les empereurs Dioclétien et Maximien et les Césars, à Pancrace.*

On doit diriger l'action *in rem* non contre le vendeur, mais contre le possesseur. C'est pourquoi vous possédant, c'est en vain que vous prétendez que le maître qui revendique la chose ne puisse vous attaquer, disant qu'il doit diriger son action contre celui de qui vous tenez la chose ; car vous savez que si vous en avez prévenu votre vendeur, il court les risques de l'éviction : et la forme de la juridiction ne doit pas être changée lorsque le demandeur et le possesseur demeurent dans la même province, sous le prétexte que votre auteur (d'après ce que vous dites) demeure dans une autre province.

Fait pendant les ides d'avril, sous le consulat des empereurs nommés ci-dessus. 293.

Tome I.

TITULUS XVIII.

Ubi conveniatur qui certo loco dare promisit.

1. *Imperator Alexander* A. *Heraclidæ.*

Qui certo loco sese soluturum pecuniam obligat, si solutioni satis non fecerit, arbitraria actione et in alio loco potest conveniri, in qua venit æstimatio quod alterutrius interfuit, suo loco potiùs quàm in eo, in quo petitur, solvi.

Dat. 6 id. mart. Fusco et Dextro, Conss.

TITULUS XIX.

Ubi in rem actio exerceri debeat.

1. *Imper. Dioclet. et Maximian.* AA. *et* CC. *Pancratio.*

In rem actio non contra venditorem, sed contra possidentem competit. Frustrà itaque desideras non tecum congredi, sed cum auctore tuo dominium vindicantem, cùm te possidere conteudas : nam si denuntiasti ei, qui tibi vendidit, intelligis evictionis illi periculum imminere. Nec enim jurisdictionis forma in eadem provincia constitutis tàm petitore quàm possessore, ob auctoris personam, quem in alia provincia dicis consistere, debet immutari.

Dat. idib. april. AA. et Conss. 293.

2. *Imperator Constantinus A. ad universos provinciales.*

Si quis alterius nomine quolibet modo possidens immobilem rem, litem ab aliquo per in rem actionem sustineat, debet statim in judicio dominum nominare; ut sive in eadem civitate degat, sive in agro, sive in alia provincia sit, certo dierum spatio à judice definiendo, eoque ad notionem ejus perducendo; vel ipse in loca, in quibus prædium situm est, perveniens vel procuratorem mittens, actoris intentiones excipiat. Si verò post hujusmodi indultum tempus minimè hoc quod dispositum est, facere maluerit, tanquàm lite quæ ei ingeritur, ex eo die quo possessor ad judicium vocatus est, ad interrumpendam longi temporis præscriptionem contestata: judex, utpotè domino possessionis nec post hujusmodi humanitatem sui præsentiam faciente, edictis legitimis proponendis cum citare curabit: et tunc in eadem voluntate eo permanente, negotium summatim discutiens, in possessionem rerum actorem mitti non differet; omni allegatione absenti de principali questione servata.

Dat. 10 calend. augusti, Basso et Ablabio, Conss. 331.

3. *Impp. Valent. Theod. et Arcad. AAA.*

Actor rei forum, sive in rem, sive in personam sit actio, sequitur: sed et in locis in quibus res propter quas contenditur, constitutæ sunt, jubemus in rem actionem adversùs possidentem moveri.

Dat. 10 calend. jul. Arcadio et Bautone, Conss. 385.

2. *L'empereur Constantin, à tous les habitans des provinces.*

Si quelqu'un possédant, à quelque titre que ce soit, au nom d'un autre, une chose immobiliaire, est attaqué en justice, par un tiers, en vertu de l'action *in rem*, il doit aussitôt déclarer au juge qui est le maître du bien dont il s'agit, afin que, soit qu'il habite la ville, la campagne ou une autre province, le juge donne un certain délai pour l'instruire de cette affaire, et qu'il vienne se défendre des prétentions du demandeur dans le lieu où est situé le bien en question, ou qu'il envoie un procureur pour le représenter; mais si, dans l'espace du délai qui a été accordé, il n'a paru ni par lui-même ni par autres, la contestation en cause sera censée avoir commencé du jour où le possesseur a été appelé en jugement, à l'effet d'interrompre la prescription de long tems. Et puisque le propriétaire n'a point comparu, quoiqu'il lui ait été accordé un délai pour cela, le juge, après avoir rempli les formalités voulues par les lois, doit l'assigner; et s'il persiste à ne pas comparaître, après avoir discuté sommairement la cause, qu'il ne diffère point d'envoyer le demandeur en possession, toutefois étant permis toujours à l'absent d'intenter l'action de propriété.

Fait le 10 des cal. d'août, sous le consulat de Bassus et d'Ablabius. 331.

3. *Les empereurs Valentinien, Théodose et Arcadius.*

Le demandeur suit le domicile du défendeur, soit que l'action soit réelle, soit qu'elle soit personnelle; mais nous ordonnons que l'action réelle soit dirigée contre le possesseur dans les lieux où la chose qui fait l'objet du procès est située.

Fait le 10 des cal. de juillet, sous le consulat d'Arcadius et de Bauton. 385.

TITRE XX.

Du lieu où on doit demander l'hérédité, ou de celui où les héritiers écrits doivent demander à être envoyés en possession.

1. *Les empereurs Valérien et Gallien, à Messe'a.*

Là où vous dites que les biens qui composent la succession sont, les héritiers écrits doivent demander d'être envoyés en possession de ces biens, et l'on doit terminer le procès élevé à l'occasion de l'hérédité dans le lieu où est l'hérédité, si le défendeur y a son domicile, ou à son domicile s'il ne l'a pas en ce lieu.

Fait le 7 des cal. de mai, sous le consulat de Sécularus et de Donat. 261.

TITRE XXI.

Du lieu où il faut actionner pour comptes à rendre, tant publics que privés.

1. *Les empereurs Dioclétien et Maximien et les Césars, à Gérontius.*

Il faut que celui qui, en vertu d'une tutelle ou de tout autre titre, a administré les affaires d'autrui, rende ses comptes dans le lieu où il a administré.

Fait le 7 des cal. d'août, sous le consulat d'Annibalion et d'Asclépiodote. 292.

2. *Les empereurs Honorius et Théodose, à Macédonius, maître des soldats.*

Que personne, après avoir cessé ses fonctions militaires, et être retourné à la vie privée, étant cité par quelqu'un du corps dont il faisait partie, ou qu'il commandait lui-même, à l'effet de rendre compte des affaires qu'il a administrées pendant ses fonctions militaires, ne puisse faire usage de l'exception déclinatoire; car il faut que

TITULUS XX.

Ubi de hæreditate agatur, vel ubi hæredes scripti in possessionem mitti postulare debeant.

1. *Imperator Valerianus et Gallienus AA. Messalæ.*

Illic ubi res hæreditarias esse proponis, hæredes in possessionem rerum hæreditarium mitti postulandum est. Ubi autem domicilium habet, qui convenitur, vel si ibi ubi res hæreditariæ sitæ sint, degit, hæreditatis erit controversio terminanda.

Dat. 7 calend. maii. Secularo et Donato, Conss. 261.

TITULUS XXI.

Ubi de ratiociniis tàm publicis, quàm privatis agi oportet.

1. *Impp. Dioclet. et Maximian. AA. et CC. Gerontio.*

Eum, qui aliena negotia sive ex tutela, sive ex quocunque alio titulo administravit, ubi hæc gessit, rationem oportet reddere.

Dat. 7 calend. augusti, Annibalione et Asclepiodoto, Conss. 292.

2. *Impp. Honor. et Theod. AA. Macedonio, mag. mil.*

Nemo post depositum cingulum, suæ privatæ vitæ redditus ob negotium quod militiæ causa est ei exortum, præstandi ratiocinii gratia ejus numeri in quo militavit, vel quem ipse gessit, à quocunque pulsatus fori præscriptionibus utatur. Unumquemque enim super hujuscemodi causis publicis, quas dum militaret exercuit, vel super ra-

tiociniis militaribus, per quœ suos contu-
bernales afflixisse asseritur, in militari oportet judicio respondere, in quo et Instructio
sufficiens, et nota testimonia, et verissima
possunt documenta præstari.

Dat. 11 id. jun. *

qui ce soit qui est convaincu d'avoir porté
tort à ses collègues pendant l'administration des affaires publiques qui lui a été confiée pendant qu'il était militaire, ou qui est
attaqué à l'effet de rendre des comptes militaires, soit obligé de se défendre devant
un tribunal militaire, auquel il pourra demander qu'il prenne de l'affaire une connaissance suffisante, qu'il entende les témoins, et examine les pièces valables qu'il
présente.

Fait le 2 des ides de juin. *

TITULUS XXII.

Ubi causa status agi debeat.

1. Imper. Alexander A. Aurelio Aristocrati.

E, quæ à te, cùm tibi serviret, refugit,
et in aliam provinciam se contulit, libertatem sibi vindicans, non injuria eo loco
litigare compellanda est, unde quasi fugi-
tiva recessit; ideòque remittere eam in
provinciam in qua servivit, præses provinciæ, qui eo loco jus repræsentat, curæ
habebit; sed non ubi depræhensa est, audiri debet.

PP. 13 calend. septembr. Pompeiano et
Peligno, Conss. 232.

2. Imp. Decius A. Felici.

Procuratores nostros status causas examinare non posse, omnibus notum est.

PP. cal. decembr. Decio A. II. et Grato,
Conss. 251.

**3. Impp. Dioclet. et Maximian. AA. et CC.
Zenoniæ.**

Si in possessione libertatis constitùta es,
cùm in status etiam quæstione actor rei fo-

TITRE XXII.

Du lieu où l'on doit intenter les ac-
tions d'état.

**1. L'empereur Alexandre, à Aurélius Aristo-
crate.**

VOTRE esclave ayant pris la fuite, et s'é-
tant retirée dans une autre province, si elle
revendique sa liberté, il n'est point injuste
de la forcer à plaider dans le lieu d'où elle
est sortie comme fugitive : c'est pourquoi
le président de la province qui rend la justice dans le lieu où cette esclave s'est retirée, aura soin de la faire transférer dans le
lieu où elle a servi comme esclave ; mais
elle ne doit point être entendue dans le lieu
où elle a été arrêtée.

Fait le 13 des cal. de septembre, sous le
consulat de Pompéien et de Pélignus. 232.

2. L'empereur Décius, à Félix.

Il est connu de tout le monde que nos
procureurs peuvent connaître des questions
d'état.

Fait pendant les cal. de décembre, sous
le deuxième cons. de l'emper. Décius, et le
premier de Gratus. 251.

**3. Les empereurs Dioclétien et Maximien et
les Césars, à Zénonia.**

Comme dans les questions d'état le demandeur suit aussi le domicile du défen-

deur , si vous êtes en possession de la liberté, il faut que cette cause de liberté soit
jugée dans le lieu où la prétendue esclave
demeure, quoique le demandeur soit décoré
de la dignité sénatoriale.

Fait le 2 des ides de mai, sous le consulat
des empereurs nommés ci-dessus. 297.

4. *Les mêmes empereurs et Césars, à Sizinia.*

Si quelqu'un constitué en servitude réclame sa liberté, c'est un point de droit
très - certain qu'il faut que cette question
d'état soit jugée dans le lieu où celui qui se
dit le maître a son domicile.

Fait à Bizance, le 2 des nones de Mars,
sous le consulat des Césars. 294.

5. *Les mêmes empereurs et Césars, à Diogène,
président des îles.*

Nous avons déjà ordonné que s'il s'élève
dans les provinces quelques causes de liberté
ou de servitude entre le fisc et des particuliers, elles doivent être renvoyées à l'intendant de nos affaires privées , qui réside
dans le lieu où le procès a pris naissance.
Si ces affaires roulent sur des questions
d'ingénuité , c'est le gouverneur de la province qui doit en connaître.

Fait le 4 des nones d'août, sous le consulat des Césars nommés ci-dessus. 294.

6. *L'empereur Justinien, à Menna, préfet
du prétoire.*

Nous ordonnons que dans les procès dans
lesquels il s'agit de savoir si quelqu'un est
ingénu ou affranchi , on ne puisse se prévaloir désormais de la prescription de cinq
ans , qu'on ne pouvait autrefois rendre sans
effet , que par l'autorité d'un rescrit; et que
ces sortes de procès puissent être poursuivis,
même après le tems précité, comme s'il
n'existait pas de prescription , dans les provinces par-devant leurs gouverneurs, et dans
cette ville par-devant les grands juges compétens. Nous ordonnons que ces dispositions
soient également observées, quelle que soit
la condition des parties.

Fait le 3 des nones d'août, ⁑

rum sequi debeat , ibi causam liberalem agi
oportet, ubi consistit quæ ancilla dicitur,
licèt senatoria dignitate actor decoretur.

Dat. 2 id. maii, ʌʌ. Couss. 297.

4. *Iidem ʌʌ. et cc. Siziniæ.*

Si ex professione servitutis in libertatem
quis proclamet, ibi agi oportere status causam, ubi domicilium constitutum habet qui
se dominum dicit, non est ambigui juris.

Dat. 2 non. mart. Byzantii, cc. Couss.
294.

5. *Iidem ʌʌ. et cc. Diogeni, præsidi
insularum.*

Jamdudùm à nobis statutum est, ut si
quæ causæ libertinitatis et servitutis in provinciis inter fiscum et privatos exorirentur,
ad rationalem vel magistrum privatæ rei,
hoc est unde essent quæstiones, re-
mitterentur. Si quæ verò ingenuitatis essent,
à rectore provinciæ examinarentur.

Dat. 4 non. aug. cc. Couss. 294.

6. *Imp. Justinianus ʌ. Mennæ, ᴘ. ᴘ.*

In litibus, in quibus utrum ingenuus an
libertinus sit aliquis, quæritur, quinquennii
præscriptionem (post quod divino adjutorio
opus esse veteres leges præcipiebant) in posterum cessare sancimus: et hujusmodi lites
etiam post memoratum tempus ad exemplum cæterarum , vel in provinciis apud
earum moderatores, vel in hac alma urbe
apud competentes maximos judices examinari. Quod etiam si clarissima persona super
tali conditione vel etiam servili quæstionem
patiatur, tenere censemus.

Dat. 3 non. augusti. ⁑

TITULUS XXIII.

Ubi quis de curiali, vel cohortali, aliave conditione conveniatur.

1. *Impp. Arcad. et Honor.* AA. *Floro*, P. P.

Sᵢ quis vel curiæ, vel officiis judicum, aut aliis quibuscunque corporibus obnoxius, intra provinciam ab his erit, quos aufugit, compræhensus, non expectata ejusdem judicis notione, sub quo per ambitum cœperat militare, penitùsque emendicati honoris præscriptione submota, à judice qui in locis aditus fuerit, audiatur : manifestarumque rerum probatione convictus, eorum societati, quos declinaverat, agregetur.

Dat. 12 calend. augusti, Mediolani, Cæsario et Attico, Conss.

2. *Imperatores Theod. et Valentinin.* AA. *Cyro*, P. P.

Hac perpetua lege sancimus, provincialibus judiciis non posse fori præscriptionem opponere eos qui ad curias vocantur, vel cohortalibus deberi dicentur officiis, vel aliis corporibus obnoxii sunt : eo etiam, qui superex actiones vel concussiones perpetrasse firmentur, exceptis videlicet his qui armata militia præditi sunt, vel alias speciali beneficio principali sese defendunt ; ita tamen, ut cui ex militaribus viris curiæ nomen, vel cohortalis officii quæstio ingeratur, rector provinciæ super ejus nomine tàm ad sedem tuæ magnificentiæ, quàm ad magisteriam vel competentem referat potestatem ; ut hi qui velut debiti postulentur, provinciali judicio destinati, ibi eventum judicii expectent, ubi jura moveri præcipiunt hujusmodi quæstiones. Super publicis autem functioni-

TITRE XXIII.

Du lieu qui, lorsqu'il s'agit de citation en justice, doit être considéré comme le domicile des décurions, des cohortaux et autres personnes.

1. *Les empereurs Arcadius et Honorius*, à *Florus*, préfet du prétoire.

Sᵢ quelqu'un de ceux qui sont engagés à la curie, aux offices des juges ou à d'autres corps, a été arrêté dans la province par ceux qu'il fuyait, sans attendre que le juge dans la juridiction duquel il s'était placé par ambition, connaisse de l'affaire, et sans aucun égard à la prescription de l'honneur qu'il avait usurpé, qu'il soit jugé par le juge des lieux où il a été trouvé ; et, convaincu par la force des preuves, qu'il soit réuni à la classe qu'il avait désertée.

Fait à Milan, le 12 des cal. d'août, sous le consulat de Césarius et d'Atticus.

2. *Les empereurs Théodose et Valentinien*, à *Cyrus*, préfet du prétoire.

Nous ordonnons par cette loi, qui doit être observée à jamais, que ceux qui sont attachés aux curies, les cohortaux qui le sont aux offices des juges, et autres qui sont engagés à d'autres corps, ne puissent opposer aux tribunaux des provinces l'exception déclinatoire. Il en est de même de ceux qui sont convaincus d'avoir commis des exactions ou des concussions, à moins qu'ils ne fassent partie de la milice armée, ou qu'ils ne se prévalent d'un rescript spécial. On doit leur demander cependant le nom du corps militaire, de la curie ou de l'office cohortal auxquels ils appartiennent, pour que le gouverneur de la province, d'après ces renseignemens, les renvoie ou à votre tribunal, ou à celui du maître des soldats, ou enfin à tout autre juge compétent ; en sorte encore que ceux que les tribunaux de provinces réclament comme leurs justiciables, leur soient livrés afin qu'ils en jugent, si, d'après les lois, de telles affaires sont de leur compétence. Qu'il ne soit permis à personne, lorsqu'il s'agit de fonctions ou de dettes publiques, d'opposer l'exception déclinatoire, à moins qu'ils n'y soient spécialement autorisés. Nous ordonnons que les premiers, en quelqu'affaire que ce soit, ne puissent décliner la juridiction de votre tribunal, ou celle des recteurs des provinces. Que ceux qui contreviendront à cette salutaire loi, sachent que les présidens des provinces rendront contre eux une sentence par laquelle leur désobéissance sera punie.

Fait le 12 des cal. d'octobre, sous le consulat de Cyrus. 441.

bus et debitis nemini liceat fori præscriptionem opponere præter eos qui specialiter excepti sunt. Cæteros excelsæ tuæ sedis et rectorum provinciarum in quolibet negotio declinare minimè posse judicium decernimus; ita ut qui tam saluberrimam legem pertinaciter violare tentaverint, sciant à moderatoribus provinciarum adversùs se tanquàm contumaces sententiam proferendam.

Dat. 12 calend. octob. Cyro v. c. Cons. 441.

TITRE XXIV.

Du lieu où doivent être assignés civilement ou criminellement les sénateurs et autres personnes nobles.

1. *L'empereur Constantin, à Octavien, comte des Espagnes.*

QOI que ce soit de ceux qui, sans être illustres, sont nobles, (*clarissima dignitate*) qui ait ravi une fille, arraché des bornes, ou qui ait été surpris dans quelque faute ou dans quelque crime, qu'il soit jugé dans la province où le crime a été commis, et ne puisse user de l'exception déclinatoire; car le crime efface ces sortes d'honneurs.

Fait le 2 des nones de décembre, sous le consulat de Gallican et de Bassus.

2. *Les empereurs Valens, Gratien et Valentinien, au sénat.*

Que les sénateurs, dans leurs causes pécuniaires, soient soumis, s'ils habitent cette ville ou les faubourgs, au jugement de la

TITULUS XXIV.

Ubi senatores vel clarissimi civiliter vel criminaliter conveniantur.

1. *Imp. Constantinus A. ad Octavianum, comitem Hispaniarum.*

QUICUNQUE non illustri, sed clarissima dignitate tantùm præditus, virginem rapuerit, vel fines aliquos invaserit, vel in aliqua culpa seu crimine fuerit deprehensus, intra provinciam, in qua facinus perpetravit, publicis legibus subjugetur, nec fori præscriptione utatur : omnem enim hujusmodi honorem reatus excludit.

Dat. prid. non. dec. Gallicano et Basso, Conss.

2. *Imper. Valens, Grat. et Valentin. AAA. ad senatum.*

Senatores in pecuniariis causis, sive in hac alma urbe, sive in suburbanis degunt, in judicio tàm prætorianæ, quàm urbicariæ praefecturae, necnon magistri officiorum, quotiens tamen ad eum nostrae pietatis emanaverit jussio : in provinciis verò, ubi larem fovent, aut ubi majorem bonorum partem possident, et assiduè versantur, respondebunt.

Dat. cal. mart. Valentiniano et Neoterio AA. Conss. 390.

3. *Imperator Zeno* A. *Arcadio*, P. P.

Quotiens viro forte patritio, vel ex-patritio, vel ei quem praetorianae, vel urbicariae, amplissimae sedis administratio illustravit, vel consulari viro quem tàm ordinaria professio quàm sacra nostrae pietatis pariter sublimavit oratio, quive magisteriae potestatis sudoribus clarus factus est, vel ei qui magistri officiorum vel quaestoris officio functus, aut sacro nostrae pietatis cubiculo praepositus, post depositam administrationem senatorio ordini sociatus est, aut cui nostra serenitas domesticorum scholam regendam mandavit, cuive sacros nostri numinis thesauros, aut res privatas nostrae pietatis vel serenissimae augustae nostrae conjugis gubernandas injunxit : post depositam videlicet administrationem crimen publicum privatumve (cui tamen non per procuratorem respondere liceat) in hac alma urbe, vel in provinciis commoranti ingeratur : nullius alterius judicis, nisi nostrae pietatis hujusmodi esse cognitionem, vel sacri tantummodò cognitoris, cui nostra serenitas hujusmodi negotii audientiam vice sua sacris apicibus mittendis mandaverit : ita tamen, ut apud talem judicem nullius officii, vel scholae intercedente ministerio, more atque habitu sacrarum consultationum, absque ulla videlicet observatione dierum fatalium introductae causae, viris devotissimis sacri nostri scrinii libellensibus solemnia implentibus, audiantur : eo qui in crimen vocatus erit, ne qua ante probationes injurias patiatur,

préfecture prétorienne, ou de la préfecture de la ville, ou d'un maître des offices, lorsque nous l'avons ordonné ; s'ils habitent les provinces, qu'ils soient soumis aux juges des lieux où ils ont leur domicile, ou la plus grande partie de leurs biens, ou au lieu où ils demeurent le plus constamment.

Fait pendant les cal. de mars, sous le consulat de l'empereur Valentinien et de Néoterius. 390.

3. *L'empereur Zénon*, à *Arcadius*, *préfet du prétoire*.

Qu'on oblige les patrices, les ex-patrices, ceux qui ont été honorés de la préfecture prétorienne ou de la préfecture de la ville, les personnes consulaires, soit qu'ils aient été élevés à cette dignité par les moyens ordinaires, soit qu'ils l'aient obtenu à la prière du prince, ceux qui ont été anoblis par les travaux de la magistrature militaire, les maîtres des offices, les questeurs, le grand chambellan de notre majesté, qui, après avoir cessé ses fonctions, a été nommé sénateur, celui qui a été choisi par notre majesté pour gouverner le corps de domestiques, et enfin les comtes de nos trésors, de nos affaires privées et de celles de notre épouse, toutes les fois qu'il y a lieu, lorsqu'ils sont sortis de charge, de se défendre par eux-mêmes, et non par procureurs, des crimes publics ou privés dont on les accuse, en quelque lieu qu'ils demeurent, dans la capitale ou dans les provinces. Nous ordonnons qu'aucun juge ne puisse connaître des affaires de cette sorte, et que cette connaissance n'appartienne qu'à notre majesté, ou à celui qu'elle aura délégué par des lettres impériales pour juger à sa place les affaires de cette nature. Qu'ils soient entendus devant le juge, sans l'emploi du ministère d'aucun office ou d'aucun ordre, selon l'usage et l'habitude des instructions impériales, sans aucun égard pour les jours fataux de l'introduction de la cause, nos maîtres des requêtes remplissant d'ailleurs les solennités ordinaires : mais comme on ne doit leur faire souffrir aucune injure avant que leur crime ne soit prouvé, on doit accorder la liberté à ceux qui sont accusés, de s'asseoir dans une certaine place du tribunal, inférieure, à la vérité, à la place qu'occupent les juges, mais cependant supérieure à celle qu'occupent les accusateurs.

§. 1. Nous avons été tellement disposés d'augmenter les honneurs de si grandes dignités, que nous défendons à notre délégué, après que le crime a été prouvé, de rien statuer sur de telles personnes ou leurs biens; il est seulement permis à ces délégués, quoiqu'ils jugent à notre place, de nous renvoyer la connaissance de l'affaire, lorsque le crime qui a été poursuivi à leur tribunal a été prouvé. Il n'appartient qu'au prince de punir comme il le juge à propos de tels dignitaires. Mais il est certain qu'on peut, sans consulter notre majesté, l'accusé étant absous, punir, conformément aux lois, la calomnie de l'accusateur, à moins que ce dernier ne soit d'un rang moins élevé que celui de l'accusé; car, dans ce dernier cas, ce n'est pas sans raison qu'on doit consulter l'autorité impériale sur la repression de la calomnie de l'accusateur.

§. 2. Nous ordonnons en outre que les personnes illustres qui, sans avoir été revêtues d'aucune dignité, ont été décorées des codicilles honoraires, quoiqu'elles aient mérité d'être censées avoir exercé des dignités qu'ils n'ont point exercées, soient, s'ils habitent cette capitale, soumis, dans leurs causes criminelles, aux sentences de votre tribunal et de l'illustre préfecture de la ville, ainsi que du maître des offices, lorsque cependant une telle affaire lui a été renvoyée par ordre spécial de notre majesté. Ces personnes étant accusées, elles ne peuvent réclamer la faculté de s'asseoir pendant l'instruction de l'affaire : mais que les juges sachent que les crimes étant prouvés, ils ne peuvent rien statuer sur ces sortes de cou-

Tome I.

sedendi quoque in aliqua secretarii parte, quæ judicibus inferior, altercantibus verò superior esse videatur, habituro licentiam.

§. 1. Adeò autem tantarum honores dignitatum duximus augendos, ut ne sacro quidem cognitori nostro, postquàm crimen fuerit patefactum, contra hujusmodi viros vel eorum substantias statuendi aliquid concedamus facultatem; sed hoc solummodo in hujusmodi viros vice quoque principis auditori licebit, ut intentatum apud se crimen, si patefactum fuerit, ad principalem referat notionem. Ultionis autem tantis inferendæ dignitatibus modus non nisi in principis residebit arbitrio : cùm sit certum, oportere accusatoris calumniam reo videlicet protinùs absolvendo inconsulta quoque nostra serenitate, prout leges sanciunt, coërceri; nisi forté accusator quoque non minoris quàm reus sit dignitatis, in hoc nanque casu super coërcenda hujusmodi accusatoris calumnia, non immeritò consulenda erit principalis auctoritas.

§. 2. Viros autem illustres in hac inclyta urbe degentes, qui sine administratione honorariis decorati fuerint codicillis, licèt talem prærogativam nostræ jussionis meruerint, ut quod non egerint, videantur egisse : in criminalibus causis magnificæ tuæ sedis et illustrissimæ urbicariæ præfecturæ, necnon etiam viri magnifici nostri officiorum (quotiens tamen ad ejus judicium specialis nostræ pietatis emanaverit jussio) sententiis respondere decernimus; ita ut hujusmodi viri sedendi quidem in cognitionibus dicendis minimè sibi vindicent facultatem. Sciant autem ipsi quoque, nec de se, nec de suis facultatibus judicaturos aliquid, nec probatis criminibus, nisi priùs ad nostram pietatem retulerint, posse statuere.

55

§. 3. Quotiens autem viri illustres in provinciis constituti, non hi tamén quorum cognitio ad nostram majestatem, vel ad judicem vice nostri numinis auditurum pertineat, in querimoniam fuerint criminalem vocati ; et sedendi, cùm celebratur cognitio, in secretariis judicantium jus consequantur; et judices patefactis quoque criminibus, ferendis contra hujusmodi viros illustres vel facultates eorum sententiis abstineant, dum nostræ pietatis ad suas meruerint relationes responsum : supplicio videlicet, quod accusatoribus patefacta eorum calumnia ingerendum est, nec apud provinciales judices, si non sic, ut superiùs dictum est, similem dignitatem habeant, differendo.

Dat. Constantinop. ***

pables, ni sur leurs biens, avant que l'affaire n'ait été renvoyée à notre majesté.

§. 3. Toutes les fois que des personnes illustres (nous n'entendons point parler de celles qu'il n'appartient qu'à notre majesté ou à son délégué de juger) résidant dans les provinces, sont accusées de quelque crime, qu'il leur soit accordé le droit de s'asseoir, pendant l'instruction, dans le lieu où se tiennent les juges; que ces derniers, en cas que les crimes soient prouvés, s'abstiennent de porter des sentences tant sur les personnes que sur les biens des coupables, parce qu'ils ont mérité que nous les jugions nous-même. Que les juges des provinces ne diffèrent pas non plus, comme il a été déjà dit à l'égard de ceux de la capitale, de connaître de la calomnie des accusateurs, lorsqu'elle est prouvée, à moins, comme il a été dit, que l'accusateur ne soit d'un rang aussi élevé que l'accusé.

Fait à Constantinople. ***

TITULUS XXV.

In quibus causis militantes fori præscriptione uti non possunt.

1. Imperatores Theod. et Valentin. AA.
Florentio, P. P.

OMNES omninò domesticos, et agentes in rebus, et quæcunque alia prætendatur militia vel dignitas, sub moderatoribus provinciarum pro functionibus publicis respondere nulla fori præscriptione valitura sancimus : si hac, qui exiguntur publica debita, uti tentaverint. Imò et in aliis privatis actionibus occupatos volumus respondere, qui vel per provincias socientur, vel conductorum vocabulis, cùm non armata militia præditi sint, defenduntur, sive domorum divinarum, sive virorum potentium, seu cujuslibet conditionis sint conductores; nisi si fortè commeatum ad rem propriam

TITRE XXV.

Des cas où les Militaires ne peuvent user de l'exception déclinatoire.

1. Les empereurs Théodose et Valentinien, à Florentius, préfet du prétoire.

NOUS ordonnons que tous ceux qui font partie des gardes-du-corps du prince, ou du corps des agens dans les choses, ainsi que ceux qui prétendent appartenir à un autre corps ou à une dignité, soient, en ce qui concerne leurs fonctions publiques, soumis aux gouverneurs de la province dans laquelle ils sont occupés à percevoir les impôts publics, et que s'ils opposent l'exception déclinatoire, elle soit rejetée. Bien plus, nous voulons que ceux d'entre eux qui seront occupés à des affaires privées, comme s'ils ont formé une société de commerce, ou ne faisant point partie de la milice armée, s'ils ont loué un bien qui appartienne soit au prince, soit à des personnes puissantes, ou à toutes autres, quelle que soit leur condition, soient soumis aux mêmes juges, à moins qu'ils ne prouvent avoir reçu un congé d'une année, à l'effet de s'occuper de leurs propres affaires. On doit également appliquer ces mêmes dispositions aux militaires à qui il a été accordé le privilége de négocier; ils sont soumis, pour les affaires qui leur surviennent, aux gouverneurs des provinces.

Fait à Constantinople, le 3 des cal. **, sous le dix-septième consulat de l'empereur Théodose, et le premier de Festus. 439.

componendam unius anni inducias ostenderint se accepisse : eadem forma servanda in his etiam, qui mercandi vel militandi sacra beneficia meruerint, ut et ipsi rectoribus provinciarum respondeant.

Dat. 3 cal. ** Constantinop. Theodosio A. XVII. et Festo, Conss. 439.

TITRE XXVI.

Du lieu où doivent se juger les causes qui concernent le fisc, ou les propriétés de l'empereur, ou les personnes qui y sont attachées.

1. *Les empereurs Sévère et Antonin, à Dioscore.*

Qui est-ce qui ignore que nos procureurs ne peuvent connaître des causes dont l'objet est un héritier accusé de n'avoir pas vengé la mort de la personne à laquelle il succède, avant que le juge auquel il est permis de prononcer la peine, n'ait convaincu les accusés de ce crime? Certainement, si ceux qui ont été accusés de ce crime sont morts, la raison permet que nos procureurs connaissent de cette cause.

Fait le 7 des ides de mai, sous le consulat de Latéran et de Ruffin. 198.

2. *Les mêmes empereurs à Arista.*

Nous ne concevons pas pourquoi vous voulez que les causes dont la connaissance appartient à nos procureurs, soient renvoyées à celle du proconsul; car il s'agit de savoir si votre père est mort par la crainte

TITULUS XXVI.

Ubi causæ fiscales, vel divinæ domus, hominumque ejus agantur.

1. *Imperatores Severus et Antoninus, AA. Dioscoro.*

Non defensæ mortis quæstionem apud procuratores nostros non oportere tractari : nec bona à fisco peti posse priusquàm de crimine constiterit apud eum, cui convictis pœnam irrogare licet, quis ignorat? Planè defunctis homicidii reis, apud procuratores quoque causam agendam esse, ratio permittit.

PP. 7 id. maii, Laterano et Rufino, Coss. 198.

2. *Iidem AA. Aristæ.*

Non animadvertimus cur causas ad officium procuratorum nostrorum pertinentes, ad proconsulis notionem advocare velis : nam cùm hoc quæratur, an pater tuus mortem sibi consciverit metu alicujus pœnæ, ac proptereà bona à fisco vindicari debeant : jam non de crimine ; aut pœna mortui, sed de bonis quærendum est.

Dat. 12 cal. octob. Apro et Maximo, Coss. 208.

3. *Imp. Antoninus* A. *Heliodoro.*

Procurator meus, qui vice præsidis provinciæ non fungitur, sicut exigere pœnam desertæ accusationis non potest : ita judicare ut ea inferatur, sententia sua non potest.

Dat. 10 cal. septemb. Lœto et Cereali, Coss. 216.

4. *Imp. Alexander* A. *Maximæ.*

Cùm vendente procuratore meo emisse te prædia dicas, pretium eorum necessariò solvere debes, cùm his verò quibus mandantibus eadem prædia emisse te et tradidisse dicis, agente te procurator meus, si ejus audientiam elegeris, cognoscet ; ut pecuniam quæ pretii nomine tibi debetur, et usuras quæ fisco solvendæ sunt, consequi possis.

PP. 4 id. octob. Maximo et Paterno, Coss. 234.

5. *Imp. Constantinus* A. *ad Ursum.*

Ad fiscum pertinentes causas rationalis decidat, omnibus concussionibus prohibendis.

Dat. non. feb. Constantinop. Feliciano et Titiano, Coss. 337.

6. *Idem* A. *ad Italicum.*

Si quis adversùs conductorem nostrum aliquid agendum crediderit, viro illustri comiti rerum privatarum referri oportet : ne et judici existimationis, et officio ejus

---

de quelque peine, et si par conséquent ses biens doivent être revendiqués par le fisc : ici il n'est nullement question de crime, ni de peine à infliger au mort ; il s'agit seulement de ses biens.

Fait le 12 des cal. d'octobre, sous le consulat d'Aper et de Maxime. 208.

3. *L'empereur Antonin, à Héliodore.*

Mon procureur n'exerçant point les fonctions de président de province, ne peut, comme ce dernier, exiger la peine imposée à l'accusateur qui ne poursuit pas son accusation ; il ne peut, par sa sentence, ordonner qu'elle soit versée dans le fisc.

Fait le 10 des calendes de septembre, sous le consulat de Lœtus et de Céréal. 216.

4. *L'empereur Alexandre, à Maxima.*

Disant que mon procureur vous a vendu des héritages, vous devez nécessairement en payer le prix ; mais comme vous dites que ce n'est pas pour vous que vous les avez achetés, et que vous les avez livrés aux personnes qui vous avaient chargé de cet achat, attaquez-les ; et mon procureur, si vous le choisissez pour votre juge, connaîtra de cette affaire, afin que la somme que vous avez avancée vous soit remboursée, et que les intérêts qui sont dus au fisc soient acquittés.

Fait le 4 des ides d'octobre, sous le consulat de Maxime et de Paternus. 234.

5. *L'empereur Constantin, à Ursus.*

Que le procureur de César connaisse de toutes les causes qui concernent le fisc, et empêche toute espèce de concussion.

Fait à Constantinople, pendant les nones de février, sous le consulat de Félician et de Titien. 337.

6. *Le même empereur, à Italicus.*

Si quelqu'un croit devoir pour quelque chose attaquer celui à qui nous avons loué quelqu'un de nos biens, il faut que l'affaire soit renvoyée au comte de nos affaires privées, qui doit juger d'une manière digne de lui.

Fait pendant les calendes de février. **

7. *Le même empereur, à Bulephorus, procureur de César.*

Nous ordonnons que vous connaissiez des causes qui s'élèvent entre les colons de l'empereur et ceux des particuliers; car il faut que les généraux, les préposés aux frontières et les gouverneurs des provinces s'abstiennent d'assigner et de juger dans les affaires des colons.

Fait le 16 des calendes de mars, sous le consulat de Licinius. 318.

8. *L'empereur Constantin, à Taurus, préfet du prétoire.*

Lorsqu'un colon ou un esclave, nous appartenant en particulier, est accusé d'avoir fait quelque chose de contraire à l'ordre public, il doit être forcé de comparaître au tribunal du gouverneur de la province; en sorte que la cause soit discutée en présence de notre procureur et de l'accusateur; et si le crime est prouvé, qu'il soit puni selon la sévérité des lois.

Fait le 5 des nones de mars, sous le consulat d'Arbition et de Lollian. 355.

9. *Les empereurs Valentinien et Valens, à Philippe, homme noble.*

Que tout le monde soit tranquille; car si quelqu'un a été vexé par le comte de nos affaires privées, ou par notre procureur, qu'il ne doute point qu'il peut porter plainte des injures, des troubles ou des déprédations qu'il a soufferts, à votre tribunal ou à celui du gouverneur de la province, et recourir sans crainte au secours de la vengeance publique; et si de tels crimes sont démontrés par des preuves certaines, et qu'ils aient eu pour objet un habitant des provinces, nous ordonnons que le coupable soit publiquement brûlé tout vif.

Fait le 3 des nones de juillet, sous le consulat des empereurs nommés ci-dessus. 368.

salutis discrimen immineat.

Dat. cal. feb. **

7. *Idem* A. *ad Bulephorum, rationalem summœ rei.*

Dominicis colonis et patrimonialibus gravitatem tuam censuimus disceptatricem esse debere; duces enim et præpositos militum, et castrorum, et rectores provinciarum, evocandis et arcessendis colonis abstinere oportet.

Dat. 16 cal. mart. Licinio, Cons. 318.

8. *Imp. Constantinus.* A. *ad Taurum,* P. P.

Cùm aliquid colonus aut servus rei privatæ nostræ contra disciplinam publicam adseratur perpetrare, ad judicium rectoris provinciæ venire cogendus est : sic videlicet, ut præsente rationali vel procuratore domus nostræ, inter eum et accusatorem causa tractetur; et si facinus fuerit adprobatum, juris severitas exeratur.

Dat. 5 non. mart. Arbitione et Lolliano, Coss. 355.

9. *Imperatores Valentin. et Valens* AA. *ad Philippum,* V. C.

Universi fiduciam gerant, ut si quis eorum ab actore rerum privatarum nostrarum sive à procuratore vexatus fuerit injuriis, super ejus contumeliis vel deprædationibus deferre querimoniam sinceritati tuæ, vel rectori provinciæ non dubitet, et ad publicæ sententiam vindictæ sine aliqua trepidatione convolare. Quæ res cùm fuerit certis probationibus declarata, sancimus et edicimus, ut si in provincialem hanc audaciam quisquam moliri ausus fuerit, publicè vivus concrematur.

Dat. 3 non. jul. AA. Conss. 368.

10. *Impp. Grat. Valentin. et Theod.* ΑΑΑ. *ad Polemium*, P. P.

Nullum ex officio rationalis qui exactioni vel chartis inserviat, in aliud judicium adduci oportet ; nisi forte cujuspiam caput accusatio legibus instituta pulsaverit.

Dat. 3 cal. maii, Arcadio et Bautone, Coss. 385.

11. *Imperatores Theod. et Valentin.* ΑΑ. *Artaxi, præposito sacri cubiculi.*

Hac lege sancimus, ut sive agat domorum nostrarum colonus, inquilinusve, aut servus, sive pulsetur ab aliquo super criminali seu civili negotio, non alterius quàm tui culminis, ac viri spectabilis comitis domorum petatur examen ; nullius allegatione super fori præscriptione penitùs admittenda.

Dat. 5 id. april. ***

TITULUS XXVII.

Quandò liceat unicuique sine judice se vindicare, vel publicam devotionem.

1. *Impp. Valent., Theod. et Arcad.* ΑΑΑ. *ad provinciales.*

LIBERAM resistendi cunctis tribuimus facultatem, ut quicunque militum, vel privatorum ad agros nocturnus populator intraverit, aut itinera frequentata insidiis aggressionis obsederit, permissa cuicumque licentia digno illicò supplicio subjugetur, ac mortem quam minabatur, excipiat, et id quod intendebat, incurrat. Melius enim est occurrere in tempore, quàm post exitum vindicare. Vestram igitur vobis permittimus ultionem : et quod serum est punire judicio,

10. *Les empereurs Valentinien, Gratien et Théodose, à Polémius, préfet du prétoire.*

Il faut que personne de ceux qui sont employés auprès de notre procureur, soit pour la perception ou pour les écritures, ne soit assigné pour comparaître devant un autre tribunal, à moins qu'il n'ait à se défendre d'une accusation intentée d'après les lois.

Fait le 3 des calendes de mai, sous le consulat d'Arcadius et de Bauton. 385.

11. *Les empereurs Théodose et Valentinien, à Artaxus, chambellan.*

Nous ordonnons par cette loi que, soit qu'un colon, un de ceux appelés *inquilini*, ou un esclave nous appartenant en propre, soit accusateur ou accusé dans une affaire criminelle, ou demandeur ou défendeur dans une affaire civile, aucun autre tribunal que le vôtre ou celui du comte de notre patrimoine, ne doive connaître de ces sortes d'affaires, et on doit rejeter absolument toute exception déclinatoire.

Fait pendant les ides d'avril. ***

TITRE XXVII.

Des cas où il est permis de se venger de ses propres mains, ou de venger le serment militaire.

1. *Les empereurs Valentinien, Théodose et Arcadius, aux provinciaux.*

NOUS accordons à tous la libre faculté de se défendre ; c'est pourquoi il est permis à qui que ce soit de tuer le militaire ou le particulier qui est entré de nuit dans un champ pour le piller, ou qui a arrêté sur les routes fréquentées : qu'il évite par-là la mort qui le menaçait, et la donne à celui qui voulait le tuer ; car il vaut mieux profiter de cette occasion que de se venger ensuite lorsqu'elle n'existe plus. Nous vous permettons donc de vous venger : nous soumettons à l'édit ceux qu'il serait trop long de punir par jugement. Que personne ne ménage les militaires, qu'il faut combattre avec le trait comme les voleurs.

Fait pendant les calendes de juillet, sous le consulat de Tatien et de Symmaque. 391.

2. *Les empereurs Arcadius, Honorius et Théodose, à Hadrien, préfet du prétoire.*

Nous donnons aux provinciaux la faculté d'arrêter les déserteurs. S'ils font de la résistance, nous ordonnons qu'ils soient aussitôt, et en quelque lieu que ce soit, livrés au dernier supplice; et que tout le monde sache qu'il peut exercer, pour le repos commun, la vengeance publique contre les voleurs et les déserteurs.

Fait le 5 des nones d'octobre, sous le consulat de l'empereur Théodose et de Rumoridius. 391.

TITRE XXVIII.

Du testament inofficieux.

1. *Les empereurs Sévère et Antonin, à Victorinus.*

Un fils voulant attaquer le testament de sa mère comme inofficieux, dirige son action contre celui qui tient l'hérédité pour cause de fidéicommis. Cette démarche n'est point contraire au droit; car le fidéicommissaire est considéré, dans ce cas, comme s'il tenait l'hérédité à titre d'héritier ou de possesseur.

Fait le 5 des calendes de juillet, sous le consulat de Falcon et de Clarus. 194.

2. *Les mêmes empereurs, à Lucrétius.*

Quoique vous disiez avoir obtenu la possession des biens, afin que vous puissiez attaquer le testament comme inofficieux, il n'est pas cependant juste que les héritiers écrits soient dépouillés par cela seul de l'hérédité.

subjugamus edicto : ut nullus parcat militi, cui obviare telo oporteat ut latroni.

Dat. cal. jul. Tatiano et Symmacho, Coss. 391.

2. *Impp. Arcad. Honor. et Theod.* ΛΛΛ. *Hadriano,* P. P.

Opprimendorum desertorum facultatem provincialibus jure permittimus; qui si resistere ausi fuerint, in his velox ubicunque jubemus esse supplicium. Cuncti etenim adversùs latrones publicos, desertoresque militiæ jus sibi sciant pro quiete communi exercendæ publicæ ultionis indultum.

Dat. 5 non. octob. Theodosio Λ. et Rumoridio, Coss. 391.

TITULUS XXVIII.

De inofficioso testamento.

1. *Imperatores Severus et Antoninus* ΛΛ. *Victorino.*

Cum de inofficioso matris suæ testamento filius dicere velit adversùs eum qui ex causa fideicommissi hæreditatem tenet, non est iniquum, hoc ei accommodari : ut perindè fideicommissarius teneatur, ac si pro hærede, aut pro possessore possideret.

PP. 5 cal. jul. Falcone et Claro, Coss. 194.

2. *Iidem* ΛΛ. *Lucretio.*

Quamvis de inofficioso testamento acturum te, bonorum possessionem accepisse proponas, tamen scriptis hæredibus auferre possessionem incivile est.

Dat. 4 cal. decemb. Dextro et Prisco, Coss. 197.

3. Iidem AA. Januario.

Si mater filiis duobus hæredibus institutis, tertio post testamentum suscepto, cùm mutare idem testamentum potuisset, hoc facere neglexisset, meritò, utpotè non justis rationibus neglectus, de inofficioso querelam instituere poterit. Sed cùm eam in puerperio vita decessisse proponas, repentini casus iniquitas per conjecturam maternæ pietatis emendanda est. Quare filio tuo, cui nihil præter maternum fatum imputari potest, perindè virilem portionem tribuendam esse censemus, ac si omnes filios hæredes instituisset. Sin autem hæredes scripti extranei erant, tunc de inofficioso testamento actionem instituere non prohibetur.

PP. 8 cal. jul. Laterano et Rufino, Coss. 198.

4. Iidem AA. Soterio et aliis.

Cùm ex causa fideicommissi secundùm prætoris decretum in libertate morati sitis, filios etiam susceperitis, quamvis posteà domini vestri testamentum inofficiosum sit pronuntiatum, agente filio, non est æquum fieri vobis libertatis quæstionem.

PP. 6 id. mart. Antonino II. et Geta II. Coss. 206.

5. Imperator Antoninus A. Helio.

Si pater tuus post litem contestatam, vel postquàm propositum habuisset inofficiosum fratris testamentum dicere, te hærede relicto decessit, causam cœptam, vel quocunque modo illi placitam, exequi non prohiberis.

PP. 11. non. octob. Gentiano et Basso, Coss. 212.

Fait le 4 des calendes de décembre, sous le consulat de Dexter et de Priscus. 197.

3. Les mêmes empereurs, à Januarius.

Si la mère ayant, par son testament, institué ses deux fils, a eu ensuite un autre fils, et n'a pas corrigé son testament, quoiqu'elle le pût, le troisième enfant non institué peut, avec juste raison, intenter contre le testament la querelle d'inofficiosité; mais quoique vous disiez qu'elle est morte dans l'accouchement, il faut corriger l'injustice de cas imprévu par la supposition de la piété maternelle : c'est pourquoi nous pensons qu'il doit être accordé à votre fils, qui n'a que le destin de sa mère contre lui, une portion virile comme s'il avait été institué conjointement avec ses frères; mais si les héritiers écrits sont étrangers, il est libre, dans ce cas, d'intenter contre le testament l'action d'inofficiosité.

Fait le 8 des calendes de juillet, sous le consulat de Latéranus et de Rufinus. 198.

4. Les mêmes empereurs, à Sotéricus et autres.

Ayant reçu la liberté en vertu d'un fidéicommis et d'un décret du préteur, et ayant eu depuis des enfans, quoique, depuis, le testament de votre maître, sur la demande de son fils, ait été déclaré inofficieux, il n'est pas juste qu'on élève des doutes sur votre liberté.

Fait le 6 des ides de mars, sous le second consulat d'Antonin et de Géta. 206.

5. L'empereur Antonin, à Hélius.

Si votre père est mort en vous instituant son héritier après avoir commencé le procès, ou après avoir entamé en quelque manière la querelle d'inofficiosité contre le testament de son frère, qui est votre oncle, on ne peut vous empêcher de poursuivre la cause qu'il avait commencée, de quelque manière que ce soit.

Fait le 2 des nones d'octobre, sous le consulat de Gentien et de Bassus. 212.

6. *Le même empereur, à Ingénus.*

Lorsqu'on demande si des fils peuvent attaquer le testament de leur père comme inofficieux, il faut examiner si le testateur leur a laissé au tems de sa mort la quatrième partie de ses biens.

Fait à Rome, sous le consulat des deux Asper. 213.

Authentique extraite de la novelle 18, ch. 1.

Il a été ordonné, par une loi plus nouvelle, que si les fils n'excèdent pas le nombre de quatre, il doit leur être accordé le tiers des biens du défunt ; s'ils sont en plus grand nombre, ils doivent avoir la moitié des biens du défunt : peu importe à quelque titre que ce tiers ou cette moitié leur soit laissée. Les enfans doivent partager entre eux cette partie des biens par égale part, dont les ascendans ne peuvent, en aucune manière, réclamer l'usufruit.

Authentique extraite de la novelle 92, ch. 1.

Si un père ou une mère a fait en faveur d'un ou de plusieurs de ses enfans une donation excessive, chacun des enfans à qui la donation n'a pas été faite, pourra demander, en vertu de la loi *falcidia*, la partie de l'hérédité qui pouvait lui être due avant la donation. Il est permis à ceux en faveur de qui la donation a été faite, de renoncer à l'hérédité, pourvu que, s'il est nécessaire, ils suppléent, sur les biens compris dans la donation, à ce qui manque aux portions des autres.

7. *Le même empereur, à Secundus.*

Vous ne devez pas ignorer que la petite-fille du défunt peut attaquer son testament comme inofficieux, quoique son père soit mort émancipé.

Fait à Rome le 6 des calendes de juillet, sous le consulat de Lætus et de Céréal. 216.

8. *L'empereur Alexandre, à Florentinus.*

Le partage que les parens ont fait de leurs biens entre leurs enfans, ne doit pas être

Tome I.

6. *Idem* A. *Ingenuo.*

Cùm quæritur an filii de inofficioso patris testamento possint dicere, si quartam bonorum partem mortis tempore testator reliquit, inspicitur.

PP. 7 cal. jul. Romæ, duob. et Aspris, Coss. 213.

Authent. ex novell. 18, cap. 1.

Novissima lege cautum est, ut si quatuor sint filii, vel pauciores, ex substantia deficientis triens; si plures sint, semis debeatur eis quoquo relicti titulo, ex æquo scilicet dividendus inter eos, cujus portionis nec usufructu defraudari possunt liberi quidem à parente.

Authent. ex novell. 92, cap. 1.

Undè et si parens in quendam liberorum, vel in quosdam fecerit donationem immensam, quisque tantùm feret ex hæreditate nomine falcidiæ, quantùm poterat antè donationem deberi. Licet autem ei, qui largitatem meruit, abstinere ab hæreditate ; dummodò suppleat ex donatione, si opus sit, cæterorum portionem.

7. *Idem* A. *Secundo.*

Neptem defuncti actione de inofficioso testamento (quamvis pater ejus emancipatus fuerit defunctus) experiri posse, ignorare non debes.

PP. 6 cal. jul. Romæ, Læto et Cereali, Coss. 216.

8. *Imperator Alexander* A. *Florentino.*

Parentibus arbitrium dividendæ hæreditatis inter liberos adimendum non est : dum-

56

modò non minùs is qui pietatis sibi conscius est : partis quæ intestato defuncto potuit ad eum pertinere, quartam ex judicio parentis obtineat.

§. 1. Qui autem agnovit judicium defuncti, eo quòd debitum paternum pro hæreditaria parte persolvit, vel alio legitimo modo satisfecit : etiam si minùs quàm ei debebatur, relictum est ; si is major vigintiquinque annis est, accusare ut inofficiosam voluntatem patris, quam probavit, non potest.

PP. 7 id. febr. Maximo 11. et Æliano, Coss. 224.

9. Idem A. Romanæ.

De inofficioso testamento militis, vel jure militari vel civili facto, vel centurionis, vel tribuni numeri nec filios posse queri, jus certum est.

PP. idib. maii, Maximo 11. et Æliano, Coss. 224.

10. Idem A. Quintiniano.

Si hæredum Quintiniani, quem patrem tuum esse dicis, adversùs quos de inofficioso testamento acturus eras, jure successionis bona ad fiscum pertinent, vel ipsius Quintiniani bona, utpotè vacantia fiscus tenet, causam apud procuratorem nostrum agere potes.

PP. 2 id. aug. Maximo 11. et Æliano, Coss. 224.

11. Idem A. Ingenuo.

In arenam non damnato, sed sua sponte arenario constituto, legitimæ successiones integræ sunt, sicuti civitas et libertas manet. Sed si testamentum parens ejus fecit, neque de inofficioso testamento accusatio, neque bonorum possessio ei competit ; nam talem filium meritò quis indignum sua suc-

cassé, lorsque ceux qui étaient capables de succéder *ab intestat* ont reçu de la volonté de leur père leur légitime.

§. 1. Mais celui qui a approuvé la volonté du défunt, soit en payant les dettes de la succession pour sa partie héréditaire, soit en les acquittant de toute autre manière légale, ne peut attaquer, s'il est majeur de vingt-cinq ans, comme inofficieux, le testament qu'il a approuvé, quand même il lui aurait été accordé moins que ce qui lui est dû.

Fait le 7 des ides de février, sous le second consulat de Maxime, et le premier d'Elien. 224.

9. Le même empereur, à Romana.

C'est un droit certain que les enfans ne peuvent attaquer comme inofficieux le testament d'un militaire, d'un centurion ou d'un tribun, soit qu'il ait été fait d'après le droit militaire ou le droit civil.

Fait pendant les ides de mars, sous le deuxième consulat de Maxime, et le premier d'Elien. 224.

10. Le même empereur, à Quintinien.

Si le fisc possède, soit par droit de succession, soit comme biens vacans, les biens des héritiers de Quintinien, que vous dites être votre père, et contre le testament duquel vous vous proposez d'intenter la querelle d'inofficiosité, vous pouvez intenter votre action devant notre procureur.

Fait le 2 des ides d'août, sous le deuxième consulat de Maxime, et le premier d'Elien. 224.

11. Le même empereur, à Ingénuus.

Celui qui, n'étant pas condamné à combattre dans l'arène, a choisi volontairement cette profession, conservant sa liberté et ses droits de cité, est capable de succéder *ab intestat*; mais si son père a disposé de ses biens par testament, il ne peut attaquer ce testament pour cause d'inofficiosité, ni de-

mander la possession des biens, car il a jugé
avec raison ce fils indigne de sa succession,
à moins que lui-même ne fût de la même
condition que son fils.

Fait le 4 des calendes de janvier, sous le
consulat de Julien et de Crispinus. 225.

12. Le même empereur, à Licinien et à Diogène.

Si le père de la jeune fille dont vous dites
être curateurs, ayant institué héritiers ; savoir, son fils pour la moitié, sa fille pour le
tiers, et sa femme pour le sixième restant,
a disposé que si l'un des deux, de son fils ou
de sa fille, mourait avant l'âge de vingt-
cinq ans, sa portion serait restituée aux sur-
vivans ; que sa femme, lorsqu'elle décéderait, restituerait la portion de l'hérédité
qui lui est échue; vous ne devez pas intenter l'action calomnieuse d'inofficiosité
contre la juste volonté du testateur, parce
que, d'après le testament, la restitution fidéicommissaire, tant de la portion de la
mère que de celle du frère, peut échoir à
votre pupille.

Fait pendant les nones de décembre, sous
le troisième consulat de l'empereur Alexandre, et le premier de Dion. 236.

13. L'empereur Gordien, à Priscien.

Deux héritiers étant institués ; savoir,
l'un pour les cinq douzièmes de la succession,
et l'autre pour les sept douzièmes, vous dites
avoir intenté une juste action contre ce dernier, et avoir gagné votre cause ; en conséquence, les legs et les fidéicommis créés
par la partie du testament qui a été cassé,
ne sont point dus, parce que celui qui est capable d'être héritier *ab intestat*, doit succéder : cependant les dispositions de cette
partie du testament qui ont pour objet des
affranchissemens directs ou fidéicommissaires, doivent avoir leur effet.

Fait le 3 des calendes de février, sous le
consulat de l'empereur Gordien et celui d'A-
viola. 240.

cessione judicat, nisi et ipse similis conditionis sit.

PP. 4 cal. jan. Juliano et Crispino, Coss.
225.

12. Idem A. Liciniano et Diogeni.

Si pater puellæ, cujus vos curatores esse
dicitis, filio ex semisse, ipsa autem ex
triente, et uxore ex reliquo sextante scriptis hæredibus, fidei filiorum commisit, ut
si quis eorum intra vigintiquinque annos
ætatis decederet, superstitibus portionem
suam restitueret : præterea uxori, ut id
quod ex causa hæreditatis ad eam perve-
nisset, filiis post mortem suam restitueret,
fidei commisit; calumniosam inofficiosi actionem adversùs justum judicium testatoris
instituere non debetis, cùm ex hujusmodi
fideicommissaria restitutione, tàm matris
quàm fratris ejus portio ad eam poterat
pervenire.

PP. non. decemb. Alexandro A. III. et
Dione, Coss. 236.

13. Imp. Gordianus A. Prisciano.

Cùm duobus hæredibus institutis, uno ex
quinque, altero ex septem unciis, adversùs
eum qui ex septem unciis hæres scriptus
fuerat, justa querela contendisse, ab altero
autem victum te fuisse alleges, pro ea parte
qua resolutum est testamentum, cùm jure
intestati qui obtinuit, succedat; neque legata, neque fideicommissa debentur, quamvis libertates et directè competant, et fidei-
commissariæ præstari debeant.

PP. 3 cal. februar. Gordiano A. et Aviola,
Coss. 240.

14. Idem A. Prisco.

Eum qui inofficiosi querelam delatam non tenuit, à falsi accusatione non submoveri placuit. Idem observatur et si ex contrario falsi crimine instituto victus, posteà de inofficioso actionem exercere maluerit.

PP. 6 cal. decemb. Gordiano A. et Aviola, Coss. 240.

14. Le même empereur, à Priscus.

Celui qui ayant attaqué le testament comme inofficieux, a succombé, ne peut être empêché de l'attaquer comme faux : on doit observer la même chose, si, ayant attaqué d'abord le testament comme faux il a succombé, il veut ensuite l'attaquer comme inofficieux.

Fait le 6 des calendes de décembre, sous le consulat de l'empereur Gordien et celui d'Aviola. 240.

15. Imp. Philippus A. Aphrodisiæ.

Filiam præteritam à matre, ad successionem ejus citrà inofficiosi querelam aspirare non posse, explorati juris est.

PP. 5 cal. aug. Philippo A. et Titiano, Coss. 246.

15. L'empereur Philippe, à Aphrodisia.

C'est un point de droit affermi, que la fille prétérite par sa mère ne peut aspirer à la succession de cette dernière, sans auparavant attaquer le testament comme inofficieux.

Fait le 5 des calendes d'août, sous le consulat de l'empereur Philippe et celui de Titien. 246.

16. Impp. Valerianus et Galienus AA. et Valerian. N. Cæs. Theodoræ.

Contra majores vigintiquinque annis duplicem actionem inferentes, primam, quasi testamentum non sit jure perfectum, alteram quasi inofficiosum, licèt jure perfectum : præscriptio ex prioris judicii mora quinquennalis temporis non nascitur, quæ officere non cessantibus non potest.

PP. idib. aug. Tusco et Basso, Conss. 259.

16. Les empereurs Valérien et Galien, et le César Valérien, à Théodora.

La prescription de cinq ans ne court pas contre les majeurs de vingt-cinq ans qui ont deux actions à intenter contre le testament fait à leur préjudice; par l'une desquelles ils peuvent demander que le testament soit déclaré nul, comme n'ayant pas été fait selon les lois; et, par l'autre, ils peuvent l'attaquer comme inofficieux, quoique parfait sous le rapport du droit, pendant que l'une de ces actions se discute.

Fait pendant les ides d'août, sous le consulat de Tuscus et de Bassus. 259.

17. Impp. Carinus et Numerianus AA. Floræ.

Cùm filium tuum, te præterita, sororem hæredem instituisse proponas, inofficiosi querelam apud præsidem provinciæ persequi potes.

PP. 2 id. februar. Carino II. et Numeriano AA. Conss. 284.

17. Les empereurs Carinus et Numérianus, à Flora.

Disant que votre fils vous a oubliée dans votre testament, et a institué sa sœur, vous pouvez intenter contre le testament la querelle d'inofficiosité devant le président de la province.

Fait le 2 des ides de février, sous le deuxième consulat de l'empereur Carinus, et le premier de l'empereur Numérianus. 284.

18. *Les empereurs Dioclétien et Maximien,*
à Faustina.

N'ayant pas violé la piété filiale, mais au
contraire n'ayant pas voulu vous séparer
du mari auquel vous êtes unie, ce qui, d'a-
près ce que vous dites, a offensé et irrité votre
père, qui pour cela seul vous a exhérédée,
rien ne vous empêche d'intenter la querelle
d'inofficiosité.

Fait pendant les calendes de mai, sous le
deuxième consulat de Maxime et d'Aquili-
nus. 286.

19. *Les mêmes empereurs, à Apolinarius.*

Si vous croyez devoir exclure de votre
succession votre fille qui se conduit honteusement et mène une vie infâme, et si
cette résolution ne provient pas d'un mouvement trop prompt, mais au contraire est
fondée sur de justes motifs, vous êtes libre
de vous y abandonner.

Fait le 15 des calendes de juillet, sous
le consulat des deux empereurs nommés
ci-dessus. 293.

Authentique extraite de la novelle 115, ch. 3.

Mais si vous n'avez pas marié votre fille
avant qu'elle eût atteint l'âge de vingt-cinq
ans, et si après cet âge elle a abusé de son
corps, ou si elle s'est mariée d'elle-même
sans votre consentement, vous ne pouvez
pas l'exhéréder.

20. *Les mêmes empereurs, à Savien.*

Une fille qui a perdu son père s'est mariée
avec l'agrément de sa mère : celle-ci se re-
pent ensuite d'avoir consenti à ce mariage;
mais sa fille, vivant dans l'union avec son
mari, ne fournit contre elle aucun juste
motif de plainte : c'est pourquoi elle ne
peut être forcée par le droit d'être mariée
ou veuve, selon les caprices momentanés
de sa mère.

Fait pendant les nones de janvier, sous le
consulat des Césars. 294.

18. *Impp. Diocletian. et Maximian.* AA.
Faustinæ.

Cùm te pietatis religionem non violasse,
sed mariti conjugium, quod fueras sortita,
distrahere noluisse, ac proptereà offensum
atque iratum patrem ad exhæredationis notam prolapsum esse dicas, inofficiosi testamenti querelam inferre non vetaberis.

S. calend. maii, Maximo II. et Aquilino,
Conss. 285.

19. *Iidem* AA. *Apollinario.*

Si filiam tuam, eo quòd turpiter et cum
flagitiosa fœditate vivit, à successione tua
excludendam putes; si non inconsulto ca-
lore, sed ex meritis ejus ad id odium inci-
tatus es, postremi judicii liberum arbitrium
habebis.

Dat. 15 cal. jul. ipsis AA. Conss. 293.

Authent. ex novell. 115, *cap.* 3.

Sed si post vigintiquinque annos te diffe-
rente, filiam marito copulare, ea in suum
corpus peccaverit, vel sine consensu tuo,
marito se libero tamen copulaverit, eam
exhæredare non potes.

20. *Iidem* AA. *et* CC. *Saviano.*

Filia in orbitate patris relicta, cùm marito cui matre volente nupsit, colens concor-
diam, justas offensionis post ejusdem matris
pœnitentiam causas non præstat ; nec ex
momentariis voluntatibus matris nupta atque vidua jure esse compellitur.

Dat. non. januar. CC. Conss. 294.

21. *Iidem* AA. *et* CC. *Alexandro.*

Fratris vel sororis filii, patrui vel avunculi, amitæ etiam et materteræ testamentum inofficiosum frustrà dicunt : cùm nemo eorum qui ex transversa linea veniunt, exceptis fratre et sorore, ad inofficiosi querelam admittatur; de falso sanè per accusationem criminis queri non prohibentur.

D. CC. Conss. 294.

22. *Iidem* AA. *et* CC. *Tantillæ.*

Si maritus tuus facto testamento te quidem ex asse scripsit hæredem ; filia autem quam habuit in potestate, exhæredata jure facta minimè perhibetur, nihilque ei relictum est, neque justas offensæ causas præstitisse expressè convincitur, eam de inofficioso testamento patris querentem, totam hæreditatem obtinere posse non ambigitur. Quòd si jam obtinuit, vel posteà vindicat, quodcunque maritus mortis suæ tempore debuisse tibi perhibetur, id ab ea reddi oportet.

D. id. feb. CC. Conss. 294.

23. *Iidem* AA. *et* CC. *Philippo et aliis.*

Testamenti factione per testationem vos interdixisse matri profitentes, justam causam offensæ manifestè testamini.

Dat. 5. id. septembr. CC. Conss. 294.

24. *Iidem* AA. *et* CC. *Successo.*

Testamentum militis filiifamiliâs in castrensi peculio factum, neque à patre, neque à liberis ejus per inofficiosi querelam rescindi potest.

21. *Les mêmes empereurs et les Césars, à Alexandre.*

C'est en vain que les neveux ou les nièces, les oncles ou les tantes, tant du côté paternel que du côté maternel, attaqueraient un testament comme inofficieux, parce qu'aucun des parens de la ligne collatérale, excepté les frères ou les sœurs, n'est admis à intenter la querelle d'inofficiosité ; mais on ne peut les empêcher d'attaquer le testament comme faux.

Fait sous le consulat des Césars. 294.

22. *Les mêmes empereurs et les Césars, à Tantilla.*

Si votre mari, par son testament, vous a instituée son héritière universelle, et ayant déshérité par ce même testament la fille qu'il avait en sa puissance, l'exhérédation n'est pas légitime, n'ayant rien laissé à cette dernière, quoiqu'elle ne lui ait fourni aucun juste motif qui puisse légitimer l'exhérédation, elle peut obtenir certainement toute l'hérédité en attaquant le testament comme inofficieux ; mais s'il l'a déjà obtenue, ou s'il la revendique, il faut qu'elle vous accorde tout ce que votre mari vous devait au tems de sa mort.

Fait pendant les ides de février, sous le consulat des Césars. 294.

23. *Les mêmes empereurs et les Césars, à Philippe et autres.*

Convenant que vous avez interdit par-devant témoins, à votre mère, la faculté de faire un testament, vous lui avez fourni manifestement un juste motif d'exhérédation.

Fait le 5 des ides de septembre, sous le consulat des Césars. 294.

24. *Les mêmes empereurs et les Césars, à Successus.*

Le testament d'un militaire fils de famille, pour ce qui concerne son pécule castrense, ne peut être cassé par la querelle d'inofficiosité intentée, soit par le père, soit par les enfans du testateur.

Fait à Nicomédie, le 3 des nones de décembre, sous le consulat des Césars. 294.

25. *Les mêmes empereurs et les Césars, à Ménédotus.*

Il a été approuvé par le droit qu'une mère qui suspectait les mœurs de son mari, peut favoriser ses enfans en les instituant héritiers, sous cette condition, *si leur père les émancipe;* et que, d'après ce pacte, le père qui ne remplit pas la condition, ne reçoit point, en vertu du testament, la possession des biens avec l'hérédité, et qu'il ne peut non plus attaquer au nom de ses enfans le testament comme inofficieux, parce que leur mère, en agissant ainsi, a pensé plutôt de les favoriser que de leur porter tort : c'est pourquoi il doit leur restituer l'hérédité.

Fait à Antioche, le 4 des nones de juillet, sous le consulat de Titien et de Népotien. 301.

26. *Les mêmes empereurs et les Césars, à Sérapion.*

Un fils étant institué héritier pour le quart de la succession, il est certain que son père peut lui substituer directement quelqu'un pour ce quart, dans le cas qu'il décède avant l'âge de puberté.

Fait à Nicomédie, le 5 des câlendes de septembre, sous le consulat des Césars. 302.

27. *L'empereur Constantin, à Vérinus.*

Que les frères et les sœurs utérins ne puissent en aucune manière attaquer le testament de leur frère ou de leur sœur comme inofficieux : les consanguines peuvent, soit que l'agnation existe encore ou n'existe plus, intenter l'action d'inofficiosité contre le testament de leur frère ou de leur sœur, si les héritiers écrits sont infâmes, ou notés honteusement, même d'une manière légère, ou si les héritiers institués sont des affranchis ingrats, indignes de cette faveur, à moins

---

Dat. 3. non. decembr. Nicomediæ, cc. Conss. 294.

25. *Iidem* AA. *et* cc. *Menedoto.*

Filiis matrem, quæ de mariti moribus secùs suspicatur, ita posse consulere jure compertum est, ut eos sub hac conditione instituat hæredes, si à patre emancipati fuerint; atque eo pacto secundùm tabulas bonorum possessionem patrem cum re accipere non videri, qui conditioni minimè optemperaverit : neque ei nomine filiorum inofficiosi eo modo actionem posse competere, quibus nullam injuriam fecerit mater, sed potiùs putaverit providendum, et ideo restituere debet.

D. 4. non. jul. Antiochiæ, Titiano et Nepotiano, Conss. 301.

26. *Iidem* AA. *et* cc. *Serapioni.*

Ex tribus unciis hærede instituto filio intra pubertatis annos directam non inutiliter à patre fieri substitutionem, certum est.

Dat. 5 cal. sept. Nicomediæ, cc. Conss. 302.

27. *Imperator Constantinus* A. *Verino.*

Fratres vel sorores uterini ab inofficiosi actione contra testamentum fratris vel sororis penitùs arceantur. Consanguinei autem, durante adgnatione, vel non, contra testamentum fratris sui vel sororis de inofficioso quæstionem movere possunt : si scripti hæredes infamiæ, vel turpitudinis, vel levis notæ macula adspergantur, vel liberti, qui perperàm et non benè merentes, maximisque beneficiis suum patronum adsecuti, instituti sunt, excepto servo necessariò hærede instituto.

Dat. id. april. Constantino A. et Licinio, Conss. 319.

28. *Idem* A. *ad Claudium, præsidem provinciæ Daciæ.*

Liberi de inofficioso querelam contra testamentum parentum moventes, probationem debent præstare, quòd obsequium debitum jugiter prout ipsius naturæ religio flagitabat, parentibus adhibuerint; nisi scripti hæredes ostendere maluerint ingratos liberos contra parentes extitisse. Sin autem mater contra filii testamentum inofficiosi actionem instituat, inquiri diligenter jubemus, utrum filius nulla ex justa causa læsus, matrem in novissima læserit voluntate, eo quòd neque luctuosam ei et legitimam reliquerit portionem, ut testamento rescisso matris successio deferatur. Si tamen mater in honestis factis atque indecentibus machinationibus filium fortè obsedit, insidiisque eum vel clandestinis vel manifestis appetiit, vel inimicis ejus suas amicitias copulavit, atque in aliis sic versata est, ut inimica ejus potiùs quàm mater crederetur: hoc probato etiam invita acquiescat filii voluntati.

Dat. 3 id. februar. Crispo II. et Constantino Cæs. II. Conss. 321.

29. *Imp.* Zeno A. *Sebastiano,* P. P.

Quoniam novella constitutio divi Leonis antè nuptias donationem à filio conferri ad similitudinem dotis quæ à filia confertur, præcipit, etiam antè nuptias donationem filio in quartam præcipimus imputari. Eo-

cependant que ce ne fût un esclave institué héritier nécessaire.

Fait pendant les ides d'août, sous le cinquième consulat de l'empereur Constantin et celui du César Licinius. 319.

28. *Le même empereur, à Claudius, président de la province des Daces.*

Les enfans qui attaquent comme inofficieux le testament de leurs parens, doivent auparavant prouver qu'ils n'ont jamais cessé de leur porter tout le respect qu'ils leur devoient, ainsi que la nature le commande, à moins que les héritiers écrits n'aiment mieux prouver que les enfans du testateur ont été ingrats envers lui. Mais si une mère intente l'action d'inofficiosité contre le testament de son fils, on doit s'informer diligemment si le fils n'a eu aucun juste motif de plainte contre sa mère qui pût le porter à l'oublier dans sa dernière volonté, au point de ne lui rien laisser, soit comme dépens de deuil, soit comme portion légitime; car s'il n'en existe aucun, le testament doit être annullé, et la succession déférée à la mère: mais si, au contraire, celle-ci l'a tourmentée par des actions déshonnêtes et des machinations indécentes; si elle lui a dressé des embûches ouvertement ou clandestinement; si elle s'est liée d'amitié avec les ennemis de son fils, au point de se conduire moins comme mère de ce dernier que comme son ennemie, qu'elle soit, si cela est prouvé, forcée d'acquiescer à la dernière volonté de son fils.

Fait le 3 des ides de février, sous le 2e. consulat de Crispus, et le premier du César Constantin. 321.

29. *L'empereur* Zénon, *à Sébastien, préfet du prétoire.*

Puisque la novelle de l'empereur Léon a ordonné qu'il serait fait une donation *antè nuptias* aux fils, comme on donne des dots aux filles, nous ordonnons que la donation *antè nuptias* faite au fils soit imputée sur sa quarte-légitime : c'est pourquoi, lorsqu'un père ou une mère ont donné une dot à leur fille, ou fait une donation *antè nuptias* à leur fils, ou un aïeul ou aïeule, un bisaïeul ou une bisaïeule, de l'un ou de l'autre côté, à leur petite-fille ou petit-fils, nous voulons non-seulement que cette dot ou donation leur soient conférées, mais encore qu'elles soient imputées sur la quarte-légitime due au fils ou à la fille, si elles ont été fournies sur les biens de celui dont il s'agit de la succession, qui, de cette manière, ne pourront attaquer le testament comme inofficieux.

Fait pendant les calend. de mai, sous le second consulat du même empereur. 321.

3o. *L'empereur Justinien, à Menna.*

Ne perdant jamais de vue les volontés des testateurs, nous pensons devoir extirper les causes infinies qui les empêchent d'avoir leur plein effet. Auparavant, dans certains cas, on avait coutume d'intenter l'action d'inofficiosité contre le testament du défunt, ou de l'éluder de quelque autre manière ; mais par cette loi, qui est favorable aux testateurs autant qu'à leurs enfans, ainsi qu'aux autres personnes que cette action pouvait regarder, nous ordonnons que, soit que le testament porte que la légitime sera complétée, soit qu'il n'en soit fait aucune mention, il soit valable, et qu'il soit permis à ces personnes qui pouvaient attaquer le testament comme inofficieux ou le faire annuler d'une autre manière, d'exiger, sans qu'elles soient obligées de souffrir aucune charge ni délai, ce qui leur manque pour qu'elles aient leur légitime complète, pourvu cependant qu'ils ne soient pas convaincus, par des moyens légitimes, d'ingratitude, comme le testateur les en a accusés. Mais si le testateur ne les a point accusés d'ingratitude envers lui, il n'est pas permis à ses héritiers de les en taxer, et d'introduire par-là la discussion d'une pareille question. Nous ordonnons ces dispositions à l'égard des personnes

demque modo cum pater vel mater pro filia dotem, vel pro filio antè nuptias donationem, vel avus paternus aut maternus, vel avia paterna aut materna pro sua nepte aut pro suo nepote, vel proavus itidem paternus aut maternus, vel proavia paterna aut materna pro sua pronepte vel pro suo pronepote dederit ; non tantùm eandem dotem vel donationem conferri, verumetiam in quartam partem ad excludendam inofficiosi querelam, tàm dotem datam, quàm antè nuptias donationem, præfato modo volumus imputari, si ex substantia ejus profecta sit, cujus de hæreditate agitur.

Dat. calend. maii, ipso A. II. Cons. 321.

3o. *Imp. Justinianus A. Mennæ.*

Omnimodo testatorum voluntatibus prospicientes, magnam et innumerabilem occasionem subvertendæ eorum dispositionis amputare censemus : et in certis casibus, in quibus de inofficiosis defunctorum testamentis, vel alio modo subvertendis moveri solebat actio, certa et statuta lege tàm mortuis consulere, quàm liberis eorum, vel aliis personis, quibus eadem actio competere poterat ; ut sive adjiciatur in testamento de adimplenda legitima portione, sive non : firmum quidem sit testamentum, liceat verò iis personis quæ testamentum quasi inofficiosum vel alio modo subvertendum queri poterant, id quod minùs portione legitima sibi relictum est, ad implendam eam sine ullo gravamine vel mora exigere, si tamen non ingrati legitimis modis arguantur, cùm eos, scilicet, ingratos circa se fuisse testator dixerit : nam si nullam eorum quasi ingratorum fecerit mentionem, non licebit ejus hæredibus ingratos eos nominare, et hujusmodi quæstionem introducere. Et hæc quidem de iis personis statuimus, quarum mentionem testantes fecerint, et aliquam eis quantitatem in hæreditate, vel legato, vel fideicommisso, licèt minorem legitima portione, reliquerint.

§. 1. Sin verò vel præterierint aliquam eorum personam jam natam, vel antè testamentum quidem conceptam, adhuc verò in ventre constitutam, vel exhæredatione, vel alia eorum mentione facta, nihil eis penitùs reliquerint, tunc vetera jura locum habere sancimus, nullam ex præsente promulgatione novationem vel permutationem acceptura.

§. 2. Imputari verò filiis, aliisque personis, quæ dudùm ad inofficiosi testamenti querelam vocabantur, in legitimam portionem et illa volumus, quæ occasione militiæ ex pecuniis mortui iisdem personis adquisita posse lucrari eas manifestum est : eo quòd talis sit militia, ut vendatur, vel mortuo militante certa pecunia ad ejus hæredes perveniat; ita tamen ut ille gradus ejusdem militiæ inspiciatur, quem in morte testatoris militans obtinet : ut tanta ei pecunia in legitimam portionem computetur, quantam dari constitutum est, si in eo gradu mortuus esset is, qui militiam ex pecuniis testatoris adeptus est : exceptis solis viris spectabilibus silentiariis sacri nostri palatii, quibus præstita jam specialia beneficia tàm de aliis capitulis, quàm de pecuniis super memorata militia à parentibus eorum datis, ne legitimam portionem eis computentur, rata esse præcipimus : in cæteris verò personis prædictam observationem tenere volumus.

Dat. calend. jun. Constantinop. Justiniano A. II. Cons. 528.

dont les testateurs ne se sont pas plaints de l'ingratitude, et à qui ils ont laissé une partie de l'hérédité, ou de legs, ou de fidéicommis, quoique moindre que la portion légitime qui leur est due.

§. 1. Mais si les testateurs ont préféré quelqu'une de ces personnes déjà née ou seulement conçue avant le testament, mais encore dans le ventre de la mère, ou l'ont exhérédée ou disgraciée de toute autre manière, et ne leur ont absolument rien laissé, nous ordonnons que, dans ce cas, on observe les anciennes lois, n'introduisant par celle-ci aucune innovation, et ne leur faisant éprouver aucun changement.

§. 2. Il est clair qu'on doit imputer, et nous voulons qu'on impute aux fils et aux autres personnes qui autrefois pouvaient intenter l'action d'inofficiosité contre le testament sur leur portion légitime, ce qu'ils ont reçu des biens du défunt, à l'occasion de leur entrée dans quelque charge, choses qui leur appartiennent absolument ; car cette espèce de charge qui leur a été acquise des deniers du testateur est susceptible d'être revendue, ou s'ils meurent pendant qu'ils en remplissent les fonctions, la valeur en revient à leurs héritiers. Dans cette imputation on doit cependant considérer la valeur de la charge qu'ils exerçaient lors de la mort du testateur ; de sorte qu'on ne puisse imputer sur la légitime que ce qui avait été décidé devoir être donné, si celui qui exerçait cette charge acquise des deniers du testateur mourait en en remplissant les fonctions. Nous n'exceptons de ces dispositions que les seuls *silentiaires* de notre palais dont nous confirmons les autres priviléges, et en faveur de qui nous ordonnons qu'on n'impute point sur leur portion légitime ce qui leur a été donné par leurs parens pour l'acquisition de leurs charges. Nous ordonnons en conséquence que les précédentes dispositions soient appliquées à toutes les autres personnes.

Fait à Constantinople, pendant les calend. de juin, sous le deuxième consulat de l'empereur Justinien. 528.

31. *Le même empereur, à Menna, préfet du prétoire.*

Nous ordonnons que les dispositions que nous avons décrétées précédemment, pour que les testamens restassent intacts et ne pussent être facilement annullés, sous le prétexte qu'il avait été moins laissé que ne le veut la loi *falcidia* aux personnes qui, en vertu des anciennes lois, pouvaient intenter l'action d'inofficiosité ; à quoi nous avons remédié en ordonnant qu'on leur donnât seulement ce qui leur manque pour qu'ils aient leur portion légitime, c'est à dire le quart de ce qu'ils auraient eu s'ils avaient succédé *ab intestat ;* desquelles dispositions nous avons excepté ceux à qui il n'avait été rien laissé, et dont les droits doivent être régis par les lois anciennes. Nous ordonnons, disons-nous, que ces dispositions aient également lieu à l'égard des testamens non écrits.

Fait le 2 des ides de décembre, sous le deuxième consulat de l'empereur Justinien. 328.

32. *Le même empereur, à Menna, préfet du prétoire.*

Ayant ordonné par nos précédentes lois, que s'il avait été laissé quelque chose de moins que la portion légitime aux personnes qui, en vertu des anciennes lois, pouvaient attaquer le testament comme inofficieux, il leur fût accordé un supplément qui complétât cette portion, afin que, sous le prétexte que la portion entière ne leur avait pas été laissée, ils ne pussent faire casser le testament ; nous croyons devoir ajouter maintenant à ces dispositions que ce supplément dû aux personnes qui avaient le droit d'intenter l'action dont il s'agit, leur soit accordé, sans conditions, délais, retards, et toute autre charge ; que tout obsta-

31. *Idem* A. *Mennæ*, P. P.

Quæ nuper ad testamenta conservanda nec facilè retractanda sancivimus, ut ratione falcidiæ legitima minimè illis personis derelictæ, quæ ad inofficiosi testamenti querelam ex prioribus vocabantur legibus, non periclitentur testamenta, sed quod deest legitimæ portioni, id est, quartæ parti scilicet ab intestato successionis, tantùm repleatur ; exceptis illis, quibus nihil in testamento derelictum est, in quibus prisca jura illibata servamus : etiam ad testamenta sine scriptis facienda locum habere sancimus.

Dat. 2 id. decemb. D. N. Justiniano A. II. Cons. 328.

32. *Idem* A. *Mennæ*, P. P.

Quoniam in prioribus sanctionibus illud statuimus, ut si quid minùs legitima portione iis derelictum sit, qui ex antiquis legibus de inofficioso testamento actionem movere poterant, hoc repleatur, ne occasione minoris quantitatis testamentum rescindatur : hoc in præsenti addendum esse censemus, ut si conditionibus quibusdam, vel dilationibus, aut aliqua dispositione moram, vel modum, vel aliud gravamen introducente, eorum jura qui ad memoratam actionem vocabantur, imminuta esse videantur : ipsa conditio, vel dilatio, vel alia dispositio moram vel quodcunque onus introducens, tollatur, et ita res procedat, quasi nihil eorum testamento additum esset.

Dat. 2 cal. april. Decio v. c. Cons. 529.

cle de cette espèce soit levé, et que l'affaire marche comme s'il n'était nullement question d'eux dans le testament.

Fait le 2 des calendes d'avril, sous le cinquième consulat de Décius. 529.

33. Idem A. Demostheni, P. P.

Si quis suo testamento maximam quidem portionem libero relinquat, minusculam autem alii vel aliis de stirpe sua progenitis, ipsam tamen legitimam sive in hæreditate, sive in legato vel fideicommisso, ut non possit locus inofficiosi testamenti querelæ fieri ; et ille quidem qui ex parvulo genitoris sui consequitur substantiam, eam suscipere maluerit : qui autem ex majore parte eam amplexus est (sive unus, sive plures sint) non statim et sine contentioso proposito vel ulla mora eam restituere voluerit, sed expectato judiciorum strepitu, et multis variisque certaminibus habitis, post longum tempus ex sententia judicis vix eam reddiderit : crudelitatem ejus competenti pœna aggredimur, ut si hæc fuerint subsecuta, non tantùm in id quod testator voluit eum restituere, condemnetur; sed etiam aliam tertiam partem quantitatis quæ fuerat in testamento derelicta, modis omnibus reddere cogatur, ut avaritia ejus legitimis ictibus feriatur : aliis omnibus quæ in eodem testamento vel elogio scripta sunt, pro sui tenore ad effectum perducendis.

33. Le même empereur, à Démosthène, préfet du prétoire.

Quelqu'un ayant laissé par son testament une grande partie de son bien à l'un de ses enfans, et la petite partie restante, à l'autre ou aux autres, pour que cette partie qui leur a été accordée à titre d'hérédité, de legs, ou de fidéicommis, leur tenant lieu de légitime, ils ne pussent attaquer le testament comme inofficieux; si celui ou ceux qui ont été institués pour la plus petite partie, desirant recevoir ce qui leur revient, celui ou ceux qui ont été institués pour la plus grande partie, possédant toute l'hérédité, ne veulent point restituer de suite ce qui revient aux autres, et leur font éprouver des discussions et des retards, de sorte qu'ils sont à peine prêts à faire cette restitution après qu'ils leur ont fait attendre l'issue d'un jugement, éprouver beaucoup de difficultés et même de longs retards depuis que le jugement a été prononcé, nous voulons que leur dureté soit punie d'une peine convenable : c'est pourquoi nous ordonnons qu'ils soient condamnés, si l'affaire porte les caractères dont nous venons de parler, non-seulement à restituer ce que le testateur a voulu qu'il leur fût accordé, mais encore à leur donner en outre le tiers de cette même quantité, afin que de cette manière leur avarice soit punie par les lois. Au surplus, le testament, soit qu'il soit écrit ou non, doit obtenir son plein effet dans tous ses autres points.

§. 1. Legis autem veteris iniquitatem tollentes, ut non diutiùs erubescat lex posita, quam Julius Paulus in suis scripsit quæstionibus, hanc piissimam aggredimur sanctionem. Cùm enim infantem suum non posse ingra-

§. 1. Nous nous sommes décidé à publier cette loi salutaire, afin de détruire l'injustice de la loi ancienne, que Julius Paulus a rapportée dans son livre *des Questions*. Ce jurisconsulte ayant écrit qu'une mère ne pouvait accuser son jeune enfant d'ingratitude, et ne pouvait, pour cette cause, l'exclure de sa succession, à moins que cette démarche ne fût faite en haine du mari dont ce jeune enfant était né; jugeant injuste que quelqu'un souffre de la haine qu'on porte à un autre, nous ordonnons que ces dispositions soient entièrement abrogées, et que des enfans, quel que soit leur âge, ne puissent souffrir d'une pareille cause, parce que la mère peut laisser sa succession à son fils, sous la condition de l'émancipation, et par ce moyen satisfaire sa haine contre le père, ne point nuire aux droits de son fils, et ne point se conduire en mère dénaturée; car il nous parait bien cruel que celui qui est encore incapable de raison, soit accusé d'ingratitude.

Fait le 12 des calend. d'octobre, sous le consulat de Décius. 529.

34. *Le même empereur, à Jean, préfet du prétoire.*

Quelqu'un ayant institué un héritier étranger, a exhédéré son fils; il a eu de ce dernier un petit-fils né, ou encore dans le ventre de sa mère. Pendant que l'héritier institué délibérait s'il accepterait la succession, le fils exhédéré est mort, n'ayant fait ni préparé aucune demande de l'hérédité, sous le prétexte de l'inofficiosité du testament. Le défunt est mort en ne laissant à son fils aucun secours pour attaquer le testament de l'aïeul, parce qu'il a survécu à ce dernier, après que l'hérédité a été acceptée par l'héritier étranger; de sorte que le petit-fils ne peut, en vertu de la loi *velleïa*, succéder à la place de son père, et rescinder par-là le testament. Quelques jurisconsultes qui ont traité cette question ont soutenu l'exclusion inhumaine du petit-fils; mais nous qui nous flattons d'avoir pour nos sujets, leurs enfans et leurs petits enfans, une affection paterternelle, autant qu'il nous est possible, ne perdant jamais de vue l'avantage général,

tum à matre sua vocari scripsit, neque propter hoc ab ultima suæ matris hæreditate repelli, nisi hoc odio fecerit sui mariti ex quo infans progenitus est : hoc iniquum judicantes, ut alieno odio alius prægravetur, penitùs delendum esse sancimus; et hujusmodi causam liberis non tantùm infantibus, sed etiam quancunque ætatem agentibus opponi minimè concedimus : cùm possit sub conditione emancipationis hæreditatem suam mater filio derelinquens, et patris odium punire, et jure filii sui minimè nocere, nec suam naturam fallere. Satis enim crudele nobis esse videtur, eum, qui non sentit, ingratum existimari.

Dat. 12 calend. octob. Decio v. c. Cons. 529.

34. *Idem* A. Joanni, P. P.

Si quis filium suum exhæredatum fecerit alio scripto bærede, reliquerit autem ex eo nepotem vel vivum vel in ventre nurûs suæ constitutum; deliberante verò scripto hærede filius exhæredatus decesserit, nulla hæreditatis petitione ex nomine de inofficioso constituta vel præparata : omne adjutorium nepotem dereliquit : neque enim pater nepoti aliquod jus, cùm decesserit, contra patris testamentum dereliquit, quia posteà et adita est ab extraneo hæreditas, et supervixit avo pater ejus, ut neque ex lege velleïa possit in locum patris sui succedere, et rescindere testamentum; et hoc nonnulli jurisconsulti in medium proponentes, inhumanè reliquerunt. Sed nos, qui omnes subjectos nostros et filios et nepotes habere existimamus affectione paterna et imitatione, secundùm quod possibile est omnium commodis prospicientes, jubemus in tali specie eadem jura nepoti dari, quæ filius habebat : et licèt præparatio facta non est ad inofficiosi querelam instituendam, tamen posse nepotem eandem causam proponere : et si non hœres apertissimis probationibus ostenderit, ingratum patrem nepotis circa testatorem fuisse, testamento remoto ab intestato eum vocari, nisi certa quantitas patri ejus minor parte legitima relicta est. Tunc etenim secundùm novellam nostri numinis constitutionem repletio quartæ partis nepoti superest, si qua patri ejus competebat; ut perfruatur nostro beneficio, à vetustate quidem neglectus, à nostro autem vigore recreatus, nisi pater adhuc superstes vel repudiavit querelam, vel quinquennio tacuit, scilicet post aditam hæreditatem.

Dat. 3 calend. aug. Lampadio et Oreste, Conss. 530.

nous ordonnons qu'on accorde, dans l'espèce présente, les mêmes droits au petit-fils que ceux qu'avait le père, et qu'il puisse, quoique le père n'eût rien entrepris à ce sujet, intenter l'action d'inofficiosité contre le testament ; et si l'héritier ne prouve pas suffisamment que le père du petit-fils a été ingrat envers le testateur, que le testament étant annullé, le petit-fils soit appelé à prendre part à la succession comme héritier *ab intestat*, à moins que le père de ce dernier n'ait reçu du testateur une moindre quantité de biens qu'il ne lui fallait pour lui tenir lieu de légitime ; car, dans ce cas, d'après la nouvelle constitution de notre majesté, le petit-fils a droit au supplément de la quarte-légitime, si son père ne l'a pas déjà reçue complètement ; il jouira de cette manière du bienfait dont nous le favorisons, duquel les anciens ne jouissaient pas, et qu'on doit à nous seul, à moins que son père n'ait renoncé de son vivant à l'action de l'inofficiosité, ou n'ait gardé le silence à ce sujet pendant cinq ans, à compter du jour de l'addition de l'hérédité.

Fait le 3 des calend. d'août, sous le consulat de Lampadius et d'Oreste. 530.

35. *Idem* A. *Juliano*, P. P.

Si quandò talis concessio imperialis processerit, per quam libera testamenti factio conceditur, nihil aliud videri principem concedere, nisi ut habeat legitimam et consuetam testamenti factionem : neque enim credendum est, romanum principem, qui jura tuetur, hujusmodi verbo totam observationem testamentorum multis vigiliis excogitatam atque inventam velle everti.

§. 1. Illud etiam sancimus, ut si quis à patre certas res vel pecunias accepisset, et pactus fuisset, quatenùs de inofficioso querela adversùs testamentum paternum minimè ab eo moveretur, et post obitum patris filius, cog-

35. *Le même empereur, à Julien, préfet du prétoire.*

Lorsque l'empereur accorde à quelqu'un la libre faculté de faire un testament, il n'entend pas accorder autre chose que la faculté légitime et ordinaire de tester ; car on ne doit pas croire que le prince romain, qui est le défenseur des lois, veuille dispenser, par une pareille concession, de l'observation des formes des testamens qui n'ont été trouvées et établies que par l'effet de beaucoup de veilles.

§. 1. Nous décrétons ces dispositions : Un fils a reçu de son père une certaine quantité de biens, et s'est obligé par un pacte, pour prix de ses biens, de ne point attaquer le testament de son père comme inofficieux ;

cependant, après la mort du testateur, son fils ayant pris connaissance du testament, et n'en étant point content, a cru devoir l'attaquer. Anciennement, dans un procès pareil, Papinien donna une réponse dans laquelle il dit que le fils ne doit point souffrir d'un pacte de cette sorte, et que les pères doivent plutôt s'attacher leurs enfans par des bienfaits, que de les obliger par des pactes. Nous admettons la réponse de Papinien, à moins que le fils n'ait passé des transactions avec les héritiers de son père, qui démontrent d'une manière claire qu'il approuve les volontés du testateur.

§. 2. Nous réglons généralement qu'un père ayant laissé par testament, ou donné par donation à cause de mort ou entrevifs, à son fils, une partie de biens moindre que ne doit être la portion légitime, sous la condition que ces biens seront comptés sur la légitime, si le fils, après la mort de son père, approuvant purement et simplement l'acte par lequel ce dernier lui a accordé cette partie de biens, a acquitté, après l'avoir reçu, les héritiers, sans néanmoins avoir renoncé à la demande de supplément de légitime qui lui est dû ; qu'il n'a pu par cet acquit qu'il a donné aux héritiers se priver du droit de demander le supplément, à moins qu'il n'eût, dans la quittance qu'il a donnée, ou dans la transaction ou le pacte qu'il a passé, dit spécialement qu'étant content de ce qui lui a été laissé ou donné, il renonçait à demander le supplément de légitime qui lui était dû ; car, dans ce cas, ayant renoncé lui-même à toute demande à cet égard, il doit être forcé d'exécuter les dernières volontés de son père.

§. 3. Que les dispositions de cette loi soient non seulement applicables au fils ou à la fille, mais encore à toutes les autres personnes qui peuvent intenter la querelle d'inofficiosité contre les dernières dispositions des morts.

Fait pendant les cal. de septembre, sous le consulat de Lampadius et d'Oreste. 530.

nito paterno testamento, non agnoverit ejus judicium, sed oppugnandum putaverit : vetere jurgio exploso, hujusmodi pacto filium minimè gravari secundùm Papiniani responsum, in quo definivit, meritis magis filios ad paterna obsequia provocandos, quàm pactionibus adstringendos. Sed hoc ita admittimus, nisi transactiones ad hæredes paternos filius celebraverit, in quibus apertissimè judicium patris agnoverit.

§. 2. Et generaliter definimus, quandò pater minùs legitima portione filio reliquerit, vel aliquid dederit, vel mortis causa donatione, vel inter vivos, sub ea conditione, ut hæc inter vivos donatio in quartam ei computetur: si filius post obitum patris hoc quod relictum vel donatum est, simpliciter agnoverit, fortè et securitatem hæredibus fecerit, quod ei relictum vel datum est accepisse, non adjiciens, nullam sibi superesse de repletione quæstionem : nullum sibi filium facere præjudicium, sed legitimam partem repleri, nisi hoc specialiter sive in apocha, sive in transactione scripserit, vel pactus fuerit, quòd contentus relicta vel data parte, de eo quod deest, nullam habeat quæstionem ; tunc enim omni exclusa querela, paternum amplecti compelletur judicium.

§. 3. Quæ omnis sanctio suas radices extendat non solùm ad filium vel filiam, sed etiam ad omnes personas quæ de inofficioso querelam contra mortuorum ultima elogia possunt movere.

Dat. calend. septemb. Lampadio et Oreste, Conss. 530.

36. *Idem* A. *Joanni*, P. P.

36. *Le même empereur*, *à Jean*, *préfet du prétoire.*

Scimus anteà constitutionem relatam fuisse, qua cautum est, si pater minorem debita portione filio suo reliquisset, omnimodo, et si non adjiciatur, viri boni arbitratu repleri filio, attamem ipso jure inesse eandem repletionem. Quærebatur itaque, si quis rem donatam vel inter vivos, vel mortis causa, vel in legatis, vel in testamento relictam agnoverit, et pro parte sua habuerit, deindè eadem res evicta vel tota vel pro parte fuerit, an debeat ex nostra constitutione pars legitima post evictionem suppleri : vel si ex lege falcidia minuantur legata vel fideicommissa, vel mortis causa donationes, debeat tamen ex hoc casu supplementum introduci, ne dum totam falcidiam accipere hæres nititur, etiam totum commodum hæreditatis amittat? Sancimus itaque in omnibus istis casibus, sive in totum evictio subsequatur, sive in partem, emendari vitium, et vel aliam rem vel pecunias restitui, vel per repletionem fieri, nulla falcidia interveniente; ut sive ab initio minùs fuerit derelictum, sive extrinsecus qualiscunque causa interveniens aliquod gravamen imponat vel in quantitate, vel in tempore : hoc modis omnibus repleri, et nostrum juvamen purum filiis inferri. Repletionem autem fieri ex ipsa substantia patris, non si quid ex aliis causis filius lucratus est vel ex substitutione, vel ex jure adcrescendi, ut puta ususfructus. Humanitatis etenim gratia sancimus, ea quidem omnia quasi jure adventitio eum lucrari, repletionem autem ex rebus substantiæ patris fieri.

Nous savons qu'avant la publication de la constitution par laquelle il a été ordonné que si un père laissait à son fils une portion moindre que celle qui lui est due, quoique le testament ne portât pas qu'il dût être accordé au jugement d'un homme de bien le supplément de légitime au fils, ce supplément lui était dû de droit, on agitait cette question : quelqu'un ayant accepté les biens qui lui ont été donnés entre-vifs ou à cause de mort, par legs ou par testament, et les ayant déjà reçu comme lui appartenant, ces biens sont dans la suite évincés en tout ou en partie; on demande si, d'après notre constitution, la partie qui formait la légitime, et dont celui à qui elle avait été adjugée, a été dépouillé par l'éviction, doit être remplacée, ou si, d'après la loi *falcidia*, les legs, les fidéicommis et les donations à cause de mort, doivent être diminuées, et fournir dans ce cas un supplément, de peur que l'héritier, s'efforçant de recevoir toute la falcidie, ne perde tous les avantages de l'hérédité? C'est pourquoi nous ordonnons que, dans tous ces cas, soit que l'éviction porte sur tous les biens, ou seulement sur une partie, qu'on corrige le vice, soit en donnant une autre chose, ou d'autre argent, ou un supplément, sans avoir égard à la falcidie; de sorte que soit que par le testament il ait été moins laissé, soit que par quelque cause extrinsèque il ait été imposé quelque charge, soit à l'égard de la quantité ou du tems auquel elle doit être livrée, la portion soit accomplie, et qu'on fasse jouir le fils du privilége que nous avons introduit. Ce supplément doit être composé des propres biens laissés par le père, et de ceux que le fils peut avoir acquis à d'autres titres, comme par substitution, ou par droit d'accroissement, tel que l'usufruit; car nous ordonnons par humanité qu'il jouisse de toutes les choses qui lui sont acquises comme

par droit d'advention, et que le supplément
ne soit composé que des biens du père.

§. 1. Quelqu'un a institué une personne
étrangère pour son héritier ; le testament
porte qu'il restituera à sa mort ou dans un
tel temps sa succession à son fils ; mais la
constitution que nous avons publiée avant
abolit les délais et les retards dont on peut
charger la quarte-légitime, et ordonne qu'elle
soit aussitôt livrée au fils, sans aucune charge
ni condition. On doute de ce qu'on doit faire
dans un tel cas : c'est pourquoi nous ordonnons que la restitution de la quarte-légitime
soit faite de suite, sans attendre la mort
de l'héritier, ni l'époque fixée. Quant à ce
qui reste après le prélèvement de la légitime, il doit être restitué à l'époque fixée
par le testateur ; car de cette manière le
fils aura sa portion dans son intégrité, et
telle qu'elle a été fixée par les lois et notre
constitution. Que l'héritier écrit jouisse légitimement des avantages qui lui ont été
laissés par le testateur.

§. 2. Nous ordonnons en outre que, conformément à l'opinion d'Ulpien, le tems
pendant lequel on peut intenter la querelle
d'inofficiosité ctime depuis l'addition de
l'hérédité, rejetant le sentiment d'Héren-
nius Modestinus, qui faisait courir le tems
depuis la mort du testateur ; c'est pourquoi
il n'est pas permis à l'héritier de retarder à
sa volonté cette addition, parce qu'il pourrait de cette manière priver pendant un tems
le fils de ce qui lui est légitimement dû.
En conséquence nous ordonnons, le testateur étant mort, et ayant institué un autre
héritier, que ce dernier, s'il y a lieu à
l'intention de la querelle d'inofficiosité, soit
forcé d'accepter ou de répudier l'hérédité
dans l'espace de six mois, s'il demeure dans
la province où la succession a été ouverte ;
et s'il demeure dans une autre province,
dans l'espace d'un an. Ce tems, dans l'un
et l'autre cas, doit courir depuis le jour
de la mort du testateur, lequel terme étant

Tome I.

§. 1. Cùm autem quis extraneo hærede
instituto restituere eum filio suo hæreditatem suam cùm moriatur, disposuerit, vel
in tempus certum restitutionem distulerit,
quia nostra constitutio, quæ anteà composita est, omnem dilationem, omnemque
moram censuit esse subtrahendam, ut quarta
pars pura mox filio restituatur : in hujusmodi specie quid faciendum sit, dubitatur.
Sancimus itaque quartæ quidem partis restitutionem jam nunc celebrari, non expectata
nec morte hæredis, nec temporis intervallo :
reliquum autem quod post legitimam portionem restat, tunc restitui, quando testator disposuit ; sic etenim filius suam habebit
portionem integram, et qualem leges et nostra constitutio definivit ; et scriptus hæres
commodum quod ei testator dereliquit, cum
legitimo moderamine sentiet.

§. 2. Illud prætereà sancimus, ut tempora inofficiosi querelæ ab adita hæreditate
secundùm Ulpiani opinionem currant, He-
rennii Modestini sententia recusata, qui à
morte testatoris illicò cursum de inofficioso
querelæ temporibus dabat, ut non liceat
hæredi quando voluerit, adire, ne per hujusmodi tramitem interim filius defraudetur
debito naturali. Sancimus itaque, ubi testator decesserit alio scripto hærede, et spe-
ratur de inofficioso querela, necessitatem
habere scriptum hæredem, si quidem præstò
est, in eadem commanens provincia, intra
sex mensium spatium : sin autem seorsùm
utraque pars in diversis provinciis degit,
tunc intra annale tantummodò spatium simili modo per continuum à morte testatoris
numerandum omnimodo adire hujusmodi
hæreditatem, vel manifestare suam sententiam, quòd hæreditatem minimè admittat ;
expeditus etenim ita tractatus inducitur filio
memoratam movere querelam. Sin verò

58

scriptus hæres intra statuta tempora minimè adierit, per officium quidem judicis
hæredem scriptum compelli hoc facere ; in
medio tamen tempore, id est, à morte quidem testatoris, sed antè aditam hæreditatem
si decesserit filius, hujusmodi querelam,
licèt se non præparaverit, ad suam posteritatem transmittet ; ad extraneos verò hæredes tunc tantummodò, quando antiquis
libris insertam faciet præparationem.

Dat. calend. septemb. Constantinop. post
consulat. Lampadii et Orestis, vv. cc.
531.

écoulé, il est permis au fils d'intenter la
querelle d'inofficiosité. Mais si l'héritier
écrit a laissé écouler ce tems sans accepter
l'hérédité, il doit y être forcé par le ministère du juge. Si le fils est décédé dans
le délai qui est accordé à l'héritier pour
délibérer s'il acceptera l'hérédité, mais
avant qu'il ait accepté, il transmet, quoiqu'il n'ait point commencé de l'intenter, à
sa postérité, l'action de la querelle d'inofficiosité ; mais il ne transmet cette action à
ses héritiers étrangers, conformément aux
anciennes lois, qu'autant qu'avant de mourir
il avait commencé de l'intenter.

Fait à Constantinople pendant les cal. de
septembre, après le cons. de Lampadius
et d'Oreste. 531.

37. Idem A. Joanni, P. P.

37. Le même empereur, à Jean, préfet du prétoire.

Cùm antiquis legibus declaratum est, ut
militaria testamenta de inofficioso querelam
evadant, multi alii casus emergunt, in quibus dubitationes exortas sopiri necesse est.
In castrensibus etenim peculiis introducta
est et alia subdivisio, et peculii triplex invenitur causa. Vel enim paganum est peculium, vel castrense, vel quod medietatem
inter utrunque obtinet, quod quasi castrense
nuncupatur. In tali igitur peculio quod
quasi castrense appellatur, quibusdam personis licentia conceditur condere quidem
testamenta, sed non quasi militibus quo
voluerint modo, sed communi et licito et
consueto ordine observando, quemadmodùm
constitutum fuerat in proconsulibus, et præfectis legionum, et præsidibus provinciarum, et omnibus generaliter qui in diversis
dignitatibus, vel administrationibus positi,
à nostra consequuntur manu, vel ex publicis
salariis quasdam largitates. Sed hæc quidem
personæ testamenti faciendi habent potestatem in ipsis tantummodo peculiis quæ
jam enumerata sunt, id est, quasi castrensibus. Sed et veterani, qui tempore quidem

Les anciennes lois ayant décidé que les
testamens militaires ne pouvaient être attaqués par la querelle d'inofficiosité, il s'est
présenté depuis plusieurs cas sur lesquels il
est né des doutes qu'il est nécessaire de décider ; car on a introduit une autre division dans les pécules castrenses. On a fait
naître aussi le pécule de trois causes : les
pécules *paganum*, castrense, et celui qui tient
le milieu entre ces deux là, et qui est appelé
quasi-castrense. On a accordé la faculté à
certaines personnes de tester du pécule
quasi-castrense ; mais il ne leur est point
permis de disposer de ce pécule à la manière
du militaire, c'est-à-dire en n'observant que
les formalités qui bon leur plaisent, mais à
la manière commune, ordinaire et licite,
comme il a été établi à l'égard des proconsuls, des préfets des légions, des présidens
des provinces, et généralement de tous
ceux que nous avons honorés de diverses
dignités et administrations, ou qui reçoivent
quelque traitement du trésor public. Ces sortes
de personnes ne peuvent disposer par testament que du pécule quasi-castrense dont nous

venons de parler. Mais il n'est point défendu aux vétérans qui, pendant le tems
qu'ils ont été militaires, ont acquis un pécule, de tester sans être astreints à l'observation des formalités voulues par les lois.
On doutait si les testamens faits à l'occasion
de tous les pécules quasi-castrense pouvaient
être attaqués par la querelle d'inofficiosité.
La première question était, si tous ceux
qui ont un pécule quasi-castrense pouvaient
en disposer par testament, parce que quelquefois il n'est accordé qu'à certaines personnes à titre de privilége ; qu'il est accordé
généralement à tous militaires et aux vétérans de tester de leur pécule castrense ;
mais les uns, qui sont en activité de service, le peuvent d'après leur droit particulier ; au contraire, les vétérans ne le peuvent qu'en observant les solennités du droit
commun. On doutait encore si les autres
personnes à qui la faculté d'avoir un pécule
n'a pas été accordée par forme de privilége
spécial, pouvaient en disposer par testament,
tels que les avocats, les greffiers, les agens
dans les choses, les professeurs des arts li-
béraux, les médecins, et en un mot toutes
les autres personnes qui reçoivent un salaire
ou un traitement public.

§. 1. C'est pourquoi nous ordonnons, à l'é-
gard de toutes les personnes, que le pécule
quasi-castrense ayant été imaginé à l'imita-
tion du pécule castrense, qu'elles puissent
disposer par testament, en observant cependant toutes les formalités voulues par
les lois, des choses comprises dans ce pécule
quasi - castrense. Il leur est accordé néanmoins ce privilége, que leur testament sur
ces objets ne pourra être attaqué par la querelle d'inofficiosité ; car si un affranchi a
acquis un pécule dans les camps, et est
réellement *sui juris*, son patron n'a point
la possession des objets qui composent ce
pécule, malgré le testament, conformément
aux lois anciennes, quand même son affranchi ingrat l'aurait prétérit. Par quelle raison

militiæ sibi peculium adquesierunt, militiam autem deposuerunt, testari, licito
tamen modo, non prohibentur. In his itaque
omnibus quasi castrensibus peculiis dubitabatur, si contra hujusmodi testamenta de
inofficioso querelam extendi oporteret ; sed
prior quæstio erat, si omnes qui quasi castrense peculium habeant, testari hoc possint, quia non omnibus passìm, sed quibusdam personis hoc privilegii loco concessum
est, quia militibus quidem et veteranis testamenta facere in castrensi peculio undiquè
concessum fuerat : sed militibus quidem in
expeditione constitutis jure suo, veteranis
autem jure communi. De aliis autem personis omnibus, quæ non per speciale privilegium hoc acceperunt, si possint testari,
dubitatum fuerat : ut puta viris disertissimis
patronis causarum, virisque devotissimis
memoralibus, et agentibus in rebus, necnon
magistris studiorum liberalium, archiatris
quoque, et aliis omnibus omninò qui salaria
vel stipendia percipiunt publica.

§. 1. In his itaque omnibus sancimus,
quia ad imitationem peculii castrensis quasi
castrense peculium supervenit, omnes qui
tale peculium possident, super ipsis tantummodò rebus quæ quasi castrensis peculii sunt,
ultima condere (secundùm leges tamen)
posse elogia. Hoc nihilominùs eis addito
privilegio, ut neque eorum testamenta inofficiosi querela expugnentur ; si enim patronus adversùs res, quas libertus ejus ex
castris acquisivit, sui juris indubitanter
constitutus, et si præteritus fuerit ab ingrato
liberto, tamen contra hujusmodi peculium
contra tabulas bonorum possessionem non
habet secundùm veterum legum sanctionem :
quemadmodùm oportet præfata peculia, quæ
ad instar castrensis peculii introducta sunt,

de inofficioso querelæ esse supposita?

en effet les pécules dont nous venons de parler, et qui ont été créés à l'instar du pécule castrense, seraient-ils soumis à la querelle d'inofficiosité?

§. 2. Sed hoc obtinere oportet, donec in sacris parentum suorum constituti sunt hi, qui quasi castrense peculium possident. Si enim sui juris efficiantur, procul dubio est eorum testamenta et pro ipsis rebus, quas anteà ex quasi castrensi peculio habebant, posse de inofficioso querelam sustinere; cùm neque nomen peculii permanet, sed aliis rebus confunditur, et similem fortunam recipit, quemadmodùm et cæteræ res eorum, quæ in unum congregantur ex omnibus patrimonium.

§. 2. Il faut que les testamens que ces sortes de personnes font sur les objets qui composent leur pécule quasi-castrense ne puissent être attaqués par la querelle d'inofficiosité que jusqu'à ce qu'ils soient retournés au sein de leur famille; car s'ils deviennent *sui juris*, il n'est aucun doute que les testamens qu'ils ont faits depuis cette époque, pour ce qui concerne les choses qui composaient auparavant leur pécule quasi-castrense, ne soient soumis à la querelle d'inofficiosité, parce qu'alors le pécule perd son nom, est confondu avec les autres biens, et doit avoir par conséquent le même sort que les autres choses qui, quelle que soit leur nature, ne forment, étant réunies avec ce qui formait auparavant le pécule, qu'un seul patrimoine.

Dat. calend. septemb. Constantinop. post consulatum Lampadii et Orestis, vv. cc. 532.

Fait à Constantinople le 10 des calendes de septembre, après le consulat de Lampadius et d'Oreste. 532.

TITULUS XXIX.

De inofficiosis donationibus.

1. Imp. Philippus A. Nicanori et Papianæ.

Si (ut allegatis) mater vestra ad eludendam inofficiosi querelam penè universas facultates suas, dum ageret in rebus humanis, factis donationibus, sive in quosdam liberos, sive in extraneos, exhausit: ac posteà vos ex duabus unciis fecit hæredes, easque legatis et fideicommissis exinanire gestivit, non injuria juxta formam de inofficioso testamento constitutam subveniri vobis, utpotè quartam partem non habentibus desideratis.

PP. 14 calend. septemb. Philippo A. et Titiano, Conss.

TITRE XXIX.

Des Donations inofficieuses.

1. L'empereur Philippe, à Nicanor et Papiana.

Si votre mère, comme vous le dites, afin que vous ne puissiez intenter l'action d'inofficiosité, a épuisé pendant son vivant presque tous ses biens par des donations en faveur de certains de ses enfans, ou même d'étrangers, et ne vous ayant institué héritiers que pour le sixième, vous a surchargé encore de legs et de fidéicommis, ce n'est pas sans raison que vous désirez qu'on vous dédommage, vous à qui on n'a pas laissé la légitime, de la même manière qu'un héritier injustement exhérédé l'est par la querelle d'inofficiosité.

Fait pendant les cal. de septembre, sous le consulat de l'empereur Philippe et de Titien.

2. *Impp. Valerian. et Gallien.* AA. *Acriæ.*

2. *Les empereurs Valérien et Gallien, à Acria.*

Si pater omne patrimonium suum impetu quodam immensæ liberalitatis in filium effudit, aut in potestate ejus is permansit; et arbitri familiæ erciscundæ officio congruit, ut tibi quartam partem debitæ ab intestato portionis præstet incolumen; aut si emancipatus is fuit, et quia donatio non indiget alieno adminiculo, sed suis viribus nititur juxta constitutiones, is qui provinciam regit, ad similitudinem inofficiosi testamenti querelæ auxilium tibi æquitatis impertiet.

Si votre père, cédant à un certain penchant, a épuisé tout son patrimoine par une libéralité immense qu'il a faite à son fils, ou ce dernier était sous la puissance paternelle, ou il était émancipé. Dans le premier cas, il convient que l'arbitre nommé pour le partage de famille vous fasse restituer, dépouillé de toutes charges, le quart de la portion que vous auriez eue *ab intestat.* Dans le second cas, la donation existant par elle-même, et devant avoir son effet d'après les constitutions, le gouverneur de la province vous fournira le secours de l'équité en vous permettant d'attaquer la donation par la querelle d'inofficiosité, à l'instar de celle qu'on intente dans les cas semblables contre les testamens.

PP. 6 cal. aug. Maximo II. et Glabrione, Conss. 257.

Fait le 6 des cal. d'août, sous le deuxième consulat de Maxime, et le premier de Glabrion. 257.

3. *Iidem* AA. *Æliano.*

3. *Les mêmes empereurs, à Elien.*

Precibus quidem tuis proposita rescripta eos parentes denotant, qui cum testamento facto vivi patrimonium suum immensis donationibus exinaniunt, inane nomen hæredum liberis reliquerunt; sed ad intestatos quoque eadem ratio æquitatis extenditur.

Les rescripts qui accompagnent votre requête démontrent que les parens qui de leur vivant ont épuisé leur patrimoine par des donations immenses, n'ont laissé à leurs enfans, par leur testament, que le vain nom d'héritiers; la même raison d'équité qui permet d'attaquer par la querelle d'inofficiosité les donations faites dans le premier cas, doit être étendue aussi dans celui où l'enfant est mort *ab intestat.*

PP. 10 cal. novemb. ipsis IV. et III. AA. Conss. 258.

Fait le 10 des cal. de novembre, sous le consulat des empereurs nommés ci-dessus, l'un consul pour la quatrième fois, l'autre pour la troisième. 258.

4. *Imp. Dioclet. et Maximian.* AA. *Aristinæ.*

4. *Les empereurs Dioclétien et Maximien, à Aristina.*

Si filius tuus immoderatæ liberalitatis effusione patrimonium suum exhausit, præ-

Si votre fils a épuisé son patrimoine par une libéralité immodérée, usez du secours

sidis provinciæ auxilio uteris, qui discussa
fide veri, si in integrum restitutionem ex
filii persona tibi competere ob improbabilem
donationis enormitatem animadverterit : in
removendis iis quæ perperàm gesta sunt, tibi
subveniet ; ideoque non est tibi necessarium
adversùs immodicas donationes auxilium ad
instar inofficiosi testamenti.

Dat. 6 id. febr., Maximo II. et Acquilino,
Conss. 286.

5. Iidem AA. Cotabeo.

Si totas facultates tuas per donationes
vacuas fecisti, quas in emancipatos filios
contulisti, id quod ad submovendam inofficiosi testamenti querelam non ingratis liberis
relinqui necesse est, ex factis donationibus
detractum, ut filii vel nepotes posteà ex quocunque legitimo matrimonio nati sunt, debitum bonorum subsidium consequantur, ad
patrimonium tuum revertitur.

Dat. 2 cal. mart. Maximo II. et Acquilino,
Conss. 286.

6. Iidem AA. Demetrianæ.

Cum donationibus in fratrem tuum collatis
facultates patris tui exhaustas esse, eundemque patrem vestrum ea quæ superfuerant,
codicillis inter vos divisisse proponas, si
voluntatem ejus non agnovisti, nec beneficio ætatis adversùs hæc juvari poteris, nec
tantum dos à patre data et fideicommissum
continent, quantum ad submovendam querelam sufficiat; de enormitate donationum
ad exemplum inofficiosi testamenti præses
provinciæ jurisdictionis suæ partes exhibebit.

PP. cal. maii, Coss. ut suprà. 286.

du président de la province, qui , s'étant
informé de la vérité, examinera si la restitution en entier doit vous être accordée,
à cause de l'énormité de la donation de
votre fils, et qui , dans ce cas, annullant
tout ce qui a été fait de contraire aux lois,
viendra à votre secours; c'est pourquoi il
n'est pas nécessaire que vous employiez
contre cette donation immodérée le secours
de la querelle d'inofficiosité à l'exemple de
celle qu'on intente contre les testamens
inofficieux.

Fait le 6 des ides de février, sous le
deuxième consulat de Maxime et le premier
d'Acquilnus. 286.

5. Les mêmes empereurs, à Cortabéus.

Si vous avez épuisé vos biens par des
donations que vous avez faites en faveur de
vos fils émancipés, la quantité qui doit
être laissée aux enfans non ingrats, pour
qu'ils ne puissent attaquer le testamént par
la querelle d'inofficiosité, doit être défal-
quée de ces donations et retourner dans votre
patrimoine , afin que les fils ou petits - fils
qui sont nés depuis d'un mariage légitime
quelconque , aient la partie de biens qui
leur est due.

Fait le 2 des cal. de mars , sous le consulat désigné ci-dessus. 286.

6. Les mêmes empereurs, à Démétriana.

Disant que par les donations faites en
faveur de votre frère, les facultés de votre
père ont été épuisées, et que ce qui restait
votre père l'a divisé par codicilles entre
votre frère donataire et vous, si vous n'a-
vez point connu sa volonté, ou si vous ne
pouvez point attaquer les donations par
bénéfice d'âge , la dot ou le fidéicommis
qui vous ont été donnés par votre père ne
suffisent point pour vous interdire le droit
de l'attaquer par la querelle d'inofficiosité :
c'est pourquoi le président de la province
vous donnera les facilités de les attaquer
à l'exemple des testamens inofficieux.

Fait pendant les calend. de mai, sous le consulat désigné ci-dessus. 286.

7. *Les mêmes empereurs, à Ammion.*

Si votre mère, ayant épuisé son patrimoine par les libéralités qu'elle a faites en faveur de votre frère, ne vous a point laissé par les donations qu'elle vous a faites le quart de la portion que vous auriez eue *ab intestat*, pour vous ôter le droit d'attaquer son testament par la querelle d'inofficiosité, ces donations immodérées seront révoquées.

Fait le 5 des ides de mai, sous le consulat désigné ci dessus. 286.

8. *Les mêmes empereurs, à Auxanon.*

S'il est constant que votre mère, pour que vous ne puissiez intenter la querelle d'inofficiosité, a épuisé son patrimoine par les donations qu'elle a faites à un de ses fils, comme la raison demande que l'on accorde le droit d'intenter la querelle d'inofficiosité contre les actes de ceux dont les desseins tendent à éluder la loi suprême, et à priver leurs enfans de leurs droits, que les donations soient diminuées jusqu'à concurrence de la quarte-légitime qui est due, par l'effet de la querelle d'inofficiosité.

§. 1. Si une femme ayant reçu quelque chose de son mari à titre de donation, pendant le mariage, l'a donné ensuite à leur fils commun émancipé du consentement de son mari, la raison demande que cette donation soit censée avoir été faite des biens du mari, parce qu'ils n'ont pu sortir de son patrimoine par l'effet de la donation qu'il a faite à sa femme pendant le mariage : c'est pourquoi si on découvre dans la disposition des biens du père le même dessein et les mêmes faits dont nous avons parlé ci-dessus à l'égard du patrimoine de la mère, on observera les dispositions que nous avons ordonnées sur ce dernier sujet.

Fait le 3 des ides de septembre, sous le consulat des Césars. 294.

7. *Iidem* AA. *Ammiano.*

Si mater tua patrimonium suum ita profunda liberalitate in fratrem tuum evisceratis opibus suis, exhausit, ut quartæ partis dimidium, quod ad excludendam inofficiosi testamenti querelam adversùs te sufficeret, in iis donationibus, quas tibi largita est, non habeas : quod immoderatè gestum est, revocabitur.

PP. 5 id. maii. Coss. ut suprà. 286.

8. *Iidem* AA. *Auxanoni.*

Si liqueat matrem tuam intervertendæ quæstionis inofficiosi causa patrimonium suum donationibus in unum filium collatis exhausisse, cùm adversùs eorum cogitationes, qui consiliis supremum judicium anticipare contendunt, et actiones filiorum exhauriunt, aditum querelæ ratio deposcat; quod donatum est, pro ratione quartæ ad instar inofficiosi testamenti convicti deminuetur.

§. 1. Nam quod uxor à marito in se matrimonii tempore donationis causa collatum, emancipato filio, communi consentiente domino, donavit velut ex bonis patris, de cujus substantia prohibente matrimonio non potuit exire datum accipi rationis est, in cujus bonis si idem consilium et eventus comprehendatur; lex, quam de patrimonio matris ediximus, observabitur.

PP. 3 id. septembr. cc. Coss. 294.

9. *Imper. Constantius* A. *et Julianus Cœs. Olybrio.*

Non convenit dubitare, quod immodicarum donationum omnibus querela ad similitudinem inofficiosi testamenti legibus fuerit introducta, ut sit in hoc actionis utriusque vel una causa, vel similis existimanda, vel idem temporibus et moribus.

Dat. 14 calend. jul. Tauro et Florentio, Coss. 361.

9. *L'empereur Constance et le César Julien; à Olybrius.*

On ne doit pas douter que la querelle qu'on peut intenter conformément à toutes les lois, contre les donations immodérées, n'ait été introduite à l'exemple de celles que les lois permettent qu'on intente contre les testamens inofficieux : c'est pourquoi il doit y avoir dans l'un et l'autre cas, une cause ou quelque chose de semblable, les mêmes délais et les mêmes formalités.

Fait le 13 des cal. de juillet, sous le consulat de Taurus et de Florentius. 361.

TITULUS XXX.

De inofficiosis dotibus.

1. *Imperator Constantinus* A. *ad Maximum, præsidem Ciliciæ.*

CUM omnia bona à matre tua in dotem dicantur exhausta, leges legibus concordare promptum est, ut ad exemplum inofficiosi testamenti adversùs dotem immodicam exercendæ actionis copia tribuatur, et filiis conquerentibus emolumenta debita conferantur.

Dat. 4 calend. jul. Tatiano et Cereali, Coss. 358.

TITRE XXX.

Des Dots inofficieuses.

1. *L'empereur Constantin, à Maxime, président de la Cilicie.*

DISANT que tous les biens de votre mère ont été épuisés en une dot, comme il ne doit pas y avoir des contrariétés entre les lois, qu'il soit accordé, à l'exemple des testamens inofficieux, la faculté d'intenter l'action de la dot immodérée, et que les droits qui appartiennent aux autres enfans leur soient restitués.

Fait le 3 des cal. de juin, sous le cons. de Tatien et de Céréal. 358.

TITULUS XXXI.

De petitione hœreditatis.

1. *Imper.* M. *Ælius Antoninus* A. *Augurino, proconsuli Africœ.*

SENATUS CONSULTUM auctore divo Adriano avo meo factum, quo cautum est, quid et ex quo tempore evicta hæreditate restitui debeat, non solùm ad fisci causas, sed etiam ad privatos hæreditatis petitores pertinet.

TITRE XXXI.

De la demande d'hérédité.

1. *L'emper.* M. *Elius Antonin, à Augurinus, proconsul d'Afrique.*

LE sénatus-consulte fait sur la proposition de l'empereur Adrien, qui règle comment et depuis quelle époque l'hérédité, en cas d'éviction, doit être restituée, concerne non-seulement les causes fiscales, mais encore les particuliers qui forment une demande d'hérédité.

§. 1. Le possesseur de bonne foi, à moins qu'i n'en soit devenu plus riche, ne doit point être forcé de rendre les intérêts qu'il a perçus de l'argent avant la constestation en cause, et depuis la vente qu'il a faite des choses héréditaires, ainsi que les fruits qu'il en a recueillis. Mais depuis la contestation en cause, il doit être forcé de rendre les fruits des choses non vendues, non-seulement ceux qu'il a perçus, mais encore ceux qu'il aurait pu percevoir, ainsi que les intérêts du prix de celles qu'il a vendues avant la contestation en cause, qui doivent être calculés depuis le jour de cette contestation.

Fait le 16 des cal. de février, sous le consulat de Clarus et de Céthégus. 147.

2. *Les empereurs Sévère et Antonin, à Marcellus, soldat.*

Si après qu'il a été élevé un procès au sujet de la succession de Ménécrate, Muséus, n'ignorant pas ce procès, a acheté de l'héritier secret la moitié des biens qui composent cette succession, que Muséus soit forcé lui-même, comme possesseur de mauvaise foi, ainsi que l'héritier, à la restitution des fruits; mais s'il est prouvé évidemment que la vente soit antérieure à la naissance du procès, que la restitution des fruits ne soit faite que du jour où le procès a commencé; car, que l'hérédité accroisse de ses fruits, lorsqu'elle est possédée par une personne à qui on peut la demander. L'acheteur qui est pourvu d'un titre particulier de possession, peut de même être actionné pour des choses particulières.

Fait pendant les cal. de juillet, sous le deuxième consulat de l'empereur Sévère, et le premier de Victorinus. 201.

3. *Les mêmes empereurs, à Epictésis.*

La demande que vous avez faite une fois de la succession de votre tante maternelle n'est point un obstacle à ce que vous puissiez la demander une autre fois en vertu

Tome I.

§. 1. Usuras verò pecuniarum antè litis contestationem, ex die venditionis hæreditariarum rerum ab eo factæ, qui anteà possidebat, collectas, nec non etiam fructus, bonæ fidei possessores reddere cogendi non sunt, nisi ex his locupletiores extiterint. Post litem autem contestatam tàm fructus non venditarum rerum, non solùm quos perceperunt, sed etiam quos percipere poterant, quàm usuras pretii rerum antè litis contestationem venditarum, ex die contestationis computandas, omnimodo reddere compellantur.

PP. 6 calend. februar. Claro et Cethego, Coss. 147.

2. *Imper. Severus et Antoninus* AA. *Marcello, militi.*

Si post motam controversiam Menecratis bonorum partem dimidiam Musæus ab hærede scripto, quæstionis illatæ non ignarus comparavit, tàm ipse, quasi malæ fidei possessor, quàm hæredes ejus fructus restituere coguntur. Si verò venditionem lite antiquiorem esse liquidò probetur, ex eo die fructus restituantur, ex quo lis in judicium deducta est. Fructibus enim augetur hæreditas, cùm ab eo possidetur à quo peti potest. Emptor autem qui proprio titulo possessionis munitus est, etiam singularum rerum jure convenitur.

Dat. cal. jul. Severo A. II. et Victorino, Coss. 201.

3. *Iidem* AA. *Epictesi.*

Hæreditas materteræ petita, non infringit alterius hæreditatis petitionem, quæ venit ex alia successione. Sed et si quæstionis titulus prior inofficiosi testamenti cau-

59

sa u habuisset , judicatæ rei præscriptio non obstaret eandem hæreditatem ex alia causa vindicanti.

PP. 5 id. aug. Geta et Plautiano , Coss. 201.

4. *Imper. Antoninus* A. *Vitaliano.*

In restituenda hæreditate compensatio ejus habebitur , quod te in mortui infirmitatem , inque sumptum funeris bona fide ex proprio tuo patrimonio erogasse probaveris.

PP. cal. mart. Antonino A. IV. et Balbino , Coss. 214.

5. *Idem* A. *Posthumianæ.*

De hæreditate quam bona fide possidebas, si contra te pronuntiatum est, in restitutione ejus detrahetur, quod creditoribus ejusdem hæreditatis exsolvisse te bona fide probaveris ; nam repeti à creditoribus, qui suum receperunt, non potest.

PP. 6 cal. jun. Antonino A. IV. et Balbino , Coss. 214.

6. *Imper. Alexander* A. *Firmino.*

Si putas non jure tutores datos nepotibus tuis , eo quòd eos dicas in tua esse potestate, petere ab his hæreditatem filii tui emancipati non moreris, cujus commodum ad te pertinere dicis ; judice statuturo, an à præsidalibus actis discedendum sit, qui eis tutores dedit, cùm ih tua potestate negarentur esse.

PP. 10 cal. jul. Juliano II. et Crispino, Coss. 225.

d'une autre succession ; et si le titre de la première demande était l'inofficiosité du testament, la force de la chose jugée n'empêcherait point qu'on ne pût demander la même succession en vertu d'un autre titre.

Fait le 5 des ides d'août, sous le consulat de Géta et de Plautien. 201.

4. *L'empereur Antonin*, à *l'italien.*

En restituant l'hérédité , il vous sera accordé le dédommagement des dépenses que vous avez faites à l'occasion des infirmités du défunt et de ses funérailles, si vous prouvez les avoir faites de bonne foi et aux dépens de votre propre patrimoine.

Fait pendant les calend. de mars, sous le quatrième consulat de l'empereur Antonin , et le premier de Balbinus. 214.

5. *Le même empereur*, à *Posthumiana.*

Si vous êtes condamné à restituer l'hérédité que vous possédiez de bonne foi, que ce que vous avez payé aux créanciers de cette hérédité , si vous prouvez l'avoir fait de bonne foi, ne soit point compris dans la restitution ; car on ne peut répéter des créanciers ce qui leur a été donné en paiement de dettes légitimes.

Fait le 6 des calend. de juin, sous le quatrième consulat de l'empereur Antonin, et le premier de Balbinus. 214.

6. *L'empereur Alexandre*, à *Firmin.*

Si vous croyez que les tuteurs qui ont été donnés à vos petits-fils, ne l'aient pas été légitimement , par la raison que vous dites qu'ils sont sous votre puissance , ne tardez pas de demander à ces tuteurs l'hérédité de votre fils émancipé, dont l'avantage doit vous appartenir ; celui qui a donné des tuteurs à vos petits-fils, niant qu'ils soient sous votre puissance , le juge doit examiner si les pièces que vous fournissez à l'appui de votre assertion sont suffisantes.

Fait le 10 des calend. de juillet, sous le deuxième consulat de Julien , et le premier de Crispinus. 225.

7. *Les empereurs Dioclétien et Maximien et les Césars, à Restituta.*

Personne n'ignore que l'action en demande d'hérédité, qui peut être exercée contre les possesseurs, à titre d'héritiers ou de possesseurs, ne peut être éteinte par la prescription de long tems, parce que cette action est en partie réelle et en partie personnelle. Il est clair que, quant aux autres possesseurs à d'autres titres, l'hérédité peut seulement être revendiquée par des actions spéciales *in rem*, si toutefois l'action du demandeur par l'usucapion ou la prescription de long tems a été rejetée.

Fait le 11 des calendes d'août, sous le consulat des Césars. 294.

8. *Les mêmes empereurs et Césars, à Astérius.*

L'hérédité étant demandée, la première chose dont on devra s'occuper est de savoir si le testateur était libre ou non.

Fait le 4 des calendes d'avril, sous le consulat des Césars. 300.

9. *Les mêmes empereurs et Césars, à Démophilia.*

Si les héritiers écrits ont répudié la succession de votre parent qui leur était déférée, et si vous l'avez demandée en vertu du droit honoraire ou du droit civil, vous pouvez, dans ce cas, revendiquer les choses héréditaires par la demande d'hérédité.

Fait à Nicomédie, le 3 des calendes de décembre, sous le consulat des Césars. 300.

10. *Les mêmes empereurs et Césars, à Théodosien.*

Si un fils de famille a détenu pendant long-tems une succession qui lui a été déférée, par cela même (l'hérédité ayant été acceptée) il paraît que l'avantage de cette hérédité doit être acquis au père.

Fait le 13 des calendes de janvier, sous le consulat des Césars. 300.

7. *Impp. Dioclet. et Maximian.* AA. *et* CC. *Restitutæ.*

Hæreditatis petitionem, quæ adversùs pro hærede vel pro possessore possidentes exerceri potest, præscriptione longi temporis non submoveri, nemini incognitum est : cùm mixtæ personalis actionis ratio hoc respondere compellat; à cæteris autem tantùm specialibus in rem actionibus vindicari posse, manifestum est : si non agentis intentio per usucapionem vel longum tempus explosa sit.

PP. 11 cal. aug. CC. Coss. 294.

8. *Iidem* AA. *et* CC. *Asterio.*

Liber nec ne fuerit testator, antè omnia disquiri debet, cùm hæreditas petitur.

Dat. 3 cal. april. CC. Coss. 300.

9. *Iidem* AA. *et* CC. *Demophiliæ.*

Si scripti hæredes delatam sibi successionem cognati tui repudiaverunt, et hanc honorario vel civili jure quæsisti, res hæreditarias, quæ in eadem causa durant, hæreditatis petitione vindicare potes.

Dat. 3 calend. decemb. Nicomediæ, CC. Coss. 300.

10. *Iidem* AA. *et* CC. *Theodosiano.*

Si filiusfamiliás delatam sibi hæreditatem per longum tempus detinuit, eo ipso, utpotè agnita hæreditate, patri suo ejus commodum acquisisse videtur.

Dat. 13 cal. januar. CC. Coss. 300.

11. *Imper. Arcad. et Honor.* AA. *Æternali, procons. Asiæ.*

Cogi possessorem ab eo qui expetit, titulum suæ possessionis dicere, incivile est ; præter eum scilicet, qui dicere cogitur utrum pro possessore, an pro hærede possideat.

Dat. 12 calend. april. Arcadio VII. et Honorio III. AA. Conss. 396.

12. *Imp. Justinianus* A. *Juliano*, P. P.

Cùm hæreditatis petitioni locus fuerat, exceptio adsumebatur, quæ tuebatur hæreditatis petitionem, ne fieret ei præjudicium. Magnitudo eienim et auctoritas centumviralis judicii non patiebatur per alios tramites viam hæreditatis petitionis infringi. Cùmque multæ varietates et controversiæ veterum exortæ sint, eas certo fine concludentes sancimus, si quis hæreditatis petitionem vel susceperit, vel suscipere sperat, vel movere, alius autem superveniens vel ex deposito, vel ex commodato, vel ex legato, vel ex fideicommisso, vel ex aliis causis inquitare vel reum vel agentem ex persona defuncti crediderit sibi esse necessarium ; si quidem pro legato vel fideicommisso hoc faciat, rem expeditæ quæstionis esse : cùm possit scriptus hæres cautione interposita non differre hanc petitionem, sed rectè exigi vel legatum vel fideicommissum sub ea cautela, vel satisdatione pro qualitate personarum. Quòd si non obtinuerit ejus jura, restituet legatarius vel fideicommissarius ei datam pecuniam cum usuris ex quarta centesimæ parte currentibus, vel agrum cum fructibus quos percepit, vel domum cum pensionibus ; scilicet in utroque eorum expensis anteà necessariis, et utilibus deductis ; vel si ipse maluerit litem quidem contestari, expectare autem hæreditatis petitionis eventum ; hoc ei liceat facere, ut restitutio si competeret, cum legitimis augmentis legatario vel fideicommissario accedat.

11. *Les empereurs Arcadius et Honorius, à Eternal, proconsul d'Asie.*

Le possesseur ne doit point être forcé de fournir le titre de sa possession à celui qui l'attaque au sujet de cette possession, à moins que ce ne fût pour savoir s'il possède à titre de possesseur ou d'héritier.

Fait le 12 des calendes d'avril, sous le quatrième consulat de l'empereur Arcadius, et le troisième de l'empereur Honorius. 396.

12. *L'empereur Justinien, à Julien, préfet du prétoire.*

Lorsqu'il y avait lieu à une demande d'hérédité, il était fourni au demandeur une exception qui le garantissait que sa demande n'éprouverait aucun trouble ni obstacle ; car la force et l'autorité du tribunal centumviral ne souffrait point que la demande d'hérédité pût être gênée par d'autres demandes faites par des personnes étrangères. Comme il est né sur cette matière beaucoup de différens et de controverses, nous ordonnons, pour les faire cesser, que si quelqu'un étant en droit de faire la demande de l'hérédité, ou espérant de l'être, ou de faire cette demande, une autre personne survient et croit nécessaire d'attaquer le défendeur ou le demandeur du côté du défunt, sous prétexte d'un dépôt, d'un commodat, d'un legs, d'un fidéicommis, ou de toute autre chose, que le demandeur, en vertu d'un legs ou d'un fidéicommis, se conforme aux dispositions suivantes : L'héritier écrit ne pouvant, une caution étant interposée, différer la délivrance du legs ou du fidéicommis en question, le demandeur, à ces titres, peut, avec juste raison, les exiger, en fournissant une caution proportionnée à la qualité des personnes ; mais si l'héritier écrit est obligé de restituer la succession, le légataire ou le fidéicommissaire lui restituera les biens qu'il en a reçus, avec les intérêts calculés sur le pied de 3 pour 100, ou le champ avec les fruits qu'il en a perçus, ou la maison avec le prix

du loyer, après avoir toutefois, dans l'un
et dans l'autre cas, déduit les dépenses
nécessaires ou utiles. Mais si ces derniers
aiment mieux laisser discuter l'affaire et
attendre les résultats de la demande d'hérédité, qu'il leur soit permis de suivre cette
résolution; et en cas que la demande d'hérédité soit rejetée, que le legs ou le fidéicommis soit délivré avec tous ses accroissemens au légataire ou au fidéicommissaire.

§. 1. Mais si on attaque, en vertu des
obligations du défunt, le possesseur de son
hérédité, ou d'une autre chose qui lui a
appartenu et dont il s'agit; si les choses qui
font l'objet de la demande existant encore,
avaient été données au défunt à titre de
dépôt, de commodat, de gage, ou à tous
autres titres, cette affaire ne doit point être
suspendue, sous le prétexte de la demande
d'hérédité. On ne doit pas non plus suspendre, sous le même prétexte, le jugement
des affaires qui ont pour objet une demande
d'argent prêté, ou toute autre action personnelle dirigée contre le possesseur ou le
demandeur de l'hérédité; mais, au contraire,
on doit les terminer de suite; car dès que
l'affaire concernant la demande d'hérédité
aura été décidée, si c'est le possesseur qui
a été condamné, il ne sera obligé de restituer l'hérédité que la condition que
son adversaire lui restituera ce qu'il a payé
légitimement aux créanciers; si, au contraire, c'est le demandeur qui a été condamné, le juge forcera le possesseur à lui
faire le même remboursement; et si cela n'a
pas été fait, le remboursement peut être
exigé d'après cette loi, en vertu de l'action
des affaires administrées.

§. 2. Mais si des esclaves demandent,
soit au possesseur de l'hérédité, soit à son
adversaire, leur liberté accordée en vertu
du testament par fidéicommis ou directement, qu'on attende l'espace d'une année
à compter de la mort du testateur; et si

§. 1. Sin autem ex contractibus defuncti
agatur contra possessorem hæreditatis, vel
ejus rei de qua agitur; si quidem res sint vel
depositæ, vel commodatæ, vel pignori datæ,
vel aliæ, quæ extant, non differri sub prætextu hæreditatis petitionis memoratum judicium : quemadmodùm si pro fœnerata
pecunia, vel alia personali actione agatur
contra possessorem vel petitorem, non debet
judicium differri, sed exitum suum accipere.
Postquàm et enim hæreditatis petitionis judicium finem accipiat, tunc inter petitorem
hæreditatis et possessorem rationibus con-
tractis, non aliter possessor, si victus fuerit,
hæreditatem restituere compellitur, nisi pro
omnibus, quæ ritè ab eo gesta sunt, petitor
ei satisfaciat. Quòd si petitor victus fuerit,
simili modo à possessore judicis officio ei satisfiat, vel si hoc fuerit prætermissum, negotiorum gestorum, vel ex lege condictione.

§. 2. Sin autem libertates vel à possessore vel à petitore fideicommissàriæ petantur, vel directæ ipso jure dicantur competere, annale tantummodò spatium expectetur à morte testatoris numerandum; et si
quidem hæreditatis petitionis judicium intra

id spatium terminum accipiat, secundùm eventum judicii et libertates vel effectum habeant, vel evanescant. Sin autem tempus annale emanaverit, tunc libertatis favore, et humanitatis intuitu competant quidem directæ libertates, ex fideicommissariis autem in libertatem servi eripiantur ; ita tamen, si non falsum testamentum approbetur, sub ea scilicet conditione, ut si actores sint vel alias ratiociniis suppositi, etiam postquàm perveniant in libertatem, necessitas eis imponatur res hæreditarias et rationes reddere ; jure patronatus, videlicet, competente ei qui ex legibus ad id possit vocari.

l'affaire de la demande d'hérédité a été terminée durant cet espace de tems, que les libertés soient accordées ou refusées, selon l'évènement du jugement. Mais si ce tems s'est écoulé sans que l'affaire soit décidée, que ces libertés directes ou fidéicommissaires soient accordées en faveur de la liberté et en considération de l'humanité : ceci cependant ne doit avoir lieu que lorsque le testament n'a pas été déclaré faux. Si parmi les esclaves qui ont reçu la liberté de cette manière, il s'en trouve auxquels le défunt avait confié ses affaires ou quelque comptabilité, ils doivent être forcés de rendre les choses héréditaires et leurs comptes, même après leur affranchissement ; car celui qui a pu, d'après les lois, être appelé à cette charge, jouit de droit du patronat.

§. 3. Illo (ne in posterum dubitetur) observando, ut ipsa hæreditatis petitio omnimodo bonæ fidei judiciis connumeretur.

Dat. calend. septemb. Constantinop. Lampadio et Oreste, Conss. 530.

§. 3. Nous ordonnons, afin qu'on n'en doute pas à l'avenir, que la demande d'hérédité soit comptée parmi les actions de bonne foi.

Fait à Constantinople, pendant les calend. de septembre, sous le consulat de Lampadius et d'Oreste. 530.

TITULUS XXXII.

De rei vindicatione.

1. Impp. Severus et Antoninus AA. Cœciliæ.

Etiam per alienum servum bona fide possessum ex re ejus qui cum possidet, vel ex operis servi acquiri dominium vel obligationem placuit : quare si tu quoque bona fide possedisti eundem servum, et ex nummis tuis mancipia eo tempore comparavit, potest secundùm juris formam uti defensionibus tuis.

TITRE XXXII.

De la revendication.

1. Les empereurs Sévère et Antonin, à Cécilia.

L'usage a établi que le possesseur de bonne foi de l'esclave d'autrui acquiert le domaine des produits du travail de cet esclave, ainsi que ceux qu'il aurait pu retirer de son bien ; c'est pourquoi, si vous avez possédé de bonne foi un esclave qui ne vous appartenait pas, lequel a dans le même tems acheté des biens avec votre argent, vous pouvez, d'après les lois, user de vos moyens de défense.

§. 1. Mancipium autem alienum mala fide possidenti nihil potest acquirere : sed qui tenet, non tantùm ipsum, sed etiam

§. 1. L'esclave d'autrui n'acquiert rien au possesseur de mauvaise foi ; car ce dernier est non-seulement forcé de rendre l'esclave même, mais encore le produit de son travail. S'il s'agit d'une esclave, il est obligé de restituer jusqu'à ses enfans, et s'il s'agit d'animaux, il doit avec eux rendre leurs petits.

Fait le 3 des nones de mai, sous le consulat de Faustinus et de Rufus. 211.

2. L'empereur Antonin, à Aristenète.

Si vous pouvez prouver que la partie inférieure de l'édifice qui touche au sol vous appartient, il n'est aucun doute que l'autre partie supérieure, construite par votre voisin, ne soit un accessoire de votre propriété; car tout ce qui a été construit sur votre sol, d'après les lois, vous appartient tant que la construction existe; mais si elle est démolie, les matériaux retournent à leur maitre, soit que l'édifice eût été construit de bonne ou de mauvaise foi, à moins qu'il ne l'eût été dans l'intention de le donner au maitre du sol sur lequel il a été construit.

Fait le 11 des calendes de novembre, sous le quatrième consulat de l'empereur Antonin, et le premier de Balbinus. 214.

3. L'empereur Alexandre, à Dominia.

Votre mère ou votre mari n'a pu vendre légalement, malgré vous ou à votre insu, un fonds qui vous appartenait; c'est pourquoi vous pouvez même, sans présenter requête, le revendiquer de celui qui le possède. Mais si depuis vous avez consenti à cette vente, ou si vous avez perdu la propriété de votre fonds par une autre cause, vous n'avez aucune action contre l'acheteur; mais vous pouvez exercer contre le vendeur l'action des affaires administrées.

Fait le 3 des calendes de novembre, sous le second consulat de l'empereur Alexandre, et le premier de Marcellus. 227.

4. L'empereur Gordien, à Munien, soldat d'Afrique.

Vous avez action contre les acheteurs de

operas ejus, necnon ancillarum partus, et animalium fœtus reddere cogitur.

PP. 3 non. maii, Faustino et Rufo, Conss. 211.

2. Imp. Antoninus A. Aristeneto.

Si inferiorem partem ædificii, quæ solum contingit, ad te pertinere probare potes, eam quam vicinus tuus imposuit, accessisse dominio tuo non ambigitur; sed et id quod in solo tuo ædificatum est, quoad in eadem causa manet, jure ad te pertinet, si verò fuerit dissolutum : ejus materia ad pristinum dominum redit, sive bona fide, sive mala ædificium extructum sit, si non denandi animo ædificia alieno solo imposita sint.

PP. 12 calend. novemb. Antonino A. IV. et Balbino, Conss. 214.

3. Imp. Alexander A. Dominiæ.

Mater tua vel maritus fundum tuum invita vel ignorante te vendere jure non potuit; sed rem tuam à possessore vindicare etiam non oblato pretio poteris. Sin autem posteà de ea venditione consensisti, vel alio modo proprietatem ejus amisisti, adversùs emptorem quidem nullam habes actionem, adversùs venditorem verò de pretio negotiorum gestorum actionem exercere non prohiberis.

PP. 3 calend. novemb. Alexandro A. II. et Marcello, Conss. 227.

4. Imp. Gordianus A. Muniano, militi Africæ.

Adversùs eos, qui à malæ fidei possessoribus fundum bona fide comparaverunt, ita tibi actio competit, si priusquàm usucapionem implerent, vel longæ possessionis præscriptionem adipiscerentur, dominium ad te pervenerit.

PP. 12 calend. novæmb. Pio et Pontiano, Conss. 299.

5. *Idem* a. *Herasiano.*

Domum, quam ex matris successione ad te pertinere, et ab adversa parte injuria occupatam esse ostendis, præses provinciæ cum pensionibus quas percepit, aut percipere poterat, et omni causa damni dati restitui jubebit. Ejus autem quod impendit, rationem haberi non posse meritò rescriptum est : cùm malæ fidei possessores ejus, quod in rem alienam impendunt, non eorum negotium gerentes, quorum res est, nullam habeant repetitionem, nisi necessarios sumptus fecerint; sin autem utiles, licentia eis permittitur sine læsione prioris status rei eos auferre.

PP. 2 id. febr. Gordiano a. et Aviola, Conss. 240.

6. *Idem* a. *Ustronio.*

Si ex ea pecunia quam deposueris, is apud quem collocata fuerat, sibi possessiones comparavit, ipsique traditæ sunt, tibi vel omnes tradi, vel quasdam ex his compensationis causa ab invito eo in te transferri injuriosum est.

PP. 5 id. jul. Gordiano a. et Aviola, Conss. 240.

---

bonne foi de votre propriété, laquelle leur a été vendue par des possesseurs de mauvaise foi, si vous avez réclamé votre fonds avant que les acheteurs l'ait eu prescrit, soit par l'usucapion ou la prescription de long temps.

Fait le 12 des calendes de novembre, sous le consulat de Pie et de Pontien. 299.

5. *Le même empereur, à Hérasien.*

Quant à la maison que votre adversaire occupe injustement, et que vous dites vous appartenir et provenir de la succession de votre mère, le président de la province ordonnera qu'elle vous soit restituée avec le montant des loyers qu'il a perçus, ou qu'il aurait dû percevoir, ainsi que la réparation de tous les dommages qu'il y a causés. C'est justement qu'il a été ordonné qu'il ne pourrait répéter les dépenses faites à cette occasion ; car les possesseurs de mauvaise foi, qui ont fait des dépenses à l'occasion d'une chose d'autrui, et qui n'ont point été chargés de l'administration de cette chose par celui qui en est le maître, ne peuvent nullement les répéter, à moins qu'elles n'aient été indispensables. Si ces dépenses sont seulement utiles, il est permis à celui qui les a faites de les retirer, si toutefois il est possible sans détériorer l'état primitif de la chose.

Fait le 2 des ides de février, sous le consulat de l'empereur Gordien et celui d'Aviola. 240.

6. *Le même empereur, à Ustronius.*

Si ayant remis à titre de dépôt de l'argent à quelqu'un, ce dernier en a acheté des fonds, lesquels lui ont été livrés par la tradition, il est contraire au droit que tous les fonds vous soient, malgré l'acquéreur, livrés à vous-mêmes, ou seulement une partie d'entr'eux représentant la valeur de l'argent que vous avez déposé.

Fait le 5 des ides de juillet, sous le consulat de l'empereur Gordien et celui d'Aviola. 240.

7. *L'empereur Philippe et le César Philippe,*
à Antoine.

C'est un point certain de droit que le fruit
de la servante suit la condition de sa mère,
et que l'état du père, dans ce cas, ne doit
être d'aucune considération.

Fait le 13 des calendes de novembre,
sous le consulat de l'empereur Philippe et
celui de Titien. 246.

8. *Les mêmes empereurs et Césars, au soldat*
Philippe.

Si, comme vous le dites, votre adversaire a acheté quelque chose avec votre argent, et en son propre nom, le président
de la province vous accordera, si vous le
desirez, la revendication utile qui vous
appartient à cause des privilèges des soldats, ou l'action du mandat, ou des affaires
administrées.

Fait le 2 des nones de mars, sous le consulat de Présent et d'Albin. 247.

9. *Les emper. Carus, Carinus et Numérian,*
à Antoine.

Apprenez au président que la servante
au sujet de laquelle vous suppliez fait partie
des biens dotaux de votre femme; car cela
étant démontré, il est certain qu'elle ne peut
pas être revendiquée par votre femme.

·Fait le 3 des calendes de mars, sous le
consulat des empereurs Carus et Carinus.
283.

10. *Les empereurs Dioclétien et Maximien*
et les Césars, à Januarius.

Assurant que vous n'avez aucun titre qui
constate votre propriété sur vos esclaves
nés dans votre maison, vous devez demander au tribunal devant lequel l'affaire a été
commencée ce que vous demandez dans votre
supplique; car le juge n'ignore pas que le
domaine sur les esclaves peut être prouvé,
non-seulement par la représentation de titres,
mais encore par d'autres preuves ou leur
aveu.

Fait le 2 des ides de février, sous le qua-
Tome I.

7. *Imp. Philippus* A. *et Philippus* N. *Cæsarius*
Antonio.

Partum ancillæ, matris sequi conditionem, nec statum patris in hac specie consi-
derari, explorati juris est.

PP. 13 calend. novemb. Philippo A. et
Titiano, Conss. 246.

8. *Iidem.* AA. *et* CC. *Philippo militi.*

Si (ut proponis) pars adversa pecunia tua
quædam nomine suo comparavit, præses provinciæ utilem vindicationem obtentu militiæ tibi eo nomine impertiri desideranti,
partes æquitatis non negabit. Idem mandati
quoque, seu negotiorum gestorum actionem
inferenti tibi jurisdictionem præbebit.

PP. 2 non. mart. Præsente et Albino,
Conss. 247.

9. *Impp. Carus, Carin. et Numerian.* AAA.
Antonio.

Doce ancillam, de qua supplicas, dota-
lem fuisse in notione præsidis; quo pate-
facto, dubium non erit vindicari ab uxore
tua nequivisse.

PP. 3 calend. mart. Caro et Carino AA,
Conss. 283.

10. *Impp. Dioclet. et Maximian.* AA. *et* CC.
Januario.

Cùm super vernis mancipiis nulla instrumenta te habere adseveres, in judicio in
quo negotium cœptum esse proponitur, id,
quod in precem contulisti, postulare debuisti. Judex enim non ignorat, servorum
dominia etiam citra instrumentorum exhibitionem aliis probationibus, vel ipsorum
interrogatione posse ostendi.

PP. G. 2 id. februar. ipsis IV. et III. AA.
Conss. 290.

11. *Iidem* AA. *et* CC. *Gallano.*

Si quis sciens alienum agrum sevit, vel plantas imposuit, postquàm hæ radicibus terram fuerint amplexæ, solo cedere rationis est. Domini enim magis segetem vel plantas, quàm per hujusmodi factum solum suum facit. Sanè enim qui bona fide possidens hoc fecerit, per doli mali exceptionem contra vindicantem dominium servare sumptus, juris auctoritate significatum est.

Dat. 4 calend. mart. AA. Conss. 293.

12. *Iidem* AA. *et* CC. *Alexandro.*

Incivile, atque inusitatum est quod postulas, ut mancipium, quod tradidisti, et eo modo dominium ejus transtulisti, invito eo ex nostro rescripto tibi adsignetur : unde intelligis, ancillæ semel emptoris factæ filios etiam posteà natos ejus dominium sequi, cujus mater eorum eo tempore fuerit. Sanè de pretio, si non hoc antè probatum fuerit te recepisse, conveni adversarium tuum.

G. id. april. AA. Conss. 293.

13. *Iidem* AA. *et* CC. *Cytichio.*

Ordinarii juris est, ut mancipiorum orta quæstione, priùs exhibitis mancipiis de possessione judicetur, ac tunc demùm proprietatis causa ab eodem judice decidatur.

Dat. idib. april. AA. Conss. 293.

trième consulat de l'un des empereurs nommés ci-dessus, et le troisième de l'autre. 290.

11. Les mêmes empereurs et Césars, à Gallanus.

Si quelqu'un a sciemment semé ou planté le champ d'autrui, la raison demande que lorsque ces objets auront pris racine, ils deviennent accessoires du sol ; car, par cette conduite, les semences ou les plantes sont plutôt acquises au maître du sol, que le sol n'est acquis à celui qui l'a semé ou planté : mais il en est autrement de celui qui, possédant le sol de bonne foi, l'a semé ou planté ; car c'est un point certain du droit qu'il peut réclamer ses frais en repoussant celui qui revendique le sol par l'exception *doli mali.*

Fait le 4 des calendes de mars, sous le consulat des empereurs nommés ci-dessus. 293.

12. Les mêmes empereurs et Césars, à Alexandre.

C'est injustement et contraire à l'usage constant, que vous demandez que l'esclave que vous avez livré, et duquel, par ce moyen, vous avez transféré le domaine, vous soit, en vertu de notre rescript, et malgré celui à qui vous l'avez livré, de nouveau rendu : et sachez qu'une servante une fois achetée les enfans nés depuis cet achat appartiennent à celui qui, dans le tems de leur naissance, était maître de la mère ; mais vous pouvez attaquer votre adversaire pour le prix, s'il n'a pas déjà prouvé vous l'avoir donné.

Fait pendant les ides d'avril, sous le consulat des empereurs nommés ci-dessus. 293.

13. Les mêmes empereurs et Césars, à Cytichius.

C'est l'usage que lorsqu'il s'élève un procès au sujet d'esclaves, on doit, en présence de ces esclaves, juger d'abord la question de possession; ensuite vient celle de propriété qui doit aussi être décidée par le même juge.

Fait pendant les ides d'avril, sous le même consulat. 293.

14. Les mêmes empereurs et Césars, à Septiana.

Avouant avoir acheté sciemment de la mère une maison qui ne lui appartenait pas, mais à son fils, si ce dernier, ne succédant point à sa mère, revendique sa maison, vous ne pouvez lui opposer l'exception doli mali pour la portion de l'hérédité qui lui revient.

Fait le 3 des calend. de juillet, sous le même consulat. 293.

15. Les mêmes emper. et Césars, à Aurelius Proculinus.

Un héritage ayant été vendu pour le tout, avec toutes les formalités du droit, à deux personnes différentes, il est certain que celle d'entr'elles à qui la tradition en a été faite doit être préférée. Si donc vous pouvez devant le président de la province avoir de premier acheté le champ et en avoir payé le prix, ce magistrat ne souffrira point qu'on vous dépossède, sous le prétexte qu'il n'a pas été passé d'actes à ce sujet. Vous avez le choix ou de garder le champ, ou de recevoir le prix que vous en avez donné avec les usures ; mais, dans ce dernier cas, vous êtes obligé de tenir compte des fruits que vous avez perçus, ainsi que des frais à l'occasion de la vente. Si c'est à titre de donation que vous revendiquez l'un et l'autre la propriété de l'héritage, il convient que celui à qui la tradition en a été faite le premier, soit préféré.

Fait le 2 des calend. d'octobre, sous le même consulat. 293.

16. Les mêmes empereurs et Césars, à Januarius.

Si quelqu'un a élevé une maison sur un sol qui lui appartient en commun avec d'autres possesseurs, d'après le droit, elle sera

14. Iidem AA. et cc. Septianæ.

Cùm à matre domum filii te sciente comparasse proponas, adversùs eum dominium vindicantem, si matri non successit, nulla te exceptione tueri potes : quod si venditricis obtinet hæreditatem, doli mali exceptione, pro qua portione ad eum hæreditas pertinet, uti non prohiberis.

Dat. 3 calend. jul. AA. Conss. 293.

15. Iidem AA. et cc. Aurelio Proculino.

Quoties duobus in solidum prædium jure distrahitur, manifesti juris est, e m cui priori traditum est, in detinendo dominio esse potiorem. Si igitur antecedente tempore te possessionem emisse, ac pretium exsolvisse apud præsidem provinciæ probaveris; obtentu non datorum instrumentorum expelli te à possessione non patietur. Erit sanè in arbitrio tuo, pretium quod dedisti, cum usuris recipere; ita tamen ut perceptorum fructuum ac sumptuum ratio habeatur; cùm et si ex causa donationis utrique dominium rei vindicetis, eum cui priori possessio soli tradita est, haberi potiorem conveniat.

Dat. 2 cal. octob. AA. Coss. 293.

16. Iidem AA. et cc. Januario.

Si in area communi domum aliquis extruxit, hanc vobis communem juris fecit ratio; cujus portionem ab eo, qui bona fide

possidens ædificavit, si velis vindicare, sumptus offerre debes, ne doli mali possis exceptione submoveri.

Dat. idib. novemb. AA. Coss. 293.

commune à tous les copropriétaires du sol sur
lequel elle a été construite : c'est pourquoi
si vous voulez revendiquer la portion de
celui qui a construit de bonne foi, vous
devez lui offrir les dépenses qu'il a faites
à ce sujet, afin que vous ne puissiez pas être
repoussé par l'exception *doli mali.*

Fait pendant les ides de novembre, sous
le même consulat. 293.

17. Iidem AA. et cc. Sabino et aliis.

Si fundum vestrum vobis per denuntiationem admonentibus volentem ad emptionem
accedere, quòd distrahentis non fuerit, non
rectè is, contra quem preces funditis, comparavit, vel alio modo mala fide contraxit,
tàm fundum vestrum constitutum proban-
tibus, quàm fructus, quos eum mala fide
percepisse fuerit probatum, aditus præses
provinciæ restitui jubebit.

Dat. 12 cal. decemb. AA. Conss. 293.

17. Les mêmes empereurs et Césars, à Sabinus et autres.

Si ayant déclaré à celui qui desirait
acheter votre fonds, que celui qui voulait
le lui vendre en était incapable, n'en
étant pas le maître, malgré vos pro-
testations, il l'a acheté, cet achat est
illégal; et celui contre qui vous dirigez votre supplique, est atteint de mauvaise foi :
c'est pourquoi vous devez aller trouver le
président de la province, qui ordonnera
que non-seulement le fonds qui sera prouvé
vous appartenir, mais encore les fruits qu'il
en a perçus de mauvaise foi, vous soient restitués.

Fait le 12 des calend. de décembre, sous
le même consulat. 293.

18. Iidem AA. et cc. Claro.

Re tua apud aliquem manente, proprietatis
error nihil tibi nocere potuit, nisi alia contra
te causa intervenerit.

G. 3 cal. januar. AA. Conss. 293.

18. Les mêmes empereurs et Césars, à Clarus.

Votre chose étant possédée par quelqu'un,
l'erreur de propriété que cette possession
pourrait faire naître ne peut vous nuire,
à moins qu'il n'intervienne quelqu'autre
cause.

Fait le 3 des calend. de janvier, sous le
même consulat. 293.

19. Iidem AA. et cc. Callistrato.

Indicia certa quæ jure non respuuntur,
non minorem probationis quàm instrumenta
continent fidem : quo jure, si de proprietate
domus ambigis, negotiumque integrum est,

19. Les mêmes empereurs et Césars, à Callistrate.

Les indices certains que le droit ne rejette
pas, ne méritent pas moins de foi que les
preuves écrites; c'est pourquoi, doutant de
la propriété de la maison, si l'affaire n'est

pas encore jugée, vous pouvez vous prévaloir des indices que vous avez en votre
faveur.

Fait le 2 des calend. de janvier, sous le
même consulat. 293.

20. *Les mêmes empereurs et Césars, à
Quartilla.*

Sachez que vous ne devez point assigner
l'esclave que vous dites détenir des choses
qui vous appartiennent, mais son maître, à
qui seul vous pouvez demander les choses
possédées par son esclave.

Fait pendant les calend. de mars, sous le
consulat des Césars. 294.

21. *Les mêmes empereurs et Césars, à
Hiérocles.*

Ayant revendiqué vos esclaves de ceux
qui les possédaient, et ayant actionné ces
derniers pour leur prouver qu'ils vous appartenaient, si, après que votre demande a été
accueillie, vos esclaves ne vous ont pas été
restitués, on doit, après avoir prêté solennellement le serment, procéder à l'exécution
du jugement.

Fait le 6 des ides d'octobre, sous le consulat des Césars. 294.

22. *Les mêmes empereurs et Césars, à
Diodota.*

Il est certain qu'ordinairement les possesseurs de mauvaise foi doivent restituer
avec le fonds même tous les fruits, et que
les possesseurs de bonne foi ne sont tenus
qu'à la restitution de la chose et de ses fruits
existans; mais après la contestation en cause,
ils doivent les restituer en totalité.

Fait le 3 des calend. de novembre, sous
le consulat des Césars. 294.

23. *Les mêmes empereurs et Césars, à
Magnifer.*

Si votre esclave vous ayant été enlevé par
la violence ou par vol, d'autres l'ont acheté
sans juste raison, vous n'êtes point obligé,
si vous voulez en revendiquer le domaine,
d'en payer le prix.

uti non prohiberis.

G. 2 cal. januar. AA. Conss. 293.

20. *Iidem AA. et cc. Quartillæ.*

Non servum, quem res tuas detinere adseveras, sed ejus dominum de rebus repetendis, conveniendum esse perspicis.

G. calend. mart. cc. Conss. 294.

21. *Iidem AA. et cc. Hierocli.*

A possidentibus vindicata mancipia, quorum dominium ad vos pertinere intenditis,
si posteà, quàm impleveritis intentionem,
hæc non restituantur, jurisjurandi solemnitate secuta, condemnatio procedere debet.

PP. 6 id. octob. cc. Conss. 294.

22. *Iidem AA. et cc. Diodotæ.*

Certum est, malæ fidei possessore/omnes
fructus solere cum ipsa re præstare: bonæ
fidei verò extantes, post litis autem contestationem, universos.

Dat. 3 calend. novemb. cc. Conss. 294.

23. *Iidem AA. et cc. Magnifero.*

Si mancipium tuum per vim, vel furtum
ablatum alii ex nulla justa causa distraxerunt, vindicanti tibi dominium solvendi
pretii nulla necessitas irrogetur.

G. 10 calend. decemb. cc. Conss. 294.

Fait le 10 des calend. de décembre, sous le consulat des Césars. 294.

24. Iidem AA. et cc. *Juliano.*

Nullo justo titulo præcedente possidentes ratio juris querere dominium prohibet : idcircò cùm etiam usucapio cesset, intentio dominii nunquàm absumitur. Unde hoc casu post liminio reverso, citra beneficium actionis rescissoriæ, directa permanet integra vindicatio.

G. 10 calend. decemb. cc. Conss. 294.

24. Les mêmes empereurs et Césars, à Julien.

D'après le droit on ne peut acquérir le domaine, si la possession n'est point émanée d'un juste titre ; c'est pourquoi, si l'usucapion n'a pas lieu, le domaine ne peut être conservé par aucune exception ; d'où, dans le cas du *post liminium*, on peut entièrement exercer la revendication directe, sans se prévaloir du bénéfice de l'action rescisoire.

Fait le 10 des calend. de décembre, sous le consulat des Césars. 294.

25. Iidem AA. et cc. *Eugnomio.*

Solennibus pensionibus rei pro alio satisfacientem, non interveniente venditione, solutionis causa minimè dominum facit.

Dat. 16 calend. decemb. Nicomediæ. cc. Conss. 294.

25. Les mêmes empereurs et Césars, à Eugnomius.

Quelqu'un ayant payé pour un autre les rentes d'un fonds possédé par le dernier, il n'acquiert pas, par cette solution, s'il n'est point intervenu de vente en sa faveur, le domaine.

Fait à Nicomédie, le 16 des calendes de décembre, sous le consulat des Césars. 294.

26. Iidem AA. et cc. *Heliodoro.*

Moræ litis causam possessoris non instruunt, ad inducendam longæ possessionis præscriptionem, quæ post litem contestatam in præteritum æstimatur.

Dat. id. decemb. cc. Conss. 294.

26. Les mêmes empereurs et Césars, à Héliodore.

Les retards du procès ne profitent point à la cause du possesseur, et il ne peut s'en prévaloir pour la prescription de long tems, pour laquelle on ne doit calculer que le tems écoulé antérieurement à la contestation en cause.

Fait pendant les ides de décembre, sous le consulat des Césars. 294.

27. Iidem AA. et cc. *Philadelpho.*

Servum emptor non traditum sibi præsentem vindicare non potest.

G. 12 calend. januar. Nicomediæ. cc. Conss. 294.

28. Iidem AA. et cc. *Sopatro.*

Res alienas possidens, licèt justam tenen-

27. Les mêmes empereurs et Césars, à Philadelphe.

L'acheteur ne peut revendiquer l'esclave qui ne lui a pas été livré de suite.

Fait à Nicomédie, le 12 des calend. de janvier, sous le consulat des Césars. 294.

28. Les mêmes empereurs et Césars, à Sopater.

Celui qui possède les choses d'autrui ne

peut être forcé de les restituer à leur maître, quand même sa possession n'aurait été amenée par aucun juste titre, qu'en tant qu'il prouvera sa propriété.

. Fait le 8 des calend. de janvier, sous le consulat des Césars. 294.

TITRE XXXIII.

De l'usufruit, de l'habitation, et du service des esclaves.

1. *Les empereurs Sévère et Antonin, à Possidonius.*

Si votre femme, par son testament, vous a laissé l'usufruit de tous ses biens, vous ne pourrez, quoiqu'elle ait défendu qu'on exigeât de vous la caution, cependant recevoir les paiemens des débiteurs, qu'en tant que vous fournirez la caution voulue par le sénatusconsulte.

Fait pendant les calend. d'octobre, sous le consulat d'Anulinus et de Fronton. 200.

2. *Les mêmes empereurs, à Félix.*

Nous avons vu, par les expressions du testament que vous avez rapportées dans votre supplique, que l'usufruit vous a été légué; mais cela n'empêche pas que celui qui a la propriété ne puisse l'engager à ses créanciers, l'usufruit qui vous appartient vous restant d'ailleurs intact.

Fait le 6 des ides de mai, sous le deuxième consulat de l'empereur Antonin, et le deuxième de Géta. 206.

3. *L'empereur Antonin, à Antonien.*

Votre père, par sa mort, ne vous laisse point l'usufruit qui lui avait été légué; car l'usufruit, à la mort de celui à qui il avait été légué ou acquis d'une autre manière, retourne à la propriété.

§. 1. L'usufruitier ne cesse point de jouir de son droit, quoique le maître de la propriété soit mort avant lui.

---

di causam nullam habeat, non nisi suam intentionem implenti, restituere cogitur.

Dat. 8 cal. januar. cc. Conss. 294.

TITULUS XXXIII.

De usufructu, et habitatione, et ministerio servorum.

1. *Impp. Severus et Antoninus. AA. Possidonio.*

Si ususfructus omnium bonorum testamento uxoris marito relictus est, quamvis cautionem à te prohibuerit exigi, tamen non aliter à debitoribus solutam pecuniam accipere poteris, quàm oblata secundùm formam senatusconsulti cautione.

PP. G. calend. octob. Anulino et Frontone, Conss. 200.

2. *Iidem AA. Felici.*

Verbis testamenti, quæ precibus inseruisti, usumfructum legatum tibi animadvertimus; quæ res non impedit proprietatis dominum obligare creditori proprietatem, manente scilicet integro usufructu tui juris.

PP. 6 id. maii, Antonino A. II. et Geta II. Conss. 206.

3. *Imp. Antoninus A. Antoniano.*

Si patri tuo ususfructus legatus est, defuncto eo nihil ad te pertinet : cùm morte ejus, cui fuerat legatus, vel alio modo acquisitus, ad proprietatem regredi soleat.

§. 1. Usufructuario autem superstite licèt dominus proprietatis rebus humanis eximatur, jus utendi fruendi non tollitur.

PP. 3 calend. august. Antonino A. IV. et Balbino, Conss. 214.

Fait le 3 des calendes d'août, sous le quatrième consulat de l'empereur Antonin, et le premier de Balbinus. 214.

4. Imp. Alexander A. Verbicio.

Usufructu constituto, consequens est ut satisdatio boni viri arbitratu præbeatur ab eo ad quem id commodum pervenit, quòd nullam læsionem ex usu proprietati adferat; nec interest sive ex testamento, sive ex voluntario contractu ususfructus constitutus est.

PP. G. idib. mart. Alexandro A. II. et Marcello, Conss. 227.

4. L'empereur Alexandre, à Verbicius.

Un usufruit étant constitué, il convient que celui en faveur de qui il a été constitué fournisse une caution convenable, qui garantisse qu'il ne portera aucun tort à la propriété. Peu importe que l'usufruit ait été établi par testament ou par contrat volontaire.

Fait pendant les ides de mars, sous le deuxième consulat de l'empereur Alexandre, et le premier de Marcellus. 227.

5. Idem A. Evocato et aliis.

Si pater usumfructum prædiorum in tempus vestræ pubertatis matri vestræ reliquit, finito usufructu postquàm vos adolevistis, posterioris temporis fructus perceptos ab ea repetere potestis, quos nulla ratione sciens de alieno percepit.

PP. calend. april, Alexandro A. II. et Marcello, Conss. 227.

5. Le même empereur, à Evocatus et autres.

Si votre père a laissé à votre mère l'usufruit de ses biens, afin qu'elle en jouit pendant tout le tems de votre puberté, l'usufruit étant fini avec votre puberté, vous pouvez répéter d'elle tous les fruits qu'elle a perçus depuis ce tems, car elle savait qu'ils ne lui appartenaient pas, et qu'elle n'avait aucune raison de les percevoir.

Fait pendant les calendes d'avril, sous le deuxième consulat de l'empereur Alexandre, et le premier de Marcellus. 227.

6. Idem A. Stratonicæ.

Interest, usumfructum solum maritus tuus in dotem acceperit, an proprietas quidem doti data sit, verùm pactum intercessit, ut moriente eo tibi eadem possessio redderetur; nam usufructuarius quidem proprietatem pignorare non potuit. Qui autem proprietatem æstimatam in dotem accepit, non ideò minùs obligare eam potuit; quoniàm soluto matrimonio restituenda tibi æstimatio ejus fuit.

PP. calend. jul. Agricola et Clementino, Conss. 231.

6. Le même empereur, à Stratonice.

Il y a de la différence entre le seul usufruit que votre mari a reçu pour votre dot, ou la simple propriété qu'il a reçue au même titre, sous la condition qu'à sa mort elle retournerait à vous; car l'usufruitier n'a pu engager la propriété: mais celui qui a reçu en dot une propriété estimée, peut l'engager, puisqu'il peut, le mariage étant dissous, en restituer la valeur.

Fait pendant les calendes de juillet, sous le consulat d'Agricola et de Clémentin. 231.

7. Imp. Gordianus A. Ulpiano militi.

Eum, ad quem ususfructus pertinet, sartatecta suis sumptibus præstare debere, explorati juris est. Proindè si quid ultra quàm impendi debeat, erogatum potes docere, so-

7. L'empereur Gordien, au soldat Ulpien.

C'est un point certain de droit que celui à qui appartient un usufruit doit faire à ses frais les réparations que les toits exigent: mais si vous avez dépensé plus que vous ne deviez, vous pouvez le prouver et le répéter en justice.

Fait pendant les calend. de février, sous le consulat d'Arien et de Pappon. 224.

8. *Les empereurs Dioclétien et Maximien et les Césars, à Ethéron.*

Aucune prescription ni aucun espace de tems n'autorisent l'usufruitier ou ses héritiers à réclamer la propriété des choses dont ils ont l'usufruit.

Fait le 6 des calendes de juillet, sous le consulat des empereurs nommés ci-dessus. 293.

9. *Les mêmes empereurs et Césars, à Auxanusa.*

L'usufruit d'héritages et d'esclaves étant laissé à votre mère, elle ne peut ni les aliéner ni les affranchir; car certainement votre mère n'ayant point la propriété des esclaves dont le service lui a été légué, ne fait rien en aliénant des biens ou en affranchissant des esclaves qui appartiennent à l'héritier du testateur.

Fait pendant les calendes de décembre, sous le même consulat. 293.

10. *Les mêmes empereurs et Césars, à Pomponius.*

Si la maîtresse de la propriété a cédé l'usufruit à votre épouse, au moyen d'une certaine rente annuelle, quoique la propriétaire soit morte depuis, votre femme ne peut être empêchée de jouir de l'usufruit.

Fait le 13 des calendes de janvier, sous le consulat ci-dessus. 293.

11. *L'empereur Justinien, à Théodore.*

Le droit d'habitation finit par la mort. Celui qui, ayant le droit d'habitation dans une maison, en lègue la propriété, ne détruit pas la revendication que le propriétaire peut en faire.

Fait à Constantinople, le 15 des calendes de novembre, après le consulat de Lampadius et d'Oreste. 531.

Tome I.

lenniter reposces.

PP. calend. febr. Ariano et Pappo, Conss. 224.

8. *Impp. Dioclet. et Maximian.* AA. *et* CC. *Etheroni.*

Neque fructuarium ad obtinendam proprietatem rerum, quarum usumfructum habet, neque successores ejus ulla temporis ex ea causa tenentes, præscriptio munit.

Dat. 6. calend. jul. AA. Conss. 293.

9. *Iidem* AA. *et* CC. *Auxanusæ.*

Usufructu matri tuæ prædiorum et mancipiorum relicto, tam alienatio, quàm manumissio interdicta est : sanè mancipia, quorum testamento ministerium matri relictum est, cùm in his dominium non habeat, nec tradendo cuiquam, nec manumittendo ad testatoris hæredem pertinentia, quicquam facit.

Dat. calend. decemb. AA. Conss. 293.

10. *Iidem* AA. *et* CC. *Pomponio.*

Si domina proprietatis uxori tuæ usumfructum locavit sub certa annua præstatione, morte conductricis ei, quæ locavit, etiam utendifruendi causa non est denegauda.

Dat. 13 calend. januar. AA. Conss. 293.

11. *Imp. Justinianus* A. *Theodoro.*

Habitatio morte finitur, nec proprietatem, qui habitationem habuit, legando, dominii vindicationem excludit.

Dat. 15 novemb. Constantinop. post consulatum Lampadii et Orestis. VV. C̣C̣C̣T.

12. *Imp. Justinianus* A. *Juliano* , P. P.

Ambiguitatem antiquioris decidentes sancimus , sive quis uxori suæ , sive alii cuicunque usumfructum reliquerit sub certo tempore , in quod vel filius ejus , vel quisquam alius pervenerit ; stare usumfructum in annos singulos , in quos testator statuit ; sive persona de cujus ætate compositum est , ad eam pervenerit , sive non ; neque enim ad vitam hominis respexit sed ad certa curricula , nisi ipse , cui ususfructus legatus sit , ab hac luce fuerit subtractus ; tunc etenim ad posteritatem ejus usumfructum transmitti non est penitùs possibile , cùm morte usumfructum penitùs extingui , juris indubitati sit. Si autem talis fuerat inserta conditio , donec in furore filius , vel alius quisquam remanserit , vel in aliis similibus casibus , quorum eventus in incerto sit ; si quidem resipuerit filius , vel alius , pro quo hoc dictum est , vel conditio extiterit , usumfructum finiri. Si autem adhuc is in furore constitutus decessit , tunc , quasi in usufructuarii vita eo relicto , manere usumfructum apud eum : cùm enim possibile erat usque ad omne vitæ tempus usufructuarii , non ad suam mentem venire furentem , vel conditionem impleri , humanissimum est , ad vitam eorum usumfructum extendi : quemadmodùm etenim si decesserit usufructuarius antè impletam conditionem , vel furorem finitum , extinguitur ususfructus ; ita humanum est extendi eum in usufructuarii vitam , et si anteà decesserit furiosus , vel alia conditio defecerit.

Dat. cal. aug. Constantinop. Lampadio et Oreste. VV. CC. Conss. 53o.

12. *L'empereur Justinien , à Julien , préfet du prétoire.*

Voulant détruire les ambiguités du droit ancien , nous ordonnons que si quelqu'un a laissé un usufruit à sa femme ou à toute autre personne , pour en jouir jusqu'à ce que son fils ou une autre personne soit parvenue à tel âge , cet usufruit soit continué pendant tout le tems fixé par le testateur , soit que la personne de l'âge de laquelle il est parlé , parvienne à cet âge ou n'y parvienne pas ; car le testateur n'a pas eu en vue la vie de l'homme , mais un certain espace de tems , à moins que ce ne soit la vie de l'usufruitier ; car , dans ce dernier cas , il est impossible que l'usufruitier transmette l'usufruit à ses héritiers , parce que c'est un point très-certain du droit , que l'usufruit s'éteint par la mort de l'usufruitier. Mais s'il avait été dit que l'usufruit durerait jusqu'à ce que le fils du testateur , ou une autre personne serait dans la fureur ou dans d'autres cas semblables dont l'évènement est incertain , si le fils ou l'autre personne au sujet de qui la condition a été mise , obtient sa guérison , l'usufruit doit finir à cette époque ; mais s'il meurt avant la guérison , l'usufruit doit être censé avoir été laissé à l'usufruitier pour toute sa vie , et doit en jouir jusqu'à sa mort : étant vraisemblable que le testateur a plutôt eu en vue toute la vie de l'usufruitier que l'accomplissement de la condition , il est très-juste d'étendre l'usufruit jusqu'à la mort de l'usufruitier ; c'est pourquoi l'usufruit est éteint , quoique l'usufruitier soit mort avant l'accomplissement de la condition , ou la guérison de la fureur : ainsi , il est juste de l'étendre jusqu'à la mort de l'usufruitier , quand même le furieux décéderait , ou qu'une autre condition se serait évanouie.

Fait à Constantinople , pendant les calend. d'août , sous le consulat de Lampadius et d'Oreste. 53o.

13. *Le même empereur, au même.*

Les anciens, doutant si, un droit d'habitation étant légué, on devait entendre par-là un usage, ou un usufruit, ou ni l'un ni l'autre, c'est à dire, un droit propre et d'une nature spéciale; et ensuite si celui à qui une habitation a été léguée, pouvait la louer ou en revendiquer la propriété; voulant détruire les sources des procès, nous décidons tous les doutes par cette courte réponse : Lorsque quelqu'un a légué une habitation, il nous parait qu'on doit se décider pour le sentiment le plus humain, et par conséquent donner au légataire la liberté de louer ; car peu importe que le légataire jouisse lui-même de l'habitation qui lui a été léguée, ou qu'il la cède à un autre pour certain prix : ceci est encore bien plus vrai, s'il a été laissé l'usufruit de l'habitation, parce que, dans le premier cas, la difficulté était plus grande que dans le second, où le mot d'usufruit a été ajouté. Nous ne voulons pas en effet que le droit d'habitation soit au-dessus de l'usufruit. Le légataire ne doit point espérer le domaine de l'habitation, à moins qu'il ne prouve, par des preuves évidentes, que le domaine de la maison lui a été spécialement laissé; car, dans ce cas, on doit obéir en toutes choses à la volonté du testateur. Nous ordonnons que ces dispositions soient observées à l'égard de tous les lieux sur lesquels on peut constituer le droit d'habitation.

Fait le 18 des calendes d'octobre, sous le consulat de Lampadius et d'Oreste. 530.

14. *Le même empereur, au même.*

Les anciens doutaient si un testateur ayant légué un fonds ou une chose à quelqu'un, et laissé seulement l'usufruit à son héritier, un tel legs était valable : les uns regardaient ce legs comme inutile, parce que de cette manière l'usufruit ne retournerait jamais à la propriété, mais resterait toujours auprès

13. *Idem A. eidem Juliano, P. P.*

Cùm antiquitas dubitabat, usufructu habitationis legato, et primo quidem, cui similis esset, utrùm ne usui, vel usufructui, an neutri eorum, sed jus proprium, et specialem naturam sortita esset habitatio; posteà autem si posset is, cui habitatio legata esset, eandem locare, vel dominium sibi vindicare, autorum jurgium decidentes, compendioso responso omnem hujusmodi dubitationem resecamus. Et si quidem habitationem quis reliquerit, ad humaniorem declinare sententiam nobis visum est, et dare legatario etiam locationis licentiam. Quid enim distat, sive ipse legatarius maneat, sive alii cedat, ut mercedem accipiat? et multò magis si habitationis usumfructum reliquit; cùm et nimiæ subtilitati satisfactum videatur, etiam nomine ususfructus addito. In tantum etenim valere habitationem volumus, ut non antecellat usumfructum ; nec dominium habitationis speret legatarius, nisi specialiter evidentissimis probationibus possit ostendere, et dominium ejus domus sibi esse relictum ; tunc etenim voluntati testatoris per omnia obediendum est. Quam decisionem locum habere censemus in omnibus locis, quibus habitatio constitui potest.

Dat. 18 calend. octob. Lampadio et Oreste VV. CC. Conss. 530.

14. *Idem A. eidem Juliano, P. P.*

Antiquitas dubitabat, si quis fundum vel aliam rem cuidam testamento relinqueret, quatenùs ususfructus apud hæredem maneret, si hujusmodi constaret legatum. Et quidam inutile legatum esse existimabant, quia ususfructus numquàm ad suam rediret proprietatem, sed semper apud hæredem remaneret ; et forsitàn hoc existimabant quia et secundus hæres , et deinceps successores unius esse videantur , nec possit hujusmodi ususfructus secundùm veterem distinctionem solitis modis extingui. Alii autem hujusmodi legatum non esse respuendum existimaverunt. Tales altercationes decidentes, sancimus et hujusmodi legatum firmum esse, et talem usumfructum unà cum hærede finiri ; et illo moriente, vel aliis legitimis modis eum amittente expirare. Quare enim iste ususfructus sibi tale vindicet privilegium, ut à generali interemptione ususfructus ipse solus excipiatur ? Quod ex nulla induci rationabili sententia manifestissimum est : et propter hoc et usumfructum finiri, et ad proprietatem suam redire, et utile esse legatum sancientes, hujusmodi paucissimis verbis totam eorum ambiguitatem delevimus.

Dat. 15 cal. octobr. Lampadio et Oreste vv. cc. Conss. 53o.

15. Idem A. eidem Juliano, P. P.

Inter antiquam prudentiam dissensio incidit, si per servum ususfructus domino fuerit adquisitus, et ex quibusdam casibus (multi enim casus rebus incidunt mortalium) pars hujus servi ad alium perveniat; utrum omnis ususfructus, qui anteà per servum ad aliquem pervenerit, apud eum remaneat ; an totus tollatur, vel ex parte deminuatur, ex parte autem apud eum resideat. Et super hujusmodi dubitatione tres sententiæ vertebantur. Una, quæ dicebat ex particulari alienatione servi totum usumfructum deminui ; alia, in tantum usumfructum deminui, in quantum et servus alienaretur ; tertia, quæ definiebat, partem quidem servi posse alienari, totum autem usumfructum apud eum remanere, qui anteà servum in solidum habebat. Et in novissima sententia summum auctorem juris scientiæ Salvium Julianum esse in-

de l'héritier. Ils appuyaient ce sentiment sur ce que le second héritier et tous les autres ne paraitraient être que les héritiers d'un seul, et que par conséquent l'usufruit ne pourrait pas s'éteindre par les moyens ordinaires, selon l'ancienne distinction ; d'autres, au contraire, croyaient qu'on ne devait pas repousser ce legs. Voulant décider ces différens, nous ordonnons qu'un tel legs soit valable, et que l'usufruit finisse par la mort de l'héritier, ou par les autres causes légitimes. Pourquoi, en effet, cette sorte d'usufruit jouirait-elle seule du privilége de n'être point éteinte par les causes générales ? Il est certain qu'il n'est aucune raison plausible pour qu'il jouisse de cette exception ; ayant décidé que cet usufruit devait finir, qu'il devait être réuni à la propriété, et que ce legs était valable, nous avons détruit par ce très-peu de mots tous les doutes des anciens.

Fait le 15 des calendes d'octobre, sous le consulat de Lampadius et d'Oreste. 55o.

15. Le même empereur, au même.

Il s'est élevé entre les anciens jurisconsultes des différens au sujet de cette question : Un usufruit étant acquis par un esclave à son maître, et par l'effet de certaines circonstances, (car la vie de l'homme est sujette à beaucoup de révolutions) une partie de cet esclave étant devenue la propriété d'une autre personne, l'usufruit doit-il être conservé en entier à la personne à qui il a d'abord été acquis, ou doit-elle le perdre entièrement ? Cet usufruit doit-il être divisé, et le premier maître ne doit-il en avoir qu'une partie ? Il y avait trois opinions à ce sujet : les uns prétendaient que l'aliénation de l'esclave entraînait celle de l'usufruit, et que par conséquent ce dernier appartenait au dernier maître de l'esclave ; d'autres prétendaient que l'usufruit devait être divisé entre les maîtres, proportionnellement à la part qu'ils avaient dans l'esclave ; et enfin les troisièmes disaient que quoiqu'une partie de l'esclave eût été aliénée, l'usufruit appartenait à celui qui avait d'abord possédé l'esclave en entier. Nous avons trouvé que cette dernière opinion avait été embrassée par le savant jurisconsulte Salvius Julien. Voulant décider ces différens, nous avons jugé à propos d'adopter le sentiment de Salvius Julien et de ses partisans, à qui il a paru plus juste de ne point faire finir dans ce cas l'usufruit, mais de le conserver, et qui pensent que, quand même une partie de l'esclave serait aliénée, la partie correspondante de l'usufruit ne devrait pas finir, mais devrait rester, comme il est de sa nature, complet et intact; qu'il doit être conservé tel qu'il a commencé, sans qu'il puisse être altéré par aucun cas de cette sorte.

Fait le 10 des cal. d'octob., sous le consulat de Lampadius et d'Oreste. 530.

16. Le même empereur, au même.

Les anciens ont établi plusieurs causes de la fin de l'usufruit, telles que la mort de l'usufruitier, le changement d'état, le non-usage, et d'autres causes non moins connues. Il ne s'était élevé aucun doute sur la nature de l'usufruit; mais il en était né un sujet de l'action personnelle qui en résulte, lorsque l'usufruit est l'objet d'une stipulation ou a été laissé par testament. Tous convenaient que cette action s'éteignait par la mort de l'usufruitier ou par son changement d'état; mais cette action s'éteignait-elle par le non-usage, c'est à dire par le seul fait que l'usufruitier aurait été une année ou deux ans sans demander l'usufruit? Les sentimens étaient différens sur cette question.

§. 1. Voulant aplanir ces difficultés, nous ordonnons que non-seulement, malgré le non-usage, l'action qui naît de l'usufruit soit conservée, mais encore l'usufruit lui-même; que l'une et l'autre ne puissent finir que par la mort de l'usufruitier, et par la destruction de la chose de l'usufruit de laquelle il s'agit;

venimus. Nobis autem hæc decidentibus placuit Salvii Juliani admitti sententiam, et aliorum, qui in eadem fuerunt opinione; quibus humaniùs visum est, non interemptionem ususfructus studiosam esse, sed magis retentionem, quatenùs et si pars servi alienetur, tamen neque pars ususfructus depereat, sed maneat secundùm suam naturam integer atque incorruptus: et quemadmodùm ab initio fixus est, ita conservetur, ex hujusmodi casu nullo deterioratus modo.

Dat. 10 cal. octobr. Lampadio et Oreste vv. cc. Conss. 530.

16. Idem A. eidem Juliano, p. p.

Corruptionem ususfructus multiplicem esse veteribus placuit, vel morte usufructuarii, vel capitis deminutione, vel non utendo, vel aliis quibusdam non ignoratis modis; sed de usufructu quidem hoc indubitatum fuerat; de personali autem actione, quæ super usufructu nascitur, sive in stipulationem ususfructus deductus sit, sive ex testamento relictus, dubitabatur; morte quidem usufructuarii, et capitis deminutione eam tolli, omnibus concedentibus; non utendo autem, si per annum vel biennium forsitàn eundem usumfructum non petierit usufructuarius, sic personalis actio tollatur, altercantibus.

§. 1. Sed nos hoc decidentes sancimus, non solùm actionem, quæ de usufructu nascitur, sed nec ipsum usumfructum non utendo cadere, nisi tantummodò morte usufructuarii, et ipsius rei interitu; sed usumfructum, quem sibi aliquis acquisivit, hunc habeat, dum vivit, intactum; cùm mul-

tæ et innumerabiles causæ rebus incidant
mortalium, per quas homines jugiter retinere quod habent, non possunt ; et est
satis durum, per hujusmodi difficultates
amittere, quod semel possessum est ; nisi
talis exceptio usufructuario opponatur, quæ
etiam si dominium vindicaret, posset eum
præsentem vel absentem excludere.

§. 2. Sed neque per omnem capitis deminutionem hujusmodi detrimentum imminere nostris patimur subjectis (quare enim,
si filius familiás fueritis, qui usumfructum
habet, forté ex castrensi peculio, ubi nec
patri ususfructus acquiritur, ei possessum,
per emancipationem eum amittat ?) sed
secundùm quod definitum est, tunc eum
tantummodò desinere, cùm usufructuarius
vel res pereat, et tantummodò eum cum
anima vel rei substantia expirare, nisi prædictæ exceptionis vigor reclamaverit ; ex-
ceptá videlicet tali capitis deminutione, quæ
vel libertatem vel civitatem romanam possit adimere ; tunc etenim ususfructus omnimodo ereptus, ad suam revertatur proprietatem.

Dat. cal. octobr. Constantinop. Lampadio et Oreste vv. cc. Coss. 530.

17. *Idem* A. *Joanni*, P. P.

Ex libris Sabinianis quæstio nobis relata
est, per quam dubitabatur, si ususfructus
per servum acquisitus, vel per filium familiás, capitis deminutione filii magna, vel
media, vel morte, vel emancipatione ; vel
servi quacunque alienatione, vel morte, vel
manumissione, possit adhuc remanere. Et
ideò sancimus, in hujusmodi casibus, neque si servus vel filius familiás in præfatos
casus inciderit, interrumpi patri vel domino usumfructum, qui per eos acquisitus est,
sed manere intactum. Neque si pater mag-

et que celui qui s'est acquis un usufruit le
conserve intact pendant toute sa vie, à moins
qu'on ne lui opposât l'exception de la prescription de long tems, qu'on pourrait aussi
lui opposer quand même il revendiquerait
la propriété. Les causes par lesquelles les
hommes perdent ce qu'ils ont acquis, sont
assez nombreuses pour qu'on ne les aug-
mente pas ; et il est assez dur de perdre ce
qu'on a possédé déjà par les causes établies,
sans en ajouter d'autres.

§. 2. Mais nous ne souffrons point que nos
sujets perdent par tous les changemens d'état
l'usufruit qu'ils ont acquis ; car pourquoi un
fils de famille qui aurait un usufruit par pécule castrense, et sur lequel son père n'aurait
aucun droit, le perdrait-il par l'émancipation ? L'usufruit, comme il a été réglé, ne se
perd que par la mort de l'usufruitier ou la
destruction du fonds. Tant que l'usufruitier
et le fonds existent, l'usufruit existe aussi,
à moins qu'on n'oppose l'exception dont nous
avons déjà parlé, ou que l'usufruitier n'ait
subi les changemens d'état qui entraînent la
perte de la liberté ou celle des droits de cité ;
car, dans ce cas, l'usufruit est entièrement
détruit, et retourne à la propriété.

Fait à Constantinople, pendant les calend.
d'octobre, sous le consulat de Lampadius et
d'Oreste. 530.

17. *Le même empereur, à Jean, préfet du
préfoire.*

On nous a soumis cette question, tirée des
livres des Sabiniens : L'usufruit acquis par le
moyen d'un esclave ou d'un fils de famille,
s'éteint-il par le grand ou moyen changement
d'état subi par le fils de famille, ou par sa
mort, ou son émancipation ; ou par l'aliénation, la mort ou l'affranchissement de
l'esclave ? C'est pourquoi nous ordonnons
que, quoique le fils de famille ou l'esclave
tombent dans les cas dont nous venons de
parler, l'usufruit que le père ou le maitre
ont acquis par leur moyen, ne soit point

fini, mais leur soit conservé intact. L'usufruit ne doit point périr non plus par le grand ou le moyen changement d'état subi par le père ou par la mort, quand même il ne laisserait aucun héritier, parce qu'il est vraisemblable que le testateur, en laissant cet usufruit, a eu plus en vue le fils que le père.

Fait à Constantinople, le 15 des calendes de novembre, après le consulat de Lampadius et d'Oreste. 531.

nam capitis deminutionem vel mediam passus fuerit, vel morte ab hac luce fuerit exemptus, usumfructum perire; sed apud filium remanere, etiam si hæres à patre non relinquatur; usumfructum enim per eum acquisitum, apud eum remanere etiam post patris calamitatem oportet; cùm plerunquò verisimile sit, testatorem contemplatione magis filii, quàm patris usumfructum ei reliquisse.

Dat. 15 calend. novembr. Constantinop. post consulatum Lampadii et Orestis. vv. cc· 531.

TITRE XXXIV.

Des Servitudes en général, et de celles en particulier qui concernent l'eau.

1. L'empereur Antonin, à Calpurnia.

Si vous croyez avoir quelque action contre celui qui a reconstruit son édifice différemment de ce qu'il était auparavant, et nuit maintenant à votre jour, vous pouvez l'exercer à la manière accoutumée pardevant le juge. Que le juge sache qu'un long usage obtient la force d'une servitude, toutefois si celui qui se plaint n'a point possédé par la violence, ni en secret, ni précairement.

Fait le 3 des ides de novembre, sous le consulat de Gentien et de Bassus. 212.

2. Le même empereur, à Martial.

Si au sçu de Martial vous avez fait passer votre eau par son champ pendant dix ans s'il était présent, ou pendant vingt s'il était absent, à l'instar de la prescription des choses immobiliaires, vous avez acquis la servitude; mais si cette faculté vous a été interdite avant cet espace de tems, c'est en vain que vous demandez qu'il vous rembourse les dépenses que les travaux que vous avez faits dans son fonds afin de conduire

TITULUS XXXIV.

De servitutibus et aqua.

1. Imp. Antoninus A. Calpurniæ.

Si quas actiones adversùs eum, qui ædificium contra veterem formam extruxit, ut luminibus tuis officeret, competere tibi existimas, more solito per judicem exercere non prohiberis. Is, qui judex erit, longi temporis consuetudinem vicem servitutis obtinere sciet : modò si is, qui pulsatur, nec vi, nec clàm, nec precariò possidet.

PP. 3 id. novemb. Gentiano et Basso, Couss. 212.

2. Idem A. Martiali.

Si aquam per possessionem Martialis eo sciente duxisti, servitutum exemplo rerum immobilium tempore quæsisti. Quod si antè id spatium ejus usus tibi interdictus est, frustrà sumptus in ea re factos præstari tibi postulas : cùm in aliena possessione operis facti dominium, quoad, in eadem causa manet, ad eum pertineat cujus est possessio.

PP. calend. jul. Læto et Cereale, Conss. 216.

:on eau dans le vôtre, ont exigé; car les ouvrages faits dans le fonds d'autrui appartiennent, tant qu'ils restent dans le même état, au maître du fonds.

Fait pendant les cal. de juillet, sous le consulat de Cœtus et de Céréal. 216.

3. *Imp. Alexander A. Ricanæ.*

Et in provinciali prædio constitui aquæ ductus, vel aliæ servitutes possunt : si ea præcesserint, quæ servitutes constituunt ; tueri enim placita inter contrahentes debent: quare non ignorabis, si priores possessores aquam duci per prædia prohibere jure non potuerint, cum eodem onere perferendæ servitutis transire ad emptores eadem prædia posse.

PP. calend. maii, Maximo II. et Æliano, Conss. 224.

3. *L'empereur Alexandre, à Ricana.*

La servitude qui consiste à avoir un conduit dans le champ de notre voisin, qui conduise l'eau dans le nôtre, ainsi que les autres servitudes, peuvent se constituer sur un champ situé en province, si d'ailleurs toutes les conditions nécessaires pour constituer les servitudes, ont été remplies : c'est pourquoi vous n'ignorerez pas que si les anciens possesseurs ont souffert que l'eau passât dans le champ, ce même champ est passé aux acheteurs avec la charge de cette servitude.

Fait pendant les cal. de mai, sous le deuxième consulat de Maxime, et le premier d'Elien. 224.

4. *Idem A. Cornelio.*

Aquam, quæ in alieno loco oritur, sine voluntate ejus, ad quem usus ejusdem aquæ pertinet, prætoris edictum non permittit ducere.

PP. idib. august. Maximo II. et Æliano, Conss. 224.

4. *Le même empereur, à Cornélius.*

L'édit du préteur ne permet pas de conduire dans son fonds l'eau qui naît dans le fonds d'autrui sans la permission du maître de ce dernier fonds à qui l'usage de cet eau appartient.

Fait pendant les ides d'août, sous le deuxième consulat de Maxime, et le premier d'Elien. 224.

5. *Imp. Philippus A. Luciano militi.*

Si quid pars adversa contra servitutem ædibus tuis debitam injuriosè extruxit, præses provinciæ revocare ad pristinam formam, damni etiam ratione habita, pro sua gravitate curabit.

PP. calend. febr. Præsente et Albino, Conss. 247.

5. *L'empereur Philippe, au soldat Lucien.*

Si votre adversaire a fait illégalement quelque chose de contraire à la servitude qui est due à votre maison, le président de la province aura soin de faire remettre les choses dans leur ancien état, et de vous faire indemniser des dommages causés par ce changement.

Fait pendant les cal. de février, sous le consulat de Présens et d'Albinus. 247.

6. *Imp. Claudius A. Prisco.*

Præses provinciæ usu aquæ, quam ex fonte juris tui profluere allegas, contra sta-

6. *L'empereur Claude, à Priscus.*

Le président de la province ne permettra pas que vous soyez privé, contre les règles établies par la coutume, de l'usage de l'eau dont la source vous appartient, selon ce que vous dites. Il est en effet dur et près de la cruauté que vous soyez privé pendant plus long-tems de l'eau provenant d'une source qui existe dans vos fonds, et qui ont besoin d'être arrosés, tandis que vos voisins s'en servent.

Fait le 7 des cal. de mai, sous le consulat de l'empereur Claude et celui de Paternus. 270.

7. Les emper. Dioclétien et Maximien et les Césars, à Julien, préfet du prétoire.

S'il peut être prouvé évidemment qu'une servitude d'arrosage a été établie par un ancien usage, et une observation constante en faveur de certain fonds, notre procureur pourvoira à ce qu'il ne soit rien innové à cette ancienne coutume.

Fait le 4 des nones de mai, sous le deuxième consulat de Maxime, et le premier d'Acquilinus. 286.

8. Les mêmes emper. et Césars, à Anicet.

Si votre maison ne doit point une servitude au fonds de votre voisin, il ne peut vous empêcher de l'élever plus haut. Si Julien est convaincu d'avoir fait par la violence ou en secret une fenêtre à votre mur, il doit être forcé de la faire fermer, et de faire remettre le mur comme il était, à ses frais.

Fait pendant les cal. de janvier, sous le cons. des empereurs nommés ci-dessus. 293.

9. Les mêmes emper. et Césars, à Zosime.

Si Héraclius a fait élever sa maison plus haut qu'il ne le pouvait, à cause qu'elle vous devait une servitude, il sera forcé par le président de la province d'abattre à ses frais ce qu'il a fait contre la servitude qui vous est due : mais s'il n'est point prouvé que la servitude vous soit due, il n'est point défendu à votre voisin d'élever son édifice plus haut.

Tome I.

---

tutam consuetudinis formam carere te non permittet : cùm sit durum et crudelitati proximum, ex tuis prædiis aquæ agmen ortum, sitientibus agris tuis, ad aliorum usum vicinorum injuria propagari.

PP. 7 calend. maii, Claudio A. et Paterno, Conss. 270.

7. Impp. Dioclet. et Maximian. AA. et CC. Juliano, P. P.

Si manifestè doceri possit, jus aquæ ex vetere more atque observatione per certa loca profluentis utilitatem certis fundis irrigandi causa exhibere, procurator noster, ne quid contra veterem formam atque solennem morem innovetur, providebit.

PP. 4 non. maii, Maximo II. et Acquilino, Conss. 286.

8. Iidem AA. et CC. Aniceto.

Altius quidem ædificia tollere, si domus servitutem non debeat, dominus ejus minimè prohibetur. In pariete verò tuo, si fenestram Julianus vi vel clàm fecisse convincatur, sumptibus suis opus tollere, et integrum parietem restituere compellitur.

Dat. calend. jan. AA. Conss. 293.

9. Iidem AA. et CC. Zosimo.

Si in ædibus vicini tibi debita servitute parietem altius ædificavit Heraclius, novum opus suis sumptibus per præsidem provinciæ tollere compelletur : sed si te servitutem habuisse non probetur, tollendi altius ædificium vicino non est interdictum.

PP. 5 calend. jul. AA. Conss. 293.

10. *Iidem* AA. *et* CC. *Nemphydio.*

Si tibi servitutem aquæ ducendæ deberi
præses animadverterit, nec hac te non uten-
tem spatio temporis amisisse perspexerit,
uti te iterùm jure proprio providebit : nam
si hoc minimè probetur, loco proprio facto
opere, dominus fundi continere aquam, et
facere quo minùs ager tuus irrigari possit,
non prohibetur.

PP. 11 calend. februar. CC. Conss. 294.

11. *Iidem* AA. *et* CC. *Aureliano.*

Per agrum quidem alienum, qui servitutem non debet, ire vel agere vicino minimè
licet. Uti autem via publica nemo rectè prohibetur.

Dat. 11 calend. novemb. CC. Conss. 294.

12. *Idem* AA. *et* CC. *Valeriæ.*

Non modus prædiorum, sed servitus aquæ
ducendæ terminum facit.

PP. 3 calend. januar. CC. Conss. 294.

13. *Imp. Justinianus* A. *Joanni,* P. P.

Sicut usumfructum, qui non utendo per
biennium in soli rebus, per annale autem
tempus in mobilibus vel se moventibus, de-
minuebatur : non passi sumus hujusmodi
sustinere compendiosum interitum, sed ei
decennii vel viginti annorum dedimus spatium; ita et in cæteris servitutibus obti-
nendum esse censuimus, ut omnes servitu-

Fait le 5 des calend. de juillet, sous le
même consulat. 293.

10. *Les mêmes empereurs et Césars, à
Nemphydius.*

Si le président de la province juge qu'il
vous soit dû une servitude d'*aqueduc*, et
que vous ne l'ayez pas perdu par l'effet de
la prescription, il pourvoira à ce que vous
soyez mis de nouveau en possession de votre
droit; mais s'il n'est pas prouvé que cette
servitude vous soit acquise, le maître du
fonds ne peut être empêché de retenir l'eau
par certaines constructions faites dans son
fonds, pour que votre champ en puisse être
arrosé.

Fait le 12 des calen. de février, sous le
consulat des Césars. 294.

11. *Les mêmes empereurs et Césars, à
Aurélien.*

Il n'est point permis de passer, soit seul,
soit avec une voiture, par le champ de son
voisin, à moins qu'il ne vous doive une servitude; mais personne ne peut être également
empêché de passer par le chemin public.

Fait le 11 des calend. de novembre, sous
le consulat des Césars. 294.

12. *Les mêmes empereurs et Césars, à
Valéria.*

On doit calculer la servitude sur sa propre étendue, et non sur celle du champ.

Fait le 3 des calend. de janvier, sous le
consulat des Césars. 294.

13. *L'empereur Justinien, à Jean, préfet du
prétoire.*

L'usufruit s'éteignait anciennement par
un non-usage de deux ans pour les choses
immobiliaires, et par celui d'une année
pour les meubles et les choses mouvantes
d'elles-mêmes. Nous n'avons point souffert
que dorénavant on pût le perdre par un
non-usage de si peu de tems; et nous avons
ordonné qu'il ne pût être prescrit que par

dix ans entre présens, et vingt ans entre absens : c'est pourquoi nous ordonnons que les mêmes dispositions soient appliquées aux autres servitudes, et que par conséquent les servitudes ne puissent se perdre non par deux ans, comme autrefois, parce qu'elles sont toujours annexées à un fonds, mais par dix ans entre présens, et vingt ans entre absens, de sorte qu'il n'y ait à cet égard aucune différence entre les servitudes.

Fait à Constantinople, le 15 des calend. de novembre, après le consulat de Lampadius et d'Oreste. 531.

14. *Le même empereur, à Jean, préfet du prétoire.*

Cette question était agitée dans les livres des Sabiniens : Un homme a fait un pacte avec son voisin, par lequel il a été convenu qu'il serait permis au premier de passer, pendant un jour seulement dans cinq ans, tant lui-même que ses ouvriers, par le champ de l'autre, soit pour aller dans son bois y couper des arbres, ou faire toute autre chose. On demandait dans combien de tems de non-usage cette servitude pourrait se perdre. Les uns pensaient que si celui à qui la servitude est due passait dix ans sans user de son droit, elle serait éteinte ; ils ne considéraient ces dix ans que comme n'en faisant que deux, ne comptant qu'une année par chaque cinq ans. Les autres pensaient différemment. Quant à nous nous avons pensé devoir décider cette question de cette manière : Ayant déjà décidé par une autre loi que les servitudes ne seraient point éteintes par un non-usage de deux ans, mais par dix entre présens et vingt entre absens, nous ordonnons que dans l'espèce qui nous occupe, si celui à qui la servitude est due a laissé écouler quatre fois cinq ans sans user, ni par lui-même, ni par d'autres, de son droit, que la servitude soit éteinte ; car celui qui a laissé écouler un si long espace de tems

tes non utendo amittantur, non biennio (quia tantummodò soli rebus adnexæ sunt) sed decennio contra præsentes, vel viginti spatio annorum contra absentes, ut sit in omnibus hujusmodi rebus causa similis differentiis explosis.

Dat. 15 calend. novembr. Constantinop. post consulatum Lampadii et Orestis vv. cc. 531.

14. *Idem* A. Joanni, P. P.

Cùm talis quæstio in libris Sabinianis verteretur : quidam enim pactus erat cum vicino suo, ut liceret ei vel per se, vel per suos homines, per agrum vicini transitum facere, iterque habere uno tantummodò die per quinquennium, quatenùs ei licentia esset in suam sylvam indè transire, et arbores excidere, vel facere quicquid necessarium ei visum fuisset : et quæreretur, quando hujusmodi servitus non utendo amitteretur; et quidam putarent, si in primo vel secundo quinquennio per eam viam itum non esset, eandem servitutem penitùs tolli, quasi per biennium ea non utendo deperdita, singulo die quinquennii pro anno numerando : aliis autem aliam sententiam eligentibus. Nobis placuit ita causam dirimere, ut quia jam per legem latam à nobis prospectum est, ne servitutes per biennium non utendo depereant, sed per decem vel viginti annorum curricula; et in proposita specie, si per quatuor quinquennia nec uno die vel ipse vel homines ejus eadem servitute usi sunt, tunc eam penitùs amittat viginti annorum desidia. Qui enim in tam longo prolixoque spatio suum jus minimè consecutus est, sera pœnitentia ad pristinam servitutem reverti desiderat.

§. 1. Cùm autem apertissimi juris est, fructus aridos conculcatione, quæ in area fit, suam naturam et utilitatem ostendere aliquis vicinum suum vetabat ita ædificium extollere juxta aream suam, ut ventus excluderetur, et paleæ ex hujusmodi obstaculo secerni à frugibus non possent, quasi vetito vento suam vim per omnem locum inferre ex hujusmodi ædificatione, cùm secundùm situm regionis et auxilium venti aream accedit : sancimus itaque nemini licere sic ædificare, vel alio modo versari, ut idoneum ventum et sufficientem ad prælatum opus infringat, et inutilem domino aream et fructuum inutilitatem faciat.

Dat. 11 calend. novemb. Constantinop. post consulatum Lampadii et Orestis vv. cc. 531.

TITULUS XXXV.

De lege aquilia.

1. *Imp. Alexander* A. *Glytonidi.*

Damnum per injuriam datum, immisso in sylvam igne, vel excisa ea, si probare potes, actione legis aquiliæ utere.

PP. 7 id. novemb. Alexandro A. 11. et Marcello, Conss. 227.

2. *Imp. Gordianus* A. *Mutiano.*

Legis aquiliæ actione expertus es adversùs eum, quem domum tuam deposuisse, vel incendio concremasse, damnoque te afflixisse proponis, ut id damnum sarciatur, competentis judicis auctoritate consequeris. Quinetiam si aqua per injuriam alio derivata

sans exercer son droit, desire en vain, par un desir trop tardif, de le récupérer.

§. 1. Quelqu'un empêchait son voisin de construire un édifice vis-à-vis son aire, afin que le vent y donnât, et que par ce moyen les pailles pussent se séparer plus facilement des fruits, et parce qu'autrement, d'après la position du lieu et la direction du vent, celui-ci ne frapperait que sur l'édifice, et ne pourrait pénétrer jusqu'à l'aire. L'utilité du foulement et du nettoiement des fruits secs qui se fait dans l'aire, étant reconnue, nous ordonnons qu'il ne soit permis à personne de construire des édifices ou de faire toute autre chose capable d'intercepter le vent qui est nécessaire pour les opérations dont nous venons de parler, et de rendre de cette manière l'aire inutile à son maître, et de lui empêcher d'opérer le foulement des grains.

Fait à Constantinople, le 11 des cal. de novembre, après le consulat de Lampadius et d'Oreste. 531.

TITRE XXXV.

De la loi aquilia.

1. *L'empereur Alexandre*, à *Glytonis.*

Si vous pouvez prouver qu'il vous a été porté injustement du dommage, comme si on a incendié votre forêt, ou si on a coupé les arbres qui la composent, usez de l'action de la loi *aquilia.*

Fait le 7 des ides de novembre, sous le deuxième consulat de l'emp. Alexandre, et le premier de Marcellus. 227.

2. *L'empereur Gordien*, à *Mutien.*

Ayant exercé l'action de la loi *aquilia* contre celui que vous avez prouvé avoir démoli votre maison, ou y avoir mis le feu, ou vous avoir porté quelque dommage, vous avez obtenu du juge compétent qu'il vous indemniserait des pertes qu'il vous a causées; il en est de même du cas où quelqu'un a tari injustement l'eau d'autrui; vous obtiendrez du même juge que le coupable fasse remettre les choses dans leur premier état.

Fait le 8 des ides de novembre, sous le consulat de l'empereur Gordien et celui d'Aviola. 240.

3. Le même empereur, à Dolent.

Il n'est aucun doute que vous ne puissiez exercer contre celui que vous accusez d'avoir tué votre servante, non-seulement l'action de la loi *aquilia* en réparation des dommages, mais encore l'action criminelle.

Fait le 5 des calendes d'avril, sous le deuxième consulat de l'empereur Gordien, et le premier de Pompéien. 242.

4. Les empereurs Dioclétien et Maximien et les Césars, à Z.ile.

D'après la loi *aquilia*, celui qui étant convaincu d'avoir de mauvaise foi commis du dommage, le nie, doit être condamné au paiement du double.

Fait à Héraclée le 15 des cal. de mai, sous le consulat des empereurs ci-dessus. 293.

5. Les mêmes empereurs et Césars, à Claudius.

Vous pouvez demander le double de la valeur du dommage qu'on vous a causé en enfermant injustement vos troupeaux, qui ensuite sont morts par la faim ou ont été tués.

Fait le 15 des cal. de novemb., sous le consulat des emper. nommés ci-dessus. 293.

6. Les mêmes emper. et Césars, à Plénius.

Vous pouvez agir en vertu de la loi *aquilia* en réparation des dommages qu'on vous a causés en faisant paître injustement des bestiaux dans vos fonds.

Fait le 5 des cal. de novem. sous le consulat des Césars. 294.

sit, ut in priorem statum restituatur, ejusdem judicis cura impetrabis.

PP. 8 idib. novemb. Gordiano A. et Aviola, Conss. 240.

3. Idem A. Dolenti.

Ex morte ancillæ, quam cæsam conquestus es, tàm legis aquiliæ damni sarciendi gratia actionem, quàm criminalem accusationem adversùs obnoxium competere tibi posse non ambigitur.

PP. 5 calend. april. Gordiano A. II. et Pompeiano, Conss. 242.

4. Impp. Dioclet. et Maximian. AA. et CC. Zolo.

Contra negantem ex lege aquilia, si damnum per injuriam dedisse probetur, dupli procedit condemnatio.

Dat. 15 calend. maii, Heracliæ. AA. Coss. 293.

5. Idem AA. et CC. Claudio.

De pecoribus tuis, quæ per injuriam inclusa fame necata sunt vel interfecta, legis aquiliæ actione in duplum agere potes.

Dat. 15 calend. novemb. AA. Coss. 293.

6. Iidem AA. et CC. Plenio.

De iis, quæ per injuriam depasta contendis, ex sententi legis aquiliæ agere minimè prohiberis.

PP. 5 calend. novemb. cc. Coss. 294.

TITULUS XXXVI.

Familiæ erciscundæ.

1. *Imp. Severus et Antoninus* AA. *Martiano.*

Si non omnem paternam hæreditatem ex consensu divisisti, nec super ea re sent·ntia dicta, vel transactio subsecuta est, judicio familiæ erciscundæ experiri potes.

PP. 8 caleud. octob. Laterano et Rufino, Coss. 198.

2. *Imp. Antoninus* A. *Vitiano.*

Uxor tua, si mortuo patre tuo, cui dotem numeraverat, cùm hæres ei extiteris, adhuc in matrimonio tuo fuerit, familiæ erciscundæ actionem ad exequendam dotem secundùm juris pridem placitum adversùs cohæredes tuos nactus es, eamque retines, etiam si posteà, dum tibi nupta est, decesserit.

PP. 2 id. febr. *

3. *Idem* A. *Rufo.*

Adversùs cohæredes tuos dividendæ hæreditatis judicio secundùm juris formam experire. Judex datus, si quid à cohærede etiam tuæ portionis ex hæreditate sublatum fuerit probatum, factis adjudicationibus secundùm juris formam eum tibi condemnabit. Expilatæ enim hæreditatis crimen frustrà cohæredi intenditur, cùm judicio familiæ erciscundæ indemnitati ejus prospiciatur.

4. *Imp. Alexander* A. *Amonio.*

Si filius familiâs fuisti, et res mobiles vel se moventes, quæ castreusis peculii esse possunt, donatæ tibi à patre sunt, eas quoque in cætero peculio castrensi non com-

TITRE XXXVI.

Du partage de famille.

1. *L'empereur Sévère, à Martien.*

Si l'hérédité paternelle n'ayant pas été partagée entièrement avec le consentement des parties, il n'est intervenu à ce sujet ni jugement ni transaction, vous pouvez demander en justice le partage des biens restés indivis.

Fait le 8 des calendes d'octob. Latéranus et Rufinus, consuls. 198.

2. *L'empereur Antonin, à Vitien.*

Si votre épouse, à la mort de votre père, à qui elle avait compté sa dot, vous est encore unie par les liens du mariage, étant héritier de votre père, vous avez contre vos cohéritiers l'action en partage des biens à l'effet d'obtenir la restitution de la dot, d'après les dispositions de l'ancien droit; vous avez droit à la dot, quand même elle serait décédée, pourvu que ce soit durant le mariage.

Fait le 2 des ides de février. *

3. *Le même, à Rufus.*

Provoquez contre vos cohéritiers le partage de l'hérédité selon les formes légales. Le juge, s'il est prouvé que l'un des cohéritiers a soustrait quelque chose de votre lot, le condamnera à vous restituer les choses soustraites, après avoir fait les adjudications avec les formalités ordinaires. Ce serait en effet inutilement qu'un cohéritier intenterait l'action pour crime de soustraction des choses héréditaires, puisqu'il a été déjà indemnisé dans l'acte de partage.

4. *L'empereur Alexandre, à Amonius.*

Si étant fils de famille votre père vous a fait une donation de choses mobiliaires ou se mouvant d'elles-mêmes, susceptibles d'entrer dans le pécule castrense, ces biens vous appartiennent comme le reste de votre pécule cas-rense, sur lequel vos frères n'ont aucun droit ; mais les biens immobiliers, quoique vous ayant été donnés par votre père, à vous fils de famille partant pour l'armée, ne font cependant pas partie de votre pécule castrense. Il en est autrement des biens immeubles qui adviennent aux fils de famille à l'occasion du service militaire ; ils sont en effet compris dans le pécule castrense.

5. *Le même empereur, à Statilia.*

Il a été en la puissance de votre mari de changer les dispositions testamentaires qu'il avait faites à l'égard de ses esclaves dans un moment de colère, portant que l'un d'eux demeurerait dans une servitude perpétuelle, et que l'autre serait vendu afin de l'éloigner de la maison. Si dans la suite sa clémence l'a porté à adoucir cet ordre rigoureux, (quoique cela ne soit pas prouvé par des écrits, rien n'empêche qu'on n'en établisse la vérité par d'autres moyens, surtout lorsqu'on s'est aperçu par la suite que la conduite de ces esclaves est devenue si méritoire, qu'elle a pu appaiser la colère du maître) l'arbitre du partage de famille doit se conformer à cette dernière volonté apparente du défunt.

6. *L'empereur Gordien, au soldat Pomponius.*

Les dettes passives et actives du défunt ne sont point divisibles ; car elles sont de plein droit, en vertu de la loi des douze tables, divisées en portions héréditaires.

7. *Le même empereur, à Elien.*

Si un des cohéritiers forme la demande d'un fidéicommis, le préteur ou le président de la province, constitué juge de ce différent, ou enfin l'arbitre nommé pour faire le partage, doivent s'efforcer à faire exécuter inviolablement la volonté de la testatrice.

8. *Le même empereur, à Tlesphore.*

Vous avez droit d'obtenir que tous les biens quelconques provenant de la succession de votre père ou de votre mère, et qui vous

munes cum fratribus tuis habes; prædia autem, licèt cuncti tibi in castra filio pater donaverit, peculii tamen castrensis non sunt. Diverso jure ea prædia habentur, quæ ex occasione militiæ filiis familiàs obveniunt; hæc enim castrensi peculio cedunt.

5. *Item A. Statiliæ.*

In ipsius mariti tui fuit potestate, mutare quod in servos suos iratus testamento caverat, ut unusquidem in perpetuis vinculis moraretur, alter verò exportandus venundaretur. Proindè si offensam istam clementia flexit (quod licèt scriptura non probetur, aliis tamen rationibus doceri nihil impedit, præsertim cùm posteriora eorum talia merita deprehendantur, ut ira domini potuerit mitigari) novissimam ejus voluntatem arbiter familiæ erciscundæ sequetur.

6. *Imp. Gordianus A. Pomponio militi.*

Et quæ in nominibus sunt, non recipiunt divisionem : cum ipso jure in portiones hæreditarias ex lege duodecim tabularum divisa sint.

7. *Item A. Æliano.*

Si qua fideicommissorum petitio inter cohæredes consistat, prætor, vel præses provinciæ ejus rei disceptator constitutus, vel judex familiæ erciscundæ judicio addictus, ut voluntas testatricis servetur, suas partes accommodare debet.

8. *Item A. Telesphoro.*

Bona quæcumque tibi sunt communia cum fratre tuo ex hæreditaria successione patris vel matris, cum eodem familiæ erciscundæ judicio experiens, ut dividantur, impetrabis.

9. Idem A. Verino.

Non est ambiguum, cùm familiæ erciscundæ titulus inter bonæ fidei judicia numeretur, portionem hæreditatis, si qua ad te pertinet, incremento fructuum augeri.

10. Idem A. Telesphoro.

Quoties inter omnes hæredes testator successionem suam dividit, ac singulos certis possessionibus cum mancipiis, quæ in eisdem sunt constituta, jubet esse contentos, voluntati ejus, salva legis falcidiæ auctoritate, obtemperandum esse manifestum est; nec mutat, quod in sequentibus verbis mancipia sua universa, nulla facta eorum discretione, commendanda putaverit hæredibus : cùm utique his ea videatur insinuasse, quibus etiam testamento relinquenda esse decrevit.

11. Imperatores Philippus A. et Philippus C. Antonio.

Inter filios et filias bona intestatorum parentum pro virilibus portionibus æquo jure dividi oportere, explorati juris est.

12. Imperatores Gallienus et Valerianus AA. Rufo.

Non ideò divisio inter te et fratrem tuum (ut proponis) facta irrita habenda est, quòd eam scriptura secuta non est ; cùm fides rei gestæ ratam divisionem satis affirmet.

13. Imperatores Dioclet. et Maximian. AA. Saturnino.

Certum est liberorum peculia post mortem

---

sont communs avec votre frère, soient divisés par un seul et même acte de partage.

9. Le même empereur, à Vérinus.

L'action de partage de famille étant comprise dans la classe des actions de bonne foi, il n'est point douteux que si on vous adjuge une portion héréditaire, elle ne vous appartienne avec les accroissemens qui proviennent des fruits.

10. Le même empereur, à Télesphore.

Toutes les fois que le testateur a divisé sa succession entre ses héritiers, et qu'il a ordonné que chacun d'eux se contentât des fonds, avec les esclaves qui y sont attachés, qu'il leur a données par son testament, il est manifeste qu'on doit se soumettre à sa volonté. (en tant néanmoins qu'elle ne sera pas contraire à la loi *falcidia*) La disposition qu'il a insérée dans la suite de son testament, par laquelle il recommande généralement tous ses esclaves à ses héritiers, sans observer la division qu'il en a déjà faite à chacun d'eux, ne déroge en rien à la première disposition, parce qu'il est censé avoir recommandé ses esclaves à ceux seulement à qui il a résolu de les laisser.

11. L'emper. Philippe et le César Philippe, à Antoine.

Il est de droit constant que les biens des pères et mères morts *ab intestat* doivent être divisés également entre les fils et les filles, par portions viriles.

12. Les empereurs Gallien et Valérien, à Rufus.

Le partage fait entre vous et votre frère ne doit pas, comme vous le prétendez, être regardé comme nul, par la seule raison qu'on n'a fait aucune écriture à ce sujet ; car la certitude du fait prouve suffisamment que sous ce rapport, le partage est valable.

13. Les empereurs Dioclétien et Maximien, à Saturninus.

Il est certain que les pécules des enfans

doivent, après la mort du père, être rapportés à la masse de la succession : mais votre frère, votre cohéritier ayant contracté des obligations du vivant de son père, mais à son insu, ne peut poursuivre, au sujet de ces obligations, ni vous, ni votre autre frère, votre cohéritier commun, si ce n'est pour une somme égale à celle à laquelle il a été condamné envers ses créanciers, laquelle somme devra être prise sur son pécule.

14. *Les mêmes empereurs, à Hermien.*

Si, dans l'acte de partage de famille par lequel la succession paternelle a été divisée également entre vous et votre frère, il n'a rien été convenu spécialement entre vous, au sujet de l'éviction des biens qui vous sont échus à l'un et à l'autre en partage ; comme si, par exemple, il n'a pas été déclaré que, en cas d'éviction, chacun la supporterait pour les biens qui lui sont échus, le président de la province forcera, en vertu de l'action *præscriptis verbis*, votre frère, votre cohéritier, à supporter, pour sa part, les dommages qui sont résultés de l'éviction qui a eu lieu à l'égard du fonds qui vous est échu.

Fait le 8 des calendes de septembre, sous le consulat des empereurs nommés ci-dessus. 293.

15. *Les mêmes empereurs, à Théophile.*

Si la possession a suivi, avec le consentement des parties, le partage fait en vertu d'une convention, et a affermi sur la tête de votre père la propriété absolue des biens qui lui sont échus par le partage, vous pouvez, si vous êtes héritier de votre père, revendiquer les choses en question qui lui appartenaient ; mais si le partage ne consiste qu'en un simple pacte, l'arbitre qui vous a été donné par suite de l'action de partage de famille, pourvoira à ce que le partage s'opère entre vous.

16. *Les mêmes empereurs, à Héraclius.*

Les enfans n'ont en aucune manière la faculté de faire rescinder le testament de leur père, s'ils ne peuvent prouver qu'il est

Tome I.

patris in hæreditatem dividendam ad communionem esse revocanda. Frater autem et cohæres tuus ob contractus, quibus vivente patre etiam ignorante ipso obligatus fuit, convenire te et alterum tuum fratrem cohæredem vestrum ultra non potest, quàm ut de peculio suo recipiat tantam quantitatem, in quantam condemnatus est his, cum quibus ipse contraxit.

14. *Iidem* AA. *Hermiano.*

Si familiæ erciscundæ judicio, quo bona paterna inter te ac fratrem tuum æquo jure divisa sunt, nihil super evictione rerum singulis adjudicatarum specialiter inter vos convenit, id est, ut unusquisque eventum rei suscipiat, rectè possessionis evictæ detrimentum fratrem et cohæredem tuum pro parte agnoscere, præses provinciæ per actionem præscriptis verbis compellet.

Dat. 8 calend. septemb. AA. Coss. 293.

13. *Iidem* AA. *Theophilo.*

Si divisionem conventione factam, etiam possessio consensu secuta, pro solido dominium rerum, quas pertinere ad patrem tuum placuit, ei firmavit, earum vindicationem habere potes, si patri tuo successisti. Si verò placitum divisionis usque ad pactum stetit, arbiter familiæ erciscundæ judicio vobis datus, communionem inter vos finiri providebit.

16. *Iidem* AA. *Heraclio.*

Filii patris testamentum rescindendi, si hoc inofficiosum probare non possunt, nullam habent facultatem; sed et si tàm circà

63

testamentum, quàm etiam codicillos judicium ejus deficiat verum quibuscumque verbis voluntas ejus declarata sit, licèt ab intestato ei fuerit successum, ex senatusconsulto retentionis modo servato, familiæ erciscundæ judicio addictum judicem sequi voluntatem patris oportere, juris auctoritate significatur.

inofficieux ; c'est pourquoi, quoique le testament ou les codicilles ne soient pas revêtus des formalités requises, si cependant le défunt a, de quelque manière que ce soit, manifesté sa volonté, les lois exigent que, quoique ses héritiers lui succèdent en partie *ab intestat*, le juge commis au partage de famille observe la volonté du défunt, sauf néanmoins la réserve fixée par le sénatusconsulte.

17. *Iidem* AA. *et* CC. *Commodiano.*

Cohæredibus divisionem inter se facientibus, juri absentis et ignorantis minimè derogari; at pro indiviso portionem eam, quæ initio ipsius fuit, in omnibus communibus rebus eum retinere, certissimum est; undè portionem tuam cum reditibus arbitrio familiæ erciscundæ percipere potes, ex facta inter cohæredes divisione nullum præjudicium timens.

Dat. 7 calend. decemb. AA. Conss. 293.

17. *Les mêmes empereurs et Césars, à Commodien.*

Il est très-certain que des cohéritiers qui font un partage entr'eux ne peuvent nuire aux droits de l'absent qui ignore que le partage a lieu, et qu'il retient par indivis sur les biens communs la portion qui lui a appartenu dans le principe : c'est pourquoi vous pouvez prendre avec ses fruits la portion qui vous revient en vertu du partage de famille, n'ayant à redouter aucun préjudice du partage qui a déjà été fait entre les cohéritiers.

Fait le 7 des calendes de décembre, sous le consulat des empereurs nommés ci-dessus. 293.

18. *Idem* AA. *et* CC. *Dominæ.*

Filiæ, cujus nomine pater res comparavit, si non posteà contrarium ejus judicium probetur, per arbitrium dividundæ hæreditatis præcipuas adjudicari sæpè rescriptum est. His itaque, si patri successisti, quem nomine tuo quædam comparasse dicis, adversùs sororem tuam apud præsidem provinciæ, si res integra est, uti potes.

18. *Les mêmes empereurs et Césars, à Domina.*

Il a été souvent rescrit que les choses que le père a achetées au nom d'une de ses filles, devaient être adjugées à cette dernière lors du partage de l'hérédité, si toutefois le défunt n'a manifesté depuis aucune volonté contraire : c'est pourquoi si, étant héritière de votre père, les choses que vous dites que votre père a achetées en votre nom sont encore intactes et entières, vous pouvez vous prévaloir contre votre sœur, pardevant le président de la province, de l'autorité de ces rescrits.

§. 1. In communi autem hæreditate quin sumptus ab uno facti bona fide, familiæ erciscundæ judicio, vel negotiorum gestorum actione servari possint, non est ambiguum.

Dat. 17 calend. AA. Coss. 293.

§. 1. Il est hors de doute que les frais faits de bonne foi par l'un des cohéritiers, doivent lui être remboursés en vertu de l'action du partage de famille ou de celle des affaires gérées.

Fait le 17 des calendes, sous le consulat des empereurs nommés ci-dessus. 293.

19. *Les mêmes empereurs et Césars, à Lisicrate.*

Il est de droit certain qu'à l'égard du partage de famille, ceux des cohéritiers qui ont enlevé des choses communes, ou les ont détériorées, doivent en tenir un compte aux autres et les en indemniser.

Fait le 19 des cal. de janvier, sous le consulat des empereurs nommés ci-dessus. 293.

20. *Les mêmes empereurs et Césars, à Pactuela.*

Dans le partage de famille, le prix d'une chose commune vendue comme telle par un des cohéritiers, n'appartient pas en entier au vendeur; car son cohéritier peut agir contre lui par l'action du mandat, si le vendeur en avait reçu un pour faire la vente, ou par l'action des affaires gérées, s'il a ratifié la vente. Mais si le cohéritier a vendu la chose comme lui étant propre, et en possède le prix, ses cohéritiers doivent lui demander leurs portions héréditaires sur la chose vendue.

21. *Les mêmes empereurs et Césars, à Fortunatus.*

Si, dans la pensée de sa succession future, le père commun a divisé son hérédité entre ses cohéritiers comme il l'a jugé à propos, et a manifesté sa volonté d'une manière quelconque, l'arbitre commis pour le partage de famille entre les héritiers veillera à ce qu'il ne soit porté aucune atteinte à la réserve établie, à l'exemple de celle portée par la loi *falcidia*, et se conformera dans ce partage à la volonté du père. Quant aux biens que le père n'a adjugés à personne, soit généralement, soit spécialement, l'arbitre les divisera entre les cohéritiers par portions viriles.

22. *Les mêmes empereurs et Césars, à Dionysius.*

Si un des héritiers possède un esclave

---

19. *Idem* AA. *et* CC. *Lisicrati.*

Incerti juris non est, in familiæ erciscundæ judicio earum rerum, quas ex cohæredibus quidam de communibus absumpserunt, vel deteriores fecerunt, rationem esse habendam, ejusque rei cæteris præstandam indemnitatem.

Dat. 19 calend. januar. AA. Conss. 293.

20. *Iidem* AA. *et* CC. *Pactuelæ.*

In familiæ erciscundæ judicio ab uno pro solido rei veluti communis venundatæ pretium non venit sed mandati, si præcessit cohæres venditoris agere potest; vel negotiorum gestorum, si ratam fecerit venditionem; nam si velut propriam unus distraxerit, ac pretium possideat, hæreditas ab eo petenda est.

21. *Iidem* AA. *et* CC. *Fortunato.*

Si cogitatione..futuræ successionis, officium arbitri dividendæ hæreditatis præveniendo pater communis judicio, qualicunque judicio suam declaraverit voluntatem, inter eos qui ei successerunt, exemplo falcidiæ retentionis habita ratione, familiæ dividendæ causa datus arbiter; pro virili præterea portione eorum, quæ nulli generaliter, vel specialiter adsignavit, facta divisione, in adjudicando patris sequetur voluntatem.

22. *Iidem* AA. *et* CC. *Dionysio.*

Servum communem non consentientibus

cohæredibus, sed per errorem ad eum qui possidet, pertinere credentibus, tenens; cùm omnis verus titulus deficiat, suum non facit, sed in eo portiones hæreditarias adsignatas penes singulos successores remanere manifestum est.

commun, non en vertu du consentement de ses cohéritiers, mais seulement par erreur, ces derniers croyant que l'esclave lui appartient, il ne fait pas, en possédant, l'esclave sien; mais il est évident que chacun de ses cohéritiers conserve sur cet esclave sa portion héréditaire.

23. *Iidem* AA. *et* CC. *Hermogeni.*

23. *Les mêmes empereurs et Césars, à Hermogène.*

Licèt pacto divisionis adversùs singulos actio pro hæreditariis portionibus creditori parata mutari non possit, tamen ad exhibendam fidem his, quæ convenerant, stipulationis et juris adhibito remedio, qui placitum excedit, urgeri potest; cùm et hoc omisso, si non contrarium convenisse probaretur, præscriptis verbis conveniri potuisset.

Quoique l'action acquise au créancier contre chacun des cohéritiers, relativement à leurs portions héréditaires, ne puisse être changée par un pacte fait à l'occasion du partage, cependant celui qui s'est obligé par le pacte, peut être contraint de l'exécuter, s'il a été revêtu de la stipulation. Et dans le cas où la stipulation n'eût pas eu lieu, il peut être poursuivi par l'action *præscriptis verbis*, s'il n'est pas prouvé qu'il ait rejeté le pacte.

24. *Iidem* AA. *et* CC. *Socrati.*

24. *Les mêmes empereurs et Césars, à Socrate.*

Filium quem habentem fundum portionem hæreditatis fratribus et quibusdam aliis sub conditione verbis præcariis restituere sanxit testator; post ejus conditionis eventum, hæreditaria parte prædii in quartæ ratione retenta; compensato prætereà, quod à cohæredibus vice mutua percepit; et si quid deest in supplementum deducto quod à cæteris in eo fundo solvitur, supra quartam habens, reddere compellitur.

Dat. 5 non. januar. CC. Conss. 294.

Un testateur a ordonné conditionnellement, en se servant de termes de prières, à celui de ses fils à qui il a donné, par un acte antérieur à son testament, un certain fonds, de restituer sa portion de l'hérédité à ses frères et à d'autres personnes : après l'accomplissement de la condition, ce fils, retenant, pour lui former sa quarte, sa partie héréditaire du fonds, y ajoutant la somme que le testateur a ordonné à ses cohéritiers de lui donner en cas de l'accomplissement de la condition; et si malgré cela sa quarte n'est pas complette, retenant sur sa portion de l'hérédité le supplément qui est nécessaire pour l'accomplir, il doit être forcé de restituer le restant.

Fait le 5 des nones de janvier, sous le consulat des Césars. 294.

25. *Iidem* AA. *et* CC. *Diocli.*

25. *Les mêmes empereurs et Césars, à Dioclès.*

Ex causa donationis, vel aliundè tibi quæsita, si avi successionem respueris, conferre fratribus compelli non pôtes.

Dat. idib. april. Tusco et Anolino, Conss.

Si vous avez renoncé à la succession de votre aïeul, vous ne pouvez être forcé de rapporter à vos frères ce que vous avez acquis par donation ou autre titre.

Fait pendant les ides d'avril, sous le consulat de Tuscus et d'Anulinus.

26. *L'empereur Constantin, à Bassus, préfet du prétoire.*

Un testament seulement commencé, et imparfait sous le rapport des dispositions voulues par les lois; un codicille, une lettre familière du père, ou tout autre écrit contenant des dispositions au sujet des biens, en quelques termes et en quelques manières qu'elles soient exprimées, doivent être exécutées lors du partage de famille, toutes les fois qu'elles concernent les héritiers siens du défunt, à quelque degré qu'ils soient, étant censés appartenir au même degré, par l'effet de la représentation; il en est de même lorsqu'elles concernent des enfans émancipés appelés par le préteur à la succession, quand même ils viendraient *ab intestat* à une partie de la succession, sauf cependant la quarte-légitime trébélianique. Cela doit avoir lieu quoique ces dispositions ne soient point revêtues de toutes les formalités légales. Si parmi les héritiers il s'en trouve d'une autre sorte que de celle qui a été désignée ci-dessus, il est certain qu'à leur égard la volonté du défunt doit être considérée comme nulle, quoiqu'elle ait toute sa force à l'égard des autres.

Fait à Rome, sous le deuxième consulat de Crispus et du César Constantin. 321.

Authentique extraite de la novelle 18, ch. 7.

Pourvu qu'on trouve dans cet écrit la signature du défunt, ou de tous les enfans entre lesquels le partage a lieu.

26. *Imperator Constantinus A. ad Bassum, P. P.*

Inter omnes duntaxat hæredes suos, qui ex quolibet venientes gradu; tamen pares videntur esse, vel emancipatos, quos prætor ad successionem vocat, sive cœptum, neque impletum testamentum, vel codicillus, seu epistola parentis esse memoretur, sive quocunque alio modo scripturæ quibuscunque verbis, vel indiciis inveniantur relictæ; judicio familiæ erciscundæ (licèt intestato ad successionem liberi vocentur) servato senatusconsulti auxilio, defuncti dispositio custodiatur, etiam si solennitate legum hujusmodi dispositio fuerit destituta. Si verò in hujusmodi voluntate designatis liberis alia sit mista persona, certum est eam voluntatem quantùm ad illam duntaxat personam permistam, pro nulla haberi.

Dat. Romæ, Crispo II. et Constantino Cæs. II. Couss. 321.

Authent. ex novell. 18, ca. 7.

Si modò subjiciatur huic scripturæ, vel ipsius parentis, vel omnium, inter quos fit partitio, liberorum subscriptio.

TITRE XXXVII.

Du partage d'une chose commune.

1. *L'empereur Antonin, à Lucain.*

Si votre frère n'a vendu du fonds qui est commun à vous deux que la portion qui lui appartenait, la vente ne peut être ré-

TITULUS XXXVII.

Communi dividundo.

1. *Imperator Antoninus A. Lucano.*

FRATER tuus, si solam portionem prædii ad se pertinentem distraxit, venditionem revocari non oportet; sed adversùs eum,

cum quo tibi idem prædium commune esse
cœpit, communi dividundo judicio consiste;
et ea actione aut universum prædium, si
licitatione viceris, exsoluta socio parte pretii, obtinebis, aut pretii portionem, si meliorem alius conditionem obtulerit, consequeris. Quòd si divisio prædii sine cujusquam
injuria commodè fieri potuerit, portionem
suis finibus adjudicatam possidebis; hoc videlicet custodiendo, ut post litis contestationem nemo nec partem suam, cæteris
ejusdem rei dominis non consentientibus,
alienare possit.

PP. calend. mart. Romæ, Antonino A. IV.
et Balbino, Conss. 214.

2. Imperator Alexander A. Avito militi.

Si probatum fuerit præsidi provinciæ,
fratrem tuum vineas communes pignori dedisse, cùm partem tuam quam in vineis
habes, creditori obligare non potuerit, præses provinciæ restitui tibi eam jubebit cum
fructibus, quos creditor de parte tua per-
ceperit. Idem præses provinciæ de divisione
vinearum inter te et creditorem fratris tui
cognoscet; et jubebit eum accepta pecunia,
quanti statuerit partem fratris tui valere,
eam partem quam de fratre tuo accepit, tibi
restituere, aut æstimata tua parte, ad creditorem fratris tui data pecunia, quanti eam
æstimaverit transferre.

PP. 2 id. septemb. Alexandro A. II. et
Marcello, Conss. 227.

3. Idem A. Verecundiano.

Ad officium arbitri, qui inter te et fratrem

voquée; mais forcez celui avec qui le fonds
vous est commun, comme étant aux droits de
votre frère, à consentir à ce que le partage en
soit fait. Si le partage ne peut se faire commodément, vous aurez le fonds entier, si
vous offrez à votre associé un plus grand prix
de la portion du fonds qui lui appartient,
qu'il ne vous offre à vous de la vôtre. Si,
au contraire, c'est votre associé qui fait la
plus grande offre, vous la recevrez en lui
cédant votre portion dans le fonds. Mais si
le fonds peut se partager commodément, sans
faire éprouver aucun dommage à personne,
vous obtiendrez la portion du fonds qui vous
sera adjugée. On doit observer néanmoins
qu'après la contestation en cause au sujet
du partage, on ne peut aliéner sa portion, à
moins que les autres co-propriétaires de la
chose n'y consentent.

Fait à Rome, pendant les calendes de
mars, sous le 4e consulat de l'empereur
Antonin et le 1er de Balbinus. 214.

2. L'empereur Alexandre, au soldat Avitus.

S'il est prouvé au président de la province que votre frère a donné en gage vos
vignes communes, votre frère n'ayant pu
obliger à son créancier la portion que vous
avez dans ces vignes, le président de la
province ordonnera que le créancier vous
restitue votre portion avec les fruits qu'il en
a perçus; il connaîtra en même-tems du partage des vignes entre vous et le créancier de
votre frère, et ordonnera que ce dernier
vous restitue la portion de votre frère, après
avoir reçu le prix auquel elle sera estimée,
ou bien il ordonnera que votre portion soit
transférée au créancier de votre frère, qui
vous en donnera le prix de l'estimation.

Fait le 2 des ides de septembre, sous le
deuxième consulat de l'empereur Alexandre,
et le premier de Marcellus. 227.

3. Le même empereur, à Vérécondien.

Les fonctions de l'arbitre choisi à l'effet

de faire un partage de biens entre vous et votre frère, ne peuvent avoir lieu qu'à l'égard des choses qui sont encore indivises entre vous deux; car les choses dont votre frère a vendu une partie, vous sont communes avec les acquéreurs; et vous devez demander un arbitre pour chacun d'eux, si vous voulez faire cesser entre vous la communauté : mais lorsque la situation des lieux est telle que l'on ne peut diviser commodément l'héritage entre les co-propriétaires, alors on adjuge à chacun des co-partageans un lot dont on fait une juste estimation, en faisant mutuellement compensation du prix, et à la charge par celui qui a un lot d'un plus grand prix à indemniser les autres. Les étrangers doivent toujours être admis à cette licitation, surtout si l'un des co-propriétaires avoue que ses moyens ne suffisent pas pour porter la chose à sa juste valeur, et qu'il ne pourrait pas renchérir sur celui qui offrirait même un prix bien au-dessous de la valeur de la chose.

Fait le 5 des nones de mai, sous le consulat de Julien et de Crispinus. 223.

4. *Les empereurs Dioclétien et Maximien et les Césars, à Héroda.*

Si vous avez fait le partage de ce qui vous était commun avec votre sœur majeure de vingt-cinq ans, ce partage est valable, quoiqu'il n'en conste point par des écrits faits à ce sujet, pourvu qu'il soit d'ailleurs démontré par d'autres preuves; mais si, lors du partage, votre sœur étant mineure, le tems pendant lequel elle peut demander la restitution, n'est pas écoulé, le président de la province, prenant connaissance de la cause, décidera si elle doit être restituée contre le partage ; et, dans le cas où la restitution serait accordée, il ordonnera qu'il soit fait un nouveau partage, dans lequel il sera tenu compte tant des dépenses, (si quelqu'un de vous en a fait pour la chose commune) que des fruits, de même

tuum pro dividendis bonis datus fuerit, ea sola pertinent, quæ manent communia tibi et illi ; nam ea, quorum partem is vendidit, cum emptoribus tibi communia sunt; et adversùs singulos arbitrum petere debes, si ab illorum quoque societate discedi placeat. Cùm autem regionibus dividi commodè aliquis ager inter socios non potest, vel ex pluribus singuli, æstimatione justa facta, unicuique sociorum adjudicantur, compensatione pretii invicem facta; eoque, cui res majoris pretii obvenit, cæteris condemnato, ad licitationem nonnumquàm etiam extraneo emptore admisso : maximè si se non sufficere ad justa pretia alter ex sociis sua pecunia vincere vilius licitantem profiteatur.

PP. 5 non. maii, Juliano et Crispino, Conss. 223.

4. *Ipp. Dioclet. et Maximian. AA. et CC. Heroda.*

Si major quæ ique et viginti annis soror tua tecum res communes divisit, quamvis non instrumentis, sed aliis probationibus earum diremptam communionem esse probetur, stari tamen finitis convenit. Quòd si minor fuit, nec tempus in integrum restitutioni præfinitum adhuc excessit, an in integrum propter divisionem restitui debeat, causa cognita provinciæ præses æstimabit. Idem eorum etiam, quæ vobis permanent communia, fieri divisionem providebit; tàm sumptuum, (si quis de vobis in res communes fecit) quàm fructuum, item doli et culpæ (cùm in communi dividundo judicio hæc omnia venire non ambigatur) rationem ut in omnibus æquabilitas servetur, habiturus.

Dat. 8 id. febr. CC. Conss. 294.

que du dol et de la faute , (car il est évident qu'ils doivent être pris en considération lorsqu'il s'agit d'un partage) afin que l'égalité règne en toutes choses.

Fait le 8 des ides de février, sous le consulat des Césars. 294.

5. *Iidem* AA. *et* CC. *Secundino.*

In communione vel societate nemo compellitur invitus detineri : quapropter aditus præses provinciæ, ea quæ communia tibi cum sorore perspexerit, dividi providebit.
Dat. 8 cal. septemb. CC. Conss. 294.

5. *Les mêmes empereurs et ˈCésars , à Sécundinus.*

Personne ne peut être forcé de conserver ses biens indivis avec d'autres : c'est pourquoi le président de la province ordonnera le partage des biens qu'il jugera vous être communs avec votre sœur.

Fait le 8 des calendes de septembre, sous le consulat des Césars. 294.

TITULUS XXXVIII.

Communia utriusque judicii , tàm familiæ erciscundæ , quàm communi dividundo.

TITRE XXXVIII.

Dispositions communes au partage de famille et à celui d'une chose commune.

1. *Imperator Antoninus* A. *Marco.*

Divisionem prædiorum vicem emptionis obtinere placuit.
PP. 6 calend. decemb. Gentiano et Basso, Conss. 212.

1. *L'empereur Antonin , à Marcus.*

On a décidé qu'un partage a la force d'une vente.

Fait le 6 des calendes de décembre, sous le consulat de Gentien et de Bassus. 212.

2. *Imperator Alexander* A. *Euphratæ.*

Etiam si is divisioni arbitrum dedit, cui dandi jus non fuit, tamen si socii quondam divisioni consensum dederint, quod quisque eorum secundùm placita possedit, pro parte socii dominium nactus est.
PP. 16 cal. decemb. Alexandro A. III. et Dione, Conss. 230.

2. *L'empereur Alexandre , à Euphrata.*

Quoique l'arbitre qui a fait le partage ait été nommé par une personne qui n'en avait pas le droit , cependant si les associés ont donné leur consentement au partage fait par cet arbitre, chacun d'eux a le domaine des choses qui lui ont été adjugées pour sa part.

Fait le 16 des calendes de septembre, sous le troisième consulat de l'empereur Alexandre et de Dion. 230.

3. *Imper. Dioclet. et Maximian.* AA. *et* CC. *Sevæ.*

Majoribus etiam , per fraudem vel dolum vel perperam sine judicio factis divisionibus, solet subveniri ; quia in bonæ fidei judiciis,

3. *Les empereurs Dioclétien et Maximien et les Césars , à Séva.*

On a coutume de venir au secours des majeurs , à l'égard des partages qui , n'étant point faits par suite d'un jugement, sont entachés de fraude, de dol, ou ne sont point équitables; car dans les contrats de bonne foi, ce qui est prouvé avoir été fait avec lésion de l'une des parties, doit être réformé en mieux.

Fait le 16 des calendes de juillet, sous le consulat des mêmes empereurs. 293.

4. *Les mêmes empereurs et Césars, à Maximien.*

Si votre oncle paternel, faisant une affaire en son propre nom et pour lui seul, et n'étant point co-associé pour tous ses biens, a acheté une partie des biens communs, vous devez être indemnisé jusqu'à concurrence de la portion qui vous compète; c'est pourquoi c'est contre les principes du droit que vous demandez que la chose que votre oncle a achetée, vous soit rendue commune.

Fait le 16 des calendes de novembre, sous le consulat des mêmes empereurs, l'un pour la quatrième fois consul, et l'autre pour la troisième. 293.

5. *Les mêmes empereurs et Césars, à Frontin et Gasirion.*

A l'égard des titres communs que vous dites être en la possession de votre frère, le président de la province que vous irez trouver, décidera chez qui ils doivent être déposés.

Fait le 6 des ides de février, sous le consulat des mêmes empereurs. 293.

6. *Les mêmes empereurs et Césars, à Thésidiana et autres.*

Si, ayant fait un partage avec votre oncle paternel, sous la condition qu'après la confection du partage, il jurerait qu'il n'a usé d'aucun dol de mauvaise foi dans cette affaire, il n'a point rempli cette condition, rien ne vous empêche de demander comme communes les choses qui ont fait l'objet de ce partage.

Fait le 5 des calendes d'avril, sous le consulat des Césars. 294.

7. *Les mêmes empereurs et Césars, à Sévérien et à Flavien.*

Si vos frères ayant obligé, sans votre

Tome I.

---

quod inæqualiter factum esse constiterit, in melius reformabitur.

PP. 16 cal. jul. ipsis AA. Conss. 293.

4. *Iidem* AA. *et* CC. *ad Maximianum.*

Si patruus tuus ex communibus bonis res comparavit, sibi negotium gerens, non omnium bonorum socius constitutus, pro competentium portionum modo indemnitati tuæ consuli opportet; et ideò rem emptam communicare eum, contra juris formam postulas.

PP. 16 calend. novemb. ipsis IV. et III. AA. Conss. 293.

5. *Iidem* AA. *et* CC. *Frontino et Gasirioni.*

De instrumentis, quæ communia fratrem vestrum tenere proponitis, rector provinciæ aditus, apud quem hæc collocari debeant, existimabit.

PP. 6 id. februar. AA. Conss. 293.

6. *Iidem* AA. *et* CC. *Thesidianæ et aliis.*

Si cum patruo vestro hac conditione divisionem fecistis, ut se nullum dolum malum adhibuisse juraret, nec fidem placitis exhibuit, quo minus res indivisas requiratis, eorum placitum, quæ in divisionem venerunt, nihil vobis nocere potest.

Dat. 5 cal. april. CC. Conss. 294.

7. *Iidem* AA. *et* CC. *Severiano et Flaviano.*

Si fratres vestri pro indiviso commune

64

præedium citra vestram voluntatem obligaverunt, et hoc ad vos secundùm pactum divisionis nulla pignoris facta mentione pervenit, evictis partibus, quæ antè divisionem sociorum fuerunt, in quibus obligatio tantùm constitit, ex stipulatu, si intercessit ; alioqui quanti interest, præscriptis verbis contra fratres agere potestis : nam si fundi scientes obligationem, dominium suscepistis, tantùm evictionis promissionem solennitate verborum vel pacto promissam probantes, eos conveniendi facultatem habebitis.

Dat. 2 non. decembris, Nicomediæ, cc. Conss. 294.

8. *Idem* AA. *et* CC. *Nicomaco et aliis.*

Si inter vos majores annis vigintiquinque rerum communium divisio, relicta vel translata possessione, finem accepit, instaurari mutuo bona fide terminata consensu minimè possunt.

Dat. non. decemb. cc. Conss. 294.

9. *Iidem* AA. *et* CC. *Demetriano.*

Familiæ erciscundæ, vel communi dividundo judicio ita demùm, si corpora maneant communia, agi potest.

Dat. 6 id. decemb. Nicomediæ, cc. Conss. 294.

10. *Iidem* AA. *et* CC. *Gallicano.*

Scriptura testamenti, quà specialiter omnia divisa continentur, quo minùs res, quarum testator non fecit mentionem, hæredes inquirere possint, nihil impedit.

consentement, un héritage commun, il vous est échu ensuite par l'acte de partage, dans lequel il n'est fait aucune mention de l'engagement de l'héritage ; étant évincés de cet héritage qui, avant le partage, était commun, et sur lequel seulement repose l'obligation dont il s'agit, vous pouvez agir contre vos frères en vertu de l'action *ex stipulatu*, si elle vous compète, ou autrement, en demande en indemnité, par l'action *præscriptis verbis ;* mais si, connaissant l'obligation dont le fonds était grevé, vous l'avez accepté dans votre portion, vous ne pourrez poursuivre vos frères qu'autant que vous prouverez que l'éviction vous a été garantie par la stipulation ou par le pacte.

Fait à Nicomédie, le 2 des nones de décembre, sous le consulat des Césars. 294.

8. *Les mêmes emper. et Césars, à Nicomaque et autres.*

Si le partage qui a eu lieu entre vous, qui êtes majeurs de vingt-cinq ans, a reçu sa perfection par l'abandon ou la transmission de la possession, ayant été fait de bonne foi, et d'un consentement commun, il doit être valable.

Fait pendant les nones de décembre, sous le consulat des Césars. 294.

9. *Les mêmes empereurs et Césars, à Démétrien.*

On ne peut agir par l'action du partage de famille, ou d'un bien commun, qu'autant que les biens dont il s'agit sont communs.

Fait à Nicomédie, le 6 des ides de décembre, sous le consulat des Césars. 294.

10. *Les mêmes empereurs et Césars, à Gallican.*

Quoiqu'il soit écrit spécialement dans le testament que tous les biens ont été divisés entre les héritiers, cependant rien n'empêche les héritiers de demander le partage des choses dont le testateur n'a fait aucune mention.

11. *L'empereur Constantin, à Cærulus.*

On doit faire en sorte, dans les partages de biens-fonds, que les familles d'esclaves ou colons qui y sont attachées ne soient point divisées, et que quelques-uns de leurs membres ne passent point à l'un des héritiers, et d'autres membres de la même famille à un autre ; car qui est-ce qui pourrait souffrir que des enfans fussent séparés de leurs parens, des sœurs de leurs frères, des épouses de leurs maris? C'est pourquoi que celui qui aura séparé des esclaves ou des colons, liés entr'eux par parenté ou alliance, comme nous l'avons déjà dit, soit contraint de les réunir.

Fait le 3 des calendes de mai, sous le consulat de Proculus et de Paulinus. 334.

12. *L'empereur Justinien, au Sénat.*

Les dispositions suivantes nous ont paru entièrement conformes à l'équité ; en effet, si quelqu'un ayant souscrit ou fait une donation *antè nuptias* à son fils, ou une dot à sa fille, de manière que les objets compris dans la donation ou dans la dot puissent lui retourner de nouveau, soit par l'effet d'une stipulation, ou de la loi ; ou si une autre personne ayant fourni la donation *antè nuptias*, ou la dot, mais toujours de manière à ce que les objets qui en font partie puissent retourner au père en vertu de la stipulation qu'il en a faite, ou par l'effet de la loi, a fait ensuite un testament par lequel il a institué héritiers ses fils ou des étrangers, et n'a rien disposé à l'égard de ces choses qui lui sont retournées, et s'il se trouve que d'autres d'entre les enfans du testateur aient reçu de lui des biens de son vivant à titre de donation *antè nuptias*, ou de dot, ou pour cause de milice, qu'ils ne peuvent être contraints de rapporter à la masse commune, attendu l'existence du testament ; nous décidons que dans ce cas le fils ou la fille aient les biens dont ils ont été privés, à cause qu'ils sont

11. *Imp. Constantinus A. Cærulo.*

Possessionum divisiones ita fieri oportet, ut integra apud successorem unumquenque servorum vel colonorum adscriptitiæ conditionis, seu inquilinorum proximorum agnatio vel affinitas permaneat : quis enim ferat liberos à parentibus, à fratribus sorores, à viris conjuges segregari ? Igitur si qui sic sociata, in jus diversum mancipia vel colonos distraxerint, in unum eadem redigere cogantur.

Dat. 3 calend. maii, Proculo et Paulino, Conss. 334.

12. *Imp. Justinianus A. ad Senatum.*

Illud æquitatis fovere rationibus, benè nobis apparuit. Si quis etenim pro filio suo antè nuptias donationem conscripserit vel dederit, vel pro filia sua dotem ; et hoc quod dedit, iterùm ad eum revertatur, vel stipulatione, vel lege hoc faciente ; vel et si alio dotem vel antè nuptias donationem dante, stipulationis paternæ tenor, vel fortè legis hoc induxerit, ille autem testamento condito vel filios suos, vel extraneos scripserit hæredes, et nil de hujusmodi rebus, quæ ad eum reversæ sunt, vel pervenerunt, disposuerit, inveniantur autem alii liberi ejus res à paterna substantia lucrati, vel per antè nuptias donationem, vel dotes, vel militiæ causa, quas (utpotè testamento existente) non coguntur, conferre ; tunc filius vel filia easdem res, quæ ad patrem reversæ sunt, vel pervenerunt, habeant præcipuas, ad simile tamen lucrum computandas ; ut in præsenti casu tantùm habeat ipse vel ipsa, quantùm ejus fratres à patre sunt consecuti, secundùm eos modos, quos suprà diximus, et quos conferre propter testamentum non coarctantur. Sin autem nihil tale penitùs in fratres eorum à

patre collatum est, neque ipsos sibi præcipuè
hanc partem vindicare, sed quasi paternæ
facta substantiæ sit, inter omnes secundùm
institutionis tenorem dividi : et hæc quidem,
si inter fratres patris elogium compositum
sit. Sin autem extranei sint scripti hæredes,
et nihil in testamento suo neque in hac
parte testator dixerit, tunc omnimodo præcipuum habeat filius vel filia, quod ad patrem revertitur vel pervenit. Si tamen minùs
in fratres collatum est, ampliùs autem ex
hujusmodi causa ad patrem pervenit, illo
quod ad similem quantitatem concurrit, excepto, cætera quasi paternæ substantiæ facta,
secundùm modum institutionum dividantur.
Illo proculdubiò observando, quòd si minùs sit id, quod pater ex hujusmodi causa
habuit, ea quantitate, quæ in fratres col-
lata est, tota hujusmodi portio ad eas personas perveniat, quarum occasione res ad patrem revertitur. Ea igitur, quæ in paterna
persona diximus, obtinere volumus etiam in
avo, et proavo paterno vel materno, et in
matre et in avia et in proavia paterna vel
materna.

Dat. 11 cal. aug. Constantinop. Lampadio et Oreste vv. cc. Conss. 530.

retournés ou parvenus de nouveau à leur
père, jusqu'à concurrence cependant de la
valeur de ceux que leurs frères ou sœurs
ont reçus du père commun par les moyens
que nous venons de mentionner plus haut ;
lesquels biens, à cause de l'existence du
testament, ils ne peuvent être contraints de
rapporter à la masse commune. Mais si
leurs frères ou sœurs n'ont rien reçu du
père commun à titre gratuit, par les moyens
dont nous venons de parler, ni par autres,
ils ne doivent pas revendiquer cette partie
des biens comme préciput ; mais étant rapportée à la masse de la succession, elle doit
être divisée entre tous les héritiers, selon
les dispositions du testament. Ces dispositions n'ont lieu que lorsque le testateur
a fait son testament en faveur de ses enfans.
Mais si le père ayant institué des étrangers pour ses héritiers, n'a rien disposé à
ce sujet dans son testament, nous ordonnons que le fils ou la fille aient, en forme
de préciput, les biens qu'ils avaient reçus
de leur père, et qui de nouveau lui sont
parvenus par droit de retour. Si les biens
que les autres frères ou sœurs ont reçus
sont d'une moindre valeur que ceux qui
sont retournés au père, celui ou celle à
qui ces derniers biens ont appartenu n'en
retiendront que jusqu'à concurrence de la
valeur de ceux que les autres frères ou sœurs
ont reçus, et l'excédent sera rapporté à la
masse commune, et divisé entre tous à la
manière ordinaire des successions. On doit
observer toutefois que si la valeur de ce
qui est parvenu au père par droit de
retour est moindre que celle de ce que
les autres frères ou sœurs ont reçu, toute
cette portion doit être laissée aux personnes
qui la possédaient avant qu'elle fût retournée
au père. Nous voulons enfin que les dispositions de cette loi s'appliquent non-seulement
au père, mais encore à l'aïeul, au bisaïeul
paternels et maternels, et à la mère, aïeule,
bisaïeule paternelles et maternelles.

Fait à Constantinople, le 11 des calendes d'août, sous le consulat de Lampadius et d'Oreste. 530.

TITRE XXXIX.

De la fixation des bornes.

1. *Les empereurs Dioclétien et Maximien et les Césars, à Nicéphore.*

Le maître d'un fonds ne peut être empêché, en changeant ses bornes, d'aliéner
une partie de son fonds et de conserver le
restant. L'acheteur ne peut revendiquer une
plus grande partie du fonds que celle qui
a été cédée par l'acte de vente, en se pré-
valant des bornes telles qu'elles étaient dans
le tems qui a précédé la vente.

Fait à Nicomédie, pendant les ides dedé-
cembre, sous le consulat des mêmes empereurs. 293.

2. *Les mêmes empereurs et Césars, à Tatien.*

Les résultats des successions et les volontés des voisins, en ajoutant aux fonds
ou en les diminuant, portent souvent des
changemens aux anciennes bornes.

Fait à Nicomédie, le 9 des calendes de
février, sous le consulat des mêmes empereurs. 293.

3. *L'empereur Constantin, à Tertullien.*

Si le différent qui s'est élevé au sujet
des limites tient à une question de propriété,
qu'on décide cette dernière avant de passer
à l'autre, et qu'ensuite l'arpenteur étant
envoyé sur les lieux pour s'informer de la
vérité, que le différent élevé au sujet des limites soit terminé; mais si la partie adverse,
craignant que le différent ne se décide,
n'assiste point à cette opération pour gagner
du tems, que l'arpenteur, nonobstant l'absence de l'une des parties, soit envoyé sur

TITULUS XXXIX.

Finium regundorum.

1. *Impp. Dioclet. et Maximian. AA. et CC. Nicephoro.*

Regionem certam fundi propriis finibus
ejus mutatis, dominus ejus distrahere, ac
residuum retinere non prohibetur; nec
amplius emptor, quàm quod ratione secundùm venditionis fidem ad se pervenit, vindicare potest prætextu terminorum temporis antecedentis venditionem.

Dat. id. decemb. Nicomediæ, AA. Conss.
293.

2. *Iidem AA. et CC. Tatiano.*

Successionum varietas, et vicinorum novi
consensus, additis vel detractis agris alte-
rutrò, determinationis veteris monumenta
sæpè permutant.

Dat. 9 calend. januar. Nicomediæ, AA.
et Conss. 293.

3. *Imp. Constantinus A. ad Tertullianum.*

Si quis super sui juris locis prior de finibus detulerit querimoniam, quæ proprietatis controversiæ cohæret, priùs possessionis quæstio finiatur; et tunc agrimensor
ire præcipiatur ad loca, ut patefacta veritate
hujusmodi litigium terminetur. Quod si
altera pars, ne hujusmodi quæstio terminetur, se subtraxerit : nihilominùs agrimensor in ipsis locis jussione rectoris provinciæ unà cum observante parte hoc ipsum
faciens perveniet.

Dat. 16 calend. mart. Veronæ, Gallicano et Symmacho, Conss. 330.

les lieux par l'ordre du gouverneur de la province, et remplisse la commission dont il a été chargé, en présence de la partie présente.

Fait à Vérone, le 16 des calendes de mars, sous le consulat de Gallican et de Symmaque. 330.

4. Idem A. ad Bassum, P. V.

Si constiterit eum, qui finalem detulerit quæstionem, priusquàm aliquid sententia determinetur, rem sibi alienam usurpare voluisse, non solùm id quod malè petebat, amittat; sed (quò magis unus quisque contentus suo, rem non expetat juris alieni) qui irreptor agrorum fuerit in lite superatus, tantùm agri modum, quantum adimere tentavit, amittat.

Dat. 13 calend. jul. Gallicano et Symmacho, Conss. 330.

4. Le même empereur, à Bassus, préfet de la ville.

S'il est constant, avant qu'il ait été porté une sentence à ce sujet, que celui qui a élevé une difficulté au sujet des limites, ne l'a fait que dans l'intention d'usurper un bien qui ne lui appartenait pas, qu'il perde non-seulement ce qu'il demandait injustement, parce que chacun doit être content de son propre bien, et ne point desirer celui des autres; mais encore étant convaincu, par le rejet de sa demande, d'avoir voulu usurper le bien d'autrui, qu'il soit condamné à perdre autant de mesures de terre qu'il a tenté d'en ravir.

Fait le 13 des calendes de juillet, sous le consulat de Gallican et de Symmaque. 330.

5. Impp. Valentin. Theod. et Arcad. AAA. Neoterio, P. P.

Quinque pedum præscriptione submota, finalis jurgii vel locorum libera peragatur intentio.

PP. 8 cal. aug. Arcadio A. II. et Rufino, Conss. 392.

5. Les empereurs Valentinien, Théodose et Arcade, à Néotérius, préfet du prétoire.

L'exception des cinq pieds étant abolie, qu'on intente librement les actions compétentes, au sujet des limites ou de la propriété d'un champ de cette mesure.

Fait le 8 des calendes d'août, sous le deuxième consulat de l'empereur Arcadius, et le premier de Rufinus. 392.

6. Impp. Theod. Arcad. et. Honor. AAA. Rufino, P. P.

Cunctis molitionibus et machinationibus amputatis, decernimus in finali quæstione non longi temporis, sed triginta tantummodò annorum præscriptionem locum habere.

Dat. 2 non. novemb. Arcadio A. II. et Rufino, Conss. 392.

6. Les empereurs Théodose, Arcade et Honorius, à Rufinus, préfet du prétoire.

Pour mettre fin à la chicane et aux machinations, nous ordonnons que dans ce qui concerne le bornage, on n'admette point la prescription de long tems, mais seulement celle de trente ans.

Fait le 2 des nones de novembre, sous le deuxième consulat de l'empereur Arcadius, et le premier de Rufinus. 392.

TITRE XL.

Des intéressés dans le même procès.

1. *L'empereur Julien, à Sécundus, préfet du prétoire.*

Voulant qu'à l'avenir les exceptions que les plaideurs ont coutume d'opposer, sous le prétexte que d'autres personnes sont intéressées dans le procès, afin de traîner l'affaire en longueur, soient rejetées, qu'il soit permis aux plaideurs de plaider en demandant ou en défendant pour ce qui les concerne, sans qu'il soit nécessaire que les autres intéressés au procès soient présens, soit que tous les intéressés soient justiciables du même tribunal, soit qu'ils habitent diverses provinces.

Fait le 3 des nones de septembre, sous le consulat de Mamertin et de Névita. 362.

2. *Les empereurs Valentinien et Valens, à Saluste, préfet du prétoire.*

La contestation en cause étant commencée légalement, une affaire commune peut se poursuivre solidairement, sans mandats, même en l'absence de quelques-unes des parties, si les parties présentes sont prêtes à garantir que l'absent ratifiera ce qui aura été fait, ou (si on forme contre eux une demande) de donner caution de payer ce qui aura été jugé.

Fait le 6 des ides de décembre, sous le consulat de l'empereur Jovinien et celui de Varonien. 364.

TITRE XLI.

Des actions noxales.

1. *L'empereur Alexandre, à Marcellus.*

Si la somme d'argent que vous dites avoir été dérobée de l'hérédité de votre père par une personne de condition libre, existe en-

TITULUS XL.

De consortibus ejusdem litis.

1. *Imp. Julianus A. Secundo, P. P.*

Explosis atque rejectis præscriptionibus, quas litigatores sub obtentu consortium, studio protrahendæ disceptationis excogitare consueverunt, sive unius fori omnes sint, sive in diversis provinciis versentur; nec adjuncta præsentia consortis vel consortium, agendi vel respondendi jurgantibus licentia pro parte pandatur.

Dat. 3 non. septemb. Mamertino et Nevita, Conss. 362.

2. *Imperatores Valentin. et Valens AA. Salustio, P. P.*

Commune negotium post litem legitimè ordinatam etiam quibusdam absentibus in solidum agi sine mandato potest; si præsentes rem ratam dominum habiturum cavere parati sint, vel (si quid ab his petitur) judicatum solvi satisdatione firmaverint.

PP. 6 id. decemb. divo Joviniano A. et Varoniano, Conss. 364.

TITULUS XLI.

De noxalibus actionibus.

1. *Imp. Alexander A. Marcello.*

Si extat corpus nummorum, quos ablatos ex patris tui hæreditate ab eo, quem liberum esse constiterit, allegas, vindicare eos,

vel ad exhibendum agere non prohiberis :
nam quamvis aliàs noxa caput sequatur ,
et manumissus furti actione teneatur, quæ
in hæredem non competit, cùm tamen
servus à domino aliquid aufert, quamvis
furtum committat , furti tamen actio non
est nata ; neque adversùs ipsum , si posteà
manumissus est, locum habet , nisi furti-
vas res et post manumissionem contrectet.

PP. 13 calend. decemb. Maximo II. et
Æliano , Conss. 224.

core, vous ne pouvez être empêché de la
revendiquer , et de forcer le voleur à la représenter ; car quoique d'ailleurs le dommage suive la personne, et qu'un affranchi
soit tenu de l'action du vol, laquelle ne
compète point à l'héritier, lorsque cependant un esclave dérobe quelque chose à son
maître, quoiqu'il commette par-là réellement un vol, son maître ne peut le poursuivre par l'action *ex furti*, même après son
affranchissement, à moins qu'il ne retienne
encore après son affranchissement les choses
volées.

Fait le 13 des calendes de décembre,
sous le deuxième consulat de Maxime et
d'Elien. 224.

2. *Imp. Gordianus A. Quintiliano et aliis.*

Si servi vestri , nescientibus vobis, vel
etiam prohibentibus ✚ furtim arbores cæci-
derunt , quibus etiam propria pœna juxta
legem saltui datam fuerat præstituta , frustrà veremini , ne ex persona eorum ultra
noxæ deditionem sitis obstricti : cùm ex
delictis servorum domini ignorantes , vel
prohibentes , si noxali actione conveniantur,
ita condemnari debeant, ut aut noxæ dedere,
aut condemnationem sufferre habeant in sua
potestate.

PP. 3 non. jun. Gordiano et Aviola ,
Conss. 240.

2. *L'empereur Gordien , à Quintilien et
autres.*

Si vos esclaves ayant , à votre insu, ou
même contre votre défense , endommagé
furtivement des arbres , la loi prononce une
peine contre ce dommage, c'est mal à propos
que vous craignez que vous ne soyez forcé de
livrer les esclaves coupables, outre l'indemnité due à celui qui a souffert le dommage ;
car les maîtres poursuivis par l'action
noxale , ne sont tenus des délits commis par
leurs esclaves , à leur insu , ou contre leurs
défenses, que de cette manière ; ou de livrer
les esclaves coupables, ou de satisfaire à la
condamnation.

Fait le 3 des nones de juin, sous le consulat de Gordien et d'Aviola. 240.

3. *Impp. Dioclet. et Maximian. AA. et cc.
Eutychio.*

Sive servum plagii pares accusare solenniter, præsidem provinciæ adire non prohiberis ; sive dominum ejus sollicitati servi
noxali judicio, sive furti malueris convenire, suam tibi notionem præses provinciæ
commodabit ; non ignorans quòd si dominum elegeris , et eo non consentiente, quod
intendis, commissum probaveris; vel noxæ
dedendæ , vel damni sarciendi, ac pœnæ

3. *Les empereurs Dioclétien et Maximien et
les Césars , à Eutychius.*

Au sujet du crime de plagiat dont vous
vous plaignez , vous pouvez accuser solennellement l'esclave qui en est coupable, devant le président de la province, ou, si vous
le préférez , attaquer son maître par l'action
noxale ou du vol ; dans ce dernier cas, ce
même magistrat ne peut vous refuser son
audience ; mais vous ne devez pas ignorer
que si vous choisissez ce dernier parti, et

que vous prouviez le crime, n'ayant point
été commis par le consentement du maître,
ce dernier aura le choix ou de céder l'esclave
coupable, ou de réparer le dommage, ou
enfin de satisfaire à la peine prononcée.

Fait le 5 des nones d'octobre, sous le
consulat des mêmes empereurs. 295.

4. *Les mêmes empereurs et Césars, à Sosius.*

Si un esclave, à l'insu de son maître, ou
ce dernier le sachant, mais ne pouvant l'empêcher, a enlevé, en employant la violence,
des choses qui vous appartiennent, vous
pouvez, si l'année utile pour porter votre
plainte n'est point encore écoulée, attaquer
le maître pour le quadruple; mais si cette
année est expirée, vous ne pourrez l'attaquer
que par la simple action noxale. Mais si le
maître préfère livrer l'esclave coupable, vous
ne serez point empêché néanmoins de le poursuivre pour le fruit qu'il peut avoir recueilli
du vol; car si le crime ayant été commis à son
su, il ne l'a point empêché, quoiqu'il le pût,
il doit être contraint, sans avoir aucune considération pour la livraison de l'esclave coupable, de payer le montant de la condamnation. Il en est autrement si votre dessein est
de former une accusation de crime public
contre un esclave que vous accusez d'avoir
enlevé votre femme; car, dans ce cas, vous
ne devez point attaquer le maître, mais seulement l'esclave que vous accusez d'avoir
commis le crime.

Fait le 18 des calendes de septembre, sous
le consulat des mêmes empereurs. 299.

5. *Les mêmes emper. et Césars, à Ménophile.*

Si un esclave d'autrui vous a ravi par un
vol non manifeste, avec le secours et le consentement de son maître, votre esclave,
ainsi que d'autres choses, ne pouvant exister
entre un esclave et un homme libre aucune
action civile, vous pouvez poursuivre le
maître; quant à ce qui concerne le délit, par
l'action du double, et quant ce qui concerne
Tome I.

---

præstandæ habeat facultatem.

PP. 5 non. octobr. AA. Conss. 295.

4. *Iidem AA. et CC. Sosio.*

Si servus ignorante domino, vel sciente,
et prohibere nequeunte, res tuas vi rapuerit, dominum ejus apud præsidem provinciæ, si necdum utilis annus excessit, quadrupli; quòd si hoc effluxit tempus simpli
noxali judicio convenire potes. Qui si noxæ
maluerit servum dedere, nihilominùs cum
ipso, quantum ad eum pervenit, experiri
non prohiberis. Nam si eo conscio, et prohibere valente, detracta noxæ deditione,
conventus ad summam condemnationis sol-
vendam omninò compellendus est. Sanè si
criminis publici accusationem propter uxorem tuam à servo raptam, intendendam
putaveris, non contra dominum, sed contra eum servum, quem facinus commisisse
proponis, hanc instituere debes.

PP. 18 cal. septemb. AA. Conss. 299.

5. *Iidem AA. et CC. Menophilo.*

Si tibi per furtum nec manifestum ancillam servus ope consilioque domini cum
aliis rebus subtraxerit, cum inter servum
et liberum civile judicium consistere non
possit, eum ob hoc delictum dupli pœnali
actione, et de rebus propriis vindicatione
vel condictione convenire potes.

S. 5 cal. april. CC. Conss. 294.

65

les autres choses volées, par la revendication ou l'action conditionnelle.

Fait le 5 des calendes d'avril, sous le consulat des Césars. 294.

TITULUS XLII.

Ad exhibendum.

1. *Imp. Alexander* A. *Crescenti militi.*

Si dominium ancillæ, de qua agis, ad matrem tuam pertinuit, nec jure à patre tuo venundata est, ejusque proprietatem tibi vindicare paratus es, præses provinciæ exhiberi eam jubebit, ut apud judicem de rei veritate queratur.

PP. calend. maii, Alexandro A. Conss. 227.

2. *Idem* A. *Syro.*

Si criminis alicujus reus servus postulatur, per ad exhibendum actionem produci à domino, non celari debet.

PP. 11 calend. decembr. Alexandro A. Conss. 227.

3. *Idem* A. *Felicissimæ.*

Neque ad exhibendum actio neque proprietatis vindicatio, si nunc competit, proptereà perempta est, quòd aliquandò adversùs te ad exhibendum actione aliter pronuntiatum est, quia commutatione litis alia res esse incipit.

PP. cal. septemb. Maximo II. et Æliano, Conss. 234.

4. *Idem* A. *Flacillæ.*

Non ignorabit judex si instrumenta tui juris, quæ penes diversam partem fuisse probaveris, ab eisdem non exhibeantur, juris-

TITRE XLII.

De l'action ad exhibendum.

1. *L'empereur Alexandre,* à *Crescens, soldat.*

Si votre intention est de revendiquer la propriété de l'esclave dont vous parlez, sous le prétexte que, le domaine de cette esclave appartenant à votre mère, votre père n'a pu l'aliéner, le président de la province ordonnera que l'esclave soit représentée, afin qu'on s'informe de la vérité de ce fait.

Fait pendant les calendes de mai, sous le consulat de l'empereur Alexandre. 227.

2. *Le même empereur,* à *Syrus.*

On ne doit pas se dissimuler que lorsqu'un esclave accusé de quelque crime est demandé, le maître est tenu de le représenter par l'action *ad exhibendum.*

Fait le 11 des calendes de décembre, sous le consulat de l'empereur Alexandre. 227.

3. *Le même empereur,* à *Félicissima.*

Si vous êtes maintenant en droit d'exercer l'action *ad exhibendum* ou l'action en revendication de la propriété, on ne pourra vous opposer que les actions sont périmées, sous le prétexte qu'autrefois on a prononcé contre vous, qui agissiez alors par la même action *ad exhibendum,* parce que l'affaire a depuis changé de face.

Fait pendant les calendes de septembre, sous le deuxième consulat de Maxime, et le premier d'Élien. 234.

4. *Le même empereur,* à *Flacilla.*

Le juge ne doit pas ignorer que, si ayant prouvé que vos titres sont entre les mains de votre partie adverse, cette dernière ne les représente pas, il doit vous être permis de prêter le serment *in litem.*

Fait le 3 des calendes de mars, sous le consulat d'Agricola et de Clémentin. 231.

5. *L'empereur Gordien, à Sabinien, soldat.*

C'est avec juste raison que le jurisconsulte Modestin, dont l'autorité n'est pas à mépriser, a dit que non-seulement celui qui possède est tenu de l'action *ad exhibendum*, mais encore celui qui, par son dol, s'est mis dans l'impossibilité de représenter la chose.

Fait le 2 des ides de février, sous le consulat de l'emper. Gordien et d'Aviola. 240.

6. *L'empereur Philippe, à Palémonide.*

Si, d'après l'assertion que vous faites que votre partie adverse s'est emparée des titres qui constituent vos droits, vous lui intentez l'action criminelle, après avoir porté votre accusation avec toutes les solemnités ordinaires, fournissez les preuves de votre accusation ; si au contraire vous attaquez votre adversaire par l'action *ad exhibendum*, procédez à la manière ordinaire des actions.

Fait le 2 des ides de mars, sous le consulat de Pérégrinus et d'Emilien. 245.

7. *Les empereurs Dioclétien et Maximien et les Césars, aux Vitaliens.*

Si celui qui étant tenu de représenter une chose, et le pouvant, s'est mis, par sa faute ou par son dol, dans l'impossibilité de représenter la chose intacte, comme si, par exemple, il la représente détériorée, l'équité demande que, quoiqu'on ne puisse le poursuivre par l'action *ad exhibendum*, on accorde contre lui l'action *in factum.*

Fait le 16 des calendes de juin, sous le deuxième consulat de Maxime, et le premier d'Acquilinus. 287.

8. *Les mêmes emper. et Césars, à Photinus.*

Si celui dont vous parlez dans votre requête a loué ou mis en dépôt des choses qui vous appartiennent, vous pouvez attaquer le détenteur par l'action *ad exhibendum*,

---

jurandi in litem facultatem deferri tibi oportere.

PP. 3 calend. mart. Agricola et Clementino, Conss. 231.

5. *Imp. Gordianus A. Sabiniano militi.*

Ad exhibendum actione non tantùm eum qui possidet, sed etiam eum teneri, qui dolo fecit quo minùs exhiberet, meritò tibi à non contemnendæ auctoritatis jurisconsulto Modestino responsum est.

PP. 2 id. febr. Gordiano A. et Aviola, Conss. 240.

6. *Imp. Philippus A. Palemonidi.*

Instrumenta ad jus tuum pertinentia partem diversam invasisse adseverans, si cuidem crimen intendis, solennibus accusationibus imp'etis, fidem adseverationi tuæ facito. Sin verò ad exhibendum intendis, judiciorum more experire.

PP. 2 id. mart. Peregrino et Æmiliano, Conss. 245.

7. *Impp. Dioclet. et Maximian. AA. et CC. Vitalianis.*

Exhibitionis necessitate tenetur, qui facultatem habens, culpam vel dolum in explendo præceptocommittit ; ita ut si rem deteriorem exhibuit, æquitas exhibitionis perficiat, ut quamvis ad exhibendum agi non possit, in factum tamen actio contra eum detur.

PP. 16 cal. jun. Maximo II. et Acquilino, Coss. 287.

8. *Iidem AA. et CC. Photino.*

Si res tuas commodavit aut deposuit is cujus in precibus meministi, adversùs tenentem, ad exhibendum, vel vindicatione uti potes. Quòd si pactus sit, ut tibi restituantur,

si quidem ei , qui deposuit , successisti , jure
hæreditario depositi actione uti non prohiberis. Si verò nec civili nec honorario jure
ad te hæreditas ejus pertinet , intelligis
nullam te ex ejus pacto , contra quem supplicas , actionem stricto jure habere , utilis
autem tibi propter æquitatis rationem dabitur
actio depositi.

S. 5 calend. maii , Heracliæ , AA. Coss.
293.

9. Iidem AA. et cc. Faustino.

Si ex quocumque contractu apud præsidem
provinciæ, jure debitum , cui oportuerat , te
reddidisse probaveris , chirographa tua , ex
quibus jam nihil peti potest , et instrumenta
ad eum contractum pertinentia , tibi naturaliter liberationem consecuto , exhiberi ac
reddi jubebit.

S. 8 calend. septemb. cc. Coss. 294.

ou par la revendication. Si , le pacto portant que ces choses vous seront restituées,
vous avez succédé à celui qui a fait le dépôt , vous ne pouvez être empêché , en vertu
du droit héréditaire , d'intenter l'action du
dépôt ; mais si l'hérédité ne vous est parvenue ni par le droit civil , ni par le droit
honoraire, sachez que, d'après le droit strict,
il ne naît contre celui contre lequel vous
suppliez aucune action de ce pacte : on vous
accordera cependant , à cause de l'équité ,
l'action utile du dépôt.

Fait à Héraclée , le 7 des cal. de mai , sous
le consulat des mêmes empereurs. 293.

9. Les mêmes emper. et Césars , à Faustinus.

Si vous avez prouvé devant le président
de la province que vous avez payé à qui de
droit ce que vous deviez légitimement en
vertu de quelque contrat , ce magistrat ordonnera que les actes que vous aviez sous-
crits , en vertu desquels on ne peut plus rien
vous demander , ainsi que les autres titres
concernant cette même affaire , soient re-
présentés et rendus , vous étant libéré na-
turellement.

Fait le 8 des calend. de septembre, sous
le consulat des Césars. 294.

TITULUS XLIII.

De aleatoribus et aliorum lusu.

1. Imperator Justinianus A. Joanni, P. P.

ALEARUM usus antiqua res est, et extra
operas pugnatoribus concessa ; verùm pro
tempore prodiit in lacrymas multa millia
extranearum nationum suscipiens ; quidam
enim nec ludentes, nec ludum scientes, sed
numeratio e tantùm proprias substantias
perdiderunt , die noctuque ludendo argento,
apparatu , lapidibus et auro. Consequenter
autem ex hac inordinatione blasphemare, id

TITRE XLIII.

Des jeux de hasard , et de ceux
qui jouent à ces jeux.

1. L'empereur Justinien , à Jean , préfet du
prétoire.

L'USAGE des jeux de hasard est ancien;
on permettait aux soldats de jouer à ces
jeux lorsqu'ils n'étaient point occupés à
autre chose ; mais dans la suite cette passion ayant captivé une infinité de nations
étrangères , elle a bien fait verser des lar-
mes. Quelques - uns , en effet , sans même
savoir jouer , ont perdu , en pariant seulement , toute leur fortune , en risquant jour

et nuit de l'argent, des ornemens, des pierres précieuses ou de l'or. Il suit ordinairement de ce désordre que les pertes portent les joueurs à blasphémer, c'est à dire à s'efforcer à outrager Dieu, et les obligent à contracter des engagemens. C'est pourquoi, ayant en vue le bien de nos sujets, nous ordonnons par cette loi générale qu'il ne soit permis à personne, dans les maisons publiques ou privées, ou autres lieux, non-seulement de jouer, mais même de regarder jouer : qu'en cas de contravention à cette loi, on ne prononce aucune condamnation à ce sujet, mais qu'il soit permis à ceux qui, par suite des pertes faites au jeu, ont payé quelque chose, ou à leurs héritiers, de le répéter en vertu des actions compétentes ; et, à défaut de réclamations de leur part, que le fisc le répète par le moyen de leurs procureurs, de leurs pères ou de leurs défenseurs, nonobstant la prescription, à moins qu'elle ne soit de cinquante ans. Nous recommandons l'exécution de cette loi aux évêques, qui, dans le besoin, pourront réclamer le secours du président de la province ; et nous les chargeons d'organiser ensuite les cinq jeux dont les noms suivent : *comon-bélon*, *comon-diaulomolon*, *rhindalca*, *kayron* et *ecperusan*. Nous ne permettons point cependant qu'on joue à ces jeux au-delà d'un sou, quelque riche que l'on soit, afin que s'il arrive à quelqu'un de perdre, il n'éprouve pas par-là un grand dommage ; car nous ne bornons point nos soins à ce qui concerne les guerres, nous les étendons encore aux amusemens. Nous ne déterminons point de peine contre les transgresseurs de cette loi ; mais nous donnons pouvoir aux évêques de les poursuivre, et de requérir, s'il est nécessaire, les secours des présidens de province. Nous prohibons le jeu nommé *chevaux de bois* ; et nous ordonnons que celui qui a fait des pertes à ce sujet puisse les récupérer, et que les maisons dans lesquelles on aura surpris des personnes occupées à

est, Deo maledicere conantur, et instrumenta conficiunt. Commodis igitur subjectorum prospicientes, hac generali lege decernimus, ut nulli liceat in publicis vel privatis domibus, vel locis ludere, neque inspicere ; et si contrà factum fuerit, nulla sequatur condemnatio, sed solutum reddatur, et competentibus actionibus repetatur ab his, qui dederunt, aut eorum hæredibus, aut his negligentibus, ab eorum procuratoribus, vel patribus, seu defensoribus repetit fiscus, non obstante, nisi quinquaginta annorum præscriptione; episcopis verò locorum hoc providentibus, et præsidum auxilio utentibus, deindè verò ordinent quinque ludos : *comon-bélon*, *comon-diaulomolon*, *rhindalca*, *kayron* et *ecperusan*. Sed nec permittimus etiam in his ludere ultra unum solidum, etiamsi multùm dives sit ; ut si quem vinci contigerit, casum gravem non sustineat ; non enim bella solummodò benè ordinamus, sed et res ludicras. Sed istam interminantes pœnam transgressoribus, potestatem dando episcopis hoc inquirendi, et præsidum auxilio sedendi : prohibemus etiam, ne sint equi lignei ; et si quis ex hac occasione vincatur, hoc ipse recuperet : domibus eorum publicatis, ubi hæc reperiuntur. Sin autem noluerit accipere is qui dedit, procurator noster hæc inquirat, et in opus publicum convertat. Similiter provideant judices, ut à blasphemiis et perjuriis (quò eorum inhibitionibus debent comprimi) omnes penitùs conquiescant.

jouer à ce jeu, soient confisquées. Si celui qui a perdu refuse de recevoir l'argent qu'il a payé à cette occasion, que notre procureur le réclame, et l'emploie aux besoins publics. Que les juges pourvoient également à ce qu'on s'abstienne de blasphèmes et de parjures, qu'ils doivent réprimer par leurs défenses.

TITULUS XLIV.

De religiosis et sumptibus funerum.

1. Imp. Antoninus A. Doritæ.

Si vi fluminis reliquiæ filii tui continguntur, vel alia justa et necessaria causa intervenit, existimatione rectoris provinciæ transferre eas in alium locum poteris.

PP. 8 calend. novembr. Antonino A. IV. et Balbino, Conss. 214.

2. Idem A. Hilariano.

Invito, vel ignorante te ab alio illatum corpus in puram possessionem tuam, vel lapidem, locum religiosum facere non potest. Sin autem voluntate tua mortuum aliquis in locum tuum intulerit, religiosus iste efficitur quo facto, monumentum neque venire, neque obligari à quoquam prohibente juris religione posse, in dubium non venit.

PP. cal. maii, Acquilino II. et Anulino, Coss. 217.

3. Imp. Alexander A. Rimo.

Legatum à defuncto tibi relictum, et quod in funus vel morbum ejus erogasse te viri boni arbitratu probaveris, præses provinciæ solvi tibi jubebit.

TITRE XLIV.

Des tombeaux et des frais des funérailles.

1. L'empereur Antonin, à Dorita.

Vous pouvez transférer, avec la permission du gouverneur de la province, les restes de votre fils en un autre lieu, si vous craignez que le fleuve n'inonde le lieu où elles sont déjà déposées, ou si vous avez d'autres justes et nécessaires motifs.

Fait le 8 des cal. de novembre, sous le quatrième consulat de l'emper. Antonin, et le premier de Balbinus. 214.

2. Le même empereur, à Hilarion.

Un cadavre apporté par quelqu'un malgré vous, ou à votre insu, dans un fonds, ou une pierre profane vous appartenant, ne donne pas à ce lieu où il a été déposé la qualité de lieu religieux; mais si quelqu'un a déposé avec votre consentement un cadavre dans votre fonds, ce fonds est religieux. Cela étant, il est évident que les lois prohibent qu'il puisse être aliéné ou engagé par personne.

Fait pendant les calend. de mai, sous le deuxième consulat d'Acquilinus, et le premier d'Anulinus. 217.

3. L'empereur Alexandre, à Rimus.

Le président de la province ordonnera que le legs qui vous a été laissé par le défunt vous soit délivré, et que l'on vous rembourse en même tems les frais des funérailles et de dernière maladie, que vous prouverez avoir faits, d'après l'arbitrage d'un homme de bien.

Fait le 5 des nones de juillet, sous le deuxième consulat de Maxime, et le premier d'Elien. 224.

4. *Les mêmes empereurs, à Lucien.*

Si par la dénomination de *monument* vous entendez parler d'un sépulcre, vous devez savoir que personne ne peut le revendiquer en vertu de son droit de propriété; mais s'il a été commun à toute la famille, le droit de le posséder appartient à tous les héritiers ensemble, et ne peut, par un partage, être attribué à un seul. Cependant les lieux profanes qui l'avoisinent, s'ils ont toujours été contigus à des édifices voisins destinés à l'usage des hommes, sont à celui à qui sont échus en partage les lieux dont ils paraissent faire partie.

Fait le 6 des nones de novembre, sous le deuxième consulat de Maxime, et le premier d'Elien. 224.

5. *Le même empereur, au soldat Cassius.*

Un père et une mère héritiers de leur fils, soldat, ne doivent pas mépriser l'autorité qu'il a exprimée dans son testament, relativement au tombeau qu'il desire qu'on lui élève; car, quoique les constitutions précédentes aient interdit toute plainte à cet égard, cependant les parens ne peuvent s'empêcher de ressentir un certain scrupule et un remords de négliger un dernier devoir tel que celui-là, et de mépriser la volonté du défunt.

Fait le 8 des calend. de mai, sous le consulat de Julien et de Crispinus. 225.

6. *Le même empereur, à Primitivus et autres.*

Les inscriptions des tombeaux ne transfèrent aux affranchis ni le droit de sépulture, ni la propriété d'un lieu profane; mais la prescription de long tems vous profitera, si elle est basée sur un juste titre.

PP. 5 non. jul. Maximo II. et Æliano, Coss. 224.

4. *Idem* A. *Luciano.*

Si sepulcrum monumenti appellatione significas, scire debes, jure dominii id nullum vindicare posse; sed si familiare fuit, jus ejus ad hæredes omnes pertinere, nec divisione ad unum hæredem redigi potuisse. Profana tamen loca, quæ circà id sunt, si semper vicinis ædificiis usui hominum destinatis cesserint, ejus sunt, cui illa, quorum partes esse visæ sunt, ex divisione obtigerunt.

PP. 6 non. novembr. Maximo II. et Æliano, Coss. 224.

5. *Idem* A. *Cassio militi.*

Militis voluntatem, quam circà monumentum sibi faciendum testamento expressit, et pater et mater ejus hæredes negligere non debent; nam etsi delatio hoc nomine præteritis constitutionibus amota est, invidiam tamen, et conscientiam circà omissum supremum ejusmodi officium, et contemptum judicium defuncti evitare non possunt.

PP. 8 calend. maii, Juliano et Crispino, Coss. 225.

6. *Idem* A. *Primitivo et aliis.*

Monumentorum inscriptiones, neque sepulcrorum jura, neque dominium loci puri ad libertos transferent præscriptio autem longi temporis justam causam initio habuit, vobis proficiet.

PP, 3 calend. jul. Juliano et Crispino, Coss. 225.

Fait le 3 des cal. de juillet, sous le consulat de Julien et de Crispinus. 225.

7. Imp. Gordianus A. Claudio.

Statuas sepulcro superimponere, vel monumento, quod à te extructum profiteris, ornamenta, quæ putas, superaddere non prohiberis : cum jure suo eorum, quæ minùs prohibita sunt, unicuique facultas libera non denegetur.

PP. 3 calend. aug. Gordiano A. II. et Pompeiano, Coss. 242.

7. L'empereur Gordien, à Claudius.

Il vous est permis de placer des statues sur un tombeau, ou d'embellir le mausolée que vous dites avoir élevé, avec les ornemens que vous jugerez convenables, puisque chacun a la libre faculté de faire de son droit l'usage qu'il juge à propos, pourvu qu'il ne fasse rien de contraire aux lois.

Fait le 3 des cal. d'août, sous le deuxième consulat de l'empereur Gordien, et le premier de Pompéien. 242.

8. Imp. Philippus A. Juliæ.

Jus familiarum sepulcrorum ad affines, seu proximos cognatos, non hæredes institutos, minimè pertinet.

PP. 16 cal. jul. Peregrino et Æmiliano, Coss. 245.

8. L'empereur Philippe, à Julia.

Le droit de sépulture dans les tombeaux de la famille n'appartient pas aux alliés ou aux plus proches cognats qui ne sont pas institués héritiers.

Fait le 16 des cal. de juillet, sous le consulat de Pérégrinus et d'Emilien. 245.

9. Idem A. et Philippus C. Faustinæ.

Locum quidem religiosum distrahi non posse, manifestum est. Verùm agrum purum monumento cohærentem profani juris esse, ideòque efficaciter venundari, non est opinionis incertæ.

PP. 6 calend. decembr. Philippo A. et Titiano, Coss. 246.

9. Le même empereur et le César Philippe, à Faustina.

Il est manifeste qu'un lieu religieux ne peut être aliéné ; mais il n'est pas moins évident qu'un champ non religieux, quoique contigu au tombeau, est de droit profane, et qu'il peut être conséquemment valablement vendu.

Fait le 6 des calend. de décembre, sous le consulat de l'empereur Philippe et de Titien. 246.

10. Impp. Dioclet. et Maximian. AA. et CC. Aquilianæ.

Si necdum perpetuæ sepulturæ corpus traditum est, translationem ejus facere non prohiberis.

PP. 8 id. februar. Diocletiano IV. et Maximiano III. AA. Coss. 290.

10. Les empereurs Dioclétien et Maximien et les Césars, à Aquiliana.

Si le corps n'a pas été destiné pour rester toujours enseveli dans le lieu où il est déposé, rien ne vous empêche de le transférer ailleurs.

Fait le 8 des ides de février, sous le quatrième consulat de l'empereur Dioclétien, et le troisième de l'emper. Maximien. 290.

11. Iidem AA. et CC. Gaudentio.

Obnoxios criminum digno supplicio sub-

11. Les mêmes empereurs et Césars, à Gaudentius.

Nous ne défendons point l'inhumation des

criminels qui ont été livrés au supplice qu'ils méritaient.

Fait le 8 des ides d'avril, sous le même consulat. 290.

12. Les mêmes empereurs et Césars, à Victorinus.

Il a été déjà défendu d'ensevelir dans l'enceinte de la ville les restes des morts, de peur que le droit sacré des citoyens ne soit souillé.

Fait le 13 des calend. d'octobre, sous le même consulat. 290.

13. Les mêmes empereurs, et Césars, à Dionysius.

Le droit de sépulture dans les tombeaux, tant de la famille qu'héréditaire, peut appartenir aux héritiers étrangers; mais les premiers peuvent appartenir à la famille, quoiqu'aucun de ses membres ne soit héritier, mais non à tout autre individu non héritier.

Fait le 3 des ides de novembre, sous le consulat des Césars. 294.

14. Les empereurs Valentinien, Théodose et Arcade, à Cynegius, préfet du prétoire.

Que personne ne transporte un corps humain d'un lieu dans un autre sans une permission du prince.

Fait à Constantinople, le 3 des calendes de mars, sous le consulat du noble enfant Honorius et d'Evodius. 386.

jectos sepulturæ tradi non vetamus.

PP. 8 id. april. ipsis IV. et III. AA. Coss. 290.

12. Iidem AA. et CC. Victorino.

Mortuorum reliquias, ne sanctum municipiorum jus polluantur, intra civitatem condi, jampridem vertitum est.

PP. 3 calend. octob. ipsis IV. et III. AA. Coss. 290.

13. Iidem AA. et CC. Dionysio.

Jus sepulcri tàm familiaris, quàm hæreditarii, ad extraneos etiam hæredes; familiaris autem ad familiam, etiam si nullus ex ea hæres sit, non etiam ad alium quemquam, qui non est hæres, pertinere potest.

S. 3 id. novembr. CC. Coss. 294.

14. Impp. Valentin. Theod. et Arcad. AAA. Cynegio, P. P.

Nemo humanum corpus ad alium locum sine augustis affatibus transferat.

Dat. 3 calend. mart. Constantinop. Honorio nobili puero, et Evodio, Conss. 386.

FIN DU TOME PREMIER.

FIN DE LA TABLE.